河洛精蕴

白话全解

[清]江永 著
刘鸿玉 译解

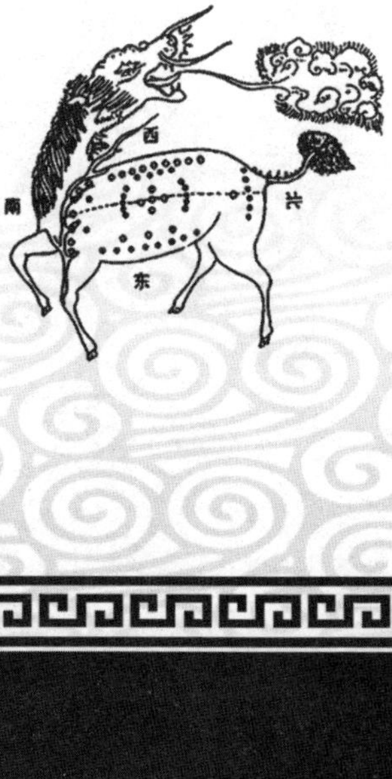

气象出版社
China Meteorological Press

内 容 简 介

《河洛精蕴》是清代经学家江永所著，分内、外两篇，内篇讲《河图》《洛书》与阴阳、八卦、五行的关系，外篇讲《河图》《洛书》在古代算术、乐律、天文、音韵、地理、中医等诸多领域的应用，全书鞭辟入里，深入浅出，见解独到。本书作者对《河洛精蕴》进行了严谨有据而又通俗易懂的白话解读，辨其精华而取之，可供易学、中医等领域研究者与爱好者阅读参考。

图书在版编目(CIP)数据

《河洛精蕴》白话全解/(清)江永著；刘鸿玉译解.—北京：气象出版社，2019.7(2023.1重印)
ISBN 978-7-5029-6894-6

Ⅰ.①河… Ⅱ.①江… ②刘… Ⅲ.①《周易》-研究 ②先秦哲学-研究 Ⅳ.①B221.5

中国版本图书馆CIP数据核字(2019)第089085号

Heluo Jingyun Baihua Quanjie
《河洛精蕴》白话全解

出版发行：气象出版社
地　　址：北京市海淀区中关村南大街46号　邮政编码：100081
电　　话：010-68407112(总编室)　010-68408042(发行部)
网　　址：http://www.qxcbs.com　E-mail：qxcbs@cma.gov.cn
责任编辑：周　露　杨　辉　终　　审：张　斌
责任校对：王丽梅　责任技编：赵相宁
封面设计：楠竹文化
印　　刷：三河市君旺印务有限公司
开　　本：710 mm×1000 mm　1/16　印　　张：37
字　　数：570千字
版　　次：2019年7月第1版　印　　次：2023年1月第2次印刷
定　　价：128.00元

卢氏序

道在天地间，始也，惟圣人能通之，故《图》《书》启而卦象生，于以开物成务，冒天下之道，以为“创”也，其实“因”也。孔子赞《易》，知卦象之本于《图》《书》，故于《大传》具明之；刘歆始以为《河图》授羲，羲因之而画卦，《洛书》锡禹，禹因之而演《范》，歧而二之，其说显戾于圣人；孟坚则知其相为经纬表里也，然亦不能言其详；中间失传，至赵宋诸儒出，而后大著；后来儒者渐推渐扩，或纵或横，因其体以究其用，而《图》《书》之妙，作《易》之旨，乃更发前人之所未发。是非前人之智有所不逮，识有所不到也，而论说或有所未及者，盖当其时，理适如是而已。风会日开，智慧日出，更加以引申焉，参伍而错综焉，举天下之事事物物，无不有以要其归，于是，左之右之皆逢其原，一散而为万，万合而为一，其理可不外索而得，使天之所以开圣人，圣人之所以垂示后人者，其道益大彰显于时，是乃圣贤格物致知之学，不得视为悬远者也。向者，吾友戴东原在京师，尝为余道其师江慎修先生之学，而叹其深博无涯涘也，无使辙之便，竟不及其在日一亲炙之，其著书甚多，流传于世者尚少；近，归安丁子小雅，馆于新安，始携所著《河洛精蕴》内篇三卷、外篇六卷见示，受而卒读，凡夫天地鬼神之奥，万事万物之赜，罔不摘抉而呈露之，于宋儒邵子、朱子之说益加推阐，更荟萃明代以及近时诸人之议论而断其是非，如数白黑然，洵可谓“大而能该，杂而不越”者也。通天地人之谓“儒”，非先生之谓乎。余于前人，若刘长民、胡庭芳、黄石斋之书，亦尝咀哜焉，愧未能以竟学。吾师桑弢甫先生学于姚江劳麟书先生，劳先生之学一本程、朱，以致知格物为首务，故其说《河图》《洛书》也，理与数俱昭晰无遗，即犄而至羽毛麟角，无不究其形象，较其同异，推论其所以然之故，其以布衣终老于乡里，亦与江先生同。异哉！天不爱道，乃使夫二人者，皆有以得圣人之精之蕴，而道庶几乎万古不终晦矣。劳先生之书，吾师既寿之梨枣矣，今江先生之书，旌德黄君云甫复版行之，使有志于圣学者，得循是而有悟焉，是其为赐也大矣，岂独有功于江氏已乎。

乾隆五十年仲春，卢文弨，书于钟山书院。

白话解读

道存在于天地之间，最初，唯有圣人能够通晓它，因此，《河图》《洛书》启示于圣人，卦象从而产生。通过这些卦象，圣人通晓了万物的道理，成就了各种事务，涵盖了天下的义理，人们以为这是“创始”，其实是“因循”。孔子创作《易传》来解读《周易》时，因为知道卦象本源于《河图》《洛书》，所以才写了《周易·系辞上传》，用“河出图，洛出书，圣人则之”具体阐明这个原理；到了西汉经学家刘歆时，开始有了这样的说法：《河图》授予伏羲，伏羲因循它而画出八卦，《洛书》赐予大禹，大禹因循它而演绎《洪范》，《河图》《洛书》分歧而成为二事。这种学说显然与圣人的认识相违背；东汉经学家班固(字孟坚)则认为《河图》《洛书》相互作为经纬、表里，但他也不能够详细地予以解说；在那之后的许多年里，《河图》《洛书》学说失去了传承，直至赵匡胤建立宋朝，诸位儒家学者出现，而后《河图》《洛书》的学术大为显著；后来，儒家学者逐渐推演、扩展，或者纵向，或者横向，因袭《河图》《洛书》之形体，以推究其功用，许多前人所没有发掘出的《河图》《洛书》的精妙、《易经》的要旨，就得到了阐发。这并不是说从前的人们智慧不足，认识不到，才导致其论说有所未及，大概是时机正好到了，道理正当如此罢了。世道风气一天天开放，人的智慧也一天天创新，学识研究上也进一步延展推广，于此交互错杂、比较验证，穷举天下的万事万物，没有不具有内在的道理，因此可以归纳出主旨。在这个基础之上研究问题，向各个方向拓展延伸，都能够逢其本原，一个原理散布开来，而成为万物，万物总合归一，而成为一个原理，其中道理不需要从外部求索，便可获得，这就是上天所用来启发圣人，圣人所用来垂示后人的原因，也是因为这个原因，河洛所包含的道理在这个时代更加彰显，这就是圣贤考察事物获得知识的学问，不能将其看作与我们相距遥远毫无关系的事情。从前，我的朋友戴震(字东原，又字慎修，号杲溪，清代著名哲学家——作者注)在都城，曾经为我讲述其老师江永先生的学说，感叹其学问之渊博没有边际。由于通信车马都不方便，我竟然赶不上其在世时能有一次亲身受到教益的机会。江永先生著书非常多，流传于世的书却比较少，近日，浙江归安的丁小雅先生，在新安设立学馆，方才把他所携带的江永《河洛精蕴》内篇三卷、外篇六卷送给我看，我接受了这些书籍，并且通读一遍，该书对天地鬼神的奥秘、万事万物的玄妙，无不做了发掘阐释，使其充分地显露呈现，对于宋代儒家学者邵雍、朱熹的学说，更是进一步推究阐明，还汇集了明代以及近代各方学人的评议讨论，并判断其是非，就如历数白黑一般清楚明白，实在可以称之为“范围广大而能包容完备，内容繁多而不超越规则”。贯通天地人三者的学者被称为“儒”，这不就是对先生的称谓吗？我对于前人，如宋代刘长民、元代胡庭芳、明代黄石斋（即刘牧、胡一桂、黄道周，三人都是有影响的易学家——作者注）的书作，也曾经反复体会研读，惭愧的是未能够完全学习下来。我的老师桑弢甫先生求学于浙江余姚的劳麟书先生（即桑调元、劳史，二人都为清代知名学者——作者注），劳先生的学问完全以宋代二程、朱子学说为本，以推究事物原理法则、总结理性知识为首要事务，因此，其解说《河图》《洛书》，道理与数量全都清楚明白、没有遗漏，即使粗略，也达到了对各种动物都能考究其形貌、比较其异同、推论其原理的程度。他以布衣平民身份终老于家乡，也与江永先生相同。奇异啊！上天不吝惜于启迪道理，于是让这二人都得到了圣人之学的精华和内蕴，从而让这些道理可以流传万古，不至于终究落入晦暗。劳先生的书，我的老师已经付印刊行，现在江先生的书，安徽旌德的黄云甫先生也出版了，这使得有志于圣人学问的人，能够通过学习这些书籍而有所觉悟，这是对读书人很大的恩赐了，又怎么能说仅仅对于江永先生有功而已呢。

乾隆五十年（1785 年）仲春

卢文弨，书于钟山书院

金氏序

先儒九峰蔡氏谓："体天地之撰者，《易》之象；纪天地之撰者，《范》之数。"数始于一奇，函三为九，极之九九积，而畴之数周；象成于二偶，二四为八，极之八八积，而卦之象备。惟《河图》《洛书》象备而数周，故其精蕴可以阐化原而穷事物。后之作者，昧象数之原，窒变通之妙，或即象而为数，或反类而拟象，逞其私智，牵合附会，此圣人之精所以不可得而见，圣人之蕴所以不可得而闻也。婺源江慎修先生，著书满家，晚尤嗜《易》，蒐择古今，参以己见，撰《河洛精蕴》一编，凡九卷，分内外二篇，内篇论《图》《书》、卦画之原，先天、后天之理，蓍策、变占之法，为河洛之精；外篇论《图》《书》、卦画所包函，旁推交通，为河洛之蕴，自谓为先儒拾遗补阙。宣州黄子云甫，校而寿诸梓。余惟《宋志》说《易》之书，多至二百十三，其能发挥精蕴，间亦有人，而按部以求，存者无几，且易理广大悉备，家自为书，人自为说，前之，自信为得其精者，久之，或又目以为粗，而《易》之蕴涵天盖地，"悉数之，恐留，更仆，未可终也"。是书，于圣人所以则《图》《书》作《易》之理，寻讨本原，独有领会，多昔人未经言及者，而又引申触长，参伍错综，以求其合，虽未敢云《易》之精蕴尽于是，要非深于《易》者，固未易语此矣。我朝易学，首推安溪李文贞公，所论著于《启蒙》《本义》多所发明，贯穿他经，亦多刱获；后如光州胡紫弦宗伯《易学函书》，指画成图，妙义环生；海内谭《易》者，得是书读之，不当与彼二家并传为易林不朽之盛业欤。

时乾隆四十一年岁次丙申花朝，吴江金士松听涛甫，书于京寓之衣石山房。

白话解读

南宋儒家学者蔡九峰(名沈——作者注)撰《洪范皇极内篇原序》说："体现天地阴阳等自然现象变化规律的，是《周易》的卦象；记录天地阴阳等自然现象变化规律的，是《洪范》的数量。"数量开始于奇数一，奇数一中包含天地人三气，三又各自分为三，三乘以三为九，九为九畴(类别)的数量，依此分下去，极数是九乘以九的积八十一，而畴的数量周全完备；卦象形成于偶数二，二又各自分为二，二乘以二为四，四又各自分为二，二乘以四为八，八为八卦的形象，依此分下去，极数是八乘以八的积六十四，而卦的形象周全完备。只有《河图》《洛书》，不仅形象完备而且数量周全，因此，其精华、内蕴可以阐明变化本原，穷究万事万物。后世创作类似著作的人，对形象、数量的本原认识不清，对变化、通达的奇妙不能贯通，要么把形象作为数量，要么反推类数而拟定形象，自己要小聪明，把不相关联的事物牵扯在一起，混为一谈，这正是他们看不到、听不到、得不到圣人学说的精要、内蕴的原因。婺源县的江慎修先生(即江永——作者注)，著书很多，晚年尤其嗜好《周易》，搜求挑选古今学说，以自己的见解参悟，撰写《河洛精蕴》一书，共九卷，分为内外二篇，内篇论述《河图》《洛书》、卦画的本原，先天八卦、后天八卦的道理，蓍策、变占的方法，这是河洛的精华；外篇论述《河图》《洛书》、卦画所能包含的事物，广泛推求，相互贯通，这是河洛的内蕴，他自己说，这是为先世儒家学者的理论做一些捡漏补缺的工作。此书现在由宣州(今宣城市——作者注)黄云甫先生校订而交付刻版印刷。我看到《宋史·艺文一》记载《周易》类图书就多达213部，其中能够阐发圣人精华、内蕴，偶尔或许也有其人，但按照书中记载去寻找，留存下来的没有多少，况且易理广泛博大无不具备，各家自己著书，人人自己立说，之前相信自己已经得到其中精华的人，久而久之，也许又视之粗略，而且《周易》的内蕴涵盖天地万物，如《礼记·儒行》所说“一一列举细数，恐怕数量太大，数之不尽”。这本书，对于了解圣人是如何效法《河图》《洛书》创作《易经》的，寻究讨论了其根源，具有独到的见解，大多是前人还未谈及的，又进一步延展推广、触类增长，交互错杂、比较验证，以寻求其相互符合，虽然还不敢说《周易》的精华、内蕴全部包含于此书，但如果不是精深于《周易》的人，本来就不容易谈论此道了。我朝研究《周易》学说，首先要推举安溪县李文贞公(李光地，清代名臣，理学家——作者注)，他所作论述对于《易学启蒙》《周易本义》有很多地方进行阐发创新，贯通其他经典，也很多地方具有过去没有的成果；其后还有光州(今潢川县——作者注)胡紫弦大师(胡煦，清代大臣，易学家——作者注)《周易函书》50卷，指点规划已经形成的各种图式，微妙的义理一个接一个产生。四海之内，谈论《周易》的人，能够得到江永先生的这部书加以阅读，这不应当是与李、胡二家并行流传，成为易学研究之林永不磨灭的盛大功业吗？

时在乾隆四十一年(1776年)岁次丙申花朝

吴江县金士松(表字听涛)书于京城寓所衣石山房

曹氏序

余童子时，则知吾郡有江慎修先生，盖闳览博物君子也，其学无所不通，而尤精核于“三礼”，锡山秦大司寇辑《五礼通考》，多采其说，皆先儒所未及者，故先生虽布衣，而名震公卿间。今皇上命儒臣纂修《四库全书》，先生著述，已得次第进呈，行将流布宇内，凡橐笔侍从者，皆争先睹之为快，而予不幸丁先大夫忧，仓皇返里，苫块余生，方欲寻讨先生手订丧礼诸说读之，以稍赎不孝之愆，适旌德黄君持其所刻先生《河洛精蕴》一书，乞鄙言为序，余棘人也，讵复能从事笔墨之役，况《易》学探微，谈何容易，顾先生则予夙所向慕者，又黄君他郡人，而克表章吾郡潜修之士，是又足感也，其何可辞。爰取其书而讽诵之，紬绎之，乃不禁适适然惊、规规然自失也，其诸南华叟之所谓“望洋向若而叹”者乎。不若是，奚足以极阴阳之变，洞神鬼之奥，穷古今、万物之情，而综天地人之三才，而谓之通儒耶。昔欧阳永叔以文学为宋代名儒，而诋《河》《洛》为怪妄乱经之说；明人归熙甫亦有志于经术，其于邵子之学，则欲黜而别之于羲、文、周、孔之外，以为《易》之原本不如是，是皆未能深求其精蕴，而因即以圣人之道为无事于深求，故云尔也，使其得见是书也，将不自悔其失言乎哉。夫“书不尽言，言不尽意”，《系辞》固言之矣，故先天、后天之图，至邵子而全，至朱子而定，然而，后人尚有置喙于其间者，则《系辞》又曰：“仁者见之谓之仁，知者见之谓之知，百姓日用而不知。”《易》之道固无所不可，而予则以为不知则已，若既曰“知之”矣，而不能旁推交通，错综参伍，以求圣人之精，而发圣人未发之蕴，则知者与不知者俱无与于《易》，而其论《河》《洛》也，不过曰“河出图，洛出书，圣人则之”而已。吁！是向者欧阳氏之所唾弃者也。故必如先生，而后可以为知《易》，而后可以为通儒。然则，“三礼”也者，犹先生考订之学，而义理之学，则全在乎此书也。书分内外篇，共九卷。

乾隆四十有一年岁次丙申夏六月入伏日，竹溪曹文埴，拜序并书。

白话解读

我未成年时，就知道我们乡里的江慎修先生是位博览群书、见识广博的君子，他的学问涵盖极广，而对于《周礼》《仪礼》《礼记》三礼的考证尤其精细，出身锡山(今无锡市——作者注)的刑部尚书秦蕙田辑录《五礼通考》262卷，有很多地方采纳了江慎修学说，都是先世儒家学者所未曾言及的内容，因此可见，江先生虽然是布衣平民，而名声已经在高官显贵中十分响亮了。现在，皇上命令有学问的大臣编修《四库全书》，江先生撰述的书籍，已得以呈献于上，很快将要流传散布天下。那些随侍君王左右的读书人，都争相以先一步目睹此书为快事，而我不幸遭遇先父丧事、离职居丧，仓皇返归故里，在为父服重丧的时日里，正准备找来江先生亲自编定的《丧礼》之学说来读，以稍微抵消不孝的罪过，刚巧旌德县黄云甫先生拿着他所刻印的江先生《河洛精蕴》一书，索要我粗鄙的文辞来作序言，我是居父丧的人，哪里能够再做这些舞文弄墨的事情，况且《周易》学说探索微妙的事理，做起来并不像说的那样简单，只是顾念江先生乃是我素日所向往仰慕的人，再加上黄云甫先生身为外乡人，却能够彰显我们本乡潜心修习的学士，这又足以令人感动，我怎么可以推辞呢？于是，我取来江先生的书背诵熟记，理出头绪，就不由得大惊失色。这就是庄子(庄子名庄周，战国著名思想家——编者注)所说的“河伯望见一片汪洋大水后，向海神若发出自愧不如的感叹”呀。不然，怎么称得上极尽阴阳的变化，洞悉神鬼的奥秘，穷究古今、万物的情状，综合天地人三才的道理，而有“儒学通家”之名呢。从前，欧阳永叔(即宋代文学家欧阳修——作者注)凭借文学上的成就成为宋代著名儒学家，他却诋毁《河图》《洛书》为怪诞虚妄、混乱经典的学说；明代，归熙甫(即归有光，明代文学家——作者注)也有志于注解经书，他对于邵雍的学说，却是想要把它罢黜，将它与伏羲、周文王、周公旦、孔子的易学分离开来，认为《周易》的起源和根本不是如此，这均是未能够深入探求其中精华、内蕴，就因循圣人的道理，借此不做更深入的探求，所以这么说罢了。假使他们能够见到这部书，又要后悔自己说了不该说的话啊。“文字不能够完全表达语言，语言不能够完全表达心意”，《周易·系辞上传》本来讲过这话了，因此，先天、后天的图示，至邵雍而全备，至朱熹而确定，但后来的人还有对此发表言论、谈论“所知”的，对于这种情况，《周易·系辞上传》又说：“仁爱的人看到天道，说是仁；聪明的人看到天道，说是智。百姓在日常生活中经常应用天道，却毫无认知。”《周易》的道理本来没有什么地方不可以运用，而我则认为，如果不知道就罢了，如果既然说“我知道它”，却又不能够广泛推求、相互贯通，交互错杂、比较验证，用来探求圣人常说的精华，而阐发圣人未曾阐发的内蕴，那么这种“知道”与“不知道”，跟《周易》全无关系，这样的人来论述《河图》《洛书》，不过会说“黄河出现《图》，洛水出现《书》，圣人效法它”罢了。可叹，这正是欧阳修极其鄙弃的。所以说，要自称“知晓《易》”，并被尊为“儒学通家”，就必须如同江先生那样。关于《周礼》《仪礼》《礼记》“三礼”的书籍，是江先生考订的学问，而江先生谈论易学义理的学问，则全部保存于这部书中。本书分内、外篇，共九卷。

乾隆四十有一年(1776年)岁次丙申夏六月入伏日

竹溪县曹文埴敬拜为序，并书写成文

方氏序

吾郡江慎修先生，覃心经训，著述极富，而大而天文地理，中更人事，下及小道，如医卜之属，莫不考其源流，通其条贯；晚年归本《河》《洛》，撰为《精蕴》九卷，举凡形上、形下，悉皆荟萃于其内，发挥指趣，曲鬯而旁通之。因想见先生之根极领要，本本原原，即一数之密，一艺之精，无非经术之绪余，而古圣人作经垂为世教，使万理万事之精微广博，洞然毕贯于一，班史独推《易》为六艺之源，周子又以为天地鬼神之奥，其言愈信而有征也。甲午岁，假馆蕴真书屋，获读是书，黄君云甫见而爱之，愿授梓以广其传，为好学深思者助，嗣，余北首燕路，是书告竣，黄君邮寄京师，特为识其缘起如此。

乾隆四十年岁在旃蒙协洽涂月，新安方昌镐霞峰氏，谨书于诚心堂。

白话解读

我们本乡的江慎修先生，潜心于经籍义理的解说，著述极其丰富，而所论的道理大至天文地理，中至人世间事，下至各种技艺，如医术、占筮之类，没有他不考察其本源与支流，贯通其内部条理的；晚年，他回归到《河图》《洛书》这个根本，撰写了《河洛精蕴》九卷，凡是形而上的道理、形而下的器物，全都汇集于书内，阐发分析其宗旨意义，使周尽畅达而广泛通晓。因此，可以想象江先生学说的根本、要领，必定是按照事物原来的样子，详细叙述事情的全部起因和整个过程，一点不漏，即使是一个数学上的周密计算，一种技艺的精湛熟习，也都是精研经书的余绪，而古代圣人为了教育世人而创制留传的经典，使得万理万事的精深微妙、宽广博大，清楚明了，全都集中贯通于此一理，东汉班固所著的《汉书》只将《周易》推举为《乐》《诗》《礼》《书》《春秋》《易》六艺的本原，宋代周夫子(敦颐)又以《周易》作为天地鬼神的奥秘，可见江先生所说的话愈加信实而有所征验了。甲午年时，我在蕴真书屋借用馆舍，读到了这部书。黄云甫先生一见到这部书就十分赞赏它，愿意刻印此书，以广泛传播，助力于爱好学习、深刻思考之人。随后不久，我便北上燕地，这部书出版后，黄云甫先生邮寄至都城，我特意为之记录其缘起如此。

乾隆四十年(1775年)岁在旃蒙协洽(乙未年)涂月(夏历十二月)

新安郡方昌镐(字霞峰)敬书于诚心堂

江氏自序

天不爱道，地不爱宝，河出马图，洛出龟书，天地之大文章也。天以光气昭烁于三辰，地以精华流衍为五行，其为文章也大矣；复假灵于神物，出天苞，吐地符。示之《图》焉，倍五为十而显其常，又示之《书》焉，藏十于九而通其变，常者具无穷之变，变者皆自然之常，参伍而列，错综而居。天地不自匿其妙道至宝，所以牗圣人，而启其聪明，发其神智，又将有不尽之文章于是乎起也。卦画者，圣人之文章也。一奇一偶，太极呈焉，仪象生焉，三画既成，八象肖焉，万汇该焉。自“天地定位”，以至“水火不相射”者，先天之为体也；自“帝出乎震”，以至“成言乎艮”者，后天之为用也。先后不可相无，犹《图》《书》不可废一也。至于八卦相荡，六爻相错，而《易》道成焉，其书遂能与天地准，弥焉纶焉，冒天下之道焉。其始不过奇偶二画而已，虽圣人之聪明神智，仰观俯察，远求近取，随处皆可会心，而以天地自成之文章，心领而神契者必尤深，故曰“河出图，洛出书，圣人则之”，非虚言也。周子曰：“圣人之精，画卦以示；圣人之蕴，因卦以发。《易》不止五经之源，实天地鬼神之奥”。此论《易》之粹言。所谓“精”者，自然流出，不假智力安排；所谓“蕴”者，包蓄无涯，不遗糟粕煨烬。两言足以尽《易》道之妙矣。更探本而言之，卦之精即《图》《书》之精，卦其右契，而《图》《书》其左券也；卦之蕴皆《图》《书》之蕴，卦其子孙，而《图》《书》其祖宗也。余学《易》有年矣，古今诸儒之说，亦尝遍观矣，窃疑圣人之所以则《图》《书》作《易》者，必有的确不可移易之理，何以先儒言之，犹在可彼可此、若合若离之间，则其所以求圣人之精者，岂无遗义以待后人之探索乎？文王作《易》，以反对为次序，因有反复往来之义，以明天道有循环、人事有变迁，此义甚显也，何以先儒言之，乃舍近求诸远，舍明索诸幽，则其所以发圣人之蕴者，岂无剩义以待后人之补苴乎？夫易道之广大，圣人屡言之，而未条其事目也，今思之，《易》前似有《易》，陈希夷之《龙图》是也；《易》中复有《易》，中爻之十六互卦是也；《易》后又有《易》，焦赣之《易林》及后世《火珠林》占法是也。更举《图》《书》、卦画同源而共流，旁推而交通者，若算家之勾股乘方，乐家之五音六律，天文家之七曜高下，五行家之纳甲纳音，音学家之字母清浊，堪舆家之罗经理气，择日家之斗首奇门，以至天有五运六气，人有经脉动脉，是为医学之根源，治疗之准则者，亦自《图》《书》、卦画而来。信乎，天地之文章，万理于是乎根本；圣人之文章，万法于是乎权舆。精，固精也，亦何蕴之非精哉。《河洛精蕴》蓄之心者亦有年，今耄矣，暮年岁月，弗忍虚掷也，为先儒拾遗补阙，亦区区之心也，爰黾勉成之，凡四阅月，得书九卷，分内外两篇。

乾隆二十四年己卯黄钟月末复日，婺源后学江永，书于虹川书屋，时年七十有九。

白话解读

天不吝惜道理，地不吝惜珍宝，黄河出现龙马负图，洛水出现神龟献书，这是天地自然形成的大文章。天以光辉明亮闪烁于日、月、星三辰，地以精粹流传广布为水、火、木、金、土五行，做出的文采、辞章也是极宏大的；再假借神异事物的灵兆，天空出现花苞，大地吐露信符。这些显示于《河图》时，则加倍五数成为十数而彰显其常规，显示于《洛书》时，则隐藏十数于九数而通达其变化，常规具有无法穷尽的变化，变化都是自然法则的恒常，交互掺杂而排列，纵横交叉而居处，天地不隐匿自己的奇妙道理、至珍宝藏，所以为圣人打开一扇窗，启迪其耳目聪明，开发其精神智慧，又将要有无穷尽的文采辞章，在这之间兴起了。卦画，是圣人创作的文采辞章，一个奇画、一个偶画，太极由此呈现，两仪四象由此产生，三画既然形成，八种形象由此刻画，万物万类由此完备。自《周易·说卦传·第三章》“天地定位”，以至“水火不相射”，这是先天八卦作为形体；自《周易·说卦传·第五章》“帝出乎震”，以至“成言乎艮”，这是后天八卦作为功用。先天八卦、后天八卦不可以相互缺失如无，犹如《河图》《洛书》不可以废弃其一。至于八卦相互推移来回，六爻相互阴阳交错，而《周易》的道理由此形成，记载它的典籍于是能够与天地的地位齐等，周全地包罗涵盖天下的道理。其初始不过只有奇、偶二画罢了，即使圣人耳聪目明、智慧如神，仰观天象，俯察大地，远求于万物，近取于自身，任意在哪里都可以领悟于心，但对于天地自然形成的那些文采辞章，除了心里领悟之外，还需要与自然之间精神契合的感应，这样的认识才能够达到极为深刻的程度，因此，《周易·系辞上传》才说“黄河出图，洛水出书，圣人效法它”，这不是虚妄之语。宋代的周夫子(周敦颐，谥号元公，宋代著名理学家——作者注)撰《周元公集·精蕴》说：“圣人的精华，画卦以表示；圣人的内蕴，因卦以发挥……《周易》何止是《诗经》《尚书》《礼记》《周易》《春秋》五经的本源，实在是天地鬼神的奥秘。”这是论述《周易》的精炼之言。所谓“精”，是自然流露出来，不假借人类智慧能力安排；所谓“蕴”，是指包容含蓄没有边际，无所遗漏残留。两句话足以极尽《周易》道理的奇妙了。进一步探究本源的话，卦的精华就是《河图》《洛书》的精华，卦就像符契(古时人们办事所用的一种凭证，一分为二，双方各持一半，合起来才能起作用，多用于传达军令、发布政令等事务——编者注)的右边一半，而《河图》《洛书》是左边的那一半；卦的内蕴都是《河图》《洛书》的内蕴，卦是宗族中的子孙，而《河图》《洛书》相当宗族中的祖宗。我学习《周易》有很多年了，对古今各位儒家学者的学说，也曾经遍览无遗，我暗自怀疑，圣人之所以效法《河图》《洛书》创作《易经》，必定有其确凿无疑、无可更改的道理，为什么先世那些儒家学者的解说，却仍然在彼此分合之间游移不定？那么，他们做出的探求圣人学说精华的理论，难道就没有遗漏的义理，让后来人通过探寻研究来补充吗？周文王创作《周易》，以反复对立作为次序，因为卦画具有反复往来的意义，用来阐明天道具有循环、人事具有变迁，这种意义甚是明显，为什么先世那些儒家学者的解说，竟是舍弃近处、寻求于远方，舍弃光明、索取于幽暗？那么，他们所做的阐发圣人的内蕴的研究，难道就没有被剩下未被阐明的意义，以等待后来人的弥补吗？《周易》道理广泛博大，圣人屡次讲说，而未曾分条叙述其事物的细目，现在思考，《周易》之前似乎还有《易》，宋代陈希夷(陈抟，北宋道家学者，宋太宗赐号“希夷先生”——作者注)的《龙图》就是；《周易》之中再次具有《易》，中间四爻组成的十六个互卦就是；《周易》之后又且传有《易》，西汉焦赣的《易林》及后来时代的《火珠林》占测方法就是。更进一步列举，还有与《河图》《洛书》、卦画同一本源而共同流传、广泛推求而相互贯通的事物，如算学家的勾股乘方，音乐家的五音六律，天文学家的七曜高下，五行学家的纳甲纳音，音韵学家的字母清浊，堪舆学家的罗经理气，择日学家的斗首奇门，以至天空具有五运六气，人体具有经脉，这作为医学的根源、治疗的准则，也是自《河图》《洛书》、卦画而产生出来。的确，天地自然形成的文采辞章，所有义理在这里找到了自己的根本；圣人创作的文采辞章，所有规则在这里找到了自己的初始。精华就是精华，什么样的内蕴不是值得汲取的精华呢。《河洛精蕴》一书积蓄于心中也有很多年，现在年老了，晚年时光，不忍心白白丢弃，为先世的儒家学者们拾取遗漏、弥补缺失，也是微不足道的心意。于是勉力完成，共经历四个月，撰得书稿九卷，分为内、外两篇。

乾隆二十四年(1759 年)己卯黄钟月(即夏历十一月)末复日

婺源县后学江永，书于虹川书屋，时年七十九

目　　录

河洛精蕴　卷之一

河洛精蕴　卷之二

河洛精蕴 卷之三

河洛精蕴 卷之四

河洛精蕴 卷之五

河洛精蕴 卷之六

河洛精蕴 卷之七

河洛精蕴 卷之八

河洛精蕴 卷之九

河洛精蕴

HE LUO JING YUN JUAN ZHI YI

卷之一

内篇

凡论《图》《书》、卦画之原，先天、后天之理，蓍策、变占之法，俱载此篇，是为《河》《洛》之精。

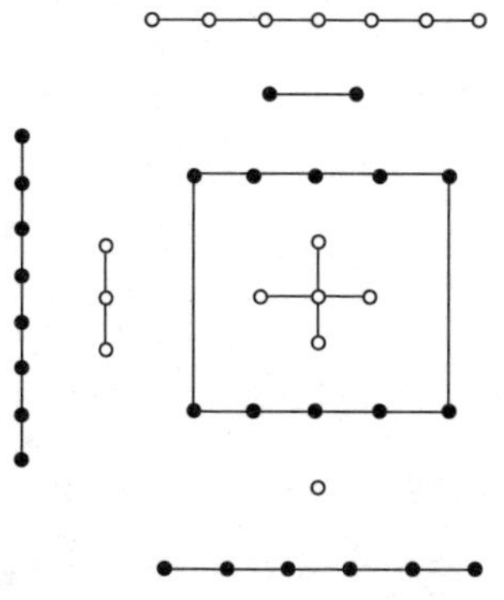

河图

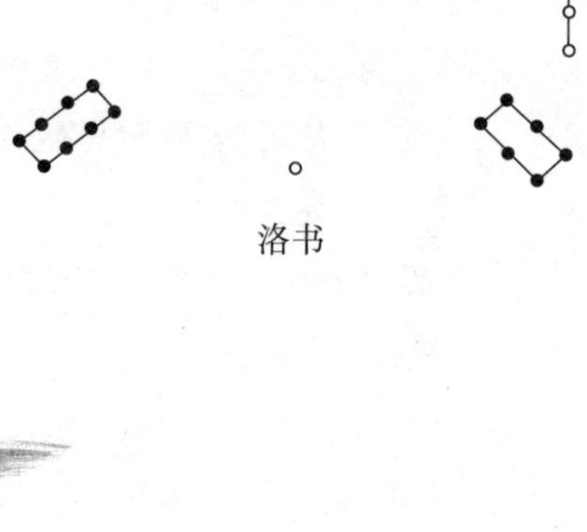

洛书

白话解读

凡是论述《河图》《洛书》以及《周易》卦画的本原，先天八卦、后天八卦的道理，揲数蓍草求出卦象、依据爻变占测的方法，都记载于这一篇中，这是《河图》《洛书》的精华。

《河图》《洛书》原始

汉孔安国云："《河图》者，伏羲氏王天下，龙马出河，遂则其文以画八卦。《洛书》者，禹治水时，神龟负文而列于背，有数至九，禹遂因而第之以成九类。"按：此孔氏《论语》注及《尚书·洪范传》也。《尚书》孔传，晋魏间人伪撰，然法《洛书》陈九畴，刘歆已言之；而《大戴礼·明堂篇》有"二、九、四，七、五、三，六、一、八"之文，郑康成注云"法龟文也"，则亦以《洛书》为龟文也。箕子为武王陈《洪范》九畴，谓治天下之大法有此九类耳，未必有取于《洛书》。《洛书》九数，有一定之方位，《洪范》"五行"居一，"皇极"居五，似有合矣，然三"八政"何以居东，七"稽疑"何以居西，九"五福六极"何以居南，二"五事"、六"三德"何以居西南、西北，四"五纪"、八"庶征"何以居东南、东北？九畴之次第，虽可臆推，《洛书》之方位，则难强解。其云"天乃赐禹《洪范》九畴"者，犹云"天启其衷"云耳，非真以龟文为九畴，由天赐之也。明儒王祎已详辩之。今推《河图》《洛书》，皆以作《易》为主。《明堂》之图见外篇，作《范》之说今不用。

朱子答袁枢曰："以《河图》《洛书》为不足信，自欧阳公以来，已有此说。然终无奈《顾命》《系辞》《论语》皆有是言，而诸儒所传二图之数，虽有交互(宋刘牧以九为《河图》，十为《洛书》，托言出于陈希夷。南康戴师愈伪撰《子华子》，亦以《洛书》为《河图》——原注)，而无乖戾，顺数逆数，纵横曲直，皆有明法，不可得而破除也。至如《河图》与《易》之天一至地十者合，而载天地五十有五之数，则固《易》之所自出也(此下言《洛书》、九畴数合，删之)。《系辞》虽不言伏羲受《河图》以作《易》，然所谓仰观俯察、远求近取，安知《河图》非其中一事邪？大抵圣人制作所由，虽非一端，然其法象之规模，必有最亲切处。如鸿荒之世，天地之间，阴阳之气，虽各有象，然初未尝有数也。至于《河图》之出，然后五十有五之数，奇偶生成，粲然可见。此其所以深发圣人之独智，又非泛然气象之所可得而拟也。是以仰观俯察，远求近取，至此而后两仪、四象、八卦之阴阳奇偶，可得而言。虽《系辞》所论圣人作《易》之由者非一，而不害其得此而后决也。"按：此书发明圣人则《图》作《易》之由，意足而语圆。世之不信《图》《书》者，愚而自用，妄肆诋讥；又有轻忽《图》《书》者，谓《图》《书》不出，圣人亦能作《易》，既有《易》矣，何用深究《图》《书》；又有不知卦画与《图》《书》最亲切，而云《图》《书》止以七、九、六、八之数，别阴阳之老少，余可意会，无容穿凿，则所得于《图》《书》者，尤为肤浅。

唯《御纂周易折中·启蒙附论》云："《图》《书》为天地之文章，立卦生蓍为圣神之制作，万理于是乎根本，万法于是乎权舆，断非人力私智之所能参，而世之纷纷撰拟，屑屑疑辨，皆可以熄。"此数语涵盖万有，包络群言。后之学者正当于万理根本、万法权舆之中，更为探赜索隐，微显阐幽，以明天地之文章，写之而不尽，圣神之制作，推之而无涯。

邵子云："圆者星也，历纪之数，其肇于此乎？方者土也，画州井地之法，其仿于此乎？盖圆者《河图》之数，方者《洛书》之文。故羲、文因之而造《易》，禹、箕叙之而作《范》。"按：此一条，未足以见《图》《书》之妙也。《图》不必圆，亦可为方；《书》不必方，亦可为圆；历纪之数，其一隅耳；画州井地之法，其粗迹耳。盖邵子之学，专意于六十四卦圆图，而《图》《书》犹其所略也。

按：刘歆云："《河图》《洛书》，相为经纬，八卦九章，相为表里"，此言似有见。以《河图》言之，火南水北，木东金西，合四方之正位，似为经，而《洛书》为纬。以《洛书》言之，奇数居四正，偶数居四隅，似为经，而《河图》为纬。以八卦言之，天、地、水、火、雷、风、山、泽，各居其方，似为表，而数为里。以《洛书》言之，生数成数，阴阳配偶，各得其位，似为表，而卦为里。然其所以相为经纬、表里者，恐歆亦未能明言。《图》《书》、卦画所以交关者，其窔奥未发也；况以九章为九畴，八卦、九畴，有何交涉乎？

元魏太和时，关朗之明，述其六代祖渊，有《洞极真经》。其《叙本论》云："《河图》之文，七前六后，八左九右，是故全七之三以为离，奇以为巽；全八之三以为震，奇以为艮；全六之三以为坎，奇以为乾；全九之三以为兑，奇以为坤。正者全其位，隅者尽其画。四象生八卦，其是之谓乎？"按：昔人不知有先天八卦，故惟以后天八卦言之，其比附《河图》，牵强补凑，非自然之理也。

白话解读

"原始"的意思是推究本始,"《河图》《洛书》原始"即推究《河图》《洛书》最初的情况。

(一)推演《河图》《洛书》以制作《易》为主

1. 汉代孔安国之说

孔安国所说,其意有二。

一是伏羲根据《河图》画八卦。"河"是指黄河。传说中国古代伏羲氏治理天下时,有龙马负图出现于黄河支流,负图的意思是龙马身上长有图案,这个图案就被称为《河图》。龙马,是神话里一种兼具龙和马形态的生物。据说体形像马,有龙的头、爪和鳞,高八尺五寸,类骆(黑鬃的白马),有翼。伏羲氏看到黄河出现的龙马所负纹理图案,从中受到启发,画出了八卦。

二是大禹效法《洛书》陈九畴。"洛"指洛水,是黄河支流之一,现有北洛河、洛河之别,古洛水为北洛河,东南汇入渭河。中国古代大禹治理洪水时,有神龟背负图像出现于洛水,所负纹理排列于背甲,有数从一至九,此即《洛书》。龟长寿,是中国古代四灵之一。在洛水负书而出的龟,有的记为"神龟",有的记为"灵龟",二者都是指一种生物。大禹在洛水看到神龟所负纹理,受到启发,有所感悟,在神龟所负纹理的基础上进行扩充,并排列次序,因此成就了治理天下的九类大法则。

2.《洛书》与九畴关系辨识

(1)孔安国做传之《尚书》为伪书

《尚书》,又称《书》《书经》,为中国最古老的皇室文集,是中国第一部上古历史文件和部分追述古代事迹著作的多体裁文献汇编。

《尚书》相传为孔子所撰,先秦时有100篇,至西汉初,仅存29篇,为秦博士伏生所传,用汉时隶书抄写,称为《今文尚书》。西汉前期,相传鲁恭王在孔子故宅墙壁中,发现用先秦六国时字体书写的另一部《尚书》,称为《古文尚书》,孔安国阅读后,献于皇家,但未能流传开来。

东晋元帝时,梅赜献《古文尚书》及《尚书孔氏传》(又名《孔安国尚书传》)，被东晋确立为主管学务的官员和官学教师的标准答案。宋时，吴棫第一个对《古文尚书》提出怀疑，之后，宋之朱熹，元之赵孟頫、吴澄均对《古文尚书》真伪颇有疑议，明之梅鷟(zhuó)作《尚书考异》、清阎若璩作《尚书古文疏证》、惠栋作《古文尚书考》，才断定了《古文尚书》及《尚书孔氏传》的伪造性质。

2008年7月，一位校友向清华大学捐赠了2388枚战国竹简，被人们称为清华简，这批简里有《尚书》多篇，与传世《古文尚书》有很大差异，足以证明其为伪书。因此，江永说"《尚书》孔安国传是晋魏时人所伪撰"，是正确的。《尚书》孔安国传既是伪书，其关于《河图》与《洛书》的说法就值得怀疑。疑点主要在于《尚书》原文和孔安国所传关于《洛书》说法有异，这就产生了三个问题：第一，上天赐予大禹的究竟是《洪范》九畴还是《洛书》？第二，《洛书》与龟文是什么关系？第三，《洛书》与《洪范》九畴是什么关系？

(2)刘歆说"法《洛书》陈九畴"

刘歆，是西汉后期著名学者。他不仅认为伏羲"则《河图》画八卦"，而且认为大禹"法《洛书》陈九畴"。其说记载于东汉史学家班固所著《汉书·五行志》中，南宋朱熹、蔡元定合撰《易学启蒙》也有记载。这说明，《尚书》孔安国传虽然是后世伪书，但其中关于《河图》《洛书》的观点早已经出现。

根据刘歆的说法，可以得出结论，以下三种说法，是西汉末期以来普遍被接受的：

其一，伏羲氏根据《河图》而画八卦。

其二，上天赐予大禹的是《洛书》，而不是《洪范》九畴。

其三，大禹确根据《洛书》而陈九畴。

(3)《大戴礼·明堂篇》之"郑玄注"实际并不存在

《大戴礼·明堂篇》里有"二九四七五三六一八"这样的语句，这是《洛书》自上而下、自右至左逐行排列之数。

郑玄，字康成，是东汉末年经学大师，曾遍注儒家经典，但传世著作中没有关于《大戴礼·明堂篇》的"注"，江永认为他曾注过《明堂篇》的错误印象，来自南宋的朱熹。清代纪昀在《阅微草堂笔记·槐西杂志一·石中物象》中注解说："明堂九室法龟文，首先出于北齐卢辨的《大戴礼注》。朱子以为是郑康成的说法，是偶然记错了。"纪昀所说"北齐卢辨"当为西魏北周时的卢辩，曾作《大戴礼记解诂》若干卷。

《大戴礼·明堂篇》所述九室数与《洛书》九数同，九室法龟文，则《洛书》九数就是龟文，此与梅赜所献伪《尚书》孔安国传说法相同，但它并不出自生活年代早于梅赜的郑玄，而出自晚于梅赜的卢辩，故不足为证。

(4)箕子陈九畴未必取自《洛书》

周武王讨伐殷纣王，取得胜利后，就杀了殷纣王(名受)，立他的儿子武庚为殷王的后人。将箕子带回镐京，向箕子询问天道，箕子为周武王陈述天地的大法则，为叙述其事，制作《洪范》。箕子为周武王陈述《洪范》九类大法，是说治理天下的大法则有这九类而已，未必取法于《洛书》。

之所以如此说，其因有二：

第一，九畴次第与《洛书》方位配合难以解释。

《洪范》九畴，有一定的次序。《尚书·洪范》说："初一曰五行；次二曰敬用五事；次三曰农用八政；次四曰协用五纪；次五曰建用皇极；次六曰乂用三德；次七曰明用稽疑；次八曰念用庶征；次九曰向用五福，威用六极。"

《洛书》九数，有一定的方位，如下图所示：

四(东南)	九(南)	二(西南)
三(东)	五(中)	七(西)
八(东北)	一(北)	六(西北)

将九畴次序数与《洛书》九数配合所得九畴方位，如下图所示：

四 (东南) 次四曰协用五纪	九 (南) 次九曰向用五福，威用六极	二 (西南) 次二曰敬用五事
三 (东) 次三曰农用八政	五 (中) 次五曰建用皇极	七 (西) 次七曰明用稽疑
八 (东北) 次八曰念用庶征	一 (北) 初一曰五行	六 (西北) 次六曰乂用三德

《洪范》九畴中的“五行”居于一数，位置在北方；“皇极”居于五数，位置在中央，这似乎同《洛书》九数中一位北方、五位中央是相互符合的。但是，很难解释的是：次三的“八政”为什么居于东方？次七的“稽疑”为什么居于西方？次九的“五福六极”为什么居于南方？次二的“五事”为什么居于西南？次六的“三德”为什么居于西北？次四的“五纪”为什么居于东南？次八的“庶征”为什么居于东北？治理天下九类大法的次序可以臆测推理，但与《洛书》九数方位的配合则难以强行解释。

第二，“天乃赐禹《洪范》九畴”并非龟文。

“天乃赐禹《洪范》九畴”，这就如同说“上天启迪禹的内心”而已，并非真的用龟背纹理制成九类大法，由上天赐予大禹。

(5)明代王祎(yī)《〈洛书〉辩》

明初历史学家王祎《〈洛书〉辩》对《洛书》非《洪范》进行了详细的分析与论述，概述其意有三：

其一，开宗明义，“《洛书》非《洪范》”。箕子告诉武王的话中，最初没有说《洪范》为《洛书》；孔子为《易》所作《系辞》中也没有以《洛书》为《洪范》。大概将《河图》《洛书》分为《易经》《洪范》，而以《洪范》九畴符合《洛书》，则是自汉儒孔安国、刘向、刘歆开始的。后世儒家学者，认为九畴是帝王治理天下的大法，《洛书》是孔圣人所说，于是就都相信了，而没有人辨别其是非。然而，哪里知道《河图》《洛书》都是伏羲用来创作《易》，而《洪范》九畴是大禹自己的叙述，并非《洛书》。

其二，以《洛书》为《洪范》有六不可信。

一不可信：将《洛书》作为《洪范》是因为《洛书》有九数，而《洪范》有“初一”至“次九”。但是，《洛书》白文为阳性与奇数，对应数为一、三、五、七、九，而《洪范》初一五行、次三八政、次五皇极、次七稽疑、次九五福六极，哪里有阳性与奇数的含义？《洛书》黑文为阴性与偶数，对应数为二、四、六、八，而《洪范》次二五事、次四五纪、次六三德、次八庶征，哪里有阴性与偶数的含义？《洛书》阳性与奇数的数量为二十五，阴性与偶数的数量为二十，共为四十五，《洪范》九畴又从这里取法什么呢？

二不可信：《洛书》所列为数，《洪范》所陈为理。在自然界中只有五行，在人类社会中只有五事，用五事参与五行，这是天人相合；八政是人依据自然的缘由；五纪是自然界显示于人的缘由；皇极是人类社会的君主统治天下的准则；三德是治政适应变化的方式；稽疑是以人事听从天命；庶征是通过推究自然现象来预测人事变化；五福六极是人事行为感动自然而自然回应以祸福。因此，《洪范》九畴自一至九所陈述的是天地人三才的正常道理，而圣人参与调节治理国家大事，其最高境界就是达到自然与人验证感应祸福的界线，以此作为治理天下的大法则，其根本在于意义，哪里是在其数啊？

三不可信：九畴细目数有：五行包括水、火、木、金、土五数，五事包括貌、言、视、听、思五数，八政包括食、货、祀、司空、司徒、司寇、宾、师八数，五纪包括岁、月、日、星辰、历数五数，皇极一数，三德包括正直、刚克、柔克三数，稽疑包括雨、霁、蒙、驿、克、贞、悔七数，庶征包括休征（时雨、时旸、时燠、时寒、时风）五数、咎征（恒雨、恒旸、恒燠、恒寒、恒风）五数，五福包括寿、富、康宁、攸好德、考终命五数，六极包括凶短折、疾、忧、贫、恶、弱六数，合计为五十五数，与《河图》五十五数相符，但《洛书》之数为四十五数，与《洪范》九畴细目数不相符合；况且九畴细目中皇极与庶征中的恒阳、恒雨，六极中的忧、贫、恶、弱并列同为其中一数，显然不伦不类；再者，九畴细目数虽然为五十五数，但阴阳、奇偶、方位又将如何取义呢？

四不可信：以《洪范》“初一曰五行；次二曰敬用五事；次三曰农用八政；次四曰协用五纪；次五曰建用皇极；次六曰乂用三德；次七曰明用稽疑；次八曰念用庶征；次九曰向用五福，威用六极”六十五字为《洛书》本文，则九畴的道理、次序都已经非常清晰明白，哪里还需要再有“白文二十五、黑文二十、戴九履一、左三右七、二四为肩、六八为足”这样的图形？如果是六十五字与四十五数并列于神龟背上，那岂不是多余无用的赘疣吗？

五不可信：箕子陈述九畴，首以“鲧陻洪水”发起的原因是，《洪范》九畴之首始为五行，五行之首为水，水未得到治平，则天地人三才都不得安宁，这是常理之所为败坏；水既然得到治平，则天地因此而诞生人类，因此而安定政治教化，因此而成就，而后九畴可以获得而施行，这是常理之所为次序排列。常理的次序排列就是九畴的次序排列。《洪范》九畴原本出于自然，鲧违逆水性，五行陈列皆乱，所以上帝震怒，不将《洪范》九畴给予他；大禹顺应水性，治水成功而使天之生物得以有成，所以上帝将

《洪范》九畴赏赐他。先说“帝不畀鲧”而后说“天赐禹”，则可以发现，所谓“畀”(给予)、“赐”(赏赐)的东西，就是九畴所陈述的天地人三才之常理，治理天下的大法，最初并不是有物可以验证，有迹可以推求，哪里是说，平定水患之后，上天果然赐予大禹神龟而背负九畴啊？仲虺，又叫莱朱，是商汤时期的著名大臣，他说：“上天于是赐予大王勇敢智慧。”《诗经·鲁颂·閟宫》说：“天锡公纯嘏，眉寿保鲁。”上天赐予鲁公大福，让他高寿保卫鲁域。这说明圣人的禀性素质、天下人最高的年寿，都是上天所赋予的，哪里一定是物品而后可以称为“赐”呢？如果上天果然因为大禹治水之功成就，赐予神龟以为祥瑞，如同舜乐《箫韶》演奏而凤凰来翔舞，孔子《春秋》著成而麒麟来到，则箕子所叙述的内容直接赞美大禹的功绩就可以了，哪里一定要鲧治水之功不成而发起呢？

六不可信：九畴的大纲，由大禹按次序排列，如同伏羲、周文王画八卦；而九畴的细目由箕子陈述，如同孔子创作《彖》《象》文辞用来彰明《易经》；周武王寻访箕子，如同周文王寻访姜太公而接受赤雀所衔的瑞书。上天把这种道理赐予大禹，大禹明悉其中道理而著述于《九畴》，留传以示于万世，成为不容更动和改变的经典，哪里有诡异神奇的事情呢？郑玄依据《春秋纬说题辞》说：“河以通乾出天苞。洛以流坤吐地符。”“河龙图发，洛龟书感。”“故图有九篇，书有六篇。”圣人只是说《河图》《洛书》出于黄河、洛水而已，哪里曾经说过神龟、龙马的事呢？又哪里有所谓“《河图》九篇，《洛书》六篇”呢？孔安国说“天与禹神龟负文而出”，实在也是怪诞虚妄了。人与神明之间接应，亲手所写或所画的东西明明白白的，就是北魏道士寇谦之、北宋大臣王钦若所伪造的天书，这些哪里可以用来解释圣人的经典呢？

其三，《洛书》本旨。这里包括两个方面：①《洛书》作用。《河图》《洛书》都是天地自然规律，而圣人根据它们创作《易经》，与《洪范》没有什么关系。②《洛书》表征。《洛书》之数就是表征《易经》的阴阳之理、奇偶之数、方位之所。

因此，王祎得出结论说：“《洛书》不是《洪范》，《河图》《洛书》都是天地自然之数，而圣人采取了这些自然之数，创制出了《易》。”

3. 结论

我们现在推究《河图》《洛书》，都以讨论《易经》的创作为主。《明堂》

的图见于《河洛精蕴》一书外篇。《洪范》是依据《洛书》而创作的说法，本书不采用。

(二) 以《河图》《洛书》制作《易》的依据

“朱子答袁枢”的话载于《周易折中·启蒙上·本图书第一·集说》中，江永引用时有删节并加了注。袁枢是南宋史学家，学识渊博，与当时学者朱熹有往来。朱熹在答复袁枢时有关于《河图》《洛书》的一段话，依江永所引阐释如下。

一是《河图》《洛书》不可破除。

认为《河图》《洛书》不足为信，这种说法自欧阳永叔(欧阳修)以来，就已经存在。欧阳修首开否定伏羲受《河图》画八卦的先河，载于《易童子问》中。《周易·系辞》关于伏羲画八卦的说法有二：其一为伏羲根据《河图》画八卦，其二为伏羲俯仰天地，观取人物而画八卦。欧阳修认为，前者是天授，后者是人为。如果《河图》出现时，八卦图形已经具备，则伏羲接受上天所授即可，又何必需要对这些人为的事物仰观俯察、远求近取；如果《河图》出现时，八卦图形尚未具备，必须通过人力为之，则所谓《河图》就不足以成为《河图》。

然而，毕竟《尚书·顾命》《周易·系辞》《论语·子罕》都有关于《河图》《洛书》的说法，这是无可奈何的。后来诸儒所传承的《河图》《洛书》两种图式的数，虽然有相互交叉对立的情况，但并没有出现乖悖违戾的地方。江永注说，宋时刘牧认为九数者为《河图》，十数者为《洛书》，假称其说出于陈希夷。南宋时南康的戴师愈伪造了《子华子》一书，其中也把《洛书》当作《河图》。

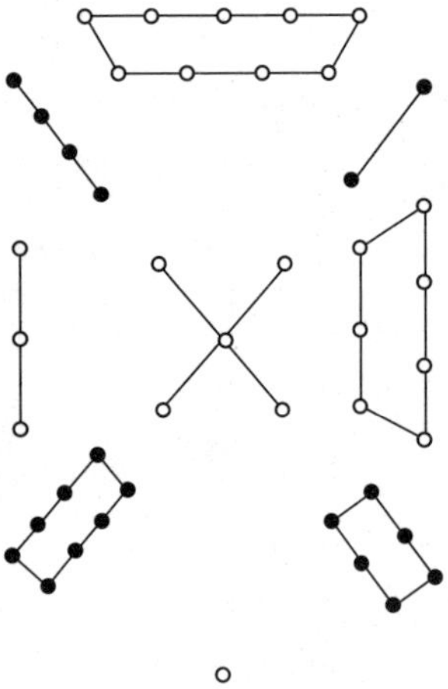

《河图》第四十九

宋刘牧所著《易数钩隐图卷下》所载“河图”有一，为《河图》第四十九。该图注说：“以五为主，六八为足，二四为肩，左三右七，戴九履一。”

所载《洛书》图有二，为《洛书》五行生数第五十三和《洛书》五行成数第五十四。

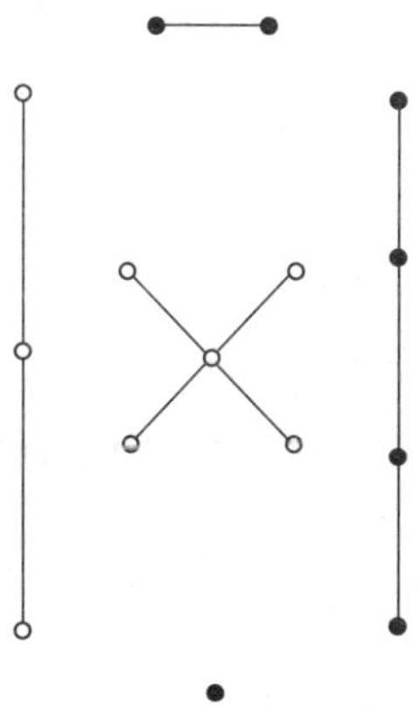

《洛书》五行生数第五十三

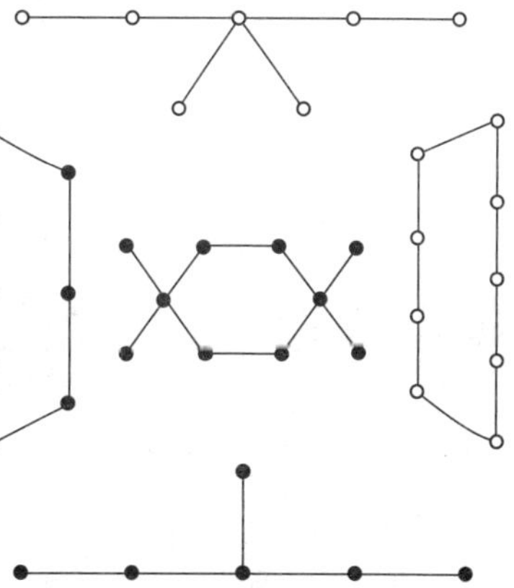

《洛书》五行成数第五十四

九数图与十数图，无论是称为《河图》还是《洛书》，其顺序数还是逆序数，纵向横向，曲直排列，都有明确的法则，不可以破除。

二是圣人作《易》不排除《河图》为来历之一。

至如《河图》与《易经》的天一至地十的内容相符合，而记载天地五十五数，则本来就是《易经》创建的。江永注说，后面朱熹说《洛书》与九畴数相符合的这段话被删掉了，这表明江永只取朱熹“《河图》与《易》相合说”，不取其“《洛书》与《洪范》相合说”。

朱熹针对欧阳修之说认为，《周易·系辞》虽然不说伏羲接受《河图》用来创作《易经》，但说到了仰观俯察、远求近取，怎么知道《河图》不是被观察求取的众多事物之一呢？圣人制作《易经》所使用过的方式，虽然不只一个，但其效法的自然现象的典范，必定有最贴近于其自身的地方。比如太古时期，混沌初开之世，天地之间，阴阳之气，虽然各有形象，然而最初未曾具备数字的形式。等到《河图》出现，然后五十五数，奇数偶数、生数成数，才变得明白可见。正是因为这样，《河图》才能够深刻发掘圣人独特的智慧，不是那些空泛地谈论气象的事物所可以比拟的。圣人经过仰观俯察，远求近取，所以等到看见《河图》之后，便能获取并表述出两仪、四象、八卦的阴阳、奇偶。虽然《周易·系辞》所论述的圣人创作《易经》的缘起不止一个方面，但这不影响我们得出他是获得了《河图》而后才做出决断这样的结论。

江永按：“朱子答袁枢”这段话阐发明确了圣人效法《河图》创作《易经》的由来，意义重大而表述圆满。世界上有不相信《河图》《洛书》的人，愚昧无知，而且自以为是，狂妄放肆地诋毁讥讽；又有轻视忽略《河图》《洛书》

的人，说《河图》《洛书》不出现，圣人也能创作《易经》，既然有了《易经》，何必用心深入推究《河图》《洛书》；又有不知道卦画与《河图》《洛书》关系最为切近的人，说《河图》《洛书》只是用七、九、六、八的数，区别阴阳的老少，其余可以内心领会，不必进一步挖掘其深意，如此看来，他从《河图》《洛书》中获得的启发，还是肤浅、不深刻。只有《御纂周易折中·启蒙附论》认为，《河图》《洛书》为天地自然的文章法度，确立八卦和用蓍草占卜的方法是圣人智慧的制造创作，《河图》《洛书》是各种道理的根本，是各种法度的起始，这断然不是人的力量、个人智慧所能参与的，而世上种种纷乱的杜撰拟写，琐碎的质疑辨析，都可以平息了。这几句话涵盖万事万物，包括各种言论。后来学者，正应当于各种道理的根本、各种法度的起始中，探寻更为幽深的学问，求索隐藏的奥秘，显现微妙之处，阐明幽深之理，用来表明：天地自然的文章法度之多，无法写尽，圣人智慧的制造创作之广，无法推究出边际。

(三) 前人未足见《河图》《洛书》之妙

江永分析邵雍、刘歆、关朗三家之说，认为前人没有完全发现《河图》《洛书》的奥妙。

1. 邵雍说分析

邵雍认为，圆形图案代表天上的星辰，历纪中历法“合二始以定刚柔，合二中以定律历，合二终以纪闰余”，其数开始于此。方形图案代表土地，画出地面的州数为九州，划定井田的面积为九百亩，这些数都仿效于此。圆形图案是《河图》的数，方形图案是《洛书》的文。所以伏羲、周文王依据它而创造《易经》，大禹、箕子叙述它而创作《洪范》。

江永按：邵雍所说这一条，没有完全发现《河图》《洛书》的奥妙。《河图》不一定是圆形图案，也可以为方形图案；《洛书》不一定是方形图案，也可以为圆形图案；历纪中的数只是《河图》应用中的一个方面；画定九州、一井九百亩的方法只是《洛书》应用中大的事迹。大概邵雍只专心致力于六十四卦圆图的研究，而忽略了《河图》《洛书》。

2. 刘歆说分析

刘歆认为，《河图》《洛书》互相作为经纬，八卦九章互相作为表里。

江永按：刘歆的话似乎有所发现。以《河图》来说，五行火位于南方，水位于北方，木位于东方，金位于西方，符合东西南北四方正位，似乎为经线，而《洛书》为纬线。以《洛书》来说，奇数居于四正方位，偶数居于四隅方位，似乎为经线，而《河图》为纬线。以八卦来说，乾为天、坤为地、坎为水、离为火、震为雷、巽为风、艮为山、兑为泽，各自居于其各自的方位，似乎为外表，而一、二、三、四、五、六、七、八、九之数为内里。以《洛书》来说，生数一、二、三、四、五，成数六、七、八、九、十，阴与阳相互配偶，各自得到各自的位置，似乎为外表，而八卦为内里。然而它们之所以相互为经线与纬线、外表与内里的原因，恐怕刘歆未能说明。《河图》《洛书》与卦画之所以交涉关联，其中奥妙没有阐发出来；何况以九章为九畴，八卦与九畴有什么关系牵涉呢？

3. 关朗说分析

关朗（字子明，北魏太和时人，据说为东汉末年名将关羽的玄孙——作者注）曾自述，其六代祖关渊收藏有《洞极真经》一书。此书收录于元胡一桂撰《周易启蒙翼传外篇》中。《洞极真经·叙本论》认为，《河图》的图文，是前为七，后为六，左为八，右为九。

巽	离	坤
震		兑
艮	坎	乾

《河图》生八卦示意图

用《河图》前方全部七数中的三数作为离卦，余数四作为巽卦；左方全部八数中的三数作为震卦，余数五作为艮卦；后方全部六数中的三数作为坎卦，余数三作为乾卦；右方全部九数中的三数作为兑卦，余数六作为坤卦。四正方位是《河图》六、七、八、九全部数所在的方位，四隅方位是《河图》六、七、八、九减去三数的余数所在的方位，通过其数的变化，生成后天八卦。《易经》说“四象生八卦”，就是指此吧。

江永按：从前人不知道有先天八卦，所以只以后天八卦论述，《洞极真经·叙本论》勉强与《河图》相比，牵强附会，添补拼凑，不是自然而然的道理。

敘本論 并圖
生 興 達 實 萌 通 茂 息 抑
煥 華 幾 安 育 静 序 止 冥
烓 紊 用 和 悖 塞 作 平 資

叙本论

圣人则《河图》画卦图

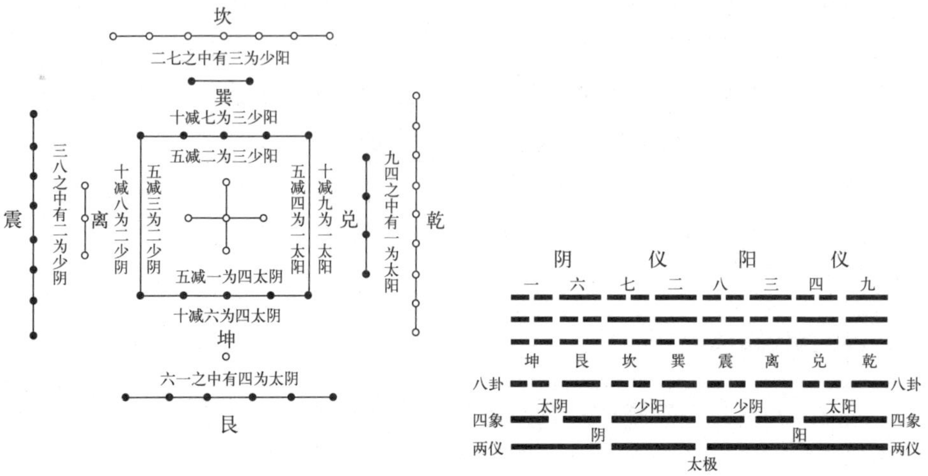

圣人则《洛书》列卦图

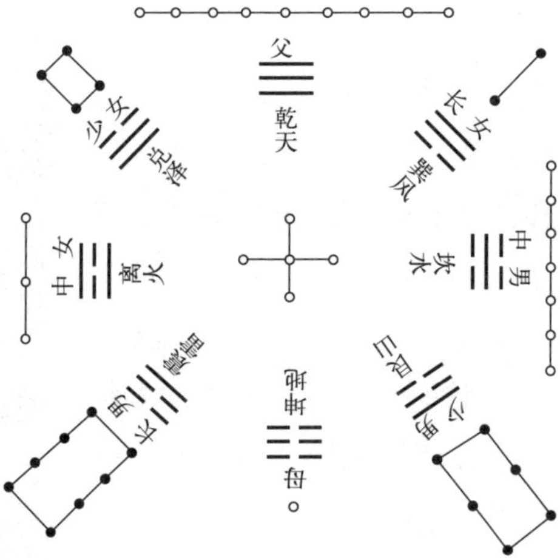

乾为父得九
震长男得八
坎中男得七
艮少男得六
坤为母得一
巽长女得二
离中女得三
兑少女得四

图说

《易》曰："河出《图》，洛出《书》，圣人则之。"今幸有《河》《洛》二图传于世，朱子《易本义》取之以冠篇端，又作《启蒙》以发明之，可谓万世之幸矣。

相传《河图》出于伏羲之世，则圣人之作《易》也，必于《河图》为最先。易卦之作，所谓"易有太极，是生两仪，两仪生四象，四象生八卦"者也。夫《图》以点而卦以画，《图》数有十而卦止八，二者甚不相侔，何以言则？既曰则之，则必有确然不易之理数，与之妙合无间，然后可谓则《图》作《易》。今以卦之方位，视《图》之方位，若方底而圆盖，圆凿而方枘，龃龉不能相入。若曰则之以意，不在形迹，则虚遁之辞也。若但以虚位比拟，可彼可此，牵强纽合，可东可西，则亦不见圣人之神智矣。扬子云作《太元》拟《易》，朱子讥其零星凑合，曾谓圣人则《图》作《易》，亦同于比拟纽合者耶？《启蒙》之论"则《河图》"也，曰："析四方之合以为乾、坤、离、坎，补四隅之空以为兑、震、艮、巽。"又曰："乾、坤、离、坎居四实，兑、震、艮、巽居四虚。"后学思之，甚可疑焉。夫谓"析四方之合以为乾、坤、离、坎，而居四实"也，未知其用内一层之生数，抑用外一层之成数乎？如用生数，则一似可为坤，而二何以为乾？三似可为离，而四何以为坎？如用成数，则六似可为坤，而七何以为乾？八何以为离？九何以为坎？其谓"补四隅之空以为兑、震、艮、巽，而居四虚"也，未知其用成数补，抑用生数补乎？如用成数，则六似可居西北当艮，而七何以为兑？八似可居东北当震，而九何以为巽？如用生数，则二似可居西南当巽，而一何以为震？三何以为兑？四何以为艮？皆非确然之理数。正是虚位比拟，可彼可此，牵强纽合，可东可西。恐圣人会心于《图》象以作《易》，不如是其肤浅也。且八方当八卦，而中间五、十竟置诸无用之地，则亦不见造化之妙矣。

愚谓《河图》之数，水北火南，木东金西，乃先天涵后天之位。而其所以成先天八卦者，乃是析《图》之九、四、三、八，以当乾、兑、离、震之阳仪，分《图》之二、七、六、一，以当巽、坎、艮、坤之阴仪。序列既定，然后中判，规而圆之。乾、兑、离、震居左，则九、四、三、八亦居左。巽、坎、艮、坤居右，则二、七、六、一亦居右。适与《洛书》八方相符焉。此《图》《书》卦画，所以有相为经纬、相为表里之妙。若欲于《图》

之八数，求卦之方位，必有虚位比拟、牵强组合之病矣。且先儒于两仪、四象，亦有未的确处。《本义》云："两仪者，始为一画以分阴阳；四象者，次为二画以分太少。"此言卦画则确矣。《启蒙》配合《图》《书》，则谓"两仪者，奇偶"。夫阴阳之道，变化无方，岂止论奇偶哉！如聚一、三、五、七、九居左，二、四、六、八、十居右，以是为两仪，将何以自然而成四象，分八卦乎？以《图》《书》观之，阴阳之类有三：一以奇偶分阴阳，天数五、地数五是也。一以生数成数分阴阳，一、二、三、四，其卦为坤巽离兑，六、七、八、九，其卦为艮坎震乾是也。一以纵横分阴阳，九、四、三、八，横列者为阳，其卦为乾兑离震，二、七、六、一，纵列者为阴，其卦为巽坎艮坤是也。圣人则《图》画卦，却是以纵横分阴阳为主。其为横图，则横列者在前，纵列者在后；为圆图，则横列者居左，纵列者居右，是谓两仪。即乾、兑、离、震之下一画为阳，巽、坎、艮、坤之下一画为阴是也。方其生八卦，则一仪分为四；方其生四象，则一仪分为二；方其生两仪，则止有二画。则乾、兑、离、震之下一画，岂不可连为一阳，巽、坎、艮、坤之下一画，岂不可连为一阴乎？不但八卦如此，六十四卦亦然。左边三十二卦之下一画，可连为一阳，右边三十二卦之下一画，可连为一阴也。然则以奇偶分两仪，当就卦画言之。虽成卦在后，而成卦之理在先，数亦在先。若《图》《书》数之奇偶，则与卦画奇偶大不同。乾、坤、离、坎居四正，当奇；兑、震、艮、巽居四隅，当偶。此又别是一理。四正卦不可反覆，四隅卦可反覆也。而坤离以阴而居阳，震艮以阳而居阴，若两仪之卦，兑离阴也而居阳，坎艮阳也而居阴。何其纷错如此？盖先儒未分析阴阳之类有不同，又未有言"横列为阳、纵列为阴"者，是以两仪无的确之论，而《图》《书》卦画不能相通，遂由此始也。

至于四象，朱子谓其位则太阳一、少阴二、少阳三、太阴四，其数则太阳九、少阴八、少阳七、太阴六，分位与数为二。愚谓九八七六者，由揲(shé)蓍(shī)得之，其实以一、二、三、四为根，其象则以两画相重，分奇偶者为正。先儒以九、八、七、六为数之实，而一、二、三、四，第为次序之位。愚则谓九、八、七、六固为数之实，一、二、三、四亦是数之实。盖一、二、三、四由中宫之五十而生，隐藏于四方八数之中。隐藏者其体，见出者其用。非即以《图》之一、二、三、四为四象之位也。太阳居一，藏于西方之九四，九减十为一，四减五为一，九为太阳，而四亦为太阳。少阴居二，藏于东方之三八，八减十为二，三减五为二，八为少阴，而三亦为少阴。少阳居三，藏于南方之二七，七减十为三，二减五为三，七为少阳，而二亦为少阳。太阴居四，藏于北方之六一，六减十为四，一减五为四，六为太阴，而一亦为太阴。伏羲画卦，变《图》之圆点以为横画。先画一奇以象阳，则西东九、四、三、八之横数在其中矣。次画一偶以象阴，则南北二、七、六、一之纵数在其中矣。奇上加奇以象太阳，则九四在其中矣。奇上加偶以象少阴，则三八在其中矣。偶上加奇以象少阳，则二七在其中矣。偶上加偶以象太阴，则六一在其中矣。又于太阳之上加一奇，纯阳也，九为成数之最多当之，命之曰乾。太阳之上加一偶，以偶为主，阴卦也，四为生数之最多当之，命之曰兑。少阴之上加一奇，以中画之偶为主，阴卦也，三为生数之次多当之，命之曰离。少阴之上加一偶，以下画之阳为主，阳卦也，八为成数之次多当之，命之曰震。是为阳仪之四卦，以其下画皆阳也。少阳之上加一奇，以下画之偶为主，阴卦也，二为生数之次少当之，命之曰巽。少阳之上加一偶，以中画之阳为主，阳卦也，七为成数之次少当之，命之曰坎。太阴之上加一奇，以奇为主，阳卦也，六为成数之最少当之，命之曰艮。太阴之上加一偶，纯阴也，一为生数之最少当之，命之曰坤。是为阴仪之四卦，以其下画皆阴也。

八卦横列，一乾、二兑、三离、四震、五巽、六坎、七艮、八坤。其数之实，则为九乾、四兑、三离、八震、二巽、七坎、六艮、一坤。乾坤首尾以九一对，其次兑艮以四六对，其次离坎以三七对，其中震巽以八二对。圣人则《河图》画卦者，本如此。在卦画，则一分为二，二分为四，四分为八者，出于自然。在《图》数，则九四相合为太阳，三八相合为少阴，二七相合为少阳，六一相合为太阴，亦出于自然。是以天启其心，变点为画，自有若合符节之妙。及横图既成，中判为二，规而圆之，以象天地之奠定、气化之运行，则阳仪居左为乾、兑、离、震，阴仪居右为巽、坎、艮、坤。以八类象之，天、地对于上、下，水、火对于西、东，雷、风对于东北、西南，山、泽对于西北、东南，以成天地之体象。若以数观之，乾父、坤母当九一，震长男、巽长女当八二，坎中男、离中女当七三，艮少男、兑少女当六四，数与卦自相配。而《洛书》八方之位，正与先天八卦相符，故今分为两图。一为则《河图》以画卦，一为则《洛书》以列卦。而画卦之序即附于《河图》之下，列卦之位即见于《洛书》之中。昔也离之，今也合之。昔也

《图》不能与《书》通，卦不能与数合；今则有绳贯丝联、操券符契之妙，是为河洛之精义。先儒欲发明之而未昭晰者，不可不为之补苴而张皇也。

《河图》四象藏于四方，理未易明，变点为线以明之。

白话解读

(一) 圣人作《易》必于《河图》为最先

《周易·系辞上传》说："黄河出现《图》，洛水出现《书》，圣人效法它们。"这说明圣人作《易》之前已经有《河图》《洛书》，然后根据它们而画八卦。现在幸运的是有《河图》《洛书》两种图式流传于世间，朱熹《周易本义》取此二图并列于其书开篇首位。

朱熹又创作《易学启蒙》一书对《河图》《洛书》进行了创造性发挥，这可以称为万世的幸事。相传《河图》出现于伏羲时代，所以圣人创作《易经》时，必定把《河图》作为最先效法的依据。易卦的创作过程，就是人们所说的"易有太极，是生两仪，两仪生四象，四象生八卦"的过程。

(二) 圣人则《河图》《洛书》作《易》

1. 何谓"则"

既然说"圣人则之"，首先就要搞清什么是"则"。从《河图》《洛书》图式看，用的是黑白点，而易卦用的是图画，《河图》有从一至十共十个数，而易卦只有八个卦，二者很不对等，凭什么称为"则"呢？既然称为"则之"，就必然有确定不可移易的道理和数量，与《河图》《洛书》精妙吻合，然后才可以称为"则"《河图》《洛书》创作《易经》。

2. 很难"则"

现在我们用八卦所配合的方位，来对照《河图》《洛书》的方位，就如同方形的底和圆形的盖，圆形的榫眼和方形的榫头，互相抵触，格格不入。如果说效法的是其意义，不在于它的规矩形式，那是虚假搪塞的言辞。如果只是以有名无实的方位描述八卦与《河图》《洛书》的对应关系，既可以那样，也可以这样，勉强联结，从中根本看不出圣人的智慧。扬子

(扬雄，字子云，西汉儒学家——作者注)模仿《易经》创作了《太玄》，朱熹就讥讽那是零零碎碎凑合而成的，但朱熹曾经像讽刺扬雄仿照《易经》作《太玄》一样，说过圣人效法《河图》创作《易经》是虚妄比拟、勉强组合吗?

朱熹在《易学启蒙》中试图论述圣人如何"则《河图》"，《本图书第一》说，圣人效法《河图》是虚其中央。《河图》的虚数是五与十，位在中央，这是太极。四方奇数一、三、七、九，其合为二十；偶数二、四、六、八，其合为二十，这是两仪。以一、二、三、四为六、七、八、九，这是四象。将四方的合数分拆开来，成为乾、坤、离、坎，补充四隅方位的空位，成为兑、震、巽、艮，这是八卦。《原卦画第二》解释"四象生八卦"时又说，四象的卦画上面，各产生一奇画一偶画而成为三画的八卦，于是卦画中的天、地、人三才大略具备，而有八卦的名称了，其位就是乾一、兑二、离三、震四、巽五、坎六、艮七、坤八。在《河图》中，则乾、坤、离、坎四卦分别居位于四方有数的实位，兑、震、巽、艮四卦分别居于四隅无数的虚位。

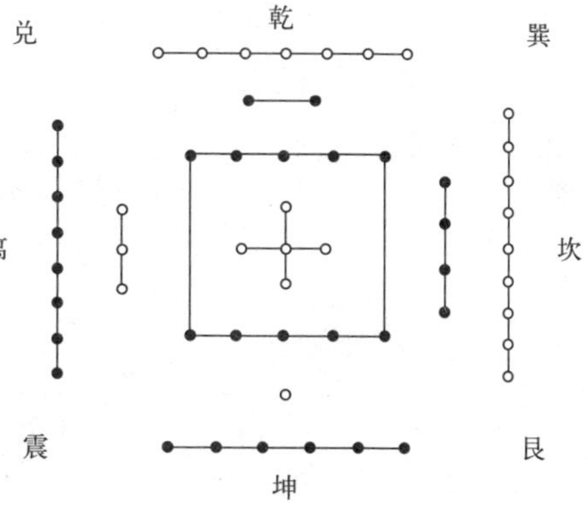

《河图》配先天八卦图

作为后学者，思考这段论述，认为其非常值得怀疑。

首先，说"析四方之合以为乾坤离坎，而居四实"，有三层疑问：一者，不知道它用《河图》内一层的生数，还是用外一层的成数？二者，如果用生数，则一数似可以为先天坤卦，而二数为什么为先天乾卦？三数似可以为先天离卦，而四数为什么为先天坎卦？三者，如果用成数，则六数似可以为先天坤卦，而七数为什么为先天乾卦？八数为什么为先天离卦？九数为什么为先天坎卦?

其次，说"补四隅之空以为兑震艮巽，而居四虚"，有三层疑问：一者，不知道它用《河图》外一层的成数来补充，还是用内一层的生数来补充？二者，如果用成数，则六数似可以居位西北适当先天艮卦，而七数为什么为先天兑卦？八数似可以居位东北适当先天震卦，而九数为什么为先天巽卦？三者，如果用生数，则二数似可以居位西南适当先天巽卦，而一数为什么为先天震卦？三数为什么为先天兑卦？四数为什么为先天艮卦？

这些疑问表明，朱熹《易学启蒙》所述“则《河图》”之法都不是确切不可改易的道理与数量。正是犯了虚妄比拟的毛病，勉强将八卦与《河图》《洛书》联系结合起来。恐怕圣人用心领会《河图》图像来创作《易经》，不会是如此肤浅。况且八个方位对应八卦，而《河图》中间的五数、十数竟然放置于无用的地方，就也不能显现自然造化的奥妙了。

3. 如何“则”

(1)《河图》成先天八卦

江永认为，《河图》中的数，五行水位于北方，火位于南方，木位于东方，金位于西方，是先天包含后天的方位。而《河图》数之所以形成先天八卦，是分开《河图》的九、四、三、八，用来对应乾、兑、离、震的阳仪，分开《河图》的二、七、六、一，用来对应巽、坎、艮、坤的阴仪。

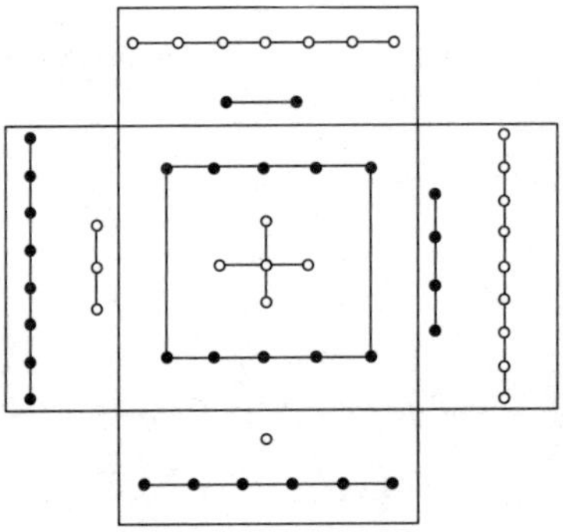

《河图》数分当阴阳两仪

排列顺序确定后，对半分开，用圆规排布成圆的形状。乾、兑、离、震卦居于圆的左方，则九、四、三、八数也居于左方。巽、坎、艮、坤卦居于圆的右方，则二、七、六、一数也居于右方。正好与《洛书》八个方位数相互符合。

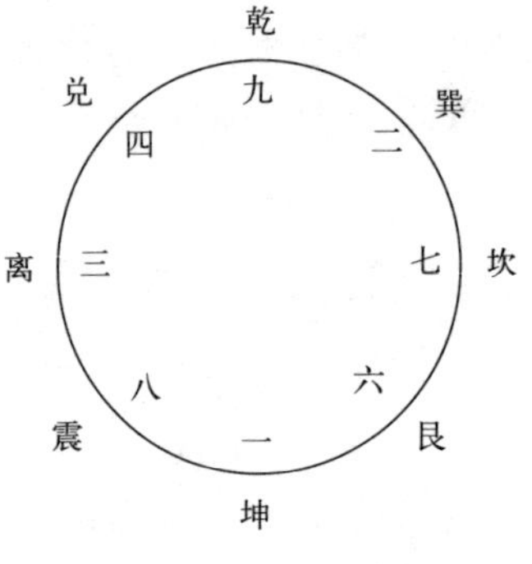

《河图》数分当阴阳两仪与《洛书》相符

这样一来，《河图》《洛书》、卦画，

才有了相互为经线与纬线，相互为外表与内里的奥妙。如果想就《河图》四方的八个数探求八卦的方位，必定会有虚妄比拟、牵强组合的弊病了。

(2)两仪、四象确论

先世的儒家学者对于两仪、四象的理解，也有不准确的地方。

① 两仪确论

朱熹《周易本义·系辞上传》认为，两仪是开始于一画用以区分阴阳；四象是其次为二画用以区分太、少。这用来讲卦画过程是正确的。朱熹《易学启蒙·原卦画第二》论述“是生两仪”认为，配合《河图》《洛书》而言，“两仪就是数的奇偶”。但是，阴阳的规律是善于变化而没有固定的方向和程式，哪里只是用数的奇偶来论断阴阳呢？如果聚集一、三、五、七、九奇数居位于圆图的左方，二、四、六、八、十偶数居位于圆图的右方，以此为两仪，要如何才能够自然而然形成四象、分为八卦呢？

用《河图》《洛书》来观察，阴阳的类别有三种：一是用数的奇偶分阴阳。如天数五即一、三、五、七、九，地数五即二、四、六、八、十，就是例证；二是用五行生数与成数分阴阳，如五行生数一、二、三、四，其对应先天八卦为坤、巽、离、兑，五行成数六、七、八、九，其对应先天八卦为艮、坎、震、乾，就是例证；三是用排列的纵横方向分阴阳，如《河图》中九、四、三、八，横向排列为阳，其对应先天八卦为乾、兑、离、震，二、七、六、一，纵向排列为阴，其对应先天八卦为巽、坎、艮、坤，就是例证。

圣人效法《河图》画八卦，却是用排列的纵横方向分阴阳为主要方法。当其排列为横图时，则横向排列的数在前面，纵向排列的数在后面；当其排列为圆图时，则横向排列的数居于左方，纵向排列的数居于右方，这就称为两仪。这两仪就是乾兑离震横向排列四卦的最下面一画为阳，巽坎艮坤纵向排列四卦的最下面一画为阴，以此构成两仪。

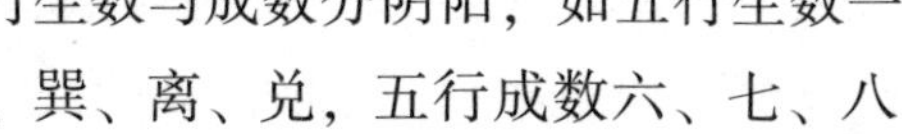

当《河图》产生八卦时，则一仪分为四；当《河图》产生四象时，则一仪分为二；当《河图》产生两仪时，则只有二画。如此看来，则乾、兑、离、震横向排列四卦的最下一画，难道不可以连接为一阳，巽、坎、艮、坤纵向排列四卦的最下一画，难道不可以连接为一阴吗？不但八卦是这样，六十四卦也是这样。六十四卦圆图左边三十二卦的最下一画可以连接为一阳，右边三十二卦的最下一画可以连接为一阴。

然而用数的奇偶分为阴阳两仪，应该是针对卦画而言的。虽然按时间顺序来说，形成八卦靠后，而形成八卦的道理出现在先，形成八卦的数出现也在先。如《河图》《洛书》数的奇偶，就与卦画数的奇偶有很大不同。在《河图》《洛书》配合先天八卦中，乾、坤、离、坎居于四正方位，对应九、一、三、七奇数；兑、震、艮、巽居于四隅方位，对应四、八、六、二偶数。这其中又包含着另外一种道理。就卦画而论，乾、坤、离、坎四正卦，正着看与反着看都是一样的，是为一，为奇，所以说“四正卦不可反覆”；兑、震、艮、巽四隅卦，正着看为兑、震、艮、巽，反着看则为巽、艮、震、兑，是一卦可为二卦，为偶，所以说“四隅卦可反覆”。就卦的阴阳与数的阴阳而论，坤一、离三都是阴卦而居于阳数的位置，震八、艮六都是阳卦而居于阴数的位置；就《河图》数分为阴阳两仪与先天八卦的配合而论，兑、离都是阴卦而居于阳仪，坎、艮都是阳卦而居于阴仪。为什么会如此众说纷纭呢？大概是先世的那些儒家学者没有分清阴阳的类别有所不同，又没有说清“横列为阳、纵列为阴”，所以不能正确地论述两仪，而《河图》《洛书》与卦画不能相互贯通的弊病，由此开始。

② 四象确论

至于四象，朱熹在《易学启蒙·上·原卦画第二》解释“两仪生四象”时认为，四象先后顺序的位次是太阳一、少阴二、少阳三、太阴四，四象代表的数目是太阳九、少阴八、少阳七、太阴六。这是将四象的位次与数目区别为两种不同的特征。

江永认为，九、八、七、六，是用大衍之法抽数 49 根蓍草茎所得到的数目，其实质是以一、二、三、四位次为根本，其形象就是用两个卦画相互重叠，分别数目和位次的奇偶，区分正确的阴阳。

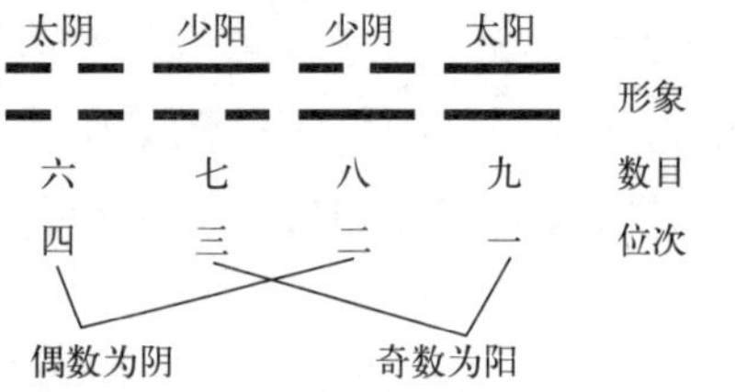

四象之形象、数目、位次、阴阳

先世的儒家学者认为，九、八、七、六为四象数目的实际，而一、二、三、四，是排列四象先后次序的位次。江永认为，九、八、七、六固然为四象数目的实际，一、二、三、四也是四象数目的实际。一、二、

三、四由《河图》中宫的五、十而产生，隐藏于《河图》四方的八个数之中。隐藏起来的是它的本体，显现出来的是它的作用。《河图》显现出来的一、二、三、四，不能就当作四象的位次。隐藏在四方八数中的一、二、三、四才是四象真正的位次。就《河图》隐藏的四象位次而论，太阳居于一位，隐藏于西方的九、四之中，九与中宫的十相减为一，四与中宫的五相减为一，因此，九为太阳，而四也为太阳；少阴居于二位，隐藏于东方的三、八之中，八与中宫的十相减为二，三与中宫的五相减为二，因此，八为少阴，而三也为少阴；少阳居于三位，隐藏于南方的二、七之中，七与中宫的十相减为三，二与中宫的五相减为三，因此，七为少阳，而二也为少阳；太阴居于四位，隐藏于北方的六、一之中，六与中宫的十相减为四，一与中宫的五相减为四，因此，六为太阴，而一也为太阴。

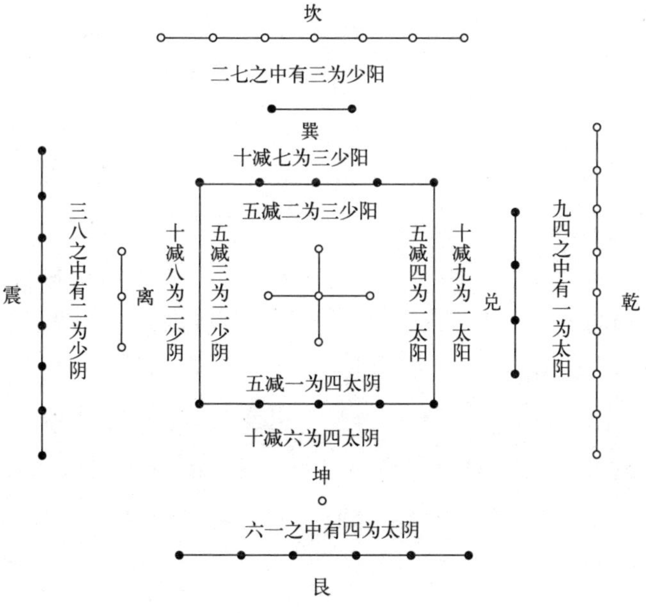

《河图》隐藏的四象位次图

③ 伏羲画卦过程

伏羲氏画八卦，是将《河图》中的黑白圆点改变为横画。

画两仪：首先，画一奇画用来象征阳，则《河图》自西向东九、四、三、八的横数在这一奇画之中了；其次，画一偶画用来象征阴，则《河图》自南向北二、七、六、一的纵数在这一偶画之中了。如下图所示。

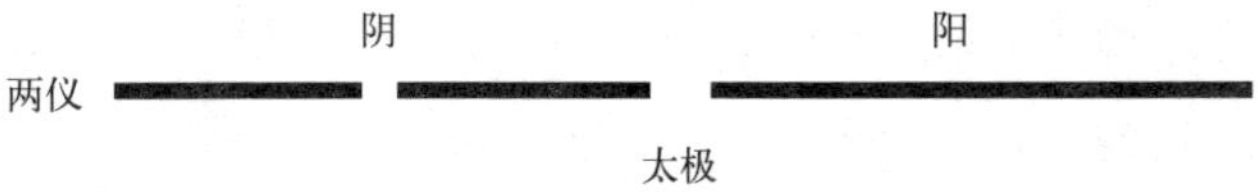

画四象：奇画上加一奇画用来象征太阳，则九、四在其中了。奇画上加一偶画用来象征少阴，则三、八在其中了。偶画上加一奇画用来象征少阳，则二、七在其中了。偶画上加一偶画用来象征太阴，则六、一在其中了。如下图所示。

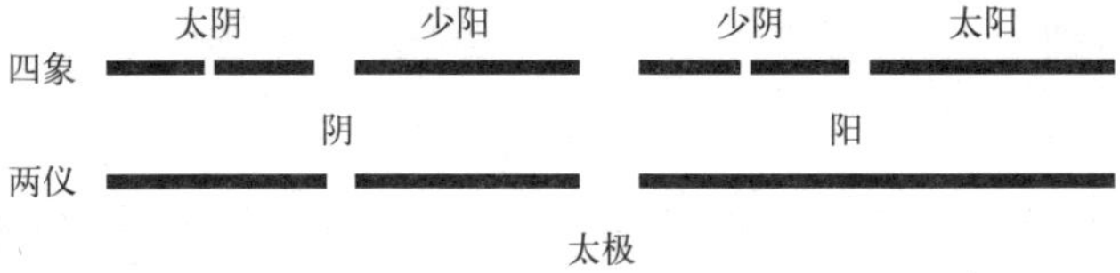

画八卦：又在太阳的上面加一奇画，是纯阳，九为五行成数中最多的数，与之对应，命名为乾。太阳的上面加一偶画，以偶画为主要，是阴卦，四为五行生数中最多的数，与之对应，命名为兑。少阴的上面加一奇画，以中间的偶画为主要，是阴卦，三为五行生数中次多的数，与之对应，命名为离。少阴的上面加一偶画，以下方的阳画为主要，是阳卦，八为五行成数中次多的数，与之对应，命名为震。这就是阳仪的四卦，因为其下方的画都是阳。少阳的上面加一奇画，以下方的偶画为主要，是阴卦，二为五行生数中次少的数，与之对应，命名为巽。少阳的上面加一偶画，以中间的阳画为主要，是阳卦，七为五行成数中次少的数，与之对应，命名为坎。太阴的上面加一奇画，以奇画为主要，是阳卦，六为五行成数中最少的数，与之对应，命名为艮。太阴的上面加一偶画，是纯阴，一为五行生数中最少的数，与之对应，命名为坤。这就是阴仪的四卦，因为其下方的画都是阴。如下图所示。

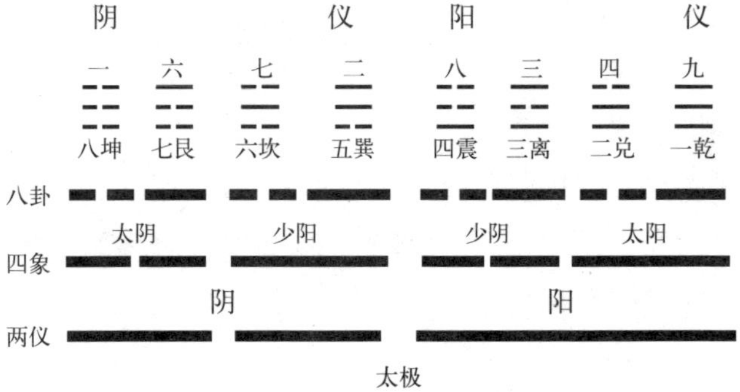

八卦横向排列，其次序数是一乾、二兑、三离、四震、五巽、六坎、七艮、八坤。其数目的实际，则为九乾、四兑、三离、八震、二巽、七坎、六艮、一坤。乾、坤为先天八卦首尾，用九、一相对；其次，兑、艮用四、六相对；其次，离、坎用三、七相对；其次，震、巽用八、二相对。

圣人效法《河图》画卦的过程，本来就是这个样子。在卦画，就是一分为二、二分为四、四分为八，这是出于自然规律。在《河图》数，就是九、四相合为太阳，三、八相合为少阴，二、七相合为少阳，六、一相合为太阴，也是出于自然规律。大自然启迪了圣人的心灵智慧，所以圣人改变《河图》的圆点成为横画，自然完全吻合，有着宛如符节两半合二为一的奇妙。

等到横向排列的八卦图已经完成之后，从中间一分为二，规划为圆的形状，用来象征天地的建立、阴阳之气变化的运行，如此便是阳仪居于圆图的左方为乾、兑、离、震，阴仪居于圆图的右方为巽、坎、艮、坤。用自然界八类事物象征它，就是天、地对应上、下，水、火对应西、东，雷、风对应东北、西南，山、泽对应西北、东南，以此成就天地之体的象征。

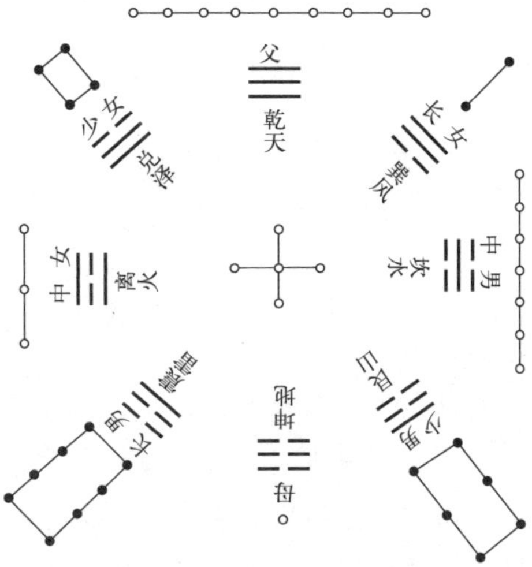

先天八卦圆图配《洛书》图

如果从自然数的角度来观察，乾父、坤母对应九、一，震长男、巽长女对应八、二，坎中男、离中女对应七、三，艮少男、兑少女对应六、四，数目与八卦按照一定次序自然相互配合。

而《洛书》八方位置，正好与先天八卦相互符合，所以现在分为两图：一图为则《河图》以画卦，一图为则《洛书》以列卦。而画卦的次序就附于《河图》的下面，列卦的方位就见于《洛书》之中。从前《河图》《洛书》、卦画是分开的，现在结合在一起。从前《河图》不能够与《洛书》相贯通，卦画不能够与《河图》《洛书》数相互符合，现在就有贯穿联结、双双契合的奥妙，这就是《河图》《洛书》的精义。先世的儒家学者想要阐释明白，而没有说清楚的部分，我们不可以不弥补，并使其显扬光大。

《河图》四象位次隐藏于四方数目之中，道理不容易明白，改圆点为横线可以明确显示它。

线河图

（借天干之字做记号，非有意义也）

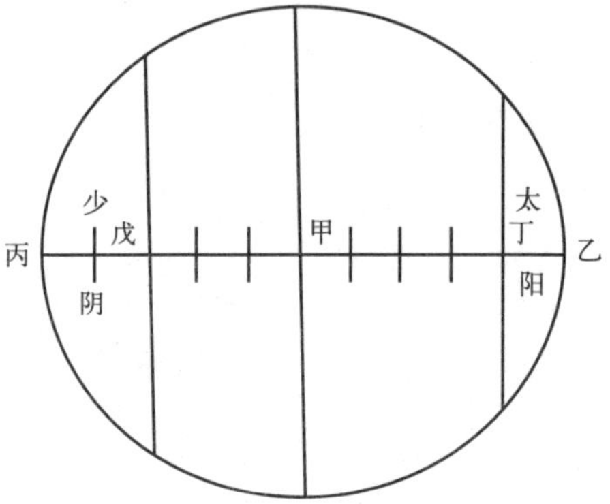

横列太阳少阴图

圈象太极，乙丙全径为十，乙甲半径为五。西方截出乙丁为太阳一，丁丙为九，丁甲为四，九、四皆生于太阳。九为乾，四为兑，乾、兑下二画皆太阳。东方截出戊丙为少阴二，戊甲为三，戊乙为八，三、八皆生于少阴。三为离，八为震，离、震下二画皆少阴。

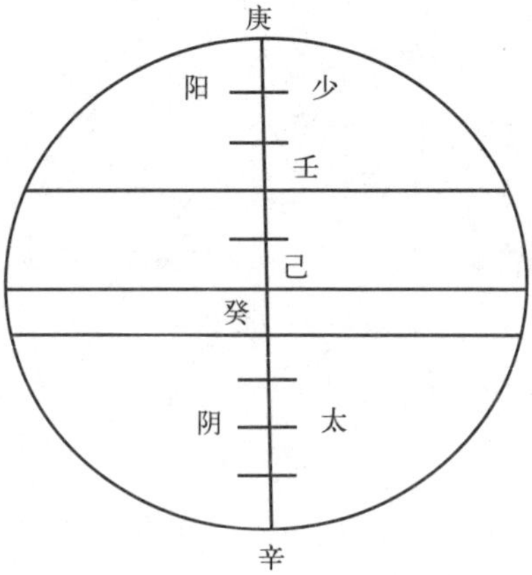

纵列少阳太阴图

庚辛全径为十，庚己半径为五。南方截出庚壬为少阳三，壬己为二，壬辛为七，二、七皆生于少阳。二为巽，七为坎，巽坎下二画皆少阳。北方截出癸辛为太阴四，癸庚为六，癸己为一，六、一皆生于太阴。六为艮，一为坤，艮、坤下二画皆太阴。

白话解读

江永在线河图前加注：图中只是借天干文字作为记号，并非有实际意义。

横列太阳少阴图下加注，外圈为一个轴对称、中心对称的圆，象征太极，以右为西，以左为东，将圆圈按西东方向穿过圆心划一直线，即为一条直径，西边交点为乙，东边交点为丙，乙丙为直径全部等分为十份，乙甲为半径分为五份。西方截出乙丁一份代表太阳之数一，丁丙九份代表数九，丁甲四份代表数四，九、四数皆产生于太阳数一。九数为先天乾卦，四数为先天兑卦，乾、兑卦下边二画皆为太阳。东方截出戊丙二份代表少阴之数二，戊甲三份代表数三，戊乙八份代表数八，三、八数皆产生于少阴数二。三数为先天离卦，八数为先天震卦，离、震卦下边二画皆为少阴。

纵列少阳太阴图下加注，外圈为一个轴对称、中心对称的圆，象征太极，以上为南，以下为北，将圆圈按南北方向穿过圆心划一直线，即为一条直径，上边交点为庚，下边交点为辛，庚辛为直径全部等分为十份，庚己为半径分为五份。南方截出庚壬三份代表少阳之数三，壬己二份代表数二，壬辛七份代表数七，二、七数皆产生于少阳数三。二数为先天巽卦，七数为先天坎卦，巽、坎卦下边二画皆为少阳。北方截出癸辛四份为太阴之数四，癸庚六份为数六，癸己一份为数一，六、一数皆产生于太阴数四。六数为先天艮卦，一数为先天坤卦，艮、坤卦下边二画皆为太阴。

图说

伏羲则《河图》画卦，原是变点为线。今欲明四象藏于四方，惟平圆中作分线，则其理易明。以虚圈象太极，周子所谓无极而太极也。朱子《启蒙》亦如之。凡圆必有心，心必当圆之半。则全径岂不为十，半径岂不为五乎？《启蒙》云：“《河图》之虚五与十者，太极也。”以今观之，五、十即太极之体，虚其中即是实其中。盖四象由五、十而生，非能离五、十而别有四象。《河图》见出用数以示人，其体数之中藏者人不觉耳。旧说一、二、三、四为四象之位，六、七、八、九为四象之数。二老位于西、北，二少位于东、南。其数则各以其类交错于外。判位与数为二途，则同类者不同方，推之卦画必不能相符矣。此线河图所为作也。

白话解读

伏羲效法《河图》画出八卦，原本是将《河图》的圆点变为八卦的线条。现今想要阐明的是，太阴、太阳、少阴、少阳四象隐藏于东、西、南、北四个方位之中，唯有在平面正圆中做出可以等分的东西方向、南北方向的两条直径线，则其中隐藏的道理才易于明了。用中间虚无的圆圈象征太极，圆圈中间虚无象征无极，虚无之外有圆圈象征太极，这就是宋代哲学家周敦颐在《太极图说》中所说的“无极而生太极”。朱熹《易学启蒙·本图书第一》阐明“易有太极”时也是以中间虚无的圆圈象征太极。凡是圆必定有圆心，圆心必定为该圆直径的一半，那直径不就相当于十数，半径不就相当于五数吗？《易学启蒙·本图书第一》说：“《河图》的虚无五数与十数，就是太极。”以现今观察，五数、十数就是太极的本体，《河图》虚无中间，就是充实其中间。太阴、太阳、少阴、少阳四象由五数、十数而产生，五数、十数之外，并不能另有四象存在。《河图》把功用之数表现出来以显示于人，其本体之数在中间隐藏着而一般人不能觉察。旧时说法，一、二、三、四为四象排列先后的位次，六、七、八、九为四象代表的数目。六为太阴、九为太阳，称为二老，所谓老是指极动极静之时，《河图》方位六数在北方、九数在西方，所以说九和六两个老数位于《河图》的西方和北方；七为少阳、八为少阴，称为二少，所谓少是指初动初静之际，《河图》方位七数在南方、八数在东方，所以说八和七两个少数位于《河图》的东方和南方。一到十的各个数依据五行属性，则一与六同类、二与七同类、三与八同类、四与九同类、五与十同类，《河图》将一到十各个数依据其五行属性交错排列于外层方位。按旧时说法，判别四象排列先后位次的一、二、三、四与四象代表数目的六、七、八、九为两条途径，论四象位次是太阳一、少阴二、少阳三、太阴四，论四象数目是太阳九、少阴八、少阳七、太阴六，则《河图》中一、九同为太阳，二、八同为少阴，三、七同为少阳，四、六同为太阴，其四象属性虽然同类，但并不处于相同的方位，依此推演至八卦方位，必定不能相符了。这就是创作线河图的原因。

通论《河图》《洛书》

《启蒙·本图书》曰："天一地二，天三地四，天五地六，天七地八，天九地十。天数五，地数五，五位相得而各有合。天数二十有五，地数三十，凡天地之数五十有五。此所以成变化而行鬼神也。此一节，夫子所以发明《河图》之数也。天地之间，一气而已，分而为二，则为阴阳，而五行造化，万物始终，无不管于是焉。故《河图》之位，一与六共宗而居乎北，二与七为朋而居乎南，三与八同道而居乎东，四与九为友而居乎西，五与十相守而居乎中，盖其所以为数者，不过一阴一阳以两其五行而已。所谓天者，阳之轻清而位乎上者也。所谓地者，阴之重浊而位乎下者也。阳数奇，故一、三、五、七、九皆属乎天，所谓天数五也。阴数偶，故二、四、六、八、十皆属乎地，所谓地数五也。天数、地数各以类而相求，所谓五位之相得者然也。天以一生水而地以六成之，地以二生火而天以七成之，天以三生木而地以八成之，地以四生金而天以九成之，天以五生土而地以十成之。此又其所谓各有合焉者也。积五奇而为二十五，积五偶而为三十，合是二者而为五十有五，此《河图》之全数。皆夫子之意，而诸儒之说也。至于《洛书》，则虽夫子之所未言，然其象其说已具于前，有以通之。则刘歆所谓经纬表里者，可见矣。"

《折中》曰："中间述《大传》处，是夫子之意。天一生水之类，则是诸儒之说。盖诸儒旧说，皆以五行说《图》《书》。故朱子于《启蒙》《本义》因而仍之。他日又曰《河图》《洛书》于八卦九章不相著，未知如何也。然则朱子之意，盖疑《图》《书》之精蕴，不尽于诸儒之所云者尔。"

谨按：浑然之中，未始有数也。物生而后有象，象而后有滋，滋而后有数。数必始于一，一不能独立，必有二以为之配。有一二则成三，一加三、二倍二则成四，以后渐加渐倍，至于无穷。五为小成，十为大成。盖一四之合五也，二三之合亦五也，是数至四而五在其中矣；合两五则成十，而数全矣。奇数为阳从天，偶数为阴从地，阴阳自相随而相得也。五数小成，一得五成六，二得五成七，三得五成八，四得五成九，五复得五成十，生数、成数自相配而各有合也。自“天一地二”以至“五位相得”，《河图》之未合者也；至于“各有合”，则《河图》之位定矣。水北、火南、木东、金西、土中，天地自然之位也，而五十有五之数适符焉。夫子虽不言五行，而五行之理自在其中矣。

《本义》云“相得”谓一与二、三与四、五与六、七与八、九与十，各以奇偶为类而自相得；“有合”谓一与六、二与七、三与八、四与九、五与十，皆两相合。《启蒙》亦同。横渠张子曰：“一二相间，是相得也；各有合，以对相合，如一六、二七、三八、四九也。”此朱子说所本，然不止此也。《前汉·律历志》云“天之中数五，五为声”“地之中数六，六为律”。唐一行《历本议》云“天数始于一，地数始于二，合二始以定刚柔”“天数中于五，地数中于六，合二中以定律历”“天数终于九，地数终于十，合二终以纪闰余”“天有五音，所以司日”“地有六律，所以司辰”。则一与二、五与六、九与十有相得之理，三与四、七与八可知也。而近儒龚氏焕疑之，欲以孔疏之说释“五位相得”，谓一二、三四之相得，未见其用，考之亦不详矣。龚氏所以致疑者，因“五位”之“位”字谓今《河图》之位也。不知经文“五位”承上“天数五、地数五”，“位”字中兼“相得”与“有合”而言，如张子说，是“相得者相间之位，有合者相对之位”也。“相间之位”，犹言天一、地二为一位，天三、地四为一位，天五、地六为一位，天七、地八为一位，天九、地十为一位。此数之方生，阴阳相比，奇偶相随，而未合之位。及其见之于《图》，乃是有合之位。经文语意，本有宾主轻重也。龚氏之意，谓相得者言四方相次，如一、三、七、九，二、四、六、八是也；有合者言四方相交，如一六、二七、三八、四九是也。此说误矣。《图》之偶数固是二四六八相次，若奇数三七之间必由五而后得七，岂偶数相连，奇数独可间断乎！天地之气，固是播五行于四时，此章则以十数分五位，如但言四方不及中央，是四位非五位矣。如云三七之间自有五土之气，则长夏之土在夏秋之间，后天之坤在西南之位，不得以五数强附于东南使之相次矣。大抵《图》有十数，犹天干有十位。天干固分五行以配五方，论其次序，则甲乙为始，戊己为中，壬癸为终；相得如甲与乙、丙与丁、戊与己、庚与辛、壬与癸，犹兄弟之相随；有合如甲与己合、乙与庚合、丙与辛合、丁与壬合、戊与癸合，犹夫妇之相偶。惟《图》数中有此理，故天干应之，人事亦似之。夫子一言，而天干人事之理皆在其中矣。五六为天地之中，别有图说见外篇。

"凡天地之数五十有五，此所以成变化而行鬼神"。《启蒙》略之。《本义》谓"一变生水，二(原文"二"应为"六"——作者注)化成之；二化生火，七变成之"云云者，恐非定说。盖变化之道多途，非可执以奇数为变，偶数为化也。孔疏云"言此阳奇阴偶之数，成就其变化而宣行鬼神之用"，此解较浑成无病。且此句亦所以起下揲蓍之变化，故章末云"知变化之道者，其知神之所为乎"，与此句正相应也。神即鬼神，皆谓其神妙不测耳，鬼神可不拘屈伸往来之义。

朱子所以疑《图》《书》与八卦九章不相著者，因欲以《图》之方位配卦之方位，又未先论横图遽及圆图，是以见其不相著耳。后余论中详之。

《启蒙》曰："《图》《书》之位与数，所以不同者何也？《河图》以五生数统五成数，而同处其方，盖揭其全以示人而道其常，数之体也。《洛书》以五奇数统四偶数，而各居其所，盖主于阳以统阴而肇其变，数之用也。"

《折中》曰："朱子此条，已尽《图》《书》之大义。盖以生数统成数而同处其方者，自五以前为方生之数，自五以后为既成之数，阴生则阳成，阳生则阴成，阴阳二气相为终始，而未尝相离也；以奇数统偶数而各居其所者，四正之位奇数居之，四维之位偶数居之，阴统于阳，地统于天，天地同流，而定分不易也；揭其全以示人而道其常者，数至十而始全，缺一则不全矣，故曰数之体；主于阳以统阴而肇其变者，始于一，终于九，所以起因乘归除之法，故曰数之用。"

谨按：《河图》为体，《洛书》为用，此确论也。然用不离乎体，用数之成由体数之立。析《图》之九、四、三、八横列者居《书》之左，分《图》之二、七、六、一纵列者居《书》之右，则八方之位成，而八卦之位亦定。自然之理，非人所能安排。此义古今诸儒皆未发也。变十为九，应三角幂数及因乘归除之法，详见外篇。

《启蒙》此下论《河图》《洛书》皆以五为中。此理易明，故不录。且以方圆参两推三二之合为五，似多曲折，疑非得数之原。圆者径一围三，亦非密率确数。凡朱子以此释参天两地，释揲蓍策数者，皆不可为定说也。三二之合固为五，四一之合亦为五。三二之合木生火也，四一之合金生水也。木火同根，金水同源，是以《图》之东、南三二合五，而八七亦合十五；《图》之西、北四一合五，而九六亦合十五。然则中五者，东、南与西、北之合也。《书》之中五，则纵横斜角交于五，皆得十五。以此论中五之理，似更有精义。

扬子《太元》四方之数如《河图》，中央易为五五，是不用十，而以五五代十也。如圆径十者，半径五，合之为五五。然十数不可缺，故宜揭其全以示人而道其常。

《启蒙》又论中之五点，《图》《书》各象其所当之方位，此无深义，今不录。若《图》《书》三同二异，乃是火金易位，易之而顺生者成逆克，亦是势之不得不然。《启蒙》谓阳不可易而阴可易，成数虽阳，固亦生之阴，似费解说，今亦不录。惟《书》之右旋有首尾相衔一义，又有暗用七数一义，则先儒皆未言。首尾相衔者，一六合七而七继之，七二合九而九继之，九四合十三而三继之，三八合十一而一继之，此八位所以能连环而归除也。暗用七数者，西方固七，二合中五为七，二减九亦为七，四合三为七，一减八亦为七，一合六又为七。是以蓍用七七，而勾股、声律、纳甲皆以七为用也。

《启蒙》曰："《河图》之一、二、三、四，各居其五象本方之外，而六、七、八、九、十者又各因五而得数，以附于其生数之外。《洛书》之一、三、七、九，亦各居其五象本方之外，而二、四、六、八者，又各因其类以附于奇数之侧。盖中者为主而外者为客，正者为君而侧者为臣，亦各有条而不紊也。曰：其多寡之不同，何也？曰：《河图》主全，故极于十，而奇偶之位均，论其积实，然后见其偶赢而奇乏也。《洛书》主变，故极于九，而其位与实，皆奇赢而偶乏也。必皆虚其中也，然后阴阳之数均于二十而无偏耳。曰：其序之不同，何也？曰：《河图》以生出之次言之，则始下、次上、次左、次右，以复于中，而又始于下也。以运行之次言之，则始东、次南、次中、次西、次北，左旋一周，而又始于东也。其生数之在内者，则阳居下、左，而阴居下、右也。其成数之在外者，则阴居下、左而阳居上、右也。《洛书》之次，其阳数则首北、次东、次中、次西、次南，其阴数则首西南、次东南、次西北、次东北也。”

今按：《洛书》阳数自西而南，阴数自东南而西北以至东北，皆无意义，恐非自然之理。后人推之，有胜于先儒者。赵氏汝楳曰：“阳以三左行，阴以二右行。三其一为三，三其三为九，三其九为二十七，三其二十七为八十一，至于亿兆皆然。二其二为四，二其四为八，二其八为十六，二其十六为三十二，至于亿兆亦皆然。”按：此即参天两地而倚数之理，见于《洛书》。有言天圆围三、地方围四者，非也。再考之，阴数亦以三左行，三其二为六，三其六为十八，三其十八为五十四，三其五十四为一百六十二是也；阳数则不能以二右行，阴随阳而阳不能随阴也。

“合而言之，则首北、次西南、次东、次东南、次中、次西北、次西、次东北，而究于南也。”

今按：此顺九宫之序，一、二、三、四、五、六、七、八、九也。凡言九宫之运行，皆依此序。又有逆而行者，十二律隔八相生是也。以九位复其六五四，得十二位，以布十二辰，九为子，二为丑，布至四为亥，则六阳辰得奇数，六阴辰得偶数，九为黄钟，八为林钟，隔八相生，以终于仲吕，周而复始。而隔八之数，由《河图》之五、二、九、六、三、十、七、四、一、八、五，皆是五声相生之数。此成变化行鬼神之妙，从未有窥其窔奥者。详见外篇。

“其运行则水克火，火克金，金克木，木克土，右旋一周，而土复克水也。是亦各有其说矣。”“曰：其七、八、九、六之数不同，何也？曰：《河图》六、七、八、九既附于生数之外矣，此阴阳老少进退饶乏之正也。其九者，生数一、三、五之积也，故自北而东而西，以成于四之外；其六者，生数二、四之积也，故自南而西，自西而北，以成于一之外；七则九之自西而南者也；八则六之自北而东者也，此又阴阳老少互藏其宅之变也。”

按：此条可疑。方位必循序，何能自东而遽至西，七又何能自西而南？数有十位，何故止于东之八，不及中之十也？合生成内外而观之，阳数始于北，一、三、五、七、九左旋而终于西；阴数始于南，二、四、六、八、十亦左旋而终于中，此《河图》位与数自然之序。初无“九为一、三、五之积，六为二、四之积”之说也，则所谓阴阳老少互藏其宅之变，恐非定说也，抑更有说焉。前言运行之次，始东、次南、次中、次西、次北者，五行相生之序也。而《河图》之数一、三、五、七、九，乃是北而东，东而中，中而南，南而西。其序不同者，由五而后七，五声相生之序，与五行异也。五行、五声，同源而异流。一水、二火、三木、四金、五土，以为羽、徵、角、商、宫，反之则为宫、商、角、徵、羽，犹曰土、金、木、火、水，此其源之同也。及其相生，则土生金自中而西，宫生徵，徵生商，自中而南，南而西，此其流之异也。何故二序不同？五行从气，气为后天，故必《河图》变出后天，坤土始在火金之间。五声从数，数为先天，故五土在三木之后、七火之前，而在木火之间也。然而《河图》犹有合变之数，五十宫声不变，二七火变为四九金，四九金变为三八木，一六水变为二七火，三八木变为一六水，则左旋为宫、商、角、徵、羽，右旋为羽、徵、角、商、宫，置宫声于中位，则为徵、羽、宫、商、角，合旋宫之法度。此皆具《河图》之中，千古未经发覆，亦俟外篇详之。

"《洛书》之纵横十五，而七、八、九、六迭为消长；虚五分十，而一含九，二含八，三含七，四含六，则参伍错综，无适而不遇其合焉，此变化无穷之所以为妙也。"

按：此下言圣人则《图》《书》画卦，前论之已详。其谓《洛书》四方之正以为乾、坤、离、坎，四隅之偏以为兑、震、巽、艮，最为的确。乃托问者之辞，不甚留意，惜未经发明也。

白话解读

(一)通论《河图》《洛书》之数

1.《周易·系辞上传》说

《易学启蒙·本图书第一》引述《周易·系辞上传》原文，一至十数，以奇数为天，以偶数为地，就是天数一，地数二，天数三，地数四，天数五，地数六，天数七，地数八，天数九，地数十。天数共有五位(即一、三、五、七、九)，地数共有五位(即二、四、六、八、十)，五位阴阳相得而生成各有相合。天数一、三、五、七、九之和为二十五，地数二、四、六、八、十之和为三十，凡天地数之和为五十五。以此为依据，就可以成就种种变化，并神妙莫测地施行于万事万物之中。

2.《易学启蒙·本图书第一》说

朱熹认为，上引这一节，是孔子用来启发阐明《河图》之数的。充盈天地之间的是一种能创造演化的原动力，这种原动力称为元气，元气一动，就分而为二，即动和静，以动为阳，以静为阴，则分为阴阳，而五行创造演化，万物变化始终，无不受到阴阳的管理。所以《河图》排列各数方位，一与六共宗而居于北方，二与七为朋而居于南方，三与八同道而居于东方，四与九为友而居于西方，五与十相守而居于中央，大概其所以如此排列这些数的原因，不过是将五行又各自两分为一个阴数与一个阳数罢了。所谓天，就是质轻、清纯而位于上方的阳气。所谓地，就是质重、浊杂而位于下方的阴气。阳数是奇数，所以一、三、五、七、九均为奇数，皆属于天，这就是所谓天数五位。阴数是偶数，所以二、四、六、八、十均为偶数，皆属于地，这就是所谓地数五位。天数与地数各自以其阴阳类别而相互寻求，即天数一与地数二、天数三与地数四、天数五与地数六、天数七与地数八、天数九与地数十之间阴阳相求，这就是所谓五位相得。五行各有二数，即生数和成数，天以一数生五行水而地以六数成五行水，地以二数生五行火而天以七数成五行火，天以三数生五行木而地以八数成五行木，地以四数生五行金而天以九数成五行金，天以五数生五行土而地以十数成五行土，这又是所谓五位各自生成相合。五位奇数之和为二十五，五位偶数之和为三十，将这两个和数合起来为五十五，这就是《河图》的全数。这都是孔子的本意，以及历代儒家学者们的学说。至于《洛书》，则虽然孔子没有明言，然而其象征、其学说已经具备于前述《河图》说之中，有心之人可以融会贯通，刘歆所谓《河图》与《洛书》互为经纬、表里的关系，也可以显现出来了。

3.《周易折中》说

《周易折中》认为，《易学启蒙·本图书第一》中间引述《易大传》的地方，是孔夫子的本意。其中“天一生水”之类，则是历代儒家学者们的说法。大概诸位儒家学者的旧说，皆以五行学说解释《河图》《洛书》，所以朱熹在《易学启蒙》《周易本义》中因循沿袭了这种说法。但《朱子语类·易一》记载，有一次朱熹又说《河图》《洛书》于八卦九章不相关涉，未知其间关系如何。然而，朱熹的意思大概是怀疑《河图》《洛书》精深的意义没有被历代诸位儒家学者尽数道出吧。

4. 江永说

(1)《河图》数概说

当万物产生之前，天地混同在一起时，未曾有数量的概念。万物产生之后，才有一定的形状；万物有一定的形状之后，才有更多的滋生；万物有更多的滋生之后，才有数量的多少。数量必定开始于一，一不能独立存在，必定有数量二作为它的配合。有数量一、数量二，一与二的和就成为数量三；数量一加数量三、数量二乘以二倍，就成为数量四。自四数之后，逐渐增加、逐渐乘倍，以至于达到无穷的数量。一至十数中，五数为小的成就，十数为大的成就。那为什么五为小成、十为大成呢？是因为数一与数四之和为五，数二与数三之和也为五，数量至四而五数已经蕴藏于其中了；将两个五合起来，就成为十，自然界最基本的数就全备了。奇数位的数属性为阳，遵从天，偶数位的数属性为阴，遵从地，阴数与阳数通过自然相互追随而相互得到。五数是小的成就，一得到五成为六，二得到五成为七，三得到五成为八，四得到五成为九，五再得到五成为十，生数与成数通过自然相互配合而各有各的结合。《周易·系辞上传》讲“天数一、地数二”以至“五位相得”，这时《河图》各数尚未生数与成数相互配合；至于讲“各有配合”，这时《河图》各数的方位就已经确定了。五行水位于北方，火位于南方，木位于东方，金位于西方，土居于中央，这是天地之间万事万物自然而然形成的方位，而五十五数正好与之相互符合。孔子虽没有明确讲五行，但五行的道理自然包含在其中了。

(2)朱熹五位“相得”“有合”说辨析

朱熹在《周易本义》中认为，“五位相得”是指一至十数各自分为奇数与偶数两类，有一个奇数就必然得到一个偶数，有一个偶数就必然得到一个奇数。如有奇数一，向前运行必然得到偶数二；有偶数二，向前运行必然得到奇数三；有奇数三，向前运行必然得到偶数四；余数类推，以奇数为阳，偶数为阴，奇数与偶数相互得到就是阴阳自然相互得到，按照“一阴一阳之谓道”“阳主阴从”的规律，一到十这十个数自然分为五组阴阳，即一与二、三与四、五与六、七与八、九与十，就是“五位相得”；“五位各有合”是指一至十数从中间平均分为前后两组，各自配合五行，即五行生数(即一、二、三、四、五)和五行成数(即六、七、八、九、十)，相同五行的奇偶两数相互配合就是五行阴阳相互配合，按照阴阳、五行学说，十个数都能两两一组相互配合，即一与六、二与七、三与八、四与九、五与十，这就是“五位各有合”。

朱熹《易学启蒙》观点与此相同。

张载(北宋思想家、教育家，理学创始人之一，陕西眉县横渠人，世称横渠先生，尊称张子——作者注)所著《横渠易说》解释《周易·系辞上》“五位相得而各有合”时说：“奇数一，偶数二，奇数与偶数一个隔着一个，这就是五位相互得到；‘各有合’，是将十数平均分成两份，各以五行相对应的数阴阳相互配合，如一与六、二与七、三与八、四与九。”这是朱熹说所依据的本源。

然而朱熹说的依据并不止于此。班固编撰的《汉书·律历志》说，天数一、三、五、七、九，其中数为五，五数代表声，声有宫、商、角、徵、羽五声；地数二、四、六、八、十，其中数为六，六数代表律，律有十二律，阳六律称为律，阴六律称为吕。一行(本名张遂，唐代著名天文学家和佛学家——作者注)《大衍历》中有《历议》十篇，其第一篇《历本议》中说，天数一、三、五、七、九开始于一，地数二、四、六、八、十开始于二，一代表阳，二代表阴，将天数与地数开始的两个数结合起来用以确定刚柔阴阳；天数一、三、五、七、九居中于五，地数二、四、六、八、十居中于六，五代表五声，六代表六律，将天数与地数居中的两个数结合起来用以确定乐律和历法；天数一、三、五、七、九终结于九，地数二、四、六、八、十终结于十，将天数与地数终结的两个数结合起来用以记录历法纪年和地球环绕太阳一周运行时间的闰余；天数有五音，所以主管太阳运行规律；地数有六律，所以主管星辰运行规律。因此，一与二、五与六、九与十有相互得到的道理，三与四、七与八的相互得到就由此可知了。

龚焕(元代易学家、儒家学者——作者注)质疑这种说法。他想用唐代孔颖达为《周易·系辞上》所作“疏”中观点来解释“五位相得”。据魏王弼注、唐孔颖达疏《周易正义·系辞上》“五位相得而各有合”的“疏”：《周易正义》说，如果天数一与地数六相得，配合为五行水；地数二与天数七相得，配合为五行火；天数三与地数八相得，配合为五行木；地数四与天数九相得，配合为五行金；天数五与地数十相得，配合为五行土。龚焕据此认为，说天数一与地数二、天数三与地数四之类是相互得到的关系，但并没有见到其具体应用，考察古代史料，也没有详尽的说法。

龚焕之所以产生怀疑，是因为他认为“五位”的“位”字说的是现在《河图》各数的方位。他不知道《周易》经文中“五位”是承接上文“天数五位、地数五位”，“位”字兼顾“相互得到”与“各有配合”而言，如同宋代张载所说，即“相互得到的是奇数与偶数相互间隔的位次，各有配合的是五行属性相互对应的位次”。“相互间隔的位次”，犹如说天数一与地数二为一位，天数三与地数四为一位，天数五与地数六为一位，天数七与地数八为一位，天数九与地数十为一位。这是一至十之数刚刚产生，阴数与阳数相互并列，奇数与偶数相互跟从，而没有相互配合的位次。及至将这些数表现于《河图》时，才是各有配合的位次。《周易》经文的语意，本来就有主次、轻重之别。龚焕的意思认为，“相互得到”是说各数在四方的位次，如一位北方、三位东方、七位南方、九位西方，二位南方、四位西方、六位北方、八位东方；“各有配合”是说各数在四方的交合，如一与六交合、二与七交合、三与八交合、四与九交合。这种说法是错误的。其错误有三：其一，从《河图》序列的连续性来看，《河图》的偶数固然是按照二、四、六、八的次序相互排列，按照这种排列原则，如果是奇数三与七之间必定经过五而后得到七，岂能偶数相互连续(即二、四、六、八)，而奇数可以间断(即一、三、七、九)！其二，从《河图》位次的数目看，天地之间的气，作为一种原动力，固然是播散五行于四时之中，《河图》此章则将十数分为五个位次，如果只是提到四方而不及中央，这就只有四个位次而非五个位次了。其三，从《河图》数五所代表的五行看，如果说奇数三与七之间自然应该有奇数五所代表的土之气，《河图》中三位东方、七位南方，依一、三、五、七、九序列位次，则五应该位于三与七之间的东南方位，但是，按照年周期中长夏代表土，位于夏季与秋季之间，方位系统中后天坤卦代表土，位于西南方位，是不能够将五数勉强依附于三与七之间的东南方位使之按照一、三、五、七、九序列排列位次的。

总之，《河图》有十个数，犹如天干有十个位次。天干固然分为五行，从空间方位看，用以配合东、西、南、北、中五方，论其时间次序，则甲乙为开始，戊己为中心，壬癸为终结；论其相互得到，如甲与乙、丙与丁、戊与己、庚与辛、壬与癸，犹如兄弟之间按照出生次序相互跟随；论其各有配合，如甲与己合、乙与庚合、丙与辛合、丁与壬合、戊与癸合，犹如夫妇之间按照阴阳属性相互配偶。因为《河图》排列数位时包含这种规律，所以天干之间的关系便顺应这种规律，人事之间的现象也类似这种规律。朱熹关于五位“相得”“有合”这一句话，把天干、人事的道理都包含在其中了。

五与六为天数与地数的中数，另外有图说见于外篇。

(3)朱熹“成变化而行鬼神”说辨析

《周易·系辞上传》说：“凡天数地数之和为五十五，这是所以成就自然数最小周期系统中种种变化而神妙莫测地普遍施行于万事万物的依据。”

《易学启蒙》简化了对此经文的解释。

《周易本义》说：“变化，是指一数变生五行水，而六数化成五行水；二数化生五行火，而七数变成五行火；三数变生五行木，而八数化成五行木；四数化生五行金，而九数变成五行金；五数变生五行土，而十数化成五行土。鬼神，是指凡是奇数偶数、生数成数的规律可以在万千事物中屈伸往来的运用。”江永认为，朱熹此说恐怕不是确定无疑的说法。数的变化规律多种多样，并非可以拘泥于以奇数为变、偶数为化。

孔颖达在《周易正义》“疏”中解释为“此所以成变化而行鬼神”，是说奇数为阳、偶数为阴，阳奇与阴偶的数成就了种种变化；讲种种变化用此阴阳而成就，所以说成就变化；而普遍施行神妙莫测的作用，讲神妙莫测用此阴阳而得以普遍施行于万事万物，所以说施行鬼神。江永认为，孔颖达此说比较浑然天成，没有弊病。

况且，《周易·系辞上传》这句话也是用来引起下文数蓍草的变化，所以《周易·系辞上传·第九章》末说“了解《易经》的变化道理的人，岂不就能知道神的所作所为了吗”，与这句话正相呼应。这儿所说“神”就是指鬼神。“神”和“鬼神”，都是说数的阳奇与阴偶的变化规律可以神妙不测地施行于万事万物之中，因为鬼神可以不拘执于屈伸往来的仪容状貌。

(4)朱熹“疑《图》《书》与八卦九章不相著”说辨析

朱熹之所以怀疑《河图》《洛书》与八卦九章不相牵涉，是因为想用《河图》的方位配合八卦的方位，又未能先论述横图，遽然论及圆图，所以发现其间不相牵涉。后篇，江永会在论述中详细阐释之。

(二)通论《河图》为体，《洛书》为用

1.《易学启蒙·本图书第一》说

《易学启蒙·本图书第一》说，有人问：《河图》《洛书》的方位与数目，其所以不同的原因是什么呢？朱熹回答：《河图》用五生数(即一、二、三、四、五)统率五成数(即六、七、八、九、十)，而将五行相同的数(即一六配合为水、二七配合火、三八配合为木、四九配合为金、五十配合为土)安排在同一方位(即一六位于北方、二七位于南方、三八位于东方、四九位于西方、五十位于中央)，大概是揭示从一至十全部的数给人们看，以道出其五行属性、方生状态与既成状态、所处方位等的正常规律，这是数的形体。《洛书》用五奇数(即一、三、五、七、九)统率四偶数(即二、四、六、八)，而各数分别居于各自的处所(即一居北方处所、三居东方处所、五居中央处所、七居西方处所、九居南方处所、二居西南处所、四居东南处所、六居西北处所、八居东北处所)，大概是阐明阳数为主宰，阳数统率阴数而引起系统变化，这是数的功用。

2.《周易折中》说

《周易折中》认为，朱熹此条已经概括完全《河图》《洛书》的主要意旨。用生数统率成数而同处于一个方位，是说自五数以前的一、二、三、四、五为方生状态的数，自五数以后的六、七、八、九、十为既成状态的数，五行由阴数方生则由阳数成就，由阳数方生则由阴数成就，阴阳二气相互为五行的终结与开始，而未曾相互分离过；用奇数统率偶数而各居不同的处所，是说东、南、西、北四正的位置由奇数居处，西南、东南、西北、东北四维的位置由偶数居处，阴统一于阳，地统一于天，天地一同运动变化，而天地之间的确定名分是永恒不变的；向人们揭示一至十全部的数，道出其正常规律，是说数至十才齐全，缺少任何一个数都不齐全，所以说这是数的形体；主宰于阳，用以统率阴而引起变化，是说数开始于一，终结于九，因此启发因乘归除的计算方法，所以说这是数的功用。

3. 江永说

江永认为：《河图》为数的形体，《洛书》为数的功用，这是确定不疑的论断。然而事物的功用离不开事物的形体，功用之数的成就是由于形体

之数的确立。将《河图》横列的九、四、三、八数分别居处于《洛书》的左边，将《河图》纵列的二、七、六、一数分别居处于《洛书》的右边，则八方的位置成就，而八卦的方位也确定下来。这是自然天成的道理，非人力所能安排。此中要义，古往今来诸位儒家学者都未能发明出来。将《河图》的十数变为《洛书》的九数，对应三角幂数及因乘归除的方法，详见外篇。

（三）通论《河图》《洛书》以五为中

1.《河图》《洛书》为什么以五为中

《易学启蒙·本图书第一》此下一节论述《河图》《洛书》皆以五居中：有人问，《河图》《洛书》皆以五数居中的原因是什么呢？朱熹回答说：大凡数的开始，一阴一阳罢了。阳的形象如同圆，圆是直径为一而周长为三。阴的形象如同方，方是边长为一而周长为四。周长为三的以一为一阳，所以三倍其一阳而为三。周长为四的以二为一阴，所以两倍其一阴而为二，这就是所谓的“参天两地”。三与二的和，则为五。这是《河图》《洛书》之数所以皆以五为中数的原因。

江永认为：《河图》《洛书》皆以五数居中，这个道理容易明白，所以不节录《易学启蒙》内容。况且用方圆参两推论三与二之和为五，似乎太多曲折，怀疑此说并非得到五数的本原。再者，圆的直径为一而周长为三，也不是圆周率密率的精确数值（南北朝时，祖冲之算出的圆周率的近似值在 3. 1415926 和 3. 1415927 之间，并首创上下限的提法，提出圆周率的疏率（或作约率）为 22/7，密率为 355/113——作者注）。大凡朱熹以此阐释参天两地，阐释揲数蓍草数量的，皆不可以作为确定无疑的说法。三与二的和固然为五，四与一的和也为五。三为五行木，二为五行火，三与二配合为木生火；四为五行金，一为五行水，四与一配合为金生水。五行木为少阳，五行火为太阳，所以木与火同根。五行金为少阴，五行水为太阴，所以金与水同源。因此，《河图》东方三数与南方二数合而为五，而东方八数与南方七数也合而为十五；《河图》西方四数与北方一数合而为五，而西方九数与北方六数也合而为十五。如此看来，《河图》中央为五数，是因为东方与南方、西方与北方之数的和。《洛书》中央为五数，则是因为九宫数无论纵向、横向、斜角均相交于五数，其和皆得十五。用此论述《河图》

《洛书》中央为五数的道理，似乎更有精深的意义。西汉扬雄作《太玄经》，其东、西、南、北四方的数和《河图》是一样的，中央的数改易为五五，也就是不用十数，而以五五代替十数，这就如同圆以直径为十，半径则为五，两个半径合起来则为五五，如此看来，十数不可缺少任何一个，所以应该揭示其全部以道出其正常的规律。

2.《河图》《洛书》居中五点位置

《易学启蒙·本图书第一》认为，《河图》以生数为主宰，因此，其中央之所以为五个圆点，也具有五个生数的象征。其在下一圆点，天数一的象征；其在上一圆点，地数二的象征；其在左一圆点，天数三的象征；其在右一圆点，地数四的象征；其中心一圆点，天数五的象征。《洛书》以奇数为主宰，因此，其中央之所以为五个圆点，也具有五个奇数的象征。其在下一圆点，也是天数一的象征；其在左一圆点，也是天数三的象征；其中心一圆点，也是天数五的象征；其在右一圆点，则是天数七的象征；其在上一圆点，则是天数九的象征。《河图》与《洛书》居中五个圆点所代表的数与位置，都是三同而二异，“三同”是一、三、五同数且同位于下、左、中，“二异”是《河图》二与《洛书》九数异而同位于上，《河图》四与《洛书》七数异而同位于右，大概是阳数不可以改易，而阴数可以改易，《洛书》七、九为五行成数，虽然为阳数，但《河图》二、四为五行生数，本来也是阴数，因此可以改易。

江永认为：《易学启蒙》又论述居中五个圆点，《河图》《洛书》各自象征其所适当的方位，此说并无深刻的意义，现今不予摘录。如果说《河图》《洛书》一、三、五同数且同位，《河图》二、四与《洛书》九、七同位而异数，二、七为五行火数，四、九为五行金数，这种改易的实质是五行火与金改易位置。就《河图》五行方位而论，一、六为五行水，居北方；三、八为五行木，居东方；二、七为五行火，居南方；五、十为五行土，居中央；四、九为五行金，居西方。向右看为水生木、木生火、火生土、土生金、金生水。就《洛书》五行方位而论，一为五行水，居北方；七为五行火，居西方；九为五行金，居南方；三为五行木，居东方；五为五行土，居中央；向左看为水克火、火克金、金克木、木克土、土克水。通过这种改易，由《河图》向右方向五行相生，变成了《洛书》向左方向五行相克，也是自然界万事万物相生相克的趋势，不得不如此。《易学启蒙》说阳数不可以改易而阴数可以改易，但《洛书》七、九为成数，为阳，《河图》二、四为生数，为阴，这种情况似乎难以解说，现今也不予摘录。唯独《洛书》向右旋转有两重意义，一是首尾相互衔接，二是暗用七数，则是先世儒者皆未曾言及的。首尾相衔，是指《洛书》数从北方一开始向右旋转，北方一与西北六之和为七，而西方为七，接续了它，西方七与西南二之和为九，而南方为九，接续了它，南方九与东南四之和为十三，而东方为三，接续了它，东方三与东北八之和为十一，而北方为一，接续了它，此八个方位的数因此能够连环而归除。暗用七数，是指西方是七数，西南二与中央五之和为七，西南二与南方九相减之差也为七，东南四与东方三之和为七，北方一与东北八相减之差也为七，北方一与西北六之和又为七。因此，大衍之数的蓍草用七七四十九根，而勾股、声律、纳甲都以七数为功用。

3.《河图》《洛书》数主客君臣

《易学启蒙·本图书第一》说，有人问，既然中央五个圆点为五种数的象征，那其具体表现的数，又如何呢？朱熹认为，从数的角度来讲，中央五个圆点的象征意义可以贯通《河图》《洛书》整个图，由内里及外圈，固然各自有累积成实可以记录的数，但《河图》的一、二、三、四各自居位于其中央五点象征的本来方位的外圈，而六、七、八、九、十又是各自依据中央五而得到的成数，用以附位于其五行生数的外圈；《洛书》的一、三、七、九也各自居位于其中央五点象征的本来方位的外圈，而二、四、六、八又是各自依据其偶数类别，用以附位于奇数的侧方。居位于中央者为主人，居位于外圈者为宾客，居位于四正方位者为君主，而居位于四隅侧位者为臣下，各自有条理而不紊乱。

(四)通论《河图》《洛书》数多寡之不同

《易学启蒙·本图书第一》说，有人问，《河图》《洛书》数多寡不同的原因是什么？朱熹认为：《河图》主管全部的数(指从 1 到 10 的自然数——作者注)，所以极至于十数，就方位论，奇数与偶数的方位均等，就累积成实论，偶数二、四、六、八、十之和为三十，奇数一、三、五、七、九之和为二十五，可以发现其中偶数之和盈余而奇数之和缺少；《洛书》主管数的变化，所以极至于九数，就方位论，奇数一、三、五、七、九居于四正位和中央，偶数二、四、六、八居于四隅位，就累积成实论，奇数之和为二十五，偶数之和为二十，无论是方位还是累积成实，都是奇数之和盈余而偶数之和缺少。《河图》《洛书》必定都要虚无其中央的数不论，然后阳奇与阴偶之数的和，才均等于二十，不会出现偏差。

（五）通论《河图》《洛书》数次序之不同

《易学启蒙·本图书第一》说，有人问，《河图》《洛书》数排列次序之不同的原因是什么？朱熹分《河图》数次序、《洛书》数次序、七八九六数次序进行阐释，江永则分别作以评说，现在分述如下。

1.《河图》数次序

朱熹认为：《河图》以数生出的次序来讲，则开始生出于下为一，依次生出于上为二，生出于左为三，生出于右为四，再次生出于中央为五，而又开始生出于下为一；以五行木、火、土、金、水运行的次序来讲，则开始运行于东为五行木，依次运行于南为五行火，运行于中央为五行土，运行于西为五行金，运行于北为五行水，向左旋转一周而又开始运行于东。《河图》五行生数排列于内圈，是阳数一、三居位于下方、左方而阴数二、四居位于上方、右方；其五行成数排列于外圈，是阴数六、八居位于下方、左方而阳数七、九居位于上方、右方。

2.《洛书》数次序

（1）《洛书》阳数与阴数分次序

朱熹认为：《洛书》数次序，其阳数，则首先开始于北为一，依次排列于东为三，排列于中央为五，排列于西为七，排列于南为九；其阴数，则首先开始于西南为二，依次排列于东南为四，排列于西北为六，排列于东北为八。

江永认为：《洛书》阳数自西七而排列南九，阴数自东南四而西北六，以至东北八，这种说法都没有意义，恐怕不符合自然界的道理。后人推测《洛书》数次序，有胜过先世儒家学者的人。赵汝楳（南宋易学家，著有《周易辑闻》六卷——作者注）说："《洛书》阳气依据三数而向左运行，阴气依据二数而向右运行。一本来位于北方，三乘以一为三而三位于东方，三乘以三为九而九位于南方，三乘以九为二十七而余数七位于西方，三乘以二十七为八十一而余数一再次位于北方，依此法则而向上推算，以至于亿兆这么多的数，其余数的方位都是如此排列。二乘以二为四而四位于东南，二乘以四为八而八位于东北，二乘以八为十六而余数六位于西北，二乘以十六为三十二而余数二再次位于西南，依此法则上推至亿兆这么多的数，其余数的方位都是如此排列。”江永认为，这就是以参数为天运行规律、以两数为地运行规律而确立各种数的道理，表现于《洛书》之中。有说法认为，天为圆形，周长为直径的三倍，地为方形，周长为边长的四倍，这是错误的。再进一步考察，阴数也可以依据三数而向左运行，二本来位于西南，三乘以二为六而六位于西北，三乘以六为十八而余数八位于东北，三乘以十八为五十四而余数四位于东南，三乘以五十四为一百六十二而余数二再次位于西南；阳数则不能依据二数而向右运行，这说明阴可以随从阳而阳不能随从阴。

(2)《洛书》数总次序

朱熹认为：《洛书》阳数与阴数次序总起来说，则首先开始于北方为一，依次西南为二，东方为三，东南为四，中央为五，西北为六，西方为七，东北为八，终究于南方为九。

江永认为：这是顺行九宫的次序，是按照一至九的次序排列的。凡是说九宫的运行，都依据这个次序。又有逆此次序而运行九宫的，就是十二律隔八相生的道理。用《洛书》九个方位的数，再重复使用六、五、四方位的数，就得到十二位，用以分布十二支，即以九为子，二为丑，七为寅，六为卯，五为辰，四为巳，三为午，八为未，一为申，六重复为酉，五重复为戌，四重复为亥，则：六阳辰中子得九、寅得七、辰得五、午得三、申得一、戌得五，均得到奇数；六阴辰中丑得二、卯得六、巳得四、未得八、酉得六、亥得四，均得到偶数。按照十二律配十二支规律依次配合《洛书》数，则九为黄钟，八为林钟，黄钟生林钟，从九为子，经过二为丑、七为寅、六为卯、五为辰、四为巳、三为午、至八为未，正好为八位，符合隔八相生、音律和谐的规律，从此开始，按照隔八相生的规则，直至仲吕为止，十二律可以周而复始。而隔八的数，由《河图》中央五数开始顺数，五到二为隔八，二至九为隔八，九至六为隔八，六至三为隔八，三至十为隔八，十至七为隔八，七至四为隔八，四至一为隔八，一至八为隔八，八至五为隔八，五至二为隔八，都是五声宫、商、角、徵、羽和谐相生的数。这种成就变化、普遍施行于鬼神之不测的妙用，从未有人窥见其中幽深的境界。详细解说参见外篇。

(3)《洛书》运行次序

朱熹认为：《洛书》五行运行次序，则北方与西北方一、六水克西方与西南方七、二火，西方与西南方七、二火克南方与东南方九、四金，南方与东南方九、四金克东方与东北方三、八木，东方与东北方三、八木克中央五、十土，向右旋转一周，而中央五、十土复回克北方与西北方一、六水。这也是各有一定的说法。

3. 七八九六数次序

《易学启蒙·本图书第一》说，有人问，《河图》与《洛书》七、八、九、六之数不同的原因是什么？

朱熹认为：《河图》六、七、八、九，既然附位于五行生数的外圈了，这就是阴数阳数、老数少数前进后退、增多减少的正常规律。其中数九，是五行生数一、三、五累积相加的和，所以自北方数一而东方数三，自东方数三而西方数九，以成就于数四的外圈；其中数六，是五行生数二、四累积相加的和，所以自南方数二而西方数四，自西方数四而北方数六，以成就于数一的外圈；其中数七，则是数九的自西方而南方的变动；数八，则是数六的自北方而东方的变动，这又是阴数阳数、老数少数互藏其中的变化规律。

江永认为：这条解释值得怀疑。方位变动必定遵循一定的顺序，数九怎么能够自东方而突然到达西方，数七又怎么能够自西方而到达南方？数有十位，是什么原因止于东方的数八，不涉及中央的数十呢？综合《河图》五行生数成数、内圈外圈而观察它，阳数开始于北方数一，按照一、三、五、七、九次序向左旋转而终结于西方数九；阴数开始于南方数二，按照二、四、六、八、十次序也向左旋转而终结于中央数十，这是《河图》方位与数量的自然次序。起初是没有“九为一、三、五累积相加的和，六为二、四累积相加的和”的说法的，则所谓阴数阳数、老数少数互藏其中的变化，恐怕并非确定的说法，抑或更有深入的道理啊。前面讲，《河图》运行的次序开始于东方木，而次为南方火，次为中央土，次为西方金，次为北方水，这是五行相生的次序。而《河图》奇数一、三、五、七、九，就是开始于北方数一而东方数三，由东方数三而中央数五，由中央数五而南方数七，由南方数七而西方数九。其次序与五行相生次序不同，由中央数五而后南方数七，这是五声相生的次序，与五行相生次序不同。五行与五声，同一起源而又流向不同方向。五行与生数相配合是一为水，二为火，三为木，四为金，五为土，五行与五声相配合是水为羽声，火为徵声，木为角声，金为商声，土为宫声，反过来排序则土为宫声，金为商声，木为角声，火为徵声，水为羽声。五声宫、商、角、徵、羽如同说五行土、金、木、火、水，这是五声与五行起源的相同。及其相生次序，则五行相生次序是土生金而方位自中央而西方，五声相生次序是宫声生徵声、徵声生商声而方位自中央而南方、自南方而西方，这是其流向的不同。那为什么五行相生与五声相生的次序不同呢？五行相生遵从气运行的规律，气为后天，所以必定《河图》变出后天，坤卦所代表的五行土始位于南方火与西方金之间。五声相生遵从数运行的规律，数为先天，所以五数土在三数木之后、七数火之前而位于东方木与南方火之间。然而，《河图》还有配合变化的数，五、十配合而宫声不变，二、七配合为火变化为四、九配合为金，四、九配合为金变化为三、八配合为木，一、六配合为水变化为二、七配合为火，三、八配合为木变化为一、六配合为水，则向左旋转为宫、商、角、徵、羽，向右旋转为羽、徵、角、商、宫，安置宫声于中央方位，则为徵、羽、宫、商、角，符合旋转宫位依据奇数一、三、五、七、九的法度。这些道理全都在《河图》之中，千年以来未曾被揭示发现，这也待外篇作详细阐释。

朱熹认为：《洛书》九宫数纵向横向各数之和均为十五，而七、八、九、六更迭以为消减增长的变化，虚无中央五数而将十数分为相对两数，而一数中含有九数，二数中含有八数，三数中含有七数，四数中含有六数，则各数交互错杂，无论到哪个方位都无不能遇到与其相互配合的数，这就是《洛书》各数变化无穷有奥妙的原因。

江永认为：此节以下是朱熹讲圣人如何效法《河图》《洛书》画出八卦的，前面论述已经很详细。朱熹说《洛书》四方正位用来配合乾卦、坤卦、离卦、坎卦，四隅的偏位用来配合兑卦、震卦、巽卦、艮卦，最为完全确实、毫无疑问。《易学启蒙》中这一部分内容是以托名提问者的形式写出，不很引人留意，可惜不曾有人对此做阐发说明。

论先天八卦

《说卦传》曰："天地定位，山泽通气，雷风相薄，水火不相射。八卦相错。数往者顺，知来者逆，是故易逆数也。"

"邵子曰：此一节明伏羲八卦也。八卦相错者，明交相错而成六十四也。数往者顺，若顺天而行，是左旋也，皆已生之卦也，故云数往也。知来者逆，若逆天而行，是右行也，皆未生之卦也，故云知来也。夫易之道由逆而成矣。此一节，直解图意，若逆知四时之谓也。"

《本义》云："邵子曰：此伏羲八卦之位。乾南，坤北，离东，坎西，兑居东南，震居东北，巽居西南，艮居西北。于是八卦相交而成六十四卦，所谓先天之学也。""起震而历离、兑以至于乾，数已生之卦也；自巽而历坎、艮以至于坤，推未生之卦也。易之生卦，则以乾、兑、离、震、巽、坎、艮、坤为次，故皆逆数也。"

《启蒙》曰："以横图观之，有乾一而后有兑二，有兑二而后有离三，有离三而后有震四，有震四而巽五，坎六、艮七、坤八，亦以此而生焉。此易之所以成也。而圆图之左方，自震之初为冬至，离兑之中为春分，以至于乾之末而交夏至焉，皆进而得其已生之卦，犹自今日而追数昨日也，故曰数往者顺；其右方，自巽之初为夏至，坎艮之中为秋分，以至于坤之末而交冬至焉，皆进而得其未生之卦，犹自今日而逆计来日也，故曰知来者逆。然本易之所以成，则其先后始终如横图及圆图右方之序而已，故曰易逆数也。"

《语类》曰："先天图曲折。细详图意，若自乾一横排至坤八，此则全是自然，故《说卦》云'易逆数也'。若如圆图，则须如此方见阴阳消长次第，虽似稍涉安排，然亦莫非自然之理。自冬至至夏至为顺，盖与前逆数若相反。自夏至至冬至为逆，盖与前逆数者同。其左右与今天文家说左右不同，盖从中而分，其初若有左右之势尔。"

愚按：此章当分三段。"天地定位"至"八卦相错"，言八卦各有对待错处之方位也。"数往者顺"二句，言左仪右仪有流行之次序。自左观之似顺，自右观之似逆，此皆圆图也。若自横图观之，后四卦之巽坎艮坤固是逆，前四卦之乾兑离震亦为逆，故曰"易逆数也"。伏羲作《易》，原是先画横图，然后中判，规而圆之。夫子言之，由圆以及横，从后以溯前也，经文甚明。若八卦相错，本与八卦相荡不同。荡为推荡，则有重卦之义。错为方位错处，则与六十四卦无涉。盖此句是足上文之辞。上文但言八卦之象各有对偶尔，犹未知其方位若何也，故须此语以足之。天地既定南北上下之位，而山泽处于西北、东南，则与天地相错矣。雷风处于东北、西南，则与山泽相错矣。水火列于正西、正东，则与南北四隅皆相错矣。经文语意本如此。若本传此章之后，皆言三画之卦，不及六画之卦，何得谓此句为交错成六十四卦乎？孔颖达则误解此句，谓“此节就卦象明重卦之意”，言“八卦之用，变化如此。故圣人重卦，令八卦相错。乾、坤、震、巽、坎、离、艮、兑，莫不交互，以象天、地、雷、风、水、火、山、泽，莫不交错。”此因相错之义不明，错会经指。谓此节专明重卦之意，则此句亦大有关系。惜邵子犹仍其误，《本义》因之，亦未及改正也。

“天地定位”四句，有次序。山与地同体，泽与天相连，下二画共一太阴、太阳也，故次天地。雷在地之左，风在天之右，故次雷风。水火远于天地者也，故后言之。天地定位，犹上经首乾坤也。山泽通气、雷风相薄，犹下经首咸恒也。水火不相射，犹上经终坎离，下经终既未济也。自圆图言之，水火为远；自横图言之，雷风为远，故下章先言雷风也。第六章“水火相逮，雷风不相悖，山泽通气”，与此章之序相反，何也？此因后天而及先天。后天之离坎当先天之乾坤，故先言中男、中女而后及长少也。七章以后，皆依父母长中少之序。故八卦之次第各有意义，非随意先后也。

顺逆之义，邵子与朱子同，非有二义。观其言已生之卦、未生之卦，可知左方是数往，右方是知来。但不当搀入左旋右行，与历家左旋右旋之说混，遂令语意不分明耳。然曰“若逆知四时之谓”，则正指右方而言，谓如夏时而逆知有秋冬。横图逆数，皆如右方。邵子与朱子无异说也。若项氏安世之说，则异矣。项氏谓“数往者顺”，指上文“天地定位”五句而言；“知来者逆”，指下文“雷以动之”八句而言；“是故易逆数也”一句，起下文之辞。果如其说，则经文当云“天地定位，山泽通气，水火不相射，雷风相薄”，其序为乾坤、艮兑、坎离、震巽，与下文震巽、坎离、艮兑、乾坤相反，似可曰一顺一逆也。今经文不然，何得与下相对为顺逆耶？

按：胡氏炳文曰："诸儒训释，皆谓已往而易见者为顺，未来而前知者为逆。易主于前民用，故曰易逆数也。惟《本义》依邵子，以'数往者顺'一段为指圆图，而言卦气之所以行。'易逆数也'为指横图，而言卦画之所以生。非《本义》发邵子之蕴，则学者孰知此所谓先天之学哉!"愚因胡氏此言而有感也。自有八卦以来，后天非乾坤之定位。比卦画之奇偶，推仪象之后先，证以此章"往顺来逆"之文，参以后章"雷动坤藏"之说，别求所为先天之卦，横排圆布与后天卦位相参，似亦非甚难为之事。乃自汉以后，遥遥千数百年，鲜有能知其说。此章书义，久在霾雾之中。邵子学《易》于师，迟之又久，始告以先天八卦次第，乃知此章为伏羲之卦。朱子又发明之，而先天之学始传。何其得之之艰哉！虽然，先天后天之卦虽共知，而《图》《书》精蕴犹有未尽发覆者，补苴张皇此亦后人之责也。

《说卦传》曰："雷以动之，风以散之，雨以润之，日以晅之，艮以止之，兑以说之，乾以君之，坤以藏之。"

《本义》曰："此卦位相对，与上章同。"今按：卦位相对虽同，而序不同，盖此章明横图之卦位也。上章虽言"易逆数"，恐人不知其卦位，则不得其逆数之故，而圆图八卦之相错，数往之所以为顺，知来之所以为逆，亦未能瞭然，故以此示之。从横图中间之震巽循次言之，以及首尾之乾坤，则学者始瞭然，从震以前，为离、为兑、以至于乾，从巽以后，为坎、为艮、以至于坤，合之则为乾、兑、离、震、巽、坎、艮、坤，易之所以逆数者此也。向非此章，则八卦成列，至今犹有可疑。安知不以三男列左，三女列右乎？安知不依上章之次，易其水火雷风乎？说此章者，往往不得夫子立言之指。

白话解读

(一)《周易·说卦传·第三章》阐释

《周易·说卦传·第三章》说："乾卦象征天，坤卦象征地，天位居于上，地位居于下，首先将乾坤两卦的位置确定；艮卦象征山，兑卦象征泽，山上的水往下流成为泽，泽中的水向上蒸发成为云，山与泽虽然上下有别，但气脉通达；震卦象征雷，巽卦象征风，雷与风虽然成因不同，但相互激荡；坎卦象征水，离卦象征火，水性润下，火性炎上，两者相互对立，相互制约。天、地、山、泽、雷、风、水、火，并非隔绝孤立，而是交互影响，互通声息；同理，乾、坤、艮、兑、震、巽、坎、离八卦，也并非隔绝孤立，而是相互错处。历数过往经历，这叫顺；预测未知状态，这叫逆。《易经》依据卦爻来预判未来，所以说，《易经》是'逆数'。"

1. 邵雍说

《易学启蒙·原卦画第二》引北宋易学家邵雍说："这一节阐明伏羲八卦。'八卦相错'，是阐明八卦交互重叠相错而成为六十四卦；'数往者顺'，如同顺从天道运行规律而运行，这是向左旋转，都是已经产生的卦，所以说计算过往；'知来者逆'，如同逆着天道运行规律而运行，这是向右运行，都是未来产生的卦，所以说知晓未来。《易经》所遵循的道，是由向前逆测而成就。这一节，直接解读先天八卦图的意旨，如同向前逆知四时节气变化的说法。"

《周易本义卷十·周易说卦传》引邵雍说"天地定位"四句："邵子说：这是伏羲八卦方位。乾卦位居于南方，坤卦位居于北方，离卦位居于东方，坎卦位居于西方，兑卦位居于东南，震卦位居于东北，巽卦位居于西南，艮卦位居于西北。八卦于此相互交荡重叠而成为六十四卦，这就是所谓的先天学说。"

2. 朱熹说

《周易本义卷十·周易说卦传》说："从先天八卦图位居于东北方位的震卦开始数起，左方经过东方离卦、东南兑卦，以至于南方乾卦，按照先天八卦生成次序乾一、兑二、离三、震四来衡量，计算的都是已经产生的卦；从先天八卦图位居于西南方位的巽卦开始数起，右方经过西方坎卦、西北艮卦，以至于北方坤卦，按照先天八卦生成次序巽五、坎六、艮七、坤八来衡量，推测的都是未来产生的卦。易经产生卦，则是以乾为一、兑为二、离为三、震为四、巽为五、坎为六、艮为七、坤为八为次序的，所以说都是'逆数'。"

《易学启蒙·原卦画第二》注说："用先天八卦横图来观察，先有乾卦为一而后才有兑卦为二，先有兑卦为二而后才有离卦为三，先有离卦为三而后才有震卦为四，先有震卦为四而后才有巽卦为五，坎卦为六、艮卦为七、坤卦为八，也是按照这个次序而产生的。这是易经之所以成就的原因。而先天八卦圆图的左方，将八卦系统与年周期四时节气相配合，自震卦初始相当于冬至，离卦与兑卦居中相当于春分，到乾卦末后，就相当于交夏至了，这都是前进而得到按照先天八卦次序已经产生的卦，犹如自今日开始而追数昨日一样，所以说计算过往为顺；其右方，自巽卦初始相当于夏至，坎卦与艮卦居中相当于秋分，到坤卦末后，就相当于交冬至了，这都是前进而得到按照先天八卦次序未来产生的卦，犹如自今日开始而逆算来日一样，所以说知晓未来为逆。然而，推究易经之所以创作成就的本源，就是八卦所代表的先后、始终次序和先天八卦横图次序及圆图右方次序一样罢了，所以说易经是'逆数'。"

《周易折中·卷第十七·说卦传·集说》第三章引《朱子语类》说："先天八卦图曲折复杂。仔细推详图中意旨，如果自乾卦为一，横向排列至坤卦为八，这全是自然界事物产生次序的规律，所以《周易·说卦》说'易经是逆数'；如果排列成圆图，就必须如此才能体现阴阳消减增长变化的次序，虽然似乎稍微涉及人力安排，然而，圆图中所体现的也无不是自然界事物变化的道理。在年周期中，自冬至运行至夏至为阳气增长，阴气消减，为顺，在先天八卦圆图左方是自震四，经离三、兑二，以至乾一，与前面先天八卦横图自乾一至坤八的向前逆数次序相反；自夏至运行至冬至为阳气消减，阴气增长，为逆，在先天八卦圆图右方是自巽五，经坎六、艮七，以至坤八，与前面先天八卦横图自乾一至坤八的向前逆数次序相同。先天八卦圆图中左方右方与现在天文学家说的左旋右旋不是同一含义，这里说的左右，是将先天八卦圆图从中央纵向分开，使其起初像是有左方右方的形势罢了。"

3. 江永说

(1)此章应当分为三段

从"天地定位"至"八卦相错"为第一段，讲先天八卦各自有相互对立、错开处所的方位。"数往者顺，知来者逆"二句为第二段，讲左方仪容与右方仪容有流动运行的次序。从左方仪容观察它好像为顺，从右方仪容观察它好像为逆，这都是讲的先天八卦圆图。"是故易逆数也"为第三段，如果自先天八卦横图观察它，后四卦的巽五、坎六、艮七、坤八固然是逆，前四卦的乾一、兑二、离三、震四也为逆，所以说“易经是逆数”。

伏羲创作《易经》，原本是先画出横图，然后从中间分开，用圆规将八卦以圆形排列。孔子讲的，则是由先天八卦圆图而及于先天八卦横图，从创作《易经》的次序看，是从后来产生的先天八卦圆图开始，向以前产生的先天八卦横图追溯，《周易》经文这几句话讲得很清楚。

“八卦相错”，本来与“八卦相荡”含义不同。“荡”的意思是推荡，推为横向平行推动，荡为纵向上下振荡，八卦经过横向推移，上下振荡，交互重叠成为六十四卦。“错”的意思是分开、岔开，是八卦方位错开处所，就与六十四卦没有牵涉了。大概这句话是补足上文“天地定位”四句的言辞。上文“天地定位”四句话只是讲八卦象征各有对立、各有配偶罢了，还未知晓八卦各自所处方位如何，所以必须用这句话来补足。天地既然确定南北、上下的方位，而山泽处于西北、东南，则与天地方位相互错开了。雷风处于东北、西南，则与山泽方位相互错开了。水火排列于正西、正东，则与天地的南北方位、山泽雷风的四隅方位都相互错开了。《周易·说卦传》经文语意本来如此。比如，在《周易·说卦传》此章之后各章，都讲的三画卦，没有提及六画卦，怎么能说“八卦相错”这句话的意思为相互交错成为六十四卦呢?《周易正义》又名《周易注疏》，《周易正义·说卦疏》“天地定位”一节孔颖达的注疏就误解了这句“八卦相错”。孔颖达疏说：“这一节就卦象阐明重卦的意旨”，又说：“《易经》用乾卦坤卦象征天地，艮卦兑卦象征山泽，震卦巽卦象征雷风，坎卦离卦象征水火，如果使天地不相交合，水火处于不同位置，则各类事物没有生成的作用，万千事物没有变化的道理，所以依据这个原因而重叠八卦。现在八卦相互交错，则天地万物、人类社会诸事无不具备了。所以说，天地确定位置而合力同德，山泽不同形体而气脉通达，雷风各自运动而相互迫近，水火不相融入而相互凭借。既然八卦作用、万物变化如此，所以圣人重叠八卦，使八卦相互交错，乾卦、坤卦、震卦、巽卦、坎卦、离卦、艮卦、兑卦无不交互重叠，用来象征自然界天、地、雷、风、水、火、山、泽无不交互错杂。”这是因为“相错”的意义不明确，以至于错误领会了经文意思。孔颖达说“此节专门阐明重叠八卦的意旨”，就与他对“八卦相错”这句话的误解也大有关系。可惜邵雍仍然因循了孔颖达的错误，朱熹《周易本义》沿袭这种理解，也没有来得及改正。

(2)“天地定位”四句有排列次序

《周易·说卦传·第三章》经文“天地定位”四句话是有一定排列次序的。就自然界系统而论，山与地为同一形体，泽与天为相互连接，艮卦与坤卦下二画同一太阴，兑卦与乾卦下二画同一太阳，所以山泽排在天地之后。雷，按《白虎通·封公侯》所说，是“阴中之阳”，而地为阴，阳在阴的左边，所以雷的方位应该在地的左方；风，按照《白虎通·八风》所说，是“阴合阳以生”，天为阳，阴在阳的右边，所以风的方位应该在天的右方，因此，雷风排在天地山泽之后。水，按照《白虎通·五行》所说，是“在黄泉之下”，即在地底下；火，按照《白虎通·五行》所说，是“阳在上”，即在天上，水火都远离天地，所以最后讲水火的方位。天地定位，如同《周易》上经领首为乾卦坤卦。山泽通气、雷风相薄，如同《周易》下经领首为咸卦恒卦。水火不相射，如同《周易》上经终结为坎卦离卦，下经终结为既济卦未济卦。自先天八卦圆图而言，天地居位南北，水火居位东西，水火与天地相隔为远；自先天八卦横图而言，乾为一，坤为八，震为四，巽为五，震巽与乾坤相隔为远。所以，《周易·说卦传·第四章》“雷以动之，风以散之，雨以润之，日以晅之，艮以止之，兑以说之，乾以君之，坤以藏之”一节首先讲雷风两卦。《周易·说卦传·第六章》“水火相逮，雷风不相悖，山泽通气”一节，与《周易·说卦传·第三章》八卦排列的次序相反，这是为什么呢？因为后天八卦方位涉及先天八卦方位。后天八卦方位中坎为水在北方，离为火在南方，后天八卦方位中的离卦坎卦对应先天八卦方位乾卦坤卦的位置，所以《周易·说卦传·第六章》先讲中男坎卦、中女离卦，而后才言及长男震卦、长女巽卦、少男艮卦、少女兑卦。《周易·说卦传·第七章》以后诸章，都依据父母长中少的次序，即乾为父，坤为母，震为长男，巽为长女，坎为中男，离为中女，艮为少男，兑为少女，来进行排列。所以《周易·说卦传》八卦的排列次序各有不同的意义，并非随意排列先后的。

(3)邵雍与朱熹对顺逆的理解相同

对于顺逆的意义，邵雍与朱熹的理解一致，并非有两种不同的解读。观察邵雍说已经产生的卦、未来产生的卦，可以知道先天八卦圆图左方是计算过往，右方是知晓未来，但是，他不应当加进左旋、右行的说法，这与天文历家的左旋、右旋说法容易混淆，于是语意变得不够分明了。然而，他的“如同逆知四时变化”的说法，就正是指先天八卦圆图右方而言，说如同在夏天逆知秋天冬天。先天八卦横图向前逆数，和先天八卦圆图右方向前逆数都是一样的。邵雍与朱熹二人说法没有不同之处。

《周易折中》引用项安世(南宋易学家，与朱熹同时，著有《周易玩辞》十六卷——作者注)之说认为，自“天地定位”至“八卦相错”五句，讲的是先天八卦的顺数象征；自“雷以动之”至“坤以藏之”八句，讲的是先天八卦的逆数象征。江永认为，项安世与朱熹说法是不同的。项安世所谓“历数过往之事为顺”，指上文《周易・说卦传・第三章》“天地定位”五句而言；“预知未来之事为逆”，指下文《周易・说卦传・第四章》“雷以动之”八句而言；“所以说易经是逆测的学说”这一句，是引起下文第四章的言辞。如果确实像他说的那样，那么《周易・说卦传・第三章》经文应该说“天地定位，山泽通气，水火不相射，雷风相薄”，其次序应该为乾卦坤卦、艮卦兑卦、坎卦离卦、震卦巽卦，与下文《周易・说卦传・第四章》震卦巽卦、坎卦离卦、艮卦兑卦、乾卦坤卦次序相反，这似乎才可以称为一顺一逆。但现在《周易・说卦传・第三章》经文不是这样排列八卦次序，怎么能与下文《周易・说卦传・第四章》相对立为一顺一逆呢?

《周易折中》引胡炳文(元代易学家，著有《周易本义通释》——作者注)之说：“诸位儒家学者解释易经句子的意思，都说已经过往而容易看见的为顺，未来发生而向前预知的为逆。易经主要用于在民众行动之前判断未来，所以说易经是逆数。唯有《周易本义》依据邵雍学说，用‘历数过往之事为顺’一段为指先天八卦圆图，而讲卦气之所以运行；‘易经是逆测的学说’一句为指先天八卦横图，而讲卦画之所以产生。如果不是《周易本义》发明邵雍学说的内蕴，那么后来学者又怎么知道这所谓的先天学说呢。”江永因为胡炳文这段话而心有所感。自有八卦以来，后天八卦不使用乾卦坤卦确定方位，比较对照卦画的奇偶阴阳，推演观测仪容象征的后先次序，佐证以《周易・说卦传・第三章》“已往为顺，未来为逆”的文字，参考《周易・说卦传・第四章》“雷以动之、坤以藏之”的说法，再另外寻找到所谓先天八卦，将其横向排列、圆形分布，与后天八卦方位相互参证，似乎也不是很难做到的事。但是，自汉代以后，遥遥千百年，很少有能够知晓其学说的。《周易・说卦传・第三章》经文含义，长久如处雾霾之中，迷离不清。邵雍跟随老师学习《易经》，过了很久，老师才告诉他先天八卦次序，他这才知晓此章所述为伏羲八卦。朱熹又阐发明晰了邵雍学说，而先天学说才得以流传开来。先天学说的学习就是这么艰难啊！尽管现在先天八卦、后天八卦已经人人皆知，而《河图》《洛书》的精义内蕴仍有没被全部揭示出来的，为之查漏补缺并显扬光大，这也是后人的责任。

（二）《周易·说卦传·第四章》阐释

《周易·说卦传·第四章》说："震卦象征雷，鼓动万物；巽卦象征风，发散万物；坎卦象征雨，滋润万物；离卦象征日，光照万物；艮卦象征山，阻止万物；兑卦象征泽，和悦万物；乾卦象征天，主宰万物；坤卦象征地，包藏万物。"

《周易本义卷十·周易说卦传·第四章》说："这是八卦方位相对，与上一章《周易·说卦传·第三章》相同。"

江永认为：八卦方位相对虽然与上一章相同，但次序不同，大概这一章是阐明先天八卦横图的卦位。上一章虽然讲"易经是逆数"，但恐怕人们不知道八卦方位，就不能得到易逆数的缘故，而先天八卦圆图八卦之所以相错处所，计算已往之所以为顺，知晓未来之所以为逆，也不能够了然明白，所以用此章来明示它。从先天八卦横图中间的震卦巽卦循着次序来讲，再讲到首尾的乾卦坤卦，那么学习的人就能够了然明白了。从震卦四以前，为离卦三，为兑卦二，以至于乾卦一；从巽卦五以后，为坎卦六，为艮卦七，这样顺序下来，至于坤卦八，合起来则为乾一、兑二、离三、震四、巽五、坎六、艮七、坤八，易经之所以为逆数的原因就在此。一直以来，如果没有这一章，则八卦成列至今犹有可疑之处，为什么不用三男卦列于左方、三女卦列于右方呢？为什么不依据上一章的次序，改易其坎水离火与震雷巽风的方位呢？解释此章的人，往往不能得到孔子立言的意旨。

《图》《书》八卦余论

《易》谓《图》《书》皆圣人所则，不知《图》《书》果并世而出，八卦成而以《图》《书》印证之乎，抑《图》《书》之出不同时，圣人之心自与造化冥符乎？西山蔡氏之说，虽谓"时有古今先后之不同，而其理则不容于有二。

故伏羲但据《河图》以作《易》，则不必豫见《洛书》，而已逆与之合，”愚谓先天卦，诚与《洛书》合矣，若则《河图》以作《易》，乾、坤、离、坎居四正，兑、震、艮、巽居四隅，则《图》与《书》参差龃龉，九在西而不能强之使南，七在南而不能强之使西，安见其能相合？他日，朱子亦尝曰“《河图》《洛书》于八卦九章不相著，未知如何”。则固自疑卦与数不相比附，虽强为纽合，终不安于心也。以今观之，大抵先儒之说有两失：其一，以《河图》之方位即为八卦之方位，不知伏羲画卦先横而后圆，非即以圆为圆；其一，以《河图》之一二三四即为四象之位，不知《河图》之四象由中宫五十而生，隐于四方之中，非即以见出之点为四象之位也。《本义》作图，原是先画八卦横图，后画八卦圆图。《启蒙·本图书》篇，不言八卦由横规圆，遽欲于《河图》八位配八卦，此其所以失也。四象隐藏一义，颇为深奥难知。然观八卦之下二画，乾、兑共一太阳，离、震共一少阴，巽、坎共一少阳，艮、坤共一太阴，《本义》以白黑图之，此象之显著者。由画以推数，岂非九、四共一太阳一，三、八共一少阴二，二、七共一少阳三，六、一共一太阴四，四象岂不藏于四方乎！又推八卦之点所由来，岂非以四象减十而得九八七六，减五而得四三二一乎！惜先儒未尝以数推卦、以卦推数，确然见其有不易之理耳。

由今之说，观数即可以知卦，观卦即可以知数。如问三数是何卦？三为生数，必是阴卦。以三减五为二，二是少阴，其下必为奇上加偶，既为阴卦，必是上加一奇，以中画之偶为主，故知是离。如问七数是何卦？七为成数，必是阳卦。以七减十为三，三是少阳，其下必为偶上加奇，既为阳卦，必是上加一偶，以中画之奇为主，故知是坎。此因数而知卦也。如问艮是何数？艮为阳卦，必是成数。艮之下二画偶上加偶为太阴，太阴之数四，以四减十为六，故知是六。如问兑是何数？兑为阴卦，必是生数。兑之下二画奇上加奇为太阳，太阳之数一，以一减五为四，故知是四。此因卦而知数也。他皆仿此推之，可知卦与数有确然不易之理，非可彼此游移。

今有《六经奥论》一书，未知何人所著，或云是夹漈郑樵渔仲之书。有一条云：“宓羲画八卦。以阳道主变，其数以进为极；阴道主化，其数以退为极。阳以进为极，故乾为父而得九，震长男而得八，坎中男而得七，艮少男而得六，凡成数皆阳主之。阴以退为极，故坤为母而得一，巽长女而得二，离中女而得三，兑少女而得四，凡生数皆阴主之。”此说甚精，何以先儒皆未尝见耶？朱子论四象生八卦，固尝云：“在《洛书》，则乾、坤、离、坎分居四正，兑、震、巽、艮分居四隅”，是谓乾九、坤一、离三、坎七、兑四、震八、巽二、艮六矣。然但以八卦配八方，言之甚略。四隅卦又不以二、八、四、六相对为次，似卦与数初无一定配合之理。故云：“在《河图》，则乾、坤、离、坎分居四实，兑、震、巽、艮分居四虚。”《图》与《书》，何故参差龃龉如此？以今观之：《书》之九四，即《图》之九四；《书》之三八，即《图》之三八；《书》则从左连之，《图》则以横列之耳。《书》之二七，即《图》之二七；《书》之六一，即《图》之六一；《书》则从右连之，《图》则以纵列之耳。由《奥论》之说，阴阳生成，变化进退，有一定之理；父母三男三女，有一定之数；而卦画之奇偶，有一定之配合。由今之说，两仪、四象、八卦，先则《河图》以成横图，乃从中判，规而圆之，自与《洛书》不约而符。此作《易》之第一义。惜先儒未经发明耳。

《奥论》又谓，邵子学《易》于李挺之，最后，李始说出“乾一、兑二、离三、震四、巽五、坎六、艮七、坤八”十六字。今考之，此语诚然。盖自汉以后，言《易》者止知有“帝出乎震”一章之卦位，不知有所谓先天。自陈希夷始言先天，其后传至李挺之，而邵子从学焉。朱子言，康节学《易》于李，冬不炉，夏不扇，请于师曰“愿先生微引其端，毋竟其说”。盖义理精微，待自探索，不欲遽说竟也。从前未知八卦次序，其师后始说明，乃因横图推出圆图，因八卦圆图推出六十四卦圆图与方图；乃知“天地定位”一章是说先天八卦；乃知数往之所以为顺，知来之所以为逆；乃知《易》之所以为逆数；又于坤复之间，而有无极之前之说；又因乾坤姤复，而有月窟天根之说；又有先天之学为心法，图皆从中起之说；又有天地万物之理，尽在图中之说。岂非由其师十六字发之欤？以今观之，此十六字，第记八卦次第耳，而非其数也。八卦之数，乃是乾九、兑四、离三、震八、巽二、坎七、艮六、坤一，此由《河图》《洛书》来。意自希夷以来，此秘未启，故邵子于《河图》《洛书》言之甚略，仅有“圆者星也”“方者土也”一条，于《图》《书》精蕴，究未有发明也。

近儒有不信加一倍法之说，谓太阳、太阴各一，少阳、少阴各三，乾为太阳，坤为太阴，震、坎、艮为少阳，巽、离、兑为少阴，太阳、少阳为阳仪，太阴、少阴为阴仪。此说大误。造化之理，不可执一说而论。太极、两仪、四象、八卦，一每生二是一理；乾、坤生三男三女，又是一理。主其一每生二者以画卦，而乾坤生六子之理自在其中。若必阴阳以类而从，则伏羲画卦，何不以震、坎、艮从乾而居左，以为阳仪；巽、离、兑从坤而居右，以为阴仪耶？何故使兑、离以阴而居阳，艮、坎以阳而居阴，阴阳若是其错杂耶？后天八卦正是阴阳以类从，然又自有其变化，坎离而外，卦画未尝相对也。近儒此说，将使无识者谓其明白而近理，好奇者喜其翻案而生新，则先天八卦方位将有疑而议之者，不可以不辩。

近儒论《河图》曰："太阴位乎北，其数六；太阳位乎南，其数九；少阳、少阴位乎东、西，其数七八；而一、二、三、四则二太、二少之所自生也。此《河图》四方之位也。"按：阴阳太少，若如此分居四方，岂不分明？而《图》之位却不如此。六固在北矣，九在西，何能强之使南，则太阳之位失矣。二少东西，欲为省文，而辞不别白，似以东为少阳、西为少阴，然则七宜位东，何以在南？八宜位西，何以在东？则二少之位皆失矣。此显然差谬者，何故不自觉耶？

先儒谓《河图》虚其中五十以象太极，其说未安。近儒始合五、十论之曰：一、二、三、四即六、七、八、九，所以然者五、十居中，而其用周于外也。二老，一六也、四九也。九者，十减一、五增四。六者，十减四、五增一也。各以其余相资，而五无缩，十无盈，适得六九之数，而老阳、老阴之分定矣。二少之数亦然。左得十之八，以其二与上，上得二，合中五而为七矣。上得十之七，以其三与左，左得三，合中五而为八矣。此说似有发明，惜其未完善也。五十居中，而用周于外，则宜十与五皆有减。减而余者，算家谓之较。一、二、三、四与中五相并者，算家谓之和也。九者十减一，则四者亦是五减一；六者十减四，则一者亦是五减四；左得十之八而余二，则三是得五之三而余亦二；上得十之七而余三，则二是得五之二而余亦三。其减余者，即存其本方，乃谓相资，而与邻方无是理也。上自有二，何待左之与；左自有三，何待上之与。由是推之，下自有一，岂资之于右；右自有四，岂资之于下哉。总之，四方见出者，四象之用数；隐藏者，四象之体数；用数易见，体数难知。此说不明，虽极意解说此图，终不得图之了义矣。

近儒说横图云，伏圣画一奇以象阳，又画二偶以象阴，奇偶既立，于是三之而为乾为坤，错之而为六子。不信第二层两画分老少之说。夫乾为三奇，坤为三偶，画卦亦必以渐而加，岂骤然为乾为坤，不由两画来耶？两画之分四象甚分明，阳上加一阳是阳中之阳，故为老阳；阳上加一阴是阳中之阴，故为少阴；阴上加一阳是阴中之阳，故为少阳；阴上加一阴是阴中之阴，故为老阴。象之分明如此。而近儒乃云“两画尚未成卦，何由知其为少为老”，似为可怪。由其意中先有所蔽也。彼谓二老之数九六，二少之数七八，若止两画，无所谓六七八九。不知六七八九者，揲蓍所得之数，非四象之所由名。其一、二、三、四，则九、八、七、六之根也。朱子云：“《易》中七、八、九、六之数，向来只从揲蓍处说起。虽亦吻合，然终觉曲折太多，疑非所以得数之原。因看四象次第，偶得其说，极为捷径。盖因一、二、三、四，便见九、八、七、六，老阳位一便含九，少阴位二便含八，少阳位三便含七，老阴位四便含六。惟此一义，先儒未曾发。”此说朱子屡言之，何故忽弃不用，独执九、八、七、六为四象之定名定数耶？其后说，谓两画者四，两奇两偶，半乾半坤也；一奇一偶、一偶一奇，半离半坎半震半巽也。其不言兑艮，何也？意有所嫌也。其说，谓老一而已，少则有长中少之别，阴阳各三也。是二老者乾坤专之，更不容有二，故缺之。夫八卦岂可缺其二乎？观兑之下二画阳，分明与乾同根；艮之下二画阴，分明与坤同根。但乾为老阳中之阳，兑为老阳中之阴，坤为老阴中之阴，艮为老阴中之阳耳。然其说亦云，兑老阳中之少阴，艮老阴中之少阳。其意则欲以此少阴、少阳与四象之少阴、少阳并列，则又有支离牵合之病。此由老一而阴阳各三之说蔽之也。既有两蔽，故说乾坤，则有三画骤成、不由渐加之病；说兑艮，则有难于安顿、支离牵合之病。曷不以一分为二、二分为四、四分为八观之，明白直捷，有何疑义乎？

近儒之驳邵子曰：“若如加一倍法，是初画之一奇一偶，不过乾坤之初爻耳。谓之一画开天，可乎？”此说甚误。邵子未尝言先画乾坤，何云初画之一奇一偶，只是乾坤之初爻乎？观《本义》之图，下一层之白黑，以三画卦言之，乃乾、兑、离、震初画之阳，巽、坎、艮、坤初画之阴也；以六画卦言之，乃乾至复三十二卦之初九，姤至坤三十二卦之初六也。岂乾坤初爻之谓哉！以两仪为乾坤初爻、四象为乾坤二爻者，程迥之说也。并累三阳以为乾、连叠三阴以为坤者，林栗之说也。朱子正恐人言先画乾坤，后画六子，不见造化自然生出之妙，故程、林之说皆力辩之，所以明邵子之说也。今乃以是议邵子耶，画一奇一偶，遂三之而为乾为坤，正似林氏之说，岂可复用之耶？此因意有所主，识有所蔽，不能透二画分太少一关，故立言不能无病耳。

世俗之言则《图》作《易》者，画一圈以象太极，其左列一、三、五、七、九之天数，右列二、四、六、八、十之地数，以此为两仪。如此，则何以生四象、生八卦哉？《启蒙》云："《河图》之虚五与十者，太极也；奇数二十、偶数二十者，两仪也。"以今考之，两仪非以四十之数各半分也。两仪者，太阳与少阴为阳仪，少阳与太阴为阴仪，其数各有赢乏。太阳奇九而偶四，少阴奇三而偶八，合之二十四，奇十二、偶十二也；少阳奇七而偶二，太阴奇一而偶六，合之十六，奇八、偶八也。惟合二太，则奇十、偶十；合二少，亦奇十、偶十耳。安可以各半分两仪哉！然数虽有赢乏，卦画则两仪奇偶适均，此其所以妙也。

西方，物成之方，阳之坚也，阳中之阳为太阳。东方，物生之方，阳之稚也，阳中之阴为少阴。南方，物长之方，阴之始也，阴中之阳为少阳。北方，物藏之方，阴之极也，阴中之阴为太阴。四象确当如此分布。若谓《图》之一、二、三、四即太阳、少阴、少阳、太阴，则西方非极阴之地，何以四之太阴居之？北方岂盛阳之地，何以一之太阳居之？且谓《图》以中者为主，外者为客，则九居西，六居北，正得太阳、太阴之地，何以不为主而为客哉？故四象不可以位与数分为两地也。

横图以西、北之二太持首尾，以东、南之二少包中间。圆者摊开而为横，及其判横而复合为圆，则《河图》变为《洛书》。《书》未出而卦已成，卦既成而《书》已先兆矣。此圣人因心制作之所以妙也。

卦之横列也，《河图》中已得其半；但以其纵列者，亦变为横耳。此理甚显，何以至今未启？

《图》之与卦所以难密合者，四象有横列纵列之义耳，有减十减五隐藏四方之义耳。若将横图合为圆图，此甚易事。虽稍有识者，亦知将后四卦翻转倒接，必无以坤接乾、以巽接震者。或者，犹烦推说，谓阴阳之运行失序，则亦不必为此虑也。

朱子答袁枢曰："四象之名，所包甚广，大抵须以两画相重、四位成列者为正。"此定说也。但其言阴阳太少分位与数者，欠稳当耳。若邵子云："四象者，阴阳刚柔。"此合天地言之，自是邵子所见。如此，将何以生八卦乎？邵子谓太阳为日，太阴为月，少阳为星，少阴为辰，太柔为水，太刚为火，少柔为土，少刚为石。此八象与八卦之八象异，故邵子自是一家之学。

自上而下，是太极生两仪，两仪生四象，四象生八卦；自下而上，却是八卦见四象，四象见两仪，两仪见太极。先儒欲惩方有仪即说卦之病，于卦成之后，不复论其初画定仪，次画定象，于是，乾、兑共一太阳，离、震共一少阴，巽、坎共一少阳，艮、坤共一太阴，此理未尝发明。因不能由卦以推数，而知九、四即是乾、兑，三、八即是离、震，二、七即是巽、坎，六、一即是太阴也。

后人于横图有异论者，明宗室朱厚烷，谓横图乾当居左，坤当居右，不宜以坤居左、乾居右。夫阳仪列左、阴仪列右者，圆图也。若横图自右而左，乃顺中国文字之便耳。外国文字从后至前，从左至右，中国则反之，各有其国俗也。伏羲画卦，岂必从外国之俗乎？圆图之左右有定位矣，横图左之右之同是此八卦。即移乾于左，于《易》亦无所加；置坤于左，于《易》亦无所损。不必以此议先儒也。近世金华叶泰九升作横图，移阴仪之四卦，反之为坤、艮、坎、巽，谓如此作圆图，则八卦皆右旋，故曰“《易》逆数”。此语大谬。夫四象之位，老阳居一，少阴居二，少阳居三，老阴居四，此定位也。今移老阴居三，少阳居四，则四象倒乱矣。六十四卦，如邵子图，乃见一每生二自然之次序。今皆以坤五、艮六、坎七、巽八者易之，则六十四卦又皆淆乱，与加一倍法不相应矣。且谓“邵子隐秘其法，于阴仪加法，亦先阳后阴”“朱子之学本于二程，故为邵子瞒过”。此语尤可怪。然则邵子乃是藏头露尾之人，秘真法而传伪法，不但瞒过朱子且惑误天下后世，有是理乎！近世地理之学，推金华叶氏为最。其论横图有此差谬，大有害于《易》，不得不辩。《说卦传》“雷以动之，风以散之”一章，夫子正恐人不知横图之卦位，故从中间说至首尾以明之，意不在说气化也，岂意后人犹有此差谬耶？

邵子之师最后始说出“乾一、兑二、离三、震四、巽五、坎六、艮七、坤八”，传与邵子，此是陈希夷以来之真传。然此乃八卦次序之虚数耳，与《图》《书》之数无涉。数有十而卦止八，乃是虚其五十以居中，非空其后之九、十两位也。卦之实数，乃是乾九、兑四、离三、震八、巽二、坎七、艮六、坤一，顺而数之，则为坤一、巽二、离三、兑四、艮六、坎七、震八、乾九，应乎父母男女之次第者也。梁山来知德著易图，乃认虚数为实数，谓乾与坤、兑与艮、离与坎、震与巽皆合九，以此为妙。夫《洛书》相对合十则妙，纳甲合十一则妙，若合九有何妙义？且实数不可易而虚数可易，如叶九升改坤五、艮六、坎七、巽八，亦可以合九为妙乎？数有虚实，先儒似皆未知，是以邵子说《图》《书》甚疏略，朱子《本图书》《原卦画》二篇亦未有精确之说也。卦有实数，则与《图》《书》一贯，是此书第一要义，览者详之。

白话解读

（一）《河图》《洛书》与八卦出现的时间先后问题

《周易·系辞传》说“《河图》《洛书》都是圣人创作《易经》时所效法的”，不知道《河图》《洛书》是同时出现于世，《易经》八卦创作完成而用《河图》《洛书》来印证呢，还是《河图》《洛书》不出现在同一时代，圣人的心灵创造与自然造化默契暗合呢？

《易学启蒙·本图书第一》载有蔡元定（南宋著名理学家，学者称西山先生，师事朱熹，为朱熹理学的主要创建者之一，被誉为“朱门领袖”，协助朱熹撰成《易学启蒙》——作者注）之说：“其实天地之间的道理，只有一个罢了。虽然从时间上看，《河图》《洛书》出现有古今、先后的不同，而其中所阐明的道理则只有一个。所以，伏羲虽然只是根据《河图》来创作《易经》，但也不必预先见到《洛书》，就可以预先料到《洛书》的道理与之相符。”

（二）《河图》《洛书》数与八卦卦象的对应符合问题

江永认为，先天八卦确实与《洛书》相符合了，但如果《易经》是效法《河图》创作的，乾卦、坤卦、离卦、坎卦居于四正方位，兑卦、震卦、艮卦、巽卦居于四隅方位，那么《河图》与《洛书》彼此错乱不合，数九在《河图》的西方而不能强迫使它移到《洛书》的南方，数七在《河图》的南方而不能强迫使它移到《洛书》的西方，怎么看出它们之间能够相互符合呢？朱熹另外也曾经说：“《河图》《洛书》与八卦九章不相牵涉，未知其间关系究竟如何?”也就是说，朱熹本来就怀疑八卦与《河图》《洛书》数不能相互比照对应，虽然勉强将它们合在一起，终究不能使自己心安。

用今天的观点看，大概先世儒者的说法有两点缺失：其一，认为《河图》数的方位就是八卦的方位，不知道伏羲画八卦是首先画出横列八卦而后排列出圆图八卦，并非就是用《河图》比拟圆形画出圆形排列的八卦；其二，认为《河图》一、二、三、四数的方位就是四象的方位，不知道《河图》的四象由中宫五数、十数而产生，隐藏于四方数的中间，并非就是用《河图》表现出来的圆点比拟为四象的方位。

《周易本义》制作先天八卦图，原本是首先画出先天八卦横图，其后画出先天八卦圆图。《易学启蒙·本图书第一》篇，不讲八卦由横图画为圆图，急欲将《河图》八位数配合先天八卦，这是其所以有所缺失的原因。

四象隐藏于《河图》四方这一方面意义，很是幽深隐秘、难以知晓。然而，其意义可以从三个方面观察得到。首先，观察八卦的下二画。乾卦、兑卦共为一个太阳，离卦、震卦共为一个少阴，巽卦、坎卦共为一个少阳，艮卦、坤卦共为一个太阴。太阳、少阴、少阳、太阴就是四象，隐藏于八卦下二画之中。《周易本义》用白黑图来表示它，这是显著的形象表达。其次，观察《河图》四方的数。由八卦的下二画为四象，来推断《河图》四方数中隐藏的四象。四象与数配合，太阳为一，少阴为二，少阳为三，太阴为四。《河图》西方九数与十数相减，隐藏着一数，西方四数与五数相减，隐藏着一数，一为太阳，是西方九数、四数共一个太阳一数；东方三数与五数相减，隐藏着二数，八数与十数相减，隐藏着二数，二为少阴，是东方三数、八数共一个少阴二数；南方二数与五数相减，隐藏着三数，南方七数与十数相减，隐藏着三数，三为少阳，是南方二数、七数共一个少阳三数；北方六数与十数相减，隐藏着四数，北方一数与五数相减，隐藏着四数，四为太阴，是北方六数、一数共一个太阴四数。如此看来，四象不就是隐藏于《河图》四方数的中间吗？最后，观察先天八卦圆图与《洛书》圆点数量的配合。先天八卦圆图四阳卦中，南方为乾卦，配合《洛书》九个圆点，九数与十数相减为一数，一为太阳；东北为震卦，配合《洛书》八个圆点，八数与十数相减为二数，二为少阴；西方为坎卦，配合《洛书》七个圆点，七数与十数相减为三数，三为少阳；西北为艮卦，配合《洛书》六个圆点，六数与十数相减为四数，四为太阴。乾卦、震卦、坎卦、艮卦为阳卦，九数、八数、七数、六数为五行成数，是用阳卦配合五行成数，五行成数配合阳卦。先天八卦圆图四阴卦中，北方为坤卦，配合《洛书》一个圆点，一数与五数相减为四数，四为太阴；西南为巽卦，配合《洛书》二个圆点，二数与五数相减为三数，三为少阳；东方为离卦，配合《洛书》三个圆点，三数与五数相减为二数，二为少阴；东南为兑卦，配合《洛书》四个圆点，四数与五数相减为一数，一为太阳。坤卦、巽卦、离卦、兑卦为阴卦，一数、二数、三数、四数为五行生数，是用阴卦配合五行生数，五行生数配合阴卦。所以，从先天八卦圆图配合《洛书》圆点数量的由来看，四象的太阳一、少阴二、少阳三、太阴四，分别与十数相减就得到圆点数量九数、八数、七数、六数，分别与五数相减就得到圆点数量四数、三数、二数、一数，其中也隐藏着四象。可惜先世的儒家学者未曾用《河图》《洛书》数来推断八卦、用八卦来推断《河图》《洛书》数，所以没有确切地发现其中不可变易的道理。

由现在的观点来看，观察《河图》《洛书》数就可以知道先天八卦，观察先天八卦就可以知道《河图》《洛书》数。如果有人问："三数是什么卦?"三数为五行生数，五行生数皆阴卦主宰，则三数必定是阴卦。用三数与五数相减为二数，二数是少阴，少阴由下方奇画与上方偶画组成，三数所代表的卦其下二画必定是奇画上加一偶画，既然为阴卦，其卦象必定是最上方加一奇画，以中间一画的偶数为主宰，因此，知道三数是离卦。如果有人问："七数是什么卦?"七数为五行成数，五行成数皆阳卦主宰，则七数必定为阳卦。用七数与十数相减为三数，三数是少阳，少阳由下方偶画与上方奇画组成，七数所代表的卦之下二画必定是偶画上加一奇画，既然为阳卦，其卦象必定是最上方加一偶画，以中间一画的奇数为主宰，因此，知道七数是坎卦。这是依据《河图》《洛书》数可以推知先天八卦。如果有人问："艮卦是什么数?"艮卦为阳卦，以五行成数为阳，则艮卦必定是五行成数。艮卦的下二画为偶画上加一偶画，下方偶画与上方偶画组成太阴，太阴的数为四，用四数与十数相减为六数，因此，知道艮卦是六数。如果有人问："兑卦是什么数?"兑卦为阴卦，以五行生数为阴，则兑卦必定是五行生数。兑卦的下二画为奇画上加一奇画，下方奇画与上方奇画组成太阳，太阳的数为一，用一数与五数相减为四数，因此，知道兑卦是四数。这是依据先天八卦可以推知《河图》《洛书》数。其他的先天八卦与《河图》《洛书》数都可以仿照此例推断下去，由此知道先天八卦与《河图》《洛书》数有确定不疑不可变易的道理，并非可以彼此移动更改。

（三）《河图》《洛书》生成数与八卦阴阳的配合问题

现在有《六经奥论》一书，不知道是什么人所著，有人说是夹漈郑樵渔仲（郑樵，字渔仲，南宋著名的史学家、目录学家，他著书立说之地名为夹漈草堂，故世称夹漈先生——作者注）的书。《六经奥论》中有一条为“宓牺画八卦”，下列一图为先天八卦圆图，图后有文字说明：“用阳为主宰的法则主管事物改变以前的性质状态，其对应数以向前移动的进为极致；用阴为从属的法则主管事物转化成新的性质状态，其对应数以向后移动的退为极致。阳卦的数以向前移动的进为极致，所以四阳卦中乾卦为父而得到九数，震卦为长男而得到八数，坎卦为中男而得到七数，艮卦为少男而得到六数，九、八、七、六都是五行成数，乾卦、震卦、坎卦、艮卦都是阳卦，凡是五行成数都由阳卦主管。阴卦的数以向后移动的退为极致，所以四阴卦中坤卦为母而得到一数，巽卦为长女而得到二数，离卦为中女而得到三数，兑卦为少女而得到四数，一、二、三、四都是五行生数，坤卦、巽卦、离卦、兑卦都是阴卦，凡是五行生数都由阴卦主管。所以，中央的五数、十数是不同的。”这一说法甚为精当，为什么先世的儒家学者们都未曾见到呢？

朱熹论述“四象生八卦”时，固然说过：“在《洛书》，就是乾卦、坤卦、离卦、坎卦分别居位于四正方位，兑卦、震卦、巽卦、艮卦分别居位于四隅方位。”就是说乾卦为九、坤卦为一、离卦为三、坎卦为七、兑卦为四、震卦为八、巽卦为二、艮卦为六了。然而，这只是用先天八卦配合八方，讲得非常简略。四隅卦兑卦、震卦、巽卦、艮卦的排列又不是按照二与八、四与六相对作为次序，似乎八卦与数量起初没有一定配合的道理。所以，朱熹在论述“四象生八卦”时又说：“在《河图》，就是乾卦、坤卦、离卦、坎卦分别居位于四方有数的实位，兑卦、震卦、巽卦、艮卦分别居位于四隅无数的虚位。”是什么原因导致《河图》与《洛书》如此错落不合呢？

用现在的观点来看，《洛书》的九数四数，就是《河图》的九数四数；《洛书》的三数八数，就是《河图》的三数八数；《洛书》是将九、四、三、八从左边圆形连接起来，《河图》则是将九、四、三、八从右至左横向排列起来罢了。《洛书》的二数七数，就是《河图》的二数七数；《洛书》的六数一数，就是《河图》的六数一数；《洛书》是将二、七、六、一从右边圆形连接起来，《河图》则是将二、七、六、一从上至下纵向排列起来罢了。按照《六经奥论》的说法，先天八卦的阴阳与五行生成数，根据变与化、进与退的法则有一定配合的道理；乾父坤母、震坎艮三男、巽离兑三女，在《河图》《洛书》数中，有一定配合的数量；而先天八卦的阴卦阳卦，与《河图》《洛书》的生数成数，有一定规律的配合。按照现在的说法，两仪、四象、八卦，都是首先效法《河图》完成先天八卦横图，才从中间分判，用圆规画成圆形排列起来，自然与《洛书》不约而合。这是创作《易经》的第一要义。可惜先世的儒家学者们都未对此做过进一步的阐发。

（四）先天八卦次第与八卦数的区别问题

《六经奥论·宓羲先天之易》又说，自理与数的学说兴起，而伏羲六十四卦只能见到其卦画而未能晓明其象征，陈希夷先生首先以乾一、兑二、离三、震四、巽五、坎六、艮七、坤八这十六个字来阐述它，邵雍师从李挺之学习《易经》，到最后，李挺之方才向他说出“乾一、兑二、离三、震四、巽五、坎六、艮七、坤八”这十六个字。

考察这个历史，的确是真实的史实。自汉代以后，讲《易经》的人只知道有“帝出乎震”一章的卦位，不知道有所谓先天卦位。自宋代陈希夷开始讲先天，后来传承至李挺之，而邵雍从李挺之而学。朱熹说康节（即邵雍）学习易学于李挺之时，冬天不生炉子，夏天不扇扇子，向老师请求说：“希望先生稍微启示一下学问的头绪，不要完全讲授出来。”这是因为《周易》的文义、道理精深微妙，需要自己去多方深入地探索，不想匆忙就让老师讲说完毕。从前邵雍未知晓八卦次序，他的老师李挺之到最后才说明白，于是邵雍就依据先天八卦横图推演出先天八卦圆图，依据先天八卦圆图推演出六十四卦圆图与方图；于是才知道“天地定位”一章是说先天八卦，才知道计算过往之所以称为顺，知晓未来之所以称为逆，才知道《易经》为什么说是逆数；又于六十四卦中坤卦与复卦之间，获取“无极之前，阴含阳也”“阴为阳之母”“故母孕长男而为复”的学说；又依据乾卦、坤卦、姤卦、复卦，获取“父生长女为姤”称为月窟、“母孕长男而为复”称为天根的学说；又有了“先天学，心法也，故图皆自中起，万化万事生乎心”的学说；又有了先天图虽然没有文字，天地万物之理“尽在其中”的学说。邵雍的这些学说，都记载于《皇极经世书》中，岂不都是由他老师的十六个字发挥而来的吗？

用现在的观点来看，这十六个字，是按产生次序记录八卦次第罢了，而并非八卦的数。八卦的数，就是乾卦数九、兑卦数四、离卦数三、震卦数八、巽卦数二、坎卦数七、艮卦数六、坤卦数一，这是由《河图》《洛书》而来的。料想自宋代陈希夷以来，这一秘密未曾启示。所以，邵雍对于《河图》《洛书》讲得非常简略，《皇极经世书·观物外篇上》仅有“圆者星也”“方者土也”一条，对于《河图》《洛书》的精深含义，终究未能够有进一步的阐发。

（五）先天八卦的加一倍法问题

邵雍《皇极经世书·观物外篇》说，太极生两仪，两仪生四象，四象生八卦，八卦相错，然后万物产生，用数学方法来表示，就是“一分为二，二分为四，四分为八，八分为十六，十六分为三十二，三十二分为六十四”。这就是加一倍法。《二程外书·卷十二·传闻杂记》记载，程颢（1032—1085年）字伯淳，世称明道先生，曾对邵雍（字尧夫）说：“尧夫之数，只是加一倍法。”

近世儒家学者，有人不相信加一倍法的说法，认为太阳、太阴各一位，少阳、少阴各三位，指乾卦为太阳，坤卦为太阴，震卦、坎卦、艮卦为少阳，巽卦、离卦、兑卦为少阴，其中，太阳、少阳为阳仪，太阴、少阴为阴仪。

江永认为：这种说法非常错误。自然界创造演化的道理，不可以拘泥一种说法而论。就太极、两仪、四象、八卦而论，一，不论是太极中的一、两仪中的一、四象中的一、八卦中的一，都产生二，是一种道理；就乾坤父母生三男三女而言，又是一种道理。主张自然界创造演化遵循“一每生二”的规律，从太极，分两仪，分四象，分八卦，依次用来画出八卦，就自然产生乾一、兑二、离三、震四、巽五、坎六、艮七、坤八，以乾一、坤八为父母，以兑二、离三、震四、巽五、坎六、艮七为六子，而乾坤父母生六子的道理自然存在于其中。如果自然界万事万物的道理必定阴阳以类而相互随从，那么，伏羲画八卦时为什么不用震卦、坎卦、艮卦随从乾卦而居位于左方作为阳仪，巽卦、离卦、兑卦随从坤卦而居位于右方作为阴仪呢？为什么使兑卦、离卦以阴卦的属性而居位于左方阳位，艮卦、坎卦以阳卦的属性而居位于右方阴位，阴阳如是般错处杂置呢？后天八卦方位正是阴阳卦以类相互随从，然而又有它自己的变化，除坎卦、离卦卦画相对外，各卦卦画未曾相对。近世儒家学者这种说法，将使没有见识的人认为这种说法清楚明白而近乎情理，使充满好奇的人认为这种说法推翻定论而立说新颖，由此导致人们对先天八卦方位提出质疑而产生非议，对此不可以不加以辨识。

（六）《河图》四方数的方位问题

近世儒家学者论述《河图》说："太阴居位于北方，其数为六；太阳居位于南方，其数为九；少阳、少阴居位于东、西，其数为七、八；而一、二、三、四数则是二太（太阳、太阴）二少（少阳、少阴）自己所产生的。这是《河图》数四方方位。"

江永认为：太阴、太阳、少阴、少阳，如果这样分别居位于四方方位，岂不是清楚明白？而《河图》数的方位却不是如此。六数固然在《河图》北方了，九数在《河图》西方，如何能够强迫它到《河图》南方，则太阳的方位在《河图》中错失了。"二少东西"，是想作简语，省略其文字，而文辞不分辨明白，似乎以东方为少阳方位，西方为少阴方位，如果这样，那么七数适宜居位于东方，为什么《河图》在南方？八数适宜居位于西方，为什么《河图》在东方？则少阴、少阳的方位在《河图》中也都错失了。这显然是谬误，为什么持这种说法的人自己不觉得呢？

（七）《河图》中央数与四方数的关系问题

先世的儒家学者认为，《河图》虚无它中央的五、十数用来象征太极。此说未能得到人们认同。

近世儒家学者，开始综合五、十数加以论述，认为一、二、三、四数就是六、七、八、九数，这是因为五、十数居位于《河图》中央，而其功用遍及于《河图》外圈。二老即老阳、老阴，是指一、六数，四、九数。九数，是十数减去一数、五数增加四数；六数，是十数减去四数、五数增加一数。《河图》右方得到《河图》中央十数中的九数，将其十数与九数相减得到的余数一付与《河图》下方，《河图》下方得到一数，与《河图》中央的五数相互累积求和而成为六数；《河图》下方得到《河图》中央十数中的六数，将其十数与六数相减得到的余数四付与《河图》右方，《河图》右方得到四数，与《河图》中央的五数相互累积求和而成为九数。《河图》右方和下方各自用与十数、五数相加减得到的余数来相互凭借，而五数没有缩减、十数没有增盈，正好得到六、九的数，而老阳、老阴的名分就此确定了。二少即少阳、少阴，其所对应的数也是如此。《河图》左方得到《河图》中央十数中的八数，将其十数与八数相减得到的余数二付与《河图》上方，《河图》上方得到二数，与《河图》中央的五数相互累积求和而成为七数；《河图》上方得到《河图》中央十数中的七数，将其十数与七数相减得到的余数三付与《河图》左方，《河图》左方得到三数，与《河图》中央的五数相互累积求和而成为八数。此说似乎阐发明白了，可惜还不够尽善尽美。

江永认为：既然《河图》五数、十数居位于中央，而功用遍及于《河图》外圈，那么，应当中央十数与五数都有缩减。两数相减而有余数为差，算学家将之称为较。一、二、三、四数与《河图》中央的五数相互合并在一起，算学家将之称为和。《河图》右方的九数是《河图》中央的十数减去一数，那么四数也是《河图》中央的五数减去一数；下方的六数是《河图》中央的十数减去四数，那么一数也是《河图》中央的五数减去四数；左方的八数是得到《河图》中央十数中的八数而余数为二，那么三数是得到《河图》中央五数中的三数而余数也是二；上方的七数是得到《河图》中央十数中的七数而余数为三，那么二数是得到《河图》中央五数中的二数而余数也是三。《河图》四方由中央五数、十数减去余数所得到的数就存留在它自己本方，这才称得上相互凭借，而与相邻方位没有这样相互凭借的道理。《河图》上方自己有二数，用不着左方的付与；左方自己有三数，用不着上方的付与。由此推之，下方自己有一数，哪里需要凭借于右方的付与；右方自己有四数，哪里需要凭借下方的付与。总之，《河图》四方表现出来的，是四象的功用之数；隐藏不出的，是四象的本体之数；功用之数易于看见，本体之数难以知晓。此说不阐明，虽然尽心极意解说这个图，终究不能清楚明白地得到《河图》的意旨。

(八)先天八卦横图的四象问题

近世儒家学者评说“先天八卦横图”认为，伏羲圣人画横向一画作为奇数，用来象征阳，又画横向二画作为偶数，用来象征阴，奇画和偶画既然确立，于是将奇画和偶画各自重叠三层而成为乾卦、成为坤卦，将奇画和偶画相互交叉重叠三层而成为六子卦。他们不相信先天八卦横图第二层依据上下两画分别老、少的说法。

江永认为：乾卦为上、中、下三奇画，坤卦为上、中、下三偶画，画八卦也必须按照从下到上的次序渐次相互叠加，怎么能突然一下子由第一层一画增加到第三层三画而成为乾卦、坤卦，不经过第二层两画而来呢？第二层两画的划分四象非常清楚明白。阳画上加一阳画是阳中之阳，所以为老阳；阳画上加一阴画是阳中之阴，所以为少阴；阴画上加一阳画是阴中之阳，所以为少阳；阴画上加一阴画是阴中之阴，所以为老阴。其形象清楚明白如此。

而近世儒家学者却说：“第二层两画尚未形成八卦，从何处知道它为少、为老？”似乎是有点令人诧异。江永认为这是由于他们意识中先就有所蔽障。

他们所说的二老之数是九数和六数，二少之数是七数和八数，如果只是到第二层两画，就无所谓六数、七数、八数、九数。他们不知道六、七、八、九数，是揲数蓍草所得到的数，并非四象得名的由来。四象的一、二、三、四数，则是揲数蓍草所得到的九、八、七、六数的根源。朱熹《朱子语类·易一》说：“《周易》中七、八、九、六的数，向来只是从揲数蓍草处推测起源，虽然也同揲数蓍草的情况完全符合，然而终究觉得其中曲折复杂、不太顺畅的地方太多，怀疑这并非得到七、八、九、六数的最初原因。因为观看四象产生次序，偶然得到七、八、九、六数起源的说法，是一种极为便捷的途径。大概依据四象次序数一、二、三、四，就可以见到九、八、七、六数。老阳位于一数，就包含有九数；少阴位于二数，就包含有八数；少阳位于三数，就包含有七数；老阴位于四数，就包含有六数。只有这一层意义，先世的儒家学者们都没有做过进一步的阐发。”这一说法，朱熹多次言说。是什么原因导致近世儒家学者忽然摒弃而不采用朱熹这一说法，单单固执地用九、八、七、六数作为四象的固定名称、固定数量呢？这是由九、八、七、六为四象定名、定数的说法所产生的蔽障。

其后世儒家说法认为，第二层两画有四种形象，其中有上下两个奇画、上下两个偶画，上下两个奇画为半个乾卦，上下两个偶画为半个坤卦；有下方一个奇画与上方一个偶画、下方一个偶画与上方一个奇画，下方一个奇画与上方一个偶画为半个离卦、半个震卦，下方一个偶画与上方一个奇画为半个坎卦、半个巽卦。他没有说到兑卦、艮卦，这是为什么呢？料想是他心中对此有一些嫌隙。其说法认为，老阴老阳各只有一个罢了，少阴少阳则有长、中、少的区别，少阴少阳各有三个。因此，老阳老阴由乾卦、坤卦专用，更不容许有第二者，所以，缺少兑卦、艮卦。但是，八卦怎么可以缺少其中二卦呢？观察兑卦的下二画为阳，清楚明白地与乾卦同一根源；艮卦的下二画为阴，清楚明白地与坤卦同一根源，但是，乾卦为老阳中之阳，兑卦为老阳中之阴，坤卦为老阴中之阴，艮卦为老阴中之阳。然而，其说法也认为，兑卦为老阳中之少阴，艮卦为老阴中之少阳，其意思则是想用此少阴、少阳与四象中的少阴、少阳并列，那么这里就又有了毫无条理牵强凑合的弊病。这是由老阴老阳各一而少阴少阳各三的说法所产生的蔽障。

既然有这两种认识上的蔽障，所以解说乾卦坤卦，就有三画突然成就而不由下至上渐次增加的弊病；解说兑卦艮卦，就有难于安顿而毫无条理牵强凑合的弊病。为何不用一分为二、二分为四、四分为八的方法观察它呢，这样就明白直接，没有什么可怀疑的了。

(九)先天卦初画的一奇一偶问题

近世儒家学者批驳邵雍先天卦时说："如果按照加一倍法，先天卦最初画的一奇画与一偶画，不过是乾卦、坤卦的初爻罢了。乾卦为天，坤卦为地，将此初画称为一画开天，是否可以呢？"

江永认为：这种说法非常错误。邵雍未曾讲先天八卦先画乾卦坤卦，从何处说起先天卦最初画的一奇画与一偶画只是乾卦坤卦的初爻这话呢？观察《周易本义》所载伏羲八卦次序、伏羲六十四卦次序图，最下一层的白画黑画，用三画卦来讲，白画就是乾卦、兑卦、离卦、震卦最初画的一个阳爻，黑画就是巽卦、坎卦、艮卦、坤卦最初画的一个阴爻；用六画卦来讲，白画就是乾卦至复卦三十二卦的初九，黑画就是姤卦至坤卦三十二卦的初六。哪里是乾卦坤卦初爻的称谓啊。用两仪作为乾卦坤卦的初爻、四象作为乾卦坤卦的二爻，这是宋代程迥的说法。合并累加三个阳爻作为乾卦，连续重叠三个阴爻作为坤卦，这是宋代林栗的说法。朱熹正是担心人们讲先天卦先画乾卦坤卦，后画六子卦，不能够显现自然界创造演化不经人力干预而自由发展、自然产生而出的奇妙，因此，对程迥、林栗的说法都极力辩驳，以此来彰明邵雍的学说。现在这些儒家学者仍旧用这种观点来议论邵雍的学说，先画一个奇画与一个偶画，在此基础上重叠三层而成为乾卦坤卦，这正与林栗的说法相似，怎么可以再次采用呢？这是因为意识有所主张，认识有所蔽障，不能够参透第二层二画分别太阴、太阳、少阴、少阳一关，因此，立论不能够没有弊病啊。

（十）效法《河图》创作《易经》的两仪问题

世俗的说法认为，效法《河图》创作《易经》，是画一圆圈用来象征太极，其左方排列一、三、五、七、九的天数，右方排列二、四、六、八、十的地数，用此来作为两仪。如果是这样，那么用什么产生四象、产生八卦呢？

朱熹《易学启蒙·本图书第一》说："《河图》虚无中央五数与十数，这是太极；奇数的和为二十、偶数的和为二十，这是两仪。"用现在的观点来考证，两仪并非用四十数各自平均分为两半。两仪，是指太阳与少阴为阳仪，少阳与太阴为阴仪，其所对应的数各自有盈余与缺乏。太阳奇数为九而偶数为四，少阴奇数为三而偶数为八，合起来为二十四，奇数的和为十二，偶数的和为十二；少阳奇数为七而偶数为二，太阴奇数为一而偶数为六，合起来为十六，奇数的和为八，偶数的和为八。唯有将太阳太阴的数合起来，太阳奇数为九而偶数为四，太阴奇数为一而偶数为六，则奇数的和为十，偶数的和为十；将少阴少阳的数合起来，少阴奇数为三而偶数为八，少阳奇数为七而偶数为二，则也是奇数的和为十，偶数的和为十。怎么可以用各自半分的方法作为两仪呢。然而两仪对应的数虽然有盈余与缺乏，卦画则两仪奇画数与偶画数正好均等，这是它之所以奇妙的原因。

（十一）《河图》的四象问题

西方，是万物成就的方位，是阳气中的坚实阶段，阳气中的阳气为太阳。东方，是万物发生的方位，是阳气中的稚弱阶段，阳气中的阴气为少阴。南方，是万物成长的方位，是阴气中的开始阶段，阴气中的阳气为少阳。北方，是万物收藏的方位，是阴气中的极致阶段，阴气中的阴气为太阴。太阳、少阴、少阳、太阴这四象的方位确实应当如此分布。

如果说《河图》中的一、二、三、四数就是四象的太阳、少阴、少阳、太阴，那么，西方并非阴气极致的地方，为什么四数的太阴居位于此？北方也不是阳气极盛的地方，为什么一数的太阳居位于此？况且说《河图》用中央的数为主人，用外圈的数为宾客，那么九数居位于西方，六数居位于北方，正是得到了太阳、太阴的地方，为什么九数、六数不居位于中央为主人，而居位于四方为宾客呢？因此，《河图》中的四象是不可以将方位与数量分为两地的。

先天八卦横图用西方的太阳为其首、北方的太阴为其尾，用东方的少阴、南方的少阳包含中间。先天八卦圆图摊开就成为横图，及其从中间分判横图而重新围合为圆，那么《河图》就变为《洛书》。《洛书》尚未出现而八卦已经画成，八卦既已画成而《洛书》的道理就预先显示其中了。这就是圣人依据自己的心灵体悟创作《易经》之所以奇妙的原因。

先天八卦横向排列的卦象，《河图》中从右至左横向排列的有：九为乾卦、四为兑卦、三为离卦、八为震卦，八卦已经得到其中半数；但将《河图》中从上至下纵向排列的二、七、六、一，对应先天八卦数，即二为巽卦、七为坎卦、六为艮卦、一为坤卦，也变为横向排列，先天八卦横图就全部展现出来了。这个道理非常明显，为什么直至今天尚未被人们阐明？

《河图》与八卦之所以难于密切符合，是因为《河图》四象有横向排列、纵向排列的意义，有与中央十数、五数相减隐藏四方的意义。如果将先天八卦横图围合成为圆图，这是非常容易的事情。哪怕是稍微有点常识的人，也知道将后列四卦翻转过来与前列四卦倒着接续起来，必定没有用坤卦接续乾卦、用巽卦接续震卦的。或者真有这样的事，还需要麻烦他推论详述，说明阴阳二气的运行为什么会失去正常的秩序，那就也不必为此焦虑了。

朱熹在回答袁枢时说："四象的名称所包含的内容非常广泛，大都必须用两画相互重叠、四位形成队列的为正说。"这是确定无疑的说法。但朱熹随后讲，太阴、太阳、少阴、少阳四象分别位次与数量的说法，就有欠稳妥恰当了。

像邵雍在《渔樵问对》说"四象谓阴阳刚柔"，这是将天地合并在一起讲的，自然是邵雍所看到的。如果这样，将如何用来产生八卦呢？邵雍认为，太阳为日，太阴为月，少阳为星，少阴为辰，太柔为水，太刚为火，少柔为土，少刚为石。这八种自然现象与八卦所代表的不同，所以邵雍学说自然是一家之学。

按照产生次序，自上而下看，是太极产生两仪，两仪产生四象，四象产生八卦；自下而上看，却是八卦中看得到四象，四象中看得到两仪，两仪中看得到太极。先世的儒家学者想要惩戒那种才有两仪就开始解说八卦的弊病，于八卦画成之后，不再论述其画卦过程中第一层最初一画确定两仪，第二层两画确定四象，于是，乾卦兑卦共有一个太阳、离卦震卦共有一个少阴、巽卦坎卦共有一个少阳、艮卦坤卦共有一个太阴，这个道理未曾阐发明白。因此，就不能够由八卦来推断数量，而知道《河图》的九数、四数就是乾卦、兑卦，三数、八数就是离卦、震卦，二数、七数就是巽卦、坎卦，六数、一数就是艮卦、坤卦，六数与一数共有一个太阴。

（十二）先天八卦横图的异议问题

后世的人对于先天八卦横图有异议的如下：

明朝宗室朱厚烷（明成祖六世孙——作者注）认为，先天八卦横图，乾卦应当居位于左方，坤卦应当居位于右方，不适宜用坤卦居位于左方、乾卦居位于右方。江永认为，阳仪排列于左方，阴仪排列于右方，这是先天八卦圆图。像先天八卦横图自右而左排列，乃是顺从中国文字的习惯罢了。外国文字从后至前，从左至右，中国文字则反之，这是各国有各国的风俗习惯。伏羲画八卦，岂能遵从外国的风俗呢？先天八卦圆图的左方右方有确定的方位了，先天八卦横图无论自左至右还是自右至左，同是这些八卦，即使将乾卦移于左方，对于《易经》也没有增加什么；将坤卦置于左方，对于《易经》也没有减损什么。不必用这种事来议论先前的儒家学者。

叶九升（叶泰，字九升，清代婺源人，江永记为金华人——作者注）制作八卦横图，将阴仪的巽卦、坎卦、艮卦、坤卦四卦，反之为坤卦、艮卦、坎卦、巽卦，排序为乾一、兑二、离三、震四、坤五、艮六、坎七、巽八，认为将此横图曲转便成圆图，则八卦都是从自身左方向右方逆向旋转，所以说“《易》是逆数”。江永认为，叶九升这话大错特错。四象的位次，老阳居位于一，少阴居位于二，少阳居位于三，老阴居位于四，这是确定无疑的位次。现在叶九升将老阴移居于三，少阳移居于四，则四象位次颠倒错乱了。六十四卦，排列如同邵雍的伏羲六十四卦次序图，就可以显现一每生二自然而然的产生次序。现在叶九升都用坤卦五、艮卦六、坎卦七、巽卦八改易它，则六十四卦又都混淆错乱了，与加一倍法不相符合了。况且叶九升说：“邵雍将其方法隐秘不传，对于阴仪增加第二层奇偶画的方法也是同阳仪一样，先加阳画，后加阴画”“朱熹的学说本源于二程(即程颢和程颐)，所以被邵雍欺瞒过去了”。这种话尤其令人诧异。如果真是这样，那么邵雍就是藏头露尾的人，隐秘真正的方法而传授虚伪的方法，不但瞒过朱熹，而且迷惑误导天下人和后世学者，有这样的道理吗？近世地理学说，大都推崇金华叶九升为最佳。他论述八卦横图有这种差错谬误，大大有害于《易》学，不得不加以辩驳。《周易·说卦传》“雷以动之，风以散之”一章，孔子正是担忧人们不知道先天八卦横图的卦位，所以从横图中间说至起首结尾用来阐明它，其用意不在于解说阴阳之气的变化，哪里料到后世的人还是有这种差错谬误啊。

(十三)先天八卦数的虚实问题

邵雍的老师到临终前，才说出“乾数一、兑数二、离数三、震数四、巽数五、坎数六、艮数七、坤数八”，传授给邵雍，这是自宋代陈希夷以来的真传。然而，这只是先天八卦次序的虚数罢了，与《河图》《洛书》的数没有牵涉。数有十位而卦只有八个，《河图》《洛书》就是虚无其中的五数、十数用来居位中央，并非空虚其后面的九、十这两位数。八卦的实数，就是乾数九、兑数四、离数三、震数八、巽数二、坎数七、艮数六、坤数一，顺从数的次序而数它们，就为坤数一、巽数二、离数三、兑数四、艮数六、坎数七、震数八、乾数九，符合社会伦理中父母男女的排列次第。

来知德(字矣鲜，明代理学家——作者注)著作易图，就认定八卦虚数为八卦实数，认为乾卦一与坤卦八、兑卦二与艮卦七、离卦三与坎卦六、震卦四与巽卦五都合并起来为九，以此为奇妙。《洛书》相对两数合并起来为十则奇妙，纳甲数合并起来为十一则奇妙，合并起来为九，有什么奇妙的意义呢？况且实数不可以改易而虚数可以改易，像叶九升改易为坤卦数五、艮卦数六、坎卦数七、巽卦数八，也可以合并起来为九，这也奇妙吗？

八卦数有虚数与实数之别，先世儒家学者们似乎都未曾知晓，因此，邵雍解说《河图》《洛书》非常粗疏简略，朱熹《易学启蒙》中《本图书》《原卦画》二篇也未能有精密准确的说法。八卦有实数，则与《河图》《洛书》用一种道理予以贯穿，这是本书的第一要义，阅读本书的人一定要清楚详细地知道它。

河洛精蕴 卷之二

HE LUO JING YUN JUAN ZHI ER

论后天八卦未必始于文王

先儒传先天之学，因谓“帝出乎震”一章为后天，其卦位乃文王所定。愚尝疑之。夫谓文王定此卦者，本无他据，但因坤《彖》有“西南得朋”“东北丧朋”，蹇《彖》有“利西南”“不利东北”，解卦亦言“利西南”，而《传》以为“得众”，与后天卦之坤艮有合耳。然《彖辞》虽文王所系，而八方之位，自有天地以来即定矣，岂待文王而始知所当之卦耶！《河图》之妙，先天已含后天。一、二、三、四即坎北、离南、震东、兑西之位，但易其乾、坤、艮、巽之四隅耳。此卦位非圣人不能定，而圣人不必为文王。古人神智创物，诚有不可思议者。如观天文，而有三垣列宿之名，鸟火虚昴之位；制干支，而能推开辟以来，至于当时，岁当某干某支，日当某干某支，传之至今，竟无差忒。此皆极难知之事，古人犹能知之，岂八方卦位，文王以前竟未有知之者耶？以事理验之。南面而听天下，向明而治，上古之为君者即当如此矣。是知南为离，明也。离在南，则坎不在北乎？尧命羲和，春曰东作，震在东也；夏曰南讹，离在南也；秋曰西成，兑在西也；冬曰朔易，坎在北也。更以二事验之。夏易曰《连山》，以艮为首，岂非有取于终万物始万物之义乎！商易曰《归藏》，以坤为首，岂非谓坤与艮对，取其对方之卦以示变革乎！然则，后天之卦，其由来已久矣。故今但曰后天卦，不曰文王卦。

白话解读

先世儒者传授先天学说，说《周易·说卦传·第五章》“帝出乎震”一章为后天，其八卦方位为周文王所制定。江永曾经怀疑这种说法。

首先，周文王制定后天八卦方位说缺乏充分依据。

周文王制定后天八卦方位之说，本来没有其他依据，只是因为《周易》坤卦的《彖》有“西南得朋”“东北丧朋”句，蹇卦的《彖》有“利西南”“不利东北”句，解卦卦辞也说“利西南”，解卦的《彖》有“解，利西南，往得众也”句。坤卦由下坤上坤组成，坤卦后天方位为西南，艮卦后天方位为东北；蹇卦由下艮上坎组成，艮卦后天方位为东北；解卦由下坎上震组成，坤卦后天方位为西南，又代表众，所以《彖传》说“得众”。这三条解释，与后天八卦方位中坤位西南、艮位东北有所符合罢了。然而，《彖辞》虽然公认为周文王所系属，而后天八卦方位，自从天地产生以来就确定了，哪里需要等到周文王才开始知道八方所适当的八卦呢。

其次，后天八卦方位由来已久。

这可以从三个方面看。

第一，从《河图》看。《河图》的奇妙之处在于，先天八卦方位已经包含有后天八卦方位。《河图》一数位于北方，五行水数一，八卦坎为水，所以后天坎卦位于北方；二数位于南方，五行火数二，八卦离为火，所以后天离卦位于南方；三数位于东方，五行木数三，八卦震为木，所以后天震卦位于东方；四数位于西方，五行金数四，八卦兑为金，所以后天兑卦位于西方。《河图》的一、二、三、四数方位就是后天坎卦在北、离卦在南、震卦在东、兑卦在西的方位，只是改易其乾卦、坤卦、艮卦、巽卦到后天八卦的四隅方位罢了。

第二，从圣人看。后天八卦方位肯定是圣人制定的，但这个圣人并不必定就是周文王。古人通过精神智慧所创造的事物，确实有些是不可思议的。比如，观察天文，就有紫微垣、太微垣、天市垣等三垣，以及二十八宿等列宿的名称，鸟、火、虚、昴在天空中的位置；制定干支，就能够上推及天地开辟以来，下推至于当世当时，某岁适当某干某支，某日适当某干某支，从古传承至今，竟然毫无差错。这都是极难知晓的事情，古人犹且能够知道它，难道八方的后天卦位，在周文王以前竟然没有知道的人吗？

第三，从事理看。用历史事实的道理来验证它，也是如此。据《周易·说卦传·第五章》记载，圣人面向南方、面向光明的阳光来治理天下。上古时代做君主的人就应当如此了。因此知道，南方为离卦，为光明。离卦既在南方，相对的坎卦不就在北方吗？据《尚书·尧典》记载，尧帝命令羲和掌管天文历法，春天称为东作，“作”意为兴起，后天八卦震卦在东方；夏天称为南讹，后天八卦离卦在南方；秋天称为西成，后天八卦兑卦在西方；冬天称为朔易，后天八卦坎卦在北方。再用两件历史事实来加以验证。夏朝的易经称为《连山》，以艮卦为首，就是取用后天八卦艮卦位于东北，具有终结万物、开始万物的意义。商朝的易经称为《归藏》，以坤卦为首，就是认为后天八卦坤卦与艮卦方位相对，取用夏朝易经所用首卦相对方位的卦来显示改朝换代的社会变革。既然这样，后天八卦的由来就很久远了。所以，现在只称为后天卦，不称为文王卦。

后天八卦图

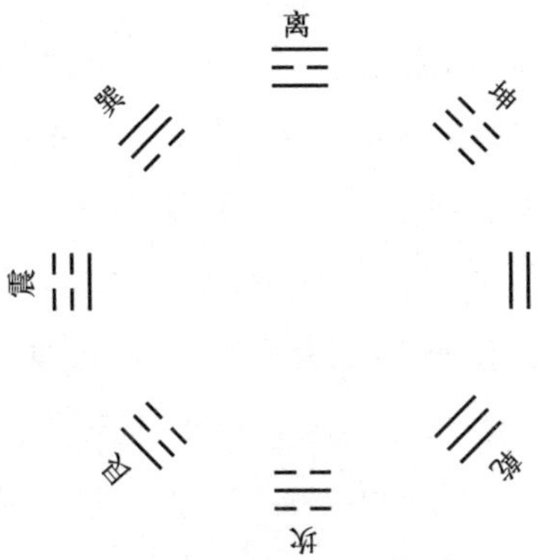

后天八卦图

图说

《易》曰："帝，出乎震，齐乎巽，相见乎离，致役乎坤，说言乎兑，战乎乾，劳乎坎，成言乎艮。"按：此似是古经之言，夫子述之。下文，解说之也。古之圣人，心通造化，变易伏羲之八卦，别为方位，其理精深，其义广大，天道地道人道无所不包。书不尽言，言不尽意。即古经之言，岂足以尽此图之义哉！夫子即其言解说之，或言方，或言时，或言德，或言象，互文见义，各举一隅，以待后人之引申触长耳，岂谓此图之义尽于所解说哉！故后儒不妨各随所见为说也。其以乾坤男女为说者，莫善于邵子"乾统三男于东北，坤统三女于西南"二语。《折中》论之曰："邵子之言，可蔽图之全义。《周易》坤、蹇、解诸卦《彖辞》，皆出于此也。大抵先天则以东、南为阳方，西、北为阴方，故自阳仪而生之卦皆居东、南，自阴仪而生之卦皆居西、北也；后天则以北、东为阳方，南、西为阴方，故凡属阳之卦皆居东、北，属阴之卦皆居西、南也。然先天阳卦虽起于东，而其重之以叙卦气，则所谓复天地心者，仍以北方为始；后天阳卦虽起于北，而其播之以合岁序，则所谓'帝出乎震'者，仍以东方为先。盖两义原不可以偏废，必也参而互之，则造化之妙，易理之精，可得而识矣。岁始于东，终于北，而西、南在其间，后天图意主乎阳以统阴，故自震而坎而艮者，以阳终始岁功也；自巽而离而兑者，以阴佐阳于中也。震阳生，故直春生之令，以始为始也。乾则以终为始，而莫得其端，乃《传》所谓'大始'者也，所谓'不可为首'者也。兑阴成，故毕西成之事，阴功之终也。坤则致役以终事，而不居其成，乃《传》所谓'作成'者也，所谓'无成而代有终'者也。故阳居终始而阴在中间，乃天地万物之至理。"谨按：此一条，发明图意，周详精密，先儒所未及。此言"阳居终始"，与《传》言"艮终始万物"若不合，何也？此通四阳卦言之，故以乾为终始；《传》谓冬之终、春之始，故以艮为终始也。又按：先儒以乾位西北，坤位西南，乾坤任六子，自处无为不用之地。程子尝辩之曰："此说大故，无义理。雷风山泽之类，便是天地之用。如人身之有耳目手足，便是人之用。岂可谓手足耳目皆用，而身无为乎！"《折中》亦曰："先儒有乾坤不用之说，考以孔子之言，则坤曰'致役'、曰'致养'，其为用莫大于是；至于乾曰'战'，则又所以著刚健之体，有以克胜群阴而主宰天命。八卦之用，皆其用也，夫岂不用者哉！"谨按：先儒所以有乾坤不用之说者，谓居四正之位为用事，四隅之位为不用，西北、西南阴方，尤为不用，如父母既老，退居不用之地也。此先儒立言，诚不能无病。夫方位之有正有隅，犹四时之有孟仲季也，岂必四仲之月始为用事耶！坤之居西南也，当夏秋之间；乾之居西北也，当秋冬之间，岂此时无所事事耶！阴阳五行，更王更衰，当时者进，成功者退，则有之，非不用之谓也。不用，则如人之手足有不仁之病矣。即以一家言之，父母既老，男女任事者有之，然家事统于尊，仍以父母为主，非父母既老，即为休废之人也。且乾坤无老时，亦不可以人之老为喻。又谓，下章历举六子，不数乾坤，以此为乾坤不用，亦非也。下章言"神也者，妙万物而为言者也"，所谓"神"者，正指乾坤，

"妙万物"者，言其主宰之功神妙不测，六子之用皆其用也，岂不用之谓哉！说此章者，夹漈郑氏之言为无病。郑氏曰："乾居西北，父道也。父道尊严，严凝之气盛于西北，西北者万物成就之方也。坤居西南，母道也。母道在养育万物，万物之生盛于西南，西南者万物长养之方也。坎、艮、震方位次于乾者，乾统三男也。巽、离、兑方位夹乎坤者，坤统三女也。西北盛阴用事，而阴气盛矣，非至健莫能与争，故阴阳相薄，曰战乎乾，而乾位焉，战胜则阳气起矣。"

说《易》者，每谓《易》不言五行，以五行言《易》者，非《易》本指。然人不知八象与五行相通之理耳，知其理，则言八象即是言五行。且八象亦有时而变通，坎水也，而亦言云，则知水与云一类也；离火也，而亦言日、言电，则知火与日、与电一类也；坤之为地，艮之为山，其为土，不待言也；巽本为风，而亦为木，是风与木同气，故医家曰厥阴风木；然则，震为雷，雷亦是木，雷化物之木也，雷动则龙随之，鳞虫属东方，苍龙为东方之宿也，龙雷之火又为相火，其本体则阳木也；惟兑泽属金，人不肯信，不知海水与天连，犹山与地连，兑实与天同气也；乾之为金，岂止金玉之金哉！纯刚之气，万古不变，故《河图》为九金也。先天固当论八象，后天卦言方、言时，正当以五行解之，方有着落。兑为正秋，正秋岂非金乎！先儒有以五行说卦位者。项氏安世曰："后天之序，据太极既分之后，播五行于四时也。震、巽二木主春，故震在东方，巽东南次之。离火主夏，故为南方之卦。兑、乾二金主秋，故兑为正秋，乾西北次之。坎水主冬，故为北方之卦。土王四季，故坤土在夏秋之交，为西南方之卦。艮土在冬春之交，为东北方之卦。木、金、土各二者，以形王也。水、火各一者，以气王也。坤阴土，故在阴地；艮阳土，故在阳地；震阳木，故正东；巽阴木，故近南而接乎阴；兑阴金，故正西；乾阳金，故近北而接乎阳。其序甚明。"徐氏几曰："坎离，天地之大用也，得乾坤之中气，故离火居南，坎水居北也。震，动也，物生之初也，故居东。兑，说也，物成之后也，故居西。此四者各居正位也。震阳木，巽阴木，故巽居东南，巳之位也。兑阴金，乾阳金，故乾居西北，亥之方也。坤阴土，艮阳土，坤居西南、艮居东北者，所以均王乎四时也。此四者分居四隅也。震巽木生火，故离次之。火生土，故坤次之。坤土生金，故兑乾次之。金生水，故坎次之。水非土亦不能以生木，故艮次之。水土又生木，循环无穷。此所以为造化流行之序也。”龚氏焕曰：“土无时不养，然于西南、夏秋之交，土气正旺，致养之功莫盛于此，故曰致役乎坤。”又曰：“成言乎艮，艮亦土也。养者成之渐，成者养之终，又将于此而始。此土无不在，养物之功，成始而成终者也。水、火阴阳之正，木、金、土阴阳之交，正者一而交者二也。”胡氏炳文曰：“夏而秋，火克金者也；火金之交，有坤土焉，则火生土，土生金，克者又顺以相生。冬而春，水生木者也；水木之交，有艮土焉，木克土，土克水，生者又逆以相克。相生所以为克，相克所以为生。生生克克，变化无穷。孰主宰之？曰帝是也。”《折中》曰：“诸儒之说亦详密，然所言艮坤之理亦有未尽者。盖《吕》《令》以土独王未月而为中央，则土位惟一也；京房以土分王辰、戌、丑、未而值四季，则土位有四也；今惟坤、艮二土位于丑、未，视《月令》则多其一，视京房则少其二，何也？盖木之生火，金之生水，无所籍于土；若火非土必不能生金，水非土必不能生木，则土之功于是为著，尚有先天后天列象交变之妙，见《启蒙附论》中。”谨按：《折中》之说能发坤、艮二土所以然，兼诸儒说，无遗义矣。又按：土惟一者，五行五方之理，以中央统四方也；土有二者，八卦水火一而木金土各二之理，以坤、艮居《洛书》二八之位，纲维乎诸方也；土有四者，十二支有四季之理，四方皆有土也。坤、艮与乾、巽为四维，艮中有丑，坤中有未，则乾中有戌，巽中有辰，金木中之土亦隐藏于其间矣。八卦五行，水、火一而木、金、土各二，此后天一大节目。六十四卦之分宫、属五行定于此。其源：自一水、二火、三木、四金、五土，即已分清浊，分气质；亦是《河图》四象之变化，太阳九四，定为乾、兑金不变，太阴一六本为水，变为坤、艮土，少阴三八本为木，而三变为离火，八则仍为震木，少阳二七本为火，而二变为巽木，七变为坎水，于是水、火各一，木、金、土各二矣；又归其五行之本数，则一为坎水而六并之，二为离火而七并之，六并则九为乾金而居西北，七并则八为巽木而居东南，仍有东北、西南之两隅，则中宫之五十居之，为艮、坤之二土。此《河图》之变体，别有图明之。然非圣人有意安排，自是不得不然之理。《外篇》又有两勾股图，正是水、火一，木、金、土各二之理也。先天变后天，又有自然之数。后天卦位，又有配入干支成罗经。皆见《外篇》。

项氏谓，水、火以气王，木、金、土以形王。龚氏谓，水、火为阴阳之正，木、金、土为阴阳之交。项说胜于龚说。

白话解读

(一) 后天八卦方位

1. 经说

《周易·说卦传·第五章》说："天帝，是万物的主宰。使万物生出于震卦方位，整齐于巽卦方位，相见于离卦方位，劳役于坤卦方位，喜悦于兑卦方位，战斗于乾卦方位，劳苦于坎卦方位，成就于艮卦方位。"

2. 孔子解说

江永认为：这段话似乎是古代经书上的话，孔子引述前人成说。下文是孔子对这段话的解说。古代圣人，心灵通彻自然造化，改易变化伏羲八卦方位，另外创作一种八卦方位，其中道理精微深奥，其中含义博大渊深，天道、地道、人道可谓无所不包。文字不能充分表达语言，语言不能确切表达思想。即使是古代经书上的言辞，也不能够用来充分表达此后天八卦方位图的含义。孔子就经书上的言辞进行解说，或者讲经书各卦所指方位，或者讲经书各卦所指四时季节，或者讲经书各卦所指品德，或者讲经书各卦所指物象，采用了互文见义的修辞方法，就是用相邻句子中所用的词语互相补充，结合起来表示一个完整的意思。孔子在解说中，每卦各举一件事情，留待后人引申延展，所以并不能认为此后天八卦方位图的含义已经充分表达于孔子的解说，后世儒家学者不妨各自依从自己所看见的内容来讲解。

(二) 以乾坤男女解说后天八卦方位

1. 邵雍解说

以乾坤男女进行解说的，没有比邵雍"乾卦统率三男震卦、艮卦、坎卦于东方、北方，坤卦统率三女兑卦、离卦、巽卦于西方、南方”二说更好的了。

《周易折中·易学启蒙·原卦画第二》论述邵雍此说时认为，邵雍的话，可以概括后天八卦图的全部意义。《周易》坤卦、蹇卦、解卦各卦《彖辞》，都源出于此图。大致上，先天八卦圆图是以东方、南方为阳性的方位，西方、北方为阴性的方位，因此，自阳仪而产生的卦都居位于东方、南方，自阴仪而产生的卦都居位于西方、北方；后天八卦图是以北方、东方为阳性的方位，南方、西方为阴性的方位，因此，凡是属于阳性的卦都居位于东方、北方，属于阴性的卦都居位于西方、南方。然而，先天八卦图阳性的卦虽然兴起于东方，而将八卦重叠为六十四卦，圆布为六十四卦圆图，用来叙述卦气时，则所谓“复”卦可以见到天地之心，复卦居位于北方，仍然以北方为阳气发生的开始；后天八卦图阳性的卦虽然兴起于北方，而将后天八卦播布开来用以配合年周期中四时八节时令变化，就是所谓“天帝使万物生出于震卦”，震卦居位于东方，仍然以东方为万物运行次序的首先。这两种意义原本就不可以偏废，必定相互参证，这样，自然界创造演化的奇妙，易经所阐述的客观变化规律的精奥，才能够为人们所认识。

一年之内万物发生发展变化的过程开始于东方，终结于北方，而西方和南方在这两个方位中间，后天八卦图的意思是以阳性事物为系统的主宰，统率阴性事物，因此，自震卦，而坎卦，而艮卦，这是用阳性卦象来终结和开始年周期性变化；自巽卦，而离卦，而兑卦，这是在年周期性变化的过程中用阴性卦象来辅佐阳性卦象。

震卦一阳始生于下，因此当值年周期中春天万物发生的时令，用阳气发生的开始，作为万物发生的开始。乾卦由三阳爻组成，则是用阳气的终结作为万物繁殖过程的开始，这一首尾端倪就是《周易·系辞上传·第一章》所谓“（乾象征着）创造新生事物的伟大开始”以及《周易·乾卦·象传》所谓“（天德）不可以作为首端”。

兑卦一阴完成于上，因此用来完毕西方成就的新生事物，作为阴气成就万物功业的终结。坤卦由三阴爻组成，则是致力劳役以完成新生事物的养育过程，但不居成就之功，就是《周易·系辞上传·第一章》

“（坤）完成有形的事物”，就是《周易·坤卦·文言》所谓“（大地之道是）没有成就新生事物的功绩而代为履行养育新生事物的职责，使其有个终结”。

阳性居于事物发展周期性过程的终结和开始，而阴性在于事物发展周期性过程的中间，这就是天地万物发展变化的至高无上的道理。

江永认为：《周易折中》这一条，启发阐明后天八卦图意蕴，周到细致，精确严密，先世儒者所未曾言及。此条讲“阳居终始”，与《周易·说卦传·第五章》的“艮使万物始终”说法好像不相符合，这是为什么呢？因为，《周易折中》是总括四阳卦震卦、坎卦、艮卦、乾卦，讲万物繁殖的过程，因此用乾卦作为万物繁殖过程的终结与开始。而《周易·说卦传·第五章》认为，冬天为终，春天为始，艮卦居位于坎卦之后，坎卦在年周期中代表冬季，艮卦则在年周期中代表冬季的终结；艮卦居位于震卦之前，震卦在年周期中代表春季，艮卦则在年周期中代表春季的开始，因此用艮卦作为万物生长年周期变化的终结与开始。

2. 诸儒乾坤作用说

先世儒者认为，乾卦位居于西北方位，坤卦位居于西南方位，乾卦坤卦任用六子震卦、巽卦、坎卦、离卦、艮卦、兑卦行使职能，自己处于无所作为、不为所用的地位。

《周易折中·说卦传·集说》记载，程子曾经批驳这种说法说：“此说大有问题，不合义理。雷、风、山、泽的作用，就是天地的作用。这就如同人体上耳、目、手、足的作用，就是人身体本身的作用。怎么可以说手、足、耳、目都有作用，而身体本身没有作用呢。”

《周易折中·易学启蒙·原卦画第二·案》也说：“先世儒者有后天八卦图乾卦坤卦不为所用的说法，参考孔子的观点，其就坤卦所说‘致力劳役’‘致力养育’，没有比这更大的作用了；至于乾卦，说其“战斗”，则彰显出它刚强雄健的形体，指出其凭借这样的体魄，可以战胜各种阴性的事象，主宰上天的意志、自然的法则。八卦的作用，都是乾卦坤卦作用的结果，这哪里是‘不为所用’呢。”

江永认为：先世儒者之所以有后天八卦图乾卦坤卦不为所用的说法，是认为居于四正方位为当权用事，四角方位为不当权用事，西北方位、西南方位为阴性方位，尤其为不当权用事的地方，如同父母年老后普遍退居于不当权用事的地方。这番先世儒者的立论，确实不能说没有弊病。方位有正中有边角，犹如一年四时之中有孟月、仲月、季月，哪里必定是四仲的月才开始当令用事呢。坤卦居位于西南方位，在年周期中适当夏季与秋季之间；乾卦位居于西北方位，在年周期中适当秋季与冬季之间，难道这两个时期自然万物都无所事事吗？阴阳五行，更替为王，更替衰弱，正当时令者前进，已经成功者后退，有这种规律，并非所谓不为所用。不为所用，就如同人的手足有麻木的疾病了。即使以一个家庭来讲，父母年老后，儿女掌管家庭事务的情况是有的，然而，家庭事务统率于尊长，仍然是以父母为一家之主，并非父母年老就成为退休废弃的人。况且，乾卦坤卦没有年老之时，也不可以用人的年老作为比喻。

先世儒者又认为，下章《周易·说卦传·第六章》逐一列举震、巽、坎、离、艮、兑六子卦，不列举乾卦坤卦，据此认为乾卦坤卦不为所用，也是不对的。江永认为，下章《周易·说卦传·第六章》说"所谓神，就是指以无形存在于有形之中，使万物神妙地变化生成"，其中所谓"神"正是指乾卦坤卦，所谓"妙万物"是说乾卦坤卦主宰万物周期性变化的功用神秘奇妙不可测知。震、巽、坎、离、艮、兑六子卦的作用都是乾坤二卦的作用，怎么能说乾卦坤卦不为所用呢。

江永认为：解说《周易·说卦传·第五章》的观点中，夹漈先生郑樵的言论是没有问题的。《周易折中·说卦传·集说》记载，郑樵说："后天八卦图乾卦居位于西北，讲的是人的伦常中的为父之道。父道就是尊贵严肃；就气候来讲，严寒的气流旺盛于西北方位，西北方位是万物被造就完成的地方。后天八卦图坤卦居位于西南方位，讲的是人的伦常中的为母之道，母道就是养育万物，万物生成果实的气候旺盛于西南方位，西南方位是万物抚育滋养的地方。后天八卦图坎卦、艮卦、震卦方位依次排列于乾卦后面，这是表示乾卦统率三男卦；巽卦、离卦、兑卦方位中间夹持坤卦，这是表示坤卦统率三女卦。西北方位旺盛的阴气当权用事，而阴气旺盛的地方，只有至为刚健的阳气能与之抗争，所以阴阳之气在这里相互迫近，称为'战于乾卦'，而乾卦居位于此，它战胜阴寒之气，阳气便兴起了。"

（三）以五行理论解说后天八卦方位

1. 八卦卦象与五行相通

解说《易经》的人，每每认为《易经》不讲五行，用五行讲《易经》的观点不是《易经》的本来意旨。然而，人们不知道八卦卦象与五行相互贯通的道理。知晓其中道理，那么讲八卦卦象就是讲五行。况且，八卦卦象也有时而变化通联的情况，坎卦，卦象为水，也为云，就知道水与云是一类；离卦，卦象为火，也为太阳、为闪电，就知道火与太阳、闪电是一类；坤卦，卦象为地，艮卦，卦象为山，二者都为土，这就不用说了；巽卦，卦象本为风，也为木，这是风与木同属一种气，所以医家称厥阴风木；但震卦卦象为雷，雷也是木，因雷雨能生万物，所以雷是化生万物的木，雷动，龙会随之而动，龙属鳞虫，鳞虫属东方，苍龙在二十八宿中是东方星宿，龙行雷动产生的电火又为相火，它的本体是阳性的木；兑卦卦象为泽，属于五行金，对此人们却不能相信，不知道海水与天相连，犹如山与地相连，兑卦其实与天属同种气；乾卦，卦象为天，其五行所属的金，何止是金玉的金！这种纯刚之气永远不会改变，因此，《河图》以九数为金。先天八卦固然应当用五行理论论述八卦卦象，后天八卦讲方位讲时令，正应当用五行理论来解读，才能解释到位。《周易·说卦传·第五章》说“兑卦为正秋”，正秋的五行不就是金吗？

2. 先儒用五行理论解说后天八卦方位

先世儒者有用五行理论解说后天八卦方位的，其说如下。

（1）项安世说

项安世，南宋易学家。《周易折中·说卦传·集说》记载，项安世说：“后天八卦次序，是根据太极分为两仪、四象、八卦之后，播散五行于四时节令。震卦、巽卦五行属木，二木主管春季，春季位于东方，因此，震卦位在东方，巽卦位在东南，列在其次。离卦五行属火，主管夏季，夏季位于南方，因此离卦为位于南方的卦。兑卦、乾卦五行属金，二金主管秋季，秋季位于西方，因此，兑卦位为正西，代表正秋，乾卦位于西北，列在其次。坎卦五行属水，主管冬季，冬季位于北方，所以坎卦为位于北方的卦。五行土分别统帅四季之末，因此，坤卦五行属土，时令为夏秋之交，对应方位为南与西之间，是位于西南方位的卦；艮卦五行属土，时令为冬春之交，对应方位为北与东之间，是位于东北方位的卦。后天八卦中五行属木、金、土的卦各有二位，它们以形体强盛用事成为王者；五行属水、火的卦各有一位，它们以阳气与阴气开始产生用事成为王者。后天八卦中，坤卦为阴土，因此位居西南阴性的地方；艮卦为阳土，因此位居东北阳性的地方；震卦为阳木，东方为阳方，因此位居正东方位；巽卦为阴木，南方为阴方，因此位居邻近南方的东南方位，与南方的阴气相互连接；兑卦为阴金，西方为阴方，因此位居正西方位；乾卦为阳金，北方为阳方，因此位居邻近北方的西北方位，与北方的阳气相互连接。这个次序非常清楚明白。"

(2)徐几说

徐几，宋代易学家。《周易折中·说卦传·集说》记载，徐几说："坎卦、离卦是天地间最有用的，它们得到乾卦与坤卦的中和之气，所以离卦为五行火，居位于南方，坎卦为五行水，居位于北方。震卦，意思为震动，是万物初生的状态，所以居位于东方。兑卦，意思是喜悦，是万物成就后的状态，所以居位于西方。坎卦、离卦、震卦、兑卦四者各自居位于四方正位。震卦、巽卦属五行木，震卦为阳木，巽卦为阴木，因此巽卦居位于东南方，即十二支中巳的方位。兑卦、乾卦属五行金，兑卦为阴金，乾卦为阳金，因此乾卦居位于西北，即十二支中亥的方位。坤卦、艮卦都属五行土，坤卦为阴土，艮卦为阳土，坤卦居位于西南，艮卦居位于东北，这样可以使五行土均衡地称王(旺盛)于四时。巽卦、乾卦、坤卦、艮卦四者各自居位于四隅方位。震卦、巽卦五行属木，木能生火，离卦五行属火，所以离卦列居其次；离火能生土，坤卦五行属土，所以坤卦列居其次；坤土能生金，兑卦、乾卦五行属金，所以兑卦、乾卦列居其次；金能生水，坎卦五行属水，所以坎卦列居其次；水没有土的作用也不能用来生木，艮卦五行属土，所以艮卦列居其次；水与土相互作用又能生木，木又能生火，八卦的作用，五行的相生，循环不已，没有穷尽。这就是自然万物有其流动运行次序的原因。"

(3)龚焕说

龚焕，元代易学家。《周易折中·说卦传·集说》记载，龚焕说："土对于万物，无时无刻而不尽养育之功，然而于西南方位、夏秋之交的季节，万物结出的果实不断伸展延长，将要完成造就的时候，土气正当旺盛，致力于养育的功绩，没有比这时更强盛的了，因此说‘致役乎坤’。又说‘成言乎艮’，艮卦也是五行属土，养育是成就的渐进状态，成就是养育的终结状态，万物发展的周期过程于此成就而终结，又将于此开始下一个新的周期性发展过程。这样的土无所不在，它对于万物的养育功绩，就是促成开始也促成终结。后天八卦中五行属水、火的卦各有一位，而属木、金、土的卦各有二位，这是因为水、火是阴阳之气纯正不杂的形态，木、金、土是阴阳之气交互掺杂的形态，纯正不杂的形态只能有一个，而交互掺杂的形态则必定有两个。”

(4)胡炳文说

胡炳文，元代易学家。《周易折中·说卦传·集说》记载，胡炳文说：“由夏季到秋季，是火克制金；夏火与秋金交汇处，有坤卦属五行土，火能生土，土能生金，夏火与秋金之间的相互克制又转化为顺应以相互滋生。由冬季到春季，是水滋生木；冬水与春木交汇处，有艮卦属五行土，木克制土，土克制水，冬水与春木之间的相互滋生又转化为违逆以相互克制。顺应而相互滋生，成就了克制；违逆以相互克制，成就了滋生。滋生与克制反反复复，不断变化，没有止境。是谁主宰这种变化呢？《周易·说卦传·第五章》称为‘帝’的就是。”

(5)《周易折中》说

《周易折中·说卦传·案》说：“诸位儒家学者对五行和卦位的解说颇详细周密，然而讲坤卦艮卦的道理，也有不详尽全面的。《吕氏春秋·季夏纪》《礼记·月令》认为五行土仅旺盛于未月而居位于中央，那么五行土的方位就是唯一的；京房认为五行土分别旺盛于辰、戌、丑、未方位而当值四时末季，那么五行土的方位应该有四个；现在后天八卦方位，只有坤卦、艮卦二土，分别位于丑、未方位，比照《月令》多了一位，比照京房说法少了二位，这是为什么呢？大概五行木生火，金生水，不借助于土；但如果是五行火，则非土不能成就金，五行水非土不能滋生木，这时土的功绩最为显著。还有先天、后天列象交变的奇妙，详见《启蒙附论》之中。”

(6)江永说

江永认为：《周易折中·说卦传·案》的说法能够说明坤卦、艮卦二土这样居位的原因，并兼顾诸位儒家学者的解说，没有遗漏的理论了。

江永又认为：土的方位只有一位的道理，是五行分居五方，用中央来统率四方；土的方位有二位的道理，是八卦中五行属水、火各有一位，而属木、金、土各有二位，坤卦、艮卦被置于《洛书》二数、八数的方位，作为诸方的总纲要领；土的方位有四位的道理，是因为十二支分属四季，四个方位都包含了土。坤卦、艮卦与乾卦、巽卦为西南、东北、西北、东南四维，与十二支方位相配合，艮卦中有丑，坤卦中有未，则乾卦中有戌，巽卦中有辰，乾卦为金，巽卦为木，金与木中的土也隐藏在这里面了。八卦分属五行，水、火各有一位，木、金、土各有二位，这是后天八卦的一个重大的关键点，六十四卦划分八宫、归属五行均确定于此。

后天八卦分属五行的起源，大致有三说。

其一，来自于《河图》一数为水、二数为火、三数为木、四数为金、五数为土，《河图》中就已经分别清轻与浊重，分别精气与形质。

其二，是《河图》四象的变化所致。同根于太阳的九数、四数确定为乾卦、兑卦，乾卦兑卦也同根于太阳，五行属金不变；同根于太阴的一数、六数本来为五行水，改变为坤卦、艮卦属五行土，坤卦艮卦也同根于太阴；同根于少阴的三数、八数本来为五行木，而三数改变为离卦属五行火，八数则仍为震卦属五行木，离卦、震卦也同根于少阴；同根于少阳的二数、七数本来为五行火，而二数改变为巽卦属五行木，七数改变为坎卦属五行水，巽卦、坎卦也同根于少阳，这样一来，水、火各有一位，木、金、土各有二位了。

其三，是回归《河图》五行的本来之数。一数为后天坎卦，属五行水，而六数也属五行水，与之合并在一起；二数为后天离卦，属五行火，而七数也属五行火，与之合并在一起；六数既然已经与一数合并，则九数为后天乾卦，属五行金，居位于西北方位；七数既然已经与二数合并，则八数为后天巽卦，属五行木，居位于东南方位；还有东北、西南的两隅，中宫的五数、十数居位于此，属五行土，为后天艮卦、坤卦的二土。这是《河图》的变体，另外有图阐明它。然而，这并非圣人的有意安排，自是有不得不然的道理。外篇又有两勾股图，正是八卦之五行属性为水、火各一位，木、金、土各二位的原理。先天八卦变成后天八卦，又有其自然规律起作用。后天八卦方位，又有配合加入天干地支制成罗经的原理。这些都见于本书外篇。

项安世认为，水、火因其阴阳之气而为王，木、金、土因其形体而为王。龚焕认为，水、火为阴阳之气纯正不杂的状态，木、金、土为阴阳之气交互掺杂的状态。项安世的解说胜过于龚焕的解说。

《河图》变后天八卦图

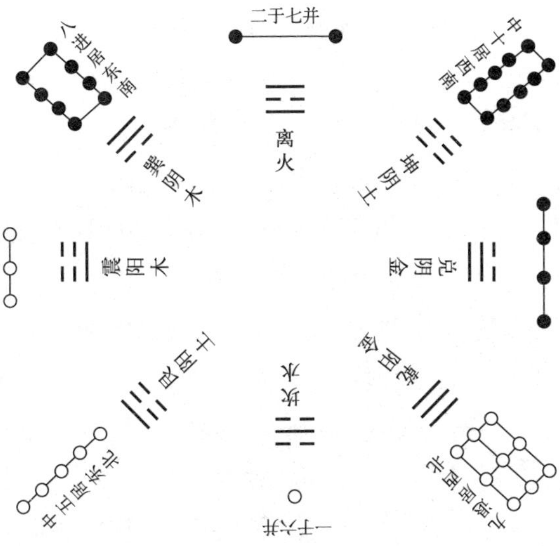

《河图》变后天八卦图

图说

《河图》本先天八卦之本，而水北、火南、木东、金西，已含后天之位，则《河图》又为后天之本，但五行有变化耳。五行论其常，水、火、木、金本各二。论其变，则水、火各一，而木、金、土各二，何也？水、火以精气为用，故专于一；木、金、土以形质为用，故分为二。惟其然，故干有十而卦有八也。《河图》以一、二、三、四为坎、离、震、兑，四方之正位。坎离，专也，故一为坎而六并之，二为离而七并之。六七既并，则东方之八进居东南隅为巽阴木，西方之九退居西北隅为乾阳金。而东北、西南二隅为虚，于是中央之五、十入用。五随三阳而位于东北，为艮之阳土；十随三阴而位于西南，为坤之阴土。盖以二土为界，而二金二木与水火之对克，皆不得不然矣。

白话解读

《河图》本来是先天八卦的本源，而五行水位于北方、火位于南方、木位于东方、金位于西方，已经包含有后天八卦的方位，因此《河图》又为后天八卦的本源，只是五行有所变化罢了。要论述五行恒常的状态，就是水、火、木、金本来各有二位；要论述其变通的状态，那么水、火各有一位，而木、金、土各有二位，为什么会这样呢？

因为在后天八卦中，水、火是以阳气和阴气的初始为其功用的，所以专主于一点。木、金、土是以形状和本质为其功用的，所以各自一分为二。正因为这样，天干有十位而后天卦只有八位。

《河图》用一、二、三、四数作为后天八卦的坎卦、离卦、震卦、兑卦方位，居于四方正位。其中，坎卦为水，数为一；离卦为火，数为二。坎卦表示阳气的始点，只有一位，离卦表示阴气的始点，也只有一位，所以坎卦、离卦专主于一。因此，《河图》一数、六数为五行水，一数作为坎卦，而六数与之合并；二数、七数为五行火，二数作为离卦，而七数与之合并。由于《河图》的六数、七数，在改变为后天八卦时，按照五行属性进行了合并，所以东方的八数便向前进位，居于东南隅为巽卦阴木；西方的九数向后退位，居于西北隅为乾卦阳金。这时，就方位论，东北、西南两隅还为空虚方位，于是，将《河图》中央的五数、十数放在这里任用。五数随同乾、坎、震三阳卦而居位于东北方位，为艮卦阳土；十数随同巽、离、兑三阴卦而居位于西南方位，为坤卦阴土。后天八卦方位以艮卦、坤卦二土连线为界线，而乾、兑二金与巽、震二木方位相对、相互克制，坎卦水与离卦火方位相对、相互克制，这些都是自然发生、无法改易的。

后天卦配《洛书》之数图

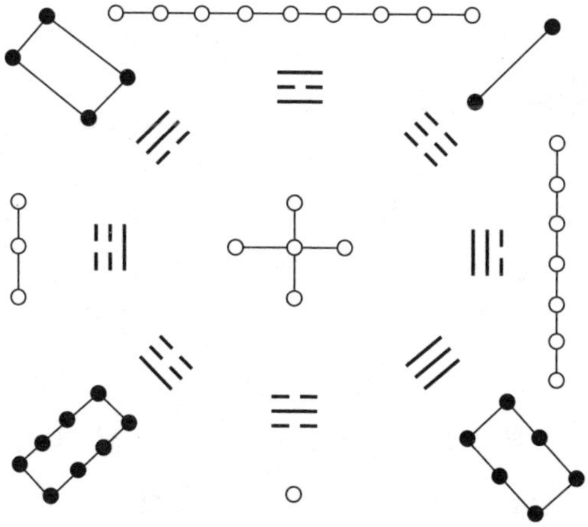

一坎	离九
二坤	艮八
三震	兑七
四巽	乾六

后天卦配《洛书》之数图

图说

《启蒙附论》曰："火上水下，故九数为离，一数为坎。火生燥土，故八次九而为艮。燥土生金，故七六次八而为兑为乾。水生湿土，故二次一而为坤。湿土生木，故三四次二而为震为巽。"

谨按：水生湿土有至理，土从水化也。说详见后。

又曰："《洛书》之左边本一、二、三、四也，其右边本九、八、七、六也。然阴阳之道，丑未之位必交。《洛书》之二与八，正东北、西南之维，丑未之位，此其所以互易也。以此类之，则先天图之左方坤、巽、离、兑，其右方乾、震、坎、艮，以震巽互而成先天也。后天图之左方坎、坤、震、巽，其右方离、艮、兑、乾，以艮坤互而成后天也。"

谨按：别有二八必交说，见后。

白话解读

《周易折中·启蒙附论·后天卦配洛书之数图》说："五行火性炎上，水性润下，后天离卦为火，坎卦为水，《洛书》九数在上，一数在下，因此，《洛书》九数配合后天离卦，一数配合后天坎卦。五行火生干燥的土，干燥的土为阳性的土，后天艮卦为阳土，《洛书》八数排在九数之后，因此，《洛书》八数配合后天艮卦。五行燥土生金，后天兑卦、乾卦为金，《洛书》七数、六数排在八数之后，因此，《洛书》七数、六数配合后天兑卦、乾卦。五行水生湿润的土，湿润的土为阴性的土，后天坤卦为阴土，《洛书》二数排在一数之前，因此，《洛书》二数配合后天坤卦。五行湿土生木，后天震卦、巽卦为木，《洛书》三数、四数排在二数之前，因此，《洛书》三数、四数配合后天震卦、巽卦。"其中，《洛书》九数居位最上，自九数依次递减以配合后天八卦，即得离九、艮八、兑七、乾六；一数居位最下，自一数依次递增以配合后天八卦，即得坎一、坤二、震三、巽四。

江永认为：五行水生湿润的土，内有至为精深的道理，因为五行土能够从水中变化生出。解说详见后文。

《周易折中·启蒙附论·后天卦配洛书之数图》又说："《洛书》一数位于最下，左边为阳方，阳方之数应该自一数开始依次向上递增，就是一、二、三、四数本来应该列于左边；九数位于最上，右边为阴方，阴方之数应该自九数开始依次向下递减，就是九、八、七、六数本来应该列于右边。然而，以阴阳消长的道理，丑、未方位阴阳必定相互交替。《洛书》的二数与八数，正处于东北、西南两维，为丑、未方位，这就是二数与八数相互改易位置的原因。以此理来类推，则先天八卦图的左方本来自下而上应该排列坤卦一、巽卦二、离卦三、兑卦四，其右方本来自上而下应该排列乾卦九、震卦八、坎卦七、艮卦六，用未、丑方位的震卦、巽卦互换而成为先天八卦方位图；后天八卦图的左方本来自下而上应该排列坎卦一、坤卦二、震卦三、巽卦四，其右方本来自上而下应该排列离卦九、艮卦八、兑卦七、乾卦六，用未、丑方位的艮卦、坤卦互换而成为后天八卦方位图。"

江永按：另有《洛书》二数、八数必定交换的解说，详见后文。

后天卦以天地水火为体用图

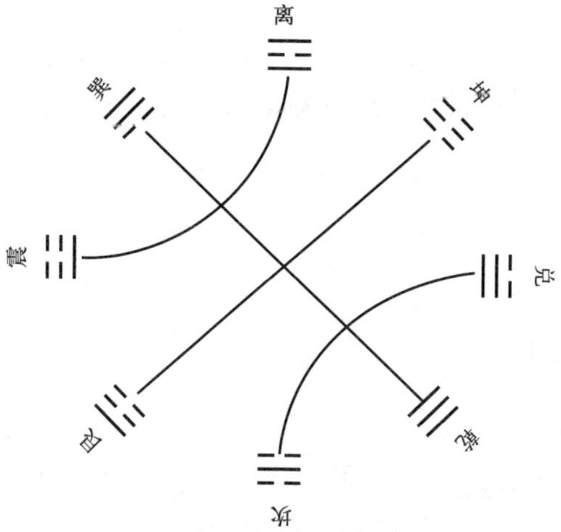

后天卦以天地水火为体用图

图说

《启蒙附论》曰："造化所以为造化者，天地水火而已矣。易卦虽有八而实惟四，何则？风即天气之吹嘘而下交于地者也，山即地形之隆起而上交于天者也，雷即火之郁于地中而搏击奋发者也，泽即水之聚于地上而布散滋润者也。道家言天地日月，释氏言地水火风，西人言水火土气，可见造化之不离乎四物也。故，先天以南北为经，而天地居之，体也，以东西为纬，而水火居之，用也；后天则以天地为体，而居四维，以水火为用，而居四正。雷者，火之方发，故动于春，及火播其气，则王于夏矣；泽者，水之未收，故散于秋，及水归其根，则王于冬矣。水火为天地之用，故居四正以司时令也。乾巽相对而为天纲，坤艮相对而为地纪。天地为水火之体，故居四维以运枢轴也。天地水火，体用互根，以生成万物，此先后天之妙也。若以卦画论之，则震即离也，一阴闭之于上则为震；兑即坎也，一阳敷之于下则为兑；巽即乾也，一阴行于下则为巽；艮即坤也，一阳亘于上则为艮。是以六十四卦始乾坤，中坎离，而终于既未济。则造化之道，天地水火尽之矣。"

谨按：道家言天地日月，日即火也，月即水也。释氏言地水火风，风即天也。西人言水火土气，土即地也，气即天也。各随所见言之，其实一也。释氏以地水火风为四大，人身亦是四大之合，形骸地也，津液水也，温暖之气火也，鼻息呼吸风也。要之，天亦是火，地亦是水。西人言三际，近地为温际，温际之上为冷际，冷际之上为火际。天之行神速，不可思议，非火而何？地虽是土，其初本是水融结而成，故《河图》一六水，成卦则为坤艮土。先天乾坤之位，后天离坎居之。然则，四物止两物而已，太极生两仪原是一阴一阳也。

白话解读

《周易折中·启蒙附论·后天卦以天地水火为体用图》说：“自然界用来创造演化的，就是天地水火罢了。”《易经》的卦虽然有乾、坤、震、巽、坎、离、艮、兑八个，而实际上只有乾卦、坤卦、坎卦、离卦四个，为什么呢？巽卦为风，风是天空的空气向下吹动与大地相交合的产物；艮卦为山，山是地向上隆起与天空相交合的产物；震卦为雷，雷就是火郁积于大地之中而猛烈爆发的产物；兑卦为泽，泽是水汇聚在大地上，并散布开来滋润万物的产物。道教认为天、地、日、月是生养万物的本体，佛教认为，地、水、火、风是组成物质的四大元素，西方的哲学认为水、火、土、气是构成自然界的四大元素，由此可见，自然界的构成离不开这四大物质。因此，先天八卦以南北方位为经线，天地居位于此，这是形体；以东西方位为纬线，水火居位于此，这是功用；后天八卦则是以天地为形体，而居位于四维方位，以水火为功用，而居位于四正方位。雷是火郁积地中、刚刚发动的状态，所以震动于春天，等到火传播开它的炎热之气，则旺盛于夏天了。泽是水流汇聚尚未收藏的状态，所以散布于秋天，等到水归藏于内里一点微阳的根，则旺盛于冬天了。

水火为天地的功用，所以居于四正方位，主司四时节令。中国古人认为，天上流动的空气发出气候变化的征兆迹象于西北方位，至东南方位而向下交合于大地上的山脉，《周易》所谓“天下有风”姤卦就是如此，“姤”的意思是相遇，因此，乾卦、巽卦相对，成为上天的纲维。中国古人还认为，大地的功绩在于产生巨大的水体，养育万物于西南方位，至东北方位而向上交合于高山上的湖泊，《周易》所谓“天在山中”大畜卦就是如此，“畜”的意思是积蓄，因此，坤卦、艮卦相对，成为大地的法纪。

天地为水火的形体，所以居于四维方位，运转中枢。

天地水火，形体与功用相互依存、互为根据和条件，用来产生形成万物，这就是先天与后天的奇妙。如果用卦画来论述，则震卦就是离卦，离卦如果由一阴画闭合于上方就是震卦；兑卦就是坎卦，坎卦如果由一阳画敷设于下方就是兑卦；巽卦就是乾卦，乾卦如果由一阴画行列于下方就是巽卦；艮卦就是坤卦，坤卦如果由一阳画横亘于上方就是艮卦。因此，《周易》六十四卦排列开始于乾卦、坤卦，中间为坎卦、离卦，而终结于既济卦、未济卦。这样，自然界创造演化的道理，天地水火四种事物就全都包括了。

江永认为：道教说天地日月，日就是火，月就是水；佛教说地水火风，风就是天；西方人说水火土气，土就是地，气就是天。各方都是随自己所见来解说，其实质是一致的。佛教用地水火风为构成物质的四大元素，人的身体也是四大元素的结合，身体骨架是地，津液是水，体内温暖的气是火，鼻部的呼吸是风。总括其要点，天也是火，地也是水。西方人讲三际，接近地面为温际，温际的上面为冷际，冷际的上面为火际。天体运行速度极快，不可思议，不是火又是什么？大地虽然是土，但它最初是由熔融的液体冷却凝固而形成，所以《河图》一数、六数为水，变成卦就是坤卦、艮卦为土。因此，先天八卦乾卦坤卦所居的方位，后天八卦则由坎卦离卦居位于此。这样说来，天地水火四物实则水火两物罢了，太极产生两仪原本就是一阴一阳。

以卦画推先天变后天说

《启蒙附论》曰：“先天凡四变而为后天。火之体阴也，其用则阳，而天用之，故乾中画与坤交而变为离。水之体阳也，其用则阴，而地用之，故坤中画与乾交而变为坎。火在地中，阴气自上压之而奋出，则雷之动也，故离上画与坎交而变为震。水聚地上，阳气自下敷之而滋润，则泽之说也，故坎下画与离交而变为兑。阳感于阴，则山出云，是山者，雷与泽之上下相感者也，故震以上下画与兑交而变为艮。阴感于阳，而水生风，是风者，泽与雷之上下相感者也，故兑以上下画与震交而变为巽。风本天气也，因与山交而入其下，则下与地接，故巽以上二爻与艮下二爻交而变为坤。山本地质也，因与风交而出其上，则上与天接，故艮以下二爻与巽上二爻交而变为乾。夫天地水火者，一阴一阳而已，其情则交易而相通，其体则变易而无定，故先天交变以成后天，莫不各得其位而妙其化，各从其类而归其根也。岂偶然哉！”

谨按：先天之乾坤，后天之离坎；先天之离坎，后天之震兑；先天之震兑，后天之艮巽；先天之艮巽，后天之乾坤。此以卦象与爻画推之，固如此。又有出于自然之数者，且有与左右手之脉相配者，皆详见外篇。

白话解读

《周易折中·启蒙附论·先天卦变后天卦图》说：“先天卦共经过四次变化而成为后天卦。第一变，火是内部阴性，功用阳性，上天用(火来发)挥功能，先天乾卦中间一阳画与坤卦中间一阴画相合而变化成五行为火的离卦。水是内部阳性，功用阴性，大地用水来发挥功能，先天坤卦中间一阴画与乾卦中间一阳画相合而变化成五行为水的坎卦。火隐藏在地下，其阴气自上方向下压制而奋力发出，就是雷的运动，因此，离卦上方一阳画与坎卦上方一阴画相合而变化为震卦。水汇聚于地上，其阳气自下方散布而滋润万物，就是泽的喜悦，因此，坎卦下方一阴画与离卦下方一阳画相合而变化为兑卦。地壳上升为阳，河流切割为阴，阳气感应阴气，山上就会生出云霭，这说明山是雷与泽上下相互感通而形成的，因此，震卦用上方一阴画与兑卦下方一阳画、下方一阳画与兑卦上方一阴画相合而变化为艮卦。阴气感应阳气，水会生风，这说明风是泽与雷上下相互感通而形成的，因此，兑卦用上方一阴画与震卦下方一阳画、下方一阳画与震卦上方一阴画相合而变化为巽卦。风本来是天空横向流动的空气，会受到山的阻挡折返向下，因为风与山相互交合而进入山的下方，就会向下与大地相互连接，因此，巽卦用上中二阳画与艮卦中下二阴画相合而变化为坤卦。山本来与地同质，因与风交汇而超越风的高度，就会向上与天空相互连接，因此，艮卦用中下二爻与巽卦上中二爻相合而变化为乾卦。天地水火就是一阴一阳罢了，它们的情态通过交换互易而相通，形体则变化改易而没有一定之规，因此，先天八卦互易变化而成为后天八卦，无不是各自得到各自的位置而神妙其变化，各自随从各自的类别而归属其根源，哪里是偶然凑巧的呢。”

江永认为：先天卦的乾卦坤卦变化为后天卦的离卦坎卦，先天卦的离卦坎卦变化为后天卦的震卦兑卦，先天卦的震卦兑卦变化为后天卦的艮卦巽卦，先天卦的艮卦巽卦变化为后天卦的乾卦坤卦，用卦象与爻画推求其原理，本来就是这样。又有出于自然界的数量的，并且与左右手的脉相互配合的，都详见外篇。

以五行推论先天变后天说

《图》之一六水，同根于老阴，成卦为坤艮。坤艮皆属土，何也？土从水化也。土何以从水化？观人身可知。人身之初为精血，精血皆水也，由胚胎而渐成肌肉，肌肉则为土矣。由胎生而推卵生。卵壳中皆水也，得母之气孵化之而成形，成形则为土矣。由此以推天地。则天地之初皆水，及其久也，渐凝而为土。水何以能成土？由水中先有火也。精血之水，有真元之火在其中，乃能成胎、成肉。天以一而生水，一是阳数，阳数即为火，一六之合为七，七亦是火，可知水中先有火。其水本是混浊之水，如卵中之黄白，以真元之火融炼，重浊者凝而为地，其坚者为石，隆起而为山。观山之起伏，本象波涛荡漾之形，而高山上或有螺蚌壳，亦可验山本是水也。一本奇也，而为生数，以成坤之阴土；六本偶也，而为成数，以成艮之阳土。此以柔为阴，刚为阳。而阴阳恒互根。地之平坦者为阳，其本是奇数；山之隆起者为阴，其本是偶数也。又以数推之，天地之数五十有五，五十有五者，五其十有一也，北与中合之，一与十合为十一，六与五合为十一，水土所以合也。又以地支三合言之，水生申、旺子、墓辰，而土亦生申、旺子、墓辰，土即寄于水位也。又以五方之位言之，中宫在本位，元武在后，朱雀在前，青龙在左，白虎在右，而元武对朱雀，中宫亦向朱雀，则中与后合为一位也。北方元武本是龟与蛇，而螣蛇之神在中宫，则中与北合为一兽，故龟与蛇交，而龟首亦似蛇首也。此皆水土同根之理也。而土又与火同根。中央土为土之正位，即在季夏之月；天干戊土与丙火同生于寅，旺于午，墓于戌；己土与丁火同生于酉，旺于巳，墓于丑；其初非火不能成土，故火为土之母也。先天坤居北，艮居西北；后天何以坤居西南，艮居东北也？《图》之五行顺生，火生土，土生金，是火金之间有土；中宫之位在西南，自南而西，阴方也，故阴土居之。《书》之五行逆克，木克土，土克水，是木水之间有土；中宫之位在东北，自北而东，阳方也，故阳土居之。且金者土之精，得火熔之而金成；木者土之华，得水滋之而木生。金必融结于土，木必著根于土。此后天坤艮，本于先天之一六，成于中宫之十五，而居西南、东北之维，以纲领乎东南之木火、西北之金水也。以水成土，已是先天之后天；二土相对，则又后天之后天矣。先天以八震二巽为男女生育之始，寅申之位也；后天以八艮二坤为万物生养之方，丑未之交也。然则，土既为水所成，何以土复克水？水流湿，犹火就燥，各从其类而相入，且克正所以为生也。然则，地体既成之后，何以水不能凝而为土？彼开辟之初，是絪缊之气成混元之浊水，故能成土。若山泉水清，则不能成土也。《河图》又有变体，北方与中宫有互易之理，土又为冲气，四时四方皆有土，详见外篇。

《图》之九四金，同根于老阳，成卦为乾兑。乾兑属金，不变何也？金最坚，屡经火铄而质不改，是以五行，惟金不变也。然此有形之金也。若金主气，凡气皆金。天之性纯阳是火，其体则金，天何所变哉？然而《书》之位，金与火互易，何以变其常也？十一点相合之理也。西之九、南之二，合为十一；南之七、西之四，合为十一，是以金乘火位而居上，火入金乡而居下。人之肺在心上，心在肺下，此其验也。先天卦乾九居上与坤一相对，以定天地之位；兑四居东南与艮六相对，以通山泽之气。后天兑本四金也，则仍居正西之位以复其常；乾本九金也，则来居西北之位以次其类。正西为坎，而泽为水之钟，则以气类从之；西北为艮，而天在山之上，则以象类从之。后天乾兑之所为变也。

《图》之二七火，同根于少阳，成卦为巽坎。巽为木，坎为水，何也？火丽于木乃炎，故二火遂从木化；水火互为其根，一六合七以为火，则七遂从一六而化为水。二为火，巽为风，风自火出也，风鼓则火益炽；七为火，坎为水，水从气化，气即火也，火极则复为水。天之雨，山石之泉，釜甑之汗，皆火烝郁而成。气焦者色黑，味苦者性寒，海咸者夜光。水火之变易，常如此。二七本同根，坎水气寒，巽木风寒，仍复同类而聚也。

后天巽既为木，则木归于东南，以就生养之方；坎既为水，则水归于正北，以从阴盛之位。巽坎之所以易也。

《图》之三八木，同根于少阴，成卦为离震。震为木，离为火，八仍是木，而三变为火，何也？火无体，以木为体，故三为阴木，遂为离阴火，而居东方之木位。震为阳木，而阳火丽之，象为雷、为龙，龙雷之火，阳火也，亦相火也，而本体为木。后天离火，往南方归其火盛之位以为君；而阳木之阳火，归于东方以相之，东方是木之本位，苍龙亦东方之神也。人身有心胞络以裹心，心为君主之官，膻中为臣使之官，膻中即心胞络，此相火代君火行事也。

白话解读

(一)《河图》一六水变成后天卦坤艮土

《河图》一数、六数为五行水，与老阴四数同根，成后天卦，则为同样同根于老阴的坤卦、艮卦。

后天坤卦、艮卦都属于五行土，为什么五行水会变成五行土呢？这是因为土从水中变化生出。土怎么能从水中变化生出呢？观察人身体的形成过程就可知道了。人的身体形成的最初是父精母血，父精母血都是五行水，精血变为胚胎，到逐渐长出肉体，肉体就为五行土了。由胎生推及卵生，卵壳内部都是液体，为水，卵依靠母体的热气孵化而形成幼虫或幼体，就为五行土了。由此用来推求天地起源，天地最初形态都是液体，为水，经过了很长时间，才逐渐凝固而变为土。

水怎么能变成土呢？因为水中先有火，水中有一点微弱的阳气就是火。父精母血之水，有真元(即肾所藏的元气)的元阳之火在其中，就能形成胚胎和肌肉。

天地的规律是一数产生水，一是阳数，阳数就是火，一数与六数合并起来为七数，七也是阳数，也是五行火，可以知道五行水中先有火。那些水本来是混浊的水，如同卵中的蛋黄和蛋清，用真元的元阳之火熔化锤炼，质重而浑浊的成分凝结，成为大地，其中坚硬的成分变成岩石，上升隆起成为山。观察山的隆起与低伏，本来就好像江湖海中的大波浪起伏波动的形状，而有些高山上曾发现有水生螺蚌的壳，也可以证明山本来就是由水变化来的。

一数本来是奇数，而为五行生数，变成后天坤卦的阴土；六数本来是偶数，而为五行成数，变成后天艮卦的阳土。这是用柔软为阴性、刚硬为阳性的标准进行划分的。而阴阳常常互相依存、互相化生。用横向为阳，纵向为阴来划分，地面平坦部分为阳，它本来是奇数；山峦隆起部分为阴，它本来是偶数。用自然之数来推求，天数地数的和为五十五，五十五是由五个十一组成，《河图》北方与中央的数合并起来，一数与十数合并为十一，六数与五数合并为十一，一六为五行水，五十为五行土，水与土因此合并起来。用地支三合来论证，五行水长生于申，帝旺于子，墓库于辰，而五行土也是长生于申，帝旺于子，墓库于辰，土就是寄旺于水位。用五方的位置来论证，以人自身所处位置为中心，中宫在本位，玄武在后方，朱雀在前方，青龙在左方，白虎在右方，而玄武对向朱雀，中宫也对向朱雀，那么，相对前方的朱雀而论，中宫与后方合为一个方位了。用五方的神兽来论证，北方的玄武本来是龟与蛇，而螣蛇的位置在中宫，所以中宫与北方合为一个神兽，龟与蛇相互交连，而龟首也似蛇首。这都是五行水与土同根的道理。

土又与火同根。中央土为五行土的正位，对应年周期是在季夏六月，夏季为五行火；其次，从天干生旺墓来看，戊为阳土与丙为阳火，同长生于寅，帝旺于午，墓库于戌，己为阴土与丁为阴火，同长生于酉，帝旺于巳，墓库于丑；第三，从水变化成土的过程来看，如果最初没有火，土是不能生成的。因此，五行火为土的父母。

先天坤卦居于北方，艮卦居于西北，后天为什么坤卦居于西南，艮卦居于东北呢?《河图》里的五行顺次相生，火生土，土生金，这是火金之间有土；中宫土的方位在西南，自南方而西方，这是后天八卦的阴方，所以阴性的坤土居位于此。《洛书》里的五行逆次相克，木克土，土克水，这是木与水之间有土；中宫土的方位在东北，自北方而东方，这是后天八卦的阳方，所以阳性的艮土居位于此。而且，五行金是土的精粹，通过火的熔炼才生成了金；五行木是土的精华，得到水的滋润而木生长，金必定融合凝聚于土中，木必定扎根于土中。这后天坤卦艮卦本源于先天的一数、六数，形成于中宫的十数、五数，而居位于西南、东北方位，用来纲纪统领东方南方的木与火、西方北方的金与水。先天为天地开辟之前，万物尚未产生，其中又分出先天与后天，这个先天为液体状态的水，这个后天始凝结为固体状态的土，至此始天地开辟，所以说水变成土，已经是先天中的后天；后天为天地开辟后万物周期性生长变化，其中又分出先天与后天，这个先天为天地开辟之后万物排列生成，这个后天为万物伴随太阳周期性运动呈现周期性生长变化，至此始阴阳消长二八易位，所以说，坤艮二土处于相对的方位，则又是后天中的后天了。先天卦用八数震卦、二数巽卦为男女生育的开始，这是十二支系统中寅与申的方位。后天卦用八数艮卦、二数坤卦为万物生养的方位，这是十二支系统中丑与未的交换。

但是，既然土为水所变化而成，怎么土又克制水呢？因为水流向湿润的地方，犹如火就近干燥的地方，各随从自已的类别而相互进入，克制正是所以能够相生的原因。

但是，大地的形体形成之后，怎么水再不能凝结而成为土呢？那时，天地开辟之初，是阴阳二气交互作用形成混元状态的浊水，因此，这种混浊的水能够形成土。如果是现在山中泉水清澈没有杂质，那就不能变化成土了。《河图》又有变体，北方与中宫互易的道理，土又为冲和的气，四时四方都有土，详细解说见外篇。

(二)《河图》九四金变成后天乾兑金

《河图》九数、四数为五行金，同根于老阳一数，后天八卦乾卦、兑卦下二爻为重阳，也同根于老阳，因此，变成后天卦为乾卦、兑卦，五行属金不变。

后天乾卦、兑卦，都属于五行金，与《河图》数相比，五行属性不变，这是为什么呢？五行金的形体最为坚强，屡次经过火的熔化，虽然金的形体发生改变，而金的本性不曾改变，因此，五行中只有金是不会改变本质的。然而，这是指有形体的金。如果根据金主管气的说法，那么凡是气之类都属于金。天的性质属于纯粹的阳气，五行为火；天的形体是圆形，五行为金，天空如何能够改变五行属性呢？《洛书》的方位，同《河图》相比较，金与火方位是互相交换的，如何改变了其正常的状态呢？这是十一点相互合并的道理。《河图》西方的九数与南方的二数，合并起来为十一；南方的七数与西方的四数，合并起来为十一，因此，九数金乘坐于南方火的方位而居于上方，七数火进入西方金的乡里而居于下方。在人体脏腑系统中，肺脏在心脏上方，心脏在肺脏下方，这就是《洛书》金火位置的验证。先天卦乾卦九数居于上方，与下方坤卦一数相对，用来确定天地的位置；兑卦四数居于东南方位与艮卦六数相对，用来通达山泽的气机。后天兑卦本来是《河图》四数、五行为金，就仍然居位于正西方位，用来恢复它的正常状态；乾卦本来是《河图》九数、五行为金，则下来居位于西北方位，用来排列于其兑金同类的下方。先天卦正西方位为坎卦，而泽为水的聚汇，兑卦为泽，后天卦就用水气同类相互随从；先天卦西北方位为艮卦，而天在山的上方，乾卦为天，后天卦就用形象同类相互随从。这就是后天乾卦兑卦之所以改变方位的原因。

(三)《河图》二七火变成后天巽木坎水

《河图》二数、七数为五行火，同根于少阳三数，后天八卦巽卦、坎卦下二爻为上一阳画、下一阴画，也同根于少阳，因此，变成后天卦为巽卦、坎卦。

后天巽卦为木、坎卦为水，五行火变成了五行木、水，这是为什么呢？五行火必须附丽于木才能发挥炎上的功用，因此，二数火就顺从木而变化；五行水与火互相依存、相互转化，《河图》一数、六数合并起来为七数，七数为火，那么七数就顺从一数、六数而变化为水。二数为火，巽卦为风，风自火中生出，风越鼓动，火就益发炽烈；七数为火，坎卦为水，水是从气变化而来的，气就是火，火发展到极致就会重新变化成水。天空降下的雨、高山冰川融水形成的山石泉水、古代炊煮器釜甑上凝结的水珠，都是火蒸发水分形成水蒸气郁积而形成的。天地万物，一般气味焦的，颜色为黑，气焦为火，色黑为水；味道苦的，气性为寒，味苦为火，性寒为水；海水是咸的而夜里会发光，味咸为水，发光为火。水与火的五行属性相互变易，常常如此。二数、七数本来同根于少阳三数，后天坎卦为水，节气为寒，巽卦为木，风吹为寒，仍然是因为同类而汇聚。后天巽卦既然为木，则木归属于东南方位，就任生长养育的方位；坎卦既然为水，则水归属于正北方位，顺从阴气旺盛的方位。这是后天巽卦坎卦之所以改变方位的原因。

(四)《河图》三八木变成后天离火震木

《河图》三数、八数为五行木，同根于少阴二数，后天八卦离卦、震卦下二爻为上一阴画、下一阳画，也同根于少阴，因此，变成后天卦为离卦、震卦。

后天震卦为五行木，离卦为五行火，《河图》八数仍然是五行木，而三数变化为五行火，这是为什么呢？火没有形体，用木作为形体，三数为五行生数，生数为阴，所以三数为阴性的木，就变为后天离卦阴性的火，居位于东方木的方位。震卦为阳性的木，而阳性的火附丽于它，其形象为雷、为龙，龙和雷产生的火是阳火，也是相火(相是辅助的意思)，其本来形体为木。后天离卦火，往南方归属于其火旺盛的方位用来作为君主；而阳木的阳火，归属于东方用来为相，辅助于它，东方是木的本来方位，苍龙也是东方的神兽。人的身体中有心包络，是包在心脏外面的包膜，具有保护心脏的作用。心为君主功能的器官，在脏腑中居首要地位；膻中为臣使功能的器官，膻中就是心包络，这是相火代替君火行使职能。

先后天阴阳卦说

《启蒙附论》曰："先天之阳卦曰震、离、兑、乾，其阴卦曰巽、坎、艮、坤；后天之阳卦曰乾、震、坎、艮，其阴卦曰坤、巽、离、兑。不同，何也？盖先天分阴阳卦自两仪而分之，由阳仪以生者皆阳卦也，由阴仪以生者皆阴卦也；后天分阴阳卦自爻画以定之，其以阳为主者皆阳卦也，其以阴为主者皆阴卦也。先天则因乎画卦之序而中分之，后天则卦之已成观其爻画之多寡而命之也。其理如何？曰：阳仪上有阴卦，此所谓'立天之道曰阴与阳'也；阴仪上有阳卦，此所谓'立地之道曰柔与刚'也。其法象之自然者，如何？曰：火之炎热光明，其为阳也，明矣；泽者水之积湿，为阳气所驱以滋润万物者也，是亦阳也。水之幽暗寒肃，其为阴也，明矣；山者土之隆起与地为一体者也，是亦阴也。先天之卦，阴阳之象之正也。其变而后天，则火与泽从风而俱为阴，水与山从雷而俱为阳，盖有由矣。凡阴阳之气，未有不合而成者也，然有感应先后之别焉。先有阳而遇阴者属阳，先有阴而遇阳者属阴。有阳气在下将发，而遇阴压之，则奋而为雷矣；有阳气在中将散，而遇阴包之，则郁而为雨矣；有阳气直腾而上，而遇阴承之，则止而为山矣。此皆主于阳而遇阴，所以皆为阳卦也。有阴在内，阳气必入而散之，观之阴霾尽而后风息可见也；有阴在中，阳气必附而散之，观之薪刍尽而后火灭可见也；有阴在外，阳气必敷而散之，观之湿润尽而后泽竭可见也。此皆主于阴而遇阳，所以皆为阴卦也。总而论之，惟乾纯阳，坤纯阴，不可变也；雷阳动之始，风阴生之始，亦不可变也；火温暖，泽发散，故以用言之则阳，然火根于阴之燥，泽根于阴之湿，故以体言之则阴；水寒凉，山凝固，故以用言之则阴，然水根于阳之嘘而流，山根于阳之矗而起，故以体言之则阳。先天之象，著其用也；后天之象，探其根也。正如仁之发生为阳，而其柔和亦可以为阴；义之收敛为阴，而其刚决亦可以为阳。阴阳本一气而互根，故其理并行而不悖也。”

谨按：此论先后天卦之阴阳，极周密而精确。究其本，则先天以两仪、四象分阴阳，太阳少阴为阳，太阴少阳为阴，卦之下一画奇者皆阳，下一画偶者皆阴也；后天以生数成数分阴阳，九、八、七、六为阳，一、二、三、四为阴，卦之纯奇、一奇者为阳，纯偶、一偶者为阴也。后天之阴阳，即具于《河图》之中，内一层者为阴，外一层者为阳。先天则阴阳交错而居，阳仪有二阴，阴仪有二阳；后天则阴阳连类而聚，西北至正东为阳，东南至正西为阴也。以八象言之，兑泽从阳仪为阳，谓泽者水之积湿，为阳气所驱以滋润万物，故亦为阳。此说自常情观之，似可疑，然不必疑也。泽实与天同气，犹山与地同体。泽之小者为湖，大者为海。行舟于湖海者，四望唯见天与水连，水与天连，岂不犹山与地同体乎！观《河图》，则四与九同方；观卦画，则兑与乾下二画皆太阳；论五行，则兑与乾皆属金；论人身，则肺主气而司呼吸以通于天。此泽与天所以相连而同为阳卦，但是太阳中之阴耳。

白话解读

《周易折中·启蒙附论·先后天阴阳卦图》说：“先天的阳卦为震卦、离卦、兑卦、乾卦，其阴卦为巽卦、坎卦、艮卦、坤卦；后天的阳卦为乾卦、震卦、坎卦、艮卦，其阴卦为坤卦、巽卦、离卦、兑卦。

二者不同，这是为什么呢？先天八卦分别阴阳卦是自两仪来划分，由阳仪而产生的都是阳卦，由阴仪而产生的都是阴卦；后天八卦分别阴阳卦是自爻画来确定，其中用阳爻为主宰的都是阳卦，用阴爻为主宰的都是阴卦。先天八卦的阴阳是依据画卦的次序而从中间平均分开来确定的，后天八卦的阴阳则是卦画已经完成，通过观察其阴阳爻画的多寡来命名的。

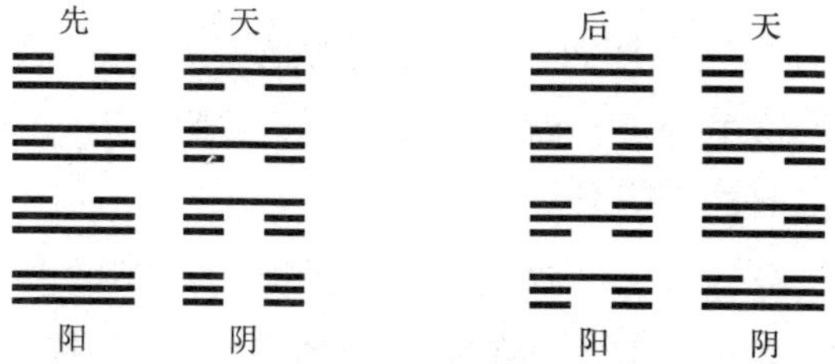

先后天阴阳卦图

其中包含的道理是什么呢？回答说：先天八卦阳仪四卦震卦、离卦、兑卦、乾卦，用后天八卦以爻画主宰分阴阳的标准来看，震卦、乾卦为后天阳卦，离卦、兑卦为后天阴卦，先天阳仪在圆图左边顺行，代表天道顺行，这就是《周易·说卦传·第二章》所谓“确立天体运行的规律，称阴与阳”；先天八卦阴仪四卦巽卦、坎卦、艮卦、坤卦，用后天八卦以爻画主宰分阴阳的标准来看，巽卦、坤卦为后天阴卦，坎卦、艮卦为后天阳卦，先天阴仪在圆图右边逆行，代表地道逆行，这就是《周易·说卦传·第二章》所谓“确立大地运行的规律，称柔与刚”。

这些规律所象征的自然现象是什么样呢？回答说：离卦之火的形体炎热、光明，它属于阳性，这是明确的。兑卦之泽的形体是水中积聚起来的潮湿，在阳气的驱使下用来滋润万物，因此，也是阳性的。坎卦之水的形体昏暗不明、寒冷肃寂，它属于阴性，这是明确的。艮卦之山的形体是大地上土的隆起，与大地为一个整体，因此，也是阴性的。先天八卦，是阴阳的征象是合乎规则的正常状态。先天八卦变化为后天八卦，那么，离火与兑泽就随从巽风而都为阴性；坎水与艮山就随从震雷而都为阳性，大概有所依据。凡是阴阳之气，没有不经过交合而生成的，然而，阴阳相互感应有先后的分别。先有阳气而后遇到阴气的，属于阳性；先有阴气而后遇到阳气的，属于阴性。有阳气在下方将要发动，而遇到阴气压制它，就奋起而成为雷了(即震卦)。有阳气在中间将要散去，而遇到阴气包裹它，就郁积而成为雨了(即坎卦)。有阳气直接升腾至于上方，而遇到阴气下来承接它，就静止而成为山了(即艮卦)。这都是主宰于阳气而遇到阴气，所以都为阳卦。有阴气在内里，阳气必定由外进入而驱散它，观察阴云消散后风便停止这个现象，就可以发现了(巽卦为风)。有阴气在中间，阳气必定依附其外而分散它，观察柴草完全烧尽后火便熄灭这个现象，就可以发现了(离卦为火)。有阴气在外面，阳气必定敷布于内而退散它，观察水分蒸发尽后水泽便枯竭这个现象，就可以发现了(兑卦为泽)。这都是主宰于阴气而遇到阳气，所以都为阴卦。

总而言之，只有乾卦为纯粹的阳气，坤卦为纯粹的阴气，这两者阴阳属性不可以改变；震卦为雷，是阳气发动的开始，巽卦为风，是阴气发生的开始，其阴阳属性也不可改变；离卦为火，火的功能是温暖，兑卦为泽，泽的功能是发散，因此，以功用来讲就是阳性，然而，火的形体根源于阴性物质的干燥，泽的形体根源于阴性物质的温暖，因此，以形体来讲就是阴性；水的功能是寒凉，山的功能是凝固，因此，以功用来讲就是阴性，然而，水的形体根源于阳性物质的热嘘而流动，山的形体根源于阳性物质的矗立而升起，因此，以形体来讲就是阳性。先天八卦的卦象，是显著它的功能与作用；后天八卦的卦象，是探求它的根源。正如仁的产生兴起为阳性，而它的柔软温和为阴性；义具有收集聚敛的作用为阴性，而它刚毅果断也可以为阳性。阴与阳本来是一种气而相互依存、互为根据，因此，其规律、规则可以并存并行，不相冲突。

江永认为，这节论述先天卦、后天卦的阴阳属性，极其周到严密、精细准确。推究其本源，就是先天卦用两仪、四象划分阴阳。用四象为阴阳，则卦之下二画是太阳、少阴的为阳卦，是太阴、少阳的为阴卦；用两仪分阴阳，则卦之下一画是奇画的都是阳卦，下一画是偶画的都是阴卦。后天卦用五行生数成数分阴阳，将《洛书》配合先天八卦，九、八、七、六为五行成数，先天乾九、震八、坎七、艮六在后天卦为阳卦，一、二、三、四为五行生数，先天坤一、巽二、离三、兑四在后天卦为阴卦，卦画三画纯为奇画、一个奇画的为阳卦，三画纯为偶画、一个偶画的为阴卦。

后天卦的阴阳属性，就具备于《河图》之中，内一层一、二、三、四生数为阴卦，外一层六、七、八、九成数为阳卦。先天卦是阴卦与阳卦相互交错而居，阳仪有兑卦、离卦二阴卦，阴仪有坎卦、艮卦二阳卦；后天卦是阴卦阳卦同类相连而聚合，自西北方位至正东方位为阳卦，自东南方位至正西方位为阴卦。用八卦之象来讲，兑卦为泽，顺从阳仪而为阳卦，解说者认为，泽是水的积蓄起来的潮湿，被阳热之气驱使而用来滋润万物，所以也为阳性。这种说法用通常的情理来观察，似乎值得怀疑，然而，这是不必怀疑的。泽实际与天同为一气，犹如山与地同一整体，泽中面积小的为湖，面积大的为海，行使舟船于湖泊大海的人，四处张望唯独看见天与水相互连接，水与天相互连接，难道不犹如山与地同一整体吗？观察《河图》，四数(兑卦)与九数(乾卦)处于同一方位；观察卦画，兑卦与乾卦下二画都是太阳；论及五行，兑卦与乾卦都属于金；论及人的身体，就是肺脏主管气而司掌呼吸，用来通达于天。这就是泽与天之所以相互连接的原因。而兑卦与乾卦同为先天阳卦，只不过兑卦为太阳中的阴气罢了。

重卦说

《易》曰："八卦成列，象在其中矣。因而重之，爻在其中矣。"似八卦既成，即以其成列者，次第加之为六十四卦，所谓八卦相荡者也。而邵子先天图，有八分为十六，十六分为三十二，三十二分为六十四之说。此亦自成一义，各不相妨。加一画则阴阳加一倍，如外篇开方求廉率，与卦画相肖，既开立方象八卦，由此而迭加之，为三乘方、四乘方、五乘方，适得六十四数，同一理也。今作六十四卦横图，依《本义》以黑白别阴阳，以层数当爻画，则一本双干之象，其理尤著。又可知两仪、四象原是因卦而立，因卦可以推数，非以奇耦为两仪，又非仅以九、八、七、六为四象也。

白话解读

《周易·系辞下传·第一章》说："《易经》由太极、两仪、四象、八卦，形成乾卦、兑卦、离卦、震卦、巽卦、坎卦、艮卦、坤卦的整齐序列，宇宙间万事万物的形象就都包含在其中了。但八卦还不足以包容宇宙万象的微妙细致，于是，因循八卦生成的序列，将八卦重叠成六十四卦，六爻的微妙奥秘就都包含在其中了。”

江永认为：这一节似乎讲八卦既然已经画成，就按照它画卦的先后次序排成序列，再以这个顺序，一个接一个地叠加起来，成为六十四卦，这就是《周易·系辞上传·第一章》所说的“八卦相荡”。“荡”的意思是摇动。从先天八卦圆图观察，首先，从左边乾卦开始，经过兑卦、离卦、震卦，将乾一、兑二、离三、震四、巽五、坎六、艮七、坤八依次重叠加到乾卦、兑卦、离卦、震卦之上，形成三十二卦，这是摇过去；其次，从右边巽卦开始，经过坎卦、艮卦、坤卦，将乾一、兑二、离三、震四、巽五、坎六、艮七、坤八依次重叠加到巽卦、坎卦、艮卦、坤卦之上，形成三十二卦，这是摇回来。由此，八卦相荡形成六十四卦圆图。

而邵雍的先天图，有八分为十六，十六分为三十二，三十二分为六十四的说法。按照太极生两仪为一分为二、两仪生四象为二分为四、四象生八卦为四分为八的次序，这就是先天八卦横图，在此基础上，再加一层，则八分为十六，再加一层，则十六分为三十二，再加一层，则三十二分为六十四，由此，形成先天六十四卦横图。邵雍的这一说法，也是一种见解，与《周易·系辞》的说法并不互相妨碍。按照邵雍的说法，在上方加一层卦画，就是阴阳增加一倍，如本书外篇开方求廉率，与卦画加一倍法相似，既然开立方与八卦相像，由此而轮流增加它，成为 2 的三次乘方、2 的四次乘方、2 的五次乘方、2 的六次乘方，正好得到六十四数，这是同一个道理。现在制作先天六十四卦横图，依照《周易本义》用黑白分别阴阳，以黑为阴，以白为阳，用层数当作爻画，那么，用太极为一个根本、两仪为两个主干的形象，其中包含的道理尤其显著。又从中可以知道两仪、四象原来是因为画卦而设立，依据八卦可以推测数量，并非用奇画、偶画为两仪，又并非仅用九、八、七、六数为四象。

先天六十四卦横图

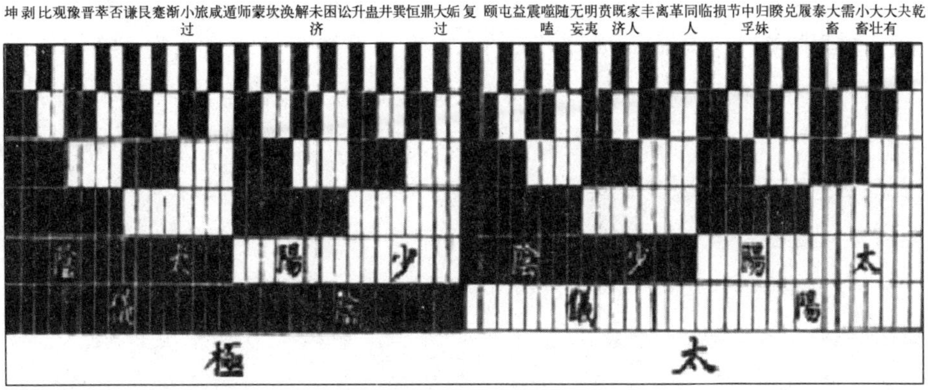

先天六十四卦横图

图说

朱子答林栗曰："太极、两仪、四象、八卦，生出次第，位置行列，不待安排，而粲然有序，以至于第四分而为十六，第五分而为三十二，第六分而为六十四，则其因而重之，亦不待用意推排，而与前之三分焉者，未尝不吻合也。比之'并累三阳以为乾，连叠三阴以为坤，然后以意交错而成六子'，又'先画八卦于内，复画八卦于外，以旋相加而为六十四卦'者，其出于天理之自然，与人为之造作，盖不同矣。"

又答袁枢曰："若要见得圣人作《易》根原，直截分明，不费辞说，于此看得，方见六十四卦全是天理自然挨排出来。圣人只是见得分明，便只依本画出，元不曾用一豪智力添助。盖本不烦智力之助，亦不容智力得以助于其间也。及至卦成之后，逆顺纵横，都成义理，千般万种，其妙无穷。却在人看得如何，而各因所见为说，虽若各不相资，而实未尝相悖也。盖自初未有画时，说到六画满处者，邵子所谓'先天之学'也；卦成之后，各因一义推说，邵子所谓'后天之学'也。"又《启蒙·序》曰："圣人观象以画卦，揲蓍以命爻。其为卦也，自本而干，自干而枝，其势若有所迫而自不能已；其为蓍也，分合进退，从横逆顺，亦无往而不相值焉。是岂圣人心思智虑之所得为也哉！特气数之自然，形于法象，见于《图》《书》者，有以启于心而假手焉尔。”

按：此数条，皆朱子极言圣人作《易》出于自然，而病当时之言《易》者牵合傅会，以为出于圣人心思智虑之所为也。今外篇有开方求廉率一法，与画卦绝不相侔，而亦与卦画阴阳多少适相肖，亦是自然挨排而出。惜朱子未闻此说也，使其闻之，亦当叹其妙绝，愈信自然之理不侔而合矣。夫圣人则《图》《书》而画卦，因大衍而揲蓍，岂全不用心思智虑哉！但其心思智虑，与造化者冥符，则犹之不用焉尔。观者又不可以辞害意，而谓圣人之立卦生蓍，如是其容易也。

问：“两仪、四象、八卦，节节推去，固容易见。就天地间著实处，如何验得?”朱子曰：“一物上又自各有阴阳，如人之男女，阴阳也，逐人身上，又各有血气，血阴而气阳也；如昼夜之间，昼阳而夜阴也，而昼自午后又属阴，夜自子后又属阳，便是阴阳各生阴阳之象。”按：此说亦不可不知。就人身而言，背阳而腹阴，左阳而右阴，上阳而下阴，府阳而藏阴，其类不可胜穷；就一日而言，有干支之阴阳，有晴雨之阴阳，有寒温之阴阳，其类亦不可胜穷。

三画八卦足以尽万物之理，六画六十四卦所以备人事之用。使圣人作《易》，不必为人占筮之用，画止于三，卦止于八，可也；惟其欲备人事之用，故须重为六爻。所谓“兼三才而两之，故《易》六画而成卦。分阴分阳，迭用柔刚，故《易》六位而成章”，数语尽之。其渐次生出，与开方求廉法有符者，亦论其理耳，非真有四画、五画之卦也。其以四画、五画推互卦者，自是《易》中之一义，可谓之蕴，不可谓之精，故载之外篇。

白话解读

（一）先天六十四卦横图出于自然

1. 朱熹答林栗

《周易折中·易学启蒙·原卦画第二·集说》载，朱熹答林栗说：“太极第一分为两仪、第二分为四象、第三分为八卦，其产生出来的先后次序，其所处的上下、左右位置，其横向排的行与纵向排的列，都不用人力安置处理，而自然就明明白白有一定次序，以至于第四分而为十六，第五分而为三十二，第六分而为六十四，就是因循它一分为二的规律而重复进行的过程，也不必等人力用心思推算排列，而与前面的一分、二分、三分过程，完全符合。比较'合并累加三个阳爻作为乾卦，连续重叠三个阴爻作为坤卦，然后用心意来交互错杂乾卦与坤卦的阴阳爻而形成六子卦'的说法，又比较'先画八卦于内里，再画八卦于外面，用八卦旋转相互叠加而成为六十四卦'的说法，其间出于宇宙法则的自然形成，与人为的制造创作是不一样的。"

2. 朱熹答袁枢

《周易折中·易学启蒙·原卦画第二·集说》载，朱熹又回答袁枢说："如果要想见到圣人创作《易经》的根由始末，简单直接、清楚明白，不如看先天六十四卦横图，自开始时最初只有第一层两画时，逐渐按照次序看起来，以至产生完满第六层六画之后，其中时间先后、层数多寡已经有一定次序，而上下左右的位置也清楚明白，不用浪费言辞解说，从这先天六十四卦横图观察得到，方才发现六十四卦全部都是根据宇宙法则自然地顺序排列出来。圣人只是能够清楚明白地看见，并依据它本来的样子画出来，原本便不曾动用一丝一毫人为才智和能力来添加助益。因其本来就不必须劳烦人的才智能力的助益，也不容许人的才智能力去助益于其间。及至六十四卦形成之后，逆行顺行、纵排横排，都成就了一定的道理，千变万化，奥妙无穷。但看各人各有所见，而又依据自己所见来做学说，虽然看似彼此不能配合对方的观点，而实际未曾相互违背。大概自最初未有画时，说到第六层六画完满处的，就是邵雍所说的'先天之学'；六十四卦形成之后，各自依据自己认识到的一种含义推详论述，就是邵雍所说的'后天之学'。"

3.《易学启蒙·序》

朱熹《易学启蒙·序》说："圣人通过观察万物形象画出卦象，通过揲数蓍草命名爻象。其制作卦象的过程，自太极为根本而两仪为主干，自两仪为主干而四象、八卦乃至六十四卦为分枝，其表现出来的样子好像受到外在力量的强行推动，而非自己能够控制；其揲数蓍草的过程，或分或合，或进或退，或纵或横，或逆或顺，无论往哪个方向去，也没有不能与自然法则相当的。这哪里是圣人用心思计算智慧谋虑所能做到的呢？只不过是万物气运命数的自然规律，表现为自然现象，显露于《河图》《洛书》，启迪于圣人内心而假借其手展现出来罢了。”

4. 江永说

江永认为：这数条，都是朱熹竭力陈说圣人创作《易经》是出于自然天成，指责当时讲说《易经》的人牵强附会、勉强凑合，认为易经的一切都是出于圣人运用其心思计算智慧谋虑的结果。现在本书外篇有开方求廉率一法，与画卦绝对不相互等同，而也与卦画阴阳多少正好相似，也是自然而然挨次排列出来。可惜朱熹未曾听闻这种说法，假使他听闻了这种说法，也应该感叹它的精妙绝伦，愈加相信《易经》与自然道理是不谋而合这样的观点了。圣人效法《河图》《洛书》而画卦，依据大衍之数而行使揲数蓍草的方法，并非完全不用心思计算智慧谋虑，但是，他的心思计算智慧谋虑与自然界的运行规律暗中符合，就如同他没有使用心思计算智慧谋虑罢了。考察这些学问的人不可因拘泥于辞义而误会或曲解作者的原意，而认为圣人确立卦象、造出揲数蓍草，是这么简单容易。

（二）阴阳各生阴阳的自然现象

《周易折中·易学启蒙·原卦画第二·集说》载，《朱子语类》说：“有人问：‘两仪产生四象，四象产生八卦，一个接一个地推演下去，固然容易看见，就天地间万物存在的地方，（这些图形）如何验证呢？’朱熹回答：‘一个事物上各自有阴阳，比如，人有男与女的分别，就是阴与阳，每个人的身体上，又各自有血与气，血为阴而气为阳；再如，昼夜之间，白昼为阳而夜晚为阴，而白昼的阳自午时之后又属于阴，夜晚的阴自子时之后又属于阳，这就是阴阳各自产生阴阳的自然现象。’”

江永认为，这一说法也不可以不知道。就人的身体而言，背部为阳而腹部为阴，左部为阳而右部为阴，上部为阳而下部为阴，六腑为阳而五脏为阴，与其类似的情况难以尽述。就一日而言，有天干地支的阴阳，有晴天下雨的阴阳，有寒冷温暖的阴阳，与其类似的情况也难以尽述。

（三）三画变为六画以备人事之用

三画八卦足以概括完全万物的道理，六画六十四卦是用来预备人事应用的。假使圣人创作《易经》，不必为了人们以蓍草卜问祸福的应用，那么，画止于三层，卦止于八个，就可以了，只是因为圣人想预备人事的应用，才必须重叠为六爻。《周易·说卦传·第二章》：“八卦兼备天、地、人三才的道理，天、地、人三才又各自分为阴阳(即上下)两位，因此，《易经》由三画变易成六画而形成六十四卦。将六画中第二层、第四层、第六层(即‘上’)分为阴位，第一层(即‘初’)、第三层、第五层分为阳位，在每一层轮流使用柔爻与刚爻，因此，《易经》用六个不同层次的位置建立成有条理的体系。”这数句话已经概括完全了。说它逐渐依次产生出来的过程，与开方求廉法有符合的地方，也是论断其中的道理罢了，并非真的有四画、五画的卦。那些用四画、五画推算互卦的，自然是《易经》中的一种含义，可以称之为“蕴含”，不可以称之为“精华”，因此收载于本书外篇。

先天六十四卦圆图

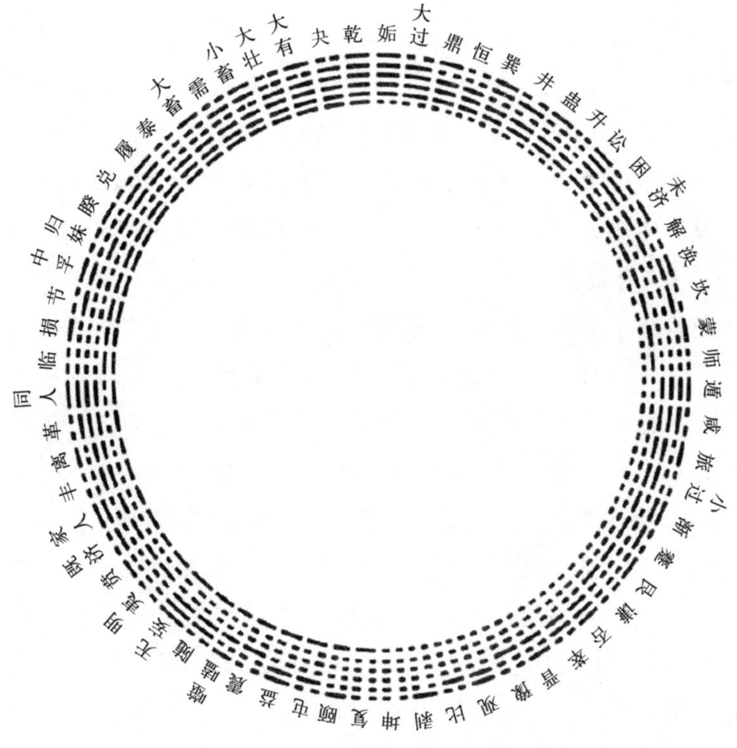

先天六十四卦圆图

图说（附六十四卦方图说）

朱子《启蒙·原卦画》曰："'古者包羲氏之王天下也，仰则观象于天，俯则观法于地，观鸟兽之文、与地之宜，近取诸身，远取诸物，于是始作八卦，以通神明之德，以类万物之情。''易有太极，是生两仪，两仪生四象，四象生八卦。'《大传》又言包羲画卦所取如此，则《易》非独以《河图》而作也。盖盈天地之间，莫非太极阴阳之妙，圣人于此，仰观俯察，远求近取，固有以超然而默契于其心矣，故自两仪之未分也，浑然太极，而两仪、四象、六十四卦之理已粲然于其中；自太极而分两仪，则太极固太极也，两仪固两仪也；自两仪而分四象，则两仪又为太极，而四象又为两仪矣；自是而推之，由四而八，由八而十六，由十六而三十二，由三十二而六十四，以至于百千万亿之无穷，虽其见于摹画者，若有先后而出于人为，然其已定之形，已成之势，则固已具于浑然之中，而不容豪发思虑作为于其间也。程子所谓'加一倍法'者，可谓一言尽之；而邵子所谓'画前有易'者，又可见其真不妄矣。世儒于此，或不之察，往往以为圣人作《易》，盖极其心思探索之巧而得之；甚者，至谓凡卦之画，必由蓍而后得，其误益以甚矣。"又答虞大中曰："太极、两仪、四象、八卦，此乃易学纲领，开卷第一义。孔子发明伏羲画卦自然之形体，孔子而后，千载不传，惟康节、明道二先生知之。盖康节始传先天之学而得其说，且以此为伏羲之《易》也。《说卦》'天地定位'一章，先天图乾一至坤八之序，皆本于此。然康节犹不肯大段说破，易之心髓全在此处，不敢容易轻说，其意非偶然也。明道以为加一倍法，其发明孔子之言，又可谓最切要矣。"又《语类》云："先天图直是精微，不起于康节，希夷以前元有，只是秘而不传。次第是方士辈所相传授。《参同契》中亦有些意思相似。扬雄《太元》全模仿《易》，他底用三数，《易》却用四数，他本是模《易》，故就他模底句上看《易》，也可略见得《易》意思。"又云："自有《易》以来，只有邵子说得此图如此齐整。如扬雄《太元》，便零补凑得可笑，若不补又欠四分之一，补得来又多四分之三。""又问：'《程易传》云，圣人始画八卦，三才之道备矣，因而重之，以尽天下之变，故六画而成卦。或疑，此说却是圣人始画八卦，每卦便是三画，圣人因而重之为六画，似与邵子一分为二而至六十四为六画，其说不同？’曰：‘程子之意只云三画上叠成六画，八卦叠成六十四卦耳，与邵子说诚异。盖康节此意不曾说与程子，程子亦不曾问之，故一向只随他所见去。’”

按：《易》之第一义，朱子谓孔子而后千载不传者，自汉以来，儒者惟知有“帝出乎震”一章之卦位，故郑康成注《乾凿度》太一行九宫，言一坎二坤，以至八艮九离，是不知有先天也；元魏时关渊作《洞极经》解《河图》数，亦以“帝出乎震”之卦位言之，是不知有先天也；唐孔颖达作《易》疏，解“天地定位”一节，谓“就卦象明重卦之意，卦若不重，则天地不交，水火异处，庶类无生成之用，品物无变化之理，故圣人重卦，令八卦相错，乾坤震巽坎离艮兑，莫不交互”，初不知此章本言先天卦位，非明重卦之意也；惟魏伯阳《参同契》谓“乾坤者，易之门户，众卦之父母。坎离为匡郭，牝牡四卦为橐籥”，是谓先天图乾南坤北，离东坎西，而兑、震、巽、艮分居四隅，以为开阖呼吸也，故云“有些意思相似”；但方士辈秘为丹灶之术，不欲轻传耳。愚谓不必丹家，即地理家以乾、坤、离、坎居四正，纳甲、乙、壬、癸，艮、巽、震、兑居四隅，纳丙、丁、庚、辛，何尝不是先天八卦？但儒家泥于旧闻，故令先天之学失传。邵子学《易》于李挺之，其后始知乾一至坤八之序，因横图以推圆图，由八卦以推六十四卦，于是始知“天地定位”一章是说先天，而别文王之卦为后天；于是知“易有太极”一条，有一分为二至三十二分为六十四之说；于是始知《易》本自然之理，不假思索造作。此邵子大有功于《易》，朱子所以力为表章者也。然邵子与二程子同时同地，而二程子不甚契于邵学，盖程子言理，邵子言数，先天之学虽时时道之，而程子亦姑听之，皆不甚措意也。邵子易数甚精，如遇一物，起数算之，便可知是物何时而始，何时而终，但必有动处方能起算，如见一叶落，便从落叶之时起算。明道程子闻说甚熟，一日，因作监试官在试院无事，试用其说算廊柱多少，及数之，而数果合，因出谓邵子曰：“尧夫之数，只是加一倍法，以此知《太元》都不济事。”邵子因惊叹其恁地聪明。然程子终不屑留意，他日，问其所为加一倍法者，则忘之矣。其意盖谓术数之学，终非儒家所尚也。邵子一日问伊川程子云：“今年雷起于何处？”程子云：“起于起处。”亦谓雷自有起处，不必用数推算也。明道程子所谓加一倍法者，因算廊柱而偶中，遂以一语中其肯綮。然而，邵子之数今不传。世所传先天演策，后天演轨，将卦爻演为千百十零之数，随其有动而占之，以决事之休咎者，未必邵子之数也。二程子不欲深究先天之学，并其八卦横列之次序、圆列之方位，亦未尝一语及之，则“天地定位”一章，当亦不求甚解。数往何以为顺，知来何以为逆，《易》何以为逆数，邵子虽有其说，未必信也。此则有赖于朱子之表章者，其功复不细矣。后学思之：先天之学之精微，全在八卦横图与圆图，可以上推《图》《书》之所以合，可以下推后天之所以变，则义蕴之包含者无穷。若由三画而六画，由八卦而六十四卦，不过因其一阴一阳者迭加之耳，循环而观之，亦祇见其阴阳之渐消长耳。然而，此经常之体也。《易》道尚其变，经常者不变，不变则不可以致用，故自有《易》以来，虽有此图之理，而文王之《易》，不以此为序也；夏《连山》首艮，商《归藏》首坤，当亦不以此为序也；后世卦气之学、地理之学，又别有其序，皆不用此卦之序也。邵子《经世书》于此图谆复言之，且云：“图虽无文，吾终日言而未尝离乎是，盖天地万物之理，尽在其中。”朱子谓《易》之心髓全在此处。但后学，以体用之说言之，觉此图之意味有穷。邵子亦尝曰：“乾坤纵而六子横，《易》之本也。震兑横而六卦纵，《易》之用也。”则先天所以立体，而致用当从后天。后世善变古人之法者，无如掷钱之卦。其爻自下而变，由初至五，复由五至三，以归其本体，则与八卦在下不变者异矣；八卦分为五行，以八宫统之，而各有所属，与八宫之有统而无所属者异矣。故今以后天作图，与此图相配，而列之于外篇。

圆图内有方图，以象地在天中，而地究非方；八卦叠为八层，四角斜交，成十六事，乾居西北似矣，坤居东南义无所取。此图不用，可也，故不载。

白话解读

（一）先天六十四卦圆图说

1. 朱熹说

朱熹《易学启蒙 · 原卦画第二》说：“《周易 · 系辞下传 · 第二章》：‘太古时代，包羲（伏羲）氏君临统治天下，向上仰头观察自然现象于天空，向下俯首观察自然法则于大地，观察飞鸟走兽的形状、大地承载的物产，近处取法人的身体，远处取法天地万物，于是开始创作八卦，用来通达神奇智慧的德行，用来类推万事万物的情状。'《周易·系辞上传·第十一章》：'《易经》首先确立了太极，"太"的意思是大，"极"的意思是中，"太极"意为最大的中心点，以这个中心点区分出一阴面一阳面，称为两仪；以阳为次级的中心，又分太阳、少阴，以阴为次级的中心，又分太阴、少阳，合称为四象；太阳、少阴、太阴、少阳又为再次一级的中心，各自再细分阴阳，合称为八卦。'《周易·系辞传》，又称《大传》，又讲包羲氏画卦所取法的过程是这样，那么，《易经》就并非单独按照《河图》而创作。大概充盈天地之间的，无不都是太极阴阳的奇妙作用，圣人对于此，仰头向上观察，俯首向下观察，远处寻求，近处取法，本来就因为超脱万物之上，而与万物之规律暗相符合于内心了，因此，在两仪未分，还处于浑然一体的太极状态时，两仪、四象、八卦、六十四卦的道理早已经清楚明白地存在于其中了；从太极分两仪后，成为太极就是太极，两仪就是两仪的状态；自两仪分为四象，那么，两仪的每一仪又各自有一个中心，成为一个太极，而四象又成为两个两仪了；自此而推广开去，由四分而为八，则有四个中心成为太极，由八分而为十六，则有八个中心成为太极，由十六分而为三十二，则有十六个中心成为太极，由三十二分而为六十四，则有三十二个中心成为太极，以至于百、千、万、亿的无穷数，虽然描述图示它的时候，好像有先后次序，似出于人力所为，然而，它已经确定的形状、已经确定的趋势，本来就已经完成于浑然的最大的太极状态之中，不存在丝毫人为思考行动于其过程之中。程颢称邵雍先天数为'加一倍法'，可以说一句话就概括完全了。而邵雍《观物篇》所谓'天地未开而画前有易'，又可见他的话真实而不虚妄了。世间俗儒对此也许没有详察，往往认为圣人创作《易经》，是极尽其心力智慧、多方探求的精巧而得到的。更极端的人，甚至认为，凡是卦的画，必定由揲数蓍草而后获得，其谬误就更加严重了。"

《周易折中·易学启蒙·原卦画第二·集说》载，朱熹又回答虞大中说："太极、两仪、四象、八卦，这是研究易经学说的总纲要领，解读《易经》应该明确的第一要义。孔子启发阐明伏羲画卦本源于天地万物自然而然的形状结构，孔子之后的千年里，这种学识并没有传承下来，唯有邵雍

(康节)、程颢(明道)二位先生知晓这个道理。邵雍开始传授先天的学问而且获得了其学说的精髓，并且将此视为伏羲《易》学。《周易·说卦传》'天地定位'一章，先天八卦图乾数一至坤数八的次序，都本源于此。然而，邵雍犹且不肯用大段文字将隐秘的意思说出来，《易经》的核心精髓全部都在此处，邵雍不敢随意地解说，这种意向并非出于偶然。程颢认为就是'加一倍法'在启发阐明孔子的言论上，又可以称得上最为确切扼要了。"

《周易折中·易学启蒙·原卦画第二·集说》又载，朱熹《朱子语类》说："先天图简直是精深微妙，不是起始于邵雍(康节)，而是陈抟(希夷)以前原来就有，只是隐秘而不外传。先天八卦次序是研究方技与术数的一类人所传承的。东汉魏伯阳所著《周易参同契》，简称《参同契》，以'黄老'参同'大易'来指导炼丹，是道家最早的系统论述养生的经籍，其中有些内容的意思与先天八卦相似。西汉扬雄著《太玄经》，全部模仿《易经》，它是用三数即一、二、三，称为三摹，《易经》却是用四数即六、七、八、九，称为四象，它本来就是模仿《易经》，因此，就它模仿的句子上看《易经》，也可以约略见得到《易经》先天八卦的意思。"

《周易折中·易学启蒙·原卦画第二·集说》载，朱熹《朱子语类》又说："自从有《易经》以来，只有邵雍解说得此先天图如此整齐划一。如扬雄《太元》(即《太玄》)，就零散不一，添补拼凑，十分可笑。如果不添补，就欠了四分之一的内容。如果添补，却又多了四分之三的内容。"

《周易折中·易学启蒙·原卦画第二·集说》载，朱熹《朱子语类》又说："有人问：'程颐《伊川易传》乾卦卦辞下解释说，上古时代圣人最初画八卦，天地人三才的道理就已经具备了，因循其理而重叠八卦，用来概括完备天下万物的变化，因此，六画而形成六十四卦。有人怀疑，这种说法认为圣人一开始画八卦，每一卦就是三画，圣人因循其理而重叠三画卦为六画卦，似乎与邵雍一分为二而至三十二分为六十四成为六画卦，其说法不同？'朱熹回答说：'程颐的意思只是说三画卦上重叠形成六画卦，八卦重叠形成六十四卦罢了，与邵雍说法确实不同。大概邵雍不曾将先天卦一分为二的意思说与程颐，程颐也不曾问过邵雍，因此，一直以来只是随从他所见到的解说下去。'"

2. 江永说

江永认为：先天图作为《易经》的第一要义，朱熹所说"孔子之后，千年不曾传承”是指，自汉代以来，儒家学者只知道《周易·说卦传》有第五章“帝出乎震”的八卦方位，因此，东汉郑玄注《易纬乾凿度》太一行九宫之法，说‘一为坎卦、二为坤卦、三为震卦、四为巽卦、五为中央、六为乾卦、七为坎卦、八为艮卦、九为离卦’，以《洛书》数配后天八卦方位，这是不知道有先天八卦方位；元魏（即北魏）时关渊作《洞极真经》，其中《叙本论》解释圣人观察《河图》数画出八卦的过程，是“全七之三以为离，奇（qí，古同‘奇’）以为巽；全八之三以为震，奇以为艮；全六之三以为坎，奇以为乾；全九之三以为兑，奇以为坤”，也用《周易·说卦传》“帝出乎震”一章的八卦方位来解说，这是不知道有先天八卦方位；唐代孔颖达作《周易注疏》，其中《说卦疏》解释“天地定位”一节，认为“这一节就卦象阐明重卦的意旨。八卦如果不重叠，便是天地不相交合，水火处于不同位置，各类事物没有生成的作用，万千事物没有变化的道理，因此圣人重叠八卦，使八卦相互交错，乾卦、坤卦、震卦、巽卦、坎卦、离卦、艮卦、兑卦无不交互重叠”，这说明起初孔颖达不知道《说卦传》此章本来讲的是先天八卦方位，而不是阐明重卦的意旨；只有东汉魏伯阳著《周易参同契·大易总叙章第一》说“乾坤者，易之门户，众卦之父母。坎离匡廓，运毂正轴，牝牡四卦，以为橐籥”，是说先天图乾卦居南、坤卦居北，离卦居东、坎卦居西，而兑卦、震卦、巽卦、艮卦分居四角，用来进行开启闭合呼气吸气，因此朱熹说“有些意思相似”；但是，研究方技与数术者将修炼内丹外丹的方术视为秘技，不想轻易向外传授罢了。

江永认为：不一定是炼丹的方士，就是研究地理的人，以乾卦、坤卦、离卦、坎卦居于四正方位，纳甲、乙、壬、癸四天干，艮卦、巽卦、震卦、兑卦居于四隅方位，纳丙、丁、庚、辛四天干，何尝不是先天八卦？但是，儒家学者拘泥于旧有的典籍，不肯采纳其他学派的说法，因此使先天之学失去了承传。

邵雍向李挺之学习《易经》，到最后才知道乾卦一至坤卦八的次序，依据先天八卦横图用来推演先天八卦圆图，由先天八卦来推演六十四卦，这才知道《周易·说卦传》“天地定位”一章是说先天八卦，而区别周文王的卦为后天八卦；才知道《周易·系辞上传·第十一章》“易有太极”一条，有一分为二、至三十二分为六十四的说法；才知道《易经》本源于自然界发展变化的道理，不需要借助人力思考制造。这就是为什么说邵雍对于《易经》研究有很大功绩，朱熹极力表扬彰显他的原因。

然而，邵雍与程颢、程颐二人处于同一时代同一地域，而程颢、程颐在学术上不是很契合于邵雍学说，大概是因为程颢、程颐二人讲究易理，邵雍讲易数时，虽然常常讲说先天之学，但程颢、程颐二人也只是姑且听之，都不是很用心留意。邵雍对易数非常精通，如果遇到一种事物，起用易数推算它，就可以知道这个事物是什么时间开始、什么时间终结，但必须该事物有发生变动的地方才能够起用易数推算，比如，看见一片树叶落下，就从这片树叶落下的时间起用易数推算。程颢听闻邵雍讲说易数非常熟悉，有一日，因为作监试官在科举考试的考场无所事事，就尝试用邵雍的学说推算考场房屋周围走廊的柱子共有多少根，等到一根根数下来，而数量与推算结果果然相互符合，于是从考场出来后就对邵雍说："邵雍(尧夫)的易数，只是加一倍法，因此，知道《太元》(即《太玄》)都不顶用、不能成事。"邵雍因此惊叹他如此聪慧明智，然而，程颢终究认为这不值得留心注意，他日再问其所做的加一倍法，便已忘掉了。程颢大概认为，以方术推测人的气数和命运的学问，终究不是儒家学者所崇尚的。邵雍有一日问程颐说："今年雷发生于什么地方?"程颐说："发生在它发生的地方。"也是认为雷自然有发生的地方，不必要用易数进行推算。程颢所谓"加一倍法"，因为推算走廊的柱子而偶然符合，于是用一句话而切中其学说最重要的关键。

然而，邵雍的易数现在没有传承下来。世间所流传的所谓邵雍易数，在乾坤八卦下有"策"数、"轨"数，用先天卦推演策，后天卦推演轨，将六十四卦卦爻推演为千、百、十、零的数，随从事物有所动作而占测事物的未来变化，用来决断事物的吉凶善恶，这未必是邵雍所用的易数。其说可能源于《易纬乾凿度卷下》《易纬稽览图卷下》的六十四卦策说、轨说，主要见于《易纬稽览图卷下》。按照《易纬稽览图卷下》郑玄注：六十四卦策术为：阳爻九，用四时乘之，得三十六，则阳爻的策数为 $9\times4=36$；阴爻六，用四时乘之，得二十四，则阴爻的策数为 $6\times4=24$；如此，可计算得到六十四卦各卦的策数。六十四卦轨术为：阳爻九七，以九、七数各用四时乘之，其得数之和再乘 2 倍，则阳爻的轨数为 $(9\times4+7\times4)\times2=64\times2=128$；阴爻八六，以八、六数各用四时乘之，其得数之和再乘 2 倍，则阴爻的轨数为 $(8\times4+6\times4)\times2=56\times2=112$；如此，可以计算得到六十四卦各卦的轨数。程颢、程颐二人不想深入探究先天学说，连它里面先天八卦横列的次序、圆列的方位，也未曾有一句话提及，那么，《周易·说卦传》“天地定位”一章，应当也不追求对先天八卦的完全理解。计数过往为什么称为顺，知晓未来为什么称为逆，《易经》为什么称为逆数，邵雍虽然有先天卦方面的解说，人们未必相信。这就仰赖于朱熹的表扬彰显。从这个角度理解，朱熹的功绩就不再是微不足道的了。

我作为后学，深入思考后，认为：先天之学精深微妙之处，全部集中在先天八卦横图与先天八卦圆图，由此，可以向上推究《河图》《洛书》与八卦为什么能够配合，可以向下推测后天八卦为什么能够改变，那么，从这个角度看，先天图所包含的内蕴和意义是没有穷尽的。如果由三画逐渐增加而成为六画，由八卦逐渐分而成为六十四卦，不过按照一个阴画一个阳画轮流叠加起来罢了，从它周而复始、往复相承的运转来看，也只是看见其中阴阳之气的逐渐消减与增长罢了。然而，这是万物经常存在的形体。《易经》的道理是崇尚变化，经常存在的就不会变化，不会变化就不可以供人运用，因此，自有《易经》以来，虽然有此先天图的道理，而周文王的《周易》，不用此先天卦作为次序；夏朝的《连山易》首卦为艮卦、商朝的《归藏易》首卦为坤卦，应当也不用此先天卦作为次序；后世的卦气学说、地理学说，又另外有别的卦象次序，都不用此先天卦的次序。邵雍《皇极经世书·观物外篇》对于此先天图恳切地反复解说，并且说：“先天图虽然没有文字，我终日所讲而未曾脱离过它。大概天地万物的道理，都完全容纳在其中了。”朱熹认为《易经》的核心精髓全部都在此处。但我作为后学，用形体与功用的观点来讲，觉得此先天图含蓄的意思有穷尽的局限。邵雍在《皇极经世书·观物外篇》中也曾经说：“乾卦坤卦纵向排列而六子卦横向排列，这是《易经》的根本。震卦兑卦横向排列而其余六卦纵向排列，这是《易经》的功用。”这就是说，先天八卦是用来确立万物的形体的，而要实现其功用，应遵从后天八卦。后世善于改变古人方法的，没有比得上以掷铜钱取代揲数蓍草起卦的了。《朱子语类·卷六十六·易二·纲领中·卜筮》说：“今人以三钱当揲蓍，不能极其变，此只是以纳甲附六爻。纳甲乃汉焦赣、京房（焦、京二人都为西汉时期的易学家——作者注）之学。”其一，京房易学将六十四卦纳入八个纯卦中，以乾卦为例，乾卦第一爻变，成为姤卦（天风姤），此为一世卦；一世卦的第二爻变则成遁卦

（天山遁），此为二世卦；如此推演下去，可得三世卦（天地否）、四世卦（风地观）、五世卦（山地剥），这就是“其爻自下而变，由初至五”；五世卦后，自五爻重新往下变，第四爻变而成为晋卦（火地晋），此为游魂卦；再往下变，第三爻下三爻全变而成为大有卦（火天大有），因有归来之意，称为归魂卦，这就是“复由五至三，以归其本体”。其余八纯卦的卦变可以例推。这就与八卦在下方不变的先天六十四卦圆图不同了。其二，八纯卦分属不同的五行，用八宫统率六十四卦，每宫各统率八个卦，每宫八个卦各自依据本宫八纯卦的五行属性而确定归属，这就与八宫虽有统率而每宫各卦没有五行归属的先天六十四卦圆图不同了。因此，现在用后天卦制作图，与此先天六十四卦圆图相互配合，排列于本书外篇。

（二）先天六十四卦方图说

邵雍所传先天六十四卦圆图内有先天六十四卦方图，用来象征大地在天空覆盖之中，然而，大地终究不是方形的；先天六十四卦方图由八卦重叠为八层，四角连线斜交为十六卦，形成十六事，乾卦居位于西北似乎符合后天八卦方位，坤卦居位于东南则没有任何可取的道理。此先天六十四卦方图不采用也可以，本书因此没有收录。

河洛精蕴 卷之三

HE LUO JING YUN JUAN ZHI SAN

大衍之数五十说

《本义》“以《河图》中宫天五乘地十而得之”，一说也。《启蒙》“《河图》《洛书》之中数皆五，衍之而各极其数以至于十，则合为五十”，二说也；“《河图》积数五十五，其五十者皆因五而后得，独五为五十所因，故虚之则但为五十”，三说也；“五十五之中，其四十者分为阴阳老少之数，而其五与十者无所为，则又以五乘十，以十乘五，而亦皆为五十矣”，四说也；“《洛书》积数四十五，而其四十者，散布于外，而分阴阳老少之数，唯五居中而无所为，则亦自含五数，而并为五十矣”，五说也。《折中》曰：“五十之数，说者不一，惟推本于《图》《书》者得之。《河图》之数则赢五，数之体也；《洛书》之数则虚五，数之用也；大衍者其酌《河》《洛》之数之中，而兼体用之理之备者与”，六说也。《启蒙附论》曰：“勾三，其积九；股四，其积十六；弦五，其积二十五；合之五十，是大衍之数，函勾股弦三面积”，七说也。

按：周径之率，径七周二十二，而稍赢，不正得二十二。《启蒙附论》谓“方圆同径七，方周二十八，圆周二十二，合得五十为大衍之数”。此说未密，今不数。

今按：《洛书》对方乘中五，皆得五十，一五如五，五九四十五，五十也，二五得一十，五八得四十，五十也，三五一十五，五七三十五，五十也，四五得二十，五六得三十，五十也，合得大衍之数者凡四，八说也。

人身荣卫之气周流，昼行阳二十五度，夜行阴二十五度，合得五十周，应大衍之数，九说也。

字母三十六位，十八清，十八浊，仍有七清七浊有音无字，合得五十音，应大衍之数(图见外篇——原注)，十说也(第四说与第一说相似，实只九说——原注)。

白话解读

《周易本义·卷七·周易系辞上传》说：“大衍之数五十，是用《河图》

中宫天数五乘以地数十而得到的。”这是一说。

《易学启蒙·明蓍策第三》说：“《河图》《洛书》中央的数都是五，推衍而达到数的极值为十，合起来就是五十。”这是二说。

又说：“《河图》自一至十各数积累起来的和为五十五，其中的五十是一九和、二八和、三七和、四六和、十相加后的总数；唯独五是五十所凭借而得来，自身并不与五再相加，因此将其虚去，就只保留五十。”这是三说。

又说：“《河图》一至十各数的和为五十五，排列于外围四方的一六数(老阴)、二七数(少阳)、三八数(少阴)、四九数(老阳)相加而来，因此，这四十数分为老阴、少阴、老阳、少阳之数，中央的五数与十数无所作为，就又用五数乘以十数，用十数乘以五数，而也都是五十了。”这是四说(此说与第一说相似)。

又说：“《洛书》自一至九各数的和为四十五，其中四十为排列于外部八宫的一六数(老阴)、二七数(少阳)、三八数(少阴)、四九数(老阳)的和，唯独五数居于中央无所作为，因其自身也含有五数而成为十数，与外部的四十数合并起来，就成为五十了。”这是五说。

又说：“大衍之数五十，解说不一，唯有推求本源于《河图》《洛书》，才能够得到正确的理解。《河图》五十五数就比大衍数五十多出五数，这是数的形体使然；《洛书》四十五数就比大衍数五十虚无五数，这是数的功用使然。大衍之数五十就是考虑到《河图》《洛书》数的和为一百，而取其中间的数，以兼容数之形体与功用。”这是六说。

《周易折中·启蒙附论·大衍勾股之原》说：“(在平面上一个直角三角形中，两个直角边分别称为‘勾’‘股’，斜边称为‘弦’。‘勾’‘股’边长的平方加起来等于‘弦’边长的平方，这就是勾股定理，是数形结合的纽带之一。‘勾三、股四、弦五’是勾股定理在自然数最小周期系统中唯一的勾股数——作者注)勾数三，三与三的乘积为九；股数四，四与四的乘积为十六；弦数五，五与五的乘积为二十五；三个乘积之和为五十，就是大衍之数，包含勾、股、弦三面边长的平方的和。”这是七说。

江永注解：根据圆周率计算，圆的直径为七时，圆的周长比二十二稍多一些。但《启蒙附论》认为“正方形边长和圆形直径同为七时，正方形周长为二十八，圆形周长为二十二，两者相加得五十，正是大衍之数”。这个说法不精密，就不加以介绍了。

江永认为：《洛书》相对方位的数各自乘以中宫五数，其和都能得到五十。一与九数处于相对方位，一乘以五为五，九乘以五为四十五，其和为五十；二与八数处于相对方位，二乘以五为一十，八乘以五为四十，其和为五十；三与七数处于相对方位，三乘以五为十五，七乘以五为三十五，其和为五十；四与六数处于相对方位，四乘以五为二十，六乘以五为三十，其和为五十。《洛书》相对方位的数乘以中宫五数，其和为大衍之数五十的，共有四组。这是八说。

江永认为：《黄帝内经·灵枢·营卫生会第十八》，人身体中的卫气和营气(荣，通营)都是水谷精微所化，其中清者为营，浊者为卫，营在脉中，卫在脉外，周流不休，营行于脉中，按照十二经脉的顺序运行，依次往返，昼行二十五周次，夜行二十五周次，始于手太阴肺经，终于足厥阴肝经，至五十周次而复大会于肺经；卫气行于脉外，白天行于阳经二十五周次，夜间行于阴经也是二十五周次，一昼夜之间在全身运行五十周。营气和卫气各自一昼夜运行五十周次，符合大衍之数。这是九说。

江永认为：凡是中国有文字的读音，都不超出三十六位字母，见、溪、端、透、知、彻、邦、滂、非、敷、精、清、心、照、穿、审、晓、影十八位为清，群、疑、定、泥、澄、娘、并、明、奉、微、从、邪、床、禅、匣、喻、来、日十八位为浊；另有七清、七浊属于有发音无文字，合并起来共得到五十音，符合大衍之数。这是十说。(图见本书外篇)

参天两地而倚数说

《折中》云："参天两地，以方圆径围定之，亦其大致尔。实则径一者不止围三，非密率也。以理言之，则孔疏引张氏言'三中含两，有一以包两者'是；盖天能兼地，故一并二以成三也。以算言之，则孔氏所谓'两为偶数之始，三为奇数之初'者是；盖以一乘一，以一除一，皆不可变，故乘除之数，起于三与二也。""其用于筮法，则为七、八、九、六。""盖奇数起于一三，成于九七，偶数起于二四，成于八六，故以其成数纪阴阳，阳之进者为老，退者为少；阴之退者为老，进者为少也。"

谨按：参两当以此为定说。《洛书》阳数以三左旋，阴数以二右旋，是为参天两地而倚数。先儒以圆方言，不但径一围三非密率，即地亦是圆形，本非方，方言其德，非言其形也。用之筮法，三用其全，四用其半，犹似出于人为，不若言参两者，自然之理数也。

白话解读

《周易折中·说卦传·案》说："《周易·说卦传·第一章》所说'参天两地'，用方形与圆形的径长与周长确定，也是其大概的情况。实际上，圆的直径为一时，圆的周长不止为三，这不是圆周率较精确的密率。用道理来讲，孔颖达在《周易注疏·说卦疏》中所引张氏说'三数中包含两数，有一数可以包含两数'是正确的；天空能兼有大地，因此，天数一合并地数二就用来成为天数三。用计算来讲，孔颖达在《周易注疏·说卦疏》中说'两为偶数的开始，三为奇数的初始'是正确的；一乘以一，一除以一，都只得到一，没有改变，因此，进行乘法除法运算的数，起始于三与二。将'参天两地'用于揲数蓍草的筮法，就是七、八、九、六数。用计算来讲，奇数起始于一、三，成就于九、七，偶数起始于二、四，成就于八、六，因此用它的成数记录阴阳，阳数前进的为老，后退的为少；阴数后退的为老，前进的为少。"

江永认为：关于"参两"应当以此作为确定说法。《洛书》阳数用三数向左旋转，自北方一乘以三为三，东方三乘以三为九，南方九乘以三为二十七，西方七乘以三为二十一，复归北方一；阴数用二数向右旋转，自西南二乘以二为四，东南四乘以二为八，东北八乘以二为十六，西北六乘以二为十二，复归于西南二，这就是《周易·说卦传·第一章》所说"参天两地而倚数"。先世儒者用天圆地方来讲，不但圆的直径一、周长三不是圆周率的较精确的密率，就是大地也是圆形，本来就不是方形，方讲的是大地的品德，并非形状。将"参天两地"用于揲数蓍草的筮法，三数用其全部，四数用其半数，好像出于人的主观行为，不像讲"参两"的说法，出于自然界天然形成的道理、数量。

揲蓍法

《启蒙》曰："大衍之数五十，而蓍一根百茎，可当大衍之数者二。故揲蓍之法，取五十茎为一握，置其一不用，以象太极，而其当用之策，凡四十有九，盖两仪体具而未分之象也。四十九蓍信手中分，各置一手，以象两仪；而挂右手一策于左手小指之间，以象三才；遂以四揲左手之策，以象四时；而归其余数于左手第四指间，以象闰；又以四揲右手之策，而再归其余数于左手第三指间，以象再闰(五岁之象，挂一，一也；揲左，二也；扐左，三也；揲右，四也；扐右，五也——原注)。是谓一变。其挂扐之数不五即九。得五者三，所谓奇也(五除挂一即四，以四约之为一，故为奇，即两仪之阳数也——原注)。得九者一，所谓偶也(九除挂一即八，以四约之为二，故为偶，即两仪之阴数也——原注)。一变之后，除前余数，复合其见存之策，或四十，或四十四，分挂揲归如前法，是谓再变。其挂扐者不四则八。得四者二，所谓奇也(不去挂一，余同前义——原注)。得八者二，所谓偶也(不去挂一，余同前义——原注)。再变之后，除前两次余数，复合其见存之策，或四十，或三十六，或三十二，分挂揲归如前法，是谓三变。其挂扐者，如再变例。三变既毕，乃合三变，视其挂扐之奇偶，以分所遇阴阳之老少，是谓一爻。三奇为老阳者凡十有二。挂扐之数十有三，除初挂之一为十有二，以四约而三分之，为一者三，一奇象圆而围三，故三一之中各复有三，而积三三之数则为九；过揲之数三十有六，以四约之亦得九焉(挂扐除一，四分四十有八而得其一也，一其十二而三其四也，九之母也；过揲之数，四分四十八而得其三也，三其十二而九其四也，九之子也。皆径一而围三也——原注)，即四象太阳居一含九之数(原文"象"应为"数"——作者注)也。两奇一偶，以偶为主，为少阴者凡二十有八。挂扐之数十有七，除初挂一为十有六，以四约而三分之，为一者二，为二者一，一奇象圆而用其全，故二一之中各复有三，二偶象方而用其半，故一二之中复有二焉，而积二三、一二之数则为八；过揲之数三十有二，以四约之，亦得八焉(挂扐除一，四其四也，自一其十二者而进四也，八之母也；过揲之数，八其四也，自三其十二者而退四也，八之子也——原注)。即四象少阴居二含八之数也。两偶一奇，以奇为主，为少阳者凡二十。挂扐之数二十有一，除初挂之一为二十，以四约而三分之，为二者二，为一者一，二偶象方而用其半，故二二之中各复有二，一奇象圆而用其全，故一一(原文"三"应为"一"——作者注)之中复有三焉，而积二二、一三之数则为七；过揲之数二十有八，以四约之亦得七焉(挂扐除一，五其四也，自两其十二者而退四也，七之母也；过揲之数，七其四也，自两其十二者而进四也，七之子也——原注)。即四象少阳居三含七之数也。三偶为老阴者四。挂扐之数二十有五，除初挂之一为二十有四，以四约而三分之，为二者三，二偶象方而用其半，故三二之中各复有二，而积三二之数则为六；过揲之数亦二十有四，以四约之亦得六焉(挂扐除之，六之母也；过揲之数，六之子也。四分四十有八而各得其二也，两其十二而六其四也。皆围四而用半也——原注)。即四象太阴居四含六之数也。凡此，皆以三变皆挂之法得之。”

按：宋郭雍著《蓍卦辨疑》，谓前一变独挂，后二变不挂。朱子著《蓍卦考误》，深辨其非。今亦无宗郭说者，余论见后(郭说本之横渠张子——原注)。

白话解读

《易学启蒙·明蓍策第三》说：大衍之数五十，而蓍草一根上生有百条茎干，可以充当大衍之数二次，因此，揲数蓍草的方法，取五十根蓍草茎干为一把，将其中一根放置起来不用于演算，用来象征太极，而充当演算用的蓍策一共有四十九根，用来象征两仪形体具备而未曾分开的形象。随手将合成一把的蓍策从中间分开，各自放置于一个手中，用来象征两仪；而后，取右手中一根蓍策悬挂于左手小指与无名指之间，用来象征三才；再用大拇指和食指别住蓍策的方式(即揲)，四根一组揲数左手的蓍策，用来象征四时；而后，将剩余的蓍策归于左手第四指与第三指之间，用来象征闰(“闰”意为余数，指历法纪年和地球环绕太阳一周运行时间的差数——作者注)；又用四根一组揲数右手的蓍策，而后再次归还它的余数于左手第三指与第二指之间，用来象征再闰(农历五年二闰，称为再闰——作者注)

原注：五岁的象征是指将四十九根蓍草随手分为两仪后，挂一为一岁，揲左为二岁，扐(以食指、中指、无名指三指合出的两条缝隙夹住)左为三岁，揲右为四岁，扐右为五岁。

以上称为一变。其挂的数为一，扐的数(即两手蓍策揲数后的余数)不是四就是八，将挂与扐的数合并起来不是五数就是九数。

得到五数的有三种组合(即一、二、二；一、一、三；一、三、一)，这就是所谓的奇数(注：五数除去挂的一数，就是四，用四约分它为一，一为奇数，因此，五为奇数，就是两仪的阳数)。

得到九数的有一种组合(即一、四、四)，这就是所谓的偶数(注：九数除去挂的一数，就是八，用四约分它为二，二为偶数，因此，九为偶数，就是两仪的阴数)。

一变之后，除去前一变的余数，重新将两手现存的蓍策合并起来，其数量或者为四十(即 49-9=40)，或者为四十四(即 49-5=44)，分、挂、揲、归如同前一变的方法，这就称为再变。其挂的数为一，扐的数(即两手蓍策揲数后的余数)不是三就是七，将挂与扐的数合并起来不是四数就是八数。

得到四数的有二种组合(即一、一、二；一、二、一)，这就是所谓的奇数(注：四数中不去掉挂的一数，就是四，其余同前一变的含义)。得到八数的有二种组合(即一、三、四；一、四、三)，这就是所谓的偶数(注：八数中不去掉挂的一数，就是八，其余同前一变的含义)。

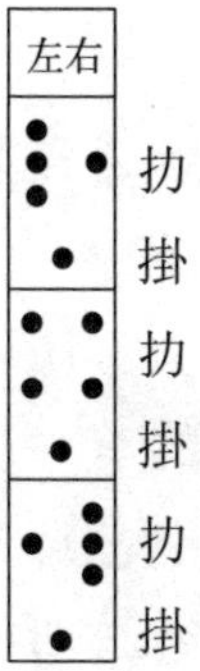

得五者三图

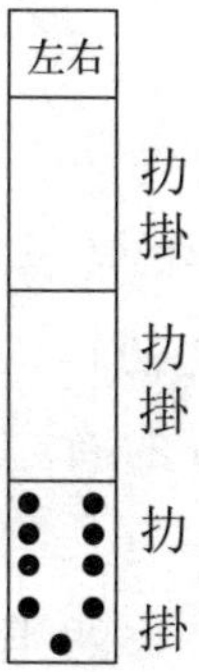

得九者一图

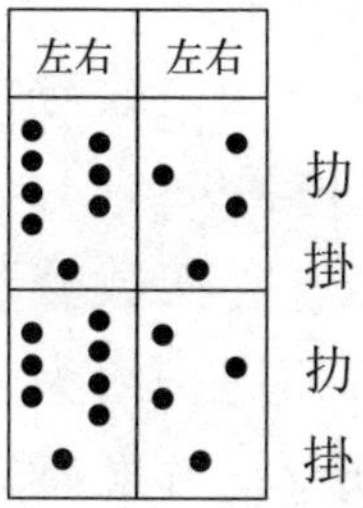

得八者二图　得四者二图

再变之后，除去前两变的余数，重新将两手现存的蓍策合并起来，其数量或为四十(即 44-4=40)，或者为三十六(即 44-8=36；40-4=36)，或者为三十二(即 40-8=32)，分、挂、揲、归如同前两变的方法，这就称为三变。其挂扐的数如同再变例。其挂的数一，扐的数(即两手蓍策揲数后的余数)不是三就是七，将挂与扐的数合并起来不是四数就是八数。得到四数的有二种组合(即一、一、二；一、二、一)，这就是所谓的奇数(注：四数中不去掉挂的一数，就是四，其余同前一变的含义)。得到八数的有二种组合(即一、三、四；一、四、三)，这就是所谓的偶数(注：八数中不去掉挂的一数，就是八，其余同前一变的含义)。

三变既然完成，就合并三变的数，察看其挂扐数的奇偶，用来区分所遇到的阴阳的老少，这称为一个爻。

得到三个奇数成为老阳的组合一共有十二种。三变挂数与扐数(即两手蓍策揲数后的余数)和为十三(即 5+4+4 = 13)，除去一变初挂的数一则为十二，用四约分它为三数，将三数分配三变，为一奇的有三变，列成三组(即一、一、一)，一奇象征圆而周长约为三，因此，三组一奇中各自又有三数，而积累三组三的和就为九；经过三次演算揲数后，两手现存的蓍策数为三十六(即 49－13 = 36)，用四约分它也得到九(三变挂数与扐数和为十三，除去一数，则为十二，是用四约分四十八而得到其中一份，是一个十二、三个四，这是老阳九数产生的本源，称为母；经过三次演算揲数后两手现存的蓍策数为三十六，是用四约分四十八而得到其中三份，是三个十二、九个四，这是老阳九数产生的结果，称为子，都是符合圆的直径为一而周长约为三的比值——原注)，就是四象中太阳居于一的方位而包含九的数量。

得到两个奇数一个偶数，以偶数为主，成为少阴的组合一共有二十八种。三变挂数与扐数(即两手蓍策揲数后的余数)之和为十七(即 5+4+8 = 17；9+4+4 = 17)，除去一变初挂的数一则为十六，用四约分它为四数，将四数分配三变，为一奇的有二变，为二偶的有一变，一奇象征圆而周长约为三，用三数的全数，因此二组一奇中各自又有三数，二偶象征方形而周长为四，用四数的半数，因此一组二偶中又有二数，而积累二组三、一组二的和就为八；经过三次演算揲数蓍草后两手现存的蓍策数为三十二，用四约分它也得到八(三变挂数与扐数和为十七，减去一数，则为十六，是四个四，是自一个十二增进一个四，这是少阴八数产生的本源，称为母；经过三次演算揲数蓍草后两手现存的蓍策数为三十二，是八个四，是自三个十二后退一个四，这是少阴八数产生的结果，称为子——原注)，就是四象中少阴居于二的方位而包含八的数量。

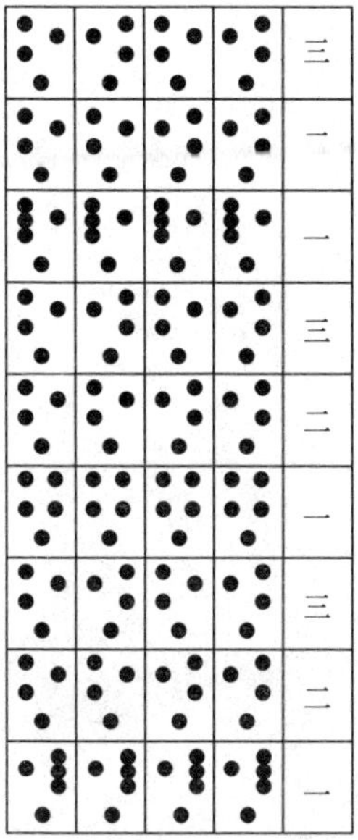

三变三奇为老阳者凡十二图

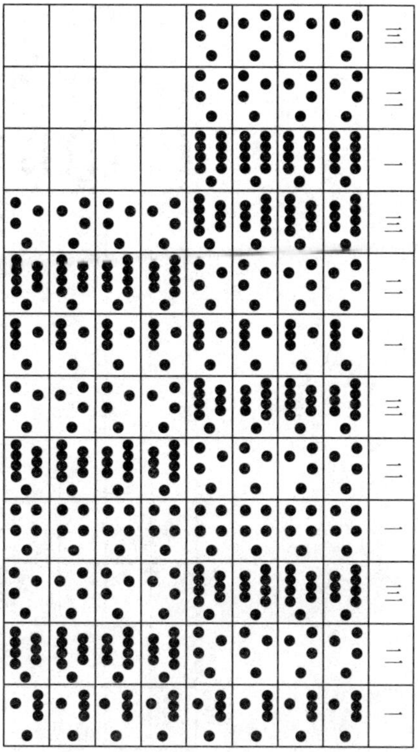

三变两奇一偶为少阴者凡二十八图

得到两个偶数一个奇数，以奇数为主，成为少阳的组合一共有二十种。三变挂数与扐数(即两手蓍策揲数后的余数)和为二十一(即 5+8+8=21；9+4+8=21)，除去一变初挂的数一则为二十，用四约分它为五数，将五数分配三变，为二偶的有二变，为一奇的有一变，二偶象征方形而周长为四，用四数的半数，因此，二组二偶中又各自有二数，一奇象征圆而周长约为三，用三数的全数，因此，一组一奇中又有三数，而积累二组二、一组三的和就为七；经过三次演算揲数蓍草后，两手现存的蓍策数为二十八(即 49-21=28)，用四约分它也得到七(三变挂数与扐数和为二十一，除去一数，则为二十，是五个四，是自两个十二而后退一个四，这是少阳七数产生的本源，称为母；经过三次演算揲数蓍草后两手现存的蓍策数为二十八，是七个四，是自两个十二而增进一个四，这是少阳七数产生的结果，称为子——原注)，就是四象中少阳居于三的方位而包含七的数量。

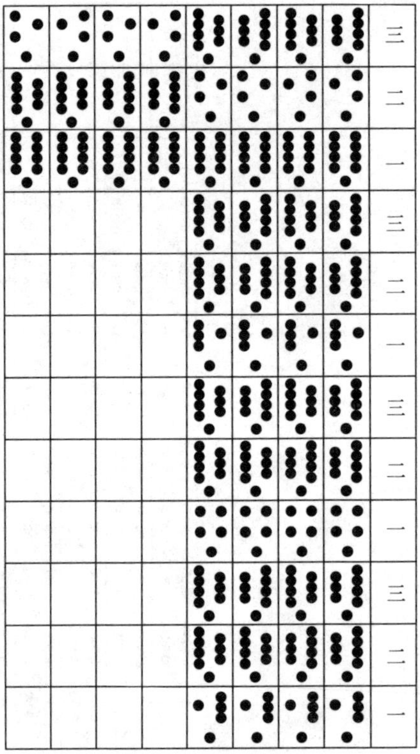

三变两偶一奇为少阳者凡二十图

得到三个偶数成为老阴的组合一共有四种。三变挂数与扐数(即两手蓍策揲数后的余数)和为二十五(即 9+8+8=25)，除去一变初挂的数一则为二十四，用四约分它为六数，将六数分配三变，为二偶的有三变，二偶象征方形而周长为四，用四数的半数，因此，三组二偶中又各自有二数，而积累三组二的和就为六；经过三次演算揲数蓍草后，两手现存的蓍策数为二十四(即 49-25=24)，用四约分它也得到六(三变挂数与扐数和为二十五，除去一数，则为二十四，是用四约分四十八而得到其中两份，是两个十二、六个四，这是老阴六数产生的本源，称为母；经过三次演算揲数蓍草后，两手现存的蓍策数为二十四，用四约分四十八而得到其中两份，是两个十二、六个四，这是老阴六数产生的结果，称为子。都是符合正方形边长为一、周长为四而用它的半数——原注)，就是四象中老阴居于四的方位而包含六的数量。

凡属于以上四种情况，都是用三变皆挂一数的方法得到的。

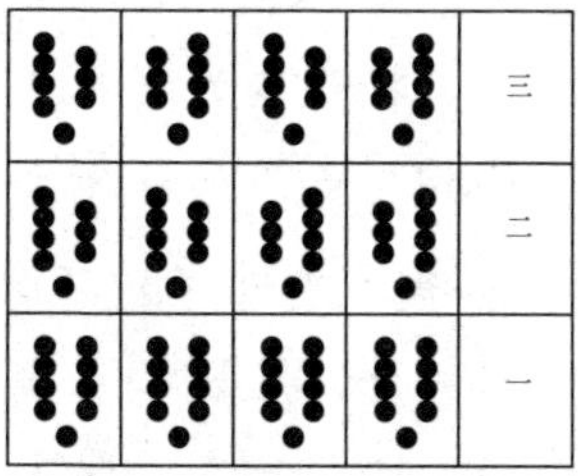

三变三偶为老阴者凡四图

江永认为：宋代郭雍著《蓍卦辨疑》一书，说三变中唯独第一变需要挂一数，后二变不用挂一数。朱熹在其《蓍卦考误》中，深刻辨析了郭雍《蓍卦辨疑》的错误。现在也没有尊崇取法郭雍之说的人了，我的论述见于后文(郭雍蓍卦说本源于北宋横渠张载——原注)。

揲蓍说

揲蓍之法，《启蒙》论之极详。以后一段通论阴阳老少之所以然，为最精。其说曰："四十九策，除初挂之一而为四十八，以四约之为十二，以十二约之为四，故其揲之一变也，挂扐之数，一其四者为奇，两其四者为偶。其三变也，挂扐之数三其四、一其十二，而过揲之数九其四、三其十二者，为老阳；挂扐过揲之数皆六其四、两其十二者，为老阴；自老阳之挂扐而增一四，则是四其四也、一其十二而又进一四也，自其过揲者而损一四，则是八其四也、三其十二而损一四也，此所谓少阴者也；自老阴之挂扐而损一四，则是五其四也、两其十二而去一四也，自其过揲而增一四，则是七其四也、两其十二而进一四也，此所谓少阳者也。二老者，阴阳之极也，二极之间相距之数凡十有二，而三分之，自阳之极而进其挂扐，退其过揲，各至于三之一，则为少阴；自阴之极，而退其挂扐，进其过揲，各至于三之一，则为少阳。老阳居一而含九，故其挂扐十二为最少，而过揲三十六为最多；少阴居二而含八，故其挂扐十六为次少，而过揲三十二为次多；少阳居三而含七，故其挂扐二十为稍多，而过揲二十八为稍少；老阴居四而含六，故其挂扐二十四为极多，而过揲亦二十四为极少。盖阳奇而阴偶，是以挂扐之数，老阳极少，老阴极多；而二少者，一进一退而交于中焉；此其以少为贵者也。阳实而阴虚，是以过揲之数，老阳极多，老阴极少；而二少者，亦一进一退而交于中焉；此其以多为贵者也。凡此，不唯阴之与阳既为二物而迭为消长，而其一物之中，此二端者又各自为一物而迭为消长，其相与低昂如权衡，其相与判合如符契。固有非人之私智，所能取舍而有无者，而况挂扐之数乃七、八、九、六之原，而过揲之数乃七、八、九、六之委，其势又有轻重之不同。而或者乃欲废置挂扐，而独以过揲之数为断，则是舍本而取末，去约以就繁，而不知其不可也，岂不误哉!”

按：阴阳老少，原以一、二、三、四为根，老阳居一，则余为九，少阴居二，则余为八，少阳居三，则余为七，老阴居四，则余为六，然则一、二、三、四者，九、八、七、六之原，九、八、七、六者，一、二、三、四之委。挂扐之数，法乎生数之一、二、三、四，渐进而多；过揲之数，法乎成数之九、八、七、六，渐退而少。在十数之中，则以一数为始，九数为极，皆以一为进退；在四十八策之中，则以十二数为始，三十六数为极，皆以四为进退。其数不同，其理一也。揲必用四，固所以象四时，亦所以法四象，爻必三变，三其四为十二，四十八策亦是十二其四，极少极多之间亦各以十二为进退之极，则十二遂为数之始；挂扐过揲，合之皆四十八，犹之生数成数合之皆十也。以此言之，挂扐之数，不必强纽，以求合于九、八、七、六之数，而自有合于老阳、少阴、少阳、老阴之理。故《启蒙》此一段不言方圆径围、用全用半，其理最精。若夫圆者径一围三，既非密率确数，三用其全、四用其半，又似出于人为。后学颇疑，非象数之自然耳。其云，或者欲废置挂扐，独以过揲之数为断，谓郭雍之说也。朱子尝答书辨之曰：“过揲之数，虽先得之，然其数众而繁；归奇之数，虽后得之，然其数寡而约。纪数之法，以约御繁，不以众制寡，故先儒旧说，专以多少决阴阳之老少，而过揲之数，亦冥会焉，初非有异说也。然七、八、九、六所以为阴阳之老少者，其说又本于《图》《书》，定于四象。其归奇之数，亦因揲而得之耳。大抵《河图》《洛书》者，七、八、九、六之祖也；四象之形体次第者，其父也；归奇之奇偶方圆者，其子也；过揲而以四乘之者，其孙也。今自归奇以上，皆弃不录，而独以过揲四乘之数为说，恐或未究象数之本原也。”今按：《河图》之数，以一、二、三、四为四象之根，而九、八、七、六因之。此以祖父子孙为喻，似未若前言“挂扐为七、八、九、六之原，过揲为七、八、九、六之委”，尤为得当也。

又按：下文言“乾之策二百一十有六，坤之策百四十有四，凡三百有六十，当期之日。二篇之策，万有一千五百二十，当万物之数也”。此因上文言“分二、挂一、揲四、归奇”皆有所象，故言过揲之策，亦各有所当耳。其实此二节是余义，故此下云“是故四营而成易，十有八变而成卦”，可知仍归重挂扐也。

明儒归有光之说曰：“九具于揲，则三奇见于余；六具于揲，则三偶见于余；七具于揲，则二偶一奇见于余；八具于揲，则二奇一偶见于余，不必反观其在揲之数，而已举其要矣。其曰‘乾之策’‘坤之策’‘二篇之策’云云者，何也？挂扐虽举其要，而七、八、九、六之数，仍以在揲之策为正。七、八、九、六者，自揲之以四而取也。若挂扐之策，因过揲而见者也。故曰‘揲之以四以象四时’，又曰‘当期之日’，而归奇以象闰。”何楷曰：“四时正也，闰余也。下文‘乾之策’云云，皆以七、八、九、六起数，明乎用正数，而不用余数矣。”按：二氏之说，皆因下文言策数，而归重于过揲，又因闰余之义，而谓有正有余。然则挂扐之数，不足重乎？朱子与西山蔡氏，考挂扐之数，有自然之法象者极精密。朱子曰：“三变之中，又以前一变为奇，后二变为偶，奇故其余五九，偶故其余四八。余五九者，五三而九一；余四八者，四八皆二。三变之后，老者阳饶而阴乏，少者阳少而阴多，亦皆有自然之法象焉。”蔡氏曰：“蓍之奇数，老阳十二，老阴四，少阳二十，少阴二十八，合六十有四。三十二为阳，老阳十二，少阳二十；三十二为阴，老阴四，少阴二十八。其十六则老阳老阴也，老阳十二，老阴四；其四十八则少阳少阴也，少阳二十，少阴二十八。老阳老阴，乾坤之象也，二八也；少阳少阴，六子之象也，六八也。”

今按：画卦与揲蓍是两事。卦之变六十四，蓍之变亦六十四，二者不约而符，已妙矣；及以阴阳之数计之则均，以老少之数计之则参差，虽参差，而有二八象乾坤，六八象六子之妙。此变化之所以为神，圣人之立法所以可佑神者，此也。若使后二变不挂，虽总计亦六十四，而三变之后，为老阳、少阴者皆二十七，为少阳者九，为老阴者一，参差不齐，无复自然之法象；且二变之后三营而成易，又为六扐而后挂，皆与经文不协。朱子所以谓其深有害于成卦变爻之法，不可不辨者也。

蔡氏又曰：“五十之蓍，虚一分二，挂一揲四，分奇者三，为偶者二，是天三地二自然之数。而三揲之变，老阳老阴之数本皆八，合之得十六，阴阳以老为动，而阴性本静，故以四归于老阳，此老阴之所以四、老阳之所以十二也；少阳少阴之数本皆二十四，合之四十八，阴阳以少为静，而阳性本动，故以四归于少阴，此少阳之数所以二十、而少阴之数所以二十八也。阳用老而不用少，故六十四变，所用者十六变，又以四约之，阳用其三，阴用其一。盖一奇一偶，对待者，阴阳之体；阳三阴一，一饶一乏者，阴阳之用，故四时春、夏、秋生物，而冬不生物；天地东、西、南可见，而北不可见；人之瞻视，亦前与左右可见，而背不可见也。不然，则以四十九蓍，虚一分二，挂一揲四，则为奇者二，为偶者二，而老阳得八，老阴得八，少阳得二十四，少阴得二十四，不亦善乎？圣人之智，岂不及此？而其取此而不取彼者，诚以阴阳之体数常均，用数则阳三而阴一也。”朱子复论之曰：“蔡氏所谓四十九蓍，虚一分二，挂一揲四者，盖谓虚一外，止用四十八也。体数常均，用数则阳饶而阴乏，此正造化之妙；若阴阳同科，老少一例，是体数，非用数也。”

按：此皆详论挂扐，岂以为余，而专重过揲哉！过揲之数，所以符乎七、八、九、六者，由挂扐之策，先有自然之法象为之本，如符契焉，左契先中法度，而后右契应之也，岂可专重右契哉！朱子与蔡氏，非不知四约过揲之策显而易见，《周易》以九六名爻，亦信而有征，而必详论挂扐、深病郭说之为偏滞者，恐人忽于其原，不知有法象自然之妙也。若象闰之义，原是以归所挂之一为闰，非以两扐为闰，则尤不可傅会闰余之说矣，说详见后。

唐一行云：“三变皆少，则乾之象也，乾所以为老阳，而四数其揲得九，故以九名之；三变皆多，则坤之象也，坤所以为老阴，而四数其揲得六，故以六名之；三变而少者一，则震、坎、艮之象也，震、坎、艮所以为少阳，而四数其揲得七，故以七名之；三变而多者一，则巽、离、兑之象也，巽、离、兑所以为少阴，而四数其揲得八，故以八名之。故七、八、九、六者，因揲数以名阴阳；而阴阳之所以为老少者，在乎三变之间八卦之象也。”沈括《笔谈》云：“易象九、八、七、六，皆有所从来，得之自然。凡归余之数，多为阴，如爻之偶；少为阳，如爻之奇。三少，乾也，故曰老阳；九揲而得之，故其数九，其策三十六。两多一少，则一少为之主，震坎艮也，故皆谓之少阳；少在初为震，中为坎，末为艮，皆七揲而得之，故其数七，其策二十八。三多，坤也，故曰老阴；六揲而得之，故其数六，其策二十四。两少一多，则一多为之主，巽、离、兑也，故皆谓之少阴；多在初谓之巽，中为离，末为兑，皆八揲而得之，故其数八，其策三十二。”

按：沈氏之说，朱子称其简而尽，其实即一行之说也。又须知三变皆少，所以成揲数之多；三变皆多，所以成揲数之少也。

白话解读

（一）阴阳老少说

1. 朱熹说

揲数蓍草的方法，《易学启蒙·明蓍策第三》论述得极其详尽，以下全面论述大衍筮法中阴阳老少之所以如此的原因，是最为精华的部分。

《易学启蒙·明蓍策第三》说：大概四十九根蓍策，除去一变初挂的一数而为四十八策，用四约分为十二，用十二约分为四，因此，其揲数蓍策的每一变所得挂扐之数，一个四的为奇，两个四的为偶。

其经过揲数蓍策的三变后：

所得挂扐之数为三个四、一个十二，而过揲之数为九个四、三个十二，称为老阳；

所得挂扐之数、过揲之数都为六个四、两个十二，称为老阴；

自老阳的挂扐之数而增进一个四，就是四个四、一个十二而又增进一个四，自老阳的过揲之数而减损一个四，就是八个四、三个十二而减损一个四，这就是所谓的少阴；

自老阴的挂扐之数而减损一个四，就是五个四、两个十二而减损一个四，自老阴的过揲之数而增进一个四，就是七个四、两个十二而增进一个四，这就是所谓的少阳。

老阳老阴二者是阴阳的极致，两个极之间无论是挂扐之数相距的数、还是过揲之数相距的数，都是十二，将它分为三份，自阳数的极致而增进它挂扐之数，后退它过揲之数，各自达到十二数的三分之一(即四数)，就成为少阴；自阴数的极致而后退它挂扐之数，增进它过揲之数，各自达到十二数的三分之一(即四数)，就成为少阳。

老阳居于一的方位而包含九的数量，因此，它挂扐之数十二为最少，而过揲之数三十六为最多；少阴居于二的方位而包含八的数量，因此，它挂扐之数十六为次少，而过揲之数三十二为次多；少阳居于三的方位而包含七的数量，因此，它挂扐之数二十为稍多，而过揲之数二十八为稍少；老阴居于四的方位而包含六的数量，因此，它挂扐之数二十四为极多，而过揲之数二十四为极少。

阳为奇数而阴为偶数，因此，挂扐之数为老阳极少、老阴极多，而少阴、少阳二少就一个增进、一个后退地相互交叉于中间，这是挂扐之数以少为尊贵的原因。

阳性充实而阴性空虚，因此，过揲之数为老阳极多、老阴极少，而少阴、少阳二少也是一个增进、一个后退地相互交叉于中间，这是过揲之数以多为尊贵的原因。

凡是这种挂扐之数与过揲之数互为消长的情况，不只阴与阳已经成为两种事物，而轮流更替互为消减与增长，就是一种事物之中，这阴阳两端又各自作为一种事物，而轮流更替互为消减与增长，其互相之间低伏昂起如同秤锤与秤杆，其相互之间区别吻合如同符节与契据。本来就不是人本身具有的智慧所能够采取舍弃而或有或无的，况且，挂扐之数就是七、八、九、六数产生的本原，而过揲之数就是七、八、九、六数演算的末尾，两者在演算过程中有轻重的不同。有的人便想废弃搁置挂扐之数，而单独用过揲之数作为判断，就是舍弃根本而采取末节，去掉简约而就近繁杂，自己却还不知道它的不可行，这岂不是错误的吗？

2. 江永说

江永认为：阴阳老少，原本以一、二、三、四为根本，老阳居于一的方位，而余数为九，少阴居于二的方位，而余数为八，少阳居于三的方位，而余数为七，老阴居于四的方位，而余数为六，既然如此，那么，一、二、三、四就是九、八、七、六的本原，九、八、七、六就是一、二、三、四的结果。大衍筮法挂扐的数效法五行生数一、二、三、四，逐渐前进而增多；过揲的数效法五行成数的九、八、七、六，逐渐后退而减少。在一到十数中，以一数作为开始，九数作为极致，都用一数作为进退的数量；在大衍筮法四十八根蓍策中，以十二数作为开始，三十六数作为极致，都用四数作为进退的数量。这两者数量虽然不同，道理则是一致的。揲数蓍策一定用四为基数，固然是用来象征年周期中的四时，也是用来效法太极系统中的四象，爻的产生一定经过三变，三个四为十二，四十八策也是十二个四，极少数与极多数之间也各自用十二数作为进退的极致，十二于是成为演算数的开始；挂扐的数与过揲的数合并起来都是四十八，犹如五行生数与成数合并起来都是十。以此来讲，挂扐的数不必勉强纽结，用来寻求符合于九、八、七、六的数，而自然会符合于老阳少阴少阳老阴的道理。因此，《易学启蒙·明蓍策第三》这一段不讲方形圆形的直径与周长、用全数用半数，其中道理最为精粹。如果说圆的直径为一、周长为三，既不是圆周率较精确的密率，三数用其全数、四数用其半数，又好似出于人力所为。我作为后学，颇为怀疑，因为这不是事物表象与数理的自然形态。

（二）推重挂扐之数说

1. 挂扐之数为重的原因

朱熹说，有人想要废弃搁置挂扐之数，单独用过揲之数作为判断，是指郭雍的说法。朱熹曾答书辨析郭雍之说，认为：“过揲之数，虽然是揲数蓍策过程中先得到的，但其数量多而繁杂；归奇的数，虽然是揲数蓍策过程中后得到的，但其数量少而简约。记录数的方法是用简约统率繁杂，而不是用多数控制少数。因此，先世儒者以前的说法，都是用数量多少决断阴阳的老少，而过揲的数也暗中符合于此，起初并没有不同的说法。然而，七、八、九、六之所以为阴阳老少，其说法又本源于《河图》《洛书》，确定于四象；其归奇的数，也因为揲数蓍策而得到罢了。大概《河图》《洛书》，相当于七、八、九、六数的祖父；四象的形体次序，相当于七、八、九、六数的父亲；归奇的数的奇数偶数方形圆形，相当于七、八、九、六数的儿子；过揲之数而用四乘以它的，相当于七、八、九、六数的孙子。现在自归奇的数以上，都弃置不记录，而唯独用过揲四乘的数作为解说，恐怕没有看透事物形象与数量的本原。”江永认为，《河图》的数，用一、二、三、四作为四象的根本，而九、八、七、六因循它，此处用祖、父、子、孙作为比喻，似乎不像前面所讲“挂扐之数就是七、八、九、六数产生的本原，而过揲之数就是七、八、九、六数演算的末尾”，那样尤其妥帖合适。

2. 经文“乾之策”等的解说

江永又认为：《易学启蒙·明蓍策第三》下文引《周易·系辞上传·第九章》讲：“乾卦的策数是二百一十六(即 9×4×6=216)，坤卦的策数是一百四十四(即 6×4×6=144)，乾坤两卦的策数为三百六十(即 216+144=360)，相当于一年的日数。《周易》上经与下经的策数为一万一千五百二十(即 9×4×192+6×4×192=6912+4608=11520)，相当于天下万物的数量。”这是因循上文讲大衍筮法“分二、挂一、揲四、归奇”，都有所象征，因此，讲过揲的策数，也各自有所相当罢了。其实，此二节是剩余的含义，因此，下文引《周易·系辞上传·第九章》讲“因此，经过‘分二、挂一、揲四、归奇’四次经营而成就一变，三变成爻，十八变而成就六爻卦的形象”，可以知道仍然以挂扐的数为重点参照的对象。

《周易折中·易学启蒙·明蓍策第三·集说》载有明代儒者归有光的解说：“九数具备于过揲之数，则挂扐之数有三个奇数出现于余数；六数具备于过揲之数，则挂扐之数有三个偶数出现于余数；七数具备于过揲之数，则挂扐之数有两个偶数一个奇数出现于余数；八数具备于过揲之数，则挂扐之数有两个奇数一个偶数出现于余数，因此，不必对比观察其正在揲数的蓍策数量，而已经可以大致说出爻的阴阳属性了。《周易·系辞上传·第九章》说‘乾卦的策数’‘坤卦的策数’‘上下经的策数’等，这是为什么？挂扐之数虽然已经可以大致说出爻的阴阳属性，但七、八、九、六的数，仍然要根据在揲的策数为准。七、八、九、六，是来自于以四为基数揲数蓍策而取得的。像挂扐的策数，是因为经过揲数蓍策而出现的。因此《周易·系辞上传·第九章》说‘揲数蓍策用四为基数用来象征四时’，又说‘相当一年的日数’，而归奇的余数用来象征闰。”

又载有明末清初何楷的解说：“四时，是正数；闰，是余数。《周易·系辞上传·第九章》说‘乾卦的策数’等，都用七八九六数计算蓍策数量，明确表示使用正数，而不使用余数。”

江永认为：归有光与何楷二人说法，都因为《周易·系辞上传·第九章》下文讲策数，而以过揲之数为重；又因为闰有余数的意义，而称为有正数、有余数。那么，挂扐之数就不值得重视吗？

3. 挂扐之数符合自然法象

朱熹与西山蔡元定，考证挂扐之数，有合乎自然准则的形象，极其精确周密。

《周易折中·易学启蒙·明蓍策第三·集说》载朱熹说："三变之中，又用前面第一变作为奇数，后面二变作为偶数，第一变为奇数因此它的余数为五、九，后面二变为偶数因此它的余数为四、八。余数为五、九的，得到五数有三种组合而得到九数有一种组合；余数为四、八的，得到四数与八数的都有二种组合。经过三变之后，老的四象中老阳由三个奇数组成的组合有十二种，老阴由三个偶数组成的组合有四种，是阳性饶多而阴性缺乏；少的四象中少阳由两个偶数一个奇数组成的组合有二十种，少阴由两个奇数一个偶数组成的组合有二十八种，是阳性缺少而阴性饶多；也都有合乎自然准则的形象于此。"

《周易折中·易学启蒙·明蓍策第三·集说》载蔡元定说："蓍策的余数，老阳有十二种组合，老阴有四种组合，少阳有二十种组合，少阴有二十八种组合，合并起来共有六十四种组合。其中三十二种组合属于阳性，老阳有十二种组合，少阳有二十种组合；三十二种组合属于阴性，老阴有四种组合，少阴有二十八种组合。其中十六种组合属于老阳老阴，老阳有十二种组合，老阴有四种组合；四十八种组合属于少阳少阴，少阳有二十种组合，少阴有二十八种组合。老阳老阴，就是乾卦坤卦的象征，二个八为十六；少阳少阴，就是震、巽、坎、离、艮、兑六子卦的象征，六个八为四十八。"

江永认为：画卦与揲数蓍策是两回事。卦的变化为六十四种，蓍策余数的变化也是六十四种，二者不经约定而相互符合，已经是奇妙了。及至用阴性阳性的数量计算它就二者均等，用老少的数量计算它就参差不齐。虽然老少的数量参差不齐，而有两个八计十六种组合象征乾卦、坤卦，六个八计四十八种组合象征震、巽、坎、离、艮、兑六子卦。蓍策的变化之所以神奇，圣人确立的揲数蓍策的方法之所以可以辅助神奇，就是因为这个原因。如果后面二变不挂一数，虽然总计也为六十四，而三变之后，为老阳、少阴的组合都是二十七，为少阳的组合为九，为老阴的组合为一，参差不齐，不再有合乎自然准则的形象。况且第二变之后都是经过三次经营而成为一变，又是经过三变六次扐而后挂一策开始下一爻的演算，都与

《周易·系辞上传·第九章》经文的内容不一致。朱熹因此认为它对成卦变爻的方法非常有害，不可不加以辨析。

4. 再论挂扐之数

《周易折中·易学启蒙·明蓍策第三》载蔡元定又说："五十根蓍策，虚无一根而用四十九根，将四十九根蓍策随手分为两份，以挂一根揲四根的方式来揲数蓍策，得到余数用四约分为奇数的组合最多为三种(得五者三，得四者二)，得到余数用四约分为偶数的组合最多为两种(得九者一，得八者二)，这正是天数始于三、地数始于二的自然法则使然。而经过三次揲数蓍策的演变，老阳与老阴组合的数量本来都应该是八种，合起来共十六种，但阴阳把老作为变动，而阴的属性为静止，因此要将自己的四种组合归于老阳，这就是老阴的组合有四种，老阳的组合有十二种的原因；少阳与少阴组合的数量本来都应该是二十四种，合起来共四十八种，但阴阳把少作为静止，而阳的属性为变动，因此要将自己的四种组合归于少阴，这就是少阳的组合有二十种，少阴的组合有二十八种的原因。阳性用老而不用少，因此，揲数蓍策余数组合成为的六十四种变化，只用其中的十六种，再用四数为单位约分它，得到四，老阳组合使用其中的三(即 $4\times3=12$)，老阴组合使用其中的一(即 $4\times1=4$)。大概一个奇数、一个偶数，相互对比而存在，这是阴阳的形体；阳数用三、阴数用一，一个饶多而一个缺乏，这是阴阳的功用，因此，四时的春季、夏季、秋季能够生长万物，而冬季不能够生长万物；四方中东方、西方、南方可以看见，而北方不可以看见；人的观看顾盼，也是前方与左方、右方可以看见，而背后不可以看见。否则，用四十九根蓍策，虚无一根，分为两份，挂一揲四，即可得到为奇数者二，为偶数者二，而老阳组合得到八种、老阴组合得到八种、少阳组合得到二十四种、少阴组合得到二十四种，这不是也很完善吗？圣人的智慧，岂能不考虑到这种情况？而圣人取用这一种演算方法而不采取那一种，确实是因为阴阳的形体常常均等，而功用的数量则阳用三而阴用一。"

《周易折中·易学启蒙·明蓍策第三·集说》载，《朱子文集》中朱熹再次论述说："蔡元定所说四十九根蓍策，虚无一根，分为两份，以挂一揲四的方式来揲数，大概是指四十九根蓍策虚无一根后，就只用到四十八根。阴阳形体的数量常常均等，功用的数量则是阳性饶多而阴性缺乏，这恰恰是自然界创造演化的奇妙。如果阴阳同等、老少一律，这是阴阳形体的数量，并非功用的数量。”

江永认为：蔡元定和朱熹都详细论述挂扐之数，怎么会是因为要得到余数，而专一注重过揲呢？过揲之数，之所以符合七、八、九、六，是由于挂扐的蓍策，先前已有合乎自然准则的形象作为根本，如同符节与契据，左边契据先前已经符合自然法度，而后右边契据才会与之对应，怎么可以专一注重右边契据呢？朱熹与蔡元定，并非不知道用四约分过揲的策数道理是显而易见的，《周易》用九、六称呼阳爻、阴爻，也确实可信而有证明，而他们还是一定要详细论述挂扐之数、深入地批评郭雍关于过揲之数的说法拘泥而不知变通，其中原因就是怕人们忽略七、八、九、六数的本原，不知道这里面有现象取法于自然的奇妙。比如象征闰的意义，《周易·系辞上传·第九章》“归奇于扐以象闰，五岁再闰，故再扐而后挂”原来是用归还所挂的一根作为闰，并非用两次扐的蓍策作为闰，这尤其不可以牵强附会为“闰为余数”的说法了。解说详见后文。

(三)总说

《周易折中·易学启蒙·明蓍策第三·集说》载，苏轼叙述唐朝一行的学说：“三变得到的余数都是每一变中少的数(即五、四、四)，就是乾卦的形象，乾卦因此成为老阳，每四根一揲便得到九，因此用九称呼老阳；三变得到的余数都是每一变中多的数(即九、八、八)，就是坤卦的形象，坤卦因此成为老阴，每四根一揲便得到六，因此用六称呼老阴；三变得到的余数中少的数只有一个，就是震卦、坎卦、艮卦的形象，震卦、坎卦、艮卦因此成为少阳，每四根一揲得到七，因此用七称呼少阳；三变得到的余数中多的数只有一个，就是巽卦、离卦、兑卦的形象，巽卦、离卦、兑卦因此成为少阴，每四根一揲便得到八，因此用八称呼少阴。因此，七、八、九、六，是以揲数过揲的蓍策来称呼阴阳老少，而阴阳之所以区别为老少的原因，不在于此，而在于根据三变所得余数得到的八卦的形象。”

《周易折中·易学启蒙·明蓍策第三·集说》载，朱熹《朱子文集》转述宋代沈括在《梦溪笔谈》里所说的话：“《易经》四象中九为老阳，七为少阳，八为少阴，六为老阴，其中所用九、七、八、六的数，都来源于自然现象。凡是三变归还剩余的数量，每一变中有多的、有少的，多的数为阴性，如同爻的偶画；少的数为阳性，如同爻的奇画。三变得到的余数，三个少的数，是乾卦象征，因此称为老阳，九次揲四而得到一个老阳，因此，它的数为九，其策数为三十六；两个多的数、一个少的数，就用一个少的数为主宰，是震卦、坎卦、艮卦的象征，因此都称为少阳，少阳在初爻为震卦，在中爻为坎卦，在末爻为艮卦，都是七次揲四而得到的，因此它的数为七，其策数为二十八；三个多的数，是坤卦的象征，因此称为老阴，六次揲四而得到一个老阴，因此它的数为六，其策数为二十四；两个少的数、一个多的数，就用一个多的数为主宰，是巽卦、离卦、兑卦的象征，因此都称为少阴，多的数在初爻为巽卦，在中爻为离卦，在末爻为兑卦，都是八次揲四而得到的，因此，它的数为八，其策数为三十二。”

江永认为：沈括的解说，朱熹称赞其简约而完备，其实它就是唐朝一行的说法。另外，三变余数都是少的数，所以造成过揲之数的多；三变余数都是多的数，所以造成过揲之数的少。

筮法疑义说

虞氏翻曰：“奇，所挂一策；扐，所揲之余，不一则二，不三则四也。取奇以归扐，以闰月定四时成岁，故归奇于扐以象闰也。”张子曰：“奇，所挂之一也；扐，左右手四揲之余也；再扐后挂者，每成一爻而后挂也，谓第二第三揲不挂也。闰尝不及三岁而再至，故曰五岁再闰。此归奇必俟于再扐者，象闰之中间再岁也。”郭氏忠孝曰：“奇者，所挂之一也；扐者，左右两揲之余也。得左右两揲之余置于前，以奇归之也。归奇，象闰也；五岁再闰，非以再扐象再闰也。盖闰之后有再岁，故归奇之后亦有再扐也。再扐而后复挂，挂而复归，则五岁再闰之义矣。自唐初以来，以奇为扐，故揲法多误，至横渠先生而后挂(原文‘挂’应为‘奇’——作者注)扐复分。”又曰：“扐者，数之余也，如《礼》言‘祭用数之仂’是也。或谓指间为扐者，非。《系辞》言‘归奇于扐’，则奇与扐为二事也；又言‘再扐而后挂’，则扐与奇亦二事也。由是知《正义》误以奇为扐，又误以左右手揲为再扐，如曰‘最末之余，合于扐挂之一处’，其说自相抵牾，莫知所从。惟当从横渠先生之说为正。”又曰：“《系辞》以两扐一挂为三变而成一爻，是有三岁一闰之象；《正义》以每一揲左右两手之余，即为再扐，是一变之中再扐一挂皆具，则一岁一闰之象也。凡揲蓍第一变必挂一者，谓不挂一则无变，所余皆得五也；惟挂一则所余非五则九，故能变；第二第三揲虽不挂，亦有四八之变，盖不必挂也，故圣人必再扐后挂者以此。”

《折中》曰：“按：郭雍本其先人郭忠孝之说以为说，引张子之言为据，朱子与之往复辩论。大约《孔疏》《本义》，则以左右揲余为奇，而即以再扐象再闰；张子、郭氏则以先挂一者为奇，而归之于扐以象闰，其说谓惟初变挂一，而后二变不挂，故初岁有闰，又须更越二岁，如初变有挂，又须更越二变，以应再扐后挂之文也。如郭氏说，则再闰、再扐两‘再’字，各异义而不相应，故须以朱子之说为确。然以归奇为归挂一之奇，则自虞翻已为此说，且玩经文语气，‘归奇于扐’，奇与扐自是两物而并归一处尔，此义则郭氏之说可从。盖《疏》《义》之意，是以扐象闰也；张、郭之意，是以挂象闰也。今折其中，则挂扐皆当并以象闰。以天道论之，气盈朔虚，必并为一处；以筮仪论之，挂与扐必并在一处；以经文考之，曰‘归奇于扐’，又曰‘再扐而后挂’，则象闰者当并挂与扐明矣。”

谨按：奇字之义，对偶言之，则以单数为奇；对正数言之，则以零一数为奇。投壶《礼》曰：“二算为纯，一算为奇。”此经“归奇”，正是一算之义，即挂一之一也。当其象三，则似人为一位参天地；当其象闰，则似有闰之岁多一月也。故虞翻之说为最确。自《孔疏》以来，以揲余在扐者为奇，则其义变矣。以四营考之，揲左扐左，揲右扐右，共为一营。盖揲扐相因，扐所以终揲之事，是以扐不别为营，至最末归并挂扐，审其为五、为九、为四、为八而别置之，以定奇偶，实是一度经营。而旧说以再扐当之，则四营似少一营矣，故旧说又有此疑窦，而先儒不觉也。至五岁之象，朱子以挂一为一，揲左为二，扐左为三，揲右为四，扐右为五，此义最确。以营言，则扐统于揲；以象岁言，则一挂、两揲、两扐，实是五事，义各有当也。但《本义》因再闰、再扐两“再”字相连，遂以再扐当再闰。今详经文，乃是以再扐当五岁，以后挂当再闰，再扐而五岁终，即谓第二次右手之扐可也；后挂并前挂之归奇，如五岁终而再闰，古法置闰常在岁终也，挂一虽以象三，而挂一实为归奇象闰之张本，故遂以挂当闰也。旧说以再扐当再闰，考之经文又有疑窦焉。《本义》云：“五岁之间，再积日而再成月，故五岁之中，凡有再闰然后别起积分，如一挂之后左右各一揲而一扐，故五者之中凡有再扐，然后别起一挂也。”按：积分者，一岁气盈朔虚之日也。如旧说以扐为闰，则积分所以为扐，非所以为挂，何言“再扐而后挂”乎！以十八变成卦言之，当言“再扐而后变”；以分二为四营之始言之，当言“再扐而后分”。今不言“变”，不言“分”，而言“后挂”，可知挂与闰相当也，可知归奇为并所挂之一也。反覆推之，归奇从虞氏与张、郭；五岁之象从朱子；后挂为成一变而后挂，非成一爻而后挂，亦从朱子；惟别易其再扐后挂之说，则两疑窦皆释，复不蹈乎张、郭之失，有后二变不挂之误，于是筮法始完全无病矣。

郭氏“扐”字之说，谓是数之余，而非在指间，亦未尽然也。“归奇于扐”，犹可曰“归奇于余”；若“再扐而后挂”，不可曰“再余而后挂”，则“扐”必有其事矣。“扐”不在指间，将置之席上乎？置之席上，或恐混合为一，非法也。《王制》“祭用数之仂(原文‘扐’应为‘仂’——作者注)”，注谓“什之一”，其字从“人”；《考工记》“以其围之阞捎其薮”，注谓“三之一”，其字从“阜”；此“扐”字从“手”，当云以余数扐于指间，谓之扐。

“再扐而后挂”，《孔疏》不可晓。《疏》云：“既分天于左手、地于右手，乃四四揲天之数，最末之余，归之合为挂扐之一处，是一扐也；又以四四揲地之数，最末之余，又合于前所归之扐而总扐之，是再扐而后挂也。”夫揲余而归之扐，此时挂扐未合也，俟再扐后乃合挂扐于一处，而《疏》于一扐时即合之，郭氏所以讥其自相抵牾也。后扐乃是扐右余，何云又合于前所归之扐而总扐之耶？且后挂乃第二变之挂，岂可混于第一变之挂耶？朱子谓“孔氏非不晓揲法，但为之不熟，故其言之易差”者此也。今既以归奇为归挂一之奇，则于再扐之后，当言归并挂一于扐以象闰，以终四营之事；其初挂之一为归奇者，止象一闰，再扐而别起一挂者，乃象五岁再闰也。

张子之说，朱子谓恐非横渠之言，今《横渠易说》中实有此，非他人伪托也。其所以致误者，因五岁之象不明，以再扐为象闰之中间再岁，是以有第二第三揲不挂之说。而郭氏遂因之，不悟其有三营而成易，六扐而后挂之失也。其云“闰常不及三岁而再至”，三当作五，否则难通。

郭氏讥左右手揲为再扐之误，是谓一变止一扐，再扐象再岁，然四营少一营，则其失显然矣。

白话解读

（一）筮法旧说

《周易折中·系辞上传(下)·附录》载三国时虞翻所说：“奇，这是指挂的一根蓍策；扐，这是以每四根一揲来揲数的蓍策余数，其余数不是一策就是二策，不是三策就是四策。取用挂的一奇可用来归并到扐的余数中，用闰月可确定四时之一年，因此，归并奇数于扐数中可用来象征闰。”

北宋张载说：“奇，就是所挂的一策；扐，是左手右手以每四根一揲来揲数蓍策得到余数；再扐后挂，即每形成一个爻而后挂一策，是说第二次、第三次揲数蓍策不用挂一策。历法大约不到三年而置闰一次，五年会有二闰，因此说‘五岁再闰’。这种归并挂的一奇必定等到再扐的方法，是象征两闰的中间会经过两次年的周期。”

宋代郭忠孝说：“奇，是所挂的一策；扐，是左手右手两次揲数蓍策的余数。得到左手右手两次揲数蓍策的余数放置于前面，用挂的一奇归并于其中。归奇，象征置闰；五岁再闰，不是用再扐象征再闰，大概闰之后有再岁(即第二次岁)，因此归奇之后也有再扐，再扐而后又再挂一奇，挂一奇后而又再归奇，就是五岁再闰的含义了。自唐朝初年以来，把奇和扐混淆了，因此揲数蓍策的方法多有错误，至横渠先生张载而后，奇与扐才又再分别开。”

郭忠孝又说：“扐，是数的剩余，如《礼记·王制》讲‘祭祀费用占每年收入数的十分之一’，就是这个意思。有人认为‘中间三指的间隙为扐’，是不正确的。《周易·系辞上传·第九章》讲‘归奇于扐’，就是指奇与扐为两件事物；又讲‘再扐而后挂’，也是指扐与奇为两件事物。由此知道《周易正义·系辞上传·疏》错误地把奇作为扐，又错误地把左手右手揲数蓍策作为再扐，如说‘揲数左手天的蓍策，最末的余数，归并起来合于扐挂的一处’，其说法自己前后抵触，让人不知道如何执行。唯有应当遵从横渠先生张载的说法，才是正确的。”

郭忠孝又说：“《周易·系辞上传·第九章》用两次扐、一次挂作为三变而形成一个爻，这是具有三岁置一闰的象征；《周易正义·系辞上传·

疏》认为每一次揲数左手右手的余数，就是再扐，这是一变之中再次扐、一次挂都具备了，那就是一岁置一闰的象征。凡是揲数蓍策第一变必定挂一根的，是说不挂一根就无法变化，所得到的余数都是五；只有挂一根，那么所得到的余数不是五就是九，因此能够变化；第二次、第三次揲数蓍策虽然不挂一根，也有四与八的变化，大概不必用挂一根的方法，故此圣人必定再次扐而后挂一根，原因就在于此。"

《周易折中·系辞上传(下)·案》说："郭雍本源他已故父亲郭忠孝的学说作为揲蓍的解说，引述张载的话作为根据，朱熹与他反复辩论了多次。孔颖达《周易正义·系辞上传·疏》、朱熹《周易本义·周易系辞上传》，是用左手右手以四根为单位揲数蓍策的余数为奇，而就用再扐象征再闰；张载、郭忠孝是用先前挂的一策为奇，将它归并于扐用来象征闰，其学说认为唯有最初的第一变挂一根，而后面二变不挂一根，因此，最初的一岁有闰，又必须经历越过二岁，如同最初一变有挂一根，又必须经历越过二变，用来对应《周易·系辞上传》'再扐后挂'的文字。如像郭忠孝所说，那么，再闰、再扐的两个'再'字，所指的具体意义是不同的，而且不相对应，因此必须以朱熹的学说为正确才行。然而，把归奇作为归并挂一根的奇，则是早自三国时虞翻便开创的说法，况且，玩味《周易·系辞上传》经文语气，所说'归奇于扐'，'奇'与'扐'自然是两件事物而合并归于一处罢了，这个意义则郭忠孝的说法可以遵从。大概《周易正义·系辞上传·疏》《周易本义·周易系辞上传》的意思，是用扐象征闰；张载、郭忠孝的意思，是用挂象征闰。现在折中一下各方说法，则挂、扐都应当合并起来用以象征闰。用天体规律来论，太阳运行一年所用的时间比历法所规定的一年的时间要多一些，此即所谓"气盈朔虚"，必须合并起来；用筮法仪式来论，挂与扐必须合并起来；用《周易·系辞上传》经文来考证，说'归奇于扐'，又说'再扐而后挂'，象征置闰，应当挂、扐合并，就是明确的了。"

(二)江永认为筮法旧说两大疑窦

1. 疑窦之一

"奇"字的意义，相对偶数来讲，就是"单数为奇"；相对正数来讲，就是"整数以外余下的一个数为奇"。《礼记·投壶》说："计算分数的方法，是两个算策合在一起叫‘纯’，一纯为全，一纯一纯地取过来，放成一堆，如果最后只剩一个算策，就叫‘奇’。”此处《周易·系辞上传》经文“归奇”，正是一算的意义，就是挂一的一策。当它象征三时，就好像人作为一位参与天地造化；当它象征闰时，就好像有闰的年份多出一个月。因此，三国虞翻的说法最为准确。

自从唐代孔颖达《周易注疏》以来，把每四根一揲得来的蓍策的余数放在扐的称为奇，这样“奇”字的意义就改变了。用四营来考察，揲数左手的蓍策、扐左手蓍策的余数，揲数右手的蓍策、扐右手蓍策的余数，上述过程共为一营。大概揲数蓍策与扐余数相互因循，扐余数是用来终结揲数蓍策的，因此，扐余数不另外作为营，到最后归并起挂一与扐的余数，详细考察它的数量为五、为九、为四、为八，另外放置起来，用来确定奇数偶数，这实际才是一次经营。而孔颖达旧说把“再扐”当作“归奇”，那么，四营好像少了一营了，因此，孔颖达旧说这里是令人怀疑的地方，而先世儒者对此没有觉察。

2. 疑窦之二

至于五岁的象征，朱熹认为，挂一为一岁，揲数左手蓍策为二岁，扐左手蓍策余数为三岁，揲右手蓍策为四岁，扐右手蓍策余数为五岁，这个理解最为准确。用营来讲，则扐余数统率于揲数蓍策；用象征一岁来讲，则一次挂、两次揲、两次扐，实际是五件事，其所包含的意义各自有合宜的地方。

但是，《周易本义·周易系辞上传》因为《周易·系辞上传》经文“再闰”“再扐”两个“再”字相互连接，于是把“再扐”当作“再闰”。现在详细推究经文意思，就是用再扐当作五岁，以后面的再挂当作再闰，再扐而五岁终结，就认为是第二次右手的扐可以了；后面的再挂合并前面的挂的归奇，如同五岁终结而再次置闰，古代历法置闰常常在每岁之终，挂一虽然用来象征三，而挂一实际为归奇象征闰的预先安排，因此，就用挂当作闰。朱熹旧说把再扐当作再闰，考察《周易·系辞上传》经文又有令人怀疑的地方。《周易本义·周易系辞上传》说：“五岁之间，将日时积累起来而再次形成一个月，因此，五岁之中，大凡有了再闰又另外起算积累多余的分数，如同一个挂一之后，左手右手各自有一个揲四而且一个扐，因此，一挂、两揲、两扐这五件事之中，凡是有再扐，便另外兴起一个挂一。”江永认为，积分，是太阳运行一年的时间比历法上规定的一年时间所多出的日时。如果像朱熹旧说把扐当作闰，则积分因此作为扐，而不是因此作为挂，那么，为什么《周易·系辞上传》经文说“再扐而后挂”呢？用十八变而成一卦来讲，应当说“再扐而后变”；用“分二”为四营的开始来讲，应当说“再扐而后分”。现在，《周易·系辞上传》经文不说“变”，不说“分”，而说“后挂”，可以知道“挂”与“闰”相互等同，可以知道“归奇”为合并所挂的一策。

3. 结论

经过一次又一次推求，可以断定：关于归奇，应遵从虞翻与张载、郭忠孝的说法；关于五岁之象，应遵从朱熹的说法；后挂为形成一变而后挂，并非形成一爻而后挂，也遵从朱熹的说法；惟独朱熹“再扐后卦”的说法需要改易，这样一来，上述两个令人怀疑的地方才能都得到消释，再不会重蹈张载、郭忠孝的过失，产生后面二变不挂一根的错误，筮法自此才完全没有弊病了。

(三)诸说辨析

1. 郭忠孝“扐”字说辨析

郭忠孝关于“扐”字的说法，认为是揲数蓍策的余数，而不是指(把蓍策放在)手指之间的缝隙，也不完全是这样。《周易·系辞上传》经文“归奇于扐”，犹且可以说“归奇于‘余数’”；像《周易·系辞上传》经文“再扐而后挂”，不可以说“再次‘余数’而后挂”，那么，“扐”必定是存在的。“扐”的时候，不是把蓍策放在手指之间的缝隙，难道是将余策放置到席子上吗？如果将余策放置到席子上，恐怕会与其他的蓍策混在一起，不是正确的方法。《礼记·王制》记载“祭祀费用占每年经常用度数的十分之一”，注说“仂指十分之一”，“仂”字偏旁从“人”；《周礼·考工记·轮人》记载“用轂围的三分之一除它的薮”(轂是车轮中心有洞可以插轴的部分。轂的中心挖空成圆孔，以便穿轴，这圆孔中当周围安辐的部分叫作薮，又叫空壶。此薮的围长，为轂围的三分之一——作者注)，注说“阞指三分之一”，它的字偏旁从“阜”；《周易·系辞上传》中的这个“扐”字偏旁从“手”，应当是说，把余数扐于手指中间，称为扐。

2. 孔颖达“再扐而后挂”说辨析

关于经文“再扐而后挂”的解说，孔颖达《周易注疏·系辞上疏》的解释令人不理解。江永所引文字出于《周易折中·易学启蒙·明蓍策第三·集说》，与《周易注疏·系辞上疏》文字略有出入。现在依据江永所引解说如下：孔颖达《疏》认为“再扐而后挂，是既然分为象征天的蓍策、地的蓍策，象征天的蓍策在于左手，象征地的蓍策在于右手，于是，四根四根地揲数象征天的蓍策，最末的余数，归并它合起来为扐挂的一处，这是一次扐。又四根四根地揲数象征地的蓍策，最末的余数，又合并于此前所归并的扐而总扐它，这是再扐而后挂。”揲数蓍策的余数而归并于扐，这时挂一与扐的余数尚未合并起来，等再次扐之后，就合并挂一与扐的余数于一处，而《周易注疏·系辞上疏》于第一次扐时就将挂一与扐的余数合并起来了，郭忠孝因此讥讽它自相矛盾。后面一次扐就是扐右手揲数蓍策的余数，为什么说又合并于前面所归并的扐而总扐它呢？况且后面的挂就是第二变的挂，怎么可以混同于第一变的挂呢？据《周易折中·易学启蒙·明蓍策第三·集说》载，朱熹《朱子文集》说“孔颖达并非不知晓揲数蓍策的方法，但研究得不够精熟，因此，他说的容易出现差错”，就是指此而言。现在既然把归奇作为归并挂一的一奇，那么，在再扐之后，应当讲归并挂的一策于扐用来象征闰，用以终结四营的事情；其第一变最初挂的一策为归奇，只是象征一闰，再扐而另起一次挂一，就是象征五岁再闰。

3. 张载筮法说辨析

张载的说法，见于宋代郭雍所著《蓍卦辨疑》，专一主张用前第一变单独挂一，后面二次变不挂一，其中载横渠先生的话说：“再扐而后挂，是指每形成一爻而后挂一，是说第二次、第三次揲数蓍策不挂一。”朱熹在《蓍卦考误》中说“恐怕不是横渠先生张载的话”，现在《横渠易说》中确实有这种说法，并非其他人伪托假冒。他之所以出现这样的错误，是因为对五岁的象征理解不明，把再扐作为象征两个闰的中间间隔再岁，因此有第二次、第三次揲数蓍策不挂一的说法。而郭忠孝于是因袭他的说法，看不出这里有三营而成一变、六扐而后挂一的失误。他说“闰常常不满三年而再次出现”，“三”应当是“五”，否则文义难以贯通。

4. 郭忠孝“再扐”说辨析

郭忠孝讥讽左手右手揲数蓍策为再扐的错误，这是认为一变只有一扐，再扐象征再岁，然而，四营缺少一次经营，则其过失就显而易见了。

揲蓍余义说

朱子曰："大凡易数皆六十，三十六对二十四，三十二对二十八，皆六十也；十甲十二辰，亦凑到六十也；钟律五声十二律，亦积为六十也。以此知天地之数，皆至六十为节。"

今按：六十者，数之体也；六其六十，凡三百有六十，当期之日，亦数之体也；仍有五日有余者，数之用也。使无奇零，则岁岁冬至皆甲子日，无变化矣。今时算历之法，分周天为三百六十度，四分之为象限，九十度也；十二分为一宫，三十度也；二十四分之为半宫，十五度也。用其整齐者为体，以一日不及一度者为用，是善于用法者也。然则，今时三百有六十，正是当期之度矣。又见外篇。

朱子答程大昌曰："《大传》专以六爻乘二老而言，故曰'乾之策二百一十有六，坤之策百四十有四'。其实六爻之为阴阳者，老少错杂。其积而为乾者，未必皆老阳；其积而为坤者，未必皆老阴；其为六子诸卦者，或阳或阴，亦互有老少焉。"

按：此说，则所谓乾之策、坤之策者，借乾坤以名老阳老阴耳，非乾坤之本象也。前唐一行、沈括所言八卦之象，亦借象也。如本象，则三画之卦必九变而成；今以三变得之，故曰借象也。然则论卦之阴阳老少有二法：其为揲蓍，则老阳老阴各一，少阳少阴各三，以卦画之多少定之；其为画卦，则老阳、老阴、少阳、少阴皆各二，以下二画之体象定之。故揲蓍者以奇为一画，其数一四；偶为二画，其数二四。乾三画，故挂扐三其四得十二，为老阳；巽、离、兑四画，故挂扐四其四得十六，为少阴；震、坎、艮五画，故挂扐五其四得二十，为少阳；坤六画，故挂扐六其四得二十四，为老阴。皆借八卦之象以名之。挂扐与过揲之策，互为进退多少，至老阴而相会，挂扐六其四，过揲四其六，故皆二十四也。积而为六画之卦，借象亦如此。若夫则《河图》以画卦，其阴阳老少异于此。始为一画分阴阳，次为二画分老少，故兑虽四画，从乾而统于老阳，以其下二画皆奇也；艮虽五画，从坤而统于老阴，以其下二画皆偶也；震虽五画，从离而统于少阴，以其下二画皆奇上加偶也；巽虽四画，从坎而统于少阳，以其下二画皆偶上加奇也。二法不同，各有至理。要以画卦之阴阳为本，画卦为先天，揲蓍为后天也。然而二法实同出一原，何也？八卦之阴阳，卦画之多寡，定于《河图》之分生数成数，故蓍策亦象之。挂扐象生数，以少为贵，渐进而加多；过揲象成数，以多为贵，渐退而加少也。先儒之论画卦揲蓍详矣，四象有二法，尚未别白言之；近儒惟有见于揲蓍之四象，遂以二老三少之法论横图；则所谓一每生二，所谓加一倍法，遂为之废坏。故因论揲法别白言之，若挂扐之策，本因八卦之象奇偶二画之多少而定，自有四象之理，不必组合于七、八、九、六之数，则所谓奇圆围三、偶方为四、三用其全、四用其半者，勿论，可也。

白话解读

(一)当期之日说

《周易折中·系辞上传(下)·集说》载，朱熹《朱子语类·卷六十五·易一·纲领上之上·数》说："凡是根据易理占卜的数术，其数量都是六十，筮法过揲之数，老阳三十六对老阴二十四，少阴三十二对少阳二十八，合起来都是六十；干支组合之数，十天干与十二地支，可组合为六十甲子，也凑到六十；音律体系之数，宫、商、角、徵、羽五声，黄钟、大吕、太簇、夹钟、姑洗、仲吕、蕤宾、林钟、夷则、南吕、无射、应钟十二律，其组合也累积为六十。因此，知道天地间万事万物的数量都是达到六十数作为节度。"

现在江永认为，六十，是数的形体；六个六十，共三百六十，相当于一年的日数，也是数的形体；太阳周年视运动的周期仍然还有五日有余的零数，这是数的功用。假使没有剩余的零数，那么，岁岁冬至一天都是甲子日，就没有变化了。现在算法与历象的方法，一周天分为三百六十度，等分为四个象限，每个象限为九十度；等分为十二个区域，每个区域被称为一个宫，每宫三十度；等分为二十四个区域，每个区域为半宫，每个半宫十五度。它的完备整齐，是形体，一日不到一度的运行法则，是功用，这是对方法的善用。这样的话，三百六十正是相当一年的度数了。又见于本书外篇。

(二)乾之策坤之策说

《周易折中·系辞上传(下)·集说》载，朱熹又回答程大昌说："《大传》(即《周易·系辞传》)专门用六爻乘以老阳、老阴二老过揲的策数来讲，所以说'乾卦的策数为二百一十六(即 36×6=216)，坤卦的策数为一百四十四(即 24×6=144)'。实质上，六爻的阴阳属性，老阳少阳、老阴少阴相互交错混杂。其中积累而成为乾卦的，未必都是老阳；积累而成为坤卦的，未必都是老阴；成为六子震、巽、坎、离、艮、兑诸卦的，或者是阳，或者是阴，也各自有老有少，相互错杂。"

江永认为：按照这个说法，那么，所谓"乾之策""坤之策"，只是假借乾卦坤卦用来称呼老阳老阴罢了，并非乾卦坤卦的本来形象。前文中唐代一行、宋代沈括所说的八卦的象征，也是假借的形象。如果是本来的形象，那么，三画的卦必定经过九变才能形成；现在用三变就得到，所以称为假借的形象。

(三)八卦阴阳老少说

论述八卦的阴阳老少有两种方法：其一为揲蓍，就是老阳老阴各有一个卦，少阳少阴各有三个卦，用卦画的多少确定它；其一为画卦，就是老阳、老阴、少阳、少阴都各有两个卦，用下方二画的形体象征确定它。因此，揲蓍的方法是这样的：用奇为一画，它的数是一个四，偶为二画，它的数是两个四。乾卦由三画组成，因此，挂扐之数三个四得十二，为老阳；巽卦、离卦、兑卦由四画组成，因此，挂扐之数四个四得十六，为少阴；震卦、坎卦、艮卦由五画组成，因此，挂扐之数五个四得二十，为少阳；坤卦由六画组成，因此，挂扐之数六个四得二十四，为老阴。这些都是假借八卦的形象用来称呼的。挂扐之数与过揲之策，相互为之进退、多少，至老阴而相互会合，挂扐之数六个四，过揲之策四个六，因此都是二十四。积累起来由三画卦而成为六画卦，假借的形象都是如此。

如果效法《河图》来画卦，其阴阳老少不同于此揲蓍法。开始制作一画区别阴阳，其次制作二画分别老少，因此，兑卦虽然由四画组成，却是随从乾卦而统率于老阳，因为其下方二画都是奇画；艮卦虽然由五画组成，却是随从坤卦而统率于老阴，因为其下方二画都是偶画；震卦虽然由五画组成，却是随从离卦而统率于少阴，因为其下方二画都是奇画上加一偶画；巽卦虽然由四画组成，却是随从坎卦而统率于少阳，因为其下方二画都是偶画上加一奇画。

这两种方法虽然不同，但都有最精深的道理。都是主要用画卦的阴阳作为根本，画卦为先天，揲蓍为后天。那么这两种方法实际同出于一个本原，又是为什么呢？八卦的阴阳，卦画的多少，都是根据《河图》所分的五行生数成数来确定的，因此揲数蓍策也是在象征生数和成数。挂扐象征生数，以数量少为尊贵，逐渐前进而增多；过揲象征成数，以数量多为尊贵，逐渐后退而减少。

先世儒者有关画卦、揲蓍的论述可谓详尽了，但确定四象有上述两种方法，尚未有人清晰明白地讲出来。近世儒者只见过由揲蓍显示的四象，便用二老(即老阳老阴)二少(即少阳少阴)的方法论述先天八卦横图，那么，所谓一每生二，所谓加一倍法，就因此而被废弃毁坏。因此，因循论述揲蓍之法清晰明白地讲解，像挂扐的策，本来依据八卦形象奇偶二画的多少而确定，自然体现了四象的道理，不必凑七、八、九、六的数量，那么，所谓奇象征圆的直径与周长之比率为三、偶象征正方形边长与周长的比率为四、三数用其全部、四数用其半数，诸如此类的理论，就可以不必深究了。

变占说

乾卦“用九：见群龙无首，吉”；坤卦“用六：利永贞”。《启蒙》曰：“用九用六者，变卦之凡例也。言凡阳爻皆用九而不用七，阴爻皆用六而不用八。用九，故老阳变为少阴；用六，故老阴变为少阳；不用七八，故少阳少阴不变。独于乾坤二卦言之者，以其在诸卦之首，又为纯阳纯阴之卦也。圣人因系以辞，使遇乾而六爻皆九，遇坤而六爻皆六者，即此而占之。盖群龙无首，则阳皆变阴之象；利永贞，则阴皆变阳之义也。”“凡卦六爻皆不变，则占本卦《彖辞》，而以内卦为贞，外卦为悔(《易学启蒙》原注曰：《彖辞》为卦下之辞。孔成子筮立卫公子元，遇屯，曰利建侯；秦伯伐晋，筮之遇蛊，曰贞风也，其悔山也)。一爻变，则以本卦变爻辞占

(《易学启蒙》原注曰：沙随程氏曰‘毕万遇屯之比，初九变也；蔡墨遇乾之同人，九二变也；晋文公遇大有之睽，九三变也；陈敬仲遇观之否，六四变也；南蒯遇坤之比，六五变也；晋献公遇归妹之睽，上六变也’)。二爻变，则以本卦二变爻辞占，仍以上爻为主(《易学启蒙》原注曰：经传无文，今以例推之当如此)。三爻变，则占本卦及之卦之《彖辞》，而以本卦为贞，之卦为悔，前十卦主贞，后十卦主悔(《易学启蒙》原注曰：凡三爻变者，通二十卦，有图在后。沙随程氏曰：‘晋公子重耳筮得国，遇贞屯、悔豫皆八。盖初与四、五，凡三爻变也，初与五用九变，四用六变；其不变者二、三、上，在两卦皆为八，故云“皆八”。而司空季子占之曰“皆利建侯”’)。四爻变，则以之卦二不变爻占，仍以下爻为主(《易学启蒙》原注曰：经传亦无文，今以例推之当如此)。五爻变，则以之卦不变爻占(《易学启蒙》原注曰：穆姜往东宫，筮遇艮之八，史曰‘是谓艮之随’。盖五爻皆变，唯二得八，故不变也。法宜以‘系小子，失丈夫’为占，而史妄引随之《彖辞》以对，则非也)。六爻变，则乾坤占二用，余卦占之卦《彖辞》(《易学启蒙》原注曰：蔡墨曰‘乾之坤曰“见群龙无首吉”’是也。然‘群龙无首’，即坤之‘牝马先迷’也；坤之‘利永贞’，即乾之不言‘所利’也)。于是一卦可变六十四卦，而四千九十六卦在其中矣。所谓‘引而伸之，触类而长之，天下之能事毕矣’，岂不信哉。”

胡氏一桂曰：“《启蒙》一爻变，引毕万所筮，以今观之，未尝不取之卦，且不特论一爻，兼取贞悔卦体，似可为占筮法也。观陈厉公筮公子完之生，尤可见矣。二爻变，案陈抟为宋太祖占，亦旁及诸爻与卦体。三爻变，《启蒙》但云占本卦、之卦《彖辞》，然以晋侯屯豫之占，则并占卦体可见。”

《折中》曰：“朱子三十二图，其次第最为详密。而后学之疑义有二：一曰筮法用九六，不用七八，今四爻五爻变者，用之卦之不变爻占，则是兼用七八也；二曰周公未系爻之先，则《彖》辞之用，有所不周也。三代筮法，既不尽传，今惟以经传为据而推之，则用九用六，经文甚明，而用七八者，诸书皆无明文，惟杜预以为夏、商用之，先儒已摘其非矣。考之《春秋》内外传，盖无论变与不变及变之多寡，皆论卦之体象与其《彖辞》，即一爻变者，虽占爻辞，而亦必先以卦之体象与其《彖辞》为主，则知古人占法，未有爻辞之先，即《彖辞》而已周于用；既有爻辞之后，则但以专动者占，而初亦不离乎《彖辞》以为断也。惟其一卦可变为六十四，则两卦相参，而可以尽事物之理，故卦之有变者，意主于生卦，不主于成爻；爻之有变者，专动则有占，杂动则无占。如是，则传记之文皆合，而学者之疑可释矣。至于内外传言‘得八’者：一曰泰之八，则不变者也；一曰贞屯悔豫皆八，则三爻变者也；一曰艮之八为艮之随，则五爻变也。诸儒以八为不动之爻，考之文意似未符协。盖三占者，虽变数不同，然皆无专动之爻，则其为用卦一也。卦以八成，故以八识卦，犹之爻以九六成，则以九六识爻云尔。观朱子之图者，更须以《左传》《国语》诸书互相参考。”

谨按：朱子有卦变三十二图，以数语括之，止是每一卦六爻皆变者一，一五变阴阳各六，二四变阴阳各十五，三爻变阴阳各二十，如外篇开方求廉率之数耳。变卦之序，虽条理精密，似占卦时无所取用也。爻有变者，本卦为贞，之卦为悔。前言三爻变之卦二十，前十卦主贞，后十卦主悔，前十卦初爻不变者也，后十卦初爻皆变者也，占者岂必以此，按图定其为主不为主乎？朱子之意，是欲定为占例，使占者无所疑惑。然而，易道尚其变，在占者随时变通，或分或合，或取或舍，或专主或旁及，不可以例求，如拘于例，恐辞有滞泥，未必与鬼神合其吉凶矣。胡氏之言，可补占法；《折中》论之尤精，可释学者之二疑。今更通考《春秋》内外传，论之如左。

白话解读

(一)朱熹变占说

1. 用九用六说

《周易上经·乾》：“用九：见群龙无首，吉。”《周易上经·坤》：“用六：利永贞。”

《易学启蒙·考变占第四》解释说：“用九、用六，这是变卦的凡例。就是说，凡是阳爻都用九而不用七，阴爻都用六而不用八。九为老阳，用九则老阳变为少阴；六为老阴，用六则老阴变为少阳；七为少阳，八为少阴，不用七八则少阳与少阴不变。唯独在乾、坤二卦讲用九、用六，是因为乾卦坤卦排列在六十四卦的首位，又为纯阳䷀、纯阴䷁的卦象。圣人因此给它加上文辞，让人们知道，当遇到乾卦而六爻都是老阳九，遇到坤卦而六爻都是老阴六的情况时，就按照此例来占测吉凶。《周易上经·乾·用九》‘群龙无首’，就是阳爻都变为阴爻的形象；《周易上经·坤·用六》‘利永贞’，就是阴爻都变为阳爻的意义。”

2. 六爻皆不变

《易学启蒙·考变占第四》说：“凡是卦象六爻都不变，就占测本卦《彖》辞，而用内卦作为贞，外卦作为悔。”

《易学启蒙·考变占第四》注引：“《彖辞》为卦下论卦义的文字，也叫‘卦辞’。《左传·昭公七年》记载：‘孔成子用《周易》占筮立卫国公子元为国君，遇到屯卦䷂，屯卦下面的《彖辞》说‘利于建(立)侯’。’《左传·僖公十五年》记载：‘秦穆公征伐晋惠公，卜徒父占筮这件事，遇到蛊卦䷑，按照内卦为贞、外卦为悔的原则，卜徒父说，蛊卦的贞为巽风，悔为艮山。’”

3. 一爻变

《易学启蒙·考变占第四》说：“卦象一爻变，就用本卦变爻的爻辞占测。”

《易学启蒙·考变占第四》注引：“沙随先生程迥(字可欠，为宋代著名学者)，所著《周易古占·占例》载有以下六例：

例一：《左传·闵公元年》记载，毕万(春秋时人)占筮出仕晋国的吉凶，遇到屯卦䷂之比卦䷇，是屯卦初九爻由阳变为阴。

例二：《左传·昭公二十九年》记载，蔡墨(春秋时晋国太史)论述乾卦时说，乾卦䷀之同人卦䷌，是乾卦九二爻由阳变为阴。

例三：《左传·僖公二十五年》记载，周襄王因异母弟叔带叛乱，逃到郑国，并向秦晋两国求救，秦穆公已经出师黄河边准备迎接襄王，晋文公重耳刚刚结束近20年流亡生涯当上晋国国君，占筮接纳周襄王，遇到大有卦䷍之睽卦䷥，是大有卦九三爻由阳变为阴。

例四：《左传·庄公二十二年》记载，陈敬仲(春秋时期陈国国君陈厉公的儿子，名叫陈完，其父曾请精通周易者为之占卜)所遇到的观卦䷓之否卦䷋，是观卦六四爻由阴变为阳。

例五：《左传·昭公十二年》记载，南蒯（鲁国后期权贵季孙氏的家臣，因与新立为季孙氏宗主的季平子产生矛盾，密谋叛乱，起事前不指其事，泛泛占筮吉凶）遇到坤卦䷁之比卦䷇，是坤卦六五爻由阴变阳。

例六：《左传·僖公十五年》记载，晋献公占筮将女儿伯姬嫁于秦穆公，遇到归妹䷵之睽卦䷥，是归妹卦上六爻由阴变为阳。"

4. 二爻变

《易学启蒙·考变占第四》说："卦象二爻变，就用本卦两个变爻的爻辞占测，仍用上方一爻为主宰。"

《易学启蒙·考变占第四》注："儒家经典和解释经典的传对此并无文字记载，现在按照所记载的筮例推论，应当如此。"

5. 三爻变

《易学启蒙·考变占第四》说："卦象三爻变，就占测本卦和之卦（即变卦）的《彖辞》，而用本卦为贞，之卦为悔。每个六爻卦中三爻变的卦象，共二十卦，其中前面十卦主宰于贞，后面十卦主宰于悔。"

《易学启蒙·考变占第四》注引："凡是三爻变的卦象，每个六爻卦共能变化出二十卦，有三十二卦变图附于《易学启蒙·考变占第四》后文。沙随先生程迥说：'《国语·晋语四》记载：晋国公子重耳流亡途中占筮自己能否回晋国继位，遇到贞为屯卦䷂、悔为豫卦䷏，都是八。本卦为屯卦，屯卦初爻与四爻、五爻，共三爻变，之卦为豫卦。屯卦初爻与五爻用九数需要由阳变阴，四爻用六数需要由阴变阳，其中不变的二爻、三爻、上爻，在屯卦和豫卦两卦中都为八，因此说'都是八数'，而司空季子用《周易》占测说，贞卦屯与悔卦豫的卦辞都是利建侯。'"

6. 四爻变

《易学启蒙·考变占第四》说："卦象四爻变，就用之卦两个不变爻的爻辞占测，仍用下方一爻为主宰。"

《易学启蒙·考变占第四》注："儒家经典和解释经典的传对此也都没有文字记载，现在按照所记载的筮例推论，应当如此。"

7. 五爻变

《易学启蒙·考变占第四》说："卦象五爻变，就用之卦不变爻的爻辞占测。"

《易学启蒙·考变占第四》注，《左传·襄公九年》记载，穆姜(春秋时期鲁宣公夫人，鲁成公之母，头脑聪慧，品行淫乱)获罪而被废置于东宫(太子宫)，占筮遇到艮卦之八，负责占筮的史官说“这称为艮卦之随卦”。艮卦五爻皆变，唯有六二爻得到八数，因此不变。按照法则，应当用之卦随卦二爻爻辞“系小子，失丈夫”作为占测依据，而史官胡乱引用随卦的彖辞“随，元亨利贞，无咎”来应对，是不正确的。

8. 六爻皆变

《易学启蒙·考变占第四》说：“卦象六爻变，那么，乾卦坤卦占测‘用九’‘用六’二用爻辞，其余六十二卦就占测之卦《彖辞》。”

《易学启蒙·考变占第四》注，《左传·昭公二十九年》记载，春秋时晋国太史蔡墨论述乾卦时说，乾卦☰之坤卦☷为“见群龙无首吉”，这是用乾卦“用九”爻辞占测。然而，乾卦“用九”所说“群龙无首”，就是坤卦卦辞所说“利牝马之贞，君子有攸往，先迷后得主。利西南得朋，东北丧朋。安贞吉”的意思；坤卦“用六”所说“利永贞”，就是乾卦卦辞不说“所利”的意思。

9. 结语

《易学启蒙·考变占第四》说：“于是，一卦可以变化为六十四卦，而四千零九十六卦(即 64×64＝4096)就包含在这卦变之中了。《周易·系辞上传》所谓‘由三画的八卦延续而伸展为六画的六十四卦，接触六十四卦象征的事物大类而根据爻变增加一卦，计变为四千零九十六卦，天下能够概括的事物就都包括其中了’，这难道不确实可信吗?”

(二)胡一桂变占说

《周易折中·易学启蒙·考变占第四·集说》载，元代胡一桂说：“《易学启蒙·考变占第四》一爻变，引述《左传·闵公元年》毕万所占筮的屯之比。用现在的观点来看，晋大夫辛廖解释时未尝不取用之卦，况且不单一论述一个变爻，兼顾取用贞(本卦)悔(之卦)卦的形体，似乎可以作为占筮的法则。观察《左传·庄公二十五年》陈厉公占测公子陈完出生的观之否，尤其可以看到这一点。二爻变，考查陈抟为宋太祖赵匡胤的占筮，也是连带涉及诸多爻与卦的形体。三爻变，《易学启蒙·考变占第四》只是说占测本卦、之卦的《彖辞》，然而用《国语卷第十·晋语四》晋侯重耳流亡时屯之豫的占测来观察，在运用本卦、之卦卦辞的同时，就一并占测本卦、之卦的形体，这是可以看见的。”

（三）《周易折中》变占说

《周易折中·易学启蒙·考变占第四·案》说：“朱熹的卦变三十二图，其次序最为详细周密。而作为后学，不理解的含义有二：其一，说筮法占测用九、六数，不用七、八数，现在四爻变、五爻变，用之卦的不变爻的爻辞占测，就是连同使用七、八数了；其二，说周公旦没有系属爻辞之前，就使用《彖辞》占测，这说法有其不全面之处。夏、商、周三代筮法，既然没有完全传承下来，现在唯有以儒家经典和解释经典的传为依据而推究它，那么，用九、用六，《周易》经文讲得非常明白，而用七、用八，诸子之书都没有明确的文字；唯有西晋时期的杜预认为夏、商时期筮法用七、八数，先世儒者如刘禹锡、杨慎等人已经指摘其说的错误。考察《春秋》内传《左传》和外传《国语》，大概无论卦象变与不变以及六爻变化的多少，都论述卦的形体象征与它的《彖辞》，即使一爻变的卦，虽然占测爻辞，也必须首先用卦的形体象征与它的《彖辞》为主宰，从中就知道古代人占筮的法则是，未有爻辞之前，就是占测每卦《彖辞》，而且在应用上已经很完备周全；有了爻辞之后，就只用专一变动的爻的爻辞占测，而最初也不脱离每卦《彖辞》作为判断。正因为一卦可以变化为六十四卦，那么用本卦与之卦两卦相互参考，就可以包含完备天下万事万物的道理，因此，卦象有变动的，其意义主要在于产生卦，而不主要在于形成爻；爻象有变动的，专一变动就有所占测，多爻杂动就无从占测，如此解读后，则《春秋》内外传所记载的文字都相互符合，而学者的疑惑就可消除了。至于《春秋》内传《左传》与外传《国语》所说‘得八’的卦有三例：其一，说泰之八，就是六爻不变的卦；其二，说贞屯悔豫皆八，就是三爻变的卦；其三，说艮之八为艮之随，就是五爻变的卦。众多儒者把八数作为不动的爻，考察《春秋》内外传上下文的意思，似乎未能与之相符。大概上述三个占例，虽然变化的爻数不同，但都没有专一变动的爻，即它们都是使用卦体占测的。卦体因八数而形成，所以用八数标识卦，犹如爻因为九数、六数形成，就用九、六数标识爻一样，仅此而已。观读朱熹卦变图的人，更加需要用《左传》《国语》等多种书互相参详考证。”

(四)江永变占说

江永认为：朱熹的卦变三十二图，用几句话来概括，只是每一卦六爻皆变的是一个卦，一爻变、五爻变的阴阳各六个，二爻变、四爻变的阴阳各十五个，三爻变的阴阳各二十个，和本书外篇开方求廉率的数量一样。变卦的次序，虽然条理精致细密，但似乎占卦时无所取用。爻象有变化的，本卦为贞，之卦为悔。前文说三爻变的卦有二十卦，前十卦主宰于贞，后十卦主宰于悔，前十卦都是每一卦初爻不变的卦，后十卦都是每一卦初爻皆变的卦。占测的人，难道必须依据这种规定，按照三十二卦变图确定它为主宰和不为主宰的卦吗？朱熹的意思，是想确定为占筮的体例，使占筮的人不再感到疑虑困惑。然而，《周易》的道理是崇尚变化，在占测的人的表现上，就是随时要变化贯通，或分论，或合论，或取用，或舍弃，或专主一爻，或旁及诸爻，不可以用定例寻求，如果拘泥于定例，恐怕占辞就有局限，未必能与鬼神相契合了。胡一桂的话，可以对占筮的法则做出补充。《周易折中》论述尤其精当，可以消除学者的二种疑惑。现在更贯通考证《春秋》内传、外传，论述如下。

占法考

六爻皆不变者，不止屯、蛊二卦也，鄢陵之战，晋侯遇复；初爻变者，不止毕万遇屯之比也，卫孔成子筮立縶亦遇屯之比也，叔孙庄叔筮叔孙豹遇明夷之谦；二爻变者无考，蔡墨论龙，而及乾之同人，非遇也；四爻变者，不止观之否，又有崔杼筮取棠姜遇困之大过；五爻变者，不止坤之比，又有桓公筮季友遇大有之乾，阳虎筮赵鞅救郑遇泰之需；卦有三爻变者，不止贞屯悔豫皆八也，又有晋筮立成公遇乾之否，董因筮晋文公遇泰之八。

卫灵公，名元，而屯曰“元亨”，此卦辞之巧合者也；又有康叔名之之梦；又有“利建侯”之辞；且有孟縶再遇屯之比，皆有“利建侯”之文，则元宜建，孟宜居也必矣。辞已明，故不必复论其体象。后世签诗，亦有巧合姓名者。成季将生，而知其名“友”，此见于卜，则不可知；若竖牛知其名“牛”，恐出于傅会矣；陆羽不知其姓，筮得渐之上九，因姓陆，名羽，字鸿渐，然“陆”是讹字，字既讹，占亦应也。

秦伯伐晋，遇蛊，曰“千乘三去，三去之余，获其雄狐”；晋楚遇于鄢陵，晋筮遇复，曰“南国蹙射其元，王中厥目”。杜注谓“蛊为卜筮书杂辞”“因卜徒父以卜人而用筮，不能通三易之占，故据其所见杂占而言之”，又谓“复为卜者之辞”，皆非也。此二辞正是古易之辞，非《连山》即《归藏》。其辞皆用韵，正如卜繇之辞，且连卦名为韵，是古体，至文王《彖辞》始变其体耳。古之卜者兼通三易，如卜楚丘、卜偃是也。战是大事，秦岂无筮史，乃使卜人不能通三易者，以杂占之辞苟且决事乎？盖古人之筮，或专用《周易》，或兼用夏、商，兼用者，视其辞与事最切合者用之。“千乘三去而获雄狐”，于战事最切，犹之卜追寇而得兆，有夫出征而丧其雄，知为御寇之利也。胜败既决，《周易》虽有“元亨，利涉大川”之辞，不必用也；韩原之战为壬戌，所谓“先甲三日，后甲三日”者，未必有合，亦勿用也；且以贞风悔山，落实取材，兼体象时令以决之，而果获狐蛊之君矣。晋与楚战，而有国败王伤之辞，亦于事最切者也，《周易》所谓“复，亨，出入无疾，朋来无咎，反复其道，七日来复，利有攸往”者，皆不必用，而果射王中目矣。若公子重耳筮得国，屯、豫皆有“利建侯”之辞，而筮史不知取，乃泥于夏、商之易，谓其“皆闭而无为”，此不善用三易者也。

屯之比，毕万与卫絷皆遇之，而占大异。毕万，毕公高之后，筮仕于晋，得此卦，卦与爻皆有“利建侯”之文，而辛廖故隐之不言，惟以二卦名卦象，合为六体四义，而曰“公侯之卦”也；“公侯之子孙，必复其始”，则“建侯”在其中矣。此一占法也。孟絷跛足而年长，先筮立元得屯，又筮立絷得屯之比，史朝遂兼梦与二卦断之，分一爻之辞为两，絷“利居”，元“利建”。此又一占法也。占已明，故不必论其体象。然以象观之，震为足，变坤正是足弱之象；“磐桓”亦象难行之状，则象与辞亦有时而巧合。

庄叔筮子豹，遇明夷之谦，卜楚丘曰：“是将行，而归为子祀，以谗人入，其名曰牛，卒以馁死。”爻辞有“三日不食”，而叔孙豹果以“三日不食”馁死，此筮之奇中者也。卜人之辞多强解，其云“纯离为牛，世乱谗胜，胜将适离，故曰其名曰牛”，尤无义理，似后人附会。今观叔孙之所以馁死，由竖牛；牛之所以生，由宿于庚宗之妇人。试以卦象推之，明夷者，明入地中也，自三至五互震，震为动、为车、为足，行之象也；日入地中，是止宿之时也；下卦为离，为中女，二至四互坎，为中男，是止宿而淫媾之象也；离变艮，艮为少男，妇人生子之象也；艮为背，又为鼠，为黔喙之属，而牛之貌，“黑而上偻，深目而猳喙”，上偻象背高，深目象鼠，猳喙象黔喙之属；艮为门阙，为阍寺，而牛掌内竖，正为门阙阍寺之职也；《洪范》以言为火，离变艮，火焚山，有谗言交乱之象(杜注谓“艮为言”，非也——原注)；互卦有坎，坎在艮上，为艮所止，有绝其饮食之象。卦象未尝不可推也。叔孙穆子以名卿而不克令终，其祸始于庚宗一宿，是自折其翼也。虽曰生时即有此象，然离变为艮，艮者止也，纵其如焚之欲，不能如山之止，是以妖梦即生，牛祸遂来。因卜人止能知祸由于谗，而不能推祸始于淫，故补论之。

晋文公欲纳襄王，筮之遇大有之睽。此因先卜得“黄帝战于阪泉之兆”，疑不敢当，故复筮之，其辞曰“公用享于天子”，卜偃曰“战克而王飨，吉孰大焉”，此卜筮合占之法也；又曰“且是卦也，天为泽以当日，天子降心以逆公，不亦可乎”，此二卦体象合占之法也；又曰“大有去睽而复，亦其所也”，谓去睽卦，还论大有，乾在离下，亦有天子降心之象，此又专论本卦体象之法也。可知，占法在人变通。

周史筮陈敬仲遇观之否，爻辞与二卦之体象及变卦之互象皆具，最为详悉，可为占筮之法。

崔杼筮取棠姜，遇困之大过，其辞之凶甚明，陈文子犹必以体象言之，曰“夫从风，风陨，妻不可取也”，然后引繇辞而释之，可知占法重体象也。筮娶妻，得“入宫不见妻”之辞，可谓巧合；其后果不见妻，无所归而缢，可谓奇中。犹之卫庄公卜繇“阖门塞窦，乃自后逾”，其后亦奇中也。

筮辞有反其吉凶以告者，南蒯筮得“黄裳元吉”是也。子服惠伯曰：“忠信之事则可，不然，必败。”因言“黄裳元吉”之理，且曰“《易》不可以占险”，其于《易》也深矣。南蒯方以为大吉，宜其不黄不裳不元而致败。然则《易》误南蒯乎，非也。《易》为君子谋，不为小人谋。今之为小人谋者已至，彼自误之耳。深思浅谋之人，“迩身而远志，家臣而君图”，其欲生杞于圃也久矣，即正告以危厉凶灾，其肯翻然戢志乎！崔杼之繇何如也，彼犹曰“嫠也何害，先夫当之矣”。

季友将生，桓公使卜楚丘之父卜之，曰：“男也，其名曰友，在公之右，间于两社，为公室辅，季氏亡，则鲁不昌。”又筮之，遇大有之乾，法当占六五“厥孚交如，威如，吉”，因占卜已明，但曰：“同复于父，敬如君所。”谓乾为君父，离变为乾，故曰“同复于父，见敬与君同”。此详于卜，略于筮，又是一占法。若以爻辞占，鲁信任季氏最专，交最固，季世秉政最有威，亦与爻辞应也。

赵鞅卜救郑，救郑则当伐宋，卜兆已知不吉；阳虎以《周易》筮之，遇泰之需，泰六五曰“帝乙归妹，以祉元吉”，曰“宋方吉，不可与也。微子启，帝乙之元子也；宋、郑，甥舅也；若帝乙之元子归妹，而有吉禄，我安得吉”，乃止。此爻辞已明，故不必复论体象。若以体象占，泰之悔，坤变坎，水在天上，宋，子姓，子是水位，亦为宋吉。

晋献公筮嫁伯姬于秦，遇归妹之睽，嫁女而得归妹，卦与事协矣；归妹之睽，是昏姻而变为寇仇也。爻辞不过曰“女承筐无实，士刲羊无血，无攸利”而已，卦象则有丧师之事，故史苏略述爻辞，详言体象“震之离，亦离之震，为雷为火，为嬴败姬，车说其輹，火焚其旗，不利行师，败于宗丘”，且云“归妹，睽孤，寇，张之弧”，此又别一占法，并变卦之爻辞亦占之，归重在睽卦也。若“姪其从姑”以下，当非卜人之辞耳。晋侯既获，犹得归晋者，实由伯姬登台履薪之请，则“先张弧，后说弧”其辞亦应矣，然则嫁伯姬未为不吉也。惠公曰：“先君若从史苏之占，吾不及此”，韩简为言象数之理，明吉凶由人，即不嫁伯姬亦有此祸，卜筮能知吉凶，不能变吉凶也。

晋公子重耳遇屯之豫，筮史皆曰“不吉”，谓震动遇坎险阻，闭塞不通，此误也；司空季子占之，二卦皆“利建侯”，“我命筮曰‘尚有晋国’，筮告我曰‘利建侯’，得国之务，吉孰大焉”。此以其辞之显者占之。而筮不止占辞也，有卦名焉，有贞悔之体象焉，有互卦之体象焉，象有本象，又有他象焉，辞有轻重宾主焉。屯，厚也；豫，乐也；震为雷，亦为车，为威武，为长子；坎为水，亦为劳；坤为土，亦为母，为顺，为众，为文。屯之辞，“利建侯”主也，次则“元亨利贞”也，其曰“勿用有攸往”，谓小事不济，一夫之行，其轻者也。豫之辞，“利建侯”主也，次则“行师”，谓居乐而出威也。占法虽无一定，在占者随时变通，以求合于所占之事，而事亦应之。《易》曰：“变而通之以尽利，鼓之舞之以尽神。”内外传诸占辞，亦有极变通鼓舞之妙者矣。

晋公子黑臀自周归于晋，晋筮立之，遇乾之否，下三爻皆变，曰“配而不终，君三出焉”。乾变坤，上乾不变，如君有臣以为配也；乾变否，天地不交，三世后子孙不终为君也；三爻有变，故君三出于周。此止论二卦之体象，不引二卦之《彖辞》，又一占法也。

董因筮晋文公，得泰之八，曰：“是谓天地配亨，小往大来，今其时矣。”按：泰之八，犹云艮之八，谓上三阴爻不变，是谓泰之坤也。旧说谓泰无动爻，果无动爻，当云遇泰，如遇屯、遇蛊、遇复之例矣，何云泰之八乎？三爻变者，当合二卦《彖辞》占之。此所变者皆内卦，故但以本卦《彖辞》占之。且乾变坤，亦得为天地配也，小往大来，应子圉去而文公来也。今以卦象推之，泰变纯坤，得土有众之象；且坤《彖》亦与文公事合，“利牝马之贞”，以柔顺为利，如蒲城不校，怀嬴怒、降服而囚是也；“君子有攸往，先迷后得主，利”，如在齐而欲怀安，后始去之是也；“东北丧朋”，如曹、卫、郑不礼；“西南得朋”，如秦、楚、狄皆藉其力也；“安贞吉”，则将入国而为君，所谓“乃终有庆”者也。

《易》虽占九六，不占七八，至五爻皆变，惟一爻不动，似留一以待用，亦有可占七八之理，易道尚其变也。今掷钱之卦，遇五爻变者，或应于独静之爻，或亦不尽然。蓍卦难以例定，当视其爻辞与事合者用之；如不合，占二卦体象，或互卦与之卦《彖辞》可也；占爻辞者，亦可兼体象与互卦也。穆姜将往东宫，筮遇艮之八，史曰：“是谓艮之随，随，其出也。”姜自引随之《彖辞》以占，知其无“元亨利贞”之德，自取恶，何能无咎，必死于此，弗得出。《启蒙》谓“法当占随之六二，史妄引随之《彖辞》以对，为非”。今考《传》，史以随之卦名，阿穆姜耳；《彖辞》则穆姜自引，盖六二“系小子，失丈夫”，似与通侨如事暗合，故史讳之，穆姜亦不欲引此，聊引《彖辞》释之，以解惭耳。然弃位而姣，妇人而与于乱，亦不能自讳矣。然则“元亨利贞，无咎”，其犹南蒯之“黄裳元吉”，反辞以告乎？非也。南蒯之恶未成，改图犹可以趋吉；穆姜之恶已著，补过亦何能免凶！当不以此反告也。然穆姜废居东宫，所以筮者，冀其犹得出耳。六二之辞，未终其事，仍当以卦之体象断之。雷藏泽中，休息之象也；东宫为震地，雷似可复发声，二至四互艮，从重艮变来，复有艮以止之，虽欲动而不能，所以终不得出也。若四爻变之卦，无留一待用之义，不当以二不变爻占，惟当占体象，兼卦名、互卦耳。

二爻变，胡氏引陈抟为宋太祖筮，盖遇明夷之离也。此卦与宋事甚有验。宋以火德而遇明夷，明体有伤矣；四爻、上爻变，六四“入于左腹，获明夷之心，于出门庭”，似言心腹、门庭间有内变；上六“不明晦，初登于天，后入于地”，似言太祖初登极后不令终，其应太宗传位之际乎？坤变离，坤为土，离为流离，四、上爻变，其应徽、钦失中原而北迁，举族皆流离乎？变重离，似应高宗有建炎之号；离之二至五互兑，兑为金，徽宗所谓“日射晚霞金世界”者也；二至四互巽，巽东南，其应迁都临安乎？火有木而薪传，巽为木，高宗讳构，亦有木，临安所以犹能延祚也；金在重离中，宋何以不能灭金？金不畏火而畏水，火铄而金精，水沉而金没，奇渥温氏来，兑金与泽俱沉矣；然重离互大过，有泽灭木之象，木灭而火熄，宋之大忧也，末主所以有崖山溺海之应乎？火之数，二七合为九，重离有二九，北宋、南宋皆九主，正符之；火之象，末锐而成烟，故北有徽、钦，南有瀛国公、益王、卫王。陈图南之筮，岂偶然哉！

白话解读

(一)《左传》《国语》筮例

《春秋》内传《左传》、外传《国语》中筮例如下。

六爻皆不变的，不只前文列举的孔成子占筮立卫国公子元为国君遇到屯卦、秦伯伐晋占筮遇到蛊卦，还有《左传·成公十六年》记载的，公元前575年(周简王十一年)晋国和楚国在今河南省鄢陵县发生鄢陵之战，晋厉公占筮吉凶，遇到复卦。

初爻变的，不只前文列举的毕万占筮出仕晋国遇到屯卦之比卦，还有《左传·昭公七年》记载的，卫国孔成子用《周易》占筮立孟絷为国君，也遇到屯卦之比卦，以及《左传·昭公五年》记载的，叔孙庄叔(即穆庄叔)用《周易》占筮儿子叔孙豹(即叔孙穆子)出生，遇到明夷卦之谦卦。

第二爻变的，无法考证。《左传·昭公二十九年》所载，春秋时晋国太史蔡墨论述龙而涉及乾卦之同人卦，并非占筮遇到。

第四爻变的，前文列举的《左传·庄公二十二年》所载，陈厉公为儿子陈敬仲占筮，遇到观卦之否卦。江永所引崔杼筮娶棠姜遇困之大过，应为第三爻变。即第三爻变的，不只前文列举的晋文公占筮接纳周襄王遇到大有卦之睽卦，还有《左传·襄公二十五年》所载崔杼占筮娶棠姜遇到困卦之大过卦。

第五爻变的，不只前文列举的南蒯叛乱前占筮遇到坤卦之比卦，还有《左传·闵公二年》所载鲁桓公占筮儿子季友出生遇到大有卦之乾卦，《左传·哀公九年》所载阳虎用《周易》占筮晋国赵鞅救郑国遇到泰卦之需卦。

卦象有三个爻变的，不只前文列举的晋国重耳占筮能否得到晋国遇到贞为屯卦、悔为豫卦都是八，还有《国语卷第三·周语下·单襄公论晋周将得晋国》所载晋国占筮立晋成公黑臀为国君遇到乾卦之否卦，《国语卷第十·晋语四·秦伯纳重耳于晋》所载董因占筮晋文公重耳遇泰卦之八。

(二)孔成子筮立元

《左传·昭公七年》记载，春秋时期，卫灵公，名元，孔成子占筮立他为国君，所遇屯卦卦辞说“元亨”，这是《周易》卦辞与人名巧合的筮例；而元的名字又是来自祖先托梦。卫襄公夫人姜氏(即宣姜)没有儿子，嬖人(即比较受宠幸、身份卑微的侧室)婤姶生下一个儿子孟縶，这时元还没有出生，卫国的卿孔成子梦见建立卫国的第一代国君康叔说“立元为国君”，史朝也梦见康叔对他说将命人“辅助元”；孔成子占筮立卫公子元为国君所遇屯卦卦辞有“利建侯”的文字，孔成子又占筮立孟縶为国君，再次遇到屯卦之比卦，本卦屯卦卦辞也有“利建侯”的文字，卦辞说的“利建侯”，是指利于本不居于侯之位置的人建立为侯，元为少子，本不应为侯，则卦辞说的必然是立元为卫国国君。既然卦辞已经说得很清楚，便不必再论述卦的形体象征。

后世寺庙中供卜问吉凶所编的诗句，也有巧合人的姓名的情况。《左传·闵公二年》所载鲁桓公儿子成季出生时，他的手上有纹路形成文字像“友”字形状，因此，用“友”来称呼他的名字。这个字的字形如果用于卜问吉凶，就不可理解了。竖牛之名，出自《左传·昭公四年》。鲁国叔孙穆子为避兄长之祸而离开叔孙氏逃奔齐国，途中与鲁国庚宗一个女子同宿。之后的某天，穆子梦见一个长相奇特的人帮助自己战斗，他在梦中喊此人为“牛”；后来穆子被鲁国立为卿，见到了他与庚宗妇人所生的儿子，就像梦中那个长相奇特的人，于是叫他“牛”，让他做竖(即小臣)，“竖牛”由此得名。这样的故事，恐怕出于牵强附会。另，据元代辛文房撰《唐才子传卷八·隐逸·陆羽》记载，竟陵禅师智积在水边捡到一个不知姓氏的婴儿，养育为弟子，婴儿长大后，耻于随从其师削发为僧，用《周易》自己占筮，得到蹇卦之渐卦，渐卦上九爻辞说“鸿渐于陆，其羽可用为仪”，他因此用“陆”作为姓，用“羽”作为名，字叫“鸿渐”。然而，《周易》经文中的“陆”是个讹误的字，《周易本义》认为“陆”当作“逵”，《周易折中》认为“‘陆’乃‘阿’字之误”，此字既然是讹误，占筮便也符合了它。

(三)秦伯筮伐晋与晋筮鄢陵之战

《左传·僖公十五年》记载，秦伯征伐晋国，卜徒父占筮，遇到蛊卦，其辞说：“千乘三去，三去之余，获其雄狐”；《左传·成公十六年》记载，晋国和楚国军队相遇于鄢陵，晋厉公占筮，遇到复卦，其辞说：“南国蹙射其元，王中厥目。”这些都不是《周易》上的文字。据《春秋左传正义》杜预注说“蛊卦用的文字是卜筮书的杂辞”，卜徒父作为用龟甲卜问的占卜师，而用筮法占测，便不能够通达三易的占辞，因此他是根据所见到的杂占书籍而说的这话；又说“复卦用的文字是龟卜书的文辞”，这都是错误的。这二卦的断辞正是古代《易经》的文字，不是《连山易》就是《归藏易》。这两卦的断辞都押韵(如“去”与“余”同韵、“蹙”与“元”同韵)，正如同占卜繇词的文字，况且连带卦名也押韵(如“蛊”与“狐”同韵、“复”与“目”同韵)，是古代的文体，至周文王《彖辞》才开始改变它的文体罢了。古代掌管龟卜的人同时精通三易，如卜官楚丘、卜官偃就是。战争是一个国家的大事，秦国难道没有占筮的史官，竟让不能通晓三易的占卜师，用杂占的文字马虎草率地决断国家大事吗？大概古代人的占筮方法，或者专一使用《周易》，或者兼顾采用夏易、商易。所谓“兼顾采用”，是比照其文辞与事物最为密切相合的三易来选择使用。就秦晋韩原之战来说，“千乘三去而获雄狐”，这个断辞对于战争事件最为密切相合，犹如卜问追击贼寇而获得征兆，“军队外出征战而丧失其雄杰”，卜者知道这是有利于抵御来犯贼寇的系辞。胜败既然已经决断，《周易》蛊卦卦辞虽然有“元亨，利涉大川”的文字，就不必采用了；秦国与晋国韩原之战的时间是九月十三日壬戌，《周易》蛊卦卦辞所谓“先甲三日，后甲三日”，未必与战争的时间相符合，也不必采用；况且，蛊卦六爻皆不变，以内卦巽风为贞，象征秦国，外卦艮山为悔，象征晋国，由于周历九月为夏历七月，时令正当孟秋，大风吹山，导致山上所生的树木果实掉落，木材为人所取，兼顾蛊卦的形体象征以及四时节令来决断，果然俘获了狐蛊所象征的晋国国君晋惠公。就晋楚鄢陵之战来说，占筮有国家失败、国王受伤的文辞，也是对于战争事件来说最为密切相合的，《周易》复卦卦辞所说“复，亨，出入无疾，朋来无咎，反复其道，七日来复，利有攸往”，这些都不必采用，果然是用弓箭射中王的眼睛了。像《国语卷第十・晋语四・重耳亲筮得晋国》所载晋国公子重耳亲自占筮能否执掌晋国政权，《周易》屯卦、豫卦卦辞都有“利建侯”的文字，而负责占筮的史官不知道采取《周易》卦辞，竟然拘泥于夏易、商易的占辞，说屯卦、豫卦都是闭塞不通而且爻象显示无所作为，这就是不善于使用三易的筮例。

（四）毕万自筮与孔成子筮立孟縶

屯卦之比卦，按照《左传》闵公元年、昭公七年记载，毕万自己占筮与孔成子占筮卫国孟縶，都遇到了，而占测结果大大不同。毕万，是周成王时天子三公之一毕高的后人，占筮出仕于晋国，得到此卦，屯卦卦辞与初九爻辞都有“利建侯”的文字，而晋国大夫辛瘳故意隐瞒不说《周易》屯卦卦辞与爻辞的文字，只用屯卦与比卦二卦的卦名卦象，综合为六种形体、四种意义。

所谓六种形体：其一，就分封制度而言，屯卦下卦震卦变为坤卦，震卦为威武，坤卦为土，所以说“威武变为土地”；其二，就交通工具而言，屯卦下卦震卦为车，变为坤卦，坤卦为马，所以说“车随从马”；其三，就立足之地而言，屯卦下卦震卦为足，变出坤卦，坤卦为土地，所以说“足停留在土地上”；其四，就社会管理而言，屯卦下卦震卦为长男，变出坤卦，坤卦为众人，所以说“兄为众人的长官”；其五，就家庭系统而言，变出比卦下卦坤卦为母，本卦下卦为震卦，震为长男，所以说“母亲庇护长男”；其六，就民心向背而言，变出比卦下卦坤卦为众，本卦下卦为震卦，震为首领，所以说“众人归附首领”。这六种形体都是屯卦初爻变，下卦由震卦变为坤卦的象征。

所谓四种意义：其一，就本卦与之卦意义而言，比卦上卦坎卦后天居于子位，下卦坤卦先天居于子位，坎卦坤卦同居于子位，所以比卦意义为聚合；屯卦上卦坎卦为险难，下卦震卦为运动，运动而逢险难，所以屯卦意义为坚固。其二，就变化的卦意义而言，比卦下卦坤卦为安定，屯卦下卦震卦为杀戮。这四种意义说明既有民众的聚合，又有城郭的坚固，既有安定社会的能力，又有杀戮征伐的威严。

基于这六种形体、四种意义，辛瘳说这是成为公侯的卦象。又说“毕高是公侯的子孙，必定恢复他初始的爵位，又将成为公侯”，那么“建立侯爵”就包含在其中了。这是一种占测的方法。

卫国的孟絷腿有残疾而年龄居长，孔成子先占筮确立公子元为国君得到屯卦，又占筮确立孟絷为国君得到屯卦之比卦，史朝于是把康叔在梦中的命令与占筮元和絷的两个卦综合起来进行判断，将屯卦初九爻爻辞“利居贞，利建侯”分为两部分，跛足的孟絷利于居家不动，公子元利于建立侯爵，主管社稷。这是又一种占测的方法。占测结果已经明了，本不必论述所遇到卦的形体象征，然而，用卦象来观察，占筮确立孟絷的屯卦下卦震卦为足，变为坤卦，坤卦为纯阴，正是足部柔弱的象征；屯卦初九爻辞“磐桓”也象征难于行走的形状，如此看来，卦象与爻辞有时候也会出现巧合。

(五)庄叔筮子豹

《左传·昭公五年》记载，叔孙庄叔(即穆庄叔)占筮儿子叔孙豹(即叔孙穆子)，遇到明夷卦之谦卦，卜官楚丘说：“叔孙豹这个孩子将会出奔到外面去，而又能回来为叔孙庄叔祭祀，并做叔孙氏的继承人，但他会带来一个进谗言的人，名字叫牛，他最终因为饥饿而死。”明夷卦初九爻辞有“三日不食”的文字，而叔孙豹果然因为竖牛进谗言害死了自己与齐国女子生的儿子孟丙、仲壬，叔孙豹因此患病，竖牛把近侍们支开，不让人进入叔孙豹的房间，自十二月二十六癸丑日开始不给叔孙豹东西吃，至十二月二十八乙卯日叔孙豹去世，正应“三日不食”饥饿而死。这是占筮中意想不到测中的离奇例子。占卜的人所说文辞大多牵强解释，他说“离上离下组成纯离卦，《周易》离卦卦辞说‘畜牝牛吉’，因此纯离卦为牛。占筮遇到明夷卦之谦卦，下卦离卦变为艮卦，离卦为火，艮卦为山，如同世道混乱而进谗言的人胜利一样，离火焚烧艮山，离火胜利而独存离卦，离卦为牛，因此说他的名字叫牛”，这段话尤其没有道理，好像是后人强行附会。现在看来叔孙豹之所以饥饿而死，是由于竖牛；竖牛之所以出生，是由于叔孙豹与庚宗的妇人同宿。尝试用卦象推测，明夷卦，是光明进入大地之中的象征，自第三爻至第五爻互卦为震卦，震卦为运动、为车辆、为足部，这是出行的象征；太阳进入大地之中，这是住宿的时间；明夷卦下卦为离卦，离卦为中女，第二爻至第四爻互卦为坎卦，坎卦为中男，这是住宿而淫乱媾合的象征；明夷卦下卦离卦变为艮卦，艮卦为少男，这是妇人生育儿子的象征；之卦谦卦下卦艮卦为后背，又为鼠，为黑嘴的牲畜野兽之类，而牛的相貌，《左传·昭公四年》记载“肤色很黑而上身弯曲，眼窝深陷而口像猪嘴”，上部伛偻意味着脊背高耸，眼窝深陷形似老鼠，口像猪嘴意思是长得像嘴巴发黑的动物；艮卦为古代宫殿、官府、祠庙、陵墓前由双阙组成的出入口，艮卦为阍人和寺人，是古代宫中掌管门禁的官，而竖牛职掌家内小臣，为叔孙豹传达关于琐碎事务的命令，正好为门阙阍寺的职责；《尚书·洪范》认为“言说”与五行火相对应，五星中火星为荧惑，明夷卦下卦离卦变为艮卦，是火焚烧山，具有用挑拨离间的话来掺杂作乱的象征(《春秋左传正义》杜预注谓“艮卦为言”，这是不对的——原注)；之卦谦卦第二爻至第四爻互卦为坎卦，下卦为艮卦，互卦坎在艮卦之上，坎卦为水，为艮卦所停止，有断绝其饮食的象征。由此看来，卦象未尝不可以推求。叔孙豹(即叔孙穆子)作为著名卿相而不能做到善终，他的祸患肇始于与庚宗妇人的一夜同宿，这是自己折断了自己的羽翼。虽然说，他出生时就占筮有这样的卦象，然而，明夷卦下卦离卦变为艮卦，艮卦的意思是停止，他放纵如火般燃烧的欲望，不能做到心性如山般静止，与妖异相关的梦才会产生，竖牛引起的祸患就会到来。因为占卜的人只能知道祸患出于谗言，而不能推究祸患肇始于放纵淫乱，因此，江永做了补充论述。

(六)晋文公筮纳襄王

《左传·僖公二十五年》记载，晋文公重耳想要接纳出奔于外的周襄王，占筮遇到大有卦之睽卦。因为先前让卜官偃龟卜，获得“黄帝(与炎帝)大战于阪泉”的征兆，晋文公怀疑自己不配与黄帝相称，因此再用蓍草占筮，才得到这个睽卦。《周易》大有卦九三爻辞说：“公用享于天子”，卜官偃说：“战胜，并得到王用酒食招待的飨宴，哪里还有比这更吉祥的呢?”这是龟卜与蓍草结合起来进行占测的方法；卜官偃又说：“况且这个卦象，是天变为泽，用来适当太阳，象征天子纡降尊贵的心气去迎接公，不是也很吉祥吗?”这是本卦与之卦二卦形体象征结合起来占测的方法；卜官偃又说，“得到大有卦，舍去睽卦，而回来谈论大有卦，也是合适的”。这是说舍去之卦睽卦，还是论述本卦大有卦，乾卦在离卦之下，乾卦为天，离卦为日，也有天子降抑心气的象征。这又是专一论述本卦形体象征的方法。由此例可以知道，占测之法在于占测之人根据不同情况而变化通达。

(七)周史筮陈敬仲

《左传·庄公二十二年》记载，周大史用《周易》为陈厉公的儿子陈敬仲占筮，遇到观卦之否卦。就《周易》爻辞论，观卦九四爻辞“观国之光，利用宾于王”，是说占筮对象陈敬仲可以观看到他人拥有国家的光荣，适宜做国王的宾客，意思是指占筮对象会在陈国之外代替正嫡子孙拥有国家，但不是验证在陈敬仲自身，而是验证在他的子孙。

就本卦与之卦二卦形体象征及变卦的互卦象征而论，本卦观卦和之卦否卦的下卦皆为坤卦，坤卦为土，观卦上卦巽卦为风，否卦上卦乾卦为天，巽卦变为乾卦，观卦六四爻变为九四爻，否卦从第二爻至第四爻互体为艮卦，艮卦为山，艮山在坤土之上，因此说“风变为天于土上山”；否卦互体艮卦为山，山上生有山林材木，上卦为乾卦，乾卦为天，下卦为坤卦，坤卦为土，因此说“有山林般的财富、有天光照耀、又居有土地，这是国君的象征”；否卦互体艮卦为门庭，上卦乾卦为金玉，下卦坤卦为布帛，因此说“门庭充实、陈列百物，执玉帛而行享献之礼，朝王的礼仪完备”；观卦名为“观”，意思是看视他人，既然观看他人，就不在占筮对象自身，而应当在其后代子孙，因此说“还有观卦，验证在其后代”；观卦上卦为巽卦，巽卦为风，又为草木，下卦坤卦为土，风吹落草木的果实飘移到别处土地上生长繁衍，因此说“验证在异国”；观卦六四爻变为九四爻，之卦否卦二爻至四爻互体为艮卦，艮卦为山，高大的山称为岳，尧帝时四岳赐姓为姜，姜姓是大岳的后人，因此说“如果在异国，必定是姜姓的齐国”；之卦否卦互体艮卦为山岳，上卦为乾卦，乾卦为天，因此说“此人子孙养成于大岳的后人，官职尊崇地位高贵，功德可以匹配上天”；但一个事物不能两端都很强大，陈国衰落之时，就是此人子孙昌盛之日。

鲁昭公八年(公元前534年)，楚国第一次灭掉陈国时，陈敬仲的五世孙陈桓子开始强大于齐国；鲁哀公十七年(公元前478年)，楚国第二次灭掉陈国时，陈敬仲的八世孙陈成子专主齐国政事。

此例《周易》爻辞与本卦之卦二卦的形体象征以及变卦的互体象征都具备，最为详尽而周密完备，可以作为占筮的法则。

(八)崔杼筮取棠姜

《左传·襄公二十五年》记载，崔杼占筮娶棠姜，遇到困卦之大过卦。《周易》困卦六三爻辞"困于石，据于蒺藜，入于其宫，不见其妻，凶"，其爻辞的凶兆已经非常明白，陈文子还是用了卦的形体象征来讲解，说："本卦困卦下卦坎卦为中男，为夫，变为巽卦，巽卦为风，风能吹落万物，丈夫随从风，风陨落丈夫，这种妻子不可以娶。"然后，又引《周易》卦兆的爻辞而进行解释，由此可以知道，占测法则重视卦的形体象征。占筮娶妻，得到"进入宫室，不见妻子"的文辞，可以称为正巧一致；其后来，果然不见妻子，无处归附而自缢身亡，可以称为出奇说中。

崔杼，又称崔子、崔武子，春秋时齐国大夫，后为齐国执政；棠姜，又称东郭姜，本是齐国棠公的妻子。崔杼的家臣东郭偃是棠姜的弟弟。棠公死，崔杼去吊唁，见棠姜色美，就让东郭偃为他娶过来。后来，棠姜与齐庄公私通，崔杼杀庄公，立景公为国君，自己为右相，两年后，因家庭内讧，左相庆封乘机攻灭崔氏，崔杼上吊自杀。《左传·哀公十七年》记载，卫后庄公(姬姓，名蒯聩——作者注)用龟卜梦的吉凶，卜得繇辞说："如鱼窥尾，衡流而方羊裔焉，大国灭之，将亡，阖门塞窦，乃自后逾。"这个占测结果也是出奇准确：冬十月晋国再次征伐卫国，卫后庄公被国人撵出来，但不久复辟。卫后庄公使用匠人，长久不让休息，又欲驱逐卫卿石圃，石圃依靠匠氏攻打卫后庄公，卫后庄公闭门求饶，石圃不答应，卫后庄公翻越北面宫墙，掉下去折断大腿。不久，卫后庄公死于己氏之手。

(九)南蒯枚筮

占筮所得文辞有用反转吉凶的方式告诉占测之人的，《左传·昭公十二年》所载南蒯不指其事，泛泛占筮遇到坤卦之比卦，坤卦六五爻辞"黄裳元吉”，就是这种例子。南蒯把占筮遇到的卦象给子服惠伯看，子服惠伯说：“如果占测忠诚信实的事情，就可行；不是这样，就必定失败。”他于是讲述了“黄裳元吉”的道理，黄为柔顺之色，裳为下体之裙，“黄裳”的意思是为人应该恭顺中和，以下奉上，“元吉”为大吉大利之意，并且说“《周易》不可以用来占测存心狠毒阴险的事情”，这说明子服惠伯对于《周易》是研究很深的。南蒯占筮遇到此等文字，方才以为是大吉的征兆，但他不忠诚，不能称为黄裳，所以不吉，招致失败。然而是《周易》误导南蒯吗？不是。《周易》适合为人格高尚的君子行事做谋划，不适合为人格卑下的小人行事做谋划。南蒯这个筮例是为小人谋划的，它的不吉之意，筮辞的意思已经达到极至，他自己误导自己罢了。南蒯这样思虑深而智谋浅，身体处在很近的位置，心志却立在高远处，身为家臣而图谋着君主地位的人，想要让野生的枸杞生长于园圃的图谋已经存在很久了，即使把惊惧不安的凶恶灾祸严正地告诉他，他又怎么肯幡然悔悟收敛志向？《左传·襄公二十五年》所载崔杼占筮《周易》的爻辞怎么样，他犹且说：“寡妇有什么危害，她先前的丈夫棠公已经承当凶灾了。”

（十）鲁桓公筮季友

《左传·闵公二年》记载，季友（谥号“成”，又称成季）将要出生，鲁桓公让卜官楚丘的父亲龟卜，卜辞说：“生个男孩，名字叫友，在公爵辅佐官职的右上尊位用事，作为执政处于两社之间，成为诸侯王国的辅佐，季友子孙世为鲁国上卿，与鲁国同升同降，季氏灭亡，则鲁国灭亡。”古代诸侯的宫门名雉门，门外左有亳社，右有周社，两社之间用于朝廷询谋大事。又用蓍草占筮，遇到大有卦之乾卦，按照法则应当占测大有卦六五爻辞“厥孚交如，威如，吉”，因为用龟甲卜问的结果已经明确，就只是说：“身份尊贵与父亲相同，为人所敬与君王相同”。这是说，大有卦上卦离卦变为乾卦，乾卦为君、为父，离卦是乾卦子息，因此说“身份之尊与父亲相同，国人敬之如到君王处所”。这个例子详细于龟卜，简略于占筮，又是一种占测方法。如果用《周易》爻辞占测，鲁国国君信任季氏子孙最为专一，关系最为坚固，季氏子孙世代秉持国政最有威权，也与爻辞相互符合。

(十一)阳虎筮救郑

《左传·哀公九年》记载，赵鞅(又名志父，亦称赵孟，史称赵简子、赵简主，春秋后期晋国卿大夫)卜问救援郑国，救郑就理当征伐宋国，用龟甲卜问，遇到水适火，都说不吉；阳虎用《周易》占筮，遇到泰卦之需卦，泰卦六五爻辞说“帝乙归妹，以祉元吉”，解释说：“宋国正合吉兆，不可与它征战。微子启是殷商帝乙的长子，周朝初年被周成王封于商丘，建立宋国。宋国与郑国，为婚姻甥舅之国。‘祉’的意思是福禄。像帝乙的长子嫁出妹妹，而有吉祥幸福，宋国有微子启的后人，吉祥幸福应在宋国，我去征伐宋怎么可能获得吉祥呢?”于是就停止了。此处《周易》爻辞已经讲得很明白，因此不必再论述卦的形体象征。如果用卦的形体象征来占测，泰卦为贞，需卦为悔，泰卦上卦坤卦变为坎卦，悔卦需卦上卦为坎卦，下卦为乾卦，坎卦为水，乾卦为天，是水居于天上，宋为子姓，十二支中子是水的方位，也是宋国吉祥。

(十二)晋献公筮嫁伯姬

《左传·僖公十五年》记载，晋献公占筮嫁女儿伯姬于秦穆公，遇到归妹卦之睽卦，出嫁女儿而得到归妹卦。“归妹”意思是出嫁妹妹，卦名与事件协调一致了；归妹卦之睽卦，归妹卦象征婚姻，睽卦象征仇敌，这是由婚姻而变为仇敌的象征。《周易》归妹卦上六爻辞不过说“女承筐无实，士刲羊无血，无攸利”罢了，归妹卦卦辞说“征凶，无攸利”，其卦象就有战败而丧失军队的事，因此，史官苏简略叙述爻辞，详细论述卦的形体象征：“归妹卦上卦震卦变为离卦，也是离卦变为震卦，震卦为雷、为动，离卦为火，火与雷与动结合起来愈加炽烈，五行火炽烈就会焚烧尽其母五行木，象征女儿出嫁就会反害其母家，秦国为嬴姓，晋国为姬姓，是嬴姓打败姬姓；本卦归妹卦上卦震卦为车，上六爻动，上六爻与六三爻皆为阴性，同性相斥，如同连接车厢与车轴的輹脱离开了；之卦睽卦上卦为离卦，离卦为火，火性炎上，旗帜作为标识飘扬于军队上空，‘士卒以为期’，上九爻为阳性，上的位置为阴性，是阳爻居于阴位，失位，因此说‘火焚烧军队的旗帜’；战车损坏、旗帜焚烧，自然不利于行师出兵；五行火炽烈危害其母五行木，战争必近在宗邑，因此说‘败于宗丘’。”并且引

《周易》睽卦上九爻辞："归妹，上九，睽孤，见豕负涂，载鬼一车，先张之弧，后说之弧，匪寇婚媾，往遇雨则吉。"这又是另外一种占测的方法，合并变卦的爻辞也用来占测事件的吉凶，推重在之卦睽卦。像后面"姪其从姑"以下，应当不是占卜的人所说的文字了。晋献公的儿子夷吾被立为晋惠公，在秦晋韩原之战中，晋惠公已然被秦军抓获带回秦国，还能得以放归晋国，实在是因为伯姬的请求。伯姬听说晋惠公将要到来，带着太子罃、弘与女儿简、璧登上高台，站在柴草上，派人身穿丧服去迎接秦穆公，并告诉他伯姬将因耻辱而自杀，秦穆公这才允许晋国讲和，那么《周易》睽卦上九爻辞"先张之弧，后说之弧"，也得到应验了。然而，如此一来，晋献公嫁女儿伯姬于秦穆公就不能称为不吉了。晋惠公被拘押在秦国时说："先君如果听从了史官苏的占测，我不会落到这步田地。"韩简侍立在旁，通过讲述象与数的道理，阐明吉凶在于人的品行，晋献公废嫡立幼，即使不嫁伯姬亦会有此祸，龟卜占筮能够预先知晓事物的吉凶，但不能改变事物的吉凶。

（十三）晋重耳筮得国

《国语·晋语四·重耳亲筮得晋国》记载，晋国公子重耳亲自占筮，遇到屯卦之豫卦，负责占筮的史官都说"不吉"，认为本卦屯卦下卦震卦为动，上卦坎卦为险，是动而遇到险阻，闭塞而不能通达，这是错误的；司空季子占测它，屯卦卦辞为："屯，元亨，利贞，勿用有攸往，利建侯。"豫卦卦辞为："豫，利建侯，行师。"二卦卦辞都说"利于建立侯爵""我命令占筮的问题为'尊崇地拥有晋国(即成为晋国国君)'，占筮的卦象告诉我说'利建侯'，对于获得封国的事务而言，没有比这更大的吉祥"。这是利用《周易》卦辞意思明显的内容来占测。而占筮的方法不只是占测卦辞，有卦名，有贞悔卦的形体象征，有互卦的形体象征。就象征而言，有本象，又有他象；就卦辞而言，有轻与重、宾与主的区别。就卦名而论，屯卦表示封地物产丰厚；豫卦表示人民顺从快乐。震卦本象为雷，他象为车、为威武，为长子；坎卦本象为水，他象为劳，因为水不停地流动有劳苦的形象。坤卦本象为土，他象为母、为顺、为众、为文。就卦辞的轻重宾主而言，屯卦卦辞中，"利建侯"为主要文字，次要文字为"元亨利贞""勿用有攸往"，是说小事不能成就，是指一人的行为，是其中分量轻的文字；豫卦卦辞中，“利建侯”为主要文字，次要文字为“行师”，是说居留在内则快乐，出师于外则威武。占筮的方法虽然没有一定的规则，但占测的人要顺应时势变化通达，以寻求遇到的卦契合于所占问的事情，这样事情的实际结果也会符合于占筮的卦。《周易·系辞上传·第十二章》说：“根据实际情况变化通达用来竭尽《易经》的惠利，用《易经》的道理鼓舞人心以尽量发挥它神奇的作用。”《春秋》内传《左传》、外传《国语》所记载的各个筮例占测的文辞，也是具有极尽变化通达、鼓动激发的奇妙作用。

（十四）晋筮立黑臀

《国语·周语下·单襄公论晋周将得晋国》记载，晋国公子黑臀（晋文公的庶子、晋襄公异母弟、晋灵公的叔叔）早年在东周作人质，赵穿弑晋灵公后，迎接公子黑臀自东周回归晋国，晋国占筮立他为国君，遇到乾卦之否卦，乾卦下三爻皆阳变为阴，占辞说“配而不终，君三出焉”。本卦下卦乾卦变为坤卦，上卦乾卦不变，乾卦为君，坤卦为臣，如同君主有臣属作为配合；本卦乾卦变为之卦否卦，乾卦在上为天，坤卦在下为地，天气上升，地气下降，天地之气不能交通，乾有三爻，坤有三爻，三组爻上下不能相互交通，因此，传承三世后其子孙没有继续为国君，最终传给其异母弟晋襄公的曾孙周子；本卦乾卦下三爻有所变化，乾卦为天，为天子，象征周天子国，因此，晋国国君有三位出自于周天子国，由东周迎接回归晋国，公子黑臀是第一位，公子周（即周子）是第二位，第三位就不知道了。这里只论述本卦与之卦的形体象征，不引用《周易》二卦的《彖辞》，是又一种占测的方法。

（十五）董因筮晋文公

《国语·晋语四·秦伯纳重耳于晋》记载，董因占筮晋文公重耳，遇泰卦之八，占测说：“这正是所说的天地二气相互交通，阴小而离去，阳大而前来，现在正当其时了。”江永认为，泰卦之八，犹如说艮卦之八，是说泰卦上卦三个阴爻其筮数为少阴八，不变，这称为泰卦之坤卦。旧时说法认为，泰卦没有动爻，如果真的没有动爻，应当说遇泰卦，如同遇屯卦、遇蛊卦、遇复卦的例子了，为什么说“泰之八”呢？三个爻变的，应当综合本卦与之卦二卦《彖辞》占测。这个筮例所变的爻都在内卦，因此只用本卦

《彖辞》占测。况且，泰卦内卦乾卦变为坤卦，乾卦为天，坤卦为地，也得以象征天地二气相互交通，阴小而往，阳大而来，正应了晋怀公子圉离去而晋文公重耳到来。现在用卦象推求，坤卦为土、为众，泰卦变为纯坤卦，是得到国土、拥有民众的象征；况且坤卦《彖辞》也与晋文公事迹相互符合，坤卦卦辞说"利牝马之贞"，以柔顺为吉利，对应事实，就是当重耳为躲避骊姬的诬陷而逃到了蒲城，其父晋献公派人讨伐蒲城，重耳不与君父计较、抗衡，说"君父的命令不能违抗"，并通告众人"违抗君命的人就是我的仇敌"，之后翻墙逃走，以及当重耳流亡到秦国，秦穆公把同宗的五个女子嫁给重耳，其中有晋太子圉的妻子怀嬴，重耳不打算接受怀嬴，怀嬴发怒说："秦晋是互相匹敌的大国，你为什么要看不起我！"重耳害怕了，脱去所穿礼服，自囚以听秦穆公的命令；坤卦卦辞说"君子有攸往，先迷后得主，利"，对应事实，就是当重耳流亡到齐国，齐桓公厚礼招待他，并把同家族的少女齐姜嫁给他，他留恋安逸的生活不愿再离去，后来在齐姜和随从臣子的帮助下才离开齐国；坤卦卦辞说"东北丧朋"，对应事实，就是当重耳流亡到晋国东北方向的曹国、卫国、郑国时，都受到了不礼貌的待遇；坤卦卦辞说"西南得朋"，对应事实，就是当重耳流亡到晋国西南方向的秦国、楚国、狄国时，都得到了这些国家的帮助；坤卦卦辞说"安贞吉"，对应的则是重耳结束流亡生涯即将进入晋国而成为国君，就是《周易·象上传》所说"乃终有庆"的意思。

（十六）穆姜筮迁东宫

《周易》虽然占测时用老阳九、老阴六作为动爻，不用少阳七、少阴八的静爻，至五个爻皆变时，只有一个爻不动，像是留下一个爻用来等待使用，也有可以占测少阳七、少阴八静爻的道理，易经的道理是崇尚变化。如今这种抛掷钱币占卦的方法，遇到五个爻变时，有的应验于独静的爻，有的也不完全这样。用蓍草占筮遇到的卦难以用成规确定，应当根据所占的事情，采用与之相符合的爻辞；如果不相符合，就占测本卦与之卦二卦的形体象征，或者互卦与之卦《彖辞》就可以了；占测爻辞的，也可以兼顾卦的形体象征与互卦。

《左传·襄公九年》记载，穆姜（鲁宣公夫人、鲁成公的母亲）与大臣叔孙侨如（史称宣伯）私通，因谋划换掉鲁成公，被软禁在东宫（即太子宫)，穆姜将要迁往东宫时，占筮遇到艮卦之八，史官说：“这称为艮卦之随卦，随卦的意思是出去，不是禁闭限制。您必定很快离开东宫。”穆姜自己引用《周易》随卦的《彖辞》“随，元亨利贞，无咎”进行占测，知道自己没有“元亨利贞”的德行，自己招致恶果，怎么能“无咎”，必定死于此宫，不得出去。《易学启蒙·考变占第四》说：“按照法则应当用之卦随卦二爻爻辞‘系小子，失丈夫’作为占测依据，而负责占筮的史官胡乱引用随卦的彖辞‘随，元亨利贞，无咎’用来应对，就是不正确的。”现在考察《左传》文义，史官用随卦卦名解释，只是在迎合穆姜罢了；随卦《彖辞》则是穆姜自己引用，大概随卦六二爻辞“系小子，失丈夫”，似乎与私通叔孙侨如的事情暗中符合，因此，史官避忌不敢说，穆姜也不想引用这个爻辞，勉强引用《彖辞》解释，用来消解心中的惭愧罢了。然而，放弃尊贵的地位而与大臣淫乱，身为妇人而参与于叛乱，也是不能自己隐讳的了。那么，随卦卦辞“随，元亨利贞，无咎”，难道是如南蒯占筮遇到卦辞“黄裳元吉”那样，用反语以警告穆姜吗？不是。南蒯的罪恶尚未形成，改变意图还可以趋向吉利，穆姜的罪恶已经昭著，弥补过错又怎么能够免除凶灾？应当不会用这样的文字反语来警告她了。穆姜被废黜闲居东宫，之所以占筮是希望她还有得以出去的机会罢了。随卦六二爻辞，未能终究告诉她所占筮的事情，仍然应当用卦的形体象征进行判断。随卦下震上兑，震卦为雷，兑卦为泽，雷潜藏于水泽之中，这是休止平息的象征；东宫为震卦所在的地方，雷似乎可以再次发声，但随卦二至四爻互卦为艮，随卦本来从重叠的艮卦变化而来，又有艮卦用来停止它，虽然想有所行动而不能够，所以终究不能出去。像四个爻变化的卦，没有留下一个爻等待使用的意思，不应当用两个不变的爻进行占测，只能占测卦的形体象征，兼顾卦名、互卦罢了。

(十七)陈抟为宋太祖筮

两个爻变的，胡一桂所引陈抟为宋太祖占筮，根据记载，大概是遇到了明夷卦之离卦。江永认为这一卦象与宋代史事非常有所应验。宋太祖确立了宋朝是以火德王，而遇到明夷卦，就卦名看，夷的意思是伤，说明光明的形体已经有伤了；明夷卦四爻、上爻变，六四爻“入于左腹，获明夷之心，于出门庭”，好像是说人的心脏与腹部、门口和庭院之间有内部变故；上六爻辞“不明晦，初登于天，后入于地”，好像是说宋太祖赵匡胤起初登上皇帝之位，而后不得善终，这难道是对应宋太宗赵光义传承帝位的时候吗？明夷上卦坤卦变为离卦，坤卦为土，离卦为流落离散，四爻、上爻阴变为阳，这难道是对应北宋徽宗、钦宗二帝在“靖康之变”后，丢失中原而被金国俘虏，向北迁往金国，全部赵氏宗室都流落离散吗？变卦为重叠的离卦，离卦为火，重火为炎，好像对应南宋开国皇帝宋高宗的年号“建炎”；之卦离卦三爻至五爻互体为兑卦，兑卦为金，宋徽宗宣和六年(1124年)中秋作联“日射晚霞金世界，月临天宇玉乾坤”，第二年即靖康元年金兵再次南下，攻破汴京，徽、钦二帝被金帝废为庶人，宋都已经成为金国的世界；之卦离卦二爻至四爻互体为巽卦，巽卦为东南方，这难道是对应南宋迁都临安(今杭州)吗？火有木而火种可以留传，之卦二爻至四爻互体为巽卦，巽卦为木，宋高宗名讳“构”也有木字旁，临安位在东南，也为五行木，临安因此还能够延续福禄；之卦离卦三爻至五爻互体为兑卦，兑金处于重叠的离卦之中，火能克金，宋朝为什么不能灭亡金国呢？因为五行金不畏惧火而畏惧水，火熔化金属而金属更加精纯，水沉没金属而金属消失。等到奇渥温氏(元太祖铁木真姓氏)打过来，兑卦所代表的金与泽就都沉没了；然而，之卦重叠的离卦二爻至五爻互体为大过卦，兑卦为泽，巽卦为木，具有泽灭亡木的象征，木灭亡则火熄灭，这是宋国的大忧患，所以才有了宋末帝(南宋末代皇帝赵昺)崖山战败溺海而亡的验证；《河图》五行火的数为二、七，二与七合起来为九，离卦为火，离卦数九，之卦重叠的离卦有二个九，北宋和南宋各有九位皇帝，正与重离卦数相符合；火的形象末尾尖锐而形成烟气，因此，北宋有徽宗、钦宗被金国掳走，南宋有宋恭宗在位两年而6岁被元朝俘虏封为瀛国公、益王赵昰(即宋端宗)在位两年而9岁夭亡、卫王赵昺(即末帝宋怀宗)在位一年而8岁跳海自尽。陈图南(即陈抟，字图南)的占筮，又岂是偶然的呢。

变占余义说

《洪范》“七、稽疑”，占筮惟用二，“曰贞、曰悔”。卦不变者，内卦为贞，外卦为悔；爻有变者，本卦为贞，之卦为悔。然则，古人占法，惟占贞悔之体象耳。盖伏羲画卦，在天、地、水、火、雷、风、山、泽之本象，又有他象以广之，又有互体之象以济之，则象亦可以周于用，故曰“圣人立象以尽意”；卦名不知起于何时，虽曰“衰世之意”，然观蛊、复之辞，皆连卦名为韵语，则其由来已久，名则有其事，如因饮食而起讼、师，似古时已有之，故曰“设卦以尽情伪”；至于“系辞焉以尽其言”，则其后来者矣，爻有辞始于周公，则卦有辞其始于夏王乎？虽有辞，仍兼体象，亦有专论体象者，言之所传者浅，象之所示者深也。

用互卦象见于《传》者：“观之否。”否二至四有艮象，故曰“风为天，于土上山也，有山之材，而照之以天光”，又曰“若在异国，必姜姓也，姜，太岳之后也，山岳则配天”“屯之豫”，屯三至五、豫二至四皆有艮象，豫三至五皆有坎象，水在山上为泉原，流而不竭，故曰“泉原以资之”。互卦与卦同生，四画而成，与四象相交，成十六卦，出于自然，故贞悔体象有不能尽者，往往取验于互象。

杜预云：“凡筮者，用《周易》，则其象可推；非此而往，则临时占者，或取于象，或取于气，或取于时日王相，以成其占。若尽附会以爻辞，则构虚而不经。”此说是也。杜解遇复云：“复，阳长之卦。阳气起子，南行推阴，故曰‘南国蹙’。南国势蹙，则离受其咎，离为诸侯，又为目，阳气激南，有飞矢之象，故曰‘射其元，王中厥目’。”此取诸气、取诸象也。“岁云秋矣，我落其实而取其材”，此取诸时也。

古人“卜筮不过三，卜筮不相袭”，恐其渎也。晋献公欲以骊姬为夫人，卜之不吉，筮之吉，岂恶其惑溺渎筮，故不以告与，抑亦如南蒯之占，反辞以谕，而公不悟与？公曰“从筮”，卜人曰“筮短龟长，不如从长”，杜注云：“物生而后有象，象而后有滋，滋而后有数。龟象筮数，故龟长筮短。”此理诚有之，不特此也。龟一灼即兆成，筮必十有八变而成卦，且一爻变，其余惟有三十二；卦二爻变，其余惟有十六；卦三爻变，其余惟有八；卦四爻变，止余四；五爻变，止余二。可以臆揣知，不如龟兆之疾速，故《洪范》有“龟从、筮逆”，而无“筮从、龟逆”，亦此意也。然龟虽长，臧会以偻句卜，竟以僭获吉，得为臧氏后，会曰：“偻句不余欺也。”则龟亦有时而短，杜氏曰：“《传》言卜筮之验，吉凶由人。”朱子曰：“偻句成欺，黄裳亦误。”

《易》于蒙《彖》戒渎筮，比之《彖》则曰“原筮元永贞，无咎”，是得吉卦，疑不敢当者，再筮以自审也。然则，卦有甚吉，或辞有不明、与事不合、难以占决者，皆当用原筮之法。此义，先儒未言也。

占法有随卜人之解说而应，不必依其本义也。辞凶而卜人善为隐之，如得离之九四，但曰“突如其来如”，谓目前即有吉事，果以吉应也。《易》固有此理，吉凶应以几。其随卜人之解说而应者，如占科名，而得屯之六三，“即鹿无虞，惟入于林中”，其人以为无望矣，卜人曰“非也。‘即鹿’者即预鹿鸣宴也，‘无虞’者不必忧虞也，‘惟入于林中’者，仍联捷得馆选，入于词林之中也”，后果应；又有占科名，遇困之九二而奇验者，爻辞有“朱绂方来”，后榜名前为朱绂，后为方来，己名在其中间。《易》之巧应乃如此。然则，解《易》是一理，占《易》又是一理。解《易》则论某爻有德无德，当位失位，有应无应；若占时则皆无所用之，如以解《易》之理占《易》，则谬矣。或曰：“《易》道至尊，如以是言《易》，似儿戏，《易》不已亵乎?”曰：“不然。人在气数之中，事应以几，适逢其会，大抵皆然，不必卜筮也。如一士尝陷缧绁中，后得释，往赴试，适遇演戏，士曰‘我试撞戏一出，便知得失矣’，及观戏，遇一大凶事，一犯临刑赴法场，士即急走，曰‘我中矣’，人问何故，曰：‘我犯人也，犯由牌上书犯人一名，非我而谁！’果入彀。凡卜筮有应者，亦即撞戏之理也。吉凶虚象，岂不在人之解说哉!”

卜筮之道，先人谋而后鬼谋。事有当行当止，断以义，无事谋诸鬼神也。“志曰：‘圣人不烦卜筮’”，又曰：“卜以决疑，不疑何卜。”惟事有犹豫，或关重大，乃以筮决之。若琐屑之事，无庸筮也。未来之休咎亦听之，问诸鬼神多忧多疑，方寸徒增胶扰。《易》曰：“君子所居而安者，易之序；所乐而玩者，爻之辞。”毕竟观象玩辞之时多，观变玩占之时少。

朱子当庆元时草奏稿，极陈权奸蔽上之害，激于忠愤之气也，门人恐贾祸，更迭以谏，请以蓍决，乃筮之，遇遁之同人，其辞曰“遁尾厉，勿用有攸往”，朱子默然，乃焚奏章，号遁翁。近世犹有以此事议朱子者，可异也。此时而不用筮，则圣人何为而作《易》?《易》已告之危厉矣，必冒昧以往，其危当不止朱子一人，“君子用罔”与“小人用壮”者，当分其咎矣。

筮以蓍，未必得百茎灵蓍也，蒿之类皆可代，即他物亦可代。古人有用茅、莛(tíng)篿(zhuān)者，揲蓍之别法也。今则皆用掷钱占法，民俗通行，尤为简易。百物皆五行之精，不占则已，占则瓦可卜，鸡可卜，投珓抽签，听声测字，皆有可前知之道，揲蓍求卦，重其为神圣之制作耳。问：“四千九十六卦，焦延寿系之以词，谓之《易林》，非圣人而作《易》，不亦妄乎？”曰：“不必然也。即今《易》之彖、爻辞，或吉或凶，岂真有一定不可移之义哉！当时圣人意有所到，即系以此辞，使别有所见，易以他辞未尝不可。卦爻与辞皆活动之物，惟占者之所值，如签有诗，随人所得，故宋时有以《易林》占大事而得奇验者，非《易林》之灵，亦非焦氏之灵，盖造物之灵与人心之灵相合，有时适与辞相值耳。读《易》、占《易》者，又当知此理。”

卜筮所以教人趋吉避凶，而由事前事后观之，一若吉凶有定数，非人所能违者，何也？事变之来，有非人所意料，如周公使管叔监殷，管叔即以殷畔，其象已见于大宝龟，此诚人事无如何者也。若叔孙豹始生，卜者知其“以谗人入，将以馁死”，其祸胎于庚宗一宿，此岂可诿之于数乎？崔杼违筮而娶棠姜，非止贪其色也，借棠姜以饵庄公，将行大恶于君也，凶人而天夺之鉴；以棠姜之孤无咎入，其后酿成家祸者，即无咎也，其所“据之蒺藜”乎；倚庆封为腹心而济恶，其后灭崔氏者即庆封也，是所谓“困于石”者乎；家破族灭，妻缢而已从之，爻辞之奇应，未有如此者，凶人而凶终，宜也。若献公、惠公多败德，韩原之战，雄狐见获，犹为薄罚；南蒯有乱心，以险事而占《易》，其不能趋吉也固宜；赵鞅欲伐宋救郑，卜、筮皆不吉，正所谓“龟筮共违于人，用静吉，用作凶”者，鞅能用静，是以免于败，所谓趋吉避凶者，当如此。历观《传》中诸事，善恶皆由人，岂曰有数哉！叔孙豹事，尤人所易蹈者。《易》曰“忧悔吝者存乎介”，当忧之于几微之间耳；“震无咎者存乎悔”，如穆姜者，虽欲悔而无由矣。

白话解读

（一）贞悔

《尚书·洪范》说：“七、稽疑：择建立卜筮人，乃命卜筮，曰雨，曰霁，曰蒙，曰驿，曰克，曰贞，曰悔，凡七，卜五，占用二。”这是描述古代利用卜筮决断疑惑的过程，通过选择建立负责卜筮的人员，就命令他进行卜筮，得到称为雨、霁、蒙、驿、克、贞、悔的征兆，一共有七种，龟卜用前五种，占筮用后两种，称为贞、悔。占筮所遇到的卦六爻皆不变的，内卦为贞，外卦为悔；爻有变动的，本卦为贞，之卦为悔。但古代人占测的方法，只是占测贞、悔的形体象征罢了。伏羲画出八卦之后，在乾卦为天、坤卦为地、坎卦为水、离卦为火、震卦为雷、巽卦为风、艮卦为山、兑卦为泽的本象之外，又具有他象用来扩大象征的范围，又具有互体的象征用来弥补它，那样就使《易经》的卦象也可以周详完备于应用，所以《周易·系辞上传·第十二章》说"圣明的人确立八卦的象征用来完全表现天下事物的意义"；六十四卦卦名不知道起立于什么时候，虽然《周易·系辞下传·第六章》说："六十四卦卦名……是衰微之世的意境。"然而观察《周易》蛊卦卦辞"蛊，元亨，利涉大川，先甲三日，后甲三日"，爻辞"初六，干父之蛊""九二，干母之蛊""九三，干父之蛊""六四，裕父之蛊""六五，干父之蛊""上九，不事王侯"；复卦卦辞"复，亨，出入无疾，朋来无咎，反复其道，七日来复，利有攸往"，爻辞"初九，不远复""六二，休复""六三，频复""六四，中行独复""六五，敦复""上六，迷复"，可以发现，蛊卦、复卦的卦辞与爻辞都是连同卦名一起创作的押韵的语句，那么说来，六十四卦卦名的由来就已经久远了，有其名称就有其事物，如《周易·序卦》所说"因为饮食所需，必有争论诉讼""因为争讼所致，必有兴师动众"，似乎古代时候就有这样的例子，所以《周易·系辞上传·第十二章》说"设立六十四卦卦名用来穷尽天下事物的真诚与虚伪"；既然《周易·系辞上传·第十二章》说到"系属卦辞爻辞的文字用来充分表达天下事物的言辞"，那么为各卦系属文字就是后来的事情了，爻系属有文字开始于周朝时周公姬旦，那么卦系属有文字难道开始于夏朝时夏王的《连山》吗？占筮遇到的卦虽然系属有文辞，仍然兼顾论述卦的形体象征，也有专一论述卦的形体象征的，这是因为言辞所传达的意思浅显，卦象所预示的意思深邃。

（二）互体

使用互卦象征见载于《左传》《国语》的，如《左传·庄公二十二年》记载，周大史占筮陈敬仲，遇到观卦之否卦，否卦二爻至四爻互体有艮卦形象，艮卦为山，因此说"风变为天，在地面的山峦之上，有山林般的财富而且有天光照耀”；又说“如果去在异国，必定是去姜姓的国家，姜姓是太岳山(太岳山即霍山，古代五岳之一——作者注)的后裔，山岳就与上天相配”；《国语·晋语四·重耳亲筮得晋国》记载，晋重耳亲自占筮得到晋国，遇到屯卦之豫卦，屯卦三爻至五爻、豫卦二爻至四爻互体皆有艮卦形象，豫卦三爻至五爻互体皆有坎卦形象，坎卦为水，艮卦为山，水在山上就是泉水的源头，流动而不停歇，因此说“泉水源头用来资助他”。互卦与占筮遇到的卦一同产生，以重卦去掉初爻、上爻，二爻至四爻、三爻至五爻，两体交互，各成一卦，称为互体，互卦由中间四画而形成，如同由二画组成的老阴、老阳、少阴、少阳四象相互交错而形成四画的十六卦，完全出于自然天成，因此，贞、悔形体象征有不能穷尽天下事物的，往往取证应验于互卦象征。

(三)占筮指归

杜预说：“凡是占筮的人，使用《周易》占测，那么其卦象就可以推求；不使用《周易》而进行占测，那么不用《周易》临时占测的人或者取用于物象，或者取用于阴阳之气的消长变化，或者取用于时日的王相休囚死，用来形成其占测的结论。如果完全附和依附于爻辞，就会凭空编造而不合常理。”这个说法是正确的。杜预又说：“复卦，按照十二消息卦，是阳气增长的卦象。阳气兴起于子月，太阳自南向北运行推移阴气，因此说‘南国蹙’。南方国家形势困窘，离卦为南方，离卦承受其灾祸，离卦为诸侯，又为目，阳气受到阻遏而激荡于南方，这是飞驰的箭的象征，因此说‘射其元，王中厥目’。”这是取之于阴阳之气消长变化、取之于物象。《左传·僖公十五年》记载，秦伯征伐晋国，占筮遇到蛊卦，卜官徒父说：“按照一岁时令推算，现在是秋天了，我打落它山林中的果实而取走它的木材。”这就是占测时取之于时令节气。

(四)龟长筮短

《礼记·曲礼上》：“卜筮不过三，卜筮不相袭。”古代人用龟卜、占筮求测吉利之事不能超过三次；龟卜不吉则用占筮，占筮不吉则用龟卜，称为龟卜与占筮相互重复，这是对龟卜占筮轻慢不恭敬，因此，龟卜与占筮不能相互重复。《左传·僖公四年》记载，晋献公想把骊姬立为夫人时，先用龟甲卜问，结果不吉利，又用蓍草占筮，结果吉利，难道是厌恶他沉迷不悟，轻慢占筮，因此，占筮时不把真实的结果告诉他，还是也如同南蒯的占筮一样，用反语来告诫，而晋献公没有悟到呢？晋献公说：“遵从占筮的结果。”负责龟卜的人说：“筮数短、龟象长，不如遵从长。”杜预在这里注解说：“(动、植)物都是生出而后才有一定形象，有一定形象而后才会滋生繁殖，滋生繁殖而后才有数量。龟卜用本象金、木、水、火、土的纹兆来显示于人，占筮用末数七、八、九、六的蓍策来显示于人，象是事物最初产生的情形，数是事物滋生繁殖的状况，因此，龟卜长、占筮短。”这种道理确定是有的。但不只是这个原因。龟甲一经烧灼就立即形成金、木、水、火、土五种纹兆，占筮必定经过十八变而形成一卦，况且阳爻用九，阴爻用六，本卦与之卦一个爻变，按照二分法，一个爻分为阴阳，或阳变为阴，或阴变为阳，有两种组合，六十四卦除以二，则只有三十二；本卦与之卦两个爻变，按照二分法，两个爻各自分为阴阳有四种组合，六十四卦除以四，则只有十六；本卦与之卦三个爻变，按照二分法，三个爻各自分为阴阳，则有八种组合，六十四卦除以八，则只有八；本卦与之卦四个爻变，按照二分法，四个爻各自分为阴阳，则有十六种组合，六十四卦除以十六，则只有四；本卦与之卦五个爻变，按照二分法，五个爻各自分为阴阳，则有三十二种组合，六十四卦除以三十二，则只有二。想一想就知道，占筮不如龟卜纹兆形成的疾快迅速，因此，《尚书·洪范》有“龟卜顺从人心、占筮违逆人心”的说法，而没有“占筮顺从人心、龟卜违逆人心”的说法，也是这个意思。然而龟卜的象虽然长，也有例外。《左传·昭公二十五年》记载，臧昭伯去到晋国，臧会偷走了他出产于偻句的宝龟，用来卜问应该诚实还是虚伪，结果是虚伪吉利，后来臧昭伯多次问起妻子和同母弟叔孙，臧会都隐瞒而不回答，暗示二人好像有私情，等到臧昭伯发现妻子和同母弟叔孙没有私情，就想捉住臧会并杀掉他，臧会逃走，臧氏家臣追杀他，在季氏中门外抓住了他，季氏平子恼怒臧氏家臣携带兵器进入家门，就拘留了臧氏家臣，季氏与臧氏相互怨恶，后来昭伯随从昭公，季氏就确立臧会为臧氏的继承人，臧会说：“偻句出产的宝龟没有欺骗我啊。”如此看来，龟卜的象也有时候短。杜预在此处注说：“《左传》说龟卜占筮的应验，吉凶由人自己决定。”朱熹在《周易本义·周易五赞·述旨》说：“偻句形成欺骗，黄裳也会错误。”

(五)再筮

《周易》在蒙卦《彖辞》说"初筮告，再三渎，渎则不告"，这是告诫人们不要有亵渎占筮的不恭敬行为；比卦《彖辞》说"原筮元永贞，无咎"，是原筮(最初占筮)得到吉利的卦象，怀疑自己不敢承当时，可以再筮用来自己审核。然而如此，那么占筮遇到的卦象有的非常吉利，或者卦爻辞有的不明白、与事物不相符合、难以占测决断的，都应当使用原筮的方法。这层意义，先世儒者未曾讲清楚。

(六)解《易》

占测的方法有的随从占卜人的解说而应验，不必依据《周易》卦爻辞的本来意义。有的卦爻辞明示为凶兆而占卜人善于隐讳它，如遇得离卦的九四爻，九四爻辞全文为"九四，突如其来如，焚如，死如，弃如"，前半句为吉兆，后半句为凶兆，占卜人只说"突如其来如"，说目前就有吉利的事情，求测的人果然有吉利的事情来应验。《周易》固然有这种道理，吉凶应验于细微的预兆。那些随从占卜人的解说而应验的例子，如占测科举考试结果，而遇得屯卦的六三爻："六三，即鹿无虞，惟入于林中，君子几不如舍，往吝。"那人看到"即鹿无虞，惟入于林中"文字就认为自己没有希望了，占卜人说"不是的。'即鹿'就是预兆参加宴请新科举人和内外帘官等的鹿鸣宴，'无虞'就是不必忧虑，'惟入于林中'就是仍然接连捷报得被选任官职，进入翰林院(明代翰林院门额为'词林'，又称'词林')之中"，后来果然应验；又有占测科考事，遇到困卦九二爻而神奇应验的，九二爻辞："九二，困于酒食，朱绂方来，利用亨祀，征凶，无咎。"其中有"朱绂方来"句，后来发榜，其名字前为"朱绂"，后为"方来"，自己的名字在这两个名字中间。《周易》的巧合应验就是如此。然而，这样的话，解释《周易》是一种道理，占筮《周易》又是一种道理了。解释《周易》就论述某一爻有德与无德，当位与失位，有应与无应；占筮时这些就都没有应用之处，如果用解释《周易》的道理来占筮《周易》，就是错误的了。有人说："《周易》所阐明的道理至为尊高，如果用这种方式讲述《周易》的道理，就好像儿戏，《周易》不已经被亵渎了吗?"回答说："不是的。人生存在气运和度数之中，事物应验于细微的预兆，恰好遇到两者会合，万事万物大概都是这样，不一定只是和龟卜与占筮有关。比如，有一个读书的士子曾经被关进监牢中，后来得到释放，前去参加科举考试，恰好遇到演戏的，这位士子说：‘我试着无意中去撞戏台上所演的戏是哪一出，就知道科举考试的得失了。’等到看戏时，戏里有一个很大的不吉利之事，一个犯人即将处决，被押赴法场，这位士子急忙跑出来，说‘我中第了’，有人问他什么缘故，他说：‘我就是那个犯人，公布罪状的犯由牌上书写犯人‘ 名’，不是我，是谁？’果然他考中了进士。凡是龟卜占筮能够有所应验的，也就是无意中撞见一出戏的道理。吉凶都是虚幻的景象，难道不在于人的解说吗！”

（七）人谋鬼谋

卜筮的道理是首先人谋而后才有鬼神谋。凡事情面对应当进行还是应当停止的决策时，就要依据公正合宜的道理作出判断，没有什么可谋划于像鬼神一样莫测的占卜。《左传·哀公十八年》："志曰：‘圣人不用烦劳龟卜占筮。’"《左传·桓公十一年》又说："占卜用来决断疑惑，如果没有疑惑的话又何必占卜呢？"只有当事情存在犹豫不决、难以决定，或者关系重要且作用较大，才用卜筮来决断它。像琐碎的小事，无须卜筮。未来的吉凶善恶也听任它自然发展，不用过问；问之于像鬼神一样莫测的卜筮，只会增多忧虑、增多疑惑，心神白白增添搅扰。《周易·系辞上传·第二章》说："君子所以居其位而安其分，是遵循《周易》卦爻所揭示的事物道理当然的次序；所以乐其心而玩其味，是通达《周易》卦爻辞所命令的是非当否吉凶的道理。"毕竟人们观看卦爻之象、玩味卦爻文辞的平居无事之时多，观察卦爻之变、玩味占断吉凶的以动应变之时少。

（八）遁翁

据宋代王应麟著《困学纪闻》、宋元之际佚名氏撰《宋史全文·卷二十九上·宋宁宗一》等书记载，宋宁宗即位后，任用赵汝愚和韩侂胄为相，因两派斗争，庆元元年（1195年）宁宗罢免赵汝愚，韩侂胄专权。面对这种局面，朱熹在庆元元年时，草拟奏章达数万言，极力陈述弄权作恶奸臣蒙蔽圣上的危害，申明赵汝愚之冤，这是激发于忠义愤激之气，门生弟子恐怕他会自招祸患，轮番更替进行劝谏，朱熹不听从，门人蔡元定入内劝谏，请他用蓍草占筮决断，于是朱熹占筮，遇到遁卦之同人卦，遁卦初六爻爻辞说："初六，遁尾厉，勿用有攸往。"朱熹沉默不语，将奏章的草稿取过来焚烧了，因此将自己的号改为"遁翁"。近代仍有用此事非议朱熹的，这让人感到奇怪。这种时候不用占筮，那么圣人为什么而创作《易经》呢？《周易》已经警告这样做的危险不安，还要不顾形势是否适宜地前往，它所带来的危险应当不只涉及朱熹一人，《周易》大壮卦九三爻辞所说的"君子用其罔顾"与"小人用其壮勇"，就可以区别其导致凶咎的原因了。

（九）代蓍

占筮需要使用蓍草，然而蓍草经过一百年才能一本生百茎，经过一千年才能一本生三百茎，一般人未必能够获得一本生百茎具有灵性的蓍草，蓍草属于蒿属，用蒿属之类植物都可以替代，就是其他物品也可以代替。"茅"是指茅草，"筳"是指小竹片、小竹枝或小木枝，"篿"是指折草、折竹进行占卜。古代人有使用茅草、小竹枝进行占卜的，这是揲数蓍草之类取用别的算筹代替的方法。现在就都使用掷钱占测的方法，民间习俗中通用流行，尤其为简便易行。各种事物都是五行之气的精华，不占测就罢了，一旦占测，那么，瓦可以用，鸡可以用，掷珓，抽签，听声，测字，都具有可预先占卜吉凶的方法，揲数蓍草用来求卦，只是推重它作为神明崇高的圣人制造创作的方法罢了。有人问："将六十四卦变化为四千零九十六卦，汉代焦延寿为它们系属以文辞，称为《易林》，他并非圣人而创作《易》词，不也是行为狂妄吗？"回答说："不一定这样。就是现在《周易》的彖辞、爻辞，或者吉，或者凶，难道真有一定不可移易的意义吗。当时，圣人心意关注到什么，就系属以这样的文辞，假使另外有所见识，改易以其他的文辞未尝不可以。卦象、爻象与系属的文辞都是灵活变动的事物，全看占测的人遇到的是什么事情，如同签条上有诗文，随从各人心中所想的事而有所获得，因此，宋代时有人用《易林》占测重大事件而得到神奇应验的，这并不是《易林》的灵验，也并非焦延寿的灵验，大概是自然界创造万物的灵通与人心的灵通相互符合，有时候正好与《易经》的文辞相互应映罢了。研读《易经》、占测《易经》的人，也应当知道这个道理。"

（十）定数

龟卜占筮所以教导人谋求安吉、避开灾难，而由事前、事后观察，仿佛吉凶有其冥冥中确定的理数，并非人力所能违抗，这是为什么呢？事物变化的到来，有不是人的意识所事先可以估计预测到的，如《尚书·周书·大诰》记载，周武王死后，其幼子周成王继位，周公旦摄政，命令管叔鲜与蔡叔度、霍叔处协助监督殷朝商纣王之子武庚一同治理商朝遗民，周公旦是管叔鲜的四弟，管叔等三监因不满周公旦摄政，就挟持武庚在殷地发动叛乱，其征象已经预先出现于大宝龟的卜兆中，这确实是人力作为所无可奈何的。像《左传·昭公五年》记载叔孙豹出生时，负责占卜的人知道他会带着一个谗邪的人进入，将因饥饿而死，这个灾祸的根源在于他与庚宗妇人一夜同宿，这怎么可以推诿责任于定数呢？《左传·襄公二十五年》记载，崔杼违背占筮结果而娶棠姜为妻，并非只是贪恋她的美色，还想借助棠姜用来诱惑齐庄公，将要施行重大罪恶于国君，这是因为人凶恶而被上天褫夺的镜鉴；崔杼认为棠姜是个寡妇，其凶祸由其先夫承当，对自己应该无咎，因此娶进门来，其后来竟因为她酿成家族大祸，这是他认为的“无咎”呢，还是《周易》困卦六三爻辞所说“据于蒺藜”呢？崔杼倚重庆封作为心腹而共同作恶，杀齐后庄公（亦称齐庄公），拥立齐景公，与庆封分任右相、左相，其后来乘崔氏内乱、灭掉崔氏的就是庆封，这就是《周易》困卦六三爻辞所说的“困于石”吗？家庭破裂，家族毁灭，妻子自缢而自己跟从上吊身亡，爻辞的神奇应验，再也没有能达到如此程度的，凶恶的人而有凶恶的结局，这是应该的。像《左传·僖公十五年》记载，晋献公、晋惠公大多有败坏的德行，秦晋韩原之战，作为雄狐象征的晋惠公被秦军俘获，犹且是轻微的惩罚；《左传·昭公十二年》记载，南蒯有叛乱的心思，因为阴险的事情而占测《周易》，他不能够谋求安吉，这本来就是应该的；《左传·哀公九年》记载，晋国赵鞅想要征伐宋国、救助郑国，龟卜、占筮都不吉利，正是《尚书·洪范》所说的“龟、筮共违于人，用静吉，用作凶”的情况，赵鞅能够采用静止不动的行为，因此免于失败，所谓趋吉避凶的方法，应当就是这样。逐一观看《春秋》内传《左传》、外传《国语》中的各种事件，善恶都是由于人的行为，哪里说有定数呢。叔孙豹的故事，尤其是人们所易于重蹈的覆辙。《周易·系辞上传·第三章》说“忧虑悔吝的人存心于纤介”，是说应当看到细微间的善恶端倪而预先有危机感；说“震惧而得无咎的人存心于悔过”，如同穆姜这样的人，虽然想悔过，但没有实现的途径了。

河洛精蕴 卷之四

HE LUO JING YUN JUAN ZHI SI

外篇

凡论《图》《书》卦画所包函，推广他事可旁通者，俱载此篇，是为河洛之蕴。

白话解读

凡是论述《河图》《洛书》卦画所包容含有，推广到其他事物可以相互贯通的，全部载录于此篇，这就是“河洛之蕴”。

河洛未分未变方图

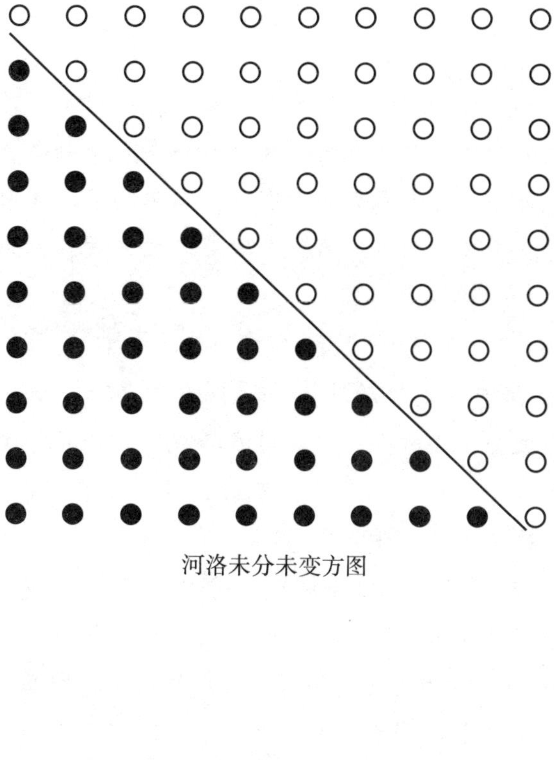

河洛未分未变方图

河洛未分未变三角图

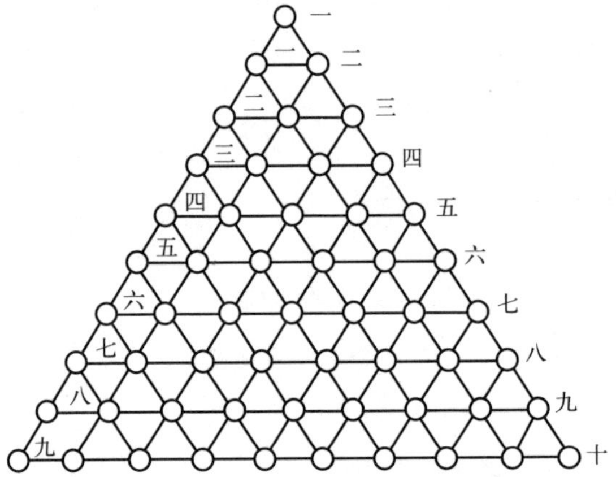

河洛未分未变三角图

图说

《启蒙附论》曰："《河图》之数五十有五，《洛书》之数四十有五，合为一百，此天地之全数也。以一百之全数，为斜界而中分之，则自一至十者积数五十有五，自一至九者积数四十有五，二者相交而成河洛数之两三角形矣。凡积数自少而多，必以三角，而破百数之全方，以为三角，其形不离乎此。"

又曰："《河图》之数自一至十，《洛书》之数自一至九，象之已分者也；《图》则生数居内，成数居外，《书》则奇数居正，偶数居偏，位之已变者也；如前图破全方之百数，以为河洛二数。又就点数十位中涵幂形之九层，以为河洛合一之数；则虽其象未分，其位未变，而阴阳相包之理，三极互根之道，已粲然默寓于其中矣。"

又曰："《河图》《洛书》出于两时，分为两象，今以一图括之可乎？曰：十中涵九，故数终于十，而位止于九，此天地自然之纪，而《图》《书》所以相经纬而未尝相离也。非有十者以为之经，则九之体无以立，非有九者以为之纬，则十之用无以行。不知《图》《书》之本为一者，则亦不知其所以二矣。或曰：《河图》《洛书》有定位矣，今以为有未变者何与？曰：《易大传》之言《河图》也，曰‘天一地二，天三地四，天五地六，天七地八，天九地十’，顺而数之，此其未变者也；又曰：‘天数五，地数五，五位相得而各有合’，分而置之，此其定位者也。如易卦一每生二，以至六十有四，则其未变者也；乾南坤北，离东坎西，则其定位者也。不知未变之根，则亦不足以识定位之妙矣。”

谨按：《河图》《洛书》本同根源，因已分而推未分，因已变而推未变，天地人物莫不皆然，如人之始胎，五官百骸之位置已先具，鸟之方卵，头足尾翼之形象已先生，一粒之粟而根茎苗穗含于布种之初，一核之仁而本干枝叶肇于方萌之始，由是而推，天之日月星辰，地之岳渎湖海，不有默定于冯冯翼翼之先者乎！此皆《河》《洛》未分未变之理也。既分既变，而万事万物又有无穷之变化，皆包括其中矣。先儒言《易》之蕴未推及此，特录此二图为外篇之首。又有《点数应〈河图〉十位》《幂数应〈洛书〉九位》各二图，今略之。

白话解读

《御纂周易折中·启蒙附论·河洛未分未变方图》说：“《河图》的数为五十五，《洛书》的数为四十五，合起来为一百，这是天数与地数组成的形体之数和功用之数的数之全部。用这一百的全数列成每边十数的方图，画一斜线为界，从中间分开，则自一至十数(图中白点所示)积累起来的和为五十五，自一至九数(图中黑点所示)积累起来的和数为四十五，二者相互交并而成就了《河图》与《洛书》包含的数组成的两个三角形。凡是积累的数自少而多，必定用三角形表现出来，而破开百数形成的完整方形所造成三角形，其形状都无非图中的这两个。”

《御纂周易折中·启蒙附论·河洛未分未变三角图》又说：“《河图》的数表现为自一至十，《洛书》的数表现为自一至九，这是形象已经分别的样子；《河图》是五行生数居于内圈，五行成数居于外圈，《洛书》是奇数居于四方正位，偶数居于四隅偏位，这是方位已经变化的样子；这就如同前图破开完整方形的百数成为《河图》《洛书》二数。又就自一至十的点数十位组成三角形，其中包含幂形的九层，成为《河图》《洛书》合二为一的数；那么虽然其形象未曾分别，方位未曾变化，但阴阳相互包含的道理，天地人三才各自具有一个太极又相互为根据的道理，已经清楚明白地暗中寄寓于其中了。”

《御纂周易折中·启蒙附论》又说：“有人问，《河图》《洛书》出现于两个时代，分为两种形象，现在用一个图概括它们，是否合适呢？回答说，十数中包含着九数，因此数终结于十，而方位只有九，这是天地自然形成的纲纪，而《河图》《洛书》因此才相互为经线与纬线而未曾相互分离。如果不是有十数来作为经线，那么九数的形体就无从得到确立；如果不是有九数来作纬线，那么十数的功用就无从得到施行。不知道《河图》《洛书》本来为一体的人，就也不知道它们为什么要分为二用了。有人说，《河图》《洛书》有经过变化而确定的方位了，现在认为有未经变化的位次，这是为什么呢？回答说：《周易·系辞传》讲《河图》时说‘天数一地数二，天数三地数四，天数五地数六，天数七地数八，天数九地数十’，这是顺次而数下来的数，就是它未经变化的位次；又说‘天数五位，地数五位，五位阴阳相互得到而各自生成数相互配合’，这是按照阴阳与生成数分别而措置的，这就是它经过变化而得到确定的方位。如同《周易》的卦象产生，一产生二，二产生四，以此直至产生六十四，就是其未经变化的次序；乾卦居位于南方，坤卦居位于北方，离卦居位于东方，坎卦居位于西方，这就是其确定的方位。不知道未经变化之位次的根本，那么也不足以认识确定方位的奇妙了。”

江永认为：《河图》《洛书》本来同一根源，依据已经分别的形象而推求未曾分别的形象，依据已经变化的方位而推求未曾变化的位次，这是上天、大地、人类、万物都一致遵循的规律，如同人在开始怀胎时，五官百骸的位置已经首先具备，鸟在刚刚产卵时，头足尾翼的形象已经首先产生，撒籽栽种的最初状态时，还是一粒粟米，根茎苗穗便已包含于内，刚刚萌芽的初始状态时，还是一颗含有果仁的果核，本干枝叶便已肇始，由此而推，天上的日月星辰、大地的山岳河渎湖泊海洋，不都暗中确定在先，然后才出现盛大众多的状态吗？这都是《河图》《洛书》有未曾分别、未曾变化之数位的道理。等到分别、变化之后，万事万物之中存在的无法穷尽的变化，就都包括于其中了。先世儒者讲说《易经》的蕴含时，未曾推究及此，特意收录此二图作为外篇的首列内容。《御纂周易折中·启蒙附论》又有《点数应〈河图〉十位》《幂数应〈洛书〉九位》各自二图，在此省略不提。

《洛书》二八必交始成造化说

《洛书》之二八，先天八卦之巽震也。试使二居东北，八居西南，则自北而东南，一二三四居之，自西北而正南，六七八九居之，五居中以接乎四与六焉。自少而多一至九，自多而少九至一，岂不顺序；其卦则震巽易位，在左者由坤母而长女、中女、少女，在右者自乾父而长男、中男、少男，亦为顺序。然而不成造化矣，《洛书》之数则不能使纵横斜角皆十五点。卦画之象，则一阳在下者杂于阴仪，一阴在下者杂于阳仪，故造化之理必有交易，始成其为造化。其交易者，二巽居西南，八震居东北，即男女构精、万物化生之道也。八卦皆有男女之象，独长男长女为人道之所以始，盖艮兑者初生之男女，未有知识者也；坎离者毁齿之男女，天癸未通者也；乾坤者既老之男女，不能生育者也；惟震巽如男之二八，女之二七，天癸既通，精血始成，于是相火与风木相合，少阳与厥阴相随，而人道生生不息焉，皆由二八之相交，此造化自然之理也。雷风相薄，万物化生，巽而动，刚柔皆应，谓之恒，天道之所以恒久不已也。然则生机由相火之动，震木实相火之体，命门为相火之宅，巽木亦相火所寄，人身既由此火而生，亦由此火而灭，可不慎保其有生之真元哉！

后天则艮坤之位也，坎水之后继以燥土，离火之后继以湿土，亦是二八相易。

白话解读

《洛书》的二数、八数，是先天八卦的巽卦、震卦。尝试使二数居位于东北方位，八数居位于西南方位，那么，自北而至东南方位，一、二、三、四数居列其间，自西北而至正南方位，六、七、八、九数居列其间，五数居于中央，用来连接四数与六数。这样一来，自少而多排列为一至九数，自多而少排列是九至一数，这难道不是依照顺序来的吗；就其先天八卦论，震卦与巽卦变易了位置，在左方的卦向右依次由坤母而巽长女、离中女、兑少女，在右方的卦向左依次自乾父而震长男、坎中男、艮少男，也是顺着次序排列。然而，这样不能成就自然的创造演化，《洛书》的数就不能使纵向、横向、斜角都成为十五点。卦画的形象，是一阳在下方者掺杂于阴仪之中为少阴，一阴在下方者掺杂于阳仪之中为少阳，因此，自然创造演化的理数是必定有交通变易，才能成就为创造演化。先天八卦的交通变易，二数巽卦居位于西南，八数震卦居位于东北，这就是男女两性交合、万物化育生长的道理。八卦都有男女的象征，唯独长男、长女为男女交合的人道之开始，其原因，大概艮卦兑卦象征刚刚出生的男女，是没有什么知识的人；坎卦离卦象征乳齿脱落、更生恒齿的男女，是象征着生育能力的天癸尚未在身体中出现的人；乾卦坤卦象征已经年老的男女，是不能够生育的；只有震卦巽卦如同男子的二八(16岁)、女子的二七(14岁)，促进生殖功能的物质天癸已经通达，肾精和血液刚刚形成，由此开始，相火与风木相互配合，少阳与厥阴相互追随，而人类繁衍之道才不断生长繁殖没有止息，这都是由于二数与八数相互交易，是自然界创造演化自然而然的道理。雷与风相互迫近，万物化育生长，恭顺而行动，刚爻柔爻相互应和，称之为恒，正因为此，天的运行道理永恒持久不会终结。但生命的活力来源于相火的运动，震卦木实际为相火的形体，人体命门为相火的宅舍，巽卦木也是相火的寄托之所，人的身体既然由此火而产生，也由此火而熄灭，怎么能不慎重地保护那具有生命活力的真正元气呢。

后天八卦则是艮卦坤卦的方位，向右运行至坎卦水之后，用燥土艮卦继续，离卦火之后用湿土坤卦继续，这也是二八数相互交易的道理。

先天为序卦之根说

《启蒙附论》曰："先天图者，序卦之根也。序卦之法，以两卦相对为义。有相对而翻覆不可变者，乾、坤、坎、离、颐、大过、中孚、小过是也；有相对而翻覆可变者，屯、蒙以后，既未济以前，五十六卦皆是也。就五十六卦之中，则翻覆而二体不易者十二卦，需、讼、师、比、泰、否、同人、大有、晋、明夷、既未济也；翻覆而二体皆易者十二卦，随、蛊、咸、恒、损、益、震、艮、渐、归妹、巽、兑也；其翻覆而止于一体易者三十二卦，则自屯、蒙至涣、节皆是也。盖翻覆而不可变者，法八卦之乾、坤、坎、离也；翻覆而可变者，法八卦之震、艮、巽、兑也。就翻覆可变之中，其二体不易者，又皆乾、坤、坎、离相交者也；其一体不易者，亦皆交于乾、坤、坎、离者也；惟震、艮、巽、兑相交之卦，则二体皆易焉。颐、中孚、大过、小过，虽为震、艮、巽、兑相交之卦，而翻覆不可变者，颐、中孚具离之象，大过、小过具坎之象也，故序卦以之附于坎、离、既未济，为其具离、坎之象焉耳。先天图八卦，两两相对，序卦之根也。乾与坤对，坎与离对，震与巽对，艮与兑对。相对而不相变，所以定序卦之体也；然既相对，则必相交，四正之卦相交，则虽翻覆而其体不易，四维之卦相交，则翻覆而其体遂易矣，若四正之卦与四维之卦杂交，则易者半，不易者半，所以极序卦之用也。是故'天地定位'，上经所以始于乾、坤，中于否、泰也；'山泽通气，雷风相薄'，下经所以始于咸、恒，中于损、益；'水火不相射'，上下经所以终于坎、离、既未济也。"

《折中》曰："卦之所以序者，必自有故。而孔子以义次之，就其所次，亦足以见天道之盈虚消长，人事之得失存亡，国家之兴衰理乱。然须知若别为之序，则其理亦未尝不相贯。如蓍筮之法，一卦可变为六十四卦，随其所遇，而贞与悔皆可以相生，然后有以周义理而极事变，故曰'天下之能事毕也'。孔子盖因序卦之次以明例，所以举其一隅焉尔。神而明之，则知易道之周流而趋时无定，且知筮法之变通而触类可长。此义盖《易》之旁通至极处也。"（详见《序卦明义》，今不录——原注）

谨按：序卦者，《周易》之序也。若夏易名《连山》而首艮，则有成终成始之义，而他卦别有其序矣；商易名《归藏》而首坤，则有以下为基、以冬为始、以藏为根之义，而他卦又别有其序矣。可知易道趋时无定，变通无穷，故曰"易不可为典要"也。《折中》此条，诚为《易》之旁通至极处，一部《易》皆当如此看可也。

序卦以乾坤为始，以既未济为终，而互卦至末，只有乾、坤、既济、未济四卦，宇宙始终之理也。不终于既济而终于未济，所谓"物不可穷"，终则始也。先儒有"前瞻无始，后穷无终"之说，果尔则上下两篇何为皆以有天地发端乎，"有"者"始有"之辞也，有始则必有终矣，但天地始终之数，当非人所能测，邵子《皇极经世》，一家之言，存而不论可也。

白话解读

《御纂周易折中·启蒙附论·先后天卦生序卦杂卦图说》说："先天图，是《周易》序卦的根本。《周易》序卦的方法，是用两卦相互对列举出作为要义。两卦相对有二种，一是阴阳相对，一是正反相对。有阴阳相互对举而上下翻覆后不可改变的卦象，乾卦䷀、坤卦䷁、坎卦䷜、离卦䷝、颐卦䷚、大过卦䷛、中孚卦䷼、小过卦䷽就是这样；有正反相互对举而上下翻覆后可以改变的卦象，屯卦、蒙卦以后，既济卦、未济卦以前，五十六卦都是如此。就这五十六卦之中，上下翻覆而上下二体不可改易的，有十二卦，是需卦䷄、讼卦䷅、师卦䷆、比卦䷇、泰卦䷊、否卦䷋、同人卦䷌、大有卦䷍、晋卦䷢、明夷卦䷣、既济卦䷾、未济卦䷿，上下翻覆而上下二体全都改易的，有十二卦，是随卦䷐、蛊卦䷑、咸卦䷞、恒卦䷟、损卦䷨、益卦䷩、震卦䷲、艮卦䷳、渐卦䷴、归妹卦䷵、巽卦䷸、兑卦䷹；上下翻覆而只是上体或下体有一体改易的，有三十二卦，就是自屯卦、蒙卦至涣卦、节卦各卦，分列如下：屯卦䷂、蒙卦䷃、小畜卦䷈、履卦䷉、谦卦䷎、豫卦䷏、临卦䷒、观卦䷓、噬嗑卦䷔、贲卦䷕、剥卦䷖、复卦䷗、无妄卦䷘、大畜卦䷙、遁卦䷠、大壮卦䷡、家人卦䷤、睽卦䷥、蹇卦䷦、解卦䷧、夬卦䷪、姤卦䷫、萃卦䷬、升卦䷭、困卦䷮、井卦䷯、革卦䷰、鼎卦䷱、丰卦䷶、旅卦䷷、涣卦䷺、节卦䷻。六十四卦上下翻覆而形体不可以改变的，是效法八卦的乾卦、坤卦、坎卦、离卦；上下翻覆而形体可以改变的，是效法八卦的震卦、艮卦、巽卦、兑卦。就上下翻覆而形体可以改变的卦象之中，其上下二体不能改易的，又都是乾卦、坤卦、坎卦、离卦上下相互交错的卦象；其上体或下体有一体不能改易的，也都是上下相互交错于乾卦、坤卦、坎卦、离卦的卦象；只有震卦、艮卦、巽卦、兑卦相互交错的卦象，是上下二体全部改易的。颐卦䷚、中孚卦䷼、大过卦䷛、小过卦䷽，虽然是震卦、艮卦、巽卦、兑卦上下相互交错的卦象，但它们之所以上下翻覆形体不可能改变，是因为颐卦、中孚卦具有离卦的形象，大过卦、小过卦具有坎卦的形象，《周易》序卦用它们依附在坎卦、离卦、既济卦、未济卦旁边，正是因为它们具有离卦、坎卦的形象。”

《御纂周易折中·启蒙附论·先后天卦生序卦杂卦图说》继续说：“先天图的八卦，阴阳方位两两相对排列，这是《周易》序卦的根本。先天八卦图中，乾卦与坤卦阴阳方位相对，坎卦与离卦阴阳方位相对，震卦与巽卦阴阳方位相对，艮卦与兑卦阴阳方位相对。阴阳相互对待而方位不能相互改变，这是确定《周易》序卦的形体的依据；然而，既然阴阳相互对待，那么组成六十四卦就必然上下相互交错，四正方位的八卦上下相互交错，虽然上下翻覆而其形体不改易，四维方位的八卦上下相互交错，上下翻覆而其形体就改易了，如果四正方位的八卦与四维方位的八卦上下参杂交错，则上下翻覆后，上下二体中形体改易与不改易的各有一半，这是穷极《周易》序卦的功用的依据。因此，《周易·说卦传·第三章》所说的‘天地定位’，是《周易》上经起始于乾卦、坤卦，中继于否卦、泰卦的原因；所说的‘山泽通气，雷风相薄’，是《周易》下经起始于咸卦、恒卦，中继于损卦、益卦的原因；所说的‘水火不相射’，则《周易》上经下经终结于坎卦、离卦、既济卦、未济卦的原因。”

《御纂周易折中·序卦传·案》说：“《周易》上下经六十四卦之所以如此排序，必定自然有它的原因。而孔子作《序卦传》，按照事物本身的义理去排列它，就此次序，也足以看见自然界盈满而虚、此消彼长，世间人事的得失存亡，国家的兴亡盛衰、清明混乱等运行规律。然而，我们必须知道，如果用另外一种次序来排列，那么其中道理也是可以融会贯通的。如同用蓍草占筮的方法，一卦可以变为六十四卦，随着占筮所遇到的卦象变化，而贞与悔都可以相互滋生促进，这样，才能据此而周全地参详意义和道理，而彻底展现事物的变化，因此，《周易·系辞上传·第九章》说‘天下能够运作的事全都包涵其中了’。孔子大概是因循了《周易》序卦的次序，以此来明确可以依据的体例，所以只是列举出其中一个方面罢了。能够领悟易道的神奇而显明它的人，就知道易道在空间中流转于上下四方，流向上并不确定，并且知道占筮的方法灵活可变，以同类相通的方式便可以掌握得更多。这大概就是为什么说《周易》对宇宙万物的通晓达到了最高境界的原因。”

江永认为：序卦，是《周易》上下经卦象排列的次序。如同夏朝易经名为《连山》而首列艮卦，就有万物成就终结、成就开始的意义，而其他卦象另外有它的排列次序；商朝易经名为《归藏》而首列坤卦，就是万物以下方作为根基、以冬季作为开始、以收藏作为根本的意义，而其他卦象又另外有它的排列次序。由此可以知道，易之道运转的方向并不固定，而有着无穷无尽的变化通达，因此，《周易·系辞下传·第八章》说：“易经不可以成为恒定不变的准则。”《周易折中》这一条，确实指明《周易》对万物的通晓已达到最高境界，整部《易经》都应当如此看待。

《周易》序卦以乾卦、坤卦作为起始，以既济卦、未济卦作为终结，而六十四卦中间四爻组成互卦为十六卦，互卦十六卦中间四爻再组成互卦，至最末，只有乾卦、坤卦、既济卦、未济卦四个卦象，这是宇宙间万事万物开始与终结的道理。不终结于既济卦而终结于未济卦，这就是《周易·序卦传》所说的“万物的发展没有穷尽”，一个发展过程的终结就是另一个发展过程的开始。先世儒者，如朱熹《斋居感兴二十首》有“前瞻既无始，后继那有终”句，认为向前瞻看，万物发展没有开始；向后推究，万物发展没有终结，果然如此的话，《周易》上下两篇经文为什么都以有天、地作为万物发生发展的开始呢，“有”，指的是“开始有”，有开始就必定有终结，但是天地开始与终结的数理，应当不是人类的智能所能够测度的，邵雍所作《皇极经世》，只是一家的学说，把这个问题保存下来而不去讨论，就可以了。

三十六宫说

邵子诗云：“乾遇巽时为月窟，地逢雷处见天根。天根月窟闲来往，三十六宫都是春。”所谓三十六宫，即六十四卦也。上经三十卦，不可反易者六卦，乾、坤、颐、大过、坎、离，可反易者二十四卦，半之十二卦，六加十二凡十八卦；下经三十四卦，不可反易者二卦，中孚、小过，可反易者三十二卦，半之十六卦，二加十六亦十八卦；合之三十六卦。以六十四卦横图、圆图分之，阳仪、阴仪不可反易者各四卦，其余相对适均，合之亦三十六也。若以八卦言之，凡一奇为一画，一偶为二画，总计之，奇十二，偶二十四，合之亦三十六也。揲蓍挂扐之策象之，三变之余，去其初挂之一，老阳十二，象乾之三画而四因之也；老阴二十四，象坤之六画而四因之也；少阴十六，象巽离兑之四画而四因之也；少阳二十，象震坎艮之五画而四因之也。三十六者，四九之数也，八卦奇偶相对而计其画，乾与坤、震与巽、坎与离、艮与兑皆得九，此三十六宫之又一说也。

白话解读

宋代邵雍《伊川击壤集·卷十六·观物吟》诗中说："乾卦遇到巽卦时为月窟，坤地相逢震雷处见天根。天根月窟之间悠闲来往，三十六宫都是春天。"

所谓三十六宫，就是指六十四卦。《周易》上经三十卦，不可反转改易的有六卦，即乾卦、坤卦、颐卦、大过卦、坎卦、离卦，可以反转改易的有二十四卦，因每组两卦间可以相互反转改易，除去一半则有十二卦，六卦加十二卦共十八卦；下经三十四卦，不可反转改易的有二卦，即中孚卦、小过卦，可以反转改易的有三十二卦，因每组两卦间可以相互反转改易，除去一半则有十六卦，二卦加十六卦也共有十八卦；将上下经合起来，就共有三十六卦。用六十四卦横图、圆图分别它，阳仪、阴仪中不可反转改易的各自有四卦，其余各卦阴阳相对，适配而均等，合起来也是三十六卦。如果用八卦来讲解，一奇一画，一偶二画，八卦总起来计算，奇有十二画，偶有二十四画，合起来也是三十六。用揲数蓍草挂与扐的策数象征它，三变后挂数与扐数的蓍策余数，去除其最初挂的一数，老阳的策数为十二，象征乾卦的三画而四为因数；老阴的策数为二十四，象征坤卦的六画而四为因数；少阴的策数为十六，象征巽卦、离卦、兑卦的四画而四为因数；少阳的策数为二十，象征震卦、坎卦、艮卦的五画而四为因数；将老阳与老阴的策数、少阴与少阳的策数，合起来都是三十六。三十六，是四个九的和数，八卦的奇画与偶画相互对立，计算其画数，乾卦三画与坤卦六画、震卦五画与巽卦四画、坎卦五画与离卦四画、艮卦五画与兑卦四画，都得到九画，这是三十六宫的又一种说法。

十二辟卦说

辟，君也。阴阳消长进退，一月各有一卦为君也。一阳为复，十一月；二阳为临，十二月；三阳为泰，正月；四阳为大壮，二月；五阳为夬，三月；六阳为乾，四月；一阴为姤，五月；二阴为遁，六月；三阴为否，七月；四阴为观，八月；五阴为剥，九月；六阴为坤，十月。此十二辟卦，虽始于《京房易传》，然以卦配月，经文已言之，临“至于八月有凶”，临为十二月之卦，二阳四阴，临反为观，观为八月，四阴二阳，阴阳有胜复之理，故至于八月而凶也；古人以夏四月为正月，谓正阳之月也，正阳为纯阳，故四月为乾，其他剥、复、夬、姤，皆取阴阳消长为义；“复，先王以至日闭关”，是十一月为复；其言“七日来复”，谓自姤卦一阴始生，至此七爻，而一阳来复，又以一爻当一日，此别一义也。汉儒言卦气，又有公侯卿大夫之卦，则无意义矣。

白话解读

辟的意思是君主。每个月有一个卦作为主管本月的君主。一个阳爻为复卦䷗，主管夏历十一月；二个阳爻为临卦䷒，主管夏历十二月；三个阳爻为泰卦䷊，主管夏历正月；四个阳爻为大壮卦䷡，主管夏历二月；五个阳爻为夬卦䷪，主管夏历三月；六个阳爻为乾卦䷀，主管夏历四月。一个阴爻为姤卦䷫，主管夏历五月；二个阴爻为遁卦䷠，主管夏历六月；三个阴爻为否卦䷋，主管夏历七月；四个阴爻为观卦䷓，主管夏历八月；五个阴爻为剥卦䷖，主管夏历九月；六个阴爻为坤卦䷁，主管夏历十月。

这十二辟卦，虽然最早见于《京房易传》，然而，卦与月份的相配，《周易》经文已经讲过，如临卦卦辞说：“至于八月有凶。”临卦为夏历十二月的卦，下为二阳，上为四阴，临卦反转过来成为观卦，观卦为夏历八月的卦，下为四阴，上为二阳，其阴阳的表征包含战胜之后又有反覆的义理，因此到夏历八月，则可能有凶祸；古代人用夏历四月作为正月，称为正阳之月，正阳就是纯阳，因此夏历四月为乾卦，其他如剥卦、复卦、夬卦、姤卦，都取阴阳减少与增长的态势作为意义；《周易·象上传》说：“复卦，古代帝王在冬至日闭塞关口。”冬至在夏历十一月，这是以夏历十一月为复卦；《周易》复卦卦辞说“七日来复”，是说自姤卦一阴开始产生，至此时共经历七个爻，而一个阳爻重新回复，又用一爻相当于一日，这是另外一种意义。汉代儒者讲卦气，又有公、侯、卿、大夫的卦，就没有意义了。

后天为《杂卦》之根说

《启蒙附论》曰："后天图八卦，阴阳上下画互变，《杂卦》之根也。后天之卦，有各从其类以相变者焉，有各得其对以相变者焉。乾居西北而三阳从之，坤居西南而三阴从之，此各从其类者也；相对者，乾与巽对、坎与离对、艮与坤对、震与兑对，此各得其对者也。相从者，除乾坤纯阳纯阴不变外，坎而上去一阴、下生一阴则为艮，艮而上去一阳、下生一阳则为震，震而上去一阴、下生一阴则为坎，此三阳相次之序也；巽而上去一阳、下生一阳则为离，离而上去一阳、下生一阳则为兑，兑而上去一阴、下生一阴则为巽，此三阴相次之序也。相对者，乾而上去一阳、下生一阴则为巽，坎而上去一阴、下生一阳则为离，艮而上去一阳、下生一阴则为坤，震而上去一阴、下生一阳则为兑，此四阳卦变为对位四阴卦之序也；巽而下去一阴、上生一阳则为乾，离而下去一阳、上生一阴则为坎，坤而下去一阴、上生一阳则为艮，兑而下去一阳、上生一阴则为震，此四阴卦变为对位四阳卦之序也。然寻其对位相变之根，则又自父母男女长少而来。盖四阴卦，兑为最少，离为中，巽为长，坤为老；四阳卦，艮为最少，坎为中，震为长，乾为老。凡变者自少而老，故兑而上去一阴、下生一阳则变为乾矣，离而上去一阳、下生一阴则变为坎矣，巽而上去一阳、下生一阴则变为艮矣，坤而上去一阴、下生一阳则变为震矣。四阳卦之变自阴而来，故又变而为对位之四阴也。艮而下去一阴、上生一阳则变为巽矣，坎而下去一阴、上生一阳则变为离矣，震而下去一阳、上生一阴则变为坤矣，乾而下去一阳、上生一阴则变为兑矣。四阴卦之变自阳而来，故又变而为对位之四阳也。"谨按：后天八卦，虽曰乾统三男、坤统三女，而所以统者不同。乾则居首而三男从之，坤不居首、亦不居尾而在中女少女之间，于是乾对长女，坤对少男，而长男亦对少女，惟中女正对中男。此其错综变化之妙，由先天八卦变易而来。五行则水火相对，阳土阴土自相对，阳金则对阴木，阴金则对阳木也。此以卦画推之，上去一画、下生一画，阴阳同类者仍以类从；如上下异类者，则得其对方异类之卦。于是，乾的对巽，坎的对离，艮的对坤，震的对兑，自成后天之配耦；又以四阴卦之少中长老，而得四阳卦之乾坎艮震，四阳卦之少中长老，而得四阴卦之巽离坤兑，又自成后天阴阳之次序。四阴卦之少中长老，即《河图》之四三二一也；上去一画、下生一画，即为乾坎艮震之根。四阳卦之少中长老，即《河图》之六七八九也；下去一画、上生一画，即为巽离坤兑之根。错综变化之妙又如此，皆千古所未发明也。

"杂卦，即互卦也。互卦之法，或上去一画而下生一画，或下去一画而上生一画，则其体遂变矣。互体所成凡十六卦，其阳卦从阳卦、阴卦从阴卦者八，乾、坤、颐、大过、蹇、解、家人、睽也；其阳卦交阴卦、阴卦交阳卦者亦八，剥、复、夬、姤、渐、归妹、既未济也。以交互之法求之，乾而上去一阳、下生一阳，或下去一阳、上生一阳，仍是乾矣；坤而上去一阴、下生一阴，或下去一阴、上生一阴，仍是坤矣；惟震而上去一阴、下生一阴则变为坎，下去一阳、上生一阳则变为艮；巽而上去一阳、下生一阳则变为离，下去一阴、上生一阴则变为兑；坎而上去一阴、下生一阴则变为艮，下去一阴、上生一阴则变为震；离而上去一阳、下生一阳则变为兑，下去一阳、上生一阳则变为巽；艮而上去一阳、下生一阳则变为震，下去一阴、上生一阴则变为坎；兑而上去一阴、下生一阴则变为巽，下去一阳、上生一阳则变为离，此八变者，皆阳得阳卦、阴得阴卦，故乾之变则乾也，坤之变则坤也，震之变则雷水解也、山雷颐也，巽之变则风火家人也、泽风大过也，坎之变则水山蹇也、雷水解也，离之变则火泽睽也、风火家人也，艮之变则山雷颐也、水山蹇也，兑之变则泽风大过也、火泽睽也，皆因其能相变，故能相合也。又乾而上去一阳、下生一阴则变为巽，下去一阳、上生一阴则变为兑；坤而上去一阴、下生一阳则变为震，下去一阴、上生一阳则变为艮；震而上去一阴、下生一阳则变为兑，下去一阳、上生一阴则变为坤；巽而上去一阳、下生一阴则变为艮，下去一阴、上生一阳则变为乾；坎而上去一阴、下生一阳，或下去一阴、上生一阳，皆变为离；离而上去一阳、下生一阴，或下去一阳、上生一阴，皆变为坎；艮而上去一阳、下生一阴则变为坤，下去一阴、上生一阳则变为巽；兑而上去一阴、下生一阳则变为乾，下去一阳、上生一阴则变为震，此八变者，皆阳得阴卦、阴得阳卦，故乾之变则天风姤也、泽天夬也，坤之变则地雷复也、山地剥也，震之变则雷泽归妹也、地雷复也，巽之变则风山渐也、天风姤也，坎之变则既济也、未济也，离之变则未济也、既济也，艮之变则山地剥也、风山渐也，兑之变则泽天夬也、雷泽归妹也，亦皆因其能相变，故能相合也。易互卦之法尽于此，此其卦所以止于十六也。”

谨按：画卦至四画始有十六互卦之象，此则就三画卦去一画生一画，反复推之而十六卦已定于此，是又为互卦搜寻根源，古今所未发者也。

“合而观之，凡阳卦相变者，震变坎艮也，坎变震艮也，艮又变震坎也；凡阴卦相变者，巽变离兑也，离变巽兑也，兑又变巽离也；凡阳卦变阴卦者，乾变巽兑也，震变坤兑也，坎变离也，艮变坤巽也；凡阴卦变阳卦者，坤变震艮也，巽变乾艮也，离变坎也，兑变乾震也。《易》中所谓互卦者止于此，而其错综次序，皆具于后天也。”（以互卦推《杂卦传》，详见《杂卦明义》——原注）

白话解读

（一）后天图八卦互变

《御纂周易折中·启蒙附论·先后天卦生序卦杂卦图说》说：“后天图的八卦，阴阳属性的卦画在卦的上方下方相互变易，这是孔子《杂卦》的根本。后天的卦互变有二义，一是阴阳各自从其同类而相互变易；二是各自得到与自己方位相对的卦而相互变易。乾卦居位于西北方位而坎卦、艮卦、震卦三阳卦随从它，坤卦居位于西南方位而巽卦、离卦、兑卦三阴卦随从它，这是阴阳各自从其同类而变；乾卦与巽卦方位相对、坎卦与离卦方位相对、艮卦与坤卦方位相对、震卦与兑卦方位相对，这是各自得到与自己方位相对的卦而变。所谓阴阳相从，除了乾卦、坤卦为纯阳、纯阴，卦象不变外，坎卦的上方去除一个阴画、下方生出一个阴画就变为艮卦，艮卦的上方去除一个阳画、下方生出一个阳画就变为震卦，震卦的上方去除一个阴画、下方生出一个阴画就变为坎卦，这是三阳卦次第排列的顺序；巽卦的上方去除一个阳画、下方生出一个阳画就变为离卦，离卦的上方去除一个阳画、下方生出一个阳画就变为兑卦，兑卦的上方去除一个阴画、下方生出一个阴画就变为巽卦，这是三阴卦次第排列的次序。所谓方位相对，乾卦的上方去除一个阳画、下方生出一个阴画就变为巽卦，坎卦的上方去除一个阴画、下方生出一个阳画就变为离卦，艮卦的上方去除一个阳画、下方生出一个阴画就变为坤卦，震卦的上方去除一个阴画、下方生出一个阳画就变为兑卦，这是四阳卦变为其相对方位四阴卦的次序；巽卦的下方去除一个阴画、上方生出一个阳画就变为乾卦，离卦的下方去除一个阳画、上方生出一个阴画就变为坎卦，坤卦的下方去除一个阴画、上方生出一个阳画就变为艮卦，兑卦的下方去除一个阳画、上方生出一个阴画就变为震卦，这是四阴卦变为其相对方位四阳卦的次序。然而探寻后天八卦相对方位相对变化的根本，则又是根据家庭系统中父母男女年龄长少的次序而来的。就年龄而论，四阴卦中，兑卦为最少，离卦为中，巽卦为长，坤卦为老，四阳卦中，艮卦为最少，坎卦为中，震卦为长，乾卦为老。人的年龄变化都是自少而老，因此，兑卦的上方去除一个阴画、下方生出一个阳画就变为乾卦了，离卦的上方去除一个阳画、下方生出一个阴画就变为坎卦了，巽卦的上方去除一个阳画、下方生出一个阴画就变为艮卦了，坤卦的上方去除一个阴画、下方生出一个阳画就变为震卦了。四阳卦变化自阴卦而来，因此又变化成为相对方位的四阴卦。艮卦下方去除一个阴画、上方生出一个阳画就变为巽卦了，坎卦下方去除一个阴画、上方生出一个阳画就变为离卦了，震卦下方去除一个阳画、上方生出一个阴画就变为坤卦了，乾卦下方去除一个阳画、上方生出一个阴画就变为兑卦了。四阴卦的变化自阳卦而来，因此又变化成为相对方位的四阳卦。”

江永认为：后天八卦，虽然说乾卦统率三男卦，坤卦统率三女卦，而具体怎么统率，二者是不同的。乾卦居于首位而三男卦随从它，坤卦不居于首位、也不居于尾部，而位在中女、少女之间，因此后天八卦图乾卦对位长女巽卦，坤卦对位少男艮卦，而长男震卦对位少女兑卦，只有中女离卦正好对位中男坎卦。它这种交错配合发生变化的奇妙，是由先天八卦改易变化而来。就八卦五行属性而论，坎卦水与离卦火相对，艮卦阳土与坤卦阴土相对，乾卦阳金就与巽卦阴木相对，兑卦阴金就与震卦阳木相对。《御纂周易折中·启蒙附论·先后天卦生序卦杂卦图说》这是用卦画推究其变易的规律，在八卦卦象上方去除一画、下方生出一画，就会变成另一个卦象，如果变出的卦象与原卦象阴阳属性为相同类别，就仍然按照阴阳类别相互随从；如果变出的卦象与原卦象其阴阳属性不是相同类别，就得到与它相对方位的不同阴阳类别的卦象，于是，乾卦的对位巽卦，坎卦的对位离卦，艮卦的对位坤卦，震卦的对位兑卦，自然形成后天八卦的阴阳配偶；又用四阴卦按照年龄兑卦少、离卦中、巽卦长、坤卦老而上方去除一画、下方生出一画，而得到四阳卦的乾卦、坎卦、艮卦、震卦，用四阳卦按照年龄艮卦少、坎卦中、震卦长、乾卦老而上方去除一画、下方生出一画，而得到四阴卦的巽卦、离卦、坤卦、兑卦，又自然形成后天八卦阴阳的次序。四阴卦按年龄排列的兑卦少、离卦中、巽卦长、坤卦老，就是《河图》生数的四、三、二、一；其上方去除一画、下方生出一画，就成为乾卦、坎卦、艮卦、震卦的根本。四阳卦按年龄排列的艮卦少、坎卦中、震卦长、乾卦老，就是《河图》成数的六、七、八、九；其下方去除一画、上方生出一画，就成为巽卦、离卦、坤卦、兑卦的根本。后天八卦图交错配合发生变化的奇妙又能够达到如此程度，都是千年以来未曾被人阐发明白的。

(二)杂卦就是互卦

《御纂周易折中·启蒙附论·先后天卦生序卦杂卦图说》又说："杂卦，就是互卦。互卦的方法，或者在卦象上方去除一画而下方生出一画，或者在卦象下方去除一画而上方生出一画，那么，原卦象的形体就发生变易了。六十四卦中间四爻为上下两卦交互组成的互体，以互体的二至四爻为下卦，三至五爻为上卦，则六十四卦互体所形成的卦象共有十六卦，其中下卦与上卦组合为阳卦随从阳卦、阴卦随从阴卦的有八卦，即乾卦、坤卦、颐卦、大过卦、蹇卦、解卦、家人卦、睽卦；其中阳卦交错阴卦、阴卦交错阳卦的也有八卦，即剥卦、复卦、夬卦、姤卦、渐卦、归妹卦、既济卦、未济卦。用六十四卦中间四爻交叉形成互体的方法推求，对三画卦来说，乾卦上方去除一个阳画、下方生出一个阳画，或者下方去除一个阳画、上方生出一个阳画，仍然是乾卦；坤卦上方去除一个阴画、下方生出一个阴画，或者下方去除一个阴画、上方生出一个阴画，仍然是坤卦；而震卦上方去除一个阴画、下方生出一个阴画则变为坎卦，下方去除一个阳画、上方生出一个阳画则变为艮卦；巽卦上方去除一个阳画、下方生出一个阳画则变为离卦，下方去除一个阴画、上方生出一个阴画则变为兑卦；

坎卦上方去除一个阴画、下方生出一个阴画则变为艮卦，下方去除一个阴画、上方生出一个阴画则变为震卦；离卦上方去除一个阳画、下方生出一个阳画则变为兑卦，下方去除一个阳画、上方生出一个阳画则变为巽卦；艮卦上方去除一个阳画、下方生出一个阳画则变为震卦，下方去除一个阴画、上方生出一个阴画则变为坎卦；兑卦上方去除一个阴画、下方生出一个阴画则变为巽卦，下方去除一个阳画、上方生出一个阳画则变为离卦。这八种变化，都是阳卦经过交互变化得到阳卦、阴卦经过交互变化得到阴卦，所以说，原八卦与经过交互变化后的八卦组合成六画卦，乾卦的变化就是六画乾卦，坤卦的变化就是六画坤卦。震卦的变化就是雷水解卦、山雷颐卦，巽卦的变化就是风火家人卦、泽风大过卦，坎卦的变化就是水山蹇卦、雷水解卦，离卦的变化就是火泽睽卦、风火家人卦，艮卦的变化就是山雷颐卦、水山蹇卦，兑卦的变化就是泽风大过卦、火泽睽卦。这些变化都是因为八经卦与十六互卦之间能够相互变易，所以能够相互符合。另外，对三画卦来说，乾卦上方去除一个阳画、下方生出一个阴画则变为巽卦，下方去除一个阳画、上方生出一个阴画则变为兑卦；坤卦上方去除一个阴画、下方生出一个阳画则变为震卦，下方去除一个阴画、上方生出一个阳画则变为艮卦；震卦上方去除一个阴画、下方生出一个阳画则变为兑卦，下方去除一个阳画、上方生出一个阴画则变为坤卦；巽卦上方去除一个阳画、下方生出一个阴画则变为艮卦，下方去除一个阴画、上方生出一个阳画则变为乾卦；坎卦上方去除一个阴画、下方生出一个阳画，或下方去除一个阴画、上方生出一个阳画，都变为离卦；离卦上方去除一个阳画、下方生出一个阴画，或下方去除一个阳画、上方生出一个阴画，都变为坎卦；艮卦上方去除一个阳画、下方生出一个阴画则变为坤卦，下方去除一个阴画、上方生出一个阳画则变为巽卦；兑卦上方去除一个阴画、下方生出一个阳画则变为乾卦，下方去除一个阳画、上方生出一个阴画则变为震卦。这八种变化，都是阳卦经过交互变化得到阴卦，阴卦经过交互变化得到阳卦。所以说，原八卦与经过交互变化后的八卦组合成六画卦，乾卦的变化就是天风姤卦、泽天夬卦，坤卦的变化就是地雷复卦、山地剥卦，震卦的变化就是雷泽归妹卦、地雷复卦，巽卦的变化就是风山渐卦、天风姤卦，坎卦的变化就是既济卦、未济卦，离卦的变化就是未济卦、既济卦，艮卦的变化就是山地剥卦、风山渐卦，兑卦的变化就是泽天夬卦、雷泽归妹卦。这些变化也都是八经卦与十六互卦之间能够相互变易，所以能够相互符合。《周易》互卦的方法全都包含在这里，这就是互卦只有十六卦的原因所在。”

江永认为：画卦至第四层画，才有十六个互卦的形象，这就是说，三画卦去除一画、生出一画，反复推求，十六卦便已经确定，这是搜索寻求所得到的互卦的根源，由古至今，学者从未阐发过。

（三）总述

《御纂周易折中·启蒙附论·先后天卦生序卦杂卦图说》总结说：“将各种说法综合起来看，凡是阳卦相互变易的，震卦变为坎卦、艮卦，坎卦变为震卦、艮卦，艮卦又变为震卦、坎卦；凡是阴卦相互变易的，巽卦变为离卦、兑卦，离卦变为巽卦、兑卦，兑卦又变为巽卦、离卦；凡是阳卦变为阴卦的，乾卦变为巽卦、兑卦，震卦变为坤卦、兑卦，坎卦变为离卦，艮卦变为坤卦、巽卦；凡是阴卦变为阳卦的，坤卦变为震卦、艮卦，巽卦变为乾卦、艮卦，离卦变为坎卦，兑卦变为乾卦、震卦。《周易》中所谓互卦，就是这些，而它们交错配合的排列次序，都在后天八卦中。”（用互卦推求《周易·杂卦传》，详细内容参见《御纂周易折中·杂卦明义》——原注）

互卦说

《启蒙》曰：“八卦之上，各生一奇一偶，而为四画者十六，于经无见，邵子所谓‘八分为十六’者是也；又为两仪之上，各加八卦；又为八卦之上，各加两仪也。”

《折中》曰：“四画十六者，为八卦之上各加两仪，又为四象之上各加四象也。于经虽无见，然及六十四卦既成之后，以其自二至五，四爻互之；或自初至四，或自三至上，或自四而又至初，或自五而又至二，或自上而又至三，错综颠倒互之，皆得乾、坤、既未济、剥、复、姤、夬、渐、归妹、大过、颐、解、蹇、睽、家人诸卦，适合十六卦之数，孔子于《杂卦》发其端矣。汉儒互卦之说，盖本诸此也。邵子诗云‘四象相交，成十六事’，即以此四画者为四象相交者尔，学者误以上文‘天、地、否、泰'十六卦当之，失其指矣。"

谨按：邵子之诗本为方图而作，以八卦与否、泰、损、咸、恒、益、既未济为十六事；四象者，天地为一象，山泽为一象，雷风为一象，水火为一象，此四象，犹云四类尔；相交者，四隅斜对相交也。此邵子之本意。若"两仪生四象"，邵子谓"阴阳刚柔为四象"，与今说二老二少原不同，则非谓十六互卦也。今推出十六互卦之妙，则发先儒所未发者也。

《启蒙》曰："四画之上，各生一奇一偶，而为五画者三十二，邵子所谓'十六分为三十二'者是也；又为四象(原文"八卦"应为"四象"——作者注)之上各加八卦；又为八卦之上各加四象也。"

《折中》曰："五画三十二者，自初至三可互一卦，自三至五又可互一卦，六十四卦既成之后，依此法错综颠倒互之，则得复、姤、颐、大过、屯、鼎、恒、益、丰、涣、坎、离、蒙、革、同人、师、临、遁、咸、损、节、旅、中孚、小过、大壮、观、大有、比、夬、剥、乾、坤诸卦，亦适合三十二之数。先儒亦有以是说互卦者，如损、益皆互颐，颐象离，为龟，故损、益二、五言'十朋之龟'之类。"

谨按：五画又有互法，而以四画互十六卦者为主。此为四象加八卦、八卦加四象，彼为四象自相交也。

白话解读

(一)四画者十六

《易学启蒙·原卦画第二》说："八卦的上方，各自生出一个奇画、一个偶画，而成为四画的十六事卦这种说法，《周易》经文中没有看见，邵雍所说'八分为十六"，就是此意；另外，这又可以说成是在'两仪'的上方，各自叠加一个三画的八卦，以及八卦的上方，各自叠加一个'两仪'。"

《周易折中·易学启蒙·原卦画第二·案》说："由四画组成的十六事卦，为八卦的上方各自叠加一个两仪，又为四象的上方各自叠加一个四象。在《周易》经文中虽然没有看见这种说法，但等到六十四卦形成之后，用它的第二爻至第五爻中间四爻交互为三画卦，或者初爻至第四爻、第三爻至上爻、第四爻再至初爻、第五爻再至第二爻、上爻再至第三爻，这样六爻循环交错配合，上下次序颠倒交互，都能得到乾卦、坤卦、既济卦、未济卦、剥卦、复卦、姤卦、夬卦、渐卦、归妹卦、大过卦、颐卦、解卦、蹇卦、睽卦、家人卦各卦，正好符合十六卦的数量，这种方法，孔子在《周易·杂卦传》中已经发端了。汉代儒者关于互卦的说法，应该都是本源于此。宋代邵雍《伊川击壤集·卷十七·大易吟》诗说，'四象相交，成十六事'，就是将此四画组成的十六事卦作为四象相互叠加交错的形象。学习这些理论的人错误地把《大易吟》诗的上文中所提到的乾卦天、坤卦地、否卦、泰卦、艮卦山、兑卦泽、损卦、咸卦、震卦雷、巽卦风、恒卦、益卦、坎卦水、离卦火、既济卦、未济卦这十六卦当作四象相交的十六事卦，这就误解了邵雍的本来意旨。"

江永认为：邵雍《大易吟》诗本来是为六十四卦方图而创作，所说十六事卦，是指八纯卦与否卦、泰卦、损卦、咸卦、恒卦、益卦、既济卦、未济卦；所说四象，是天地为一象，山泽为一象，雷风为一象，水火为一象，这四象也就是指四类事物；所说相交，是六十四卦方图四隅斜对相互交叉。这才是邵雍的本来意思。至于在解读《周易·系辞上传·第十一章》"两仪生四象"时，邵雍说"阴阳刚柔为四象"，与现在人们所说四象为"二老即老阴、老阳，二少即少阴、少阳"原本不同，所以，邵雍《大易吟》"四象相交，成十六事"说的就不是十六互卦。现在我们推究出十六互卦的精妙义理，则是阐发了先世宿儒们所未曾阐发的内涵。

（二）五画者三十二

《易学启蒙·原卦画第二》说："四画的上方各自生出一个奇画一个偶画，而成为五画的三十二卦，也就是邵雍所说'十六分为三十二'，这又可以说成是在四象的上方各自叠加一个八卦，或在八卦的上方各自叠加一个四象。"

《周易折中·易学启蒙·原卦画第二·案》说："以六画卦来说，要得到五画的三十二卦，初爻至第三爻可以互成一卦，第三爻至第五爻又可以互成一卦，六十四卦形成之后，依照着这个方法，交错配合、上下次序颠倒交互，就可以得到复卦、姤卦、颐卦、大过卦、屯卦、鼎卦、恒卦、益卦、丰卦、涣卦、坎卦、离卦、蒙卦、革卦、同人卦、师卦、临卦、遁卦、咸卦、损卦、节卦、旅卦、中孚卦、小过卦、大壮卦、观卦、大有卦、比卦、夬卦、剥卦、乾卦、坤卦各卦，也正好符合三十二的数量。先世宿儒们也有用此法解说互卦的，如损卦第二爻至上爻、益卦初爻至第五爻都互成五画的颐卦，颐卦好像离卦，代表龟，因此，《周易》损卦六五爻辞、益卦六二爻辞都说到了‘十朋之龟’之类。”

江永认为：五画卦也有一种互卦的方法，以四画互成十六卦为其主要。五画互卦是四象上方叠加八卦、八卦上方叠加四象，四画互卦是四象自行相互交错。

四象相交为十六事图

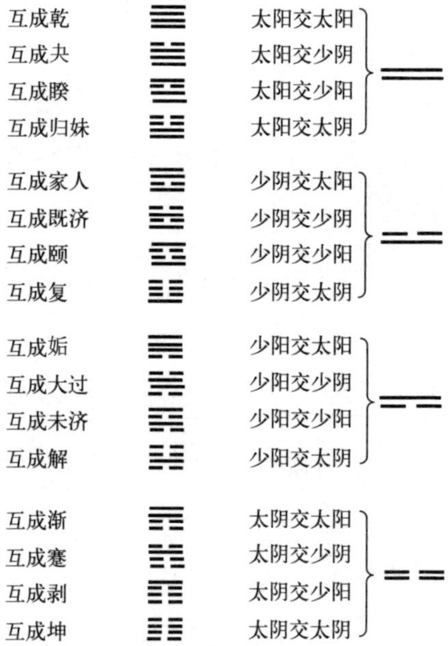

四象相交为十六事图

图说

《杂卦明义》曰："此互卦之根也，惟其方成四画(原文"象"应为"画"——作者注)时，所互有此十六卦，故六十四卦成后，以中爻互之只此十六卦，即以六爻循环互之亦只此十六卦。四画互成十六卦，又以其中二画观之，则互乾、坤、剥、复、大过、颐、姤、夬者，皆中二爻为太阳太阴者也；互渐、归妹、解、蹇、睽、家人、既未济者，皆中二爻为少阳少阴者也，故十六事归于四象而已。"

谨按：《系辞传》言"杂物撰德，辨是与非，则非其中爻不备"，而中四爻所成十六互卦，与卦画同体，与两仪、四象同原。汉儒以互卦说易，后人谓其穿凿，然互卦为本卦之变体，可资占筮之用，《春秋》内外传有明征矣。

白话解读

《周易折中·杂卦明义·四象相交为十六事图》说："这是互卦的根本。只有画卦的时候，刚刚成就四象时，四象所交叉互成，才有这十六卦，所以六十四卦画成后，用中间四爻交叉互成，也只有这十六卦，就是用六爻循环交叉互成，也只有这十六卦。四画交互形成十六卦，观察其中间二画，可以看到，互卦为乾卦、坤卦、剥卦、复卦、大过卦、颐卦、姤卦、夬卦的，都是中间二爻画为老阳、老阴的四象；互卦为渐卦、归妹卦、解卦、蹇卦、睽卦、家人卦、既济卦、未济卦的，都是中间二爻画为少阳、少阴的四象。所以说，四画十六事卦，最终都归结于太阴、太阳、少阴、少阳的四象。"

江永认为：《周易·系辞下传·第九章》说："想聚集天下的事物，撰数人的德行，来辨析其中的是与非，就必须要仔细地看中间四爻的变化。"而中间四爻所形成的十六互卦，与六画卦卦画为同一形体，与两仪、四象为同一根源。汉代儒学家用互卦解说《易经》，后人认为解说得非常牵强，然而，互卦为本卦的变体，可以起到帮助占筮的作用，这在《春秋》内传

《左传》、外传《国语》中都是有明显验证的。

六十四卦中四爻互卦图

乾	坤	剥	复	大过	颐	姤	夬

以上八卦皆互乾坤　乾大过姤夬互乾　坤剥复颐互坤

解	蹇	睽	家人	渐	归妹	既济	未济

以上八卦皆互既济未济　解睽归妹未济互既济　蹇家人渐既济互未济

比	师	临	观	屯	蒙	损	益

以上八卦皆互剥复　比观屯益互剥　师临蒙损互复

咸	恒	大壮	遁	大有	同人	革	鼎

以上八卦皆互姤夬　咸遁同人革互姤　恒大壮大有鼎互夬

大畜	无妄	萃	升	随	蛊	否	泰

以上八卦皆互渐归妹　无妄萃随否互渐　大畜升蛊泰互归妹

涣	节	小过	中孚	丰	旅	离	坎

以上八卦皆互大过颐　小过丰旅离互大过　涣节中孚坎互颐

震	艮	谦	豫	噬嗑	贲	晋	明夷

以上八卦皆互解蹇　艮谦贲明夷互解　震豫噬嗑晋互蹇

兑	巽	井	困	小畜	履	需	讼

以上八卦皆互睽家人　巽井小畜需互睽　兑困履讼互家人

六十四卦中四爻互卦图

十六卦互成四卦图

乾	仍互乾	渐	互未济
坤	仍互坤	归妹	互既济
剥	互坤	解	互既济
复	互坤	蹇	互未济
大过	互乾	睽	互既济
颐	互坤	家人	互未济
姤	互乾	既济	互未济
夬	互乾	未济	互既济

十六卦互成四卦图

图说

《杂卦明义》曰："互乾、坤、既未济之十六卦，即诸卦之所互而成者也，故十六卦又只成乾、坤、既未济四卦，犹十六事之归于四象也。盖四象即乾、坤、既未济之具体，故以太阳三叠之即乾，以太阴三叠之即坤，以少阴三叠之即既济，以少阳三叠之即未济，乾、坤、既未济统乎易之道矣，故《序卦》、《杂卦》皆以是终始焉。"

谨按：文王之《易》，以乾坤始，以既未济终；六十四卦互之，其究亦归于四卦，即宇宙终始之理也。四卦又以乾坤为体，既未济为用。乾坤互之常不变，既未济互之常循环，终则有始也。要之，总归于《河图》之四象，以二太立不易之体，以二少为交易变易之用，实则天地水火四物而已。

白话解读

《周易折中·杂卦明义·十六卦互成四卦图》说："互体为乾卦、坤卦、既济卦、未济卦的十六卦，就是六十四卦各卦中间四爻所交互而形成的，所以说，十六卦中间四爻只交互形成乾卦、坤卦、既济卦、未济卦四卦，和十六事卦最终归结于四象是一样的。太阳、太阴、少阴、少阳的四象就是乾卦、坤卦、既济卦、未济卦的具体表现，因此，用太阳三层叠加起来就是乾卦，用太阴三层叠加起来就是坤卦，用少阴三层叠加起来就是既济卦，用少阳三层叠加起来就是未济卦，乾卦、坤卦、既济卦、未济卦，将《周易》的道理统贯起来了，所以《周易》的《序卦》《杂卦》都用这四卦作为终结与开始。"

江永认为：周文王创作的《易经》，用乾卦、坤卦作为开始，用既济卦、未济卦作为终结；六十四卦中间四爻交互成卦，最终也归结于乾卦、坤卦、既济卦、未济卦四卦，这就是宇宙演化终结与开始的道理。四卦又用乾卦、坤卦作为形体，既济卦、未济卦作为功用。这是因为，乾卦、坤卦中间四爻交互成卦的规律固定不变，既济卦、未济卦中间四爻交互成卦的规律循环运转，意味着有了一个发展过程的终结，就有另一个发展过程的开始。要而言之，总结来看，《河图》的四象，用太阴、太阳二太确立不易的形体，用少阴、少阳二少作为交易、变易的功用，实际上就是天、地、水、火这四类事物。

后天六十四卦次序图

乾为天	天风姤	天山遁	天地否	风地观	山地剥
火地晋	火天大有皆属阳金				
坎为水	水泽节	水雷屯	水火既济	泽火革	雷火丰
地火明夷	地水师皆属水				
艮为山	山火贲	山天大畜	山泽损	火泽睽	天泽履
风泽中孚	风山渐皆属阳土				
震为雷	雷地豫	雷水解	雷风恒	地风升	水风井
泽风大过	泽雷随皆属阳木				
巽为风	风天小畜	风火家人	风雷益	天雷无妄	火雷噬嗑
山雷颐	山风蛊皆属阴木				
离为火	火山旅	火风鼎	火水未济	山水蒙	风水涣
天水讼	天火同人皆属火				
坤为地	地雷复	地泽临	地天泰	雷天大壮	泽天夬
水天需	水地比皆属阴土				
兑为泽	泽水困	泽地萃	泽山咸	水山蹇	地山谦
雷山小过	雷泽归妹皆属阴金				

后天六十四卦次序图

图说

此后天八宫之卦，所以致用者也。先天八宫，其贞皆本宫卦，其悔皆先天横图之序，此所以立体，非所以致用。盖易道尚其变，下卦皆同，上卦皆顺序则无变，无变则不能致用。此则从先天八卦变出致用之法。以变爻为主，其变自下而上，大约如十二辟卦之法而有不同。盖辟卦惟用乾坤二卦，以十二卦配十二月，剥变则为纯坤，夬变则为纯乾。此则山地剥之后，退下一爻，为四爻变火地晋，又退下一爻，归其本宫，为三爻变火天大有，则中间六卦，皆属之乾矣；泽天夬之后，退下一爻，为四爻变水天需，又退下一爻，归其本宫，为三爻变水地比，则中间六卦，皆属之坤矣；他宫皆仿此变法，皆自然之理。以变爻为主，则可以定世、应，以象人事之有彼我矣；八宫皆依八卦之五行，则六十四卦皆有所属矣；四十八爻分布干支，以五行生克分六亲，以六亲该万事，而可以周无穷之用矣；又以三钱代四十九蓍，以背四象，以六掷代十八变，尤为简易。此四圣以后用易之别法，始见《京房易传》，未详始自何人，实后人补前人未备之一端也。

白话解读

此后天八宫之卦，是人们用来付诸实际使用的。

先天八宫，其贞卦(即内卦)都是本宫卦，其悔卦(即外卦)都是按照先天八卦横图乾一、兑二、离三、震四、巽五、坎六、艮七、坤八排列的次序。这是用来确立形体的，不是用来付诸实用的。《易经》的道理崇尚变化，下卦都是相同的，上卦都是按照先天八卦次序顺次排列的，并且没有变化，没有变化就不能付诸实用。

此后天八宫之卦，则是从先天八卦变化出来付诸实用的方法。以变爻为主，其变化自爻画之下而上，大致上如同十二辟卦的方法，但有所不同。辟卦只使用乾卦、坤卦二卦，用十二卦配合十二月，剥卦变化就成为纯坤卦，夬卦变化就成为纯乾卦。此后天八宫之卦，以乾宫卦为例，则山地剥卦之后，退至下一爻，为第四爻变，成为火地晋卦；又退至下一爻，回归其本宫卦，为第三爻变，成为火天大有卦；则中间有乾为天、天风姤、天山遁、天地否、风地观、山地剥六卦，都属于乾宫了。以坤宫卦为例，则泽天夬卦之后，退至下一爻，为第四爻变，成为水天需卦；又退至下一爻，回归其本宫卦，为第三爻变，成为水地比卦；则中间有坤为地、地雷复、地泽临、地天泰、雷天大壮、泽天夬六卦，都属于坤宫了。其他坎宫、艮宫、震宫、巽宫、离宫、兑宫，都是仿照这种变化方法，都是以自然天成为其道理。以变爻为主，就可以确定世爻、应爻，用来模拟人世间事对你我彼此的区别了；八宫都依据首列八卦的五行属性，那么六十四卦就都有五行所属了；每宫八个卦，计有四十八爻，都分别布置有天干、地支，用五行之间的相生、相克划分六亲，用六亲涵盖万事万物，而可以包罗无穷的应用了；另外，用三枚铜钱代替四十九根蓍草，以背与面来记录四象，用六次抛掷铜钱的方法，代替筮法十八变，特别简便易行。这是自伏羲、周文王、周公旦、孔子四位圣人以后，人们所发明的使用易经的另外一种方法，最初始见于《京房易传》，不知道始创者是谁，但确实是后人对前人未曾完备的学术的一个补充。

后天六十四卦方位图

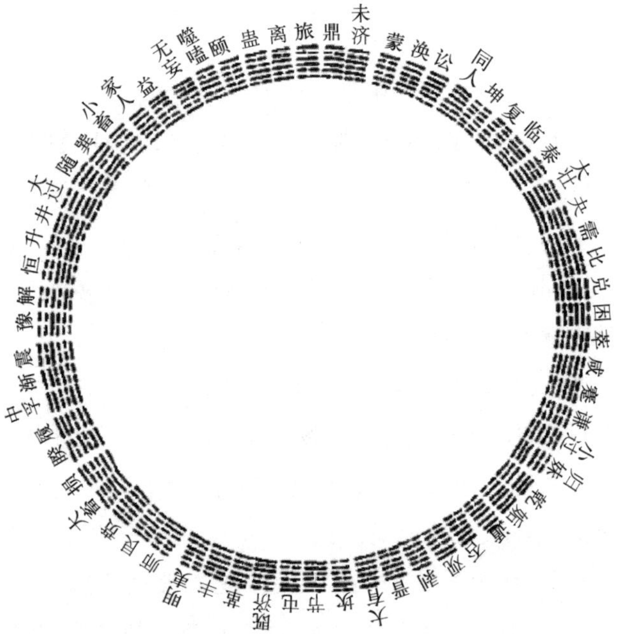

后天六十四卦方位图

图说

按：后天六十四卦虽本先天，其方位当归后天，故图之，既未济下经之终也，位于北与南；咸、恒下经之始也，位于西与东；泰、否上经之第十一、十二卦也，位于西南与西北；损、益下经之第十一、十二卦也，位于东北与东南。四正相维，皆有自然之位置矣。

白话解读

江永认为：后天六十四卦虽然本源于先天六十四卦，但其方位应当归属于后天，因此将后天八宫卦用图表示出来，既济卦、未济卦为《周易》下经的终结，分别居位于北方与南方；咸卦、恒卦为《周易》下经的开始，分别居位于西方与东方；泰卦、否卦为《周易》上经第十一、十二卦，分别居位于西南方位与西北方位；损卦、益卦为《周易》下经第十一、十二卦，分别居位于东北方位与东南方位。这样，四正方位、作为辅助的四维方位，都有符合自然规律的位置了。

八卦安世应例（举乾宫为例，他宫仿此）

八纯首卦乾，世在上，应在三；姤，世在初，应在四；遁，世在二，应在五；否，世在三，应在上；观，世在四，应在初；剥，世在五，应在二；晋，世在四，应在初；大有，世在三，应在上。

白话解读

（一）乾宫卦安世应例

八纯首卦乾卦，世在上爻，应在三爻；姤卦，世在初爻，应在四爻；遁卦，世在二爻，应在五爻；否卦，世在三爻，应在上爻；观卦，世在四爻，应在初爻；剥卦，世在五爻，应在二爻；晋卦，世在四爻，应在初爻；大有卦，世在三爻，应在上爻。

（二）坎宫卦安世应例

八纯首卦坎卦，世在上爻，应在三爻；节卦，世在初爻，应在四爻；屯卦，世在二爻，应在五爻；既济卦，世在三爻，应在上爻；革卦，世在四爻，应在初爻；丰卦，世在五爻，应在二爻；明夷卦，世在四爻，应在初爻；师卦，世在三爻，应在上爻。

（三）艮宫卦安世应例

八纯首卦艮卦，世在上爻，应在三爻；贲卦，世在初爻，应在四爻；大畜卦，世在二爻，应在五爻；损卦，世在三爻，应在上爻；睽卦，世在四爻，应在初爻；履卦，世在五爻，应在二爻；中孚卦，世在四爻，应在初爻；渐卦，世在三爻，应在上爻。

（四）震宫卦安世应例

八纯首卦震卦，世在上爻，应在三爻；豫卦，世在初爻，应在四爻；解卦，世在二爻，应在五爻；恒卦，世在三爻，应在上爻；升卦，世在四爻，应在初爻；井卦，世在五爻，应在二爻；大过卦，世在四爻，应在初爻；随卦，世在三爻，应在上爻。

（五）巽宫卦安世应例

八纯首卦巽卦，世在上爻，应在三爻；小畜卦，世在初爻，应在四爻；家人卦，世在二爻，应在五爻；益卦，世在三爻，应在上爻；无妄卦，世在四爻，应在初爻；噬嗑卦，世在五爻，应在二爻；颐卦，世在四爻，应在初爻；蛊卦，世在三爻，应在上爻。

（六）离宫卦安世应例

八纯首卦离卦，世在上爻，应在三爻；旅卦，世在初爻，应在四爻；鼎卦，世在二爻，应在五爻；未济卦，世在三爻，应在上爻；蒙卦，世在四爻，应在初爻；涣卦，世在五爻，应在二爻；讼卦，世在四爻，应在初爻；同人卦，世在三爻，应在上爻。

（七）坤宫卦安世应例

八纯首卦坤卦，世在上爻，应在三爻；复卦，世在初爻，应在四爻；临卦，世在二爻，应在五爻；泰卦，世在三爻，应在上爻；大壮卦，世在四爻，应在初爻；夬卦，世在五爻，应在二爻；需卦，世在四爻，应在初爻；比卦，世在三爻，应在上爻。

（八）兑宫卦安世应例

八纯首卦兑卦，世在上爻，应在三爻；困卦，世在初爻，应在四爻；萃卦，世在二爻，应在五爻；咸卦，世在三爻，应在上爻；蹇卦，世在四爻，应在初爻；谦卦，世在五爻，应在二爻；小过卦，世在四爻，应在初爻；归妹卦，世在三爻，应在上爻。

八宫布干支例

乾金	内卦初爻甲子水，二甲寅木，三甲辰土
	外卦四爻壬午火，五壬申金，上壬戌土
坎水	内卦初爻戊寅木，二戊辰土，三戊午火
	外卦四爻戊申金，五戊戌土，上戊子水
艮土	内卦初爻丙辰土，二丙午火，三丙申金
	外卦四爻丙戌土，五丙子水，上丙寅木
震木	内卦初爻庚子水，二庚寅木，三庚辰土
	外卦四爻庚午火，五庚申金，上庚戌土
巽木	内卦初爻辛丑土，二辛亥水，三辛酉金
	外卦四爻辛未土，五辛巳火，上辛卯木
离火	内卦初爻己卯木，二己丑土，三己亥水
	外卦四爻己酉金，五己未土，上己巳火
坤土	内卦初爻乙未土，二乙巳火，三乙卯木
	外卦四爻癸丑土，五癸亥水，上癸酉金
兑金	内卦初爻丁巳火，二丁卯木，三丁丑土
	外卦四爻丁亥水，五丁酉金，上丁未土

白话解读

八宫各卦分内卦与外卦，依下列八卦布置天干、地支，如内卦为乾，则依乾卦内卦布置天干、地支，外卦为乾，则依乾卦外卦布置天干、地支，余卦例推。

1. 乾卦布干支例

乾卦，五行属金。

内卦：初爻为甲子水，二爻为甲寅木，三爻为甲辰土。

外卦：四爻为壬午火，五爻为壬申金，上爻为壬戌土。

2. 坎卦布干支例

坎卦，五行属水。

内卦：初爻为戊寅木，二爻为戊辰土，三爻为戊午火。

外卦：四爻为戊申金，五爻为戊戌土，上爻为戊子水。

3. 艮卦布干支例

艮卦，五行属土。

内卦：初爻为丙辰土，二爻为丙午火，三爻为丙申金。

外卦：四爻为丙戌土，五爻为丙子水，上爻为丙寅木。

4. 震卦布干支例

震卦，五行属木。

内卦：初爻为庚子水，二爻为庚寅木，三爻为庚辰土。

外卦：四爻为庚午火，五爻为庚申金，上爻为庚戌土。

5. 巽卦布干支例

巽卦，五行属木。

内卦：初爻为辛丑土，二爻为辛亥水，三爻为辛酉金。

外卦：四爻为辛未土，五爻为辛巳火，上爻为辛卯木。

6. 离卦布干支例

离卦，五行属火。

内卦：初爻为己卯木，二爻为己丑土，三爻为己亥水。

外卦：四爻为己酉金，五爻为己未土，上爻为己巳火。

7. 坤卦布干支例

坤卦，五行属土。

内卦：初爻为乙未土，二爻为乙巳火，三爻为乙卯木。

外卦：四爻为癸丑土，五爻为癸亥水，上爻为癸酉金。

8. 兑卦布干支例

兑卦，五行属金。

内卦：初爻为丁巳火，二爻为丁卯木，三爻为丁丑土。

外卦：四爻为丁亥水，五爻为丁酉金，上爻为丁未土。

八宫支神属六亲例（五类并己身为六亲）

乾兑宫卦，以土为父母，金为兄弟，水为子孙，木为妻财，火为官鬼。

艮坤宫卦，以火为父母，土为兄弟，金为子孙，水为妻财，木为官鬼。

震巽宫卦，以水为父母，木为兄弟，火为子孙，土为妻财，金为官鬼。

坎宫卦，以金为父母，水为兄弟，木为子孙，火为妻财，土为官鬼。

离宫卦，以木为父母，火为兄弟，土为子孙，金为妻财，水为官鬼。

白话解读

八宫卦，以首卦八纯卦的五行属性为本宫所有卦的五行属性，以各爻所布地支所属五行，归属不同的六亲。所谓六亲，是父母、兄弟、子孙、妻财、官鬼五类，连同己身，共为六亲。其法，以八宫五行为己身，生我者为父母，比和者为兄弟，我生者为子孙，我克者为妻财，克我者为官鬼。

1. 乾宫兑宫地支属六亲例

乾宫、兑宫五行属金。

乾宫、兑宫卦，均以土为父母，金为兄弟，水为子孙，木为妻财，火为官鬼。

2. 艮宫坤宫地支属六亲例

艮宫、坤宫五行属土。

艮宫、坤宫卦，均以火为父母，土为兄弟，金为子孙，水为妻财，木为官鬼。

3. 震宫巽宫地支属六亲例

震宫、巽宫五行属木。

震宫、巽宫卦，均以水为父母，木为兄弟，火为子孙，土为妻财，金为官鬼。

4. 坎宫卦地支属六亲例

坎宫五行属水。

坎宫卦，以金为父母，水为兄弟，木为子孙，火为妻财，土为官鬼。

5. 离宫卦地支属六亲例

离宫五行属火。

离宫卦，以木为父母，火为兄弟，土为子孙，金为妻财，水为官鬼。

飞伏例

凡六亲有不上卦者，于本宫首卦寻之，谓之伏；伏于某爻之下，谓之飞；伏与飞论生克。

白话解读

凡是某一卦地支归属六亲，其中独缺某一六亲，即为不上卦，就于本宫首卦寻找该六亲，看为本宫首卦第几爻，就伏藏于本卦第几爻之下。伏藏的本宫首卦某爻，称为伏；伏藏在本卦某爻之下，本卦某爻称为飞；伏爻与飞爻各自依所布地支五行论述相生、相克。以姤卦为例，姤卦属乾宫卦，五行属金，初爻为父母辛丑土，二爻为子孙辛亥水，三爻为兄弟辛酉金，四爻为官鬼壬午火，五爻为兄弟壬申金，上爻为父母壬戌土，其中六亲独缺妻财，从本宫首卦乾卦中寻找，乾卦二爻为妻财甲寅木，将之伏藏于本卦姤卦二爻子孙辛亥水之下，妻财甲寅木称为伏，子孙辛亥水称为飞，以二者五行论生克，飞为亥水，伏为寅木，称为飞来生伏。

变卦六亲例

凡变卦支神，与本卦所属五行论六亲。

白话解读

凡是变卦的地支，与本卦所属五行论述六亲。如鼎之姤，鼎卦为本卦，姤卦为变卦，鼎卦为离宫卦，其五行属火，其地支所属六亲为：初爻为子孙辛丑土，二爻为官鬼辛亥水，三爻为妻财辛酉金，四爻为妻财己酉金，五爻为子孙己未土，上爻为兄弟己巳火；姤卦各爻所布地支五行也以本卦五行火论，其地支所属六亲为：初爻为子孙辛丑土，二爻为官鬼辛亥水，三爻为妻财辛酉金，四爻为兄弟壬午火，五爻为妻财壬申金，上爻为子孙壬戌土。

掷钱例

凡钱以背为阳，面为阴。三背为重，以“□”记爻；三面为交，以“×”记爻；一背两面为单，以“——”记爻(从省则作一点——原注)；一面两背为拆，以“— —”记爻(从省作两点——原注)。“□”为老阳，变少阴“— —”；“×”为老阴，变少阳“——”。

白话解读

凡是铜钱，都以背面为阳，正面为阴。用三枚铜钱掷撒时，遇到三个背面则为重，意思是背面的阳三次重复出现，用“□”标记爻画；遇到三个正面则为交，意思是背面的阳交易为正面的阴，用“×”标记爻画；一个背面、两个正面则为单，意思是背面的阳单独一个出现，用“——”标记爻画(依从省略的原则则记作一个顿点“、”)；一个正面、两个背面则为拆，意思是背面的阳分拆为两次出现，用“– –”标记爻画(依从省略的原则则记作两个顿点“、、”)。以四象论，重为老阳，交为老阴，单为少阳，拆为少阴。以变化论，“□”为老阳，老阳主管变化，变为少阴“– –”；“×”为老阴，老阴主管变化，变为少阳“——”。

总说（附八曜杀说）

此以世、应、五行、六亲参之时令、月、日、旬空、月破诸法，断事之休咎。其乾纳甲壬，坤纳乙癸，艮纳丙，兑纳丁，坎纳戊，离纳己，震纳庚，巽纳辛，此六画卦之纳法，与三画异也。爻虽布干支，惟重支不重干，干同而支异也。或用本日之干起青龙、朱雀、勾陈、螣蛇、白虎、元武，谓之六神，视所占事当用者用之，否则勿论。盖六神之美恶无权，地支之生克有权也。各宫第七卦谓之游魂，第八卦谓之归魂，然吉凶不系于此。此法与揲蓍异，则不可以彖、爻辞参之美恶，亦不系于卦名也。占法，别有《卜易圆机》详之。

又地理家有八曜杀之说，亦出于六亲之卦。如乾卦四爻午火为官鬼，火克金故为杀。八纯卦有八杀，诀曰：“坎龙坤兔震山猴，巽鸡乾马兑蛇头。艮虎离猪为八杀，墓宅逢之立便休。”凡来龙、坐山俱忌见之，主犯刑戮。叶九升云：“坎宫有二鬼爻，戌亦坎宫曜杀也。”

白话解读

(一)总说

这是用世爻、应爻、五行、六亲，参考四时时令、月、日、旬空、月破等各种方法，判断所占测事物的好坏。

其中乾卦纳天干甲、壬，坤卦纳天干乙、癸，艮卦纳天干丙，兑卦纳天干丁，坎卦纳天干戊，离卦纳天干己，震卦纳天干庚，巽卦纳天干辛。这是六画卦的纳天干方法，与三画卦纳天干的方法不同。六画卦每爻虽然布置有天干、地支，但应用时只重视地支，不重视天干，这是因为六画卦内卦三个爻天干相同而地支相异，外卦三个爻天干相同而地支相异。

有的用记录本日干支的天干起算青龙、朱雀、勾陈、螣蛇、白虎、玄武，称之为六神。其法，以甲乙日起青龙，丙丁日起朱雀，戊日起勾陈，己日起螣蛇，庚辛日起白虎，壬癸日起玄武，自初爻起至上爻，按照青龙、朱雀、勾陈、螣蛇、白虎、玄武的次序逐一配合六爻。占测时，需要看视所占测事物是否应当使用，应当使用的就使用六神，不应当使用的就不必论述。这大概是因为，事物的吉凶与六神的美好与凶恶无关，而与地支的五行相生相克有关。

各宫第七卦称之为游魂，第八卦称之为归魂，然而，所占测事物的好坏与它们无关。

掷钱法与揲数蓍草的方法不同，不可以用《周易》的《彖辞》《爻辞》参与判断占测事物的好与坏，也不系属于六十四卦的名称。

其占测的方法，另外有江永所著《卜易圆机》(九卷)一书详细阐述。

(二)八曜杀说

另外，地理家有八曜杀的说法，也是源出于卦的六亲。曜是指日、月、火、水、木、金、土七个星辰，合称七曜。八纯卦中六亲五行克本卦五行，称为曜杀，也称杀，如乾卦第四爻午火为官鬼，乾卦五行属金，火克制金，所以就是“杀”。

八纯卦有八种杀，称为八杀。其口诀解读如下：“坎卦为水，第二爻辰龙为土，土克制水，因此坎卦以辰龙为杀；坤卦为土，第三爻卯兔为木，木克制土，因此坤卦以卯兔为杀；震卦为木，第五爻申猴为金，金克制木，因此震卦以申猴为杀；巽卦为木，第三爻酉鸡为金，金克制木，因此巽卦以酉鸡为杀；乾卦为金，第四爻午马为火，火克制金，因此乾卦以午马为杀；兑卦为金，初爻巳蛇为火，火克制金，因此兑卦以巳蛇为杀；艮卦为土，上爻寅虎为木，木克制土，因此艮卦以寅虎为杀；离卦为火，第三爻亥猪为水，水克制火，因此离卦以亥猪为杀。”清代叶九升认为：“坎宫有两个官鬼爻，第五爻戌土也是坎宫的曜杀。”

河洛精蕴 卷之五

HE LUO JING YUN JUAN ZHI WU

卦变说

《易》有三。夏曰《连山》，以艮为首；商曰《归藏》，以坤为首。夏《易》艮之后不可考，商《易》则坤之后继以乾，孔子所谓“吾得《坤乾》”，又曰“《坤乾》之义，吾以是观之”者也。文王演《易》，以为易道尚其变，不必拘守一义，以坤先乾者，自卑而高之义，以乾先坤者，天尊地卑之常，且臣不可先君，妇不可先夫，是以易坤乾为乾坤，此演易开篇第一义也。乾坤之后次屯，屯之文“屮”出地而屈其下，象勾萌之始达，为万物之始生，诚当以此次乾坤。伏羲画卦，阴阳奇偶必相对，此不易之体也，使如乾坤之例，离必对坎，巽必对震，则水雷屯之后将继以火风鼎乎？文王以为此对待之体，非流行之用，不可以为易，天道人事皆有反复往来之理，故当兼反对二义，不可反者以对为序，可反者虽有相对之理，必以相反为序。伏羲画卦，不可反易者乾、坤、坎、离，可反易者震、艮、兑、巽；六十四卦，不可反易者乾、坤、颐、大过、坎、离、中孚、小过，可反易者屯、蒙以后五十六卦。乾、坤、坎、离为上篇之始终，颐似离、大过似坎者附之；又有可反而阴阳奇偶即相对者，惟既济、未济二卦，则以为下篇之终，而中孚似离、小过似坎者附之。如是则上篇虽止三十卦，而以反对计之，十八卦也；下篇虽有三十四卦，而以反对计之，亦十八卦也。上篇首乾、坤，天道之夫妇也；下篇首咸、恒，人道之夫妇也。互卦之末，惟有乾、坤、既未济四卦，以此包括二篇之始终，以象天地之始终，而终则复有始也。凡此规模次第，文王必经深思熟虑而后，始变坤乾之《易》以为乾坤之《易》，则于五十六卦之中，有因反易之理，而《彖辞》有曰“往”曰“来”者，自是易中所有之义，往来不出相反之卦，似亦易见之理，何以先儒于卦变纷纷有异论耶！泰“小往大来”，分明是否反为泰，三阴往而居外，三阳来而居内也；否“大往小来”，分明是泰反为否，三阳往而居外，三阴来而居内也。否泰反类，因其易见者言之。他卦有言“往来”者，复“七日来复”，此对剥之“不利有攸往”，剥复皆一阳，以初上为来往也；解“利西南，无所往，其来复吉，有攸往，夙吉”，此因卦有九二、九四二阳，九二即蹇之九五，故曰“来”，九四即蹇之九三，故曰“往”。孔子作《传》，有当以反易取义者，亦曰“往”曰“来”，变文则曰“上”曰“升”，犹之言“往”也，曰“下”曰“反”，犹之言“来”也。凡言“来”者，皆自外卦而居内；言“往”者，皆自内卦而居外。无妄“刚自外来而为主于内”，此语尤分明，其他皆可类推矣。此类虞翻谓之卦变。因反易而有变动，诚可谓之卦变。程子不取卦变之说，谓凡卦皆自乾坤来，此似大军游骑，太远无归。朱子《本义》则有两说：书首作图，“一阴一阳之卦各六，皆自复、姤而来(五阴五阳，卦同图异)；二阴二阳之卦各十有五，皆自临、遁而来(四阴四阳，卦同图异)；三阴三阳之卦各二十，皆自泰、否而来”。虽有此图，《本义》中却不与图应，必有推之难通者矣。《本义》卦变例，以两爻相比，阴阳变易，谓自某卦而来。夫两爻相比而变易者，惟有三四两爻，谓卦一反复，则三易为四，四易为三。若初与二、二与三、四与五、五与上，无互变之理。况一卦又有自两卦、三卦来者，则其说益支离纷错。故《本义》虽有此二说，恐皆非确论也。讼“刚来而得中”，孔疏云：“辅嗣必以为九二者，凡上下二象，在于下象者则称‘来’，故贲卦云‘柔来而文刚’，是离下艮上而称‘柔来’，今此云‘刚来而得中’，故知九二也。且凡云‘来’者，皆据异类而来。九二在二阴之中，故称‘来’。”此已知求“来”字之义矣。所来之地即在目前，惜其不知取也。无妄“刚自外来”，王氏宗传云：“初九之刚，实自乾来，故曰‘刚自外来’。”此说殊可异。无妄之外卦既成乾体矣，何能又以一爻为初九，如自九四来乎，则缺四爻矣，自上九来乎，则缺上爻矣，一人之身，而能分一体于人，其本体犹在，有是理乎？无妄反大畜，文王所定，孔子因发明之，乃不求外卦于大畜，而求之本卦耶？然则，卦变竟无知其说者乎？曰：有之。有薛温其者在朱子之前，说蹇卦云：“诸卦皆指内为来，外为往，则此‘往得中’谓五也。蹇解相循，覆视蹇卦则为解，九二得中则曰‘其来复吉，乃得中也’。往者得中，中在外也；来复得中，中在内也。”按：此说正得卦变之义。举蹇解以为例，凡反易之卦皆相循也，皆可覆视也，即二卦而他卦皆可通矣。此说房审权载之《义海》中，惜其名不甚显，朱子亦未见其说。今定此说为主，并通考文王演易所以用反对为次序之故，往来上下自是易中堂堂正正之一义，非若纤巧凿智者比。先儒意向有偏，是以舍近而求诸远尔。逐卦考之于后。

白话解读

(一)通考文王演易次序

《易经》有三种。夏朝的《易经》叫作《连山》，以艮卦为首列之卦；商朝的《易经》叫作《归藏》，以坤卦为首列之卦。夏朝《易经》艮卦之后是什么卦，已经不可考证；商朝《易经》则是坤卦之后继续以乾卦，因此据《礼记·礼运》记载，孔子说过“我获得了殷代的阴阳书《坤乾》”，又说“《坤乾》的意义……我从政治与礼制的角度来观察”。周朝时，周文王推演《易经》，认为《易经》崇尚变化，不必拘泥于一种义理，坤卦在乾卦之前，是由低而高的意思，乾卦在坤卦之前，是天为尊地为卑的常理，况且臣下不可以先于君上，妻子不可以先于丈夫，因此将坤乾的次序改成乾坤，这是推演《易经》开篇的第一要义。

乾卦、坤卦之后是屯卦，屯的字形“屮”是草木穿出地面而屈曲其下部的形状，象征草木初发的嫩芽刚刚开始通达到地面上，为万物开始产生之时，确实应当用屯卦排列于乾卦、坤卦之后。

伏羲画卦时，阴阳奇偶必定相互对应，这是不变的，以乾卦与坤卦为例推演，离卦必定对应坎卦，巽卦必定对应震卦，那么水雷屯卦之后将继续以火风鼎卦吗？周文王认为这是相互对立依存的形体，并不是广泛传播运行的功用，不可以作为变易的规律，自然界和人世间的事都有反覆来回的规律，因此应当兼顾反覆、对立二种义理，不可以反覆的卦，就以对立作为次序，可以反覆的卦，即使存在阴阳相互对立，也必定以反覆为次序。

伏羲画卦时，就三画卦来说，八卦中不可以反覆变易的卦为乾卦、坤卦、坎卦、离卦，可以反覆变易的卦为震卦、艮卦、兑卦、巽卦；就六画卦来说，六十四卦中不可以反覆变易的卦为乾卦、坤卦、颐卦、大过卦、坎卦、离卦、中孚卦、小过卦，可以反覆的卦为屯卦、蒙卦以后的五十六卦。乾卦、坤卦、坎卦、离卦为《周易》上篇经文的开始与终结，颐卦与离卦相似，大过卦与坎卦相似，所以颐卦与大过卦附记于坎卦、离卦的前面；又有可以反覆而阴阳奇偶就正好相互对立的卦，六十四卦中只有既济卦、未济卦二卦，就用来作为《周易》下篇经文的终结，而中孚卦与离卦相似，小过卦与坎卦相似，所以中孚卦与小过卦附记于既济卦、未济卦的前面。这样一来，则《周易》上篇虽然有三十卦，而用反覆、对立的方式来计算，就是十八卦；《周易》下篇虽然有三十四卦，而用反覆、对立的方式来计算，也是十八卦。

《周易》上篇首列乾卦、坤卦，这是天体运行规律中的夫与妇；下篇首列咸卦、恒卦，这是人类繁衍生息规律中的夫与妇；互卦到最末，只有乾卦、坤卦、既济卦、未济卦四卦，用这四卦来包括《周易》上下经二篇的开始与终结，用来象征天地运行过程的开始与终结，以及终结之后又会有一个新的开始。

这样安排出来的卦画，周文王必定经过了深入思考、反复熟悉，而后才改变坤乾的《易经》而成为乾坤的《易经》，那在屯卦、蒙卦之后的五十六卦中，因循反覆变易的道理，而卦的《彖辞》说“往”和“来”，自然是《周易》所包含的义理，“往”和“来”不会超出可以相互反覆的卦，似乎也是很明显的道理，为什么先世儒者对于卦变却有许多不同的议论呢。《周易》泰卦卦辞说“小往大来”，很清楚地是指否卦反覆变易成为泰卦，否卦在内的三阴爻往去而居于泰卦的外卦，否卦在外的三阳爻来归而居于泰卦的内卦；否卦卦辞说“大往小来”，很清楚地是指泰卦反覆变易成为否卦，泰卦在内的三阳爻往去而居于否卦的外卦，泰卦在外的三阴爻来归而居于否卦的内卦。否卦与泰卦相互反覆这样的情况，《周易》经文依据其容易展现的形象来系属文字。其他卦有说“往来”的，如《周易》复卦卦辞说“七日来复”，这是针对剥卦卦辞的“不利有攸往”而言的，剥卦与复卦都只有一个阳爻，这是以复卦初爻一阳为“来”，剥卦上爻一阳为“往”。如《周易》解卦卦辞说：“利西南，无所往，其来复吉，有攸往，夙吉。”这是因为解卦有九二、九四两个阳爻，九二阳爻就是蹇卦的九五阳爻，由外来内，所以说“来”；九四阳爻就是蹇卦的九三阳爻，由内往外，所以说“往”。

（二）卦变诸说辨析

孔子为《周易》作传，有应当用反覆变易的方式来取其意义的，也说“往”说“来”。如要变换文辞，则说“上”说“升”，犹如说“往”一般，说“下”说“反”，犹如说“来”一般。凡是说“来”的卦变都是自外卦变而为居于内卦，说“往”的卦变都是自内卦变而为居于外卦。孔子《彖传》“无妄，刚自外来而为主于内”这句话，意思是“不要妄动，阳刚之气自外部宇宙而来，成为内部世界的主宰”，尤其解释得清楚明白，其他卦变用语都可以以此类推。

上述这类情况，三国时虞翻称之为卦变。因为反覆变易而有所变化更动，确实可以称之为卦变。

宋代程颐著《程氏易传》，不采取卦变的说法，认为凡是六十四卦都自乾卦、坤卦变化而来，这就像脱离大部队的游动的骑兵，离开太远而无法回归。

朱熹《周易本义》对此则有两种说法：其一，书首创作有《卦变图》，说："一阴一阳的卦各自有六卦，都自复卦、姤卦变化而来(注：五阴五阳的卦，卦与一阴一阳相同而图有异)；二阴二阳的卦各自有十五卦，都自临卦、遁卦变化而来(注：四阴四阳的卦，卦与二阴二阳相同而图有异)；三阴三阳的卦各自有二十卦，都自泰卦、否卦变化而来。"虽然文中附有此图，却没有与卦变图相应的文字，说明必然有将其推行于六十四卦卦爻辞却难以贯通的地方。其二，《周易本义》所用卦变体例，用两个爻相互比邻，阴阳相互变化交易，称为自某卦而来。六画卦中两个爻相互比邻而能变化交易的，只有三爻与四爻两个爻，说六十四卦一遇到"反复"的文辞，就是三爻变易为四爻，四爻变易为三爻。像初爻与二爻、二爻与三爻、四爻与五爻、五爻与上爻，没有相互变化的道理。况且一卦又有自两卦、三卦变化而来的，那么其说法更加分散残缺、纷繁杂乱。因此，《周易本义》虽然有这两种卦变的说法，恐怕都不是精当确切的言论。

《周易·彖传》讼卦"刚来而得中"，《周易折中·彖上传·集说》载孔颖达疏说："三国时期魏国王弼(字辅嗣)认定是指九二爻的原因，凡是上下两个卦象，在于下方卦象的就称为'来'，因此，《周易·彖传》贲卦说'柔来而文刚'，是指离卦在下、艮卦在上而称为'柔来'，现在此卦说'刚来而得中'，因此知道是指九二爻。况且凡是说'来'的文字，都是依据阴阳异类变化而来。九二爻在两个阴爻的中间，因此称为'来'。"这个解释已经知道寻求"来"字的意义了。所来之处就在眼前，可惜他们不知道取用。

《周易·彖传》无妄卦说"刚自外来"，《周易折中·彖上传·集说》载，南宋王宗注解说："无妄卦初九的刚爻，实际自外体的乾卦变化而来，因此《周易·彖传》说'刚自外来'。"这种说法特别令人诧异。无妄卦的外卦既然形成乾卦的形体了，怎么能又用一个爻变化为初九爻？如果说是自九四爻变化而来，那就缺少第四爻了，如果说是自上九爻变化而来，就缺少上爻了，这就像一个人把身体分出一部分给予别人，而自己本来的形体还能存在，有这样的道理吗？无妄卦反覆大畜卦，这是周文王确定的，孔子因循其理阐发明白。然而不在大畜卦中寻求外卦，却在本卦中寻求吗？

(三)卦变正说

那么，对于卦变，难道就没有知晓其中学问的人吗？回答说：“有的。”

据《周易折中·彖下传·集说》所载，有个叫薛温其的人，在朱熹之前便解说《周易·彖传》蹇卦“往得中也”说：“六十四卦各卦都指在内为来，在外为往，那么此卦‘往得中’就是指九五爻。蹇卦与解卦相互循环，反覆过来观看蹇卦就成为解卦。解卦九二爻得到内卦中位，《周易·彖传》就说‘其来复吉，乃得中也’。蹇卦是往去的爻得到中位，是中位在外卦；解卦是来复的爻得到中位，是中位在内卦。”

江永认为：这一说法正是得到了卦变的意义。举出蹇卦、解卦作为例证，凡是反覆变易的卦都可以相互循环，都可以反覆观看，深入理解这二卦，其他卦就都可以贯通了。薛此说，宋代房审权已记载于《周易义海》中，可惜薛的名声不怎么显扬，朱熹也没有看见他的学说。现在确定此说为主要，兼并贯通考证周文王推演《周易》之所以用反覆、对立作为上下经次序的原因，往来、上下自然是《周易》中强大严整的一种意义，不是那些小巧精致、穿凿逞智的学说可以比拟的。先世儒者心之所向有所偏差，因此舍弃近在咫尺的解说，而寻求于其他不达其意的解读罢了。现将六十四卦逐一考证于下文。

卦变考

讼，“有孚窒惕，中吉，刚来而得中也”。

《本义》：“卦变自遁而来，为刚来居二而当下卦之中。”

今按：文王之《易》以反对为序，讼之反为需，讼之九二即需之九五，自需外卦而来，于内卦得中，故曰“刚来而得中”。然则需之九五即讼之九二，何以第言“位乎天位，以正中”，不言“刚往得中”，何也？曰：义可知，故省之。且下文言“利涉大川，往有功”，则“往”字在其中矣。讼自遁来，易其二三两爻无意义。后皆仿此。

白话解读

《周易·彖上传》：讼，“有孚窒惕，中吉，刚来而得中也”。

《周易本义·讼》：“卦变自遁而来，为刚来居二而当下卦之中。”

江永认为：周文王的《周易》用反覆、对立作为次序，讼卦的反覆卦象为需卦，讼卦的九二爻就是需卦的九五爻，自需卦的外卦变化而来，居于讼卦的内卦得到中位，因此，《周易·彖上传》说：“刚来而得中。”然而，这样的话，需卦的九五爻就是讼卦的九二爻，为什么《周易·彖上传》需卦只是说“位乎天位，以正中也”，而不说“刚往得中”呢？

回答说：因为其中的含义是可知的，所以省略不说了。况且《周易·彖上传》需卦下文说“利涉大川，往有功也”，“往”字就在其中。《周易本义》认为讼卦自遁卦变化而来，变易遁卦与讼卦的二爻、三爻这两个爻没有意义。

后面的卦变例证都仿照此卦。

泰，“小往大来”。

《本义》：“言坤往居外，乾来居内。又自归妹来，则六往居四，九来居三也。”

今按：坤往居外，乾来居内，是经之本义，然经意是否反为泰，非泛举坤乾两卦也。自归妹来一义，则曲徇两爻相比之变法耳。经言“小”统指三阴，言“大”统指三阳，岂可以归妹之中间一阴当小、一阳当大乎！然则两爻相比为变例，推之泰否不可行，何不以否反为泰，泰反为否，即是卦变。经文显然，不烦解说，推之他卦，无不可旁通乎！

白话解读

《周易·彖上传》：泰，“小往大来”。

《周易本义·泰》：“言坤往居外，乾来居内。又自归妹来，则六往居四，九来居三也。”

江永认为：否卦的内卦坤卦往去，居于泰卦的外卦，否卦的外卦乾卦来归，居于泰卦的内卦，这是《周易》经文的本义。然而，《周易》经文的意旨是否卦反覆变为泰卦，并非泛泛举出坤卦、乾卦两个卦。《周易本义》认为泰卦自归妹卦变化而来的一种意义，就是曲从两个爻相互比邻的卦变方法罢了。《周易》经文说“小”统一指三阴爻，说“大”统一指三阳爻，难道可以用归妹卦中间的一个阴爻当作“小”、一个阳爻当作“大”吗。然而，如此的话，两个爻相互比邻为卦变体例，推广至泰卦、否卦是不可行的，为什么不用否卦反覆变为泰卦，泰卦反覆变为否卦呢？即使是卦变，《周易》经文的意指显然很明白，不需要解释说明，那推广至其他卦，也没有不可以从旁贯通的。

否，“大往小来”。

《本义》：“乾往居外，坤来居内。又自渐卦而来，九往居四，六来居三也。”

今按：乾往居外，坤来居内，是经之本义，然经意是泰反为否，非泛举乾坤两卦也。自渐来一义，说同泰卦。

白话解读

《周易·彖上传》：否，“大往小来”。

《周易本义·否》：“乾往居外，坤来居内。又自渐卦而来，则九往居四，六来居三也。”

江永认为：泰卦的内卦乾卦往去，居于否卦的外卦，泰卦的外卦坤卦来归，居于否卦的内卦，这是《周易》经文的本义，然而，《周易》经文的本义是说泰卦反覆变为否卦，而并非泛泛举出乾卦、坤卦两个卦。《周易本义》认为否卦自渐卦变化而来的这一种意义，其说法和泰卦是一样的。

随，“刚来而下柔”。

《本义》：“本自困卦九来居初，又自噬嗑九来居五，而自未济来者兼此二变，皆刚来随柔之义。”

今按：蛊反为随，蛊之上九来为初九，在二阴之下，是刚来随柔也。义本明白直捷。一卦自一卦来，安有二卦三卦之理？九五之刚，《彖》中不论也。凡言“来”者，皆是内卦，九五未有称“来”者。

白话解读

《周易·彖上传》：随，“刚来而下柔”。

《周易本义·随》：“本自困卦九来居初，又自噬嗑九来居五，而自未济来者兼此二变，皆刚来随柔之义。”

江永认为：蛊卦反覆变为随卦，蛊卦的上九爻来归变为随卦的初九爻，居于两个阴爻下面，是刚爻来归随从柔爻。这里的意义本来清楚明确、直接干脆。一卦自一卦变化而来，哪里有自二卦、三卦变化而来的道理？随卦九五爻刚性，《彖传》中没有论述。凡是称“来”的卦，都是居于内卦，随卦九五爻没有称为“来”的道理。

蛊，“刚上而柔下”。

《本义》：“或曰刚上柔下，谓卦变自贲来者，初上二下；自井来者，五上上下；自既济来者兼之，亦刚上而柔下。”

今按：随反为蛊，随之初九自下而上为上九，随之上六自上而下为初六也。随之义在于刚来随柔，故不曰“柔上而刚下”。蛊则须兼言之，咸、恒则二卦对举，各有其故也。

白话解读

《周易·彖上传》：蛊，“刚上而柔下”。

《周易本义·蛊》：“或曰刚上柔下，谓卦变自贲来者，初上二下；自井来者，五上上下；自既济来者兼之，亦刚上而柔下。”

江永解释说：随卦反覆变为蛊卦，随卦的初九爻自下而上变为蛊卦的上九爻，随卦的上六爻自上而下变为蛊卦的初六爻。随卦的意义在于刚爻来归随从柔爻，因此，《周易·彖上传》不说“柔上而刚下”。蛊卦则必须兼顾刚爻、柔爻的变化而言，咸卦、恒卦则是二卦上下相对举出，各有各的原因。

噬嗑，“柔得中而上行”。

《本义》：“本自益卦六四之柔，上行以至于五而得其中。”

今按：贲反为噬嗑，贲之六二上行为六五也。凡言“上”，皆自内卦而上于外卦，四与五同在外卦，不得言上。后凡言“柔进而上行”者仿此。又按：石氏介曰：“凡柔则言上行，刚则言来。柔下刚上，定体也。刚来，如讼、无妄、涣等，刚体本在上而来下；上行，如晋、睽、鼎、噬嗑等，柔体本在下，今居五位为上行。”此说似知类聚经文，以求义例矣。不知刚之所以言来者，必其反卦先有刚在外卦也；柔之所以言上行者，必其反卦先有柔在内卦也。讼、涣之九二，由需、节之九五也；无妄之初九，由大畜之上九也；晋、睽、鼎、噬嗑之六五，由明夷、家人、革、贲之六二也。不然，则“上下无恒，刚柔相易，不可为典要”，孔子言之矣，岂有刚常居上、柔常居下之理？使上下有定体，则当其位者不必言“上下往来”矣，而经中又有言“刚上”“柔下”“柔来”者，又将何以解之邪？吁，文王之易以反对为次序，始读易即知之，从近身一卦取卦变，以求合经文，如拾芥之易，而先儒皆忽之。目能察秋毫，而泰山蔽于一掌，固有此事理也。

白话解读

《周易·彖上传》：噬嗑，“柔得中而上行”。

《周易本义·噬嗑》：“本自益卦六四之柔，上行以至于五而得其中。”

江永解释说：贲卦反覆变为噬嗑卦，贲卦的六二爻上行变为噬嗑卦的六五爻。凡是说“上”，都是自内卦而上居于外卦，益卦六四爻与九五爻同在外卦，不能称为“上”。后面凡是说“柔进而上行”的卦变，都依照此例。

《周易折中·彖上传·集说》载，北宋石介说：“大概柔爻就说‘上行’，刚爻就说‘来’。柔爻在下、刚爻在上，这是固定的形体。刚来，如讼卦、无妄卦、涣卦等，刚爻的形体本来在于上位而来归下位；上行，如晋卦、睽卦、鼎卦、噬嗑卦等，柔爻的形体本来在下位，现在居于六五之位称为上行。”这种说法似乎已经知道要将同类的经文汇聚在一起，来研求《周易》的主旨和体例了。但他不知道，刚爻之所以称为“来”，是因为其反覆的卦先有刚爻在于外卦；柔爻之所以称为“上行”，是因为其反覆的卦先有柔爻在于内卦。讼卦、涣卦的九二爻，由需卦、节卦的九五爻变化而来；无妄卦的初九爻，由大畜卦的上九爻变化而来；晋卦、睽卦、鼎卦、噬嗑卦的六五爻，由明夷卦、家人卦、革卦、贲卦的六二爻变化而来。如果不是这样，那么上下没有常态，刚柔相互交易，不可以作为准则，孔子在《周易·系辞下传·第八章》已经讲得很明白了。难道会有刚爻经常居于上位、柔爻经常居于下位的道理吗？假使刚柔在上位下位有固定的形体，那么适当其位的爻就不必说其“上下往来”了，而《周易》经文中又有说“刚上”“柔下”“柔来”的文辞，又将要如何解释它呢？可叹，周文王的《周易》用反覆、对立作为排列次序，一开始读《周易》的时候就可以知道这个道理了，从身边的一卦取用卦变的方法，用来契合《周易》经文，如同拾取地上的草芥一般容易，而先世儒者都忽视了这件事。视力之强，能够观察到秋天鸟兽身上新长的毫毛，而泰山那么大，却会遮蔽于一只手掌，这是本来就存在的事情。

贲，“柔来而文刚，故亨。分刚上而文柔，故小利有攸往”。

《本义》：“卦自损来者，柔自三来而文二，刚自二上而文三。自既济而来者，柔自上来而文五，刚自五上而文上。”

今按：噬嗑反为贲，噬嗑之六五来为六二，以文初、三之刚；又分噬嗑之初、四，上为上与三，以文四、五之柔也。贲为文饰，刚柔交错，必以离明为主，此即重离之卦。四爻刚变为柔，以一柔文二刚者，得离体之正；以二刚文二柔者，得离体之似，故论下体则“亨”，论上体则仅“小利有攸往”，以其柔与刚等，离体未真。必若重离之卦，皆以一柔文二刚，乃为重明，以丽乎正也。文明之卦，重离为盛，次则为贲，以其上下皆有离也。若使一阳二阴之下，无一阳以间之，则不见有文饰之象，故独于此卦名“贲”。贲之反为噬嗑，亦同此三刚三柔。然下体为震，象颐动而噬物，故以噬颐中之物取象。反之，则觉刚柔交错，文章烂然，故贲之名不可易也。然则三爻之刚，上下所共，下则为文刚之一，上则为文柔之一；在噬嗑，则上而居四，在贲，则下而居三，似不可以为“上”，此处殊难措词。“刚”字之上著一“分”字，曰“分刚上而文柔”，则是分噬嗑之初与四，初上而四亦若从之以上，其实是“下”，非“上”也，此圣人属文、炼句炼字之工妙，读者鲜能知之。“分刚上而文柔”，说者皆谓艮以一刚文二柔，不知一刚二柔，凡艮体皆然，必其下又有一刚以象离，乃谓之文。不然，则“柔来而文刚”“刚上而文柔”，二语正相对，又多一“分”字，岂不为赘乎？或曰：“二阳夹二阴，可谓象离乎？”曰：“何为不可？‘大过是厚画底坎，颐是厚画底离’，朱子言之矣。噬嗑二阳夹三阴，几象颐，而曰‘颐中有物’，是其明证也。然则，贲象重离，三之刚上下所共，亦学者所当知也。”

白话解读

《周易·彖上传》：贲，“柔来而文刚，故亨。分刚上而文柔，故小利有攸往”。

《周易本义·贲》：“卦自损来者，柔自三来而文二，刚自二上而文三。自既济而来者，柔自上来而文五，刚自五上而文上。”

江永解释说：噬嗑卦反覆变为贲卦，噬嗑卦的六五爻来归变为贲卦的六二爻，用来文饰贲卦初爻、三爻的刚爻；又分别用噬嗑卦的初爻、四爻，上行变为贲卦的上爻与三爻，用来文饰贲卦四爻、五爻的柔爻。“贲”的意思为用错杂的纹理修饰，刚爻与柔爻相互交叉错杂，必定用离卦光明作为主体，这个贲卦就是重叠离卦的卦象。四爻由噬嗑卦的刚爻变为贲卦的柔爻，用一个柔爻文饰两个刚爻，就得到了离卦形体的纯正本体；用两个刚爻文理两个柔爻，就得到了离卦形体的相似之体，因此，《周易·彖上传》论述贲卦下体离卦，就说“亨”，论述上体三爻至上爻形成的离卦，就仅仅说“小利有攸往”，因为后一种离卦的柔爻与刚爻相等，其形体未能纯真。一定要像重叠离卦的卦象那样，用一个柔爻文饰两个刚爻，就是两重光明，用来附丽于纯正的离卦。象征文采光明的卦象之中，以重叠离卦最为强盛，其次就是贲卦，因为其上体下体都有离卦。如果上体一个阳爻、两个阴爻的下面，没有一个阳爻来做间隔，那就看不见文饰的形象，因此只有此卦称名为“贲。”贲卦的反覆变为噬嗑卦，也同样是这三个刚爻、三个柔爻，然而，噬嗑卦的下体为震卦，形似下巴动而咬噬物体，所以取用咬噬下巴中的物体的样子来象形。反过来，就觉得刚爻与柔爻交互错综，其纹理色彩光明灿烂，所以贲的名称是不可以改易的。贲卦三爻的刚爻为上体与下体所共用，在下体就文饰刚爻中的一个，在上体就文饰柔爻中的一个。在噬嗑卦，就在上卦而居于四爻，在贲卦，就在下卦而居于三爻，这样似乎不可以称为“上”，所以此处特别难以措辞，《周易·彖上传》在“刚”字之上标著一个“分”字，说“分刚上而文柔”，意思就是将噬嗑卦的初爻与四爻分开，初爻上行而四爻也好像跟从它用来上行，其实这是“下”行，并非“上”行，这是圣人撰写文章、推敲句子、文字的严谨巧妙之处，读文章的人少有能够知道的。“分刚上而文柔”，解说的人都认为是说贲卦外卦的艮卦用一个刚爻文饰两个柔爻，不知道一个刚爻、两个柔爻，凡是艮卦的形体，都是如此，其下方必定又会有一个刚爻用来象征离卦，才称之为“文。”如果不是这样，“柔来而文刚”“刚上而文柔”这两句话正好互为对偶，《周易·彖上传》又多用一个“分”字，岂不多余吗？有人问：“两个阳爻夹着两个阴爻，就可以认为是在象征离卦吗？”回答说：“为什么不可以？‘大过卦是个增厚卦画的坎卦，颐卦是个增厚卦画的离卦’，朱熹在《朱子语类·卷六十七》中已经讲过了。噬嗑卦初爻与上爻二个阳爻夹着三个阴爻，形象基本与颐卦一样，而《周易·彖上传》说‘颐中有物’，就是此说的明证。那样的话，贲卦象征重叠的离卦，三爻的刚爻为上体离卦与下体离卦所共用，也是学习周易的人所应当知道的。”

陼

䷗

复

复，“反复其道，七日来复”。

今按：此卦先儒不言卦变，其实是卦变也。剥反为复，复之初九即剥之上九，今来复也。若剥，则“不利有攸往”矣。《彖传》曰：“复，亨，刚反。”反即来也。

白话解读

《周易·复》：复，“反复其道，七日来复”。

江永解释说：对此卦，先世儒者没有说是卦变，但其实它是卦变。剥卦反覆变为复卦，复卦的初九爻就是剥卦的上九爻，现在剥卦上九的阳爻来归于复卦的初爻。如果在剥卦，《周易》卦辞就是“剥，不利有攸往”了。《周易·彖上传》说：“复，亨，刚反。”反就是来，刚反就是刚来。

无妄，“刚自外来，而为主于内”。

《本义》：“为卦自讼而变，九自二来而居于初。又为震主，动而不妄者也。”

今按：大畜反为无妄，大畜之上九，自外卦而来为初九，以为内卦之主也。此语甚分明，可为卦变之凡例。诸卦之言“往来上下”者，义皆如此。《程传》谓：“坤初爻变而为震，刚自外而来也。”夫卦爻惟揲蓍乃有变动，若非揲蓍，则三百八十四爻各有定位，安得有往来？即乾坤为六子之父母，亦不得无故往来，使诸卦纷然淆乱也。若王宗传谓无妄之初九自外卦之乾来，前已辨之。

白话解读

《周易·彖上传》：无妄，“刚自外来，而为主于内”。

《周易本义·无妄》：“为卦自讼而变，九自二来而居于初。又为震主，动而不妄者也。”

江永解释说：大畜卦反覆变为无妄卦，大畜卦的上九爻，自外卦变化而来成为大畜卦的初九爻，用来作为大畜卦内卦的主爻。《周易·彖上传》的这句话讲得非常清楚明白，可以作为卦变的统一体例。各卦之中，说到“往”“来”“上”“下”的文字，其含意都是如此。《程氏易传》说，坤卦的初六爻变化而成为震卦的初九爻，刚爻自另外的卦变化而来。卦爻只有在揲数蓍草时才能有所变化、移动，如果不是在揲数蓍草时，那么三百八十四爻各自都有固定的位置，怎么能够发生彼此之间的往来变动呢？即使是乾卦坤卦作为六子卦的父母，也不可能无缘无故就发生彼此的变化往来，使各卦混淆杂乱。至于《周易折中·彖上传·集说》载，南宋王宗传说“无妄卦初九爻自另外的卦乾卦变化而来”，前文已经将这种说法的讹误之处辨析清楚了。

大畜，“刚上而尚贤”。

《本义》：“卦自需而来，九自五而上。以卦体言，六五尊而尚之。”

今按：无妄反为大畜，无妄之初九，自下而上为上九也。

白话解读

《周易·彖上传》：大畜，“刚上而尚贤”。

《周易本义·大畜》：“以卦变言，此卦自需而来，九自五而上。以卦体言，六五尊而尚之。”

江永解释说：无妄卦反覆变为大畜卦，无妄卦的初九爻，自下而上变为大畜卦的上九爻。

咸，“柔上而刚下”。

《本义》：“或以卦变言柔上刚下之义，曰咸自旅来，柔上居六，刚下居五也。亦通。”

今按：恒反为咸，恒之初六上为咸之上六，恒之九四下为咸之九三也。

白话解读

《周易·彖下传》：咸，“柔上而刚下”。

《周易本义·彖下传·咸》：“或以卦变言柔上刚下之义，曰咸自旅来，柔上居六，刚下居五也。亦通。”

江永解释说：恒卦反覆变为咸卦。所谓柔上，是指恒卦的初六爻上行变为咸卦的上六爻；所谓刚下，是指恒卦的九四爻下行变为咸卦的九三爻。

恒，“刚上而柔下”。

《本义》：“或以卦变言刚上柔下之义，曰恒自丰来，刚上居二，柔下居初也。亦通。”

今按：咸反为恒，咸之九三上为恒之九四，咸之上六下为恒之初六也。卦有反易，生于先天图四维之卦，震反为艮，艮反为震，巽反为兑，兑反为巽，咸、恒、损、益正是四卦互相反者，故皆以上下对举言之，文义甚明。

白话解读

《周易·彖下传》：恒，“刚上而柔下”。

《周易本义·彖下传·恒》：“或以卦变言刚上柔下之义，曰恒自丰来，刚上居二，柔下居初也。亦通。”

江永解释说：咸卦反覆变为恒卦。所谓刚上，是指咸卦的九三爻上行变为恒卦的九四爻；所谓柔下，是指咸卦的上六爻下行变为恒卦的初六爻。卦的形体有反覆变易，产生于先天八卦图的四维之卦，震卦反覆变为艮卦，艮卦反覆变为震卦，巽卦反覆变为兑卦，兑卦反覆变为巽卦，咸卦、恒卦、损卦、益卦正好是震、艮、巽、兑四卦互为反覆而成的卦，因此，《周易·彖下传》都用上下对列举出的方式来讲它们，这些文字的意思非常明白。

晋，“柔进而上行”。

《本义》：“其变自观而来，为六四之柔进而上行以至于五。”

今按：明夷反为晋，明夷之六二上行为晋之六五也。《程传》云：“凡卦，离在上者，柔居君位，多云‘柔进而上行’，噬嗑、睽、鼎是也。”今按：六五之上行，必于反卦先有六二为之根。不然，从何处进而上行？

白话解读

《周易·彖下传》：晋，“柔进而上行”。

《周易本义·晋》：“又其变自观而来，为六四之柔进而上行以至于五。”

江永解释说：明夷卦反覆变为晋卦，明夷卦的六二爻上行变为晋卦的六五爻。

《程氏易传》说：“凡是六画卦，离卦在上卦的，柔爻居于五爻君主位置，对此大多是说‘柔进而上行’，噬嗑卦、睽卦、鼎卦就是如此。”江永认为，六五爻上行，在反覆的卦来说，必然是先有六二爻作为根基。否则的话，六五爻从什么地方进一步上行呢？

睽，“柔进而上行”。

《本义》：“自离来者，柔进居三；自中孚来者，柔进居五；自家人来者，兼之。”

今按：此惟论五爻之柔，故下云“得中而应乎刚”。若三爻之柔不论也。家人之反为睽，家人之六二上行为睽之六五也。《本义》虽有自家人来之一说，然其所以来者则异矣，曷不从家人一翻看，即是“柔进而上行”乎？

白话解读

《周易·彖下传》：睽，“柔进而上行”。

《周易本义·睽》：“以卦变言之，则自离来者，柔进居三；自中孚来者，柔进居五；自家人来者，兼之。”

江永解释说：《周易·彖下传》这句话只是在论述睽卦五爻的柔爻，因此下文说“得中而应乎刚”，也就是睽卦的六五爻得到上卦中爻的位置，而与下卦九二爻相应；对睽卦三爻的柔爻，《周易·彖下传》没有论述。家人卦的反覆变为睽卦，家人卦的六二爻上行变为睽卦的六五爻。《周易本义》虽然有睽卦是自家人卦变化而来的说法，然而其变化的原因是不同的，我们何不认为，从家人卦一经翻过来看，就是“柔进而上行”呢？

蹇，“利西南，往得中也；不利东北，其道穷也”。

《本义》：“卦自小过而来，阳进则往居五而得中，退则入于艮而不进。”

今按：解反为蹇，解之九二为蹇之九五，而得中也；若解之震，今变为艮，则入于东北险阻之地，而道穷矣。薛氏温其谓“蹇解相循”之说，深得卦变之义，已见前。或问：“卦变往来之说，亦可用之解爻辞乎？此卦言‘往来’者独多，初六‘往蹇来誉’，九三‘往蹇来反’，六四‘往蹇来连’，九五‘大蹇朋来’，上六‘往蹇来硕’，亦将谓‘解蹇相循’，兼以解卦之爻论‘往来’乎？”曰：“不可。文王序卦，有反复之义，故《彖辞》须以反卦论往来；周公系爻辞，则爻位已定，往来不出本卦，初爻无‘来’，‘不往’即为‘来’，上爻无‘往’，‘不来’即为‘往’，言岂一端，各有所当。后儒辩卦变者，惟有见于爻位已定之理，而不知文王序卦、孔子解《彖》，正谓其有反复不定之义也；先儒各以臆见说卦变者，独遗贴身一卦有反复之义，则‘往’非其所往，‘来’非其所来，且有似于揲蓍求卦时，爻有变动矣。吁，经义难明，乃若是哉！”

白话解读

《周易·彖下传》：蹇，“利西南，往得中也；不利东北，其道穷也”。

《周易本义·蹇》：“又卦自小过而来，阳进则往居五而得中，退则入于艮而不进。”

江永解释说：解卦反覆变为蹇卦，解卦的九二爻变为蹇卦的九五爻，而得到蹇卦上卦的中位；像解卦的外卦震卦现在变为蹇卦的内卦艮卦，就进入于东北方位地势艰险阻塞的地方，而道路走到尽头了。《周易折中·彖下传·集说》载薛温其所谓“蹇卦解卦相互循环”的说法，深得卦变的意旨，已经分析于前文。

有人问：“卦变往来的说法，也可以用来解释《周易》的爻辞吗？这个蹇卦爻辞说‘往来’的地方特别多，初六爻辞说‘往蹇来誉’，九三爻辞说‘往蹇来反’，六四爻辞说‘往蹇来连’，九五爻辞说‘大蹇朋来’，上六爻辞说‘往蹇来硕’，这些‘往来’都可以认为是‘解卦、蹇卦的相互因循’，并可以用解卦的爻辞来论述吗？”

回答说：“不可以。周文王按照一定次序排列六十四卦，有反覆的意义，因此，《彖辞》必须用反覆的卦来论述‘往来’的意义；周公旦系属的爻辞，则因为六画卦的爻位已经确定，所说的‘往来’就不超出本卦，初爻本来没有‘来’，其‘不往’就为‘来’，上爻本来没有‘往’，其‘不来’就为‘往’，言辞并非只能拘泥于一个方面的意义，各自有其所对应担当的事物。后世儒者辩论卦变的人，只看到六画卦爻位已经确定的道理，而不知道周文王按照次序排列六十四卦、孔子解释《彖传》，正是认为其间有反覆不确定的意义。先世儒者中以各自主观见解解说卦变的人，唯独遗漏了一点：贴近身边的一卦有反覆的情况，如果反覆，那么，‘往’就不再是原先的往，‘来’也不是原先的来，况且，在揲数蓍草求取卦画之类的时候，爻还会有所变化更动吗？可叹，想要明确地理解《周易》经文，就是如此地困难！”

解，“利西南，往得众也。其来复吉，乃得中也。有攸往夙吉，往有功也”。

《本义》：“卦自升来，三往居四，入于坤体，二（原文‘三’应为‘二’——作者注）居其所而又得中，故利于西南平易之地。若无所往，则宜来复其所而安静；若尚有所往，则宜早往早复，不可久烦扰也。”又曰：“坤为众，得众谓九四入坤体；得中、有功，皆指九二。”

今按：蹇反为解，蹇之九三往为解之九四，得五、上二阴爻，是为“得众”。因蹇卦言“利西南，不利东北”，以东北艮方为险阻、西南坤方为安平，此解难时，避险就平，故亦以坤方言之，坤固为众，一阳得二阴亦为众也。蹇之九五来为解之九二，是“来复”，乃“得中”。蹇时，以在外为中；解时，以在内为中，各有所宜也。“有攸往夙吉”，又申戒往者之辞，惟速则吉。因其由艮变震，恐其有不速动之失，故戒之。雷雨交作，天之速于救旱也；救焚拯溺，被发缨冠，人之速于解难也。如楚有白公胜之难，国人望叶公如望岁、望父母，此时可不早往乎？不早往，则恐失事机而生他变，失众而无功矣。《注疏》与《程传》皆言“早往”，《本义》又添出“早复、戒烦扰”一义，恐非经意。近儒说此云：“二阳皆主解者，四自三往，二则来复。复者无所往也，往者有攸往也。无所往者，以不往为吉；有攸往者，以速往为吉。不往之吉，二乃得中也；往之吉，三往得众而有功也，‘有功’即指‘得众’。”按：此说深得经意。盖卦有二阳，九四主往，九二主来，九四如守封疆之臣，九二如守社稷之臣，宜在外者以速往得众为吉，宜在内者以来复得中为吉，岂外臣可弃封疆而早来归耶？故“夙吉”之辞为九四之往者设，不为九二之来者设也。而《本义》谓“得中、有功，皆指九二”，遂有“早往、早复、不可久烦扰”之说，亦由卦变之义不明，不知解自蹇来，“往来”自有定义，误谓九二“来复”者，“尚有所往”也。

白话解读

《周易·彖下传》：解，“利西南，往得众也。其来复吉，乃得中也。有攸往夙吉，往有功也”。

《周易本义·解》：“且其卦自升来，三往居四，入于坤体，二居其所而又得中，故利于西南平易之地。若无所往，则宜来复其所而安静；若尚有所往，则宜早往早复，不可久烦扰也。”

《周易本义·彖下传·解》又说：“坤为众，得众谓九四入坤体；得中、有功，皆指九二。”

江永解释说：蹇卦反覆变为解卦。蹇卦的九三爻往去变为解卦的九四爻，得到解卦的五爻、上爻二个阴爻，这就是“得众”。依照着《周易》蹇卦“利西南，不利东北”的卦辞，将东北艮卦方位作为艰险阻塞、西南坤卦方位作为安定平稳，此卦之意为，当我们解除灾难时，应避开艰险存在之处，挑选平稳安全之处，因此也是根据坤卦的方位来讲的，坤卦固然为众，一个阳爻得到二个阴爻，也为众。蹇卦的九五爻来归变为解卦的九二爻，是为“来复”，就是“得中”。蹇卦时，以九五爻在外卦为中；解卦时，以九二爻在内卦为中，各自都有所合之道理。“有攸往夙吉”，夙的意思是早，这又是对准备去往某处的人表示告诫的文辞，意思是唯有快速地行动起来才能得到吉祥的结果。因为这是由蹇卦内卦的艮卦变为解卦外卦的震卦，恐怕会出现拖延滞缓而导致的缺失，因此施以告诫。雷雨天气发动，这是上天加速救助旱灾的行动；救助困在火灾中的人，救助溺水将亡的人，这种时候来不及梳起发髻就戴上帽子去救，这是人们加速解救危难的行动。比如说，据《左传·哀公十六年》所载，楚国的白公胜(芈姓，熊氏，名胜，号白公，楚平王之孙——作者注)发动叛乱，囚禁楚惠王，楚国的人盼望叶公(沈诸梁，称叶公，芈姓，沈尹氏，名诸梁，字子高——作者注)率军勤王救难，如同盼望丰收、盼望父母一般，此时叶公怎么可以不尽早前往呢？如果他不尽早前往，恐怕就会失去行事的时机，产生其他变故，以至于失去众人的支持而建立不了功绩了。《周易正义·解》孔颖达疏说："若有难可往，则以速赴为善(如果有灾难需要前往救援，便应该快速地动身赶赴，才是好的)。"《程氏易传·解》说："早则往而有功，缓则恶滋而害深矣(早去，就有功德，行动迟滞，便会产生恶果，导致更严重的祸患)。"二书都说"早往"，而《周易本义》又增添了"早复，戒烦扰(早点回来，以免造成麻烦和干扰)"这样的意义，这恐怕不是《周易》经文的意旨。

近世儒者解释此卦说："九二、九四二个阳爻都主管解卦的原因，解卦的九四爻自蹇卦的九三爻往去，解卦的九二爻则为蹇卦的九五爻来复。复的意思就是'无所往'，往的意思就是'有攸往'。无所往的事情，就以不往为吉，有攸往的事情，就以速往为吉。不往的吉，是因为解卦九二爻得到中位；往的吉，是因为蹇卦的九三爻'往去得到众人支持而建有功绩'，'有功'就是指'得众'。"江永认为：此说深得《周易》经文的意旨。解卦有二个阳爻，九四爻主管'往'，九二爻主管'来'，九四爻如同守卫分封土地疆界的大臣，九二爻如同守护国家社稷的大臣，适宜在外的人以速往得众作为吉祥，适宜在内的人以来复得中作为吉祥，难道在外守卫的大臣可以弃守分封土地的疆界而尽早来归吗？因此，《周易》解卦"夙吉"的文辞是为九四爻的往去而设立的，不是为九二爻的来归而设立的。而《周易本义》认为"《彖传》解卦'得中''有功'，都是指九二爻"，于是有"早往、早复、不可久烦扰"的说法，也是由于不明白卦变的含义，不知道解卦是自蹇卦变化而来，"往来"有自己特定的含义，于是错误地认为，解卦九二爻说的"来复"的人，就是指"还有所往"的人。

损，“损下益上，其道上行”。

按：《本义》不言卦变，其实是卦变也。益反为损，益之初九上行为损之上九，是损下以益上也。上行，犹言“柔进而上行”。

白话解读

《周易·彖下传》：损，“损下益上，其道上行”。

江永认为：《周易本义》不讲卦变，其实是卦变。益卦反覆变为损卦，益卦的初九爻上行变为损卦的上九爻，是损卦上九爻下行而益卦初九爻上行。上行，犹如说“柔进而上行”的“上行”。

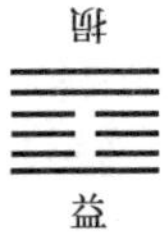

益，“损上益下，民说无疆。自上下下，其道大光”。

按：损反为益，损之上九自上下下而为益之初九，是损上以益下也。《本义》不言卦变者，两爻相比阴阳互换之法，至此而穷，不能指一卦以合经文也。于损卦云“损下卦上画之阳，益上卦上画之阴”，夫下卦是兑，何有上画之阳？上卦是艮，何有上画之阴？益卦言初画，亦然，于义牵强难通。惟以二卦循环上下，只以初、上二爻说损益，乃可通。

白话解读

《周易·彖下传》：益，“损上益下，民说无疆。自上下下，其道大光”。

江永认为：损卦反覆变为益卦，损卦的上九爻自上卦下行至下卦而变为益卦的初九爻，是损卦上卦的上九爻变化而成为益卦下卦的初九爻。《周易本义》不讲卦变，是因为用两爻相互比邻阴阳互相交换的方法，至此则变化已尽，不能指定一卦来与《周易》经文相合。《周易本义·损》对于损卦的解释说："为卦是损失下卦上画的阳爻，增益上卦上画的阴爻。"损卦下卦是兑卦，哪里有上画的阳爻，上卦是艮卦，哪里有上画的阴爻；《周易本义·益》对于益卦的解释说："为卦是损失上卦初画的阳爻，增益下卦初画的阴爻。"同样地，益卦上卦是巽卦，哪里有初画的阳爻，下卦是震卦，哪里有初画的阴爻，在义理上，《周易本义》的这些解释牵强附会、难以贯通。我们只有用损益二卦循环颠倒上下，只用初爻、上爻两个爻解说损卦益卦，才是可以说得通。

升，"柔以时升"。

《本义》："卦自解来，柔上居四。"

今按：萃反为升，萃之坤升而居上也。三爻皆柔，不能独指六四，犹之泰之"小往"不能独指四爻为"小"也。由其拘于卦变之例，不能得三阴同升之法故耳。以此言之，卦变之理，当以贴身者取之为是乎，抑以两画相连者取之为是乎？

白话解读

《周易·彖下传》：升，"柔以时升"。

《周易本义·升》："卦自解来，柔上居四。"

江永认为：萃卦反覆变为升卦，萃卦的下卦坤卦上升而居于升卦的上卦。坤卦三个爻都是柔爻，不能单独指升卦的六四爻，就像泰卦的"小往"不能单独指六四爻为"小"一样。《周易本义》有此说，是由于它拘泥于卦变的体例，不能理解三个阴爻一同上升的方法的原因罢了。以此来讲，卦变的道理，是应当以贴近身边的卦作为取用对象，还是应当以两个画相互连接的爻作为取用对象呢？

鼎，“柔进而上行”。

《本义》：“卦自巽来，阴进居五。”

今按：革反为鼎，革之六二上行为鼎之六五也。

白话解读

《周易·彖下传》：鼎，“柔进而上行”。

《周易本义·鼎》：“卦自巽来，阴进居五。”

江永认为：革卦反覆变为鼎卦，革卦的六二爻上行变为鼎卦的六五爻。

渐，“进得位，往有功也。进以正，可以正邦也。其位，刚得中也”。

《本义》：“卦变自涣而来，九进居三；自旅而来，九进居五，皆为得位之正。”

今按：归妹反为渐，归妹之九二进而为渐之九五，“得位”，又“得中”也；恐人疑“进得位”兼六四言之，故又言“其位，刚得中也”，所以别于六四也。孔子释卦变，自有一定之义例，凡言“往”、言“上”、言“升”、言“进”者，皆指反卦之下卦翻转而居上；其在下者，则言“来”、言“下”、言“复”、言“反。”此之“进”即“柔进而上行”之“进”，“往有功”犹解卦之“往有功”，与下卦无涉也。梁寅谓：“此卦自二至五，阴阳各得正位，所以‘进而有功’。”如此则二爻、三爻，皆可言“进”、言“往”乎，与夫子之义例紊矣，皆由卦变之正义久晦故也。

白话解读

《周易·彖下传》：渐，“进得位，往有功也。进以正，可以正邦也。其位，刚得中也”。

《周易本义·彖下传·渐》：“盖此卦之变，自涣而来，九进居三；自旅而来，九进居五，皆为得位之正。”

江永认为：归妹卦反覆变为渐卦，归妹卦的九二爻前进而变为渐卦的九五爻，阳爻得到阳位为“得位”，五爻为上卦中爻，是“又得中”。《周易·彖下传》担心人们怀疑“进得位”是兼顾渐卦的六四爻来讲的，因此又说“其位，刚得中也”，用来区别于六四爻。孔子解释卦变，有其一定的著述的主旨和体例，凡是说“往”、说“上”、说“升”、说“进”的文字，都是指反覆卦的下卦翻转而居于上卦；其在下卦的，就说“来”、说“下”、说“复”、说“反”。此卦《彖传》说的“进”就是“柔进而上行”的“进”，说的“往有功”就是解卦的“往有功”，与渐卦的下卦没有关系。《周易折中·彖下传·集说》载，明代梁寅说：“此卦自二爻到五爻，阴阳爻各自得到正确位置，这是其所以‘进而有功’的原因。”如果作此解释，那么，渐卦的二爻、三爻都在下卦，也可以说“进”、说“往”吗？那与孔子著书的主旨和体例就错乱不合了，之所以有这些错误的说法，都是由于卦变的正确含义长期不能明晰的缘故。

涣，“亨。刚来而不穷，柔得位乎外而上同”。

《本义》：“其变本自渐卦，九来居二而得中，六往居三得九之位，而上同于四。”

今按：节反为涣，节之九五来为涣之九二，节之六三为涣之六四，得位乎外而上同于九五也。讼言“刚来而得中”，此言“不穷”，亦“得中”之变文，往则穷，来则不穷，“不穷”则“得中”，可知矣。《本义》拘于卦变之例，谓“六往居三得九之位”，夫以阴居阳，岂可谓之“得位”？三爻是内卦，何以言“柔得位乎外”？“上同”是四同于五，岂可谓三同于四？他日，朱子亦自觉之，谓《本义》之说未稳。夫既知其不稳，卒未尝易之者，为卦变所拘牵故也，必不得已。试再举一卦，自未济来，九往居五，六来居四，或可稍通，然终属牵强，非自然之理。总之，卦爻非揲蓍，无上下变易之理。先儒惑于歧途，使卦变一义，留遗憾于千载，可慨也。

白话解读

《周易·彖下传》：涣，“亨。刚来而不穷，柔得位乎外而上同”。

《周易本义·涣》：“其变则本自渐卦，九来居二而得中，六往居三得九之位，而上同于四。”

江永认为：节卦反覆变为涣卦，节卦的九五爻来归变为涣卦的九二爻，节卦的六三爻变为涣卦的六四爻。涣卦的六四爻阴爻得到阴位于外卦，这是“得位乎外。”而向上相同于九五爻阳爻得到阳位于外卦，涣卦六四爻与九五爻都是得位于外卦，这是“上同于九五”。《周易·彖传》对于讼卦说“刚来而得中”，此卦说“不穷”，也只是“得中”变换了个说法而已，往去则陷入绝境，来归则不陷入绝境，所谓“不穷”就是“得中”，由此便可以知道了。《周易本义》拘泥于卦变的体例，认为涣卦的阴六往去居于三爻得到阳九的位置，但六为阴爻，三为阳位，以阴爻居于阳位，怎么可以称为“得位”？涣卦的三爻是内卦，怎么可以说“柔得位乎外”？《彖传》“上同”是指涣卦四爻同于五爻，怎么可以说是涣卦三爻同于四爻？后来朱熹自己也感觉出不对劲来，在《朱子语类·卷七十三·易九·涣》里说：“‘刚来不穷’，是九三来做二；‘柔得位而上同’，是六二上做三。此说有些不稳，却为是六三不唤做得位。”认为《周易本义》涣卦解说未能稳妥。他既然知道其说不稳妥，最终却未尝改易，还是被卦变所拘束牵制的缘故，肯定是不得已的。我们试着再举出一个卦，自未济卦变化而来，阳九往居涣卦的五爻，阴六来居涣卦的四爻，也许可以稍微说得通一些，然而终究还是属于牵强附会，不符合自然界事物变化的规律。总之，卦爻如果不是在揲数蓍草时，就没有上下变化更动的道理。先世的儒学家们被迷惑着踏入错误的道路，使得卦变作为《易》的义理之一，未能正确地解读，留下千年的遗憾，这值得感慨呀。

总论

《易》言卦变，《本义》十九卦，今推之得二十二卦。卦变本自然之理，否泰之往来，损益之盈虚，剥复之消长，蹇解之危安，天道、人事原有此反复之理，故文王以此序卦，而《杂卦》一篇，“比乐师忧，临观与求”，仍取义类之相反者言之，则卦变寔生于此。是为静中之动，定中之变，在《易》中实一要义，不可视为绪余剩义，而轻忽之也。五十六卦皆可反复，言卦变者二十二卦，非谓其余无卦变也，各举所重言之，所谓“《易》不可为典要，惟变所适”是也。若使每卦言之，是可为典要之书矣。且亦有举一隅使人反三隅之意，如言“九二刚来而得中”，则知相反之卦必为九五而得中；言“六二柔进而得中”，则知相反之卦必为六五柔来而得中。此义至明白易知，亦更无歧途他说可言卦变，而先儒皆失之，惟薛氏温其谓“蹇解二卦相循覆视”，此如暗室一灯，惜其言之不详，不能推及他卦，又未言文王作《易》所以用反对为次序之理，故今举二十二卦，绘图详说，以祛歧途之惑，以明坦易之理。若王氏宗传辩卦变之说云：“易家谓随自否来，蛊自泰来，不知乾坤重为泰否，焉有随蛊自否泰来之理？八卦既重之后，内外上下往来已备其中，又乌有所内外上下往来之义。”是欲破易家之支离，不得其所以破之之道者也。夫“往来”“上下”“内外”，文王、孔子言之，岂无其故乎？王氏自说无妄“刚自外来”，云“无妄之刚实自乾来”。夫画卦、重卦自下而上，焉有内卦自外卦来之理？无妄自有初九，何待外卦之乾？外卦三阳，何能分一画于初九？经义虽难通，必有可通之道。苟得之，下卦实有自上卦来之理。若犹未也，而欲訾易家之支离，是犹同浴而讥裸裎也。

白话解读

《周易》讲卦变，《周易本义》列有十九卦，现在推演得到二十二卦。卦变本来是自然界的规律，厄运与好运之间往来循环，损失与增益之间盈虚变化，伤害与恢复之间阴阳消长，困顿与解救之间危安转化，天体运行、人世间事本来就是有这种反复变化的规律，因此，周文王根据这个规律来排列六十四卦，而《周易·杂卦传》一篇所说的“比卦为乐，师卦为忧，临卦为给予，观卦为寻求”等，仍然采取意义类别相反的卦来讲，要是这么说来，卦变确实产生于此。这就是静止中的运动、安定中的变化，在《周易》中，卦变实在是一种重要意义，不可以视之为主要意义之外的多余之义，轻视忽略它。《周易》中五十六卦都可以反覆，而其中讲卦变的文字只有二十二卦，不是说其余各卦不存在卦变，而是它们有更为推重的意义要讲而已，《周易·系辞下传·第八章》所谓“《周易》不可以作为固定准则的法典，只有变化才能适应不同的事物”，就是这个意思。假使每卦都讲卦变，这就使得《周易》成为法典了。况且，这里也有举一反三的意思，如讲“九二爻刚来而得中”，就知道相互反覆的卦必定为九五爻而得中；讲“六二爻柔进而得中”，就知道相互反覆的卦必定为六五爻柔来而得中，这个意义已经极其地明白易懂，也没有其他的方法、其他的学说可以用来讲卦变，而先世儒学家们都在这个方面出现失误，只有薛温其说过“蹇解二卦相互循环、反覆观看”，这个说法就如同黑暗房间中的一盏明灯，可惜他说的不够详细，不能够推广用于其他卦，又未说明“周文王创作《周易》，所使用的是以反覆、对立作为次序的道理”，所以现在便列举二十二卦，绘制图示详细解说，用来去除错误道路的迷惑，阐明平坦无碍的道理。《周易折中·彖上传·集说》载，南宋王宗传说：“有人问：研究《周易》的人，以随卦自否卦变化而来，蛊卦自泰卦变化而来，其意义如何？回答说：这是不正确的。乾卦坤卦重叠而成为泰卦、否卦，因此随卦、蛊卦没有自泰卦、否卦变化而来的道理。世间儒者迷惑于卦变的说法，竟然不知道八卦形成队列、因循其理而进行重叠之时，而六画卦的内外、上下、往来的意义，已经具备于其中了，自八卦既已重叠成为六十四卦之后，又哪里有所谓‘内外’‘上下’‘往来’的意义呢?”这是想要破除易学上讲述卦变时分散残缺、没有条理，以至于不能获得破除卦变说之真理的弊病。“往来”“上下”“内外”这些文字，周文王、孔子都讲过，难道这是无缘无故的吗？王宗传自己解说《周易·彖传》无妄卦“刚自外来”，说：“无妄卦初九的刚爻，实际自外体的乾卦变化而来。”无论画卦，还是重卦，都是自下而上，哪里有内卦自外卦变化而来的道理？无妄卦自己有初九爻，何必等待其外卦的乾卦呢？无妄卦外卦的三阳，怎么能够分出一个爻画给予初九爻呢？《周易》经文的意义虽然不容易理解，但其必定有可以理解的道理。如果真正理解了，那么就能明白，下卦确实有自上卦变化而来的道理。你们还没有得到，却指责各个易学家对卦变说的解读分散残缺、没有条理，这就犹如和别人一起沐浴的人，嘲笑同浴者赤身露体一样。

辩来氏错综二字之谬

西蜀梁山来氏知德说《易》，以“错综”二字为主。所谓错者，即相对之卦；所谓综者，即相反之卦。夫错如文理交互，一左一右；综如织丝提挈，一低一昂，若乾、坤对立如门扇，未尝相交，何以谓之错？屯、蒙倒转似翻车，不止上下，安得谓之综？其易卦变为卦综，自是来氏之谬；若其取相反之卦说“往来上下”，本文王、孔子之意，前人已有言之者矣。来氏谓：“孔子既没，易道已亡，二千年如长夜。”自诩太甚，故《折中》博采诸家，独摈斥不收，良有以也。

白话解读

据《明史·卷二八三·列传第一百七十一·儒林二》记载，来知德所著《周易集注》，又名《易经来注图解》，侧重取《系辞》“错综其数”以论象。来知德解说《周易》，主要用“错”“综”二字。所谓“错”，就是阴阳相互对立的卦；所谓“综”，就是相互反覆的卦。“错”的意思是交错，如同事物的纹理，向左向右交替错开；“综”的意思是总聚，如同在织布机上织布，提拉经线上上下下。像乾卦与坤卦这样，阴阳相互对立，如同门的两扇，未尝交替，怎么可以称为“错”？像屯卦与蒙卦这样，颠倒反转，好像整个翻过来的车，而不只是一上一下，怎么可以称为“综”？这种把易卦的卦变改为卦综的说法，自然是来氏的错误。他采取相互反覆的卦解说“往来上下”，这本来也是周文王、孔子的意旨，前人已经说过了。来知德自己在《周易集注·序》中说，自孔子去世后，《周易》的道理已经失传了，《易》学如同处于漫长黑夜中二千余年，才出现了他的学说，这自夸的太过分了。所以，《周易折中》广泛采纳了诸家易说，唯独斥弃了来知德的易说，不予收录，这的确是有原因的。

卦象说

朱子曰：“《易》之有象，其取之有所从，其推之有所用，非苟为寓言也。然两汉诸儒，必欲究其所从，则既滞泥而不通；王弼以来，直欲推其所用，则又疏略而无据，二者皆失之一偏，而不能阙其所疑之过也。且以一端论之，乾之为马，坤之为牛，《说卦》有明文矣；马之为健，牛之为顺，在物有常理矣；至于案文责卦，若屯之有‘马’而无乾，离之有‘牛’而无坤，乾之‘六龙’则或疑于震，坤之‘牝马’则当反为乾，是皆有不可晓者。是以汉儒求之《说卦》而不得，则遂相与创为互体、变卦、五行、纳甲、飞伏之法，参互以求，而幸其偶合，其说虽详，然其不可通者终不可通，其可通者又皆傅会穿凿，而非有自然之势，唯其一二之适然，而无待于巧说者，为若可信。然上无所关于义理之本原，下无所资于人事之训诫，则又何必苦心极力以求于此，而欲必得之哉，故王弼曰：‘义苟应健，何必乾乃为马；爻苟合顺，何必坤乃为牛。’而程子亦曰：‘理无形也，故假象以显义。’此其所以破先儒胶固支离之失、而开后学玩辞玩占之方，则至矣。然观其意，又似直以《易》之取象无复有所自来，但如《诗》之比兴、《孟子》之譬喻而已，如此，则是《说卦》之作，为无所与于《易》，而‘近取诸身，远取诸物’者，亦为剩语矣，故疑其说亦若有未尽者。因窃论之，以为《易》之取象，固必有所自来，而其为说必已具于太卜之官，顾今不可复考，则姑阙之，而直据辞中之象，以求象中之意，使足以为训诫而决吉凶，如王氏、程子、与吾《本义》之云者，其亦可矣，固不必深求其象之所自来，然亦不可直谓假设而遽欲忘之也。”又曰：“看《易》，若是靠定象去看，便滋味长；若只恁地悬空看，也没甚意思。”又曰：“说《易》，得其理，则象数在其中，固是如此。然溯流以观，却须先见象数的当下落，方说得理不走作。不然，事无实证，则虚理易差也。”又曰：“《易》之象似有三样：有本画自有之象，如奇者象阳，耦者象阴是也；有实取诸物之象，如乾坤六子以天地雷风之类象之是也；有只是圣人自取象来明是义者，如‘白马翰如’‘载鬼一车’之类是也。”又曰：“《易》有象辞，有占辞，有象占相浑之辞。”

按：朱子论卦象，不泥象，亦不废象，且云“事无实证，则虚理易差”，其说已周详完密矣。论象有三样，其为圣人自取明义者尤多端，如噬嗑似颐中有物，颐似口，咸、艮似人身，家人似一家之人，鼎似鼎，小过似飞鸟，在下体者取诸足，在上爻者取诸首，固象之显然者；若其以意取之，或偶然有取于是物，即易以他象、他辞，亦未尝不可，此则又在读者之善会意矣。《本义》释卦象不欲过求，深恐有傅会穿凿之失，然汉儒以五行、纳甲、飞伏推之者诚过；若互卦与卦画俱来，占事者亦兼取之，卦爻变而象亦变，如乾之坤为群龙无首，坤之乾为利永贞是也，则互卦与卦变二项，推卦象者不可废。今以象之事类分为十有七，如左。

白话解读

据宋代朱鉴(为朱熹嫡长孙——作者注)撰《文公易说·卷八·象上传》记载的朱熹《易象说》所说：“《周易》具有各种不同的物象，取象有一定依从的，推演有一定功用，不是随随便便地就用某个卦象去解释某个道理。然而，西汉到东汉时期的诸位儒学家，想要推究取象所依从的原因时，却拘泥固执而不能变通；从三国时期魏国的王弼以来的儒学家，想要推究卦象所发挥的功用，就又粗疏简略而没有根据。二者的失误都在于，只是强调一个方面，而不能暂时保留疑问、留待查考。我们权且用卦象中一个例证来论述，乾卦的为马，坤卦的为牛，这在《周易·说卦》中有明确的文字了；马善于奔跑，所以为健，牛能耕田拉车，所以为顺，就事物而言，这符合一般规律；但如果要考查文字，责求卦象，像屯卦六二、六

四、上六爻辞均说‘乘马班如’，爻辞中有‘马’而卦象中无‘乾’卦，离卦卦辞‘畜牝牛’，卦辞中有‘牛’而卦象中无‘坤’卦，乾卦初九爻辞‘潜龙勿用’、九二爻辞‘见龙在田’、九五爻辞‘飞龙在天’、上九爻辞‘亢龙有悔’、用九‘见群龙无首’，其中多次提到‘龙’，就怀疑是取自于震卦，坤卦卦辞‘利牝马之贞’，其中有‘牝马’，就应当是取自相反的乾卦，这些都有不能明白知道其中道理的例子。所以汉代儒学家们在《周易·说卦》中寻求，却不能得到这些卦象，就只好一起创造出了了互体、变卦、五行、纳甲、飞伏的方法，相互参证用来寻求解释，有时侥幸能偶然地符合，这些学说虽然详细，然而，说不通的文字终究还是说不通，能说通的文字，又都是牵强附会，刻意穿凿，而没有蕴含自然天成的情势，其中仅有一二个适用于这些学说，不需要借助于巧辩的例证，是好像可以让人信服的。但它们上与《周易》义理无所相关，下对人世间事的教训和警示无所裨益，那么，我们又为什么一定要费尽心思、耗尽精力来寻求它们呢？因此，王弼在《周易注·附录·周易略例·明象》说：‘文义如果应当为健，为什么一定要乾卦才能为马；爻画如果符合为顺，为什么一定要坤卦才能为牛。’而程颐在《程氏易传·周易上经·乾》说：‘事物义理没有可以让人感知的形体，所以才要假借于物象来显示其意义。’这种方法被用来破除先世儒学家们在研究时僵化残裂的过失，却开启了后世学者玩味词义研究占测的方式，最后达到了极端。然而观察其中意旨，又好像只是认为《周易》取物没有所由，只是和《诗经》的比喻起兴、《孟子》的比喻例如一样罢了，如果这样，那《说卦》的创作对于《周易》来说就没有什么意义了，而《周易·系辞下传·第二章》所说‘从近处取象于自身，从远处取象于万物’，也成为多余的废话了，因此，他们的说法也令人怀疑，似乎对于道理还有不能详尽之处。我自己考论这件事，认为《周易》取象，本来必定有所由来，而它的由来作为学说，必定已经被古代主管占筮的太卜官员掌握了，只是现在无法再去考查，那么姑且保存疑问，暂不下断语，只根据《周易》卦爻辞中的物象，去研求物象中的意义，使其足够用来发挥训导告诫、决断事物吉凶的作用，就像王弼、程颐与我《周易本义》一书所说的，也是可以的，固然不必深入探求其物象的由来，但也不可以一味认为它是虚构出来的，就想对它忘却不理。”

据朱鉴撰《文公易说·卷八·象上传·吕辉录》、宋代黎靖德编《朱子语类·卷六十七·易三·纲领下·读易之法》记载，朱熹又说：“观看《周易》，如果是依靠确定物象去观看，便味道深长；如果只是这样凭空观看，也没有什么意思。”

据《文公易说·卷二十二·答郑可学》记载，朱熹又说：“程颐先生解说《周易》，得到其中道理则象数包含在其中，本来是如此，然而，逆流而向上观察其源头，却必须先看见象数的确归属，才能够做到解说道理不走样。如果不是这样，事情没有确凿的验证，那么虚浮的道理就容易偏差。”

据《朱子语类·卷六十六·易二·纲领上之下·象》记载，朱熹又说：“问：《周易》的象似乎有三样：有的是本身卦画自己具有的象，如奇画象征阳，偶画象征阴，六十四卦的爻画，一个爻各自是一个象；有的是采取各种事物实际的象，如乾卦坤卦及六子卦，用乾卦为天、坤卦为地、震卦为雷、巽卦为风之类象征的就是；有的只是圣人自己选择采取某种物象来表明这种意义的，如《周易》经文中‘白马翰如’‘载鬼一车’之类就是。”

据《朱子语类·卷六十七·易三·纲领下·辞义》记载，朱熹又说：“《周易》的卦爻辞中有象征意义的文字，有占断吉凶的文字，有象征意义和占断吉凶相互混杂的文字。”

江永认为：朱熹论述卦象，不拘泥于象，也不废弃象，并且说“事情没有确凿的验证，那么虚浮的道理就容易偏差”，其学说已经很周详完备且严密了。论述易象有三样，其中作为圣人自己采取、用来表明意义的物象尤其多种多样，如噬嗑卦形似颐中有物体，颐卦形似张开的口，咸卦、艮卦形似人的身体，家人卦形似一家老老少少的人，鼎卦形似烹煮用的鼎，小过卦形似飞翔的鸟，六卦画在下体的取之于足部，在上爻的取之于首部，这本来就是易象中显而易见的；如果其文字是根据心意采取的，或者偶然情况下采取于这个事物，那么就是改易以其他的物象、其他的文辞，也未尝不可以，这就又需要由解读《周易》的人很好地去领会其中意义了。《周易本义》解释卦象，不想过于苛求，担心会出现错误，把无关的说成有关的，牵强地去做解释。然而，汉代儒学家们用五行、纳甲、飞伏推演易象，确实有些过度了，像互卦与卦画都是同时出来的，占测事物的人两者都可以取用。卦爻变化，易象也跟着变化，比如乾卦之坤卦为“群龙无首”，坤卦之乾卦为“利永贞”，就是这种例证。那么互卦与卦变这两个项目，是推演卦象的人不可以废置不理的。现在根据易象的事物类别，将其分为十七类，分列如下。

卦象考

天文类

天

“乾为天”。“天行健”；“云上于天，需”；“天与水违行，讼”；“风行天上，小畜”；“上天下泽，履”；“天地交，泰”；“天地不交，否”；“天与火，同人”；“火在天上，大有”；“天下雷行，物与无妄”；“天在山中，大畜”；“天下有山，遁”；“雷在天上，大壮”；“泽上于天，夬”；“天下有风，姤”。

日

“离为日”。

明

“明两作，离”；“明出地上，晋”；“明入地中，明夷”。

月

“坎为月”。

斗

《丰》：“六二，丰其蔀，日中见斗；”“九四，丰其蔀，日中见斗。”

沫

《丰》：“九三(原文‘二’应为‘三’——作者注)，丰其沛，日中见沫。”

云

“云雷，屯”；“云上于天，需”。《小畜》：“密云不雨，自我西郊。”《小过》：“六五，密云不雨，自我西郊。”

风

“巽为风”。“风行天上，小畜”；“山下有风，蛊”；“雷风，恒”；“风自火出，家人”；“风雷，益”；“天下有风，姤”；“随风，巽”；“风行水上，涣”；“泽上有风，中孚”。

雷

“震为雷”。“云雷，屯”；“雷出地奋，豫”；“泽中有雷，随”；“雷电，噬嗑”；“雷在地中，复”；“天下雷行，物与无妄”；“山下有雷，颐”；“雷风，恒”；“雷在天上，大壮”；“雷雨作，解”；“风雷，益”；“洊雷，震”；“泽上有雷，归妹”；“雷电皆至，丰”；“山上有雷，小过”。

震

《震》：“亨，震来虩（xì）虩，笑言哑哑。震惊百里，不丧匕鬯（chàng）。”“初九，震来虩虩，后笑言哑哑。”“六二，震来厉。”“六三，震苏苏，震行无眚（shěng）。”“六四，震遂泥。”“六五，震往来厉。”“上六，震索索，视矍矍。震不于其躬，于其邻。”

电

“离为电”。“雷电，噬嗑”；“雷电皆至，丰”。

雨

“雷雨作，解”。《小畜》：“密云不雨，自我西郊。”“上九，既雨既处。”《睽》：“上九，往遇雨则吉。”《夬》：“九三，独行遇雨，若濡有愠。”《鼎》：“九三，方雨亏悔，终吉。”《小过》：“六五，密云不雨，自我西郊。”

霜

《坤》：“初六，履霜，坚冰至。”

白话解读

天文是天空中日、月、星辰及风、云、雨、雪等一切自然现象。

（一）天

《周易·说卦传》：“乾卦象征天。”

《周易·象上传》：“乾卦象征天，上下皆是乾卦，表示天体运行，周而复始，刚健有力。”“上卦坎象征云，下卦乾象征天，云升到天上，遇冷凝结形成雨，因此，卦名为需（需的本意为‘遇到下雨，停留等待’）。”“上卦乾象征天，下卦坎象征水，天为阳，阳气上行而居上位，水流向下而居下位，二者行动方向相违背，造成争讼，因此，卦名为讼。”“上卦巽象征风，下卦乾象征天，风运行于天上，推动云由少到多逐渐蓄积，终于产生降雨，因此，卦名为小畜（小畜，意为‘小的积蓄’）。”“上卦乾象征天，下卦兑象征泽，天行于上而居上位，泽润于下而居下位，天与泽各自履行各自的职责，因此，卦名为履。”“上卦坤象征地，下卦乾象征天，天为阳，阳气应上行而居下位，地为阴，阴气应下行而居上位，天地之气得以相互交流，形成良性循环，万物因而安泰，因此，卦名为泰。”“上卦乾象征天，下卦坤象征地，天为阳，阳气应上行而居上位，地为阴，阴气应下行而居下位，天地之气不能相互交流，造成闭塞不通，事物恶化到最坏的程度，因此，卦名为否。”“上卦乾象征天，下卦离象征火，天为阳，阳气应上行而居上位，火虽在下而性炎上，天与火具有相同的趋向，因此，卦名为同人。”“上卦离象征火，下卦乾象征天，火即太阳，太阳在天上普照万物，万物生长靠太阳，全都大有收获，因此，卦名为大有。”“上卦乾象征天，下卦震象征雷，在天的下面有雷发动，万物无缘无故受到雷声震动，如遇无妄之灾，因此，卦名为无妄。”“上卦艮象征山，下卦乾象征天，天位于山之中，四面高山围绕，如同坚实的山将广阔的天积蓄了起来，这是最大的积蓄，因此，卦名为大畜(大畜，意为‘大的积蓄’)。”《周易·象下传》：“上卦乾象征天，下卦艮象征山，在天的下面有山，山宁静深远，如同与不好的事物保持距离、远离逃遁的样子，因此，卦名为遁。”“上卦震象征雷，下卦乾象征天，雷在天的上面轰轰作响，声势壮大，因此，卦名为大壮。”“上卦兑象征泽，下卦乾象征天，泽中水汽蒸发上升到天上，当凝结成雨时就会决裂向下，因此，卦名为夬(夬，意为‘决断’)。”“上卦乾象征天，下卦巽象征风，天的下面有风吹动，万物都与风相遇，因此，卦名为姤(姤，意为‘相遇’)。”

(二)日

《周易·说卦传》：“离卦象征太阳。”

(三)明

《周易·象上传》：“离卦象征太阳，太阳的光明接续两次出现，因此，卦名为离(离，意为‘又，两次’)。”

《周易·象下传》：“上卦离象征太阳，下卦坤象征大地，太阳由地下晋升而出现在大地上，阳光普照，因此，卦名为晋。”“下卦离象征太阳，上卦坤象征大地，太阳由天空落下而进入大地中，光明受到伤害，因此，卦名为明夷(夷，意为‘受伤’)。”

（四）月

《周易·说卦传》："坎卦象征月亮。"

（五）斗

《周易·下经·丰》："六二爻，像盛大的草席遮蔽住日光，太阳正当天中的时候可以看见北斗星。""九四爻，像盛大的草席遮蔽住日光，太阳正当天中的时候可以看见北斗星。"

（六）沫

《周易·下经·丰》："九三爻，像盛大的旗幡遮蔽住日光，太阳正当天中的时候可以看见微小暗淡的星。"沫，意为光芒很微弱的星。

（七）云

《周易·象上传》："上卦坎象征云，下卦震象征雷，云向上升，雷向下击，二者的气息无法交聚，所以雨很难降下来，因此，卦名为屯。""上卦坎象征云，下卦乾象征天，云上升到天上，凝结成雨落下，因此，卦名为需。"

《周易·上经·小畜》："密布的乌云，没有带来降雨，来自我都城的西部郊区。"

《周易·下经·小过》："六五爻，密布的乌云，没有带来降雨，来自我都城的西部郊区。"

（八）风

《周易·说卦传》："巽卦象征风。"

《周易·象上传》："上卦巽象征风，下卦乾象征天，风运行于天上，推动云由少到多逐渐蓄积，终于产生降雨，因此，卦名为小畜。""上卦艮象征山，下卦巽象征风，山的下面有风吹动，风被山阻挡，由水平方向变为向上流动，导致草木摇落，万物开始败坏，因此，卦名为蛊（蛊，意为'有不好的事情发生'）。"

《周易·象下传》："上卦震象征雷，下卦巽象征风，形成雷的云在上而风在下，风不能吹动在上的云，雷也不能鼓动在下的风，各自处于恒常状态，因此，卦名为恒。”“上卦巽象征风，下卦离象征火，火燃烧而热气上行形成风，即风自火中生出，如同家庭内部的人和事产生的影响传播到了外面，因此，卦名为家人。”“上卦巽象征风，下卦震象征雷，风雷相互激荡，彼此助益，声势威严，因此，卦名为益。”“上卦乾象征天，下卦巽象征风，天的下面有风吹动，万物都与风相遇，因此，卦名为姤。”“巽卦象征风，上下皆是巽卦，表示风跟随着风，无孔不入，连续不断，因此，卦名为巽(巽，意为‘谦和，卑顺’)。”“上卦巽象征风，下卦坎象征水，风流行于水面之上，水面由平静变为涣散，因此，卦名为涣。”“下卦兑象征泽，上卦巽象征风，泽是水草交厝之地，以润泽万物而得名，风有助于改善泽中草木的环境条件，泽可以诚心接受，因此，卦名为中孚(孚，意为‘信服’，中孚即心中信服之意)。”

(九)雷

《周易·说卦传》：“震卦象征雷。”

《周易·象上传》：“上卦坎象征云，下卦震象征雷，云向上升，雷向下击，二者的气息无法交聚，所以雨很难降下来，因此，卦名为屯。”“上卦震象征雷，下卦坤象征地，雷为潜藏在地下的阳气，发出地表后，使万物感到振奋，出现喜悦安乐景象，因此，卦名为豫(豫，意为‘欢乐，喜悦’)。”“上卦兑象征泽，下卦震象征雷，泽中水汽可以向上蒸发形成云，云又可以产生雷，故曰雷蕴藏于大泽之中，跟随大泽而潜伏，因此，卦名为随。”“下卦震象征雷，上卦离象征电，电闪作用于雷上，可以撕裂云层，如同刑罚一样，因此，卦名为噬嗑(噬嗑，意为‘咬合，咀嚼’)。”“下卦震象征雷，上卦坤象征地，春季雷发于地表，而到了冬季便按时重归地下，循环往复，因此，卦名为复。”“上卦乾象征天，下卦震象征雷，在天的下面有雷发动，万物无缘无故受到雷声震动，如遇无妄之灾，因此，卦名为无妄。”“上卦艮象征山，下卦震象征雷，山的下面有雷声发动，正是春天草木生灵复苏生长的时节，万物纷纷寻求入口的食物以供养自己的生命，因此，卦名为颐(颐，意为‘面颊、腮或保养、休养’)。”

《周易·象下传》：“上卦震象征雷，下卦巽象征风，形成雷的云在上而风在下，风不能吹动在上的云，雷也不能鼓动在下的风，各自处于恒常状态，因此，卦名为恒。”“上卦震象征雷，下卦乾象征天，雷在天的上面轰轰作响，声势壮大，因此，卦名为大壮。”“上卦震象征雷，下卦坎象征雨，雷雨发生，万物重获生机，表示纾解、解除，因此，卦名为解。”“上卦巽象征风，下卦震象征雷，风雷相互激荡，彼此助益，声势威严，因此，卦名为益。”“震卦象征雷，上下皆是震卦，表示雷声一阵接着一阵，万物受到强烈震动，因此，卦名为震。”“下卦兑象征泽，上卦震象征雷，泽的上面有雷发动，表示雷电自上而下击中大泽，泽中的水震荡蒸腾，如同家中少女出嫁，男女因缔结婚姻而情感激动，因此，卦名为归妹。”“上卦震象征雷，下卦离象征电，雷鸣于上，电闪于下，雷鸣电闪全都来到，气势丰盛威严，因此，卦名为丰。”“下卦艮象征山，上卦震象征雷，山的上面有雷发动，雷电击中山上草木，造成小的方面过度和损失，因此，卦名为小过。”

(十)震

《周易·下经·震》：“震是霹雳，是云与地面之间发生的强烈雷电现象。万物受到震动而亨通。当霹雳震动突然来临时，人们因惊吓而恐惧，过后笑谈嘻嘻。霹雳响声震动百里，主持祭祀的人没有洒出汤匙中的黍米酒。”“初九爻，当霹雳震动突然来临时，人们因惊吓而恐惧，过后笑谈嘻嘻。”“六二爻，霹雳震动突然来临，很危险。”“六三爻，霹雳震动，人们恐惧不安，霹雳行过，没有造成灾难。”“六四爻，霹雳震动，有人坠落泥淖。”“六五爻，霹雳往来震动不已，很危险。”“上六爻，霹雳震动，有人非常沮丧，眼睛四处乱看，霹雳没有落到他的身上，落在他的邻近。”

(十一)电

《周易·说卦传》：“离卦象征电。”

《周易·象上传》：“下卦震象征雷，上卦离象征电，电闪作用于雷上，可以撕裂云层，如同刑罚一样，因此，卦名为噬嗑。”

《周易·象下传》：“上卦震象征雷，下卦离象征电，雷鸣于上，电闪于下，雷鸣电闪全都来到，气势丰盛威严，因此，卦名为丰。”

(十二)雨

《周易·象下传》:“上卦震象征雷,下卦坎象征雨,雷雨发生,万物重获生机,表示纾解、解除,因此,卦名为解。”

《周易·上经·小畜》:“密布的乌云,没有带来降雨,来自我都城的西部郊区”;“上九爻,已经下雨,已经找到处所。”

《周易·下经·睽》:“上九爻,往前走,遇到下雨,则吉利。”

《周易·下经·夬》:“九三爻,独自行走,遇到下雨,被雨淋湿,心中怨恨。”

《周易·下经·鼎》:“九三爻,方才遇雨,受到亏损,有些后悔,最终结果为吉祥。”

《周易·下经·小过》:“六五爻,密布的乌云,没有带来降雨,来自我都城的西部郊区。”

(十三)霜

《周易·上经·坤》:“初六爻,脚踏薄霜,预示着坚硬寒冰将至。”

岁时类

十年

《屯》:“六二,女子贞不字,十年乃字。”《复》:“上六,用行师,终有大败,以其国君,凶,至于十年不克征。”《颐》:“六三,十年勿用。”

三年

《既济》:“九三,高宗伐鬼方,三年克之。”《未济》:“九四,震用伐鬼方,三年有赏于大国。”

三岁

《同人》:“九三,伏戎于莽,升其高陵,三岁不兴。”《坎》:“上六,系用徽纆,寘于丛棘,三岁不得。”《困》:“初六,入于幽谷,三岁不觌。”《丰》:“上六,闚其户,阒其无人,三岁不觌。”《渐》:“九五,妇三岁不孕。”

八月

《临》："至于八月，有凶。"

寒

"乾为寒，为冰"。

月几望

《小畜》："上九，月几望。"《归妹》："六五，月几望。"《中孚》："六四，月几望。"

旬

《丰》："初九，遇其配主，虽旬无咎。"

七日

《复》："七日来复。"《震》："六二，亿丧贝，跻于九陵，勿逐，七日得。"《既济》："六二，妇丧其茀，勿逐，七日得。"

三日

《明夷》："初九，君子于行，三日不食。"

先甲后甲

《蛊》："先甲三日，后甲三日。"

先庚后庚

《巽》："九五，先庚三日，后庚三日。"

巳日

《革》："六二，巳日乃革之。"

终日

《乾》："九三，君子终日乾乾。"《既济》："六四，终日戒。"

不终日

《豫》："六二，介于石，不终日。"

昼日

《晋》："康侯用锡马蕃庶，昼日三接。"

日中

《丰》："勿忧，宜日中。""六二，日中见斗。""九三，日中见沬。""九四，日中见斗。"

日昃

《离》："九三，日昃(zè)之离"。

夕

《乾》："九三，君子终日乾乾，夕惕若。"

莫夜

《夬》："九二，惕号，莫夜有戎，勿恤。"

白话解读

岁时，指岁月、时间。

（一）十年

《周易·上经·屯》："六二爻，女孩子性格坚贞，不肯许嫁，十年后才许嫁。"

《周易·上经·复》："上六爻，如果采取军事行动，最终会造成大的失败，累及国君，这是凶兆，一直至十年之久，还不能征服敌人。"

《周易·上经·颐》："六三爻，十年之久，仍不能有所作为。"

（二）三年

《周易·下经·既济》："九三爻，高宗（指商王武丁）讨伐鬼方，经过三年时间才战胜它。"

《周易·下经·未济》："九四爻，振奋起威武的精神去讨伐鬼方，经过三年时间，得到国家的奖赏。"

（三）三岁

《周易·上经·同人》："九三爻，将军队埋伏于草莽之中，自己登上山丘高处观察，经过三年，没有发生战争。"

《周易·上经·坎》："上六爻，用三股和两股的绳子捆绑起来，放置在荆棘丛中，经过三年，不能得到自由。"

《周易·下经·困》："初六爻，进入于昏暗的深谷，经过三年，不能看见光亮。"

《周易·下经·丰》："上六爻，从屋门向内窥视，里面非常寂静，似乎没有人，经过三年，看不到有人出入。"

《周易·下经·渐》:“九五爻,妇人经过三年,没有怀孕。”

(四)八月

《周易·上经·临》:“到了八月,有凶险。”

(五)寒

《周易·说卦传》:“乾象征寒冷,象征结冰。”

(六)月几望

《周易·上经·小畜》:“上九爻,月亮接近满月。”
《周易·下经·归妹》:“六五爻,月亮接近满月。”
《周易·下经·中孚》:“六四爻,月亮接近满月。”

(七)旬

《周易·下经·丰》:“初九爻,遇到女主人,虽然经过十日,没有灾祸。”

(八)七日

《周易·上经·复》:“经过七日,再次归来。”

《周易·下经·震》:“六二爻,丢失十万贝币,登上九重高的山陵,不必追寻,经过七日,失而复得。”

《周易·下经·既济》:“六二爻,妇人丢失她的首饰,不必追寻,经过七日,失而复得。”

(九)三日

《周易·下经·明夷》:“初九爻,君子外出,三日时间,没有吃食物。”

(十)先甲后甲

《周易·上经·蛊》:“甲日之前三日,甲日之后三日。”

(十一)先庚后庚

《周易·下经·巽》:“九五爻,庚日之前三日,庚日之后三日。”

（十二）巳日

《周易·下经·革》："至巳日应果断实行变革，过程和结果都必然吉祥，不会出现纠纷和过错。""六二爻，至巳日才能进行变革。"

（十三）终日

《周易·上经·乾》："九三爻，有德行的君子终竟此日奋发不懈。"

《周易·下经·既济》："六四爻，终竟此日严密戒备。"

（十四）不终日

《周易·上经·豫》："六二爻，在愉快中，如同立起磐石为界限，立场非常坚定，不用完整一天时间。"

（十五）昼日

《周易·下经·晋》："康侯（一般认为指周武王的弟弟卫康叔——作者注）得到天子赏赐的很多匹马，一日之中，天子三次接见。"

（十六）日中

《周易·下经·丰》："不必忧虑，应该如日正当天中。""六二爻，太阳正当天中时可以看见北斗星。""九三爻，太阳正当天中时可以看见小星。""九四爻，太阳正当天中时可以看见北斗星。"

（十七）日昃

《周易·上经·离》："九三爻，太阳西斜的光明。"昃，意为太阳偏西。

（十八）夕

《周易·上经·乾》："九三爻，有德行的君子终竟此日奋发不懈，夜晚仍然保持警惕。"

（十九）莫夜

《周易·下经·夬》："九二爻，时刻保持忧惧，不断呼叫提醒，即使暮夜时分遭遇敌人攻击，也不必担心。”

地理类

地

“坤为地”。“地势坤”；“地中有水，师”；“地上有水，比”；“天地交，泰”；“天地不交，否”；“地中有山，谦”；“雷出地奋，豫”；“泽上有地，临”；“风行地上，观”；“山附于地，剥”；“雷在地中，复”；“明出地上，晋”；“明入地中，明夷”；“泽上于地，萃”；“地中生木，升”。

火

“离为火”。“天与火，同人”；“火在天上，大有”；“山下有火，贲”；“明两作，离”；“风自火出，家人”；“上火下泽，睽”；“泽中有火，革”；“木上有火，鼎”；“山上有火，旅”；“水在火上，既济”；“火在水上，未济”。

水

“坎为水”。“天与水违行，讼”；“地中有水，师”；“地上有水，比”；“水洊至，习坎”；“山上有水，蹇”；“泽无水，困”；“木上有水，井”；“风行水上，涣”；“泽上有水，节”；“水在火上，既济”；“火在水上，未济”。

泽

“兑为泽”。“上天下泽，履”；“泽中有雷，随”；“泽上有地，临”；“泽灭木，大过”；“山上有泽，咸”；“上火下泽，睽”；“山下有泽，损”；“泽上于天，夬”；“泽上于地，萃”；“泽无水，困”；“泽中有火，革”；“泽上有雷，归妹”；“丽泽，兑”；“泽上有水，节”；“泽上有风，中孚”。

山

“艮为山”。“山下出泉，蒙”；“地中有山，谦”；“山下有风，蛊”；“山下有火，贲”；“山附于地，剥”；“天在山中，大畜”；“山下有雷，颐”；“山上有泽，咸”；“天下有山，遁”；“山上有水，蹇”；“山下有泽，损”；“兼山，艮”；“山上有木，渐”；“山下有火，旅”；“山上有雷，小过”。

西南东北

《坤》：“西南得朋，东北丧朋。”《蹇》：“利西南，不利东北。”《解》：

"利西南。"

南

《明夷》:"九三，明夷于南狩。"《升》:"南征，吉。"

田

《乾》:"九二，见龙在田。"

郊

《需》:"初九，需于郊。"《同人》:"上九，同人于郊。"《小畜》:"密云不雨，自我西郊。"《小过》:"六五，密云不雨，自我西郊。"

野

《坤》:"上六，龙战于野。""同人于野。"

邑

《讼》:"九二，不克讼，归而逋，其邑人三百户。"《比》:"九五，王用三驱，失前禽，邑人不诫。"《泰》:"上六，勿用师，自邑告命。"《谦》:"上六，利用行师，征邑国。"《晋》:"上九，维用伐邑。"《夬》:"告自邑。"《升》:"九三，升虚邑。"《井》:"改邑不改井。"

城

《泰》:"上六，城复于隍。"

墉

《同人》:"九四，乘其墉，弗克攻。"《解》:"上六，公用射隼于高墉之上。"

隍

《泰》:"上六，城复于隍。"

易

与"疆埸(yì)"之"埸"同。《大壮》:"六五，丧羊于易。"《旅》:"上九，丧牛于易。"

道

《履》:"九二，履道坦坦。"

大涂

"震为大涂"。

径路

"艮为径路"。

陆

《夬》："九五，苋(xiàn)陆。"《渐》："九三，鸿渐于陆。""上九，鸿渐于陆。"当作"阿"。

丘园

《贲》："六五，贲于丘园。"

丘

《涣》："六四，涣有丘。"

陵

《同人》："九三，升其高陵。"《震》："六二，跻于九陵。"《渐》："九五，鸿渐于陵。"

岐山

《升》："六四，王用亨于岐山。"

西山

《随》："上六，王用亨于西山。"

谷

《困》："初六，入于幽谷。"《井》："九二，井谷。"

刚卤

"兑为刚卤"。

坎窞(dàn)

《坎》："初六，入于坎窞。""六三，入于坎窞。"

穴

《需》："六四，出自穴。""上六，入于穴。"《小过》："六五，公弋取彼在穴。"

磐

《渐》："六二，鸿渐于磐。"

石

《豫》："六二，介于石。"《困》："六三，困于石。"

小石

"艮为小石"。

泉

"山下出泉，蒙"。《井》："九五，寒泉，食。"

渊

《乾》："九四，或跃在渊。"

河

《泰》："九二，用冯河。"

川

详后"涉"。

干

《渐》："初六，鸿渐于干。"

沙

《需》："九二，需于沙。"

沟渎

"坎为沟渎"。

涂(tú)

《睽》："上九，见豕负涂。"

泥

《需》："九三，需于泥。"《井》："初六，井泥。"

井

《井》："改邑不改井，无丧无得。往来井井，汔至亦未繘井，羸其瓶。""初六，井泥不食，旧井无禽。""六二，井谷射鲋，瓮敝漏。""九三，井渫不食，为我心恻。可用汲，王明并受其福。""六四，井甃。""九五，井洌寒泉，食。""上六，井收勿幕。"

冰

"乾为冰"。《坤》："初六，履霜，坚冰至。"

白话解读

地理，指土地、山川等的环境形势。

(一)地

《周易·说卦传》："坤卦象征地。"

《周易·象上传》：“坤卦象征地，上下卦皆是坤卦，表示大地的态势是顺承天体运行的规律，一个态势接着一个态势，体现四时物候特征。”“上卦坤象征地，下卦坎象征水，大地之中包藏有水，如同人民之中包藏有军队，因此，卦名为师。”“下卦坤象征地，上卦坎象征水，大地之上具有水，水向下润泽大地，大地承载着水，水与地亲密无间，因此，卦名为比(比，意为‘亲，近’)。”“上卦坤象征地，下卦乾象征天，天为阳，阳气应上行而居下位，地为阴，阴气应下行而居上位，天地之气得以相互交流，形成良性循环，万物因而安泰，因此，卦名为泰。”“上卦乾象征天，下卦坤象征地，天为阳，阳气应上行而居上位，地为阴，阴气应下行而居下位，天地之气不能相互交流，造成闭塞不通，因此，卦名为否。”“上卦坤象征地，下卦艮象征山，大地之中包含有山，山谦退于大地之下，因此，卦名为谦。”“上卦震象征雷，下卦坤象征地，雷为潜藏在地下的阳气，发出地表后，使万物感到振奋，出现喜悦安乐景象，因此，卦名为豫。”“下卦兑象征泽，上卦坤象征地，泽的上面有大地，大地居高临下，因此，卦名为临。”“上卦巽象征风，下卦坤象征地，风流行于大地之上，遍及万物，如同巡视各方，因此，卦名为观。”“上卦艮象征山，下卦坤象征地，山本来高高耸立，远离大地，但山体遭到风化侵蚀，导致土石剥落，附着于大地之上，因此，卦名为剥。”“下卦震象征雷，上卦坤象征地，春季雷发于地表，而到了冬季便按时重归地下，循环往复，因此，卦名为复。”

《周易·象下传》：“上卦离象征太阳，下卦坤象征大地，太阳由地下晋升而出现在大地上，阳光普照，因此，卦名为晋。”“下卦离象征太阳，上卦坤象征大地，太阳由天空落下而进入大地中，光明受到伤害，因此，卦名为明夷。”“上卦兑象征泽，下卦坤象征地，由于河水带着大量泥沙流入湖泽，泥沙沉积，导致泽底日益升高，人们只得不断加高加固堤防，造成泽水萃聚于地上，因此，卦名为萃。”“上卦坤象征地，下卦巽象征木，大地之中有向上生长的草木，表示植物种子埋入土中，在合适的条件下生根发芽，穿透地面向上升起，因此，卦名为升。”

(二)火

《周易·说卦传》：“离卦象征火。”

《周易·象上传》：“上卦乾象征天，下卦离象征火，天为阳，阳气应上行而居上位，火虽在下而性炎上，天与火具有相同的趋向，因此，卦名为同人。”“上卦离象征火，下卦乾象征天，火即太阳，太阳在天上普照万物，万物生长靠太阳，全都大有收获，因此，卦名为大有。”“上卦艮象征山，下卦离象征火，山的下面有火，表示山上草木百物为火光上照而被光明所修饰，因此，卦名为贲（贲，意为‘装饰得很美好的样子’）。”“离卦象征太阳，太阳接续两次出现，表示光明相继，因此，卦名为离。”

《周易·象下传》：“上卦巽象征风，下卦离象征火，火燃烧而热气上行形成风，即风自火中生出，如同家庭内部的人和事产生的影响传播到了外面，因此，卦名为家人。”“上卦离象征火，下卦兑象征泽，泽是水草交厝之地，火在上位燃烧其中草木，泽在下位润泽其中草木，二者作用乖离，因此，卦名为睽（睽，意为‘违背’）。”“上卦兑象征泽，下卦离象征火，泽之中包藏有火，火即太阳，泽中万物在太阳能量推动下不断变革出新，因此，卦名为革。”“下卦巽象征木，上卦离象征火，木的上面有火，表示用木材生火做饭的样子，因此，卦名为鼎。”“下卦艮象征山，上卦离象征火，山的上面有火燃烧，逐草木而行，其势不会长时间停留在一个位置上，如同旅行，因此，卦名为旅。”“上卦坎象征水，下卦离象征火，水位于火的上面，表示水居上位而性润下，火居下位而性炎上，水与火相互作用，产生相反相成的效果，因此，卦名为既济。”“上卦离象征火，下卦坎象征水，火位于水的上面，表示火性炎上而居上位，水性润下而居下位，火与水各居其位，不能产生相反相成的效果，因此，卦名为未济。”

（三）水

《周易·说卦传》：“坎卦象征水。”

《周易·象上传》：“上卦乾象征天，下卦坎象征水，天为阳，阳气上行而居上位，水流向下而居下位，二者行动方向相违背，造成争讼，因此，卦名为讼。”“上卦坤象征地，下卦坎象征水，大地之中包藏有水，如同人民之中包藏有军队，因此，卦名为师。”“下卦坤象征地，上卦坎象征水，大地之上具有水，水向下润泽大地，大地承载着水，水与地亲密无间，因此，卦名为比。”“坎卦象征水，上下皆是坎卦，表示水长期重复地流至，形成习惯，积成江河湖海，因此，卦名为坎。”

《周易·象下传》：“下卦艮象征山，上卦坎象征水，山的上面有水，表示大江大河都发源于高山之上，水从高趋下，跨越崇山峻岭，行动艰难，因此，卦名为蹇。”“上卦兑象征泽，下卦坎象征水，泽的下面为水，表示泽中之水向下渗漏，泽中无水，泽中草木处于困境，因此，卦名为困。”“下卦巽象征木，上卦坎象征水，这有两层意义，一是木在水下，指木进入水中，二是木上有水，指木上面有水，表示人们将木桶下入井水中，待木桶灌满水后将木桶提到井上，因此，卦名为井。”“上卦巽象征风，下卦坎象征水，风流行于水面之上，水面由平静变为涣散，因此，卦名为涣。”“下卦兑象征泽，上卦坎象征水，泽的上面有水，表示水流入泽中，泽节制水，因此，卦名为节。”“上卦坎象征水，下卦离象征火，水位于火的上面，表示水居上位而性润下，火居下位而性炎上，水与火相互作用，产生相反相成的效果，因此，卦名为既济。”“上卦离象征火，下卦坎象征水，火位于水的上面，表示火性炎上而居上位，水性润下而居下位，火与水各居其位，不能产生相反相成的效果，因此，卦名为未济。”

(四)泽

《周易·说卦传》：“兑卦象征泽。”

《周易·象上传》：“上卦乾象征天，下卦兑象征泽，天行于上而居上位，泽润于下而居下位，天与泽各自履行各自的职责，因此，卦名为履。”“上卦兑象征泽，下卦震象征雷，泽中水汽可以向上蒸发形成云，云又可以产生雷，故曰雷蕴藏于大泽之中，跟随大泽而潜伏，因此，卦名为随。”“下卦兑象征泽，上卦坤象征地，泽的上面有大地，大地居高临下，因此，卦名为临。”“上卦兑象征泽，下卦巽象征木，泽中水面上升，淹没了泽中草木，造成大的方面的过度和损失，因此，卦名为大过。”

《周易·象下传》：“下卦艮象征山，上卦兑象征泽，山的上面有泽，泽中水分向下渗透，山上土壤吸收水分而润泽草木，泽与山相互感应，因此，卦名为咸(咸，意为‘感应’)。”“上卦离象征火，下卦兑象征泽，泽是水草交厝之地，火在上位燃烧其中草木，泽在下位润泽其中草木，二者作用乖离，因此，卦名为睽。”“上卦艮象征山，下卦兑象征泽，山的下面有泽，泽的地位低下，山的地位崇高，看起来就像是泽在自我贬损，因此，卦名为损。”“上卦兑象征泽，下卦乾象征天，泽中水汽蒸发上升到天上，当凝结成雨时就会决裂向下，因此，卦名为夬。”“上卦兑象征泽，下卦坤象征地，由于河水带着大量泥沙流入湖泽，泥沙沉积，导致泽底日益升高，人们只得不断加高加固堤防，造成泽水萃聚于地上，因此，卦名为萃。”“上卦兑象征泽，下卦坎象征水，泽的下面为水，表示泽中之水向下渗漏，泽中无水，泽中草木处于困境，因此，卦名为困。”“上卦兑象征泽，下卦离象征火，泽之中包藏有火，火即太阳，泽中万物在太阳能量推动下不断变革出新，因此，卦名为革。”“下卦兑象征泽，上卦震象征雷，泽的上面有雷发动，表示雷电自上而下击中大泽，泽中的水震荡蒸腾，如同家中少女出嫁，男女因缔结婚姻而情感激动，因此，卦名为归妹。”“兑卦象征泽，上下皆是兑卦，表示两个泽并连在一起，水分相互渗透沟通，因此，卦名为兑。”“下卦兑象征泽，上卦坎象征水，泽的上面有水，表示水流入泽中，泽节制水，因此，卦名为节。”“下卦兑象征泽，上卦巽象征风，泽是水草交厝之地，以润泽万物而得名，风有助于改善泽中草木的环境条件，泽可以诚心接受，因此，卦名为中孚。”

（五）山

《周易·说卦传》：“艮卦象征山。”

《周易·象上传》：“上卦艮象征山，下卦坎象征泉，山下面的泉眼中涌出泉水，是水的发源，如同启蒙教育是孩童知识的源头，因此，卦名为蒙。”“上卦坤象征地，下卦艮象征山，大地之中包含有山，山谦退于大地之下，因此，卦名为谦。”“上卦艮象征山，下卦巽象征风，山的下面有风吹动，风被山阻挡由水平方向变为向上流动，导致草木摇落，万物开始败坏，因此，卦名为蛊。”“上卦艮象征山，下卦离象征火，山的下面有火，表示山上草木百物为火光上照而被光明所修饰，因此，卦名为贲。”“上卦艮象征山，下卦坤象征地，山本来高高耸立，远离大地，但山体遭到风化侵蚀，导致土石剥落，附着于大地之上，因此，卦名为剥。”“上卦艮象征山，下卦乾象征天，天位于山之中，四面高山围绕，如同坚实的山将广阔的天积蓄了起来，这是最大的积蓄，因此，卦名为大畜。”“上卦艮象征山，下卦震象征雷，山的下面有雷声发动，正是春天草木生灵复苏生长的时节，万物纷纷寻求入口的食物以供养自己的生命，因此，卦名为颐 。”

《周易·象下传》：“下卦艮象征山，上卦兑象征泽，山的上面有泽，泽中水分向下渗透，山上土壤吸收水分而润泽草木，泽与山相互感应，因此，卦名为咸。”“上卦乾象征天，下卦艮象征山，在天的下面有山，山宁静深远，如同与不好的事物保持距离、远离逃遁的样子，因此，卦名为遁。”“下卦艮象征山，上卦坎象征水，山的上面有水，表示大江大河都发源于高山之上，水从高趋下，跨越崇山峻岭，行动艰难，因此，卦名为蹇。”“上卦艮象征山，下卦兑象征泽，山的下面有泽，泽的地位低下，山的地位崇高，看起来就像是泽在自我贬损，因此，卦名为损。”“艮卦象征山，上下皆是艮卦，表示两座山并列在一起，都很稳定，静止不动，因此，卦名为艮。”“下卦艮象征山，上卦巽象征木，山的上面有草木，草木随着时间的推移渐渐向上生长，因此，卦名为渐。”“下卦艮象征山，上卦离象征火，山的上面有火燃烧，逐草木而行，其势不会长时间停留在一个位置上，如同旅行，因此，卦名为旅。”“下卦艮象征山，上卦震象征雷，山的上面有雷发动，雷电击中山上草木，造成小的方面过度和损失，因此，卦名为小过。”

(六) 西南东北

《周易·上经·坤》：“利于往西南方向行动，可以得到志同道合的朋党；往东北方向行动，会丧失志同道合的朋党。”

《周易·下经·蹇》：“利于往西南方向行动，不利于往东北方向行动。”

《周易·下经·解》：“利于往西南方向行动。”

(七) 南

《周易·下经·明夷》：“九三爻，光明在南方受到伤害，于是向南方狩猎以去害。”

《周易·下经·升》：“往南方前进，吉祥。”

(八) 田

《周易·上经·乾》：“九二爻，龙出现在田地上。”

(九) 郊

《周易·上经·需》：“初九爻，等待于郊区。”

《周易·上经·同人》：“上九爻，寻求和同的人于郊区。”

《周易·上经·小畜》：“密布的乌云，没有带来降雨，来自我都城的西部郊区。”

《周易·下经·小过》：“六五爻，密布的乌云，没有带来降雨，来自我都城的西部郊区。”

(十)野

《周易·上经·坤》：“上六爻，两条龙在郊外旷野战斗。”

《周易·上经·同人》：“追求和同的人于郊外旷野。”

(十一)邑

《周易·上经·讼》：“九二爻，与人争讼没有胜利，归来后逃亡，此人的封邑有三百户人家。”

《周易·上经·比》：“九五爻，王狩猎采用三面驱赶禽兽的方法，舍弃往前方奔逃的禽兽，封邑中的百姓并无恐惧戒慎之心。”

《周易·上经·泰》：“上六爻，不能动用军队，从城邑中返回都城向君主报告。”

《周易·上经·谦》：“上六爻，利于动用军队，征讨自己领地内的封邑。”

《周易·下经·晋》：“上九爻，可以讨伐自己领地上的封邑。”

《周易·下经·夬》：“从封邑中传令告知。”

《周易·下经·升》：“九三爻，登上空虚无人的封邑。”

《周易·下经·井》：“城邑可能发生变迁，但水井不会变动。”

(十二)城

《周易·上经·泰》：“上六爻，用沟中泥土堆积起来的城墙，由于崩塌，使城墙下的沟又恢复为平地。”

(十三)墉

《周易·上经·同人》：“九四爻，登上小城的城墙，但没有发动攻击。”

《周易·下经·解》：“上六爻，公爵拿出弓箭射击隼鸟于小城高起的城墙之上。”

（十四）隍

《周易·上经·泰》："上六爻，用沟中泥土堆积起来的城墙，由于崩塌，使城墙下的沟又恢复为平地。"

（十五）易

"易"通"埸"，意思为边界、疆界、边境，与"疆埸"之"埸"同义。

《周易·下经·大壮》："六五爻，羊在疆界走失。"

《周易·下经·旅》："上九爻，牛在疆界走失。"

（十六）道

《周易·上经·履》："九二爻，履行的道路坦然平易。"

（十七）大途

《周易·说卦传》："震卦象征大路。"

（十八）径路

《周易·说卦传》："艮卦象征小路。"

（十九）陆

《周易·下经·夬》："九五爻，马齿苋生长在陆地上。"苋，一种野菜。

《周易·下经·渐》："九三爻，鸿雁渐渐飞到高处的土地。""上九爻，鸿雁渐渐飞上高处的土地。"

陆，意为"高平之地"。江永认为，"陆"字应当作"阿(ē)"字解，意为水岸，指水边陆地。

（二十）丘园

《周易·上经·贲》："六五爻，装饰于乡野林园。"

（二十一）丘

《周易·下经·涣》："六四爻，涣散的群众聚集起来如同土丘。"

（二十二）陵

《周易·上经·同人》："九三爻，登上高起的大土山。"
《周易·下经·震》："六二爻，登上九重高的大土山。"
《周易·下经·渐》："九五爻，鸿雁渐渐走上大土山。"

（二十三）岐山

《周易·下经·升》："六四爻，王在岐山举行祭祀活动。"

（二十四）西山

《周易·上经·随》："上六爻，王在西山举行祭祀活动。"

（二十五）谷

《周易·下经·困》："初六爻，进入两山之间狭长有出口的昏暗深谷。"

《周易·下经·井》："九二爻，井中出水口。"

（二十六）刚卤

《周易·说卦传》："兑卦象征坚硬的盐碱地。"

（二十七）坎窞

《周易·上经·坎》："初六爻，落入陷坑。""六三爻，落入陷坑。"窞，意为深坑。

（二十八）穴

《周易·上经·需》："六四爻，爬出洞穴。""上六爻，陷入洞穴。"

《周易·下经·小过》："六五爻，公爵用带绳的箭将它从洞穴中捕取。"

（二十九）磐

《周易·下经·渐》："六二爻，鸿雁渐渐飞上高处的磐石。"

（三十）石

《周易·上经·豫》："六二爻，性格坚定如同石头。"
《周易·下经·困》："六三爻，受困于顽石。"

（三十一）小石

《周易·说卦传》："艮卦象征小石。"

（三十二）泉

《周易·象上传》："上卦艮象征山，下卦坎象征泉，山下面的泉眼中涌出泉水，是水的发源，如同启蒙教育是孩童知识的源头，因此，卦名为蒙。"
《周易·下经·井》："九五爻，寒冷的泉水，可以饮用。"

（三十三）渊

《周易·上经·乾》："九四爻，或者腾空跃起，或者潜伏深渊。"

（三十四）河

《周易·上经·泰》："九二爻，泅水渡河。"

（三十五）川

详见后文"涉"之类。

（三十六）干

《周易·下经·渐》："初六爻，鸿雁渐渐来到水边。"

（三十七）沙

《周易·上经·需》："九二爻，等待于沙中。"

（三十八）沟渎

《周易·说卦传》："坎卦象征沟渠水道。"

(三十九)塗

《周易・下经・睽》："上九爻，见到一头猪，背上满是污泥。"塗，意为污泥。

(四十)泥

《周易・上经・需》："九三爻，等待于泥淖中。"
《周易・下经・井》："初六爻，井中有泥。"

(四十一)井

《周易・下经・井》："城邑可能发生变迁，但水井不会变动，水井不会失去水也不会得到水，人们来来往往不停地从水井中汲水。当瓦瓶到达井中水面时，汲水用的绳子未能伸展进入井中，解开绳结时，累及瓦瓶被打破。""初六爻，井中有泥，井水不能饮用，废旧的井没有禽兽来饮水。""六二爻，井中出水口喷出的水只能供养蛤蟆，瓦瓮残破向下漏水。""九三爻，井水经过淘挖泥沙已经变得清澈，人们仍然不肯饮用，使我心中悲痛。这是可以汲取饮用的水，如果君王明智，人们就可以一起获得幸福。""六四爻，水井正在修理内壁。""九五爻，井中涌出清冽寒冷的泉水，可以饮用。""上六爻，井水汲取上来，无需加盖。"

(四十二)冰

《周易・说卦传》："乾卦象征冰。"
《周易・上经・坤》："初六爻，脚踏薄霜，预示着坚硬寒冰将至。"

人道类

父母男女

"乾为父；坤为母；震一索而得男，故谓之长男；巽一索而得女，故谓之长女；坎再索而得男，故谓之中男；离再索而得女，故谓之中女；艮三索而得男，故谓之少男；兑三索而得女，故谓之少女"。

祖妣

《小过》："六二，过其祖，遇其妣。"

父子

"震为长子"。《蒙》："九二，子克家。"《蛊》："初六，幹父之蛊，有子，考无咎。""九三，幹父之蛊，小有悔，无大咎。""六四，裕父之蛊，往见吝。""六五，幹父，用誉。"《家人》："九二，家人嗃嗃，悔厉吉。妇子嘻嘻，终吝。"

母

《蛊》："九二，干母之蛊，不可贞。"

王母

《晋》："六二，受兹介福，于其王母。"

女

《屯》："六二，女子贞不字，十年乃字。"《蒙》："六三，勿用取女，见金夫，不有躬，无攸利。"《观》："六二，闚(kuī)观，利女贞。"《咸》："取女吉。"《姤》："女壮，勿用取女。"《渐》："女归吉，利贞。"

婚媾

《屯》："六二，屯如邅如，乘马班如，匪寇婚媾。""六四，乘马班如，求婚媾。"《蒙》："九二，纳妇吉。"《贲》："六四，贲如皤如，白马翰如，匪寇婚媾。"《睽》："上九，匪寇婚媾。"《震》："上六，婚媾有言。"《泰》："六五，帝乙归妹，以祉元吉。"《归妹》："初九，归妹以娣。""六三，归妹以须，反归以娣。""九四，归妹愆期，迟归有时。""六五，帝乙归妹，其君之袂，不如(原文'女'应为'如'——作者注)其娣之袂良。""上六，女承筐无实，士刲羊无血，无攸利。"

夫妇

《家人》："利女贞。""初九，闲有家，悔(原文'恤'应为'悔'——作者注)亡。""六二，无攸遂，在中馈，贞吉。""九三，家人嗃嗃，悔厉吉。妇子嘻嘻，终吝。""六四，富家，大吉。""九五，王假有家，勿恤，吉。""上九，有孚威如，终吉。"《小畜》："九三，夫妻反目。"《大过》："九二，老夫得其女妻。""九五，老妇得其士夫。"《恒》："六五，恒其德，贞，妇人吉，夫子凶。"《渐》："九三，夫征不复，妇孕不育。"《困》："六三，入于其宫，不见其妻，凶。"

妇

《小畜》："上九，妇贞厉。"《渐》："九五，妇三岁不孕。"《既济》：

"六二，妇丧其茀，勿逐，七日得。"

臣妾

"兑为妾"。《遁》："九三，畜臣妾，吉。"《鼎》："初六，得妾以其子。"

丈人

《师》："丈人吉。"

大耋

《离》："九三，则大耋之嗟。"

丈夫小子

《随》："六二，系小子，失丈夫。""六三，系丈夫，失小子。"《渐》："初六，小子厉。"

弟子

《师》："六五，长子帅师，弟子舆尸。"

童蒙

《蒙》："匪我求童蒙，童蒙求我。""初六，发蒙，利用刑人，用说桎梏，以往吝。""九二，包蒙，吉。""六四，困蒙，吝。""六五，童蒙，吉。""上九，击蒙。"《观》："初六，童观。"

君臣

《小过》："六二，不及其君，遇其臣。"《蹇》："六二，王臣蹇蹇，匪躬之故。"《损(原文"益"应为"损"——作者注)》："上九，得臣无家。"

君

《师》："上六，大君有命，开国承家。"《临》："六五，知临，大君之宜。"《履》："六三，武人为于大君。"

天子

《大有》："九三，公用亨于天子。"

王

《师》："九二，王三锡命。"《比》："九五，王用三驱。"《观》："六四，观国之光，利用宾于王。"《离》："上九，王用出征。"《家人》："九五，王假有家。"《夬》："扬于王庭。"《井》："九三，王明并受其福。"《益》："六二，王用享于帝。"《随》："上六，王用亨于西山。"《升》："六四，王用亨于岐山。"《萃》："王假有庙。"《涣》："王假有庙。"

公

《大有》："九三，公用亨于天子。"《益》："六三，有孚中行，告公用圭。""六四，中行告公从。"《解》："上六，公用射隼于高墉之上。"《小过》："六五，公弋取彼在穴。"

侯

《屯》："利建侯。""初九，利建侯。"《豫》："利建侯。"《晋》："康侯用锡马蕃庶，昼日三接。"

主

《睽》："九二，遇主于巷。"《丰》："初九，遇其配主，虽旬无咎。""九四，遇其夷主，吉。"

史巫

《巽》："九二，用史巫纷若。""兑为巫。"

工

"巽为工"。

虞

《屯》："六三，即鹿无虞。"

宫人

《剥》："六五，以宫人宠。"

阍寺

"艮为阍寺"。

同人

"同人于野，亨"；"初九，同人于门"；"六二，同人于宗"；"九五，同人先号咷而后笑"；"上九，同人于郊"。

朋

《坤》："西南得朋，东北丧朋。"《豫》："九四，勿疑朋盍簪。"《泰》："九二，朋亡。"《复》："朋来无咎。"《蹇》："九五，大蹇，朋来。"《解》："九四，解而拇，朋至斯孚。"《随》："初九，出门交有功。"《涣》："九四，涣其群。"

友

《损》："六三，三人行，则损一人；一人行，则得其友。"

宗

《同人》："六二，同人于宗。"《睽》："六五，厥宗噬肤。"

宾

《观》："六四，利用宾于王。"《姤》："九二，不利宾。"

客

《需》："上六，有不速之客三人来，敬之，终吉。"

主人

《明夷》："初九，有攸往，主人有言。"

童仆

《旅》："六二，得童仆贞。""九三，丧其童仆，贞。"

众

"坤为众"。《晋》："六三，众允，悔亡。"

白话解读

人道，指社会的伦理关系。

(一)父母男女

《周易·说卦传》："乾卦代表天，所以相当于父亲；坤卦代表地，所以相当于母亲；乾卦三阳爻、坤卦三阴爻自下而中而上分别表示男女生殖能力发展的始、中、末三个阶段。在父母生殖能力产生的初始阶段，震卦表示坤卦的母亲向乾卦的父亲第一次索取阳，从而得到一男，因此称之为长男；巽卦表示乾卦的父亲向坤卦的母亲第一次索取阴，从而得到一女，因此称之为长女。在父母生殖能力鼎盛的中间阶段，坎卦表示坤卦的母亲向乾卦的父亲再次索取阳，从而得到一男，因此称之为中男；离卦表示乾卦的父亲向坤卦的母亲再次索取阴，从而得到一女，因此称之为中女。在父母生殖能力衰退的终末阶段，艮卦表示坤卦的母亲向乾卦的父亲第三次索取阳，从而得到一男，因此称之为少男；兑卦表示乾卦的父亲向坤卦的母亲第三次索取阴，从而得到一女，因此称之为少女。"

(二)祖妣

《周易·下经·小过》："六二爻，错过了祖父，遇到了母亲。"

(三)父子

《周易·说卦传》:"震卦象征长子。"

《周易·上经·蒙》:"九二爻,儿子负起家庭责任。"

《周易·上经·蛊》:"初六爻,挽救父亲败坏的事业,有能干的儿子,父亲没有灾祸。""九三爻,挽救父亲败坏的事业,有点小的懊悔,没有大的灾祸。""六四爻,宽容父亲的失败,继续往前发展下去,就会受到耻辱。""六五爻,挽救父亲败坏的事业,能够使声誉日隆。"

《周易·下经·家人》:"九三爻,一家人冷冰冰的,虽然后悔治家过于严厉,但结果吉祥;妻子儿子嘻嘻哈哈的,最终会带来耻辱。"

(四)母

《周易·下经·蛊》:"九二爻,挽救母亲败坏的事业,不可以坚守贞正。"

(五)王母

《周易·下经·晋》:"六二爻,从他祖母那里,受到这么大的福气。"

(六)女

《周易·上经·屯》:"六二爻,女子坚贞不许嫁,过十年才许嫁。"

《周易·上经·蒙》:"六三爻,不可以娶这样的女子,见到有财势的丈夫,就忘了自己,没有好的结果。"

《周易·上经·观》:"六二爻,从门缝中窥视,利于女子坚守贞操。"

《周易·下经·咸》:"迎娶女子,吉祥。"

《周易·下经·姤》:"女子身体健壮,不可以迎娶女子。"

《周易·下经·渐》:"女子出嫁,吉祥,利于坚守贞操。"

(七)婚媾

《周易·上经·屯》:"六二爻,聚集的车马难以行进,并列的四匹乘马脚步却不一致,不是盗贼,而是为了婚姻。""六四爻,并列的四匹乘马脚步不一致，追求婚姻。”

《周易·上经·蒙》：“九二爻，娶妻吉祥。”

《周易·上经·贲》：“六四爻，精心装饰、一身白衣的人，骑着白色的马像飞一样，不是盗贼而是为了婚姻。”

《周易·下经·睽》：“上九爻，不是盗贼而是为了婚姻。”

《周易·下经·震》：“上六爻，婚姻中有了怨言。”

《周易·上经·泰》：“六五爻，帝乙嫁出家中小女，以获福祉，大吉。”

《周易·下经·归妹》：“初九爻，以妾的身份嫁出家中小女。”“六三爻，嫁女被拒，途中等待，返回家中，以妾的身份出嫁。”“九四爻，嫁妹过程，延误婚期，延迟出嫁，会有时机。”“六五爻，帝乙嫁出家中小女，小女的衣袖，不如从嫁之妾的衣袖华丽。”“上六爻，年轻女子拜见公婆的提篮中竟然空无一物，年轻男子施行婚礼上的割羊仪式时竟然没有流血，一切都不顺利。”

(八) 夫妇

《周易·下经·家人》：“利于女人坚守贞正。”“初九爻，防范于拥有家庭之始，后悔就会消失。”“六二爻，不能主动遂行任何事物，对于在家庭中主持烹饪供应食物的主妇来说，是正当而且吉利的。”“九三爻，一家人冷冰冰的，虽然后悔治家过于严厉，但结果吉祥；妻子儿子嘻嘻哈哈的，最终会带来耻辱。”“六四爻，使家庭富足，是大的吉利。”“九五爻，王来到家中，不用忧虑，结果吉祥。”“上九爻，有诚信，有威严，最终吉祥。”

《周易·上经·小畜》：“九三爻，夫妻怒目相视。”

《周易·上经·大过》：“九二爻，年老的丈夫娶得年轻的妻子。”“九五爻，年老的妇人嫁得年轻的丈夫。”

《周易·下经·恒》：“六五爻，永久不变其德性，坚守贞操，对妇人来说会吉祥，对丈夫来说，则凶险。”

《周易·下经·渐》：“九三爻，丈夫出行，不能回来；妇人怀孕，不能养育。”

《周易·下经·困》：“六三爻，进入家中，看不到妻子，这是凶兆。”

（九）妇

《周易·上经·小畜》："上九爻，妇人坚贞，有危险。"

《周易·下经·渐》："九五爻，妇人经过三年时间没有怀孕。"

《周易·下经·既济》："六二爻，妇人丢失她的首饰，不必追寻，经过七日，失而复得。"

（十）臣妾

《周易·说卦传》："兑卦象征妾。"

《周易·下经·遁》："九三爻，蓄养奴仆婢妾，吉利。"

《周易·下经·鼎》："初六爻，讨得小妾而且生了儿子。"

（十一）丈人

《周易·上经·师》："坚守贞正、老成持重的人吉利。"

（十二）大耋

《周易·上经·离》："九三爻，就是七八十岁老人的嗟叹。"

（十三）丈夫小子

《周易·上经·随》："六二爻，牵挂小伙子，失去成年丈夫。""六三，牵挂成年丈夫，失去小伙子。"

《周易·下经·渐》："初六爻，小伙子有危险。"

（十四）弟子

《周易·上经·师》："六五爻，长子（长官）统帅军队，弟子（辅官）用车装载尸体回来。"

（十五）童蒙

《周易·上经·蒙》："并非我去求蒙昧的幼童，而是蒙昧的幼童来求我教导。""初六爻，启发蒙昧的幼童，利用刑具处罚犯错的人，目的是用来摆脱刑具的束缚，如果照此以往，会招来耻辱。""九二爻，包容蒙昧的幼童，是吉利的。”“六四爻，困穷蒙昧的幼童，会带来耻辱。”“六五爻，用童心沟通蒙昧的幼童，是吉利的。”“上九爻，攻击蒙昧的幼童。”

《周易·上经·观》：“初六爻，像儿童般观看。”

（十六）君臣

《周易·下经·小过》：“六二爻，不能到达君王面前，遇到了臣。”

《周易·下经·蹇》：“六二爻，王的大臣处于艰难境遇，不是为了自身的缘故。”

《周易·下经·损》：“上九爻，得到大臣，忘记自家。”

（十七）君

《周易·上经·师》：“上六爻，伟大的君主颁布命令，有人建立邦国，有人继承封邑。”

《周易·上经·临》：“六五爻，以智慧监临，对伟大的君主来说，是最适宜的。”

《周易·上经·履》：“六三爻，使用刚武的人为了伟大君主的事业。”

（十八）天子

《周易·上经·大有》：“九三爻，公爵朝见天子，获赐饮食。”

（十九）王

《周易·上经·师》：“九二爻，王三度赐给褒扬的荣誉。”

《周易·上经·比》：“九五爻，王狩猎采用三面驱赶禽兽的方法。”

《周易·上经·观》：“六四爻，观察一个国家的风土民情，有利于确定是否成为王的宾客。”

《周易·上经·离》：“上九爻，王用兵征伐。”

《周易·下经·家人》：“九五爻，王来到拥有的家庭。”

《周易·下经·夬》：“宣扬于王的朝廷之上。”

《周易·下经·井》：“九三爻，君王明智，人们就可以一起获得幸福。”

《周易·下经·益》：“六二爻，王祭祀天帝。”

《周易·上经·随》:“上六爻,王在西山举行祭祀活动。”

《周易·下经·升》:“六四爻,王在岐山举行祭祀活动。”

《周易·下经·萃》:“王进入宗庙。”

《周易·下经·涣》:“王进入宗庙。”

(二十)公

《周易·上经·大有》:“九三爻,公爵朝见天子,获赐饮食。”

《周易·下经·益》:“六三爻,心中具有诚信,行为合乎中庸,向王报告时,须带着玉圭作为信物。”“六四爻,按照中庸行事,向公爵报告就会听从。”

《周易·下经·解》:“上六爻,公爵拿出弓箭射击隼鸟于小城高起的城墙之上。”

《周易·下经·小过》:“六五爻,公爵用带绳的箭将它从洞穴中捕取。”

(二十一)侯

《周易·上经·屯》:“利于封立诸侯。”“初九爻,利于封立诸侯。”

《周易·上经·豫》:“利于封立诸侯。”

《周易·下经·晋》:“康侯得到天子赏赐的很多匹马,一日之中,天子三次接见。”

(二十二)主

《周易·下经·睽》:“九二爻,遇见主上于小巷中。”

《周易·下经·丰》:“初九爻,遇到女主人,虽然经过十日,没有灾祸。”“九四爻,遇到智慧和能力与自己平齐的主上,是吉利的。”

(二十三)史巫

《周易·下经·巽》:“九二爻,用祝史、巫觋通神的次数众多。”

《周易·说卦传》:“兑卦象征巫。”

(二十四)工

《周易·说卦传》:“巽卦象征工匠。”

(二十五) 虞

《周易·上经·屯》:“六三爻,追逐野鹿而没有掌管山林的官员做向导。”

(二十六) 宫人

《周易·上经·剥》:“六五爻,依据后宫嫔妃的名分次序承受君王的宠爱。”

(二十七) 阍寺

《周易·说卦传》:“艮卦象征阍人与寺人。”阍寺,指阍人与寺人。阍,指阍人,负责管理内廷的门禁;寺,指寺人,掌管王之内室及女官的戒令。

(二十八) 同人

《周易·上经·同人》:“追求和同的人于郊外旷野,亨通。”“初九爻,追求和同的人于门外。”“六二爻,追求和同的人于宗族。”“九五爻,追求和同的人,先是哭叫而后欢笑。”“上九爻,追求和同的人于郊区。”

(二十九) 朋

《周易·上经·坤》:“利于往西南方向行动,可以得到志同道合的朋党;往东北方向行动,会丧失志同道合的朋党。”

《周易·上经·豫》:“九四爻,不可猜疑,朋友才能前来聚会。”

《周易·上经·泰》:“九二爻,失去朋友。”

《周易·上经·复》:“朋友到来,没有灾祸。”

《周易·下经·蹇》:“九五爻,非常艰难,朋友到来。”

《周易·下经·解》:“九四爻,将被捆绑的大拇指解开,朋友才会到来,对自己产生信心。”

《周易·上经·随》:“初九爻,走出家门,与人交往,才有功绩。”

《周易·下经·涣》:“九四爻,解散自私的群体。”

(三十) 友

《周易·下经·损》:“六三爻,三个人一起行动,就会减损一个人;

一个人单独行动，就会得到一个朋友。”

（三十一）宗

《周易·上经·同人》：“六二爻，追求和同的人于宗族。”

《周易·下经·睽》：“六五爻，他的宗族像咬掉柔软的肌肤一般排除了障碍。”

（三十二）宾

《周易·上经·观》：“六四爻，有利于确定是否成为王的宾客。”

《周易·下经·姤》：“九二爻，不利于贵宾。”

（三十三）客

《周易·上经·需》：“上六爻，有三位没有邀请突然而至的客人到来，以恭敬的态度对待他们，最终吉利。”

（三十四）主人

《周易·下经·明夷》：“初九爻，有投奔去的地方，但主人有怨言。”

（三十五）童仆

《周易·下经·旅》：“六二爻，得到忠实的童仆。”“九三爻，失去自己的童仆，坚守贞正会有危险。”

（三十六）众

《周易·说卦传》：“坤卦象征众。”

《周易·下经·晋》：“六三爻，众人信赖，后悔就会消失。”

人品类

高宗

《既济》：“九三，高宗伐鬼方，三年克之。”《未济》：“九四，震用伐鬼方，三年有赏于大国。”

帝乙

《泰》："六五，帝乙归妹，以祉元吉。"《归妹》："六五，帝乙归妹，其君之袂，不如其娣之袂良。"

箕子

《明夷》："六五，箕子之明夷，利贞。"

大人

《乾》："九二，利见大人。""九五，利见大人。"《讼》："利见大人。"《否》："六二，包承，小人吉，大人否，亨。""九五，休否，大人吉。"《蹇》："利见大人。""上六，利见大人。"《萃》："利见大人。"《升》："用见大人。"《困》："大人吉。"《革》："九五，大人虎变。"《巽》："利见大人。"

君子小人

《乾》："九三，君子终日乾乾，夕惕若。"《坤》："君子有攸往，先迷后得，主利。"《师》："上六，小人勿用。"《小畜》："上九，君子征凶。""否之匪人，不利君子贞。""六二，包承，小人吉。"《同人》："利君子贞。"《大有》："公用亨于天子，小人弗克。"《谦》："亨，君子有终。""初六，谦谦君子。""九三，劳谦君子，有终，吉。"《观》："初六，童观，小人无咎，君子吝。""九五，观我生，君子无咎。""上九，观其生，君子无咎。"《剥》："上九，君子得舆，小人剥庐。"《遁》："九四，好遁，君子吉，小人否。"《大壮》："九三，小人用壮，君子用罔。"《明夷》："初九，君子于行，三日不食。"《解》："六五，君子维有解，吉，有孚于小人。"《革》："上六，君子豹变，小人革面。"《既济》："九三，小人勿用。"

幽人

《履》："九二，履道坦坦，幽人贞吉。"《归妹》："九二，利幽人之贞。"

武人

《履》："六三，武人为于大君。"《巽》："初六，进退，利武人之贞。"

匪人

《比》："六三，比之匪人。""否之匪人。"

恶人

《睽》："初九，见恶人，无咎。"

寇盗

"坎为盗"。《屯》："六二，匪寇婚媾。"《蒙》："上九，不利为寇，利御寇。”《需》：“九三，致寇至。”《贲》：“六四，匪寇婚媾。”《睽》：“上九，先张之弧，后说之弧，匪寇婚媾。”《解》：“六三，负且乘，致寇至。”《渐》：“九三，利御寇。”

白话解读

人品，指人的品质。

（一）高宗

《周易·下经·既济》：“九三爻，高宗讨伐鬼方，经过三年时间才战胜它。”

《周易·下经·未济》：“九四爻，振奋起威武的精神，用来讨伐鬼方，经过三年时间，得到国家的奖赏。”

（二）帝乙

《周易·上经·泰》：“六五爻，帝乙嫁出家中小女，以之获得福祉，大吉。”

《周易·下经·归妹》：“六五爻，帝乙嫁出家中小女，其小女的衣袖，不如从嫁之妾的衣袖华丽。”

（三）箕子

《周易·下经·明夷》：“六五爻，箕子自己伤害自己的明德，利于坚守贞正。”

（四）大人

《周易·上经·乾》：“九二爻，有利于见到君王。”“九五爻，有利于见到君王。”

《周易·上经·讼》：“有利于见到君王。”

《周易·上经·否》：“六二爻，能够包容承受，小人物吉利，大人物闭塞，但亨通。”“九五爻，休止闭塞的局面，大人物吉利。”

《周易·下经·蹇》:“有利于见到君王。”“上六爻，有利于见到君王。”

《周易·下经·萃》:“有利于见到君王。”

《周易·下经·升》:“用于见到君王。”

《周易·下经·困》:“君王吉利。”

《周易·下经·革》:“九五爻，君王的改革像老虎的斑纹一样由浅淡变为光泽美丽。”

《周易·下经·巽》:“有利于见到君王。”

(五)君子小人

《周易·上经·乾》:“九三爻，有德行的君子终竟此日奋发不懈，夜晚仍然保持警惕。”

《周易·上经·坤》:“有德行的君子有所前进，起先迷惑，之后领悟，心有主宰，因而吉利。”

《周易·上经·师》:“上六爻，小人物不可以重用。”

《周易·上经·小畜》:“上九爻，君子出行，有凶险。”

《周易·上经·否》:“想要闭塞不通的不是合适的人，不利于君子坚守贞正。”“六二爻，能够包容承受，小人物吉利。”

《周易·上经·同人》:“利于君子坚守贞正。”

《周易·上经·大有》:“九三爻，公爵朝见天子，获赐饮食，小人物则无法得到。”

《周易·上经·谦》:“亨通，君子最终有好结果。”“初六爻，谦虚又谦虚的君子。”“九三爻，辛劳而且谦虚的君子，最终有好结果，吉利。”

《周易·上经·观》:“初六爻，像儿童般观看，小人物没有灾祸，君子则会招来耻辱。”“九五爻，观看自己的生活状况，君子没有灾祸。”“上九爻，观看他人的生活状况，君子没有灾祸。”

《周易·上经·剥》:“上九爻，君子可以获得乘坐的车舆，小人将会被扒掉房屋。”

《周易·下经·遁》:“九四爻，能够从容地隐遁，君子吉利，小人物无法做到。”

《周易·下经·大壮》:“九三爻，小人可以使用强壮的势力，君子不能使用。”

《周易·下经·明夷》："初九爻，君子外出，三日时间，没有吃食物。"

《周易·下经·解》："六五爻，君子解决困难，这是吉利的，并能够获得小人物的信服。"

《周易·下经·革》："上六爻，君子面对改革像豹子斑纹一样变得文采繁盛，小人面对改革像面孔表情一样随意变化。"

《周易·下经·既济》："九三爻，小人物不可以重用 。"

(六) 幽人

《周易·上经·履》："九二爻，履行的道路坦然平易，隐居的人坚守贞正是吉利的。"

《周易·下经·归妹》："九二爻，有利于隐居的人坚守贞正。"

(七) 武人

《周易·上经·履》："六三爻，使用刚武的人为了伟大君主的事业。"

《周易·下经·巽》："初六爻，进进退退，有利于刚武之人坚守贞正。"

(八) 匪人

《周易·上经·比》："六三爻，想要比附亲近的不是合适的人。"

《周易·上经·否》："想要闭塞不通的不是合适的人。"

(九) 恶人

《周易·下经·睽》："初九爻，会见凶恶的人，没有灾祸。"

(十) 寇盗

《周易·说卦传》："坎卦象征盗。"

《周易·上经·屯》："六二爻，不是盗贼而是为了婚姻。"

《周易·上经·蒙》："上九爻，不利于做盗贼，有利于防御盗贼。"

《周易·上经·需》："九三爻，招致盗贼到来。"

《周易·上经·贲》："六四爻，不是盗贼而是为了婚姻。"

《周易·下经·睽》：“上九爻，起先张开弓箭，后来松开弓弦，不是盗贼而是为了婚姻。”

《周易·下经·解》：“六三爻，背负物品而又乘坐车辆，招致盗贼到来。”

《周易·下经·渐》：“九三爻，有利于防御盗贼。”

人事类

言

《坤》：“六四，括囊，无咎无誉。”《艮》：“六五，艮其辅，言有序，悔亡。”《咸》：“上六，咸其辅颊舌。”《夬》：“九四，闻言不信。”《困》：“有言不信。”《需》：“九二，小有言，终吉。”《渐》：“初六，小子厉，有言，无咎。”《明夷》：“初九，有攸往，主人有言。”《震》：“笑言哑哑。”“上六，婚媾有言。”

履

《履》：“初九，素履，往，无咎。”“九二，履道坦坦，幽人贞吉。”“九五，夬履，贞厉。”“上九，视履考祥，其旋元吉。”

行

《夬》：“九三，独行遇雨。”“九四，其行次且。”《姤》：“九三，其行次且。”《明夷》：“初九，君子于行，三日不食。”

涉

《需》：“利涉大川。”《讼》：“不利涉大川。”《同人》：“利涉大川。”《谦》：“初六，利涉大川。”《蛊》：“利涉大川。”《大畜》：“利涉大川。”《颐》：“六五，不可涉大川。”“上九，利涉大川。”《益》：“利涉大川。”《涣》：“利涉大川。”《中孚》：“利涉大川。”《未济》：“六三，利涉大川。”《大过》：“上六，过涉灭顶，凶。”

旅

《旅》：“小亨，旅贞吉。”“初六，旅琐琐，斯其所取灾。”“六二，旅即次，怀其资，得童仆贞。”“九三，旅焚其次，丧其童仆，贞厉。”“九四，旅于处，得其资斧，我心不快。”“上九，旅人先笑后号咷。”

富

《家人》："六四，富家。"《小畜》："九五，富以其邻。"《泰》："六四，不富以其邻。"

市

"日中为市，致天下之民，聚天下之货，交易而退，各得其所，盖取诸噬嗑"。"巽为近利市三倍"。

耕

"包牺氏没，神农氏作，斲木为耜，揉木为耒，耒耨之利，以教天下，盖取诸益"。《无妄》："六二，不耕获，不菑畬，则利有攸往。"

事

《坤》："六三，或从王事，无成有终。"《讼》："六三，或从王事，无成。"《蛊》："上九，不事王侯，高尚其事。"《益》："初九，利用为大作。""六三，益之用凶事。"《震》："六五，亿无丧有事。"

得失

《晋》："六五，悔亡，失得勿恤。"《井》："无丧无得。"《震》："震惊百里，不丧匕鬯。"《无妄》："六三，无妄之灾，或系之牛，行人之得，邑人之灾。"《睽》："初九，丧马勿逐自复。"《大壮》："六五，丧羊于易。"《旅》："六二，得其(经文无'其'字——作者注)童仆贞。""九三，丧其童仆贞。""九四，得其资斧。""上九，丧牛于易。"《震》："六二，亿丧贝，跻于九陵，勿逐，七日得。"《巽》："上九，丧其资斧。"《既济》："六二，妇丧其茀，勿逐，七日得。"

讼

《讼》："有孚，窒惕，中吉，终凶。利见大人，不利涉大川。""初六，不永所事，小有言，终吉。""九二，不克讼，归而逋，其邑人三百户，无眚。""六三，食旧德，贞厉终吉，或从王事，无成。""九四，不克讼，复即命渝，安贞，吉。""九五，讼，元吉。""上九，或锡之鞶带，终朝三褫之。"

狱

《噬嗑》："利用狱。"

桎梏

《蒙》："初六，发蒙，利用刑人，用说桎梏，以往吝。"

校

《噬嗑》："初九，屦校灭趾。""上九，荷校灭耳，凶。"

徽纆

《坎》："上六，系用徽纆，寘于丛棘，三岁不得，凶。"

天劓(yì)

《睽》："六三，其人天且劓。""天"当作"而"，髡鬓毛也。

劓刖(yuè)

《困》："九五，劓刖。"

决躁

"震为决躁"。"巽其究为躁卦"。

健

"震其究为健"。

进退

"巽为进退"。《巽》："初六，进退。"

不果

"巽为不果"。

吝啬

"坤为吝啬"。

笑

《同人》："九五，同人先号咷而后笑。"《萃》："初六，若号，一握为笑。"《震》："笑言哑哑。""初九，后，笑言哑哑。"《旅》："上九，旅人先笑后号咷。"

鼓歌

《离》："九三，不鼓缶而歌，则大耋之嗟。"《中孚》："六三，得敌，或鼓或罢，或泣或歌。"

忧

"坎为加忧"。《丰》："勿忧。"《艮》："六二，不拯其随，其心不快。"《旅》："九四，得其资斧，我心不快。"

愁

《晋》："六二，晋如愁如。"

摧

《晋》："初六，晋如摧如。"

惕

《乾》："九三，夕惕若。"《讼》："惕，中吉。"《小畜》："六四，惕出，无咎。"《履》："九四，履虎尾，愬愬终吉。"《夬》："九二，惕号，莫夜有戎，勿恤。"

号

《夬》："孚号有厉。""九二，惕号。""上六，无号，终有凶。"《萃》："初六，若号，一握为笑。"

戒

《既济》："六四，繻有衣袽，终日戒。"

嗟

《萃》："六三，萃如嗟如。"《离》："九三，则大耋之嗟。""六五，戚嗟若。"

涕泣

《离》："六五，出涕沱若，戚嗟若。"《萃》："上六，赍咨涕洟。"《屯》："上六，泣血涟如。"《中孚》："六三，或泣或歌。"

号咷

《同人》："九五，同人先号咷而后笑。"《旅》："上九，旅人先笑后号咷。"

羞

《否》："六三，包羞。"《恒》："九三，不恒其德，或承之羞。"

心病

"坎为心病"。

耳痛

"坎为耳痛"。

疾

《无妄》："九五，无妄之疾，勿药有喜。"《豫》："六五，贞疾，恒不死。"《损》："六四，损其疾，使遄有喜。"《遁》："九三，系遁，有疾厉。"《鼎》："九二，我仇有疾，不能我即。"《丰》："六二，往得疑疾。"《兑》："九四，介疾有喜。"

焚死弃

《离》："九四，突如其来如，焚如，死如，弃如。"

棺椁

“古之葬者，厚衣之以薪，葬之中野，不封不树，丧期无数；后世圣人，易之以棺椁，盖取诸大过”。

隐伏

“坎为隐伏”。

鬼

《睽》：“上九，载鬼一车。”

白话解读

人事，指人世间的事。

（一）言

《周易·上经·坤》：“六四爻，扎紧口袋，没有带来灾祸，也没有获得赞誉。”

《周易·下经·艮》：“六五爻，停止说话（艮，意为‘停止，静止’；辅，意为‘面颊骨’），语言条理有序，后悔就会消除。”

《周易·下经·咸》：“上六爻，感应在面颊骨、上下牙、舌头部位。”

《周易·下经·夬》：“九四爻，听到别人的话，但不会相信。”

《周易·下经·困》：“所说的话，不被依赖。”

《周易·上经·需》：“九二爻，稍微有些怨言，最终吉利。”

《周易·下经·渐》：“初六爻，小伙子危险，虽有怨言，没有灾祸。”

《周易·下经·明夷》：“初九爻，有投奔去的地方，但主人有怨言。”

《周易·下经·震》：“笑谈嘻嘻。”“初九爻，过后，笑谈嘻嘻。”“上六爻，婚姻中有了怨言。”

（二）履

《周易·上经·履》：“初九爻，按照平素的志向履行，向前进，没有灾祸。”“九二爻，履行的道路坦然平易，隐居的人坚守贞正是吉利的。”“九五爻，按照果决的态度履行，坚守贞正会有危险。”“上九爻，观察履行结果考核祸福征兆，如果履行结果圆满，则大吉大利。”

补：《周易·上经·履》：“履虎尾。”“六三，眇能视，跛能履，履虎尾。”“六四，履虎尾。”解读为：“踩到老虎尾巴。”“六三爻，虽然瞎了一只眼但能够视物，虽然瘸了一条腿但能够行走，踩到老虎尾巴。”“九四爻，踩到老虎尾巴。”

（三）行

《周易·下经·夬》：“九三爻，独自行走，遇到下雨。”“九四爻，他的行为表现得想前进又不敢往前进。”“九五爻，按照中庸的原则行事，没有灾祸。”

《周易·下经·姤》：“九三爻，他的行为表现得想前进又不敢往前进。”

《周易·下经·明夷》：“初九爻，君子外出，三日时间，没有吃食物。”

（四）涉

《周易·上经·需》：“利于涉水渡过大河。”

《周易·上经·讼》：“不利于涉水渡过大河。”

《周易·上经·同人》：“利于涉水渡过大河。”

《周易·上经·谦》：“初六爻，利于涉水渡过大河。”

《周易·上经·蛊》：“利于涉水渡过大河。”

《周易·上经·大畜》：“利于涉水渡过大河。”

《周易·上经·颐》：“六五爻，不可以涉水渡过大河。”“上九爻，利于涉水渡过大河。”

《周易·下经·益》：“利于涉水渡过大河。”

《周易·下经·涣》：“利于涉水渡过大河。”

《周易·下经·中孚》：“利于涉水渡过大河。”

《周易·下经·未济》：“六三爻，利于涉水渡过大河。”

《周易·上经·大过》：“上六爻，不知深浅，盲目涉水，以致淹没头顶，这是凶兆。”

（五）旅

《周易·下经·旅》：“小事亨通，在外旅行，坚守贞正，才会吉利。”

“初六爻，在外旅行，吝啬，这是他所以招致灾难的原因。”“六二爻，在外旅行，投宿旅舍，怀有资财，又得到忠实的童仆。”“九三爻，在外旅行，旅舍失火，丧失自己的童仆，坚守贞正也会危险。”“九四爻，旅行到一个处所，得到他的资财和利斧，但我心中并不愉快。”“上九爻，旅行的人先是欢笑而后哭叫。”

(六) 富

《周易·下经·家人》：“六四爻，使家庭富足。”

《周易·上经·小畜》：“九五爻，富足，是因为自己的邻居。”

《周易·上经·泰》：“六四爻，不富足，是因为自己的邻居。”

(七) 市

《周易·系辞下传·第二章》：“太阳到达天中时是集市开张的时间，招致天下的人民，聚集天下的货物，相互交换而后各自散去，各自得到自己所需要的物品，这大概是取法于噬嗑卦的形象。”

《周易·说卦传》：“巽卦象征买卖所得的利润接近三倍。”

(八) 耕

《周易·系辞下传·第二章》：“包牺氏死后，神农氏兴起，砍削木材做成犁头，揉弯木棒做成犁柄，将用犁除草耕种的便利，教导天下人民，这大概是取法于益卦的形象。”

《周易·上经·无妄》：“六二爻，不耕种就没有收获，不去开垦新的土地就没有可以耕种的熟田，如此心态，就利于有所前进。”

(九) 事

《周易·上经·坤》：“六三爻，或者跟随君主从事政务，虽然没有成就，但有个好结果。”

《周易·上经·讼》：“六三爻，或者跟随君主从事政务，但没有成就。”

《周易·上经·蛊》：“上九爻，不侍奉王侯贵族，并把这件事看得很高尚。”

《周易·下经·益》:“初九爻,有利于做大事。”“六三爻,请求别人帮助,以应对凶险事故。”

《周易·下经·震》:“六五爻,大的物品没有损失,但有事故发生。”

(十)得失

《周易·下经·晋》:“六五爻,后悔已经消除,失去与得到都不必忧虑。”

《周易·下经·井》:“(水井)没有失去水也没有得到水。”

《周易·下经·震》:“霹雳响声震动百里,主持祭祀的人没有洒出汤匙中的黍米酒。”

《周易·上经·无妄》:“六三爻,没有缘故的灾祸,有人拴系的牛,被行路的人牵走,却使封邑里的人受到灾祸。”

《周易·下经·睽》:“初九爻,走失的马,不必追逐,自己会回来。”

《周易·下经·大壮》:“六五爻,羊在疆界走失。”

《周易·下经·旅》:“六二爻,得到忠实的童仆。”“九三爻,丧失自己的童仆,坚守贞正也会危险。”“九四爻,得到他的资财和利斧。”“上九爻,牛在疆界走失。”

《周易·下经·震》:“六二爻,丢失十万贝币,登上九重高的山陵,不必追寻,经过七日,失而复得。”

《周易·下经·巽》:“上九爻,丢失资财和利斧。”

《周易·下经·既济》:“六二爻,妇人丢失她的首饰,不必追寻,经过七日,失而复得。”

(十一)讼

《周易·上经·讼》:“有诚信,但被窒碍,须保持警惕,恪守中庸则吉利,但最终结果是凶兆。利于见到君王,不利于涉水渡过大河。”“初六爻,不能永久做所争讼的事,虽然稍微有些怨言,但最终结果吉祥。”“九二爻,与人争讼没有胜利,归来后逃亡,他的封邑有三百户人家,没有灾难。”“六三爻,就食于先祖遗留的旧封邑,坚守贞正,会有危险,最终吉利,或者跟随王从事政务,但没有成就。”“九四爻,与人争讼没有胜利,回去后立即改变命令,安守贞正,结果吉祥。”“九五爻,与人争讼,大吉大利。”“上九爻,或者因为争讼获赐象征身份的腰带,但一天之内就被剥夺了三次。”

（十二）狱

《周易·上经·噬嗑》：“利于判断罪案。”

（十三）桎梏

《周易·上经·蒙》：“初六爻，启蒙幼童，有利于用刑具处罚犯错的人，目的是用来摆脱刑具的束缚，如果照此以往，会招来耻辱。”

（十四）校

《周易·上经·噬嗑》：“初九爻，穿在脚上的枷，磨伤了脚趾。”“上九爻，戴在颈上的枷，磨伤了耳朵，这是凶兆。”校，《说文解字·木部》曰“校，木囚也”，是古代刑具，枷、械的统称。

（十五）徽纆

《周易·上经·坎》：“上六爻，用绳索（徽，意为‘三股的绳子’；纆，意为‘两股的绳子’）捆绑起来，放置在荆棘丛中，经过三年时间，不能得到自由，这是凶兆。”

（十六）天劓

《周易·下经·睽》：“六三爻，那个人脸上刺字并且削去鼻子。”

江永认为，“天”应当作“而”，是剃去男子鬓边毛发的一种刑罚。“而”字，《说文解字·而部》：“而，颊毛也，像毛之形。”大概是指脸的两侧从眼到下颌部分的毛。劓，是古代割掉鼻子的一种酷刑。

（十七）劓刖

《周易·下经·困》：“九五爻，削去鼻子，砍掉脚。”刖，是古代砍掉脚的一种酷刑。

（十八）决躁

《周易·说卦传》：“震卦象征迅疾。”

《周易·说卦传》:“巽卦的终极状态是象征急躁的卦。”

(十九)健

《周易·说卦传》:“震卦的终极状态象征强健有力。”

(二十)进退

《周易·说卦传》:“巽卦象征进退不定。”
《周易·下经·巽》:“初六爻,或前进或后退。”

(二十一)不果

《周易·说卦传》:“巽卦象征不果断。”

(二十二)吝啬

《周易·说卦传》:“坤卦象征吝啬。”

(二十三)笑

《周易·上经·同人》:“九五爻,追求和同的人,先是哭叫而后欢笑。”

《周易·下经·萃》:“初六爻,如果呼号求援,就会得到援助,在很短的时间内便可以破涕为笑。”一握,意为“非常小的样子。”

《周易·下经·震》:“笑谈嘻嘻。”“初九爻,过后,笑谈嘻嘻。”

《周易·下经·旅》:“上九爻,旅行的人,先是欢笑而后哭叫。”

(二十四)鼓歌

《周易·上经·离》:“九三爻,不敲着盛酒的瓦器高歌,就难免七八十岁老人的嗟叹。”

《周易·下经·中孚》:“六三爻,面对势均力敌的对手,或者击鼓进攻,或者停止后退,或者哭泣,或者高歌。”

(二十五)忧

《周易·说卦传》:“坎卦象征添加忧愁。”

《周易·下经·丰》:“不必忧愁。”

《周易·下经·艮》:“六二爻,不能拯救衰病,只能选择跟随,他的心中并不愉快。”

《周易·下经·旅》:“九四爻,得到他的资财和利斧,但我心中并不愉快。”

(二十六)愁

《周易·下经·晋》:“六二爻,如果晋升,就不能不忧愁。”

(二十七)摧

《周易·下经·晋》:“初六爻,如果晋升,就会遭到挫败。”

(二十八)惕

《周易·上经·乾》:“九三爻,夜晚仍然保持警惕。”

《周易·上经·讼》:“被窒碍,须保持警惕,恪守中庸则吉利。”

《周易·上经·小畜》:“六四爻,血光之灾离去,警惕之心淡出,没有灾祸。”

《周易·上经·履》:“九四爻,踩到老虎尾巴,心中极为恐惧,最终吉祥。”

《周易·下经·夬》:“九二爻,时刻保持忧惧,不断呼叫提醒,即使暮夜时分遭遇敌人攻击,也不必担心。”

(二十九)号

《周易·下经·夬》:“以诚信作号召,强调事件的危险性。”“九二爻,时刻保持忧惧,不断呼叫提醒。”“上六爻,没有呼号提醒,最终会有凶祸。”

《周易·下经·萃》:“初六爻,如果呼号求援,就会得到援助,在很短的时间内便可以破涕为笑。”

(三十)戒

《周易·下经·既济》:“六四爻,行船时,事先准备破衣服,如果船舱漏水可以进行堵塞,终竟此日,保持戒备。”

（三十一）嗟

《周易·下经·萃》："六三爻，如果想要聚集，只会引起嗟叹。"

《周易·下经·离》："九三爻，就难免七八十岁老人的嗟叹。""六五爻，满心忧伤，声声嗟叹。"

（三十二）涕泣

《周易·上经·离》："六五爻，眼泪流出很多，如同滂沱的样子，满心忧伤，声声嗟叹。"

《周易·下经·萃》："上六爻，伴随着悲伤的忧怨声，眼泪鼻涕一起往下流。"

《周易·上经·屯》："上六爻，眼睛哭出了血泪，涟涟不断。"

《周易·下经·中孚》："六三爻，或者哭泣，或者高歌。"

（三十三）号咷

《周易·上经·同人》："九五爻，追求和同的人，先是哭叫而后欢笑。"

《周易·下经·旅》："上九爻，旅行的人，先是欢笑而后哭叫。"

（三十四）羞

《周易·上经·否》："六三爻，忍受所有羞辱的行为。"

《周易·下经·恒》："九三爻，不能坚守固有的德性，或许会承受羞辱。"

（三十五）心病

《周易·说卦传》："坎卦象征心病。"

（三十六）耳痛

《周易·说卦传》："坎卦象征耳痛。"

（三十七）疾

《周易·上经·无妄》："九五爻，没有缘故的疾病，不必服药，会有喜庆。”

《周易·上经·豫》：“六五爻，坚守贞正，虽有疾病，可以长久不死。”

《周易·下经·损》：“六四爻，减损他的疾病，如能尽快治疗，就会有可喜的结果。”

《周易·下经·遁》：“九三爻，牵制住隐遁的行为，如同患有疾病，是危险的。”

《周易·下经·鼎》：“九二爻，我的仇人患病(或有嫉恨之心)，不能够接近我。”

《周易·下经·丰》：“六二爻，前往会得多疑的病。”

《周易·下经·兑》：“九四爻，纤介小病，心有喜庆。”

(三十八)焚死弃

《周易·上经·离》：“九四爻，出乎意料地突然到来，被焚烧，被杀死，被唾弃。”

(三十九)棺椁

《周易·系辞下传·第二章》：“古时候埋葬死者，用厚厚的木柴覆盖尸体，葬在荒野中，不建造坟墓，不种植树木，服丧时间没有数量限制；后代的圣人，改变为以内棺外椁替代，这大概是取法于大过的形象。”

(四十)隐伏

《周易·说卦传》：“坎卦象征隐伏。”

(四十一)鬼

《周易·下经·睽》：“上九爻，载着一车鬼(意味着‘事情、形势十分荒诞’)。”

身体类

身

“艮其背，不获其身”。“六四，艮其身”。《涣》：“六三，涣其躬。”

《蹇》："六二，王臣蹇蹇，匪躬之故。"

首

"乾为首"。《比》："上六，比之无首。"《离》："上九，有嘉，折首。"《明夷》："九三，明夷于南狩，得其大首。"《既济》："上六，濡其首。"《未济》："上九，有孚于饮酒，无咎，濡其首。"

顶

《大过》："上六，过涉灭顶，凶。"

寡发

"巽为寡发"。

广颡(sǎng)

"巽为广颡"。

面

《革》："上六，小人革面。"

頄(qiú)

《夬》："九三，壮于頄。"

鼻

《噬嗑》："六二，噬肤灭鼻。"

目

"离为目"。"巽为多白眼"。《畜》："九三，夫妻反目。"

眇

《履》："六三，眇能视。"《归妹》："九二，眇能视。"

视

《震》："上六，视矍矍。"

盱

《豫》："六三，盱豫悔。"

观盱(xū)

《观》："初六，童观。""六二，闚观。"

辅颊舌

《咸》："上六，咸其辅颊舌。"《艮》："六五，艮其辅。"

口舌

"兑为口"。"兑为口舌"。

颐

《噬嗑》："颐中有物，曰噬嗑。"《颐》："初九，舍尔灵龟，观我朵颐。""六二，颠颐。""六三，拂颐。""六四，颠颐。""上九，由颐。"

须

《贲》："六二，贲其须。"

耳

"坎为耳"。《噬嗑》："上九，何(原文'荷'经文作'何'——作者注)校灭耳。"

耳痛

"坎为耳痛"。

心

《咸》："九四，憧憧往来，朋从尔思。"《艮》："九三，厉熏心。"

腹

"坤为腹"。"离为大腹"。《明夷》："六四，入于左腹，获明夷之心，于出门庭。"

限夤(yín)

《艮》："九三，艮其限，列其夤，厉熏心。"

背

"艮其背，不获其身"。

脢(méi)

《咸》："九五，咸其脢。"

手

"艮为手"。

肱

《丰》："九三，折其右肱。"

指

"艮为指"。

臀

《困》："初六，臀困于株木。"《夬》："九四，臀无肤。"《姤》："九三，臀无肤。"

肤

《剥》："六四，剥床以肤。"《夬》："九四，臀无肤。"《姤》："九三，臀无肤。"

血

"坎为血卦，为赤"。《需》："六四，需于血。"《小畜》："六四，血去惕出。"《涣》："上九，涣其血，去逖出。"《屯》："上六，泣血涟如。"

汗

《涣》："九五，涣汗其大号。"

足

"震为足"。

股

"巽为股"。《咸》："九三，咸其股，执其随。"《明夷》："六二，明夷，夷于左股，用拯马壮，吉。"

腓(féi)

《咸》："六二，咸其腓。"《艮》："六二，艮其腓。"

拇

《咸》："初六，咸其拇。"《解》："九四，解而拇。"

趾

《噬嗑》："初九，屦校灭趾。"《贲》："初九，贲其趾，舍车而徒。"《大壮》："初九，壮于趾。"《夬》："初九，壮于前趾。"《艮》："初六，艮其趾。"

跛

《履》："六三，跛能履。"《归妹》："初九，跛能履。"

白话解读

(一)身

《周易·下经·艮》："停留在对方的背后，就看不到他身体前面。""六四爻，停止身体的活动。"

《周易·下经·涣》："六三爻，涣散身体。"

《周易·下经·蹇》："六二爻，王的大臣处于艰难之艰难境遇，不是为了自身的缘故。”

（二）首

《周易·说卦传》：“乾卦象征首。”

《周易·上经·比》：“上六爻，想要亲近比附某人，但无从开始（或互相亲近比附，却没有一个人来做首领）。”

《周易·上经·离》：“上九爻，有嘉美的功绩，折取魁首。”

《周易·下经·明夷》：“九三爻，光明在南方受到伤害，于是向南方狩猎以去害，获得它最大的魁首。”

《周易·下经·既济》：“上六爻，（一只小狐狸拉着车过河时）水浸湿了它的头。”

《周易·下经·未济》：“上九爻，在饮酒时具有诚信，没有灾祸，酒浸湿他的头。”

（三）顶

《周易·上经·大过》：“上六爻，不知深浅，盲目涉水，以致淹没头顶，这是凶兆。”

（四）寡发

《周易·说卦传》：“巽卦象征头发稀少。”

（五）广颡

《周易·说卦传》：“巽卦象征广额。”广颡，意为宽阔的额头。

（六）面

《周易·下经·革》：“上六爻，小人面对改革像面孔改变表情一样随意变化。”

（七）頄

《周易·下经·夬》：“九三爻，强壮显现在颧骨上。”頄，指颧骨。

（八）鼻

《周易·上经·噬嗑》："六二爻，咬啮肌肤，伤害鼻子。"

（九）目

《周易·说卦传》："离卦象征目。"
《周易·说卦传》："巽卦象征眼白多的眼睛。"
《周易·上经·小畜》："九三爻，夫妻怒目相视。"

（十）眇

《周易·上经·履》："六三爻，虽然瞎了一只眼，但还能够视物。"
《周易·下经·归妹》："九二爻，虽然瞎了一只眼，但还能够视物。"

（十一）视

《周易·下经·震》："上六爻，眼睛四处乱看。"

（十二）盱

《周易·上经·豫》："六三爻，依靠仰视上级的脸色，献媚讨好，获得自己的安乐，会后悔。"盱，指睁开眼睛向上看。

（十三）观

《周易·上经·观》："初六爻，像儿童般观看。""六二爻，从门缝间窥视。"

（十四）辅颊舌

《周易·下经·咸》："上六爻，感应在面颊骨、上下牙、舌头部位。"
《周易·下经·艮》："六五爻，停止说话。"

（十五）口舌

《周易·说卦传》："兑卦象征口。"
《周易·说卦传》："兑卦象征口舌。"

(十六)颐

《周易·彖上传·噬嗑》:“口中咬着物，称为噬嗑。”

《周易·上经·颐》:“初九爻，舍弃你所拥有的灵龟(指丰厚的财产)，却来观看(垂涎)我两腮鼓动吃东西的样子。”“六二爻，颠倒以下养上的常理，向在自己之上的人张口求食(另说为‘填饱肚子’，‘颠’通‘填’)。”“六三爻，违背了张口求食的道理。”“六四爻，颠倒以下养上的常理，向在自己之上的人张口求食。”“上九爻，由人供养，张口求食。”

补:《周易·上经·颐》:“观颐，自求口实。”解读为:“观看人们张开的口，都是自己寻求纳入口中的食物。”

(十七)须

《周易·上经·贲》:“六二爻，(老人)修饰胡须。”

(十八)耳

《周易·说卦传》:“坎卦象征耳。”

《周易·上经·噬嗑》:“上九爻，戴在颈上的枷，磨伤了耳朵。”

(十九)耳痛

《周易·说卦传》:“坎卦象征耳痛。”

(二十)心

《周易·下经·咸》:“九四爻，心神不定，走来走去，只有少数朋友符合你的想法(或‘朋友摇曳不定，最终听从你的想法’)。”

《周易·下经·艮》:“九三爻，危险带来的痛苦如同火熏灼着心。”

(二十一)腹

《周易·说卦传》:“坤卦象征腹。”

《周易·说卦传》:“离卦象征大腹。”

《周易·下经·明夷》:“六四爻，进入于左腹部，获取光明之所以受到伤害的心结，如同走出大门和庭院。”

（二十二）限夤

《周易·下经·艮》：“九三爻，使对方腰部的活动停止，撕裂其背部的夹脊肉，危险带来的如同火熏灼着心。”限，指腰部；夤，指夹脊肉。

（二十三）背

《周易·下经·艮》：“停留在对方的背后，就看不到他身体前面。”

（二十四）脢

《周易·下经·咸》：“九五爻，咸应在背部的肌肉。”脢，指背脊肉。

（二十五）手

《周易·说卦传》：“艮卦象征手。”

（二十六）肱

《周易·下经·丰》：“九三爻，折断右侧上臂。”

（二十七）指

《周易·说卦传》：“艮卦象征手指。”

（二十八）臀

《周易·下经·困》：“初六爻，臀部因卡在树桩上而受困。”
《周易·下经·夬》：“九四爻，臀部没有皮肤。”
《周易·下经·姤》：“九三爻，臀部没有皮肤。”

（二十九）肤

《周易·上经·剥》：“六四爻，床（床为可安身坐卧的家具，象征政权）的表面开始剥落。”

《周易·下经·夬》：“九四爻，臀部没有皮肤。”

《周易·下经·姤》："九三爻，臀部没有皮肤。"

（三十）血

《周易·说卦传》："坎卦象征血卦，象征赤色。"

《周易·上经·需》："六四爻，等待于血泊中。"

《周易·上经·小畜》："六四爻，血光之灾离去，警惕之心淡出。"

《周易·下经·涣》："上九爻，涣散致其远离血光之灾，远远出走以避祸。"

《周易·上经·屯》："上六爻，眼睛哭出血泪，涟涟不断。"

（三十一）汗

《周易·下经·涣》："九五爻，就像挥汗如雨、汗水蒸腾一样，向天下散发重大的号令。"

（三十二）足

《周易·说卦传》："震卦象征足。"

（三十三）股

《周易·说卦传》："巽卦象征股。"

《周易·下经·咸》："九三爻，感应在大腿，执着于跟随。"

《周易·下经·明夷》："六二爻，光明受到伤害，伤害在左大腿，利用强壮的马可以拯救，这是吉兆。"

（三十四）腓

《周易·下经·咸》："六二爻，感应在腿肚。"

《周易·下经·艮》："六二爻，停止腿肚的活动。"腓，指胫骨后的肉，亦称"腓肠肌"，俗称"腿肚子"。

（三十五）拇

《周易·下经·咸》："初六爻，感应在大脚趾。"

《周易·下经·解》："九四爻，将被捆绑的大拇指解开。"拇，指手足的大指。

（三十六）趾

《周易·上经·噬嗑》："初九爻，穿在脚上的枷，磨伤了脚趾。"

《周易·上经·贲》："初九爻，装饰他的脚趾（意为穿上了漂亮的鞋），为了炫耀鞋子而弃车不乘，徒步行走。"

《周易·下经·大壮》："初九爻，强壮于脚趾。"

《周易·下经·夬》："初九爻，强壮于向前行进的脚趾。"

《周易·下经·艮》："初六爻，停止脚趾的活动。"

（三十七）跛

《周易·上经·履》："六三爻，虽然瘸了一条腿，但能够行走。"

《周易·下经·归妹》："初九爻，虽然瘸了一条腿，但能够行走。"

饮食类

饮食

《渐》："六二，饮食衎衎。"《大畜》："不家食，吉。"《困》："九二，困于酒食。"《明夷》："初九，君子于行，三日不食。"

口实

《颐》："观颐，自求口实。"

朵颐

《颐》："初九，观我朵颐。"

噬嗑

"颐中有物，曰噬嗑"。

噬肤

《噬嗑》："六二，噬肤灭鼻。"《睽》："六五，厥宗噬肤。"

噬腊肉

《噬嗑》："六三，噬腊肉，遇毒。"

噬乾胏

《噬嗑》："九四，噬乾胏。"

噬乾肉

《噬嗑》："六五，噬乾肉。"

雉膏

《鼎》："九三，雉膏不食。"

公餗

《鼎》："九四，鼎折足，覆公餗(sù)。"

酒

《坎》："六四，樽酒簋，贰用缶，纳约自牖。"《未济》："上九，有孚于饮酒，无咎，濡其首。"

臭

"巽为臭"。

白话解读

饮食，指吃的和喝的东西。

(一)饮食

《周易·下经·渐》："六二爻，饮食和乐。"

《周易·上经·大畜》："不在家里吃自己耕种的粮食，吉祥。"

《周易·下经·困》："九二爻，困扰于酒水和饮食。"

《周易·下经·明夷》："初九爻，君子外出，三天没有吃食物。"

(二)口实

《周易·上经·颐》："观看人们张开的口，都是自己寻求纳入口中的食物。"

(三)朵颐

《周易·上经·颐》："初九爻，观看(垂涎)我腮帮子鼓动吃东西的样子。"

（四）噬嗑

《周易·彖上传·噬嗑》："口中咬着物，称为噬嗑。"

（五）噬肤

《周易·上经·噬嗑》："六二爻，咬啮肌肤，伤害鼻子。"

《周易·下经·睽》："六五爻，他的宗族像咬掉柔软的肌肤一般排除了障碍。"

（六）噬腊肉

《周易·上经·噬嗑》："六三爻，咬啮腌制和烟熏的肉，遇到异味（或毒物）。"

（七）噬乾胏

《周易·上经·噬嗑》："九四爻，咬啮带骨的肉干。"胏（zǐ），意为连骨的干肉。

（八）噬乾肉

《周易·上经·噬嗑》："六五爻，噬啮肉干。"

（九）雉膏

《周易·下经·鼎》："九三爻，不能吃到肥美的野鸡肉。"

（十）公餗

《周易·下经·鼎》："九四爻，煮饭的鼎折断了足，倾覆了公爵的美食。"餗，古代指鼎中食物。

（十一）酒

《周易·上经·坎》："六四爻，一樽酒，一簋饭，两者（不再用樽和簋而是）用瓦器盛着，用绳子系好从窗户进入。"

《周易·下经·未济》："上九爻，在饮酒时具有诚信，没有灾祸，酒浸湿他的头。”

(十二)臭

《周易·说卦传》:“巽卦象征气味。”

衣服类

衣裳

“黄帝、尧、舜垂衣裳而天下治,盖取诸乾坤。”

黄裳

《坤》:“六五,黄裳,元吉。”

绂(fú)

《困》:“九二,朱绂方来。”“九五,困于赤绂。”

鞶(pán)带

《讼》:“上九,或锡之鞶带,终朝三褫之。”

袂(mèi)

《归妹》:“六五,其君之袂,不如其娣之袂良。”

白话解读

衣服,指衣裳服饰。

(一)衣裳

《周易·系辞下传·第二章》:“黄帝、尧、舜垂下衣裳无须作为,就使天下得到治理,这大概是取法于乾卦和坤卦的形象。”

(二)黄裳

《周易·上经·坤》:“六五爻,黄色装饰性的下衣,大吉大利。”

(三)绂

《周易·下经·困》:“九二爻,象征身份的朱色蔽膝,方才来到。”

“九五爻，困穷于象征身份的赤色蔽膝。”绂(fú)，古代作祭服的蔽膝。

(四)鞶带

《周易·上经·讼》：“上九爻，或者因为争讼获赐象征身份的腰带，但一天之内就被剥夺了三次。”鞶，意为皮制的束衣的大带。

(五)袂

《周易·下经·归妹》：“六五爻，其小女的衣袖，不如从嫁之妾的衣袖华丽。”袂，意为衣袖。

宫室类

宫室

“上古穴居而野处，后世圣人易之以宫室，上栋下宇，以待风雨，盖取诸大壮。”

屋

《丰》：“上六，丰其屋，蔀其家。”

庐

《剥》：“上九，小人剥庐。”

栋

《大过》：“栋桡。”“九三，栋桡，凶。”“九四，栋隆，吉。”

庭

《夬》：“扬于王庭。”《明夷》：“六四，获明夷之心，于出门庭。”《艮》：“行其庭，不见其人。”

阶

《升》：“六五，升阶。”

门

“重门击柝，以待暴客，盖取诸豫”。“艮为门阙”。《同人》：“初九，同人于门。”《节》：“九二，不出门庭。”

户

《节》：“初九，不出户庭。”《丰》：“上六，闚其户，阒其无人。”

牖(yǒu)

《坎》："六四，纳约自牖。"

巷

《睽》："九二，遇主于巷。"

邻

《小畜》："九五，富以其邻。"《泰》："六四，不富以其邻。"《震》："上六，震不于其躬，于其邻。"《谦》："六五，不富以其邻。"《既济》："九五，东邻杀牛，不如西邻之禴祭，实受其福。"

旅次

《旅》："六二，旅即次。""九三(原文'九四'应为'九三'——作者注)，旅焚其次。"

白话解读

宫室，是古时房屋的通称。

(一)宫室

《周易·系辞下传·第二章》："上古时代，人们冬天在洞穴居住而夏天在野外露宿，后世圣人，改变居住方式为房屋，上有栋梁，下有屋檐，以此应付风雨来临，这大概是取法于大壮卦的形象。"

(二)屋

《周易·下经·丰》："上六爻，用盛大的屋顶遮蔽阳光，用草席遮盖家庭。"

(三)庐

《周易·上经·剥》："上九爻，小人将会被扒掉房屋。"

(四)栋

《周易·上经·大过》："屋梁上的脊木向下弯曲。""九三爻，屋梁上的脊木向下弯曲，凶险。”“九四爻，屋梁上的脊木向上隆起，吉利。”

(五)庭

《周易·下经·夬》：“宣扬于王的朝廷之上。”

《周易·下经·明夷》：“六四爻，获取光明之所以受伤的心结，如同走出大门和庭院。”

《周易·下经·艮》：“行走在他的庭院，看不见他的人。”

(六)阶

《周易·下经·升》：“六五爻，登上台阶。”

(七)门

《周易·系辞下传·第二章》：“设置多重的门，敲击巡夜打更用的梆子，用以对付盗贼入侵，这大概是取法于豫卦的形象。”

《周易·说卦传》：“艮卦象征门和阙。”

《周易·上经·同人》：“初九爻，追求志同道合的人于门外。”

《周易·下经·节》：“九二爻，不走出大门和庭院。”

(八)户

《周易·下经·节》：“初九爻，不走出屋门和厅堂。”

《周易·下经·丰》：“上六爻，从屋门向内窥视，里面非常寂静，似乎没有人。”

(九)牖

《周易·上经·坎》：“六四爻，用绳子系好从窗户进入。”牖，意为窗户。

(十)巷

《周易·下经·睽》：“九二爻，遇见主上于小巷中。”

(十一)邻

《周易·上经·小畜》:“九五爻,富足,是因为自己的邻居。”

《周易·上经·泰》:“六四爻,不富足,是因为自己的邻居。”

《周易·下经·震》:“上六爻,霹雳没有落到他的身上,落在他的邻近。”

《周易·上经·谦》:“六五爻,不富足,是因为自己的邻居。”

《周易·下经·既济》:“九五爻,东邻杀牛献祭,不如西邻简单的祭祀,实际受到福报。”

(十二)旅次

《周易·下经·旅》:“六二爻,在外旅行,投宿旅舍。”“九三爻,在外旅行,旅舍失火。”

货财类

玉

“乾为玉。”《鼎》:“上九,鼎玉铉。”

金

“乾为金。”《噬嗑》:“九四,得金矢。”“六五,得黄金。”《困》:“九四,困于金车。”《鼎》:“六五,金铉。”

圭

《益》:“六三,告公用圭。”

布

“坤为布”。

帛

《贲》:“六五,束帛戋戋。”

贝

《震》:“六二,亿丧贝,跻于九陵,勿逐,七日得。”

资

《旅》:“六二,怀其资。”“九四,得其资斧。”《巽》:“上九,丧其资斧。”

白话解读

货财，指货物与财物。

(一)玉

《周易·说卦传》：“乾卦象征玉。”

《周易·下经·鼎》：“上九爻，鼎用玉来制作横贯鼎两耳以举鼎的器具。”

(二)金

《周易·说卦传》：“乾卦象征金。”

《周易·上经·噬嗑》：“九四爻，得到金属制的箭。”“六五爻，得到黄色的金属。”

《周易·下经·困》：“九四爻，困穷于金属制的车。”

《周易·下经·鼎》：“六五爻，用金属制作横贯鼎两耳以举鼎的器具。”

(三)圭

《周易·下经·益》：“六三爻，向王报告时，须带着玉圭作为信物。”

(四)布

《周易·说卦传》：“坤卦象征布。”

(五)帛

《周易·上经·贲》：“六五爻，扎成一捆的五匹丝帛，轻而少。”

(六)贝

《周易·下经·震》：“六二爻，丢失十万贝币，登上九重高的山陵，不必追寻，经过七日，失而复得。”

（七）资

《周易·下经·旅》："六二爻，怀有资财。""九四爻，得到他的资财和利斧。"

《周易·下经·巽》："上九爻，丧失资财和利斧。"

器用类

书契

"上古结绳而治，后世圣人易之以书契，百官以治，万民以察，盖取诸夬"。

车

"服牛乘马，引重致远，以利天下，盖取诸随"。《困》："九四，困于金车。"《贲》："初九，舍车而徒。"《睽》："上九，载鬼一车。"

大车

《大有》："九二，大车以载。"

舆

"坤为大舆"。"坎，其于舆也，为多眚"。《大壮》："九四，壮于大舆之輹。"《剥》："上九，君子得舆。"《睽》："六三，见舆曳，其牛掣。"《大畜》："九三，日闲舆卫。"

轮

"坎为弓轮"。《既济》："初九，曳其轮。"《未济》："九二，曳其轮。"

辐

《小畜》："九三，舆说辐。"

輹

《大壮》："九四，壮于大舆之輹。"《大畜》："九二，舆说輹（原文'辐'经文作'輹'——作者注）。"

茀（fú）

《既济》："六二，妇丧其茀，勿逐，七日得。"

金柅（nǐ）

《姤》："初六，系于金柅。"

舟楫

"刳木为舟，剡木为楫，舟楫之利，以济不通，致远以利天下，盖取诸涣"。"中孚，'利涉大川'，乘木舟虚也"。《既济》："六四，繻有衣袽，终日戒。"

匕鬯

"震惊百里，不丧匕鬯"。

鼎

《鼎》："初六，鼎颠趾，利出否。""九二，鼎有实。""九三，鼎耳革，其行塞，雉膏不食。""九四，鼎折足，覆公餗，其形渥。""六五，鼎黄耳，金铉。""上九，鼎玉铉。"

釜

"坤为釜"。

柄

"坤为柄"。

樽

《坎》："六四，樽酒簋。"

簋(guǐ)

《坎》："六四，樽酒簋。"《损》："曷之用，二簋可用享(原文'亨'经文作'享'——作者注)。"

筐

《归妹》："上六，女承筐无实。"

缶

《坎》："六四，贰用缶。"《比》："初六，有孚盈缶。"《离》："九三，不鼓缶而歌。"

瓮

《井》："九二，瓮敝漏。"

瓶

《井》："羸其瓶。"

杵臼

"断木为杵，掘地为臼，臼杵之利，万民以济，盖取诸小过"。

床

《剥》："初六，剥床以足。""六二，剥床以辨。""六四，剥床以肤。"《巽》："九二，巽在床下。""上九，巽在床下。"

枕

《坎》："六三，险且枕。"

机

《涣》："九二，涣奔其机。"

囊

《坤》："六四，括囊。"

绳

"巽为绳直"。

罔罟

"作结绳而为罔罟，以佃以渔，盖取诸离"。

弓矢

"弦木为弧，剡木为矢，弧矢之利，以威天下，盖取诸睽"。"坎为矫輮(原文'揉'应为'輮'——作者注)，为弓轮"。《睽》："上九，先张之弧，后说之弧。"《噬嗑》："九四，得金矢。"《解》："九二，田获三狐，得黄矢。"《旅》："六五，射雉，一矢亡。"

弋

《小过》："六五，公弋取彼在穴。"

甲胄

"离为甲胄"。

戈兵

"离为戈兵"。

斧

《旅》："九四，得其资斧。"《巽》："上九，丧其资斧。"

白话解读

器用，指器皿用具。

(一) 书契

《周易·系辞下传·第二章》："上古时代，人们用绳子结扣记事，后世圣人，改变记事方式为文书契据，各种官吏用之处理政事，万千百姓用之审察事务，这大概是取法于夬卦的形象。"

(二) 车

《周易·系辞下传·第二章》："役使牛马用来驾车，牵引重物到达远方，用以便利天下人民，这大概是取法于随卦的形象。"

《周易·下经·困》："九四爻，困穷于金属制的车。"

《周易·上经·贲》："初九爻，舍弃车而徒步走。"

《周易·下经·睽》："上九爻，载着一车鬼。"

(三) 大车

《周易·上经·大有》："九二爻，用大车以装载。"

(四) 舆

《周易·说卦传》："坤卦象征大车厢。"

《周易·说卦传》："坎卦，它对于车厢来说，象征多毛病。"

《周易·下经·大壮》："九四爻，强壮于大车厢下面的輹(輹，又名车伏兔或伏兔，是垫在车厢和车轴之间，用来约束车轴的东西)。"

《周易·上经·剥》："上九爻，君子可以获得乘坐的车舆。"

《周易·下经·睽》："六三爻，看见车厢被拖曳，拉车的牛被牵制。"

《周易·上经·大畜》："九三爻，每日训练驾车的车夫和护卫的战士。"

(五) 轮

《周易·说卦传》："坎卦象征弓和车轮。"

《周易·下经·既济》："初九爻，拖曳他的车轮。"

《周易·下经·未济》："九二爻，拖曳他的车轮。"

(六)辐

《周易·上经·小畜》："九三爻，车厢脱开了插入轮毂以支撑轮圈的辐条。"

(七)輹

《周易·下经·大壮》："九四爻，强壮于大车厢下面的伏兔。"

《周易·上经·大畜》："九二爻，车厢脱开了伏兔。"

輹(fù)，即车伏兔，指垫在车厢和车轴之间的木块，上面承载车厢，下面呈弧形，架在轴上。

(八)茀

《周易·下经·既济》："六二爻，妇人丢失她的首饰，不必追寻，经过七日，失而复得。"茀，意为首饰。

(九)金柅

《周易·下经·姤》："初六爻，维系于金属之物和柅木块。"柅，塞于车轮下的制动用的木块。金属刚强，柅木能够制动，所以可以用来维系。

(十)舟楫

《周易·系辞下传·第二章》："凿木制成船，削木制成桨，利用船桨的便利，以渡过原本不能通行的水路，到达远方，以利益天下人民，这大概是取法于涣卦的形象。"

《周易·象下传》："中孚卦，'利于涉水渡过大大河'，乘坐的木船中间空虚。"

《周易·下经·既济》："六四爻，行船时，事先准备有破衣服，如果船舱漏水，可以进行堵塞，终竟此日，保持戒备。"

(十一)匕鬯

《周易·下经·震》："霹雳响声震动百里，主持祭祀的人没有洒出汤匙中的黍米酒。”

（十二）鼎

《周易·下经·鼎》：“初六爻，鼎颠倒过来使鼎脚朝上，利于倒出其中残留的污物。”“九二爻，鼎中装有食物。”“九三爻，鼎上的耳出现了异常（导致鼎无法使用），用鼎煮食物的行为受到阻塞，不能吃到肥美的野鸡肉。”“九四爻，煮饭的鼎折断了足，倾覆了公爵的美食，鼎的形象弄成湿淋淋的。”“六五爻，鼎上有两只黄色的耳，用金属制成横贯鼎两耳以举鼎的器具。”“上九爻，鼎用玉制成横贯两耳以举鼎的器具。”

（十三）釜

《周易·说卦传》：“坤卦象征釜。”

（十四）柄

《周易·说卦传》：“坤卦象征柄。”

（十五）樽

《周易·上经·坎》：“六四爻，一樽酒，一簋饭。”

（十六）簋

《周易·上经·坎》：“六四爻，一樽酒，一簋饭。”

《周易·下经·损》：“何以运用损卦的道理，以祭祀而言，两簋祭品就可以用来祭祀。”簋，古代盛食物的容器。

（十七）筐

《周易·下经·归妹》：“上六爻，年轻女子拜见公婆的提篮中竟然空无一物。”

（十八）缶

《周易·上经·坎》：“六四爻，代替以瓦器。”

《周易·上经·比》："初六爻，具有的诚信，可以像酒水一样充盈瓦器。"

《周易·上经·离》："九三爻，不敲着盛酒的瓦器高歌。"

（十九）瓮

《周易·下经·井》："九二爻，瓦瓮残破向下漏水。"

（二十）瓶

《周易·下经·井》："累及瓦瓶被打破。"

（二十一）杵臼

《周易·系辞下传·第二章》："切断树木制成舂米的杵，挖掘地面制作舂米的臼，臼和杵的便利，使万千人民得到助益，这大概是取法于小过卦的形象。"

（二十二）床

《周易·上经·剥》："初六爻，床脚剥落。""六二爻，床的辨识标记剥落。""六四爻，床的表皮剥落。"

《周易·下经·巽》："九二爻，进入到床的下面。""上九爻，进入到床的下面。"

（二十三）枕

《周易·上经·坎》："六三爻，进退皆艰险，暂且以艰险作为枕头。"

（二十四）机

《周易·下经·涣》："九二爻，涣散时刻，奔向可以帮助解困、维持安全的大树。"

（二十五）囊

《周易·上经·坤》："六四爻，扎紧口袋。"

（二十六）绳

《周易·说卦传》："巽卦象征准绳。"

（二十七）罔罟

《周易·系辞下传·第二章》："包牺氏用绳编结而制作捕兽的网和捕鱼的罟，用以捕兽捉鱼，这大概是取法于离卦的形象。"

（二十八）弓矢

《周易·系辞下传·第二章》："将弦安装在弯曲的木条上制成木弓，削切木材制成木箭，木弓木箭的便利，用以威慑天下，这大概是取法于睽卦的形象。"

《周易·说卦传》："坎卦象征矫直和輮弯，象征弓和车轮。"

《周易·下经·睽》："上九爻，起先张开弓箭，后来松开弓弦。"

《周易·上经·噬嗑》："九四爻，得到金属制的箭。"

《周易·下经·解》："九二爻，打猎获得三只狐狸，得到黄色的木箭。"

《周易·下经·旅》："六五爻，射杀野鸡，丢失一只木箭。"

（二十九）弋

《周易·下经·小过》："六五爻，公爵用带绳的箭将它从洞穴中捕取。"

（三十）甲胄

《周易·说卦传》："离卦象征盔甲衣胄。"

（三十一）戈兵

《周易·说卦传》："离卦象征戈兵。"

（三十二）斧

《周易·下经·旅》："九四爻，得到他的资财和利斧。"

《周易·下经·巽》："上九爻，丢失资财和利斧。"

国典类

庙

《萃》："王假有庙。"《涣》："王假有庙。"

祭祀

《困》："九二，利用亨祀。""九五，利用祭祀。"《萃》："六二，孚乃利用禴。"《升》："九二，孚乃利用禴。"《观》："盥而不荐，有孚颙若。"《损》："曷之用，二簋可用享（'亨'经文作'享'——作者注）。"《晋》（原文《萃》应为《晋》——作者注）："六二，受兹介福，于其王母。"

用牲

《萃》："用大牲吉。"《既济》："九五，东邻杀牛，不如西邻之禴祭，实受其福。"

亨帝

《益》："六二，王用享（'亨'经文作'享'——作者注）于帝，吉。"

亨山

《随》："上六，王用亨于西山。"《升》："六四，王用亨于岐山。"

宾王

《观》："六四，观国之光，利用宾于王。"

亨

《大有》："九三，公用亨于天子，小人弗克。"

锡马

《晋》："康侯用锡马蕃庶，昼日三接。"

锡鞶带

《讼》："上九，或锡之鞶带，终朝三褫之。"

锡命

《师》："九二，王三锡命。""上六，大君有命，开国承家，小人勿用。"

大号

《涣》："九五，涣汗其大号。"

迁国

《益》："六四，利用为依迁国。"

白话解读

国典，指国家的典章制度。

（一）庙

《周易·下经·萃》："王进入宗庙。"
《周易·下经·涣》："王进入宗庙。"

（二）祭祀

《周易·下经·困》："九二爻，利于用来祭祀。""九五爻，利于用来祭祀。"

《周易·下经·萃》："六二爻，有诚信才利于用来进行简单的祭祀。"

《周易·下经·升》："九二爻，有诚信才利于用来进行简单的祭祀。"

《周易·上经·观》："祭祀时，只是盥洗而没到奉献祭品环节，人们就已经心怀诚信地仰望。"

《周易·下经·损》："用什么呢？以祭祀而言，两簋祭品就可以。"

《周易·下经·晋》："六二爻，从他祖母那里，受到这么大的福气。"

（三）用牲

《周易·下经·萃》："用大的牺牲献祭，吉利。"

《周易·下经·既济》："九五爻，东邻杀牛用大牲献祭，不如西邻简单的祭祀，实际受到福报。"

（四）亨帝

《周易·下经·益》："六二爻，王祭祀天帝，吉利。"

（五）亨山

《周易·上经·随》："上六爻，王在西山举行祭祀活动。"

《周易·下经·升》：“六四爻，王在岐山举行祭祀活动。”

（六）宾王

《周易·上经·观》：“六四爻，观察一个国家的风土民情，有利于确定是否成为王的宾客。”

（七）亨

《周易·上经·大有》：“九三爻，公爵朝见天子，获赐饮食，小人物则无法得到。”

（八）锡马

《周易·下经·晋》：“康侯得到天子赏赐的很多匹马，一日之中，天子三次接见。”

（九）锡鞶带

《周易·上经·讼》：“上九爻，或许因为争讼获赐象征身份的腰带，但一天之内就被剥夺了三次。”

（十）锡命

《周易·上经·师》：“九二爻，王三度赐给褒扬的荣誉。”“上六爻，地位崇高的君主颁布命令，有人建立邦国，有人继承封邑，小人物不能得到重用。”

（十一）大号

《周易·下经·涣》：“九五爻，就像挥汗如雨、汗水蒸腾一样，向天下散发重大的号令。”

（十二）迁国

《周易·下经·益》：“六四爻，利于为了寻求依靠而迁移国都。”

师田类

征伐

《离》："上九，王用出征，有嘉折首，获匪其丑。"《谦》："六五，利用侵伐。""上六，利用行师，征邑国。"《晋》："上九，晋其角，维用伐邑。"《既济》："九三，高宗伐鬼方，三年克之。"《未济》："九四，震用伐鬼方，三年有赏于大国。"

行师

《师》："贞丈人吉，无咎。""初六，师出以律，否臧凶。""九二，在师中，吉，无咎，王三锡命。""六三，师或舆尸，凶。""六四，师左次，无咎。""六五，长子帅师，弟子舆尸，贞凶。"《豫》："利建侯，行师。"《复》："上六，用行师，终有大败，以其国君，凶，至于十年不克征。"

戎

《同人》："九三，伏戎于莽，升其高陵，三岁不兴。"《夬》："不利即戎。""九二，惕号，莫夜有戎，勿恤。"

克

《同人》："九五，大师克相遇。"

攻

《同人》："九四，乘其墉，弗克攻。"

狩

《明夷》："九三，明夷于南狩，得其大首。"

田

《师》："六五，田有禽，利执言。"《恒》："九四，田无禽。"《解》："九二，田获三狐。"《巽》："六四，田获三品。"

三驱

《比》："九五，王用三驱，失前禽，邑人不诫。"

即鹿

《屯》："六三，即鹿无虞，惟入于林中。"

白话解读

师田，指征伐与田猎。

（一）征伐

《周易·上经·离》："上九爻，王用兵征伐，有嘉美的功绩，折取魁首，没有捕获他的同伙。"

《周易·上经·谦》："六五爻，利于侵犯、征伐。""上六爻，利于动用军队，征讨自己领地内的封邑。"

《周易·下经·晋》："上九爻，晋升到角的尖端上（意为最高处），可以讨伐自己领地上的封邑。"

《周易·下经·既济》："九三爻，高宗讨伐鬼方，经过三年时间才战胜它。"

《周易·下经·未济》："九四爻，振奋起威武的精神，用来讨伐鬼方，经过三年时间，得到国家的奖赏。"

（二）行师

《周易·上经·师》："坚守贞正、老成持重的人吉利，没有灾祸。""初六爻，军队出发作战必须有严明的纪律，没有纪律，即使胜利也是凶兆。""九二爻，在军队里面，坚守中庸则吉利，没有灾祸，王三度赐给褒扬的荣誉。""六三爻，军队号令不一，就会载回成车成车的尸体，凶险。""六四爻，军队向后撤退，没有灾祸。""六五爻，长子统帅军队，弟子用车装载尸体回来，坚守贞正是凶险的。"

《周易·上经·豫》："利于封立诸侯，动用军队。"

《周易·上经·复》："上六爻，如果采取军事行动，最终会造成大的失败，累及国君，这是凶兆，一直至十年之久，还不能征服敌人。"

（三）戎

《周易·上经·同人》："九三爻，埋伏军队于草莽之中，自己登上高大的山丘观察，经过三年时间，没有兴兵。"

《周易·下经·夬》：“不利于立即动用军队。”“九二爻，时刻保持忧惧，不断呼叫提醒，即使暮夜时分遭遇敌人攻击，也不必担心。”

(四)克

《周易·上经·同人》：“九五爻，大军战胜敌人才相互遇合。”

(五)攻

《周易·上经·同人》：“九四爻，登上它小城的城墙，但没有发动攻击。”

(六)狩

《周易·下经·明夷》：“九三爻，光明在南方受到伤害，于是向南方狩猎以去害，获得它最大的魁首。”

(七)田

《周易·上经·师》：“六五爻，打猎获有鸟兽，利于发表言论。”
《周易·下经·恒》：“九四爻，打猎没有获得鸟兽。”
《周易·下经·解》：“九二爻，打猎获得三只狐狸。”
《周易·下经·巽》：“六四爻，打猎获得三种品类的野兽。”

(八)三驱

《周易·上经·比》：“九五爻，王狩猎采用三面驱赶禽兽的方法，舍弃往前方奔逃的禽兽，封邑中的百姓并无恐惧戒慎之心。”

(九)即鹿

《周易·上经·屯》：“六三爻，追逐野鹿而没有掌管山林的官员做向导，只会陷入丛林中。”

动物类

龙

“震为龙”。《乾》：“初九，潜龙。”“九二，见龙在田。”“九四，或跃在渊。”“九五，飞龙在天。”“上九，亢龙。”“用九，见群龙无首。”《坤》：“上六，龙战于野，其血元黄。”

鱼

《姤》：“九二，包有鱼。”“九四，包无鱼。”《剥》：“六五，贯鱼。”

豚鱼

《中孚》：“豚鱼吉。”

鲋

《井》：“九二，井谷射鲋。”

鳖

“离为鳖”。

蟹

“离为蟹”。

蠃(luǒ)

“离为蠃”。

蚌

“离为蚌”。

龟

《损》：“六五，或益之十朋之龟，弗克违。”《益》：“六二，或益之十朋之龟，弗克违。”《颐》：“初九，舍尔灵龟。”

马

“乾为马”。“为良马，为老马，为瘠马，为驳马”。“震，其于马也，为善鸣，为馵足，为作足，为的颡”。“坎，其于马也，为美脊，为亟心，为下首，为薄蹄，为曳”。《大畜》：“九三，良马逐。”

白马

《贲》：“六四，贲如皤如，白马翰如。”

马壮

《明夷》：“六二(原文‘三’应为‘二’——作者注)，夷于左股，用拯马壮，吉。”《涣》：“初六，用拯马壮，吉。”

乘马

《屯》：“六二，屯如邅如，乘马班如。”“六四，乘马班如。”“上六，乘马班如。”

牝马

《坤》："利牝马之贞。"

锡马

《晋》："康侯用锡马蕃庶。"

丧马

《睽》："初九，丧马勿逐自复。"《中孚》："六四，马匹亡。"

牛

"坤为牛"。《无妄》："六三，无妄之灾，或系之牛，行人之得，邑人之灾。"《睽》："六三，见舆曳，其牛掣。"

子母牛

"坤为子母牛"。

牝牛

《离》："畜牝牛，吉。"

童牛

《大畜》："六四，童牛之牿。"

黄牛

《遁》："六二，执之用黄牛之革，莫之胜说。"《革》："初九，巩用黄牛之革。"

丧牛

《旅》："上九，丧牛于易。"

角

《晋》："上九，晋其角。"《姤》："上九，姤其角。"

羊

"兑为羊"。

羝(dī)羊

《大壮》："九三，羝羊触藩，羸其角。""九四，藩决不羸。""上六，羝羊触藩，不能退，不能遂。"

牵羊

《夬》："九四，牵羊悔亡。"

刲(kuī)羊

《归妹》："上六，士刲羊无血。"

丧羊

《大壮》："六五，丧羊于易。"

豕

"坎为豕"。《睽》："上九，见豕负涂。"

豮(fén)豕

《大畜》："六五，豮豕之牙。"

羸(léi)豕

《姤》："初六，羸豕孚蹢躅。"

狗

"艮为狗"。

虎

"履虎尾，不咥人"。"六三，履虎尾，咥人，凶"。"九四，履虎尾，愬愬终吉"。

虎视

《颐》："六四，虎视眈眈，其欲逐逐。"

虎变

《革》："九五，大人虎变。"

豹变

《革》："上六，君子豹变。"

鹿

《屯》："六三，即鹿无虞。"

狐

《解》："九二，田获三狐，得黄矢。"《既济》："初九，濡其尾。"《未济》："小狐汔济，濡其尾。""初六，濡其尾。"

禽

《师》："六五，田有禽。"《比》："九五，失前禽。"《恒》："九四，田无禽。"《井》："初六，旧井无禽。"

飞鸟

"小过，有飞鸟之象焉"。"飞鸟遗之音，不宜上，宜下"。"初六，飞鸟以凶"。"上六，飞鸟离之，凶"。《明夷》："初九，明夷于飞，垂其翼。"

巢

《旅》："上九，鸟焚其巢。"

鸡

"巽为鸡"。《中孚》："上九，翰音登于天。"

鹤

《中孚》："九二，鸣鹤在阴，其子和之，我有好爵，吾与尔靡之。"

雉

"离为雉"。《旅》："六五，射雉，一矢亡。"

鸿

《渐》："初六，鸿渐于干。""六二，鸿渐于磐。""九三，鸿渐于陆。""六四，鸿渐于木，或得其桷。""九五，鸿渐于陵。""上九，鸿渐于陆，其羽可用为仪。"

隼

《解》："上六，公用射隼于高墉之上，获之无不利。"

鼠

"艮为鼠"。《晋》："六四，晋如鼫鼠。"

黔喙

"艮为黔喙之属"。

白话解读

动物，生物的一个种类，与植物相对。

(一)龙

《周易·说卦传》："震卦象征龙。"

《周易·上经·乾》："初九爻，潜藏的龙。""九二爻，龙出现在田地上。""九四爻，或者腾空跃起，或者潜伏深渊。""九五爻，飞腾的龙在天上。""上九爻，极高的龙。""用九爻，看见一群龙但没有首领。"

《周易·上经·坤》："上六爻，两条龙在田野战斗，流的血呈现黑黄色。"

(二)鱼

《周易·下经·姤》:“九二爻,茅草做的草袋中有鱼。”“九四爻,茅草做的草袋中没有鱼。”

《周易·上经·剥》:“六五爻,贯穿在一起的鱼。”

(三)豚鱼

《周易·下经·中孚》:“河豚吉利。”

(四)鲋

《周易·下经·井》:“六二爻,井底只有蛤蟆跳来跳去。”

(五)鳖

《周易·说卦传》:“离卦象征鳖。”

(六)蟹

《周易·说卦传》:“离卦象征蟹。”

(七)蠃

《周易·说卦传》:“离卦象征蠃。”蠃,即螺,指软体动物腹足类,背有旋线的硬壳。

(八)蚌

《周易·说卦传》:“离卦象征蚌。”

(九)龟

《周易·说卦传》:“离卦象征龟。”

《周易·下经·损》:“六五爻,或者增益给他价值十朋贝币的大龟,不能够违背。”

《周易·下经·益》:“六二爻,或者增益给他价值十朋贝币的大龟,不能够违背。”

《周易·上经·颐》:“初九爻，舍弃你的灵龟(即财产、财富)。”

(十)马

《周易·说卦传》:“乾卦象征马。”“乾卦象征健行的好马，象征年长的老马，象征瘦弱的瘠马，象征杂色的驳马。”

《周易·说卦传》:“震卦，它对于马来说，象征善于鸣叫，象征白色的左后足，象征快速的脚步，象征白色的额头。”

《周易·说卦传》:“坎卦，它对于马来说，象征优美的脊背，象征急躁的心态，象征低下的头，象征磨薄的蹄子，象征拖拉的脚步。”

《周易·上经·大畜》:“九三爻，骑着健行的好马向前追逐。”

(十一)白马

《周易·上经·贲》:“六四爻，精心装饰、一身白衣的人，骑着白色的马像飞一样。”

(十二)马壮

《周易·下经·明夷》:“六二爻，光明受到伤害，伤害在左侧大腿，利用强壮的马可以拯救，这是吉兆。”

《周易·下经·涣》:“初六爻，利用强壮的马可以拯救，吉利。”

(十三)乘马

《周易·上经·屯》:“六二爻，聚集的车马难以行进，并列的四匹乘马脚步却不一致。”“六四爻，并列的四匹乘马脚步却不一致。”“上六爻，并列的四匹乘马脚步却不一致。”

(十四)牝马

《周易·上经·坤》:“有利于母马的坚贞。”

(十五)锡马

《周易·下经·晋》:“康侯得到天子赏赐的很多匹马。”

（十六）丧马

《周易·下经·睽》："初九爻，走失的马，不必追逐，自己会回来。"

《周易·下经·中孚》："六四爻，与此马匹配的另一匹马走失了。"

（十七）牛

《周易·说卦传》："坤卦象征牛。"

《周易·上经·无妄》："六三爻，没有缘故的灾祸，有人拴系的牛，被行路的人牵走，却使封邑里的人受到灾祸。"

《周易·下经·睽》："六三爻，看见车厢被拖曳，拉车的牛被牵制。"

（十八）子母牛

《周易·说卦传》："坤卦象征怀有子牛的母牛。"

（十九）牝牛

《周易·上经·离》："畜养母牛，吉利。"

（二十）童牛

《周易·上经·大畜》："六四爻，小牛刚刚长出角，就已经绑上防止其用角触人的横木。"

（二十一）黄牛

《周易·下经·遁》："六二爻，捉拿住他，用黄牛的皮革捆缚，不能够顺利解脱。"

《周易·下经·革》："初九爻，用黄牛的皮革捆结实。"

（二十二）丧牛

《周易·下经·旅》："上九爻，牛在疆界走失。"

（二十三）角

《周易·下经·晋》："上九爻，晋升到角的尖端上。"

《周易・下经・姤》:“上九爻,相遇在角的尖端上。”

(二十四)羊

《周易・说卦传》:“兑卦象征羊。”

(二十五)羝羊

《周易・下经・大壮》:“九三爻,公羊顶触藩篱,困住了它的角。”“九四爻,藩篱溃决,不能困住。”“上六爻,公羊顶触藩篱,不能后退,又不能得进。”遂,意为“进”。羝,指公羊。

(二十六)牵羊

《周易・下经・夬》:“九四爻,牵着羊走,后悔就会消失。”

(二十七)刲羊

《周易・下经・归妹》:“上六爻,年轻男子施行婚礼上的割羊仪式时,羊竟然没有流血。”刲,意为宰杀。

(二十八)丧羊

《周易・下经・大壮》:“六五爻,羊在疆界走失。”

(二十九)豕

《周易・说卦传》:“坎卦象征猪。”
《周易・下经・睽》:“上九爻,见到一头猪,背上满是污泥。”

(三十)豮豕

《周易・上经・大畜》:“六五爻,阉猪的大牙。”豮,指阉割过的猪。

(三十一)羸豕

《周易・下经・姤》:“初六爻,瘦弱的猪确实在徘徊。”羸,意为瘦弱。

（三十二）狗

《周易·说卦传》："艮卦象征狗。"

（三十三）虎

《周易·上经·履》："踩到老虎尾巴，不咬人。""六三爻，踩到老虎尾巴，咬人，凶险。""九四爻，踩到老虎尾巴，心中非常恐惧，最终吉祥。"

（三十四）虎视

《周易·上经·颐》："六四爻，老虎向下注视非常专一，它的欲求十分坚定。"

（三十五）虎变

《周易·下经·革》："九五爻，大人物面对改革，像老虎的斑纹一样由浅淡变为光泽美丽。"

（三十六）豹变

《周易·下经·革》："上六爻，君子面对改革，像豹子斑纹一样变得文采繁盛。"

（三十七）鹿

《周易·上经·屯》："六三爻，追逐野鹿而没有掌管山林的官员做向导。"

（三十八）狐

《周易·下经·解》："九二爻，打猎捕获三只狐狸，得到黄色的木箭。"

《周易·下经·既济》："初九爻，浸湿了它的尾巴。"

《周易·下经·未济》："小狐狸几乎就要渡过河去，却浸湿了它的尾巴。""初六爻，浸湿了它的尾巴。"

（三十九）禽

《周易·上经·师》："六五爻，打猎获有鸟兽。"
《周易·上经·比》："九五爻，舍弃往前方奔逃的禽兽。"
《周易·下经·恒》："九四爻，打猎没有获得鸟兽。"
《周易·下经·井》："初六爻，废旧的井没有禽兽来饮水。"

（四十）飞鸟

《周易·彖下传》："小过卦，中间两阳爻象征鸟的身体，上下的阴爻象征鸟的两翅，具有飞鸟的形象。"

《周易·下经·小过》："飞鸟遗留下鸣叫的声音，不适宜向上，适宜向下。""初六爻，只想飞的鸟，会招致凶险。""上六爻，飞的极高的鸟遭遇灾祸，凶险。"

《周易·下经·明夷》："初九爻，光明受伤于飞行中，垂下它的翅膀。"

（四十一）巢

《周易·下经·旅》："上九爻，鸟被焚烧了它的巢。"

（四十二）鸡

《周易·说卦传》："巽卦象征鸡。"
《周易·下经·中孚》："上九爻，鸡每天司晨鸣叫的声音高升于天上。"

（四十三）鹤

《周易·下经·中孚》："九二爻，鸣叫的鹤位在阴暗处，它的孩子与之应和，我有好的酒爵，我愿意与你共同享受它。"

（四十四）雉

《周易·说卦传》："离卦象征雉。"
《周易·下经·旅》："六五爻，射击野鸡，丧失一只木箭。"

(四十五)鸿

《周易·下经·渐》:“初六爻,鸿雁渐渐飞到水边。”“六二爻,鸿雁渐渐飞上磐石。”“九三爻,鸿雁渐渐飞上陆地。”“六四爻,鸿雁渐渐站到树木上,或者可以获得平直的树枝。”“九五爻,鸿雁渐渐飞上大土山。”“上九爻,鸿雁渐渐飞上陆地,它的羽毛可以用来作为典礼的装饰。”

(四十六)隼

《周易·下经·解》:“上六爻,公爵拿出弓箭射击隼鸟于小城高起的城墙之上,捕获它,没有什么不利。”

(四十七)鼠

《周易·说卦传》:“艮卦象征鼠。”

《周易·下经·晋》:“六四爻,晋升后如同田间的野鼠。”

(四十八)黔喙

《周易·说卦传》:“艮卦象征黑嘴的猛兽之类。”

植物类

木

“巽为木”。“泽灭木,大过”。“地中生木,升”。“木上有水,井”。“木上有火,鼎”。“山上有木,渐”。“坎,其于木也,为坚多心”。“离,其于木也,为科上槁”。“艮,其于木也,为坚多节”。《渐》:“六四,鸿渐于木,或得其桷。”

株木

《困》:“初六,臀困于株木。”

杞(qǐ)

《姤》:“九五,以杞包瓜。”

苞桑

《否》："九五，其亡其亡，系于苞桑。"

杨

《大过》："九二，枯杨生稊。""九五，枯杨生华。"

木果

"乾为木果"。《剥》："上九，硕果不食。"

果蓏(luǒ)

"艮为果蓏"。

瓜

《姤》："九五，以杞包瓜。"

稼

"震，其于稼也，为反生"。

苋

《夬》："九五，苋陆。"

竹

"震为苍筤竹"。

萑苇(huán wěi)

"震为萑苇"。

茅

《泰》："初九，拔茅茹，以其汇。"《否》："初六，拔茅茹，以其汇。"《大过》："初六，藉用白茅，无咎。"

尃(fū)

"震为尃"。

蕃鲜

"震为蕃鲜"。

葛藟(lěi)

《困》："上六，困于葛藟。"

蒺藜

《困》："九四，据于蒺藜。"

丛棘

《坎》："上六，寘于丛棘。"

林中

《屯》：“六三，即鹿无虞，惟入于林中。”

莽

《同人》：“九三，伏戎于莽。”

藩

《大壮》：“九三，羝羊触藩。”“九四，藩决不羸。”“上六，羝羊触藩。”

白话解读

植物，指百谷草木。

（一）木

《周易·说卦传》：“巽卦象征木。”

《周易·象上传》：“上卦兑象征泽，下卦巽象征木，泽中水面上升，淹没了泽中草木，造成大的方面过度和损失，因此，卦名为大过。”

《周易·象上传》：“上卦坤象征地，下卦巽象征木，大地之中有向上生长的草木，表示植物种子埋入土中，在合适的条件下生根发芽，穿透地面向上升起，因此，卦名为升。”

《周易·象上传》：“下卦巽象征木，上卦坎象征水，这有两层意义，一是木在水下，指木进入水中，二是木上有水，指木上面有水，表示人们将木桶下入井水中，待木桶灌满水后将木桶提到井上，因此，卦名为井。”

《周易·象上传》：“下卦巽象征木，上卦离象征火，木的上面有火，表示用木材生火做饭的样子，因此，卦名为鼎。”

《周易·象上传》：“下卦艮象征山，上卦巽象征木，山的上面有草木，草木随着时间的推移渐渐向上生长，因此，卦名为渐。”

《周易·说卦传》：“坎卦，它对于木来说，象征木质坚实，而且树干上长了很多鼓起来的树瘿。”

《周易·说卦传》：“离卦，它对于木来说，象征内有树窠，而且上面枯槁。”

《周易·说卦传》：“艮卦，它对于木来说，象征木质坚实而且多有结节。”

《周易·下经·渐》:“六四爻，鸿雁渐渐站到树木上，或者可以获得平直的树枝。”

(二)株木

《周易·下经·困》:“初六爻，臀部被卡在树桩上而受困。”

(三)杞

《周易·下经·姤》:“九五爻，用杞柳的枝叶包裹瓜。”杞，指杞柳。

(四)苞桑

《周易·上经·否》:“九五爻，要灭亡了，要灭亡了，只能寄希望于桑树根基牢固(如果牢固就不会灭亡)。”

(五)杨

《周易·上经·大过》:“九二爻，干枯的杨树生出新芽。”“九五爻，干枯的杨树开花。”

(六)木果

《周易·说卦传》:“乾卦象征树木的果实。”
《周易·上经·剥》:“上九爻，硕大的果实，没有被吃掉。”

(七)果蓏

《周易·说卦传》:“艮为果和蓏。”一说，有核称果，无核称蓏；一说，在树称果，在地称蓏。果蓏，应概指木本和草本植物的果实。

(八)瓜

《周易·下经·姤》:“九五爻，用杞柳的枝叶包裹瓜。”

(九)稼

《周易·说卦传》:“震卦，它对于种植谷物来说，象征谷物种子初生时反向下扎根。”

(十) 苋

《周易 · 下经 · 夬》："九五爻，马齿苋生长在陆地上。"

(十一) 竹

《周易 · 说卦传》："震卦象征深青色的初生幼竹。"

(十二) 萑苇

《周易 · 说卦传》："震卦象征萑苇。"萑苇，为竹子一类。

(十三) 茅

《周易 · 上经 · 泰》："初九爻，拔除茅草，其根相连，必须将根部牵连在一起的同类一同拔起。"

《周易 · 上经 · 否》："初六爻，拔除茅草，其根相连，必须将根部牵连在一起的同类一同拔起。"

《周易 · 上经 · 大过》："初六爻，用白色茅草垫在下面，没有灾祸。"

(十四) 旉

《周易 · 说卦传》："震为旉。"旉，表示春天时阳气来至，草木皆自地中吐出，敷布而生。

(十五) 蕃鲜

《周易 · 说卦传》："震为蕃鲜。"蕃鲜，表示春天时草木滋生而鲜明。

(十六) 葛藟

《周易 · 下经 · 困》："上六爻，困穷于葛蔓。"葛藟，指引蔓缠绕之草。

(十七) 蒺藜

《周易 · 下经 · 困》："九四爻，依靠于蒺藜。"

(十八) 丛棘

《周易 · 上经 · 坎》："上六爻，放置在荆棘丛中。"

(十九)林中

《周易·上经·屯》:“六三爻,追逐野鹿而没有掌管山林的官员做向导,只会陷入丛林中。”

(二十)莽

《周易·上经·同人》:“九三爻,埋伏军队于深密的草丛之中。”

(二十一)藩

《周易·下经·大壮》:“九三爻,公羊顶触藩篱。”“九四爻,藩篱溃决。”“上六爻,公羊顶触藩篱。”

杂类

圆

“乾为圆(《说卦传》作‘圜’——作者注)”。

方

《坤》:“六二,直方大。”

长

“巽为长。”

高

“巽为高”。

均

“坤为均”。

文

“坤为文”。

通

“坎为通”。

乾卦

“离为乾卦”。

毁折

"兑为毁折"。

附决

"兑为附决"。

大赤

"乾为大赤"。《困》："九二，朱绂方来。"

赤

"坎为赤"。《困》："九五，困于赤绂。"

黄

《坤》："六五，黄裳。"《离》："六二，黄离。"《鼎》："六五，鼎黄耳。"《解》："九二，得黄矢。"《遁》："六二，执之用黄牛之革。"《革》："初九，巩用黄牛之革。"

白

"巽为白"。《贲》："六四，贲如皤如，白马翰如。""上九，白贲。"

黑

"坤，其于地也，为黑"。

苍

"震为苍筤竹"。

濡

《贲》："九三(原文'六四'应为'九三'——作者注)，贲如濡如。"

冥

《豫》："上六，冥豫。"《升》："上六，冥升。"

臲卼(niè wù)

《困》："上六，困于葛藟，于臲卼。"

白话解读

(一)圆

《周易·说卦传》："乾卦象征圜。"圜，同"圆"。

(二)方

《周易·上经·坤》:“六二爻,平直,方正,广大。”

(三)长

《周易·说卦传》:“巽卦象征长。”

(四)高

《周易·说卦传》:“巽卦象征高。”

(五)均

《周易·说卦传》:“坤卦象征平均。”

(六)文

《周易·说卦传》:“坤卦象征文彩。”

(七)通

《周易·说卦传》:“坎卦象征流通。”

(八)乾卦

《周易·说卦传》:“离卦是象征干燥的卦。”乾,即干。

(九)毁折

《周易·说卦传》:“兑卦象征毁损折断。”

(十)附决

《周易·说卦传》:“兑卦象征附在枝头的果实坠落。”

(十一)大赤

《周易·说卦传》:“乾卦象征大赤色。”
《周易·下经·困》:“九二爻,象征身份的朱色蔽膝,方才来到。”

(十二)赤

《周易·说卦传》:“坎卦象征赤色。”
《周易·下经·困》:“九五爻,困穷于象征身份的赤色蔽膝。”

(十三)黄

《周易·上经·坤》:“六五爻,黄色装饰性的下衣。”
《周易·上经·离》:“六二爻,金色的太阳。”
《周易·下经·鼎》:“六五爻,鼎上有两只黄色的耳。”
《周易·下经·解》:“九二爻,得到黄色的木箭。”
《周易·下经·遁》:“六二爻,捉拿住他,用黄牛的皮革捆缚。”
《周易·下经·革》:“初九爻,用黄牛的皮革捆结实。”

(十四)白

《周易·说卦传》:“巽卦象征白色。”
《周易·上经·贲》:“六四爻,精心装饰、一身白衣的人,骑着白色的马像飞一样。”“上九爻,白色装饰。”

(十五)黑

《周易·说卦传》:“坤卦,它对于大地来说,象征黑色。”

(十六)苍

《周易·说卦传》:“震卦象征深青色的初生幼竹。”

(十七)濡

《周易·上经·贲》:“九三爻,装饰的样子如同被水沾湿般有光泽。”

(十八)冥

《周易·上经·豫》:“上六爻,在黑暗中安乐。”
《周易·下经·升》:“上六爻,在黑暗中上升。”

（十九）鼿卼

《周易·下经·困》："上六爻，困穷于葛蔓，位于动荡不安的险地。"鼿卼，意为惶惶不安。

总论

右卦象分为十七类，以便学者之观考。汉时荀《九家易》所取象，见《本义》，今略之。究而论之，卦画之刚柔上下、中正承乘、有应无应、当位不当位，皆象也；五为君而不必皆君，二为臣而不必皆臣，一卦一爻，人人皆可用也；其象如镜中之花，水中之月，不可谓有，亦不可谓无；由未有辞而观《易》，花月之影止在卦画，由既有辞而观《易》，则花月之影又兼在彖、爻。以往事征之，如毕万之后必大，陈氏之代齐有国，崔杼之入宫不见妻，叔孙豹之三日馁死，固奇矣；晋献公筮嫁伯姬于秦，而得归妹之睽，其征应尤奇。惠公在秦许赂其君臣而皆不与，非"承筐之无实"乎，所谓"女"者非伯姬，乃应献公之子也；晋饥秦输之粟，是"士刲羊"；秦饥晋闭之籴，是视羊血如"无血"也。"归妹""睽孤"，并其变爻之辞而亦验焉。烝贾君，是"负涂之豭豕"也，秦占以为"雄狐"，而晋占以为"豭豕"，固一类也。背惠食言，幽昧难测，非"乘车之鬼魅"乎？韩原被获，"先张弧"也；舍诸灵台，"后说弧"也；终得归国，"遇雨之吉"也，而实为婚媾释仇，则以伯姬登台履薪之请故也。此筮不应于近而应于远。使应于近，似约婚不终，伯姬不嫁秦矣；惟应于远，乃在西邻责言，韩原一战，既婚而寇，既寇而仍从婚也。周公设象，似属不经，婚《礼》妇见舅姑乃执挚，未闻先"承筐"也，壻奠雁，未闻"刲羊"也，至"涂豕""鬼车"，尤不经之甚；后之筮得者，其征应之，奇乃如此，则卦象洵如镜花水月，非有非无。凡卦象有可解者，以本卦、互卦、变卦之理解之；其不可强通者，则姑阙之，玩其辞，不泥其象。有占，得之者，听其事之征应可也；必欲强而通之，鲜有不出于傅会穿凿者矣。

来氏说《易》，专求之象者也。如以豚鱼将风而拜，鹤鸣将霜，鸡鸣将晓，皆物之有信者，故于中孚言之；又以明夷初爻变艮，则中间一画似鸟身，上下似翼，如小过之飞鸟，初爻变，故曰"垂其翼"，皆说之可取者。若其以卦错取象，错即对卦，如乾对坤，坎对离，何能象之？此则不可通而强求通，凿亦甚矣。

白话解读

以上《周易》所用卦象分为十七类，以便于学习的人观察考证。

东汉著名易学家荀爽《九家易》所取用的物象，见于《周易本义·说卦传》，现在省略这部分内容。

总而言之，卦画的刚柔上下、中正承乘、有应无应、当位不当位，都是易经的形象；五爻为君主，但不必每卦五爻都为君主，二爻为臣属，但不必每卦二爻都为臣属，每一个卦爻，都是人人可以使用的；《周易》的卦象如同镜中的花朵、水中的月亮，不可称为“有”，也不可称为“无。”在没有文辞的情况下去观看《周易》，花朵与月亮的影子，只在于卦画，通过既有文辞去观看《周易》，那么花朵与月亮的影子又同时在象辞与爻辞。

我们用历史事实来证明这一点，比如毕万的后人必定大兴，陈敬仲的后人取代了齐国国君而拥有国家，崔杼进入宫室不见其妻，叔孙豹三日饥饿而死，这些故事本来就很传奇了；晋献公占筮嫁女儿伯姬于秦穆公，而得到归妹卦之睽卦，其征兆应验尤其神奇。《周易》归妹卦上六爻辞：“女承筐无实，士刲羊无血，无攸利。”晋惠公(夷吾)因晋献公宠妃骊姬之乱逃到梁国，晋献公死后，晋国大夫里克派人到梁国迎接夷吾，夷吾因为想回去，就派人许诺重礼贿赂秦穆公和大臣里克，但当他回到晋国，立为国君之后，又背弃诺言，不愿给与当初所许的重礼，这不就是《周易》归妹卦上六爻辞“承筐之无实”吗？其中所谓“女”不是指晋献公的女儿伯姬，而是应验在晋献公的儿子晋惠公身上；晋国发生饥荒的时候，晋惠公向秦国请求购买粮食，秦穆公派了大量船只运载粮食输送到晋国，这是《周易》归妹卦上六爻辞“士刲羊”。后来，秦国遭遇饥荒，向晋国请求买进粮食，晋国不给秦国粮食，这是看视羊血如同《周易》归妹卦上六爻辞“无血。”归妹卦之睽卦，《周易》睽卦上九爻辞“睽孤，见豕负塗，载鬼一车，先张之弧，后说之弧，匪寇婚媾，往遇雨则吉”，连同归妹卦变爻的文辞也一并得到了验证。烝，一般指娶父亲的妻妾及兄长的妻妾，晋惠公上淫于贾君，形如置身泥塗而满身污秽之豕，这是“负塗之秽豕”。秦国占筮征伐晋国时以晋惠公为雄狐的象征，而晋国占筮嫁伯姬时以晋惠公为豨豕的象征，雄狐与豨豕本来就是一类。背弃恩人失去信义，心理暗昧不明难以测知，形如乘坐于车上的鬼魅，这不是“乘车之鬼魅”吗？秦晋韩原之战，晋惠公被秦国俘获，这是“先张之弧”。秦穆公将晋惠公拘禁在灵台，这是“后说之弧”。晋惠公最终得以回归晋国，这是“遇雨之吉”，而实际为秦晋婚姻嫁娶消释了两国的仇怨，就是因为伯姬登上高台站在柴薪之上以死来请求秦穆公的缘故。这个占筮不是应验于近期而是应验于长远。假使应验于近期，那么就应该是约定的婚姻没有结果，伯姬就不会嫁到秦国了；只有应验于长远，就应验于西方的邻国有责备的言辞，秦晋韩原一战，双方既是姻亲又是敌寇，既是敌寇又仍遵从婚姻。周公旦系属这个卦爻辞，设立这个卦象，好像十分荒诞，按照《礼记·昏义》《仪礼·士昏礼》中关于婚礼的记载，新妇谒见公婆就是携带礼品，未尝听闻先“承筐”的；新婿到女家迎亲，献雁为贽礼，称为“奠雁”，未尝听闻有“刲羊”的。至于“塗豕”“鬼车”，尤其为不符合常理、极为荒诞。后来，人们占筮遇得的卦爻辞，其征象与卦爻辞相互符合，就是这样地神奇巧验。这样看来，《周易》卦象实在如同镜中之花、水中之月，既不是有，也不是无。

凡是卦象可以理解的，用本卦、互卦、变卦的道理去解释它；不可以理解的，就暂且存疑，细细品味《周易》卦爻辞的意义，不要拘泥于卦象。有事需要占筮时，得到卦爻辞的，等待听任应验的征象就可以了；非要勉强去理解，很少有人能做到不牵强附会、不穿凿。

明代来知德解说《周易》，专门去寻求它的卦象。比如，他认为，因江豚在即将发生大风天气时会朝向起风的方向“顶风”出水，形如“拜风”；鹤每年十月下旬南迁越冬，第二年四月飞回北方，因此说听见鹤鸣就要下霜；公鸡晨光乍现便打鸣“司晨”，因此说“鸡鸣将晓”，这些都是动物“守信用”的例子，因此《周易·中孚》中有所讲述。又如，他解说明夷卦，认为明夷卦初爻变，则内卦离卦变为艮卦，明夷卦变成地山谦卦，那么中间一个阳画好像鸟的身体，上下的阴画好像鸟的翅膀，如同小过卦的飞鸟一样，因为明夷卦初爻变，所以《周易·明夷》初九爻辞说“垂其翼”。这是来知德的学说中可以采用的内容。但像他那样用卦错来取用卦象，错就是相互对立的卦，如乾卦相对坤卦、坎卦相对离卦，又怎么能用来象征呢？这就是说不通还要勉强去寻求说通，牵强穿凿得也太过分了。

河洛精蕴 卷之六

HE LUO JING YUN JUAN ZHI LIU

勾股原始

黄帝臣隶首作九数，勾股其一，以御高深远近。其说始见《周髀算经》，云："昔者周公问于商高曰：'窃闻乎(原文"子"本作"乎"——作者注)大夫善数也，请问古者庖牺立周天历度，夫天不可阶而升，地不可尺寸而度，请问数安从出？'商高曰：'数之法出于圆方，圆出于方，方出于矩，矩出于九九八十一；故折矩，以为勾广三，股修四，径隅五；既方之外，半其一矩，环而共盘，得成三四五；两矩共长二十有五，是谓积矩；故禹之所以治天下者，此也。'"

白话解读

黄帝的臣属隶首发明了九种算数的科目，史称"九数"。据东汉郑玄注《周礼注疏·地官司徒·保氏》引郑司农(郑众)说："九数：方田、粟米、差分、少广、商功、均输、方程、赢不足、旁要。今有重差、夕桀、勾股也。"

勾股是九数之一，用来测量计算高深远近。勾股之说最初见于《周髀算经》。《周髀算经·卷上》说："从前，周公旦问数学家商高：'我听说大夫您善于算数，请问，古代时是庖牺氏(即伏羲)确立了整个天地的历法度量，但天空浩渺，没有阶梯可以攀升，大地广阔，不可能一尺一寸地去测量，请问，这一个周天的度数从哪里得出来？'商高说：'算数的方法都出于圆和方的计算，圆形面积的计算出于方(即圆内一个最大的正方形与圆的面积比是2∶π；正方形内最大圆与正方形的面积之比是π∶4——作者注)，正方形面积的计算出于矩(即正方形源自邻边相等的矩形——作者注)，矩形面积的计算出于九九乘法表。因此，用矩(一种用来画直角或方形的L形曲尺)画出一个不等边的直角三角形，其中，直角的较短边为勾，横长为三，较长边为股，纵长为四，则斜边为径隅(亦称为弦)为五。首先，以直角三角形的勾、股、弦为边长，分别制作三个正方形；其次，在由勾、股制作的正方形之外，拼合由勾、股为长、宽制作的两个矩形，组成正方形；第三，在由弦制作的正方形之外，将由勾、股为长宽的两个矩形平分得到的四个相等的直角三角形环绕其外，拼合成正方形；第四，比较两个正方形，均以勾与股的和为边长，面积相等，去除由勾、股为长宽的两个矩形(即其平分得到的四个相等的直角三角形)，可以证明，勾三的正方形面积与股四的正方形面积之和，等于弦五的正方形面积。勾为三，其平方为九，股为四，其平方为十六，两矩(勾与股)的平方之和共为二十五，这称为积矩。大禹之所以能够决流江河，判断山川高下，使洪水东注于海，使天下得到治理，就是因为运用了勾股数。'”

勾三股四弦五图

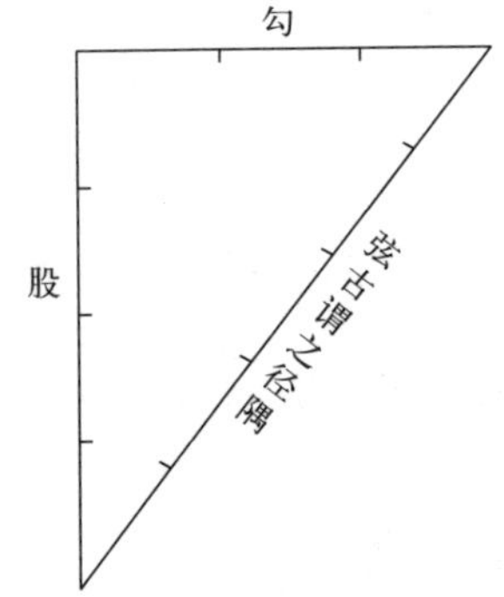

勾三股四弦五图

勾股幂图

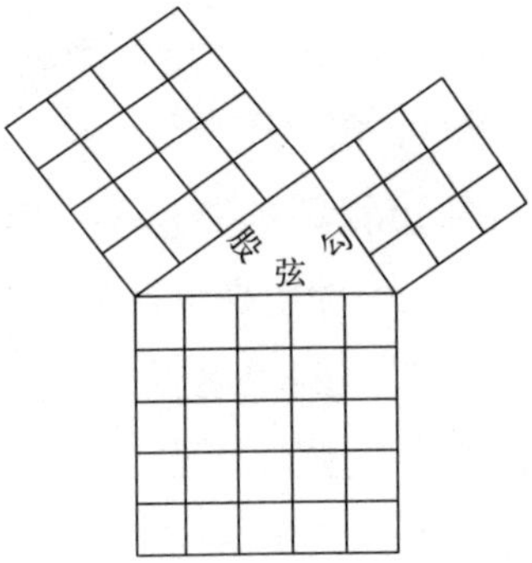

勾股幂图

其中方目亦谓之实亦谓之积

勾股名义

短边为勾，长边为股，斜边为弦(或随纵横之势，恒以横者为勾，纵者为股，不论长短；又有正方形，勾股同长，是为无较之勾股，任呼一边为勾，一边为股——原注)。勾股相减之差曰勾股较，勾股相并之数曰勾股和(或省文单举“较”字，即是勾股较；单举“和”字，即是勾股和——原注)。股弦之差曰股弦较，勾弦之差曰勾弦较，并勾股与弦相减之差曰弦和较；弦与勾股之差相减，其差曰弦较较；股弦相并曰股弦和，勾弦相并曰勾弦和，勾股之差并弦曰弦较和，勾股弦相并曰弦和和。其名十有三。勾股弦自乘之方目曰幂，或曰实，其中容受曰积。勾股求弦，勾股各自乘，并为弦实，平方开之得弦；勾弦求股，勾弦各自乘，相减余为股实，平方开之得股；股弦求勾，股弦各自乘，相减余为勾实，平方开之得勾。以此三法为要。其余诸较、诸和，皆有相求之法，犹可缓也。

白话解读

(一)勾股弦组合名称

1. 勾、股、弦

直角三角形的短边称为勾，长边称为股，斜边称为弦。

江永原注：或者也可以随着直角三角形纵横的形势，始终以横边为勾，纵边为股，而不考虑长短；又有正方形(平分所形成的等边直角三角形)，其勾、股长度相同，这是没有长短之分的勾、股，可随意称呼一边为勾，一边为股。

2. 勾股较、勾股和

直角三角形勾与股相减的差称为勾股较，勾股相互合并的数称为勾股和。

江永原注：或者也可以省略文字，单独用“较”字，就是勾股较；单独用“和”字，就是勾股和。

3. 勾股弦组合

直角三角形的股与弦相减的差称为股弦较，勾与弦相减的差称为勾弦较，将勾、股与弦分别相减的差合并起来称为弦和较；弦与勾股的差相减，其差称为弦较较；股与弦合并起来称为股弦和，勾与弦合并起来称为勾弦和，勾股的差与弦合并称为弦较和，勾股弦合并称为弦和和。

直角三角形勾、股、弦组合名称共有十三种。

(二)勾股弦相求之法

1. 幂、实、积

直角三角形勾、股、弦分别自乘的结果称为幂，或者称为实，其中容纳接受的数量称为积。

2. 勾股求弦之法

勾、股分别自乘，合并的和数为弦实，用开方法开之，得到弦。

3. 勾弦求股之法

勾、弦分别自乘，相减的余数为股实，用开方法开之，得到股。

4. 股弦求勾之法

股、弦分别自乘，相减的余数为勾实，用开方法开之，得到勾。

以上述三法为主要。其余各种较、各种和，都有相求的方法，还可以缓缓道来。

论勾股之用至博

勾股可以测地，亦可以窥天，其理至精，其用至博。凡方、圆、三角诸形，皆依勾股立算；虽浑圆、弧曲，亦必以勾股直线算之。虚空中绝无勾股之迹，亦可寻出勾股算之；日月星辰之高下、行度之迟疾、交食之浅深，御之以勾股，则分秒莫能遁。若数十里间，立表测望，而知高深远近，犹其用之小者耳。近世天学家讲论綦详。究其根源，亦与《河图》《洛书》、八卦、五行相联贯，学《易》者何可不深究乎！

白话解读

勾股定理可以测量大地，也可以窥测天体，其所包含的道理极其精深，其所应用的范围极其广博。凡是方形、圆形、三角形各种形状，都是依据勾股定理来确立算式计算；即使是浑圆、弧曲的形状，也必然是用勾股直线来计算它。哪怕是一片虚无缥缈中，根本看不到勾股的痕迹，我们也可以寻找出勾股用来计算；日月星辰的高与下、行进度数的迟与疾、日月交食的浅与深，用勾股定理来计算它，那么就算是分秒这么短的时间都无从隐遁。像数十里之间，树立测量的标尺，测量所望到的物体，而知晓其高与深、远与近，犹且是其应用中的小事例罢了。近世的天文学家在这方面讲述讨论得极其详细，推究其根源，也与《河图》《洛书》、八卦、五行学说相互联系贯通，研学《周易》的人又怎么可以不深入探究呢！

后天八卦应勾股图

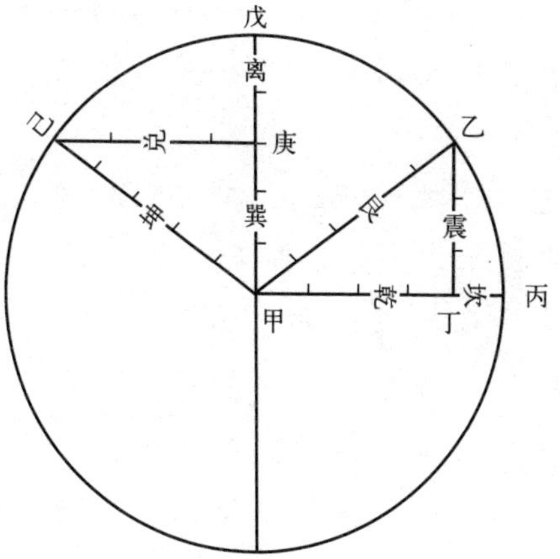

后天八卦应勾股图

图说

后天八卦，乾与巽对，坎与离对，艮与坤对，震与兑对，水火两相对，阳土阴土自相对，阳金对阴木，阳木对阴金，此其理。算家弧矢勾股正象之。凡平圆中截出一为矢，则余弦必四，正弦必三；截出二为矢，则余弦必三，正弦必四，而半径恒为五(勾股法有二：一以短者为勾，长者为股；一以横者为勾，直者为股。此用横直之法，如图之甲至庚，亦作横论，己至庚亦作直论——原注)。余弦者勾也，正弦者股也，半径者斜弦也；矢者余弦与半径之较也，是为勾弦较。全径十中，惟有矢一、矢二者，正弦得整数，无奇零；若矢三、矢四，则正弦必有奇零不尽。故此两勾股形为自然之数，即有自然之法象。而后天八卦，阴阳五行配偶，正与之相符矣。天一生水为坎，地二生火为离，故从一所成之勾股弦为阳卦，从二所成之勾股弦为阴卦。一坎为勾弦较，则勾四金为乾，股三木为震，弦五土为艮；二离为勾弦较，则勾三木为巽，股四金为兑，弦五土为坤。较与较对，勾与勾对，股与股对，弦与弦对，其序为勾、较、弦、股，则成乾、坎、艮、震、巽、离、坤、兑矣。图之丁丙为一坎，甲丁为四乾，乙丁为三震，甲乙为五艮，庚戊为二离，甲庚为三巽，己庚为四兑，甲己为五坤。观两勾股之形，三四必相对，则金必对木，而成乾巽、震兑之对；一二相对，五自相对，则水必对火，土必对土，而成坎离、艮坤之对。皆有不得不然之势，先天所以变为后天也。

又以纳甲及地支三合之理推之。四勾乾纳甲，甲木生亥；一较坎纳癸，癸水生卯；同墓于未，为亥卯未三合。三勾巽纳辛，辛金生子；二较离纳壬，壬水生申；同墓于辰，为申子辰三合。五斜弦艮纳丙，丙火生寅；五斜弦坤纳乙，乙木生午；同墓于戌，为寅午戌三合。三股震纳庚，庚金生巳；四股兑纳丁，丁火生酉；同墓于丑，为巳酉丑三合。坎与乾相比为偶，离与巽相比为偶，艮与坤相对为偶，震与兑相对为偶也。然则，后天八卦，水火一而金木土各二，即平圆中弧矢勾股之理也。

白话解读

（一）以阴阳五行学说推演后天八卦对应勾股

1. 后天八卦所含阴阳五行之理

后天八卦方位，乾卦与巽卦相对，坎卦与离卦相对，艮卦与坤卦相对，震卦与兑卦相对，按照阴阳五行属性来看，水与火两者相对，阳土与阴土自成相对，阳金与阴木相对，阳木与阴金相对。这是其中的道理。

2. 弧矢勾股

算学家弧矢勾股法正与后天八卦所含阴阳五行之理相似。

正弦是直角三角形之较长的直角边（也就是股）与斜边（也就是弦）的比例。

余弦则是较短的直角边，也就是勾与弦的比例。

矢是余弦与半径之间的差。

凡是平面正圆中截出的弧形，矢为一，则余弦必为四，正弦必为三；矢为二，则余弦必为三，正弦必为四。半径恒常为五。

江永原注：勾股法有二种，一是以短边为勾，以长边为股；一是以横边为勾，以直边为股。此《后天八卦应勾股图》用横直确定勾股的方法。如图，甲至丁作横论，乙至丁作直论；甲至庚也作横论，己至庚也作直论。

余弦为勾，正弦为股，半径为斜弦。矢，是余弦与半径相减的差（较），这是勾弦较。

将正圆的直径全长等分为十，其中，只有矢为一、为二时，正弦得到整数，没有不满整数的零头数；如果矢为三、为四，那么正弦必定是奇分数，会出现无穷的余数。所以，由于图中这两个勾股形为自然形成的数量，就有符合自然规律的形象。

3. 后天八卦与勾股相符合

后天八卦，以阴阳五行相互配偶，正与弧矢勾股形相互符合。

天数一产生水，为后天坎卦，地数二产生火，为后天离卦，因此，遵从一数所形成的勾股弦为后天阳卦，遵从二数所形成的勾股弦为后天阴卦。按照水数一、火数二、木数三、金数四、土数五的配合规律，水数一坎卦为勾弦相减的差，即勾弦较，则勾数四金为乾卦，股数三木为震卦，弦数五土为艮卦；火数二离为勾弦相减的差，即勾弦较，则勾数三木为巽卦，股数四金为兑卦，弦数五土为坤卦。勾弦较与勾弦较相对，勾与勾相对，股与股相对，弦与弦相对，其次序为勾、勾弦较、弦、股，则成为乾卦、坎卦、艮卦、震卦、巽卦、离卦、坤卦、兑卦了。

图中，丁丙为一数坎卦，甲丁为四数乾卦，乙丁为三数震卦，甲乙为五数艮卦，庚戊为二数离卦，甲庚为三数巽卦，己庚为四数兑卦，甲己为五数坤卦。观察两个勾股的形状，三数四数必定相对，则五行金必定相对五行木，而形成乾卦巽卦、震卦兑卦的相对；一数二数必定相对，五数自己相对，则五行水必定相对五行火，五行土必定相对五行土，而形成坎卦离卦、艮卦坤卦的相对。这些都是不得不如此发展的形势，是先天八卦变为后天八卦的原因。

(二)以纳甲及地支三合之理推演后天八卦对应勾股

四数勾为乾卦，纳天干为甲，甲木为阳木，长生于十二支亥；一数勾弦较为坎卦，纳天干为癸，癸水为阴水，长生于十二支卯；甲木与癸水同墓于十二支未，成为亥卯未三合。

三数勾为巽卦，纳天干为辛，辛金为阴金，长生于十二支子；二数勾弦较为离卦，纳天干为壬，壬水为阳水，长生于十二支申；辛金与壬水同墓于十二支辰，成为申子辰三合。

五数斜弦为艮卦，纳天干为丙，丙火为阳火，长生于十二支寅；五数斜弦为坤卦，纳天干为乙，乙木为阴木，长生于十二支午；丙火与乙木同墓于十二支戌，成为寅午戌三合。

三数股为震卦，纳天干为庚，庚金为阳金，长生于十二支巳；四数股为兑卦，纳天干为丁，丁火为阴火，长生于十二支酉；庚金与丁火同墓于十二支丑，成为巳酉丑三合。

图中，坎卦与乾卦相互比邻为偶，离卦与巽卦相互比邻为偶，艮卦与坤卦相互对应为偶，震卦与兑卦相互对应为偶。这样说来，后天八卦，五行水与火各有一卦，而五行金、木、土各有二卦，正是平面正圆中弧矢勾股的道理。

《河图》五勾股说

《图》《书》点，数也，即有线之理。《图》以两数相合，犹勾股以两线成矩也，有两线，则弦线在其间矣；线之长短无定，而《图》之五方各合两线，皆以五为宗，相减皆得五，是以有法之合立之则，所以该夫无穷之勾股也。中央五与十之勾股，则西人所谓“理分中末线”者由此出，亦大奇矣。

一与六　勾一　股六　勾幂一　股幂三十六　弦幂三十七　勾股和七　勾股较五　和幂四十九　较幂二十五

二与七　勾二　股七　勾幂四　股幂四十九　弦幂五十三　勾股和九　勾股较五　和幂八十一　较幂二十五

三与八　勾三　股八　勾幂九　股幂六十四　弦幂七十三　勾股和十一　勾股较五　和幂一百二十一　较幂二十五

四与九　勾四　股九　勾幂十六　股幂八十一　弦幂九十七　勾股和十三　勾股较五　和幂一百六十九　较幂二十五

五与十　勾五　股十　勾幂二十五　股幂一百　弦幂一百二十五　勾股和十五　勾股较五　和幂二百二十五　较幂二十五

各以弦幂开方求弦，尾数皆有奇零不尽。

白话解读

《河图》《洛书》的圆点代表数量，就具有线的道理。《河图》用两个数相互配合，犹如勾股用两条线组成矩形。勾股有两条线，那么弦线就在其间了。线的长短没有定数，而《河图》的五方各自配合两条线，都以五数为宗旨，五方之数相减都得到五数，这是用符合法度的相互配合确立的规则，用来包括变化无穷的勾股。

明朝末年，《几何原本》中的黄金分割传入中国，徐光启称之为

“理分中末线”，清代数学家李子金、梅文鼎、杨作枚三人从不同角度对理中分末线进行研究，均是以股为勾 2 倍的勾股形作为解释基础。

《河图》中央五数与十数的勾股形，股为勾的 2 倍，则西方人所说的“黄金分割线（明徐光启称之为‘理分中末线’）”由此产生，也是非常神奇了。

《河图》五勾股表

五方之数	勾数	股数	勾幂	股幂	弦幂	勾股和	勾股较	和幂	较幂
1、6	1	6	1	36	37	7	5	49	25
2、7	2	7	4	49	53	9	5	81	25
3、8	3	8	9	64	73	11	5	121	25
4、9	4	9	16	81	97	13	5	169	25
5、10	5	10	25	100	125	15	5	225	25

各自用弦幂开方求弦，尾数都不是整数，余数没有尽头。

《洛书》四勾股图

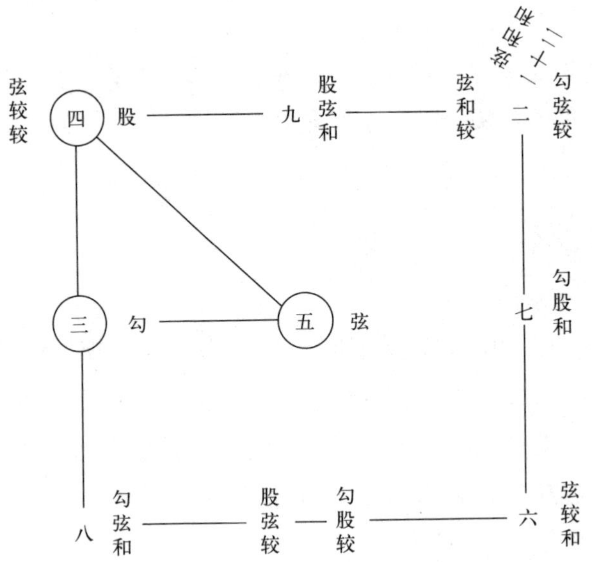

一图

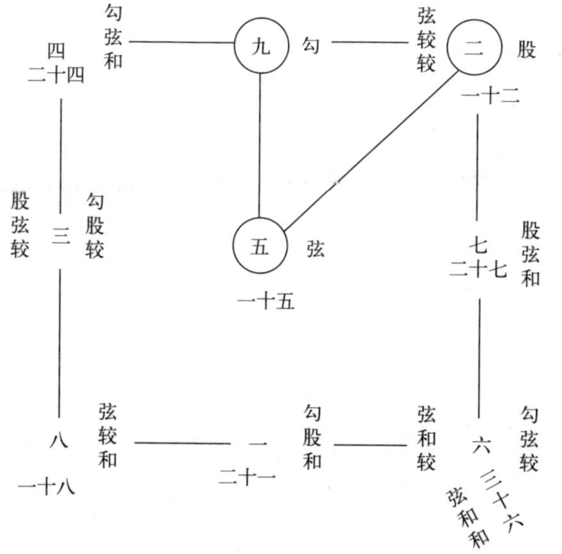
勾弦和
九
勾
弦较较
二
股
四
二十四
一十二
股弦较
三
勾股较
五
弦
一十五
七
二十七
股弦和
八
一十八
弦较和
一
二十一
勾股和
弦和较
六
三十六
勾弦较
弦和和

二图

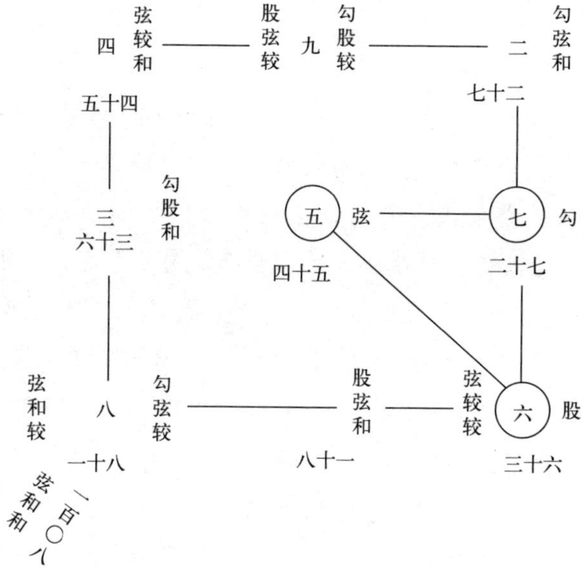
四
弦较和
股弦较
九
勾股较
二
勾弦和
五十四
七十二
三
六十三
勾股和
五
弦
七
勾
四十五
二十七
弦和较
八
一十八
勾弦较
股弦和
八十一
弦较较
六
股
三十六
一百〇八
弦和和

三图

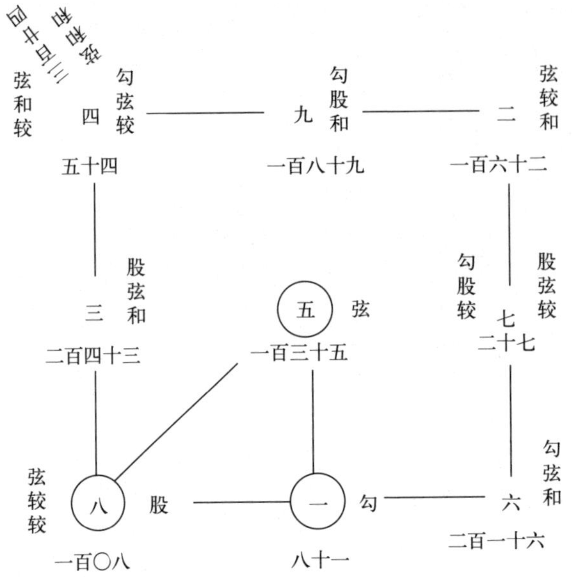

四图

《洛书》四勾股图

图说

《河图》具五勾股，弦数藏于勾、股二幂之间。至《洛书》，则以中五为弦，幂二十五，而东之三，东南之四，二幂适得二十五，并而开方，得弦五。是勾股弦得整数者，自勾三、股四、弦五始。三者木也，四者金也，五者土也，是五行有形质之三物，合而成勾股弦也。《图》之三四对于东西，《书》则连之，勾股之机括出于此矣。先儒论《图》《书》，未有及此者，度数之学未究心也。《启蒙附论》始作《洛书》四勾股图，皆以三倍迭加之(三加为九，九加为二十七，二十七加为八十一；四加为十二，十二加为三十六，三十六加为一百零八；五加为十五，十五加为四十五，四十五加为一百三十五——原注)。本合为一图，今更推之，不止三方合为一勾股，八位中五和、五较皆具，每易一勾股，则其方位皆如第一图之次以推移，分为四图，详注之。

白话解读

《河图》具有五个勾股形，勾幂与股幂的和为弦幂，弦幂开方得到弦数，弦数隐藏于勾、股二幂之间。至于《洛书》，则以中央五数为弦数，弦幂为二十五，而东方数三，东南方数四，分别为勾数、股数，勾、股二幂的和正好得到二十五，用开方求之，得到弦数五。凡是勾股弦得到整数的勾股形，都是自勾三、股四、弦五开始的。按照水数一、火数二、木数三、金数四、土数五的配合规律，三数为五行木，四数为五行金，五数为五行土，木、金、土是五行中具有形体实质的三类事物，集合起来而成为勾股弦。《河图》的三数位于东方，四数位于西方，三四相对于东西方位，《洛书》三数、四数则相互连接，勾股的关键就产生于此了。先世儒学家们论述《河图》《洛书》，没有说到这个原理，是因为他们对以度为单位计算数目的学问没有用心。

《周易折中·启蒙附论》开始创作《洛书》四个勾股图：勾三，股四，弦五；勾九，股十二，弦十五；勾二十七，股三十六，弦四十五；勾八十一，股一百零八，弦一百三十五。都是自勾三、股四、弦五开始以三倍轮流叠加得到的。江永原注：勾三加三倍为九，勾九加三倍为二十七，勾二十七加三倍为八十一；股四加三倍为十二，股十二加三倍为三十六，股三十六加三倍为一百零八；弦五加三倍为十五，弦十五加三倍为四十五，弦四十五加三倍为一百三十五。《周易折中·启蒙附论》本来将四勾股合并为一个图，现在更进一步推演它，不只《洛书》中、东、东南三个方位集合为一个勾股，八个方位中五种和、五种较都具备，每次改易一个勾股，其方位都如同第一图的次序来推移变化，对此，分为四个图来详细注释。

列表如下：

图	第一图	第二图	第三图	第四图
勾	3	9	27	81
股	4	12	36	108
弦	5	15	45	135
勾股较	1	3	9	27
股弦较	1	3	9	27

续表

图	第一图	第二图	第三图	第四图
勾弦较	2	6	18	54
勾股和	7	21	63	189
勾弦和	8	24	72	216
股弦和	9	27	81	243
弦较较	4	12	36	108
弦和较	2	6	18	54
弦较和	6	18	54	162
弦和和	12	36	108	324

平圆两勾股得整数图

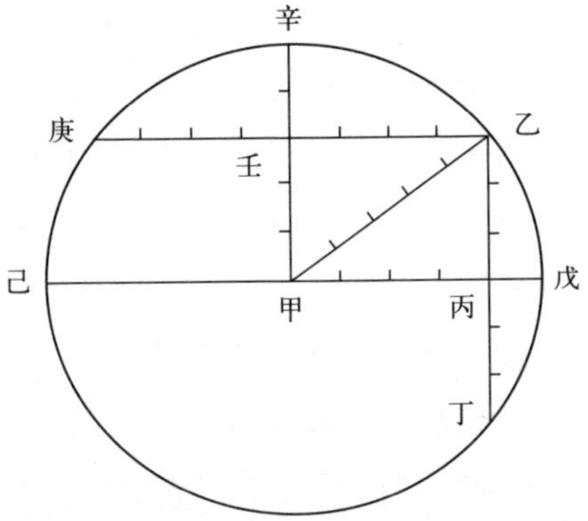

平圆两勾股得整数图

图说

戊己全径十，甲戊半径五，截丙戊一，辛壬二，作乙丁、乙庚两线，又作乙甲斜线，则乙丙勾三，丙甲股四，乙甲弦五；乙丁通弦六，乙庚通弦八，皆得整数。

《洛书》之北三方，六、一、八相连，一升为十，自乘百，六、八两自乘方亦合得百。六者三之倍，八者四之倍，十者五之倍也。故平圆以十为全径，五为半径，能作三四勾股、六八通弦。以四为勾、三为股者截矢一，以三为勾、四为股者截矢二，惟此两勾股得整数，此五行自然之数，应后天之八卦(别有图见前——原注)；若截三以为矢而勾二，截四以为矢而勾一，则以勾幂减半径幂，其余幂开方求半弧之正弦，必有奇零不尽者矣；他勾股弦非无得整数者，如以七为勾，自乘四十九，二十四为股，自乘五百七十六，合之六百二十五，开方二十五，勾股弦不能相连，是为杂勾股，非本来自然之法象矣。

白话解读

戊己直径全长等分为十，甲戊半径为五，截丙戊为一，辛壬为二，作乙丁、乙庚两条线，又作乙甲斜线，则乙丙为勾三，丙甲为股四，乙甲为弦五；乙丁为通弦六，乙庚为通弦八，两个勾股形都得到勾股弦的整数。

此处所说“弦”有二义：一是指勾股形的斜边，二是指连接圆上任意两点的线段。据明代徐光启撰《新法算书·卷九·割圆篇第二》说，弦是在圆内从此点至彼点分圆为两分的直线，一名为“通弦”。

《洛书》的北面三个方位，西北为六数、正北为一数、东北为八数，六数、一数、八数相互连接，一数升级为十数，自乘为一百，六数、八数自乘的平方也合起来得到一百，六是三的二倍，八是四的二倍，十是五的二倍，因此，平面正圆以十为直径全长，五为半径，可以制作两个勾股形，即三四为勾股、六八通弦。以四为勾、三为股的勾股形，从全径截矢(余弦与半径相减的差)为一；以三为勾、四为股的勾股形，从全径截矢(余弦与半径相减的差)为二。在平面正圆中只有这两个勾股得到勾股弦的整数。这是五行自然形成的数，对应后天八卦(另外有“后天八卦应勾股图”见于前文)。如果从全径截三以为矢而勾为二，从全径截四以为矢而勾为一，那么用勾幂减半径幂，得到的余幂用开方法求半弧的正弦(股)，必定无法除尽，余数无穷。其他勾股弦，虽然并非没有得到整数，如以七为勾，自乘的平方为四十九，以二十四为股，自乘的平方为五百七十六，勾与股的平方和为六百二十五，开方得到二十五，但在《洛书》中被用作勾股弦的三个数，不能相互连接，七在西方，四在东南，五在中央，这是杂勾股，不是本来符合自然规律的形象了。

论四率比例生于勾股

《洛书》既具四勾股弦之数矣，又有不必以中五为弦，八位任相连相间，左旋右旋，皆能成四率比例。四率比例实生于勾股，必同在一勾股，或与勾股等势始能成比例。能知四率比例之理，则或以小勾股弦求大勾股弦，或以大勾股弦求小勾股弦，纵横斜直用之不穷矣。

白话解读

《洛书》既然具有四个勾股弦的数量了，又不必一定以中央五数为弦，八个方位的数任意相互连接、相互间隔，向左旋转、向右旋转，都能够形成四率比例。四率比例实际产生于勾股，必定同在一个勾股，或者与勾股等势，一一对应才能够形成比例。能够知道四率比例的规律，或者用小勾股弦求大勾股弦，或者用大勾股弦求小勾股弦，纵横斜直用之没有穷尽了。

列率式并说

		反之	更之	又更之
一率	三	十二	九	四
二率	四	九	十二	三
三率	九	四	三	十二
四率	十二	三	四	九

（二率、三率）相乘三十六

（一率、四率）相乘亦三十六

一率、二率者原有之数也；三率者今有之数，与一率同类者也；四率者今所求得之数，与二率同类者也。此即古算家“异乘同除”之法，谓以异类者相乘为实，与今所有之同类者为法而除实，以得所求也。只是一与四相乘，与二三相乘同积耳，此即勾股比例之理也。中二率可互易，而实如故。又可反之，以四率为一率；或更之，以三率为一率；又更之，以二率为一率，各视所求之类而易之。

白话解读

率式表

四率次序	四率式	二率三率相乘的积	一率四率相乘的积	反之(以四率为一率)	更之(以三率为一率)	又更之(以二率为一率)
一率	3		36	12	9	4
二率	4	36		9	12	3
三率	9	36		4	3	12
四率	12		36	3	4	9

何为四率？一率、二率是原有两件事物的数量；三率是今有两件事物的数量，与一率是同一类别；四率是今有两件事物所求得的数量，与二率是同一类别。关于此法的解说，见于清代算学家梅文鼎所撰《历算全书·卷三十六·笔算卷三·异乘同除法》。

异乘同除之法也记载于《历算全书·卷三十六·笔算卷三·异乘同除法》。异是指异名，同是指同名，其法是说，原有两件事物，以其中异类者相乘的积作为实，与其同类者为标准，再除以实，就可以得到现在所有两件事物中未知所求的数量。江永认为，四率只是一率与四率相乘，与二率三率相乘的积相同罢了，这就是勾股比例的道理。

中间三率、四率可以互相交换，而一率四率相乘的实(积)、二率三率相乘的实(积)仍如原来不变。又可以反过来，以四率作为一率。或者将其改变，以三率作为一率。还可以更改为以二率作为一率。总之，视所求的类别，便可以变易四率之法。

《洛书》乘除比例说

按：《启蒙附论》谓《洛书》为乘除之原，举一三七九、二四六八两例，此隔一位例也。今推相连、隔一、隔二，皆可比例，而隔一者更有三率连比例之法。

白话解读

江永认为：《周易折中·启蒙附论·洛书乘除之原》说《洛书》为乘除法的本原，要说明这一点，可以举一三七九、二四六八两个例子，这是隔一位的例子。按照《洛书》八个方位的数字，或顺，或逆，来推演相连、隔一、隔二的数，都可以得到四率比例，而隔一位的推演，更有三率连比例的方法。

相连四率

一八三四　一与八若三与二十四　二十四与三若八与一　二十一与二十八若三与四　四与三若二十八与二十一

八三四九　八与三若二十四与九　九与二十四若三与八　二十八与六十三若四与九　九与四若六十三与二十八

三四九二　三与四若九与十二　十二与九若四与三　六十三与十四若九与二　二与九若十四与六十三

四九二七　四与九若十二与二十七　二十七与十二若九与四　十四与四十九若二与七　七与二若四十九与十四

九二七六　九与二若二十七与六　六与二十七若二与九　四十九与四十二若七与六　六与七若四十二与四十九

二七六一　二与七若六与二十一　二十一与六若七与二　四十二与七若六与一　一与六若七与四十二

七六一八　七与六若二十一与十八　十八与二十一若六与七　七与五十六若一与八　八与一若五十六与七

六一八三　六与一若十八与三　三与十八若一与六　五十六与二十一若八与三　三与八若二十一与五十六

白话解读

《洛书》相连四率表

《洛书》相连四位数	四率式	反之（以四率为一率）	四率式	反之（以四率为一率）
1、8、3、4	1与8若3与24	24与3若8与1	21与28若3与4	4与3若28与21
8、3、4、9	8与3若24与9	9与24若3与8	28与63若4与9	9与4若63与28
3、4、9、2	3与4若9与12	12与9若4与3	63与14若9与2	2与9若14与63
4、9、2、7	4与9若12与27	27与12若9与4	14与49若2与7	7与2若49与14
9、2、7、6	9与2若27与6	6与27若2与9	49与42若7与6	6与7若42与49
2、7、6、1	2与7若6与21	21与6若7与2	42与7若6与1	1与6若7与42
7、6、1、8	7与6若21与18	18与21若6与7	7与56若1与8	8与1若56与7
6、1、8、3	6与1若18与3	3与18若1与6	56与21若8与3	3与8若21与56

隔一四率

一三九七　一与三若九与二十七　二十七与九若三与一　八十一与六十三若九与七　七与九若六十三与八十一

三九七一　三与九若七与二十一　二十一与七若九与三　六十三与九若七与一　一与七若九与六十三

九七一三　九与七若八十一与六十三　六十三与八十一若七与九　九与二十七若一与三　三与一若二十七与九

七一三九　七与一若六十三与九　九与六十三若一与七　七与二十一若三与九　九与三若二十一与七

二四八六　二与四若八与十六　十六与八若四与二　三十二与二十四若八与六　六与八若二十四与三十二

四八六二　四与八若六与十二　十二与六若八与四　二十四与八若六与二　二与六若八与二十四

八六二四　八与六若三十二与二十四　二十四与三十二若六与八　八与十六若二与四　四与二若十六与八

六二四八　六与二若二十四与八　八与二十四若二与六　六与十二若四与八　八与四若十二与六

白话解读

《洛书》隔一四率表

《洛书》隔一四位数	四率式	反之（以四率为一率）	四率式	反之（以四率为一率）
1、3、9、7	1与3若9与27	27与9若3与1	81与63若9与7	7与9若63与81
3、9、7、1	3与9若7与21	21与7若9与3	63与9若7与1	1与7若9与63
9、7、1、3	9与7若81与63	63与81若7与9	9与27若1与3	3与1若27与9
7、1、3、9	7与1若63与9	9与63若1与7	7与21若3与9	9与3若21与7
2、4、8、6	2与4若8与16	16与8若4与2	32与24若8与6	6与8若24与32
4、8、6、2	4与8若6与12	12与6若8与4	24与8若6与2	2与6若8与24
8、6、2、4	8与6若32与24	24与32若6与8	8与16若2与4	4与2若16与8
6、2、4、8	6与2若24与8	8与24若2与6	6与12若4与8	8与4若12与6

隔二四率

一四七八　一与四若七与二十八　二十八与七若四与一　二十一与二十四若七与八　八与七若二十四与二十一

四七八九　四与七若二十八与四十九　四十九与二十八若七与四　二十四与二十七若八与九　九与八若二十七与二十四

七八九六　七与八若四十九与五十六　五十六与四十九若八与七　二十七与十八若九与六　六与九若十八与二十七

八九六三　八与九若五十六与六十三　六十三与五十六若九与八　十八与九若六与三　三与六若九与十八

九六三二　九与六若三与二　二与三若六与九　三十九与二十六若三与二　二与三若二十六与三十九

六三二一　六与三若二与一　一与二若三与六　二十六与十三若二与一　一与二若十三与二十六

三二一四　三与二若二十一与十四　十四与二十一若二与三　十三与五十二若一与四　四与一若五十二与十三

二一四七　二与一若十四与七　七与十四若一与二　十二与二十一若四与七　七与四若二十一与十二

白话解读

《洛书》隔二四率表

《洛书》隔二四位数	四率式	反之（以四率为一率）	四率式	反之（以四率为一率）
1、4、7、8	1与4若7与28	28与7若4与1	21与24若7与8	8与7若24与21
4、7、8、9	4与7若28与49	49与28若7与4	24与27若8与9	9与8若27与24
7、8、9、6	7与8若49与56	56与49若8与7	27与18若9与6	6与9若18与27
8、9、6、3	8与9若56与63	63与56若9与8	18与9若6与3	3与6若9与18
9、6、3、2	9与6若3与2	2与3若6与9	39与26若3与2	2与3若26与39
6、3、2、1	6与3若2与1	1与2若3与6	26与13若2与1	1与2若13与26
3、2、1、4	3与2若21与14	14与21若2与3	13与52若1与4	4与1若52与13
2、1、4、7	2与1若14与7	7与14若1与2	12与21若4与7	7与4若21与12

总说

右四率比例有三类，一类八率，一率设四比例数，凡九十六数，以见梗概。其实，设数可任加，如一可为十、为百、为千，三可为十三、二十三、三十三，自此以往，可至无穷。是《洛书》以八位而具无穷之比例，即具无穷之勾股。前人有言“阳数以三左旋，阴数以偶右旋，推参天两地之说”者，犹未究其倚数之妙矣。然此四率比例，西人谓之“断比例”，又有三率连比例，以三率而成四率，则具勾股和、较相求以开方之法，而圆内之矢弦、圆外之切割，由此出焉。《洛书》亦具此数，开列如左。

白话解读

上述《洛书》八方位数构成四率比例，有相连、隔一、隔二共三类，每一类有八组四率，每一组四率设立四个比例数，共有96个数，可以用来表现《洛书》中四率比例的粗略概要。其实，每一组四率设立的四个比例数可以任意增加，如一可以增加为十、百、千，三可以增加为十三、二十三、三十三，自此以往，可以达到无穷数量。这《洛书》仅以八个方位的数量，而具有无穷无尽的比例关系，就是具有无穷无尽的勾股形。以前的人有主张“阳数以三数向左旋转，阴数以偶数向右旋转，推演参天两地的学说”的观点，这犹且没有探究到《洛书》确立数的奥妙。然而，上述所列的这些四率比例，西方人称之为“断比例”，又有三率连比例，以三率而构成四率，则具有勾股和、勾股较两者相互推求，用以开方的方法，而圆内的矢弦、圆外的切割，其计算方法由此产生。《洛书》八方位数中也具有这一比例数，逐项列出如下。

隔一三率连比例

一三三九　一与三若三与九　九与三若三与一　一与十三若十三与一百六十九　一百六十九与十三若十三与一

三九九七　三与九若九与二十七　二十七与九若九与三　三与三十九若三十九与五百零七　五百零七与三十九若三十九与三

九七七一　九与二十七若二十七与八十一　八十一与二十七若二十七与九　四十九与七若七与一　一与七若七与四十九

七一一三　七与二十一若二十一与六十三　六十三与二十一若二十一与七　百四十七与二十一若二十一与三　三与二十一若二十一与百四十七

二四四八　二与四若四与八　八与四若四与二　二与十四若十四与九十八　九十八与十四若十四与二

四八八六　四与八若八与十六　十六与八若八与四　四与二十八若二十八与百九十六　百九十六与二十八若二十八与四

八六六二　八与十六若十六与三十二　三十二与十六若十六与八　八与五十六若五十六与三百九十二　三百九十二与五十六若五十六与八

六二二四　六与十二若十二与二十四　二十四与十二若十二与六　六与四十二若四十二与二百九十四　二百九十四与四十二若四十二与六

右隔一三率连比例之类八率，设数亦可无穷。

白话解读

《洛书》隔一三率连比例表

《洛书》隔一三位数	三率连比例式	反之	三率连比例式	反之
1、3、3、9	1与3若3与9	9与3若3与1	1与13若13与169	169与13若13与1
3、9、9、7	3与9若9与27	27与9若9与3	3与39若39与507	507与39若39与3
9、7、7、1	9与27若27与81	81与27若27与9	49与7若7与1	1与7若7与49
7、1、1、3	7与21若21与63	63与21若21与7	147与21若21与3	3与21若21与147
2、4、4、8	2与4若4与8	8与4若4与2	2与14若14与98	98与14若14与2
4、8、8、6	4与8若8与16	16与8若8与4	4与28若28与196	196与28若28与4
8、6、6、2	8与16若16与32	32与16若16与8	8与56若56与392	392与56若56与8
6、2、2、4	6与12若12与24	24与12若12与6	6与42若42与294	294与42若42与6

上述《洛书》八方位数隔一位构成三率连比例的类型共有八率，设立每率的比例数也可以达到无穷。

论三率连比例之理

三率连比例者，以中率为枢纽，重之而成四率也。《洛书》无重位，何以知其有连比例，以其奇偶数左右旋，有再加之比例而知之也。如一与

三、九，一其三为三，两其三为六，三其三为九，今三之后即得九，是再加也，其中有两三为之连，三三如九，与一九如九等积矣；二与四、八，二其二为四，三其二为六，四其二为八，今四之后即得八，是再加也，其中有两四为之连，四四十六，与二八十六等积矣。此如乘方之法，初为方根，一乘之为平方，再乘之即为立方。如以二为方根，二二如四，二四如八；以三为方根，三三如九，三九二十七。平方、立方之间，其数必骤增。《洛书》奇偶相次，正如乘方，则有重叠之数隐于其间矣。重数相乘，即自乘，正方；首尾相乘，长方也，而长方与正方必同积。如平圆中截一为小矢，则九为大矢，三为正弦，倍之为通弦，通弦即中二率重叠之数也。或先有小矢、大矢之数而求正弦，一九如九，约三三如九与之等积，则正弦必三矣；或先有小矢、正弦而求大矢，三三如九，约九一如九与之等积，则大矢必九矣。是赖三率连比例之法，可求弦与矢也。又变半径为中间相连两率，半径为十全数，如正弦与全数若全数与余割，而余割线可得矣；有正弦可求余弦，余弦与全数若全数与正割，而正割线可得矣；有正弦可求切线，正切与全数若全数与余切，则余切线可得矣。盖正弦与余割、余弦与正割、正切与余切，其相乘之数皆与半径全数自乘等积，是以可相求，皆三率连比例之理也。此皆弧矢割圆造八线表之大用，《洛书》明以数理示人矣。

八线表者，正弦、正矢、余弦、余矢在圆内，正切、正割、余切、余割在圆外，大西洋天学家所造，其法分大圆为三百六十度，每一度分为六十分，每一分皆具八线，所以为一切测算之准绳。前此，魏刘徽、晋祖冲之、元赵友钦，皆精割圆之术，求圆径之实数，然皆不能作表。西士始创为之，有《大测》一书专论之，其求十边三十六度之通弦，谓之“理分中末线”，得之甚奇。以今观之，其数出于《河图》中宫之五与十也。

白话解读

三率连比例式，以中间一率为枢纽，将中率重复使用而构成四率。《洛书》八个方位没有重复的，怎么知道其中具有连比例呢？因为《洛书》奇数左旋、偶数右旋，具有再加一次的比例，因而知道《洛书》具有连比例。如奇数一与三、九，一个三为三，两个三为六，三个三为九，现在《洛书》三数之后左旋就得到九，是因为其中隐藏着再加一次三的比例，有两个三作为三与九之间的连接，三乘以三为九，与一乘以九为九，具有相等的积；如偶数二与四、八，两个二为四，三个二为六，四个二为八，现在《洛书》四数之后右旋就得到八，是因为其中隐藏着再加一次四的比例，有两个四作为四与八之间的连接，四乘以四为十六，与二乘以八为十六，具有相等的积。这就如同乘方的方法，初率的数为方根，第一次自乘为平方，第二次自乘就为立方，如以二数为方根，第一次二乘以二为四，第二次二乘以四为八；以三数为方根，第一次三乘以三为九，第二次三乘以九为二十七。平方数、立方数之间，其数量必定骤然增加。《洛书》奇数偶数依为次第，正如同乘方，具有重叠的数量隐藏于其间。

三率连比例式中，相同的数重复相乘，就是中率自乘，为正方形面积的计算方法；首率与尾率的数相乘，就是长方形面积的计算方法，而长方形与正方形必定具有相同的积，例如：平面正圆中截全径之一为小矢，则余下的九为大矢，三为勾股的正弦，长度加倍就为通弦，通弦就是中间二率重叠的数。在平圆两勾股得整数图中，丙戊为小矢，为一；正弦为乙丙，为三；通弦为乙丁，为六；大矢为丙己，为九。其三率连比例式为：一、三、三、九。戊己为全径，为十。

有时候是先有小矢、大矢的数，而求勾股的正弦，一乘以九为九，约定三乘以三为九与之具有相等的积，那么，正弦必定是三；有时候是先有小矢、勾股的正弦，而求大矢，三乘以三为九，约定九乘以一为九与之具有相等的积，那么，大矢必定是九。这是依赖三率连比例的方法，求出弦与矢的数值。

又例如，变成半径为中间相连的两率，以半径为十，为全数，如三率连比例式为正弦与全数若全数与余割，就可以得到余割线的数值了；有正弦，可以求出余弦，三率连比例式为余弦与全数若全数与正割，就可以得到正割线的数值了；有正弦，可以求出正切线，三率连比例式为正切与全数若全数与余切，则可以得到余切线的数值。正弦与余割、余弦与正割、正切与余切，其间相乘的数值都与半径全数自

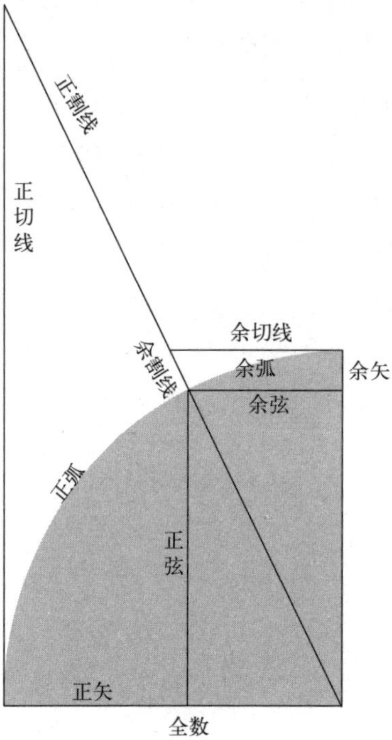

割圆八线表全图

乘具有相等的积，因此可以相互求出，这都是三率连比例的道理。这都是用弧矢割圆造八线表的重大用度，《洛书》明确地用数理将其显示于人了。

明代徐光启撰《新法算书·卷八十一·八线表上》中列有割圆八线表全图。

八线表，是正弦、正矢、余弦、余矢在圆内，正切、正割、余切、余割在圆外，由西方的天文数学家所创造，它的方法是，分大圆为三百六十度，每一度分为六十分，每一分都具有八线，这八线就成为一切推测计算的标准。在此以前，三国时期魏国刘徽、晋朝祖冲之、元代赵友钦，都精通割圆术，能求出圆周与直径比例的实在数值，然而，他们都不能制作八线表。西方的学者最初创制出八线表，明代耶稣会士邓玉函撰《大测》二卷，专门论述八线表，其中求十边三十六度的通弦，称之为“理分中末线”，求得的这条线非常神奇。用现在的观点来看，它的数值其实出于《河图》中宫的五数与十数。

理分中末线出《河图》中宫说

《河图》中宫十数为股，五数为勾，是股得勾之倍，勾得股之半也。勾自乘二十五，股自乘一百，合幂一百二十五，开方求弦得一万一千一百八十〇三三九，以勾五加弦为勾弦和一万六千一百八十〇三三九，以勾五减弦为勾弦较六千一百八十〇三三九，其余为三千八百一十九六六一，是股十中减去勾弦较之数也。勾弦和为全线，股倍勾为大分，勾弦较为小分。列率之理，勾弦和与倍勾若倍勾与勾弦较，首尾相乘，与中间相乘，其积皆一百也。又以倍勾为全线，勾弦较为大分，分余线三八一九六六一为小分，倍勾与勾弦较若勾弦较与分余线，首尾相乘，与中间相乘，其积皆三八一九六六一也。八线表半径用全数如十，则勾弦较六一八〇三三九，即十边三十六度之通弦。得十边，即可求五边七十二度之通弦。其列率即《洛书》三率连比例之理，其所得十边通弦之数，实生于五与十，而五、十即《河图》之中宫。至平中有至奇焉，西人秘惜其法，谓此线为神分线，岂知神奇即在目前哉！

白话解读

《河图》中宫十数为股，五数为勾，这样，股得到勾的一倍，勾得到股的一半。勾五自乘得到二十五，股十自乘得到一百，合并得幂为125，用开方法求弦得到11.180339；以勾五加弦为勾弦和16.180339；以勾五减弦为勾弦较6.180339；以股十减去勾弦较的数，所得的数为3.819661。以勾股和作为全线长度，以股倍勾作为大分的长度，以勾弦较作为小分的长度，列成三率连比例的道理，是勾弦和与倍勾若倍勾与勾弦较，即：16.180339、10、10、6.180339，首率尾率相乘、与中间率相乘，其积都大约是100；又以倍勾为全线长度，以勾弦较为大分的长度，分余线3.819661为小分的长度，列成三率连比例式，是倍勾与勾弦较若勾弦较与分余线，即：10、6.180339、6.180339、3.819661，首率尾率相乘、与中间率相乘，其积都大约是38.19661。

八线表半径用全数如10，以股为10，以勾为5，则勾弦较6.180339，就是圆内十边等切形三十六度的通弦，而圆内六边等切形边长乘以圆内十边等切形边长，与圆内五边等切形边长自乘，具有相等的积，就可以求出圆内五边等切形七十二度的通弦。这其中的列率，就是《洛书》三率连比例的道理。其所得的十边通弦的数值，实际产生于五数与十数，而五数、十数就是《河图》的中宫，极其平常中蕴藏有极其神奇的道理。西方人对此方法颇为隐秘珍惜，还说这条线是“神分线”，他们哪里知道，神奇就在眼前呢。

法《洛书》蓍策用三百六十整度之理图

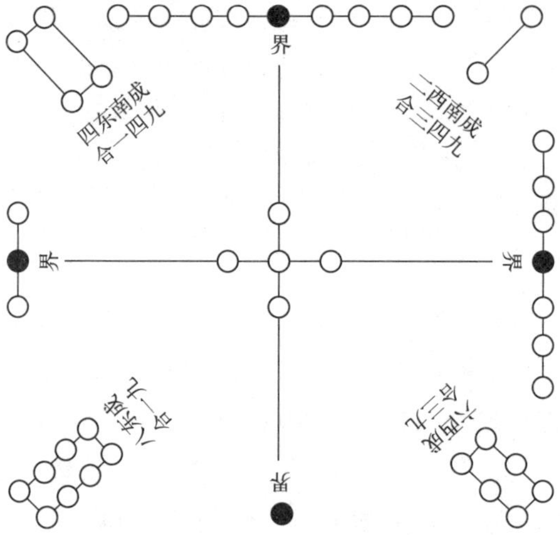

法《洛书》蓍策用三百六十整度之理图

图说

《易》曰："乾之策二百一十有六，坤之策百四十有四，凡三百有六十，当期之日。"夫一岁之日，三百六十五日有奇，而以三百六十策当之，何也？举其成数言之也。古法，以太阳一日行一度，故分周天为三百六十五度有奇；今法，以奇零之数不便分析，悉用三百六十度为周天，谓之"整度"，四分之一，九十度，谓之"象限"，取四象之义。此其理隐寓于《洛书》之中。盖《洛书》八方四十点，四方各取中一点虚之，以作十字界限，则四隅各得九点。以《河图》用十，乘之，四九三百六十，正符周天之度矣。然则，周天实止三百六十度，因太阳一日不满一度，而生五日有奇之零数，圣人言"三百六十策当期之日"者，犹云"当期之度"云尔。

白话解读

《周易·系辞上传·第九章》说："乾卦之策为二百一十六，坤卦之策为一百四十四，加起来一共三百六十，正好相当于一年的天数。”一年的天数为三百六十五日，还有多出来的零头，而用三百六十策来相配，这是为什么？这是列举其整数来讲的。根据古代天文计算的方法，太阳一日运行一度，因此周天被分为三百六十五度多；根据现在的天文计算方法，因为零头数不便于分析，所以都用三百六十度作为周天，称之为“整度”，其四分之一为九十度，称之为“象限”，采取四象的意义。这其中的道理暗含于《洛书》之中。《洛书》八个方位共有四十个圆点，从东西南北四正方位各取其中央一个圆点，虚空出来，用来制作十字界限，那么四隅区域便各自得到九点：西南方位，本数为二圆点，合西方三圆点、南方四圆点，成为九个圆点；东南方位，本数为四圆点，合东方一圆点、南方四圆点，成为九个圆点；东北方位，本数为八圆点，合东方一圆点，成为九个圆点；西北方位，本数为六圆点，合西方三圆点，成为九个圆点。因为《河图》使用十数，用十数乘四隅的圆点数，四隅则是四乘以九，得三百六十，正好符合周天三百六十度。然而，周天实则只有三百六十度，因为太阳一日运行不满一度，所以产生了五日有余的零头数。圣人说“三百六十策，当期之日”，也就是讲“当期之度”罢了。

乘方法合画卦加倍法图

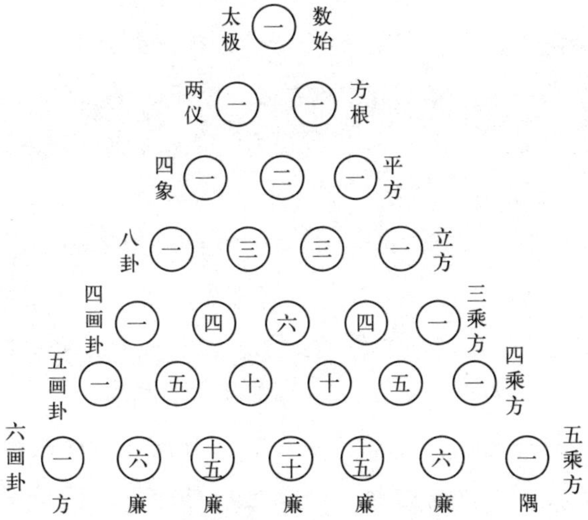

乘方法合画卦加倍法图

图说

《启蒙附论》曰："此图用加一倍法（如第二层两一，生第三层中位之二，并左右两一，成四，是倍二为四也；第三层一二各生第四层中位之三，并左右两一，成八，是倍四为八也；下仿此——原注），出于数学中，谓之'开方求廉率'。其法，以左一为方，右一为隅，而中间之数则其廉法也（第三层为平方，第四层为立方，第五层、六层、七层为三乘、四乘、五乘方——原注）。于成卦之理，亦相肖合，何则？阳大阴小，阳如方，阴如隅，分居两端，阴阳合则生中间之两象，如平方之方隅合而生两廉，其长如方，其广如隅也；又乘则生中间之六卦，如立方之方隅合而生六廉，三平廉根于方，而其厚如隅，三长廉根于隅，而其长如方也。故开方之法，虽相乘至于无穷，莫不依方隅以立算；成卦之法，虽相加至于无穷，莫不根阴阳以定体。成卦之始，一阴一阳，每每相加而已，及卦成而分析观之，则自一画至六画，惟纯阴、纯阳者常不动，其余，则方其为四象也，中间一阴一阳者二；方其为八卦也，中间一阴二阳者三，一阳二阴者三；方其为四画也，中间一阴三阳者四，一阳三阴者四，二阴二阳者六；方其为五画也，中间一阴四阳者五，一阳四阴者五，二阴三阳者十，二阳三阴者十；及其六画之既成也，中间一阴五阳者六，一阳五阴者六，二阴四阳者十五，二阳四阴者十五，三阳者二十。朱子卦变之图，以此而定也。盖其倍法同于画卦，而其多寡错综之数，则卦变用之。"

谨按：开方求廉率，乃九数中少广之一法也。图，以一层为数始；二层为方根，其左之一者一十也，右之一者零一也。十为《河图》之终数，一为《河图》之始数；以《洛书》言之，十为对方之合数，一为北方之始数。以十一为方根，后皆以十一迭乘而迭加之，三层则为一百二十一，四层则为一千三百三十一。左一为方，右一为隅，中间为廉。方渐长而无穷，隅居末而有定，犹天之高大无穷，而地之广厚不变也。以十一为有常之数，求出中间之廉，以为有定之率，任设若干积数为若干长方，皆可除为方根，此算术设率之意也。而此十一之数，正象一阳一阴，由此可衍之无穷，皆为加倍之数，与太极生两仪、两仪生四象、四象生八卦者，不约而同，自然之理一也。五乘方以后，加至十一乘方，以合四千九十六卦之图，见后。

白话解读

《周易折中·启蒙附论·加倍变法图》说，此图使用加一倍法。即图中第二层有两个一，生出第三层中位的二，合并左右两个一，成为四，是加倍二数成为四数；第三层左一与中二、右一与中二各自生出第四层中位的两个三，合并左右两个一，成为八，是加倍四数成为八数；余下皆与此相仿。又说："此图出于数学中，称之为'开方求廉率'。它的计算方法是，以左一为方，右一为隅，而中间的数就是求廉的方法。图中，第三层为平方，第四层为立方，第五层为三乘方，第六层为四乘方，第七层为五乘方。"按照清代梅文鼎撰《历法全书·卷五十九·少广拾遗·开方求廉率作法本原图》所说，图最上一层书'一'，为本数，本数即大方，大方无隅，无乘除可言，而数从此起；第二层，并列两个"一"，为方边，西方算法称为根数，即一十一，左一为本数，因有次商而进位成一十，为初商的根，右单一为次商的根；既有根数，就有平幂，因此第三层为幂积，西方算法称为面，即一百二十一，左一百为初商，自乘的幂，即大方积，右单一为次商，自乘的幂，即隅积，为小平方，中二十就是两廉积，并为长方；第四层，为立方积，西方算法称为体积，即一千三百三十一，左一千为初商，再乘的积为大立方，右单一为次商，再乘的积为隅积，为小立方，中三百三十都是廉积，三百为三平廉积，为扁立方，三十为三长廉积，为长立方。第五层、第六层、第七层可例推。

《启蒙附论》又说："此图与画成六十四卦的道理，也是相似相合的，这是为什么呢？阳画代表大，阴画代表小，阳画如同方(大方)，阴画如同隅(小方)，分别居于事物的两端，阴阳相互结合就产生中间的两个形象，如平方的方与隅通过一个角相互结合起来而产生两个廉(长方)，廉的长如同方的边，廉的宽如同隅的边；又乘方一次则产生中间的六个卦，如立方的方与隅结合而产生六个廉，三个平廉根源于方，而其厚度如同隅的边长，三个长廉根源于隅，而其长度如同方的边长。因此，开方的方法，虽然相互乘方的次数至于无穷尽，但都没有不依据方与隅来确立算法的；画成卦的方法，虽然相互增加的层数至于无穷尽，但都没有不根据阴阳来确定形体的。"

平方的方隅廉合形图

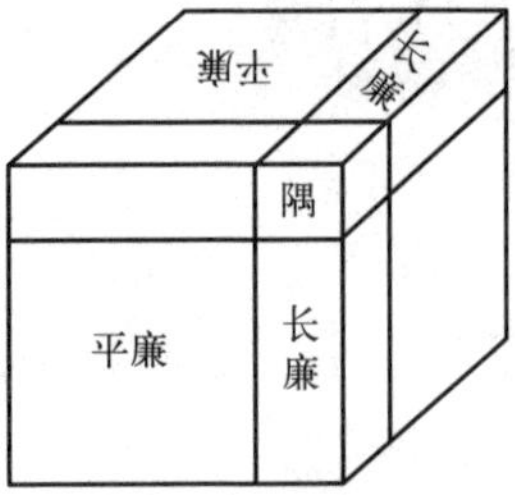

立方廉隅合形图

《启蒙附论》又说："画成六十四卦的开始，一个阴画一个阳画，依次相加罢了，等到六十四卦画成，再来分析观察它，那么，自一画至六画，只有纯阴、纯阳的组合，其阴阳画恒常不变，其余的卦，则在其刚刚画成为四象时，中间由一个阴画一个阳画组成的有二个；刚刚画成八卦时，中间由一个阴画二个阳画组成的有三个，一个阳画二个阴画组成的有三个；刚刚画成四画卦时，中间由一个阴画三个阳画组成的有四个，一个阳画三个阴画组成的有四个，二个阴画二个阳画组成的有六个；刚刚画成五画卦时，中间由一个阴画四个阳画组成的有五个，一个阳画四个阴画组成的有五个，二个阴画三个阳画组成的有十个，二个阳画三个阴画组成的有十个；等到六画卦已经画成，中间由一个阴画五个阳画组成的有六个，一个阳画五个阴画组成的有六个，二个阴画四个阳画组成的有十五个，二个阳画四个阴画组成的有十五个，三个阴画三个阳画组成的有二十个。朱熹的卦变图，就是根据此理而确定的。大概其加倍法相同于画卦，而其阴阳画多寡交错配合的数量，则在卦变中使用。"

江永认为，开方求廉率，是古代九数中少广（一种古代算法，即以已知长方形的面积和已知长方体的体积求其边长——编者注）的一种方法。图以一层为数的起始；二层为方根，其左边之一为一十，右边之一为零的一。十数为《河图》的终结数，一数为《河图》的起始数；以《洛书》来说，十数为相对方位的合数，一数为北方的起始数。以十一为方根，后面几层都用十一反复相乘而屡次增加乘方数，三层则为一百二十一，四层则为一千三百三十一。列表如下。

数始	方根	平方	立方	三乘方	四乘方	五乘方
1	11	121	1331	14641	161051	1771561

左边一为方，右边一为隅，中间各数为廉，方数逐层渐次增长，没有穷尽，隅数居于末尾，确定不变，犹如天空的高度和面积没有穷尽，大地的宽度和厚度固定不变。以十一作为长久不变的常数，求出中间的廉数，以此作为确定的率。任意设定若干积的数值作为若干长方的积，都可以除之为方根，这是算术设立率的意义。而此十一的数，正象卦画的一个阳画一个阴画，由此可以衍生出没有穷尽的数，都是加倍的数，与太极产生两仪，两仪产生四象，四象产生八卦的规律，未经事先约定而能相互一致，这说明自然万物所遵循的规律是同一个。五乘方以后，增加至十一乘方，用来配合四千九十六卦的图，见于后文。

六乘方至十一乘方图

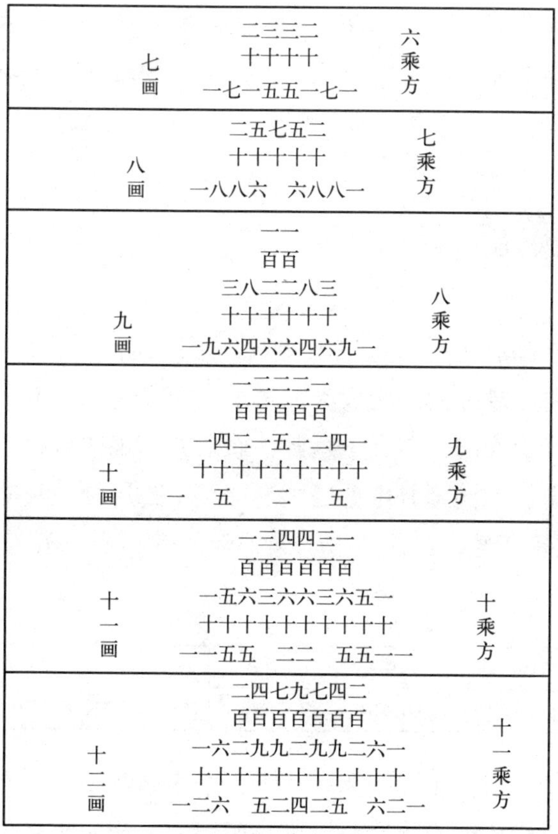

六乘方至十一乘方图

图说

六画卦既成之后，引而伸之，触类而长之，一卦可变为六十四卦，凡四千九十六卦，而乘方之理亦接前图，六乘方至十一乘方，如卦之七画加至十二画，其阴阳之错综，亦如中间廉数，合方廉隅之数，亦适合四千九十六也(十二阴、十二阳者各一，中间十一阴一阳者十二，十一阳一阴者十二，十阴二阳者六十六，十阳二阴者六十六，九阴三阳者二百二十，九阳三阴者二百二十，八阴四阳者四百九十五，八阳四阴者四百九十五，七阴五阳者七百九十二，七阳五阴者七百九十二，六阴六阳者九百二十四——原注)。

按：《易》之一卦变为六十四卦，因爻有九、六而变，其变卦列之于旁，非累加于六画之上为十二画也。因《启蒙》有渐加之说，与乘方之理适符，故图之。其实卦变之用，如是而止，如乘方过多，高与天齐，亦无所用。《启蒙》又言“累至二十四画，无终极”，似不必也。

白话解读

六画卦既然画成之后，将三画的八卦延续而伸展为六画的六十四卦，掌握了六十四卦所象征的事物大类，再根据爻变增加一卦，一卦可以变为六十四卦，总计变为四千零九十六卦，而乘方的规律也接续前面的图，六乘方至十一乘方，如同画卦由七层画增加至十二层画，其阴阳画的交错配合，也如同中间的廉数，合并方、廉、隅的数，也正好符合四千零九十六。列表如下。

方根	六乘方	七乘方	八乘方	九乘方	十乘方	十一乘方	十二乘方
11	19487171	214358881	2357947691	25937424601	285311670611	3138428376721	34522712143931

画成十二画卦时，十二个阴画、十二个阳画各自有一个，中间由十一个阴画一个阳画组成的有十二个，十一阳画一个阴画组成的有十二个，十个阴画二个阳画组成的有六十六个，十个阳画二个阴画组成的有六十六

个，九个阴画三个阳画组成的有二百二十个，九个阳画三个阴画组成的有二百二十个，八个阴画四个阳画组成的有四百九十五个，八个阳画四个阴画组成的有四百九十五个，七个阴画五个阳画组成的有七百九十二个，七个阳画五个阴画组成的有七百九十二个，六个阴画六个阳画组成的有九百二十四个，合为四千零九十六。

江永认为：《周易》的一卦变为六十四卦，是因为爻有九、六而变化，其变化出来的卦列于本卦旁边，并非累积叠加于六画的上方成为十二画。因为朱熹《易学启蒙·原卦画第二》中有渐加至七画、八画、九画、十一画、十二画的说法，与乘方的道理正好符合，因此用图表示出来。其实卦变的功用，到这里就可以停止了。如果乘方次数过多，高度与天的高度一样，也没有什么用处。《易学启蒙·原卦画第二》又说，变化积累到二十四画以后，数变得极其巨大，也不知终点在何处，那似乎也没有什么必要。

河洛精蕴 卷之七

HE LUO JING YUN JUAN ZHI QI

律吕声音本于《河图》《洛书》说

制律吕，正声音，王者重大之事，亦造化最微妙之理。昔之言律吕者多矣，未有言其根源在《河图》《洛书》者，唯明宗室郑世子朱载堉，始言黄钟律度取法《河图》《洛书》。神宗时，进《律吕精义》，其说曰："臣尝闻朱子曰：'《史记》说律数，盖自然之理，与先天图一般。'初闻此语，不晓其义，及闻何瑭之说（都御史何塘，世子之祖舅，其说曰：'度量权衡，取法于黄钟者，贵其与天地之气相应也；至于九其寸而为律，十其寸而为尺，则人之所为也。《汉志》不知约十为九，非即十而取九，乃欲加黄钟一寸为尺，谬矣。'——原注）方悟《汉志》'度本起于黄钟之长'，则黄钟之长即是一尺。古云长九寸、长八寸十分一之类，尺异（'一'原书作'异'——作者注）而律同也。朱子所谓'与先天图一般'者，先天图出于《河图》《洛书》者也。《洛书》之数九，故黄钟之律长九寸，因而九之得八十一分，与纵黍之长相合；《河图》之数十，故黄钟之度长十寸，因而十之得百分，与横黍之广相合。盖《河图》之偶、《洛书》之奇，参伍错综，而律度二数方备。此乃天地自然之妙，非由人力安排者也。"又曰"黄帝之尺，以黄钟之长为八十一分者，法《洛书》阳数也""寸皆九分，凡八十一分，《洛书》之奇自相乘之数也，是为律本""虞夏之尺，皆以黄钟之长为十寸者，法《河图》中数也""寸皆十分，凡百分，《河图》之偶自相乘之数也，是为度母"。又曰："一切算术，皆取法于《河图》《洛书》。《河图》十位，天地之体数也；《洛书》九位，天地之用数也。是故，算律之术，或有约十而为九者，著其用也；或有约九而为十者，存其体也。"按：世子深明度数之学，亦达声音之理。此论发前代诸儒所未发，然而《图》《书》之妙，不止用十、用九应律之体用而已，一切声律数理、用律法度及干支纳音，无一不出于此，后详言之。

白话解读

创制校正乐律的律吕，校正符合音律的声音，这是帝王需要做的具有重大意义的事情，也是自然界最深奥玄妙的道理。从前那些谈论律吕的人多了，没有能讲出律吕根源在《河图》《洛书》的，唯有明朝宗室郑世子朱载堉，才开始讲黄钟律度是效法了《河图》《洛书》。

朱载堉(1536—1611 年)，字伯勤，号句曲山人，为朱元璋的九世孙，是明宗室郑恭王朱厚烷之子。明神宗朱翊钧时，朱载堉进献《律吕精义》一书，其中说道："臣下曾经听闻，朱熹说过：'《史记·卷二十五·律书第三》说律数，认为其符合自然的义理，与先天图一般，并没有人为的设计、安排。最初听说这种话语，臣不能理解其中意义，等到听了何瑭的学说(何瑭，字粹夫，历工、户、礼三部侍郎，晋南京右都御史，是郑世子朱载堉父亲的舅父。何瑭学说认为：汉代的度、量、权、衡，之所以效法于黄钟，是尊崇音律与天地之气相互符合。将九寸作为律管长度，十寸作为尺的长度，则是人为的。《汉书·律历志》不知道简约省去十寸而成为九寸，不是就十寸中而取其九寸，就想在黄钟长度上增加一寸而成为尺的长度，这是错误的——原注)，由此，臣才领悟《汉书》中说'度作为计算长短的单位，本来起源于黄钟的长度'，则黄钟的长度就是一尺。古代所说长九寸、长八寸十分一之类，这是因为尺子不同，但律管长度是相同的。朱熹说音律'与先天图一般'，先天图便是出于《河图》《洛书》。《洛书》的最大奇数为九，因此，黄钟律管的长度为九寸，因每寸分为九分，而得八十一分，与纵黍(古代以百粒黍米排列的长度为一尺，纵向排列的叫纵黍尺，横向排列的叫横黍尺，横黍尺较纵黍尺略小——编者注)的长度相互符合；《河图》的最大偶数为十，因此，黄钟的尺度为十寸，因每寸分为十分，而得到一百分，与横黍的长度相互符合。《河图》的偶数、《洛书》的奇数，要相互参杂交错配合，律管、尺度二数才能完备。这就是天地自然的奇妙，不是由人力所能安置处理的。"

朱载堉在《乐律全书》中又说"黄帝所定的尺寸长度，以黄钟的长度为八十一分，这是效法《洛书》的最大阳数为九""每寸都分为九分，九寸共八十一分，这是《洛书》的最大奇数九自己相乘的数值，此为律吕的本源""虞夏所定尺度，都以黄钟的长度为十寸，这是效法《河图》的中央最大偶数为十""每寸都分为十分，十寸共一百分，这是《河图》的最大偶数十自己相乘的数值，此为尺度的本源"。

朱载堉又说："一切计算的方法，都效法《河图》《洛书》。《河图》有十位数，这是天地最基本的形体数量；《洛书》有九位数，这是天地间最基本的功用数量。因此，计算律吕的方法，或者有约略十数而成为九数的，这是显扬突出它的功用；或者有约略九数而成为十数的，这是保存它的形体。”

江永认为：郑世子朱载堉深晓精通用度来表示数目的学问，也通达乐律声音的道理。此种论述阐发前代诸位儒学家们所未曾发出的观点，然而，《河图》《洛书》的奇妙，不只是使用十数、使用九数符合律吕的形体与功用而已，一切声律数理、用律法度及干支纳音，没有不出于此的，后文会对此做详细讲述。

算律不用三分损益说

郑世子曰：“律家三分损一、三分益一，犹历家四分度之一、四分日之一，与夫方五斜七、周三径一等率，皆举大略言之，非精义也。新法算律与方圆，皆用勾股术。其法本诸《周礼》‘栗氏为量，内方尺而圆其外’。夫‘内方尺而圆其外’，则圆径与方斜同，知方之斜，即知圆之径矣。”方尺即黄钟，圆径即蕤宾，由蕤宾可得南吕，由南吕可得应钟，既得应钟，则终始循环，诸律皆可相生，安有往而不返之理哉！

按：世子既知黄钟是一尺，因“栗氏为量”，有“内方尺而圆其外”之文，悟出天地以方圆相函而自然之数出其中，皆以勾股乘除开方之法求之，由倍律而正律，由正律而半律，共三十六律，皆有真率、真数，每一率与三分损益相得者，微强而不甚相远，于是可循环相生，无仲吕不能复生黄钟之弊；因律管长短，推出管体厚薄、空围大小、外周内周、外径内径、平幂积实，皆方圆相函自然之真数。此数千年未泄之秘，世子始发之者也。今推之，方圆内外之体象，已藏于《河图》；勾股开方之算术，悉具于《洛书》，后详言之。

白话解读

三分损益，是中国古代制定音律时所用的生律法。首先确定某一标准音的管长，再根据它来推算其余一系列音律的管长，这必须按照一定的长度比例，三分损益法就是中国古代音律学家所提供的一种长度比例的准则。三分损益包含“三分损一”“三分益一”两种方法，三分损一是将原有长度作 3 等分而减去其 1 份，三分益一是将原有长度作 3 等分而增添其 1 份，通过两种方法交替运用、连续运用，使得各音律可以辗转相生。

朱载堉撰《乐律全书·卷一·律吕精义内篇一·不用三分损益第三》说：“音律学家所说三分损其一、三分益其一，如同历数家所说四分度之一、四分日之一，与方形就说直长(即边长)为五、斜长(即对角线)为七，圆形就说周长为三、直径为一等比率，都是列举其大概数值而言罢了，并非精确的意义。新法计算音律的管长与方形圆形，都运用勾股术。新法本源于《周礼·考工记·栗氏为量》，具体做法是在圆内作一个最大正方形，则圆的直径与正方形的斜长(斜即对角线——作者注)相同，知道正方形的斜长，就知道圆的直径长度了。”所以，以圆内方尺(圆内正方边长为一尺)为黄钟管长，圆径(圆的直径)便为蕤宾管长，由蕤宾管长可以计算得到南吕管长，由南吕管长可以计算得到应钟管长，既然得到应钟管长，就可以使音律的终结与开始相互循环，各个音律都可以相互产生，怎么会有往而不返的道理呢。

江永认为：郑世子朱载堉已经知道了黄钟管长为一尺，又依据《周礼·考工记·栗氏为量》有“内方尺而圆其外”的文字，于是领悟出天地用方形圆形相互包含容纳而自然界的各种数量都出于其中，可以用勾、股乘、除、开方的方法求之的道理，所以懂得了由倍律(即低八度各律，倍律黄钟长二尺)而至正律(即十二律，正律黄钟长一尺)，由正律而半律(即高八度各律，半律黄钟长五寸)，共三十六律的计算方法，这些计算都有真实的比率、真实的数值，每一率与三分损益法相得到的数值进行比较，都略微多一点而相差不甚大，于是各律可以循环往复地相互产生，不会出现仲吕不能再生黄钟的弊端。依据律管长短，推算出管体厚薄、空围大小、外周内周、外径内径、平幂积实，这些都是方形圆形相互包含容纳的自然存在的真实数值。这是数千年没有被人知晓的秘密，郑世子朱载堉是首先发现的人。现在推算，方形圆形内外的形体象征，已经隐藏于《河图》；勾股开方的算术，完全具备于《洛书》，后文会对此做详细讲述。

《河图》为律管长短空径大小之源说

《河图》有四层，最在内一层五点，次外一层十点，以五与十之点变为线，作两方形，以十函五，如“回”字之形。内方之幂五五二十五，外方之幂十十为百，是内方得外方四之一，外方加内方四之三也，而两方相距有空隙不能相抵，于是内方之外隐有小圆以函之(圆周二二一四四(应为二二二一四四——作者注)有奇，圆径七〇七一〇有奇——原注)，则内方之四角抵圆周矣；小圆之外又隐有次方以函之(方径七〇七一〇有奇——原注)，则次方之边内切圆周矣；次方之外又隐有大于小圆之圆以函之(圆周三一四一五九有奇，圆径十——原注)，则次方之四角皆抵圆周，而外方之边皆切圆周矣(外方径十——原注)；是五与十两方形之间，有两圆、一方之形，中间一方其幂五十，则五与十相乘之数为内方幂之倍、为外方幂之半者也。外方之长应黄钟正律十寸，内方应黄钟半律五寸，则中间之方必为七寸零七分一厘(应为七寸零七厘一毫——作者注)有奇，应蕤宾之长；其外则有大吕、太蔟、夹钟、姑洗、仲吕，其内则有林钟、夷则、南吕、无射、应钟，参差序列。是《图》之五与十，便有十三律之理矣。第三层一、二、三、四合十点，以次层之十乘之为百，第四层六、七、八、九合三十点，以十乘之为三百，合之得幂四百，则外二层又有两方形，一为一十之方，一为二十之方，一十之方百，二十之方四百，犹内二方二十五与一百之比例也，于是两方之间，亦隐有圆以函方(圆周四四四二八八有奇，圆径一四一四二一有奇——原注)，又方以函圆(方径一四一四二一有奇——原注)，又圆以函方(圆周六二八三一八有奇，圆径二十——原注)。其内方即前《图》之十，为黄钟正律十寸；其中间之方则幂二百，其边一尺四寸一分四厘有厘有奇(其边一尺四寸一分四厘二毫有奇——作者注)，为蕤宾倍律之长；外加大方边二尺，合得两层幂四百，则黄钟倍律之长也。是《河图》外二层，以幂积得方边，又有十二倍律、一正律之理也。

律之长短既自《河图》出，律之外内周、径、幂、积亦由之。内一层之五为黄钟半律之长，取十分之一以为黄钟倍律之内径、正律之外径，则黄钟倍律之外径必得蕤宾正律十分之一；折半则黄钟正律之内径、半律之外径也；内一层之五，又折半为二五，则黄钟半律之内径也。径五之外周二二二有奇者，为黄钟倍律之外周，则其内周必得一五七有奇，为黄钟倍律之内周与正律之外周；其二二二有奇折半，则黄钟正律之内周与半律之外周；其一五七有奇折半，则黄钟半律之内周也。其面幂，则黄钟正律得倍律之半，半律得正律之半，如《图》之十与五为倍、半也；实积，则黄钟正律得倍律四之一，半律得正律四之一，如《图》五之积二十五、十之积百，相差为四之一也(旧法谓凡律皆空径三分、围九分者，大误——原注)。

此皆自然之理数，具于《河图》内外四层之中。郑世子但能因“栗氏为量，内方尺而圆其外”，悟出方圆相函之理，不知《河图》四层正有方圆相函之理数，倍律、正律、半律之短长，管体容积之厚薄多少，皆出其中，此千古所未发明者也。

白话解读

《河图》有四层：自内至外，第一层为最内一层，其数五；第二层为次外一层，其数十；第三层，其数为一、二、三、四；第四层，其数为六、七、八、九。

第一层，即最在内一层，为五个圆点；第二层，即次外一层，为十个圆点，将五数与十数的圆点变为直线，制作两个正方形，用边长为10的正方形包含边长为5的正方形，如同“回”字的形状。在内正方形的幂为五乘以五为二十五，在外正方形的幂为十乘以十为一百，就面积而论，这是在内正方形得到在外正方形的四分之一，在外正方形比在内正方形增加的面积占其四分之三；两个正方形之间有一定空隙，不能相互碰触，接着，在内正方形之外，隐藏一个小圆，用来包含它(圆的周长为22.2141，还有零数；圆的直径为7.0710，还有零数)，内正方形的四角，抵触这个小圆的圆周；小圆之外又隐藏一个正方形，用来包含小圆(正方形的边长为7.0710还有零数)，正方形边内切小圆的圆周；在这个正方形之外，又隐藏一个大于小圆的圆用来包含这个正方形(圆的周长为31.4159，还有零数。圆的直径为10)，这个正方形的四角都抵触了这个略大的圆的圆周，而在外的正方形的边便内切这个圆的圆周(在外正方形的边长为10)。这说明，边长为五与边长为十的两个正方形之间，包含有两个圆、一个正方形的形状，中间的一个正方形的幂为五十(7.0710×7.0710=49.999041≈50)，则五与十相乘的数为五十，正好为在内正方形的幂(为二十五)的两倍、在外正方形的幂(为一百)的一半。在外正方形的边长，对应黄钟正律管长的十寸；在内正方形的边长，对应黄钟半律管长的五寸；则中间正方形的边长，必定为七寸零七厘一毫多，对应蕤宾正律管长；其外则对应有大吕、太蔟、夹钟、姑洗、仲吕，其内则对应有林钟、夷则、南吕、无射、应钟，相互参杂，形成序列。这说明《河图》五数与十数，具有十三正律循环相生的道理。

第三层北方一、南方二、东方三、西方四，合起来共十个圆点，用第二层(次层)的十数乘之的积为一百；第四层北方六、南方七、东方八、西方九，合起来共三十个圆点，用第二层(次层)的十数乘之的积为三百，将这两个乘积合起来得到幂为四百，则第三层与第四层这外二层又具有两个正方形，一个正方形的面积为一十的平方，一个正方形的面积为二十的平方，一十的平方为一百，二十的平方为四百，犹如在内层组成的两个正方形二十五与一百的比例。于是，在外层组成的两个正方形之间，也隐藏有圆形用来包含正方形(圆的周长为44.4287有余，圆的直径为14.1421有余)，又有正方形用来包含圆形(正方形的边长为14.1421有余)，又有圆形用来包含正方形(圆的周长为62.8318有余，圆的直径为20)。这说明其在内的正方形就是《河图》的十，为黄钟正律管长十寸；其中间的正方形则幂为二百，其边长为一尺四寸一分四厘二毫有余，为蕤宾倍律管长；在外增加的大正方形边长为二尺，为二十寸，正好得到第三层第四层这两层幂的数量为四百，即黄钟倍律管长。这是《河图》外面二层，用幂积得到正方形的边长，其中包含十二倍律、一个正律循环相生的道理。

律管的长短自《河图》数中产生，律管的外内周长、直径、幂、积也由《河图》数产生。内一层的五数为黄钟半律的管长，取其中十分之一作为黄钟倍律律管的内孔直径、正律律管的外周直径，那么，黄钟倍律律管的外周直径必然是蕤宾正律管长的十分之一；将五数的十分之一折半，就是黄钟正律律管的内孔直径、半律律管的外周直径；内一层的五数，又折半为二点五，则是黄钟半律律管的内孔直径。律管内孔直径为五的外周周长为22.2有零数(7.0710×3.14159=22.2141829)，为黄钟倍律律管的外周周长，则其内孔周长必然得到15.7有零数(5×3.14159=15.70795)，为黄钟倍律的内孔周长与正律律管的外周周长；将其22.2有零数折半，则为黄钟正律律管的内孔周长与半律律管的外周周长；将其15.7有零数折半，则为黄钟半律律管的内孔周长。其面幂，则为黄钟正律得到倍律的一半、半律得到正律的一半，如同《河图》的十数与五数互为倍、半的关系；其实积，则黄钟正律得到倍律的四分之一、半律得到正律的四分之一，如同《河图》五数的平方积为二十五、十数的平方积为一百，其间相差为四分之一(旧的计算方法说，凡是律管都是内孔直径为三分、外周周长为九分，这是极大的错误)。

这些都是自然界存在的数学规律，具备于《河图》内外四层圆点之中。郑世子朱载堉只能依据“栗氏为量……内方尺而圆其外”的说法，领悟出方形圆形相互包含容纳的道理，却不知道《河图》内外四层圆点中正具有方形圆形相互包含容纳的数学规律，倍律、正律、半律律管的短长，管体容积的厚薄多少，都出于《河图》数之中，这是千古以来所未曾阐发明白的事理。

算律之法

先定一尺为黄钟之率，在平圆之中为平方之径，东西十寸为勾，自乘得百寸，南北十寸为股，自乘得百寸，合二幂二百寸，为弦幂以为实，开平方法除之，得弦一尺四寸一分四厘二毫一丝三忽五微六纤有奇，为方之斜，即圆之径，亦即蕤宾倍律之率；以勾十寸乘之，得平方积一百四十一寸四十二分一十三厘五十六毫有奇为实，开平方法除之，得一尺一寸八分九厘二毫〇七忽一微一纤有奇，即南吕倍律之率；仍以勾十寸乘之，又以股十寸乘之，得立方积一千一百八十九寸二百〇七分一百一十五厘有奇为实，开立方法除之，得一尺〇五分九厘四毫六丝三忽〇九纤有奇，即应钟倍律之率；既得应钟倍律，则诸律之数皆可求。

以黄钟倍律为二十寸，置黄钟倍律，进一位为实，以应钟倍律为法除之，得大吕倍律；置大吕倍律，进一位为实，以应钟倍律为法除之，得太蔟倍律；置太蔟倍律，进一位为实，以应钟倍律为法除之，得夹钟倍律；以后皆仿此，迭求之。凡言"进一位"者，以黄钟正律十寸为二率，与其本律相乘也。求法，恒以应钟倍律为首率，黄钟正律为次率，与本律相乘为实，而以首率除之，得所求之次律也。

白话解读

首先，确定一尺作为黄钟正律管长的比率，在平面正圆中制作一个最大的平面正方形，东西边长十寸为勾，自乘得到百寸，南北边长十寸为股，自乘得到百寸，将二幂合起来的和为二百寸，为弦幂，用作为实，用开平方法除之，得到弦为一尺四寸一分四厘二毫一丝三忽五微六纤有余（$\sqrt{200} \approx 14.142135623731$），作为正方形的斜（对角线），即圆的直径，也就是蕤宾倍律管长的比率；用勾十寸乘弦一尺四寸一分四厘二毫一丝三忽五微六纤有余，得到平方积为一百四十一寸四十二分一十三厘五十六毫有余（$14.1421356 \times 10 = 141.421356$），用作为实，用开平方法除之，得到一尺一寸八分九厘二毫〇七忽一微一纤有余（$\sqrt{141.421356} \approx 11.8920711400496$），就是南吕倍律管长的比率；仍用勾十寸乘以上得数，又用股十寸乘以上得数，得到立方积为一千一百八十九寸二百〇七分一百一十五厘有余（$11.8920711400496 \times 10 \times 10 \approx 1189.207115$），用作为实，用开立方法除之，得到一尺〇五分九厘四毫六丝三忽〇九纤有余（$\sqrt[3]{1189.207115} \approx 10.594630943584871$），就是应钟倍律管长的比率；既然得到应钟倍律管长，则各个音律管长的数值都可以求出来了。

以黄钟倍律管长为二十寸，设置黄钟倍律，进一位作为实，除以应钟倍律，得到大吕倍律；设置大吕倍律，进一位作为实，除以应钟倍律，得到太蔟倍律；设置太蔟倍律，进一位作为实，除以应钟倍律，得到夹钟倍律；以后各律都仿照此例，更迭求出。凡是说"进一位"的，就是用黄钟正律管长十寸为二率，与其本律相乘。这种计算方法，始终以应钟倍律为首率，黄钟正律为次率，以黄钟正律与本律相乘为实，而除以首率，就可以得到所求的次律。

列律图

列律图

（上一层为十寸之尺， 中一层为九寸之尺， 下一层与旧律相较）

蕤宾倍律一尺四寸一分四厘二毫	一尺二寸七分二厘七毫九丝	
林钟倍律一尺三寸三分四厘八毫	一尺二寸〇一厘三毫五丝	
夷则倍律一尺二寸五分九厘九毫	一尺一寸三分三厘九毫二丝	
南吕倍律一尺一寸八分九厘二毫	一尺〇七分二毫八丝六忽	
无射倍律一尺一寸二分二厘四毫	一尺〇一分〇二毫一丝	
应钟倍律一尺〇五分九厘四毫六丝	九寸五分三厘五毫一丝六忽	
黄钟正律一尺	九寸	旧同
大吕正律九寸四分三厘八毫七丝	八寸四分九厘四毫八丝六忽	旧八寸四分二厘八毫弱
太蔟正律八寸九分〇八毫九丝	八寸〇一厘八毫〇八忽	旧八寸
夹钟正律八寸四分〇八毫九丝	七寸五分六厘八毫〇六忽	旧七寸四分九厘二毫弱
姑洗正律七寸九分三厘七毫	七寸一分四厘三丝〇四微	旧七寸一分一厘一毫强
仲吕正律七寸四分九厘一毫五丝	六寸七分四厘二毫三丝八忽	旧六寸六分五厘九毫强
蕤宾正律七寸〇七厘一毫	六寸三分六厘三毫九丝六忽	旧六寸三分二厘〇毫强
林钟正律六寸六分七厘四毫一丝	六寸〇〇六毫七丝七忽九微	旧六寸
夷则正律六寸二分九厘九毫六丝	五寸六分六厘九毫六丝四忽	旧五寸六分一厘八毫强
南吕正律五寸九分四厘六毫	五寸三分五厘一毫四丝三忽	旧五寸三分三厘三毫强
无射正律五寸六分一厘二毫三丝	五寸〇五厘一毫〇七忽	旧四寸九分九厘四毫强
应钟正律五寸二分九厘七毫三丝	四寸七分六厘七毫五丝八忽	旧四寸七分四厘〇毫强
黄钟半律五寸	四寸五分	旧同
大吕半律四寸七分一厘九毫三丝	四寸二分四厘七毫四丝三忽	旧四寸二分一厘四毫强
太蔟半律四寸四分五厘四毫四丝	四寸〇〇九毫〇四忽四微一纤	旧四寸
夹钟半律四寸二分〇四毫四丝	三寸七分八厘四毫〇三忽	旧三寸七分四厘六毫弱
姑洗半律三寸九分六厘八毫五丝	三寸五分七厘一毫六丝五忽	旧三寸五分五厘五毫强
仲吕半律三寸七分四厘五毫	三寸三分七厘一毫一丝九忽	旧三寸三分二厘九毫

白话解读

列律表

各律	十寸之尺	九寸之尺	与旧律比较
蕤宾倍律	一尺四寸一分四厘二毫	一尺二寸七分二厘七毫九丝	
林钟倍律	一尺三寸三分四厘八毫	一尺二寸〇一厘三毫五丝	
夷则倍律	一尺二寸五分九厘九毫	一尺一寸三分三厘九毫二丝	
南吕倍律	一尺一寸八分九厘二毫	一尺〇七分二毫八丝六忽	
无射倍律	一尺一寸二分二厘四毫	一尺〇一分〇二毫一丝	
应钟倍律	一尺〇五分九厘四毫六丝	九寸五分三厘五毫一丝六忽	
黄钟正律	一尺	九寸	旧同
大吕正律	九寸四分三厘八毫七丝	八寸四分九厘四毫八丝六忽	旧八寸四分二厘八毫弱
太蔟正律	八寸九分〇八毫九丝	八寸〇一厘八毫〇八忽	旧八寸
夹钟正律	八寸四分〇八毫九丝	七寸五分六厘八毫〇六忽	旧七寸四分九厘二毫弱
姑洗正律	七寸九分三厘七毫	七寸一分四厘三丝〇四微	旧七寸一分一厘一毫强
仲吕正律	七寸四分九厘一毫五丝	六寸七分四厘二毫三丝八忽	旧六寸六分五厘九毫强
蕤宾正律	七寸〇七厘一毫	六寸三分六厘三毫九丝六忽	旧六寸三分二厘〇毫强
林钟正律	六寸六分七厘四毫一丝	六寸〇〇六毫七丝七忽九微	旧六寸
夷则正律	六寸二分九厘九毫六丝	五寸六分六厘九毫六丝四忽	旧五寸六分一厘八毫强
南吕正律	五寸九分四厘六毫	五寸三分五厘一毫四丝三忽	旧五寸三分三厘三毫强
无射正律	五寸六分一厘二毫三丝	五寸〇五厘一毫〇七忽	旧四寸九分九厘四毫强
应钟正律	五寸二分九厘七毫三丝	四寸七分六厘七毫五丝八忽	旧四寸七分四厘〇毫强
黄钟半律	五寸	四寸五分	旧同
大吕半律	四寸七分一厘九毫三丝	四寸二分四厘七毫四丝三忽	旧四寸二分一厘四毫强
太蔟半律	四寸四分五厘四毫四丝	四寸〇〇九毫〇四忽四微一纤	旧四寸
夹钟半律	四寸二分〇四毫四丝	三寸七分八厘四毫〇三忽	旧三寸七分四厘六毫弱
姑洗半律	三寸九分六厘八毫五丝	三寸五分七厘一毫六丝五忽	旧三寸五分五厘五毫强
仲吕半律	三寸七分四厘五毫	三寸三分七厘一毫一丝九忽	旧三寸三分二厘九毫

图说

倍律、正律、半律，本有三十六律。倍律，蕤宾以前声太浊；半律，仲吕以后声太清，故止列二十四律。欲考蕤宾以前倍律之数，则以正律加倍即得；欲考仲吕以后半律之数，则以正律减半即得。其实，人之中声，不出此二十四律也。此所求各律之率，皆以勾股乘、除、开方之术求之。先得蕤宾，次得南吕，后得应钟，应钟之数由开立方得之；最为奇妙，及得应钟，而诸律皆可求。与旧法三分损一益一、下生上生以算律者，大不同。及其以十寸之尺，变为九寸之尺，与旧律相较，除黄钟九寸之外，大吕以下，旧律必稍短，其差数祇在毫厘之间。于是相生至仲吕，宜三分益一以生黄钟，仅得八寸七分有奇，不能复得九寸，说者于是谓“律吕之数，往而不返”。夫一岁之气，终则复始，无丝毫之间断，何以律吕独不能接续循环哉。可知，以三分损益立法者，其数近似未真；以勾股乘、除、开方立算者，其数微妙最确也。三分损益之说，始于管子，后世皆祖其说。有谓“仲吕极不生”者，《淮南子》之说也；有谓“复生六十律”者，京房之说也；有谓“复生之律为变律、为变半律”者，杜佑《通典》之说也；有谓“黄钟无半律，惟用变半律”者，蔡氏《新书》之说也。惟六朝人欲破三分损益之说，林钟而下，少增其算，使仲吕可生黄钟，然奇零之数，或弃或收，终非确然不易之法。然则，古今言律学者，如在梦中，唯郑世子颖悟绝人，始能开悟而先觉耳。

律吕左旋右旋，皆可相生，而以隔八顺生为主。黄钟生林钟，林钟生太蔟，太蔟生南吕，南吕生姑洗，姑洗生应钟，应钟生蕤宾，蕤宾生大吕，大吕生夷则，夷则生夹钟，夹钟生无射，无射生仲吕，仲吕生黄钟。长生短，五亿乘之；短生长，十亿乘之；皆以七亿四千九百一十五万三千五百三十八除之。七亿四千九百一十五万三千五百三十八者，仲吕之率也。仲吕复生黄钟者也，用其率以除实，自然循环矣。

白话解读

(一)二十四律来源

倍律、正律、半律，各有十二律，本来共有三十六律。倍律，是低八度音律，蕤宾以前的倍律声太浊；半律，是高八度音律，仲吕以后的半律声太清，因此，上述《列律图》只列出二十四律。想要考证蕤宾以前的倍律管长数值，用正律管长增加一倍即可得到；想要考证仲吕以后的半律管长数值，用正律管长减少一半即可得到。其实，人用嗓音发出的中和之声，一般音域都不超出这二十四律的范围。

(二)新法计算律吕比率

此法所求出的各律管长的比率，都是用勾股乘、除、开方的方法求得。首先，求得蕤宾管长，其次求得南吕管长，最后求得应钟管长，应钟管长的数值由开立方法求得；最为奇妙的是，求得应钟管长后，其他各律的管长就都可以求得了。这与旧的计算方法三分损其一、三分益其一，下生、上生，来计算各律管长的方法，有很大不同。

(三)新法与三分损益法比较

此法尺度使用十寸的尺。如果改变为九寸的尺，与旧律比较，除黄钟管长九寸相同之外，大吕以下各律管长，旧律管长必定稍微短些，其相差的数值只在毫厘之间。由于这个原因，旧律各律相互产生时，生至仲吕，本应该用三分益一来产生黄钟的管长，但仅能得到八寸七分有零，不能还原得到九寸的数值。解读此学说的人于是认为，“律吕管长的数值，只能往前推算而不能返回”。一岁的气，周而复始，没有一丝一毫的间断，怎么律吕管长就不能够接续循环下去呢？由此可以知道，用三分损益确立律吕管长计算法则的方法，其计算的数值只是得到近似值，而未能真实确凿；用勾股乘、除、开方确立律吕管长计算法则的方法，其计算的数值才是精细巧妙，最为准确。

（四）三分损益法源流

三分损益的学说，起始于管子。后世，都承袭其学说。

有说“仲吕就是音律的尽头，不可再回生为黄钟”的，这是《淮南子·天文训》的学说。

有说“复生的循环周期是六十律”的，这是汉代律学家京房的学说。

有说“复生之律是变律、变半律（在正律仲吕之后，依照三分损益法产生的律，统称变律，变律之半，又名子声，变律和子声长度都比正律短——编者注）”的，这是唐代杜佑《通典》的学说。

有说“黄钟没有半律，只是将变律的半声用作半律”的，这是南宋蔡元定《律吕新书》的学说。

只有六朝时期（三国至隋统一前——作者注）的人想要破除三分损益说的束缚，自林钟而下各律，略微增加其计算的管长，使得仲吕可以产生黄钟，然而，对于有零余的数，有的弃用、有的使用，终究不是确定的、无可改变的方法。自古至今研究音律学说的人，长久地如处睡梦之中，不清醒不明白，唯有明代郑恭王世子朱载堉聪慧过人，这才能开智悟理，比别人更早地发现了真理。

（五）律吕循环相生之法

按照新的计算方法，律吕管长不论向左旋转，还是向右旋转，都可以相互产生，而以隔八位顺次相互产生为主。黄钟产生林钟，林钟产生太蔟，太蔟产生南吕，南吕产生姑洗，姑洗产生应钟，应钟产生蕤宾，蕤宾产生大吕，大吕产生夷则，夷则产生夹钟，夹钟产生无射，无射产生仲吕，仲吕产生黄钟。管长长的律产生管长短的律，用五亿乘以本律管长；管长短的律产生管长长的律，用十亿乘以本律管长；都用七亿四千九百一十五万三千五百三十八来除，就可以得到所产生律的管长。七亿四千九百一十五万三千五百三十八，就是仲吕管长的比率。仲吕律重新产生黄钟律，是先用仲吕律管长的比率乘以十亿，求得实，再用仲吕律的比率除以实，就可以求得黄钟管长，自然而然地实现十二律的循环相生。

《河图》五音本数图

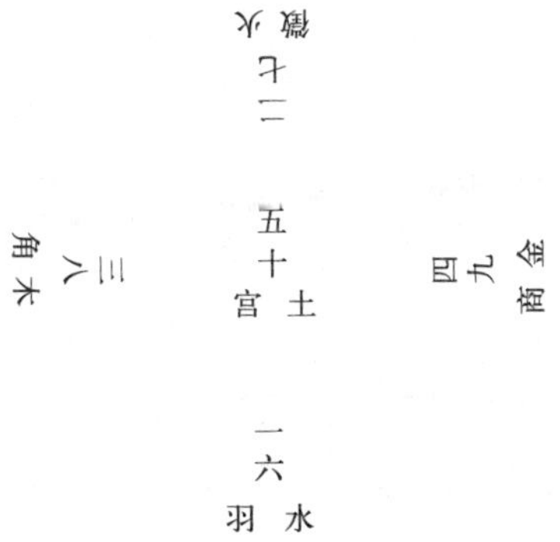

宫	十	土	中
商	九	金	西
角	八	木	东
徵	七	火	南
羽	六	水	北
宫	五	土	中
商	四	金	西
角	三	木	东
徵	二	火	南
羽	一	水	北

《河图》五音本数图

图说

《河图》为数之源，音律实仿于此。《月令》已发其端："春木，其音角，其数八；""夏火，其音徵，其数七；""中央土，其音宫，其数五；""秋金，其音商，其数九；""冬水，其音羽，其数六。"于中央举生数，则十亦为宫；于四方举成数，则四亦为商，三亦为角，二亦为徵，一亦为羽。纵列十数，自下而上，五行生出之序；自上而下，五音大小之序。五成数犹五音之浊，律之全；五生数犹五音之清，律之半也。五音之体，已有宫音居中之理，但非以其最浊为宫，而以五为数之中者为宫也。

白话解读

《河图》为数的本源，音律确实仿效于此，《礼记·月令》已经初现端倪。

《礼记·月令》说：春木，“其音角……其数八”；夏火，“其音徵……其数七”；中央土，“其音宫……其数五”；秋金，“其音商……其数九”；冬水，“其音羽……其数六”。

《礼记·月令》于中央土列举五行生数，则成数十也为宫音；于东西南北四方列举五行成数，则生数四也为商音，生数三也为角音，生数二也为徵音，生数一也为羽音。将《河图》数十、九、八、七、六、五、四、三、二、一，按降序纵向排列十个数，自下而上，水数一、火数二、木数三、金数四、土数五、水数六、火数七、木数八、金数九、土数十，为五行产生的次序；自上而下，宫音极长、极下、极浊，商音次长、次下、次浊，角音长短高下清浊介于中间，徵音次短、次高、次清，羽音极短、极高、极清，这是五音大小的次序。五位成数犹如五音的浊音，是律管长度的全数；五位生数犹如五音的清音，是律管长度的半数。五音的形体，已经有宫音居于中央的道理，但并非因其最浊，才作为宫音，而是以五为十位数的中数而作为宫音。

《河图》五音顺序相生图

《河图》五音顺序相生图

图说

五音既有大小之序矣，五方之位矣，即有相生之序焉。自中而南，南而西，西而北，北而东，东而复中、复南，则五正音与变宫、变徵具焉。此与五行相生不同者，五行自中而西，五音自中而南，相差一位，各有其理也。

白话解读

五音既然有了大小的次序、五方的位置，就有了相互产生的次序。《河图》方位中，五音自中央而南方、南方而西方、西方而北方、北方而东方、东方而再次复归中央、复归南方，这便是五个正音与变宫、变徵所成的相互产生的次序，具体为：中央土宫生南方火徵，南方火徵生西方金商，西方金商生北方水羽，北方水羽生东方木角，东方木角生中央变宫，中央变宫生南方变徵，这样五个正音与变宫、变徵都具有相生关系了。这与五行相互产生的次序不同，《河图》方位中，五行自中央土而西方金，而五音则是自中央土宫而南方火徵，相差一个方位，各自有各自的道理。

《河图》五音之数即含隔八相生之理说

律以隔八而相生。隔八实隔七，由此律至彼律为第八位；支辰则如子至未，未至寅也。而《河图》之数，顺而数之，已具此理矣。五至二，隔八也，是为子至未，黄钟宫生林钟徵；二至九，隔八也，是为未至寅，林钟徵生太蔟商；九至六，隔八也，是为寅至酉，太蔟商生南吕羽；六至三，隔八也，是为酉至辰，南吕羽生姑洗角；三至十，隔八也，是为辰至亥，姑洗角生应钟变宫；十至七，隔八也，是为亥至午，应钟变宫生蕤宾变徵。一钧七音已遍，此后则不论五音。七至四，隔八也，是为午至丑，蕤宾生大吕；四至一，隔八也，是为丑至申，大吕生夷则；

一至八，隔八也，是为申至卯，夷则生夹钟；八至五，隔八也，是为卯至戌，夹钟生无射；五至二，隔八也，是为戌至巳，无射生仲吕；二至九，隔八也，是为巳至子，十二律遍，而仲吕复生黄钟焉。皆有自然之数也。

白话解读

律吕管长以隔八位而相互产生。隔八位实际为隔七位，由此一律至彼一律为第八位。以十二支辰来做参照的话，就如同子至未、未至寅。而《河图》的数，按照自然数的次序顺次而计数，其中已经具备这一规律了。五数至二数，隔八位，这是为十二支的子至未，十二律黄钟宫生林钟徵；二数至九数，隔八位，这是为十二支的未至寅，十二律林钟徵生太蔟商；九数至六数，隔八位，这是为十二支的寅至酉，十二律太蔟商生南吕羽；六数至三数，隔八位，这是为十二支的酉至辰，十二律南吕羽生姑洗角；三数至十数，隔八位，这是为十二支的辰至亥，十二律姑洗角生应钟变宫；十数至七数，隔八位，这是为十二支的亥至午，十二律应钟变宫生蕤宾变徵。这样音乐中的七个音阶，也就是七音，已经从头至尾生成一遍，此后谈论音乐就不再用五音体系了。七数至四数，隔八位，这是为十二支的午至丑，十二律蕤宾生大吕；四数至一数，隔八位，这是为十二支的丑至申，十二律大吕生夷则；一数至八数，隔八位，这是为十二支的申至卯，十二律夷则生夹钟；八数至五数，隔八位，这是为十二支的卯至戌，十二律夹钟生无射；五数至二数，隔八位，这是为十二支的戌至巳，十二律无射生仲吕；二数至九数，隔八位，这是为十二支的巳至子，十二律相生一遍，而仲吕再次复生黄钟，这其中都具有符合自然法则的数理。列表如下。

十二月	子	丑	寅	卯	辰	巳	午	未	申	酉	戌	亥
十二律吕	黄钟	大吕	太蔟	夹钟	姑洗	仲吕	蕤宾	林钟	夷则	南吕	无射	应钟
七音（五音）	宫		商		角		变徵	徵		羽		变宫
《河图》数	五（九）	四	九	八	三	二	七	二	一	六	五	十

《河图》五音变数图

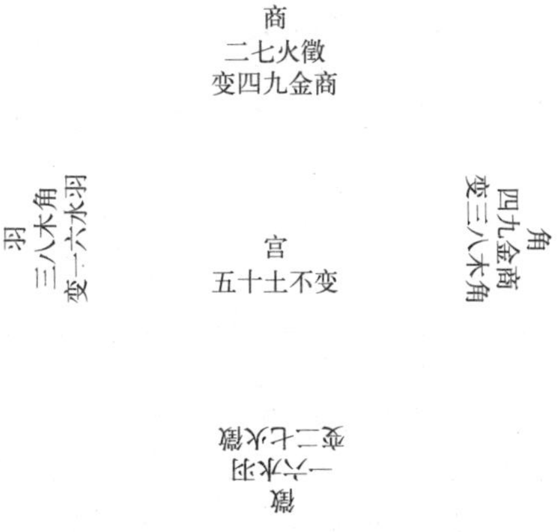

《河图》五音变数图

图说

《河图》五音有变数，生于两数之合也。五、十合为十五，仍是五数，故惟土宫不变；南方二、七合为九，减五为四，故二七火徵变为四九金商；西方四、九合为十三，减十为三，减五为八，故四九金商变为三八木角；北方一、六合为七，减五为二，故一六水羽变为二七火徵；东方三、八合为十一，减十为一，减五为六，故三八木角变为一六水羽。由中而南而西而北而东数之，宫、商、角、徵、羽，又如五音本数之序矣。故惟中五宫不变，南方徵变为九，西方商变为八，北方羽变为七，东方角变为六，故《史记·律书》曰："上九，商八，羽七，角六，宫五，徵九。"此古乐家相传用音律之法。"上九"者，谓宫五上生徵九也；下言"徵九"者，申明"徵"是九数也。此十二字，读者皆不得其解，谓其文有误字，不知其数出于《河图》，非误也。五以下未言，以《图》观之，四为徵，三为商，二为羽，一为角，可知矣；五既为宫，则十亦为宫，可知矣。以全数观之：十为宫，八为商，六为角，四为徵，二为羽，如五音大小之序者，声律之体也；十宫生九徵，八商生七羽，六角生五宫，四徵生三商，二羽生一角，徵、羽在宫前，商、角在宫后者，声律之用也；偶数为体，奇数为用也；九七五三一，为徵羽宫商角，《河图》之西南中东北也。以合数观之：徵、羽在宫前者，一、三在五前也；商、角在宫后者，七、九在五后也，又为《河图》之北东中南西也。五为黄钟正宫，九徵则林钟倍律也，七羽则南吕倍律也，三商则太蔟正律也，一角则姑洗正律也；以琴言之，一弦为林钟徵，二弦为南吕羽，三弦为黄钟宫，四弦为太蔟商，五弦为姑洗角，六弦为林钟少徵，七弦为南吕少羽。此用声律之理数，具见于《河图》，千古未发明也。

先儒论律，皆以黄钟为最长，宫声为最大。旋相为宫，必以长大者为宫，余律皆当避之。若有过于宫声者，即为臣陵君，是知有体而不知有用也。徵、羽在宫之前，安得谓无大于宫者哉！

圣祖仁皇帝论乐曰："宫声君也，宜居中位；徵、羽宜有浊声在宫之前，其清声则在商、角之后，与浊声相应。"此不易之论。别有《律吕阐微》一书发明之，此言其略。

白话解读

《河图》数配合五音还有一种变数，产生于五行生数成数两个数合并得到的和数。中央土的生数五、成数十，和为十五，十五仍然是五数，因此，只有中央土宫的数不变；南方火的生数二、成数七，和为九，九减去五行之数五，为四，因此，南方二七火徵变为四九金商；西方金的生数四、成数九，和为十三，十三减十为三，减五为八，因此，西方四九金商变为三八木角；北方水的生数一、成数六，和为七，七减五为二，因此，北方一六水羽变为二七火徵；东方木的生数三、成数八，和为十一，十一减十为一，减五为六，因此，东方三八木角变为一六水羽。列表如下。

《河图》五方	中央	南方	西方	北方	东方
《河图》五音	宫	徵	商	羽	角
《河图》五行	土	火	金	水	木
《河图》本数	五、十	二、七	四、九	一、六	三、八
《河图》变数	五、十	四、九	三、八	二、七	一、六

续表

《河图》五方	中央	南方	西方	北方	东方
《河图》变数五行	土	金	木	火	水
《河图》变数五音	宫	商	角	徵	羽

由中央而南方、而西方、而北方、而东方，顺次计数，为宫、商、角、徵、羽，这又和五音本数的次序一致了。因此，只有中央五数宫音不变，南方火徵音变为九，西方金商音变为八，北方水羽音变为七，东方木角音变为六。所以《史记·卷二十五·律书第三》说："上九，商八，羽七，角六，宫五，徵九。"这是古代乐律学家世代传授的使用音律的方法。"上九"，是说宫音五数向上而生徵音九数；最后说"徵九"，强调说明"徵"音是九数。"商八"是说四九金商变为三八木角；"羽七"是说一六水羽变为二七火徵；"角六"是说三八木角变为一六水羽；"宫五"是说五十土宫不变；"徵九"是说二七火徵变为四九金商。这十二个字，读过的人都想不出正确的解释，认为它的文辞有错误，不知道其数出于《河图》，并非文字错误。五数以下没有说到，根据《河图》数配合规律来观察，便可知道，四数为徵音，三数为商音，二数为羽音，一数为角音；五数既然为宫音，那么十数也为宫音，也是可知的了。根据《河图》全部的数来观察：十数为宫音，八数为商音，六数为角音，四数为徵音，二数为羽音，如同五音按大小排列的次序，这是声调和音律的形体；十数宫音产生九数徵音，八数商音产生七数羽音，六数角音产生五数宫音，四数徵音产生三数商音，二数羽音产生一数角音，徵音、羽音在宫音前面，商音、角音在宫音后面，这是声调和音律的功用；这是以偶数作为形体，奇数作为功用；变数九、七、五、三、一，依次配合《河图》本数五音为徵、羽、宫、商、角，这是《河图》方位自西、而南、而中央、而东、而北的次序。根据对《河图》五行生数成数之和的观察：变数五音徵音、羽音在宫音前面，是因为《河图》本数一数、三数在五数前面；变数五音商音、角音在宫音后面，是因为《河图》本数七数、九数在五数后面，这又成为《河图》方位自北、而东、而中央、而南、而西的次序。依据《河图五音之数即含隔八相生之理说》中《河图》数与五音十二律的配合关系，再结合十二律比率，可以推知：五数为黄钟正宫，九数徵音则为林钟倍律，七数羽音则为南吕倍律，三数商音则为太蔟正律，一数角音则为姑洗正律。其中，林钟倍律、南吕倍律管长比黄钟正律长，太蔟正律、姑洗正律

管长则比黄钟正律短；从琴的七弦配合五音来看，一弦为林钟倍律徵，二弦为南吕倍律羽，三弦为黄钟正律宫，四弦为太蔟正律商，五弦为姑洗正律角，六弦为林钟正律少徵，七弦为南吕正律少羽。其中，林钟倍律、南吕倍律弦长比黄钟正律长，太蔟正律、姑洗正律、林钟正律、南吕正律弦长比黄钟正律短。这些使用声调和音律时的数字和义理，全都体现于《河图》之中，这是千古以来未曾阐发明白的道理。

先世儒学家们论述音律，都以黄钟管长为最长，以宫声为最大。“旋相为宫”，又称“旋宫”，是说十二律中每一律都可以作为“宫”音位，相应产生一组有关音列。“旋宫”转调时，必定以管长最长、声音最大的作为宫音，其他音律都应当避让它。如果有超过宫声的音律，就如同臣下欺凌君上，这是知道音律有按大小排列的形体，却不知道音律有和谐韵律的功用。徵音、羽音都排在宫音前面，怎么能说没有大于宫音的音律呢。康熙皇帝论述乐律时说：“宫声为君，适宜居于中央位置；徵声、羽声适宜有浊声在宫声的前面，其清声则在商声、角声的后面，与浊声相互应和。”这是非常正确的论断。另外，江永还著有《律吕阐微》一书，对此进行了详细阐发彰明，此处只是言其大略。

《洛书》应十二律图

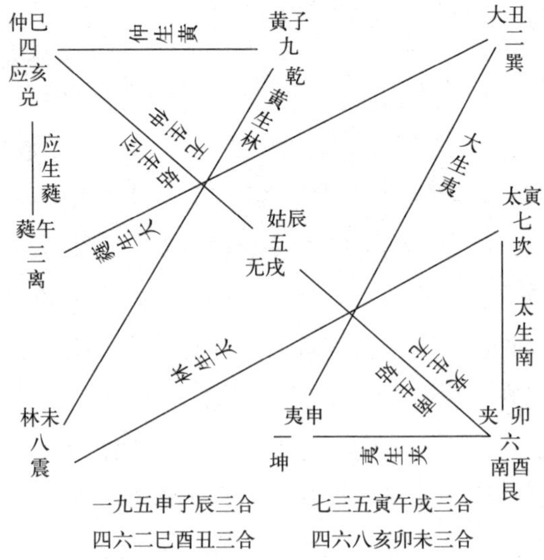

《洛书》应十二律图

图说

《河图》配五声，而有隔八相生之数，则可旋宫而周十二律。若《洛书》者，唯有九位，似与十二律不叶，而不知十二律正藏十二位也。盖九、八、七、六、五、四、三、二、一配九律，而一之后又得六、五、四之三位，则又配三律也。以十二支辰如位之序布之，当二、八之位必冲，而六、五、四必自冲也；九、五、一与三、五、七必成三合，而六、四、二与六、四、八亦必成三合也；循其二继九、八继三者数之，必为十二律长短之序；循其八继九、二继三者数之，必为十二律相生之序也；支辰以辰为天罡、戌为河魁，最尊之位，而此正当中央之五也。此皆儒家、五行家所未知。

白话解读

《河图》配合五声，而有隔八位相生的数量，就可以通过旋宫而使十二律周行产生一遍。像《洛书》，只有九位数，似乎与十二律不能相互融合，人们却不知道，十二律正隐藏于十二个方位中。《洛书》九、八、七、六、五、四、三、二、一配合九律，而一之后又得到六、五、四的三个方位，则又可以配合另外的三律。用十二支辰，按照《洛书》上述方位数的次序排布，对应二数、八数方位的地支丑与未，必定相互对冲，而对应六数方位的卯与酉、五数方位的辰与戌、四数方位的巳与亥，必定自己相冲；对应九数、五数、一数方位的子、辰、申与三数五数七数方位的午、戌、寅必定形成地支三合，而对应六数四数二数方位的酉、巳、丑，与六数、四数、八数方位的卯、亥、未也必定形成地支三合；循照二数继续九数、八数继续三数的次序计数，九为黄钟、二为大吕、七为太蔟、六为夹钟、五为姑洗、四为仲吕、三为蕤宾、八为林钟、一为夷则、六为南吕、五为无射、四为应钟，必然形成十二律比率长短的次序；循照八数继续九数、二数继续三数的次序计数，九为黄钟、八为林钟、七为太蔟、六为南吕、五为姑洗、四为应钟、三为蕤宾、二为大吕、一为夷则、六为夹钟、五为无射、四为仲吕、九又为黄钟，必然形成十二律相互产生的次序；十二支辰以辰为天罡、戌为河魁，这是最为尊贵的方位，而此辰、戌二支正好对应中央的五数方位。这都是儒家学者、五行学家所未曾知晓的。列表如下。

十二月	子	丑	寅	卯	辰	巳	午	未	申	酉	戌	亥
十二律吕	黄钟	大吕	太蔟	夹钟	姑冼	仲吕	蕤宾	林钟	夷则	南吕	无射	应钟
《洛书》数	九	二	七	六	五	四	三	八	一	六	五	四
先天八卦	乾	巽	坎	艮		兑	离	震	坤	艮		兑

《洛书》配支辰律吕应六合图

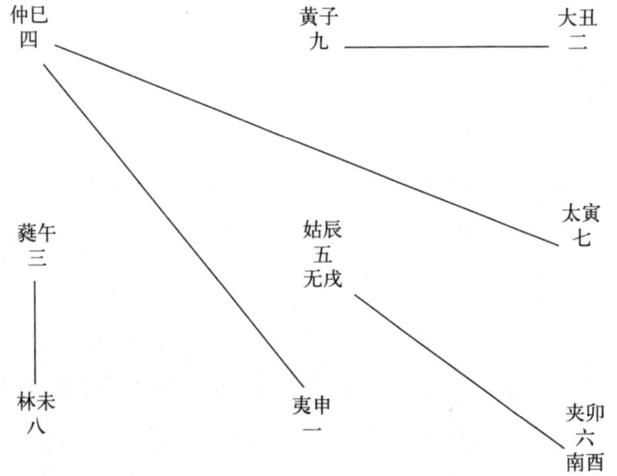

《洛书》配支辰律吕应六合图

图说

《河图》之数五十有五，五十有五者，五其十有一也，谓十与一、九与二、八与三、七与四、六与五也；《洛书》如前图分布支辰、律吕，则相合者有六焉。《周礼》曰"奏黄钟，歌大吕"，子与丑合，九与二合为十一也；"奏太蔟，歌应钟"，寅与亥合，七与四合为十一也；"奏姑冼，歌南吕"，辰与酉合，五、六合为十一也；"奏无射，歌夹钟"，戌与卯合，亦五与六合为十一也；“奏蕤宾，歌函钟”，午与未合，三与八合为十一也；“奏夷则，歌小吕”，申与巳合，宜为十与一，而《洛书》无十，则假四以为十，以其四与九相连，犹十与九相连也。夫地支六合，应乎月建与日躔者也；而《洛书》自相符，益知前图配十二辰、十二律之妙。

白话解读

《河图》的数为五十五，五十五是五个十一，也就是十与一、九与二、八与三、七与四、六与五；《洛书》中，分布十二支辰、十二律吕如前图，那么十二支和十二律能够相互合并为十一的有六组，与《周礼·春官宗伯·大司乐》的说法相符合。《周礼·卷第二十二·春官宗伯下·大司乐》说：“奏黄钟，歌大吕”，黄钟为子，大吕为丑，是子与丑合，黄钟为九，大吕为二，九与二的和为十一；“奏太蔟，歌应钟”，太蔟为寅，应钟为亥，是寅与亥合，太蔟为七，应钟为四，七与四的和为十一；“奏姑洗，歌南吕”，姑洗为辰，南吕为酉，是辰与酉合，姑洗为五，南吕为六，五与六的和为十一；“奏无射，歌夹钟”，无射为戌，夹钟为卯，是戌与卯合，无射为五，夹钟为六，也是五与六的和为十一；“奏蕤宾，歌函钟”，蕤宾为午，函钟(一名林钟)为未，是午与未合，蕤宾为三，林钟为八，三与八的和为十一；“奏夷则，歌小吕”，夷则为申，小吕(一名仲吕)为巳，夷则为一，适宜为十与一的和为十一，但《洛书》没有十数，就假借四数以作为十数，因为《洛书》四数与九数相互连接，和十数与九数相互连接是一样的。地支六合，对应于十二月建与太阳视运动度次的相互配合(详见拙著《〈五行大义〉白话全解》——作者注)；而《洛书》自有的数与之相互符合，更加知道前面的图配合十二支辰、十二律吕的奇妙。

纳音说

纳音，生于声律数也。扬子《太元》曰：“子午之数九，丑未八，寅申七，卯酉六，辰戌五，巳亥四。律四十二，吕三十六……甲己之数九，乙庚八，丙辛七，丁壬六，戊癸五。声生于日，律生于辰。”此扬子言纳音之源也。天干以合，地支以冲；干何以始于九、终于五，支何以始于九、终于四也，此即前五音变数图。南方二七火变为四九金，故以九为始；西方八，北方七，东方六，中央五，干则一周而复始，支则终于南方之四也。然而，甲子、乙丑何以为金，丙寅、丁卯何以为火，此又别有五行之数，扬子所未言，后图明之。

白话解读

纳音，产生于声律的数量。西汉扬雄著《太玄经·太玄数》(《四库全书》为避康熙皇帝玄烨的名讳，将“太玄”改为“太元”——作者注)说：“地支声律数为，子午数九，丑未数八，寅申数七，卯酉数六，辰戌数五，巳亥数四。按照十二支与十二律配合规律，子午、寅申、辰戌为六阳律，丑未、卯酉、巳亥为六阴律，因此，六律数为四十二($9\times2+7\times2+5\times2=42$)，六吕数为三十六($8\times2+6\times2+4\times2=36$)……天干声律数为，甲己数九，乙庚数八，丙辛数七，丁壬数六，戊癸数五。五声产生于代表日的天干，十二律产生于代表辰的地支。”这是扬雄讲解的纳音的本源。天干用相合二干的数，如甲与己合、乙与庚合、丙与辛合、丁与壬合、戊与癸合；地支用相冲二支的数，如子与午冲、丑与未冲、寅与申冲、卯与酉冲、辰与戌冲、巳与亥冲。天干为什么开始于九数、终结于五数，地支为什么开始于九数、终结于四数，就是依据前述的五音变数图。《河图》南方二七火变为四九金，因此，纳音以九数作为开始；五音变数，西方为八数，北方为七数，东方为六数，中央为五数，天干配数则经过南、西、北、东、中一个周期而再次开始，地支配数则经过南、西、北、东、中而终结于南方的四数。然而，甲子、乙丑为什么为五行金，丙寅、丁卯为什么为五行火，这又另外有五行相关的数理，扬雄并未曾言明，后面有图来阐述这个数理。

纳音五行母子数图

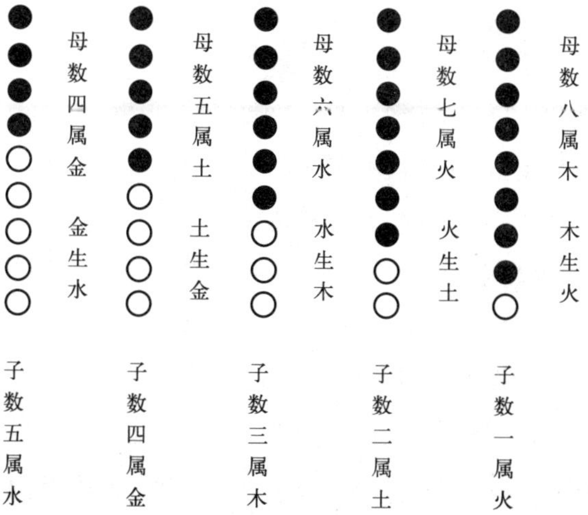

纳音五行母子数图

图说

纳音五行，合两干、两支，依《太元经》之数总计之，视其零数，以定五行，零一属火，零二属土，零三属木，零四属金，零五属水。如甲子、乙丑，甲九、乙八、子九、丑八，合得三十四数，是零四数，故属金；丙寅、丁卯，丙七、丁六、寅七、卯六，合得二十六数，凡十与五皆去之，余一数，故属火；他皆仿此。此母生子之理也。子金者母为土，子火者母为木，观前图各列九数，以黑识母，以白识子，而五行之源可知矣。由是而归之五音，子火徵者母木角，子土宫者母火徵，子木角者母水羽，子金商者母土宫，子水羽者母金商，皆出于《河图》相合之变数也。图见后。

白话解读

纳音五行，合并六十花甲子的两个天干、两个地支，依据《太玄经·

太玄数》的数汇总计算出来，观察它的零余，用来确定其五行属性，零余数为一则属五行火，零余数为二则属五行土，零余数为三则属五行木，零余数为四则属五行金，零余数为五则属五行水。如甲子、乙丑，甲数九、乙数八、子数九、丑数八，相加的和为三十四数，零余数为四数，因此五行属于金；丙寅、丁卯，丙数七、丁数六、寅数七、卯数六，相加的和为二十六数，凡是满十与五的数都减去，得零余数为一，因此五行属火；其他六十花甲子都如此推算。这就是母生子的道理。子为金者，其母为土；子为火者，其母为木；子为木者，其母为水；子为水者，其母为金；子为土者，其母为火。观察前面图中各自列举的九个圆点数，用黑点标识母数，用白点标识子数，就可以知道纳音五行的本源了。根据这些来将其归属五音，子为火徵音者，其母为木角音；子为土宫音者，其母为火徵音；子为木角音，其母为水羽音；子为金商音，其母为土宫音；子为水羽音，其母为金商音。这都是出于《河图》五行生数成数相互合并产生的变数。图示见后文。

六十纳音归《河图》变数图

	南方二七火合 四九金生水	
	癸壬乙甲丁丙 巳辰酉申丑子 水 水 水	
	癸壬乙甲丁丙 亥戌卯寅未午 水 水 水	
东方三八木合 一六水生木	中央五十土 不变生金	西方四九金合 三八木生火
己戊辛庚癸壬 巳辰酉申丑子 木 木 木	辛庚癸壬乙甲 巳辰酉申丑子 金 金 金	乙甲丁丙己戊 巳辰酉申丑子 火 火 火
己戊辛庚癸壬 亥戌卯寅未午 木 木 木	辛庚癸壬乙甲 亥戌卯寅未午 金 金 金	乙甲丁丙己戊 亥戌卯寅未午 火 火 火
	北方一六水合 二七火生土	
	丁丙己戊辛庚 巳辰酉申丑子 土 土 土	
	丁丙己戊辛庚 亥戌卯寅未午 土 土 土	

六十纳音归《河图》变数图

图说

《太元》声律数九、八、七、六、五、四，本《河图》之合变数，九南、八西、北七、六东、五中、四南者也，故六十纳音，皆归之于《河图》焉。中五十土为宫，则含金；南四九金为商，则含水；西三八木为角，则含火；北二七火为徵，则含土；东一六水为羽，则含木。于是，十二金皆归于中，十二水皆归于南，十二火皆归于西，十二土皆归于北，十二木皆归于东。母怀子而子依母，此五行之性情，于六十纳音见之。要其干支得数，本自南、西、北、东、中而来，则其所纳之音，各归受生之位，而受生之位，又本《河图》之数，此理数自然之妙也。一支具五行，五行各有母，旋相为宫，六十调出焉。

白话解读

《太玄经·太玄数》所载声律数量九、八、七、六、五、四，本源于《河图》五行生数成数合并产生的变数，变数九位于南方、八位于西方、七位于北方、六位于东方、五位于中央、四位于南方，因此，六十花甲子的纳音都归属于《河图》。《河图》变数中，中央五数十数为土为宫音，因为土生金，就包含金；南方四数九数为金为商音，因为金生水，就包含水；西方三数八数为木为角音，因为木生火，就包含火；北方二数七数为火为徵音，因为火生土，就包含土；东方一数六数为水为羽音，因为水生木，就包含木。因此，六十花甲子中十二个纳音为金的干支都归属于《河图》中央，十二个纳音为水的干支都归属于《河图》南方，十二个纳音为火的干支都归属于《河图》西方，十二个纳音为土的干支都归属于《河图》北方，十二个纳音为木的干支都归属于《河图》东方。母胎藏着子而子依从着母，这就是五行母子之间的禀性和气质，在六十花甲子纳音中，这得以充分表现出来。归结其要旨，六十花甲子纳音天干地支所得到的数量，本来源自《河图》变数南方九、西方八、北方七、东方六、中央五、南方四而得来，则其所纳的五音，各自归属于受生的方位，而受生的方位，又本源于《河图》的本数，这就是《河图》的数理符合自然法则的奇妙。六十甲子纳音中每一地支都具有木、火、土、金、水五种五行属性，五行各自有其所生出的母，各支纳音通过旋转，相互作为宫音，六十调由此产生出来。

纳音配六十调图

	宫 纳音四 九金商 母数五 十土宫	商 纳音五 十水羽 母数四 九金商	角 纳音一 六火徵 母数三 八木角	徵 纳音二 七土宫 母数二 七火徵	羽 纳音三 八木角 母数一 六水羽
	中	南	西	北	东
黄钟五调	甲子黄 本律之宫	丙子黄 无射之商	戊子黄 夷则之角	庚子黄 仲吕之徵	壬子黄 夹钟之羽
	三十四金	三十水	三十一火	三十二土	二十八木
大吕五调	乙丑大 本律之宫	丁丑大 应钟之商	己丑大 南吕之角	辛丑大 蕤宾之徵	癸丑大 姑洗之羽
太蔟五调	壬寅太 本律之宫	甲寅太 黄钟之商	丙寅太 无射之角	戊寅太 林钟之徵	庚寅太 仲吕之羽
	二十四金	三十水	二十六火	二十七土	二十八木
夹钟五调	癸卯夹 本律之宫	乙卯夹 大吕之商	丁卯夹 应钟之角	己卯夹 夷则之徵	辛卯夹 蕤宾之羽
姑洗五调	庚辰姑 本律之宫	壬辰姑 太蔟之商	甲辰姑 黄钟之角	丙辰姑 南吕之徵	戊辰姑 林钟之羽
	二十四金	二十水	二十六火	二十二土	二十三木
仲吕五调	辛巳仲 本律之宫	癸巳仲 夹钟之商	乙巳仲 大吕之角	丁巳仲 无射之徵	己巳仲 夷则之羽
蕤宾五调	甲午蕤 本律之宫	丙午蕤 姑洗之商	戊午蕤 太蔟之角	庚午蕤 应钟之徵	壬午蕤 南吕之羽
	三十四金	三十水	三十一火	三十二土	二十八木
林钟五调	乙未林 本律之宫	丁未林 仲吕之商	己未林 夹钟之角	辛未林 黄钟之徵	癸未林 无射之羽
夷则五调	壬申夷 本律之宫	甲申夷 蕤宾之商	丙申夷 姑洗之角	戊申夷 大吕之徵	庚申夷 应钟之羽
	二十四金	三十水	二十六火	二十七土	二十八木
南吕五调	癸酉南 本律之宫	乙酉南 林钟之商	丁酉南 仲吕之角	己酉南 太蔟之徵	辛酉南 黄钟之羽
无射五调	庚戌无 本律之宫	壬戌无 夷则之商	甲戌无 蕤宾之角	丙戌无 夹钟之徵	戊戌无 大吕之羽
	二十四金	二十水	二十六火	二十二土	二十三木
应钟五调	辛亥应 本律之宫	癸亥应 南吕之商	乙亥应 林钟之角	丁亥应 姑洗之徵	己亥应 太蔟之羽

纳音配六十调图

图说

干支相错成六十，声律相错亦成六十。以声律数起纳音，则一支有五行；以十二律起均调，则一律有五调。纳音之五行，本以两干支零数，减九数而生，从子溯母，适叶夫五声之序，以配六十调，若合符节。合而图之，可知理数自然之妙，而扬子所谓“声律数”、五行家所谓“纳音”，其名不虚矣。究其源，皆出《河图》，则与声律同出一源，是以其归必合也。古今论声律、旋宫，未有推阐及此者。

白话解读

天干地支相互交错形成六十甲子，声调音律相互交错也形成六十调。用《太玄经·太玄数》声律数起算六十甲子纳音，则每一地支都具备五种五行属性；用十二律各自为宫音作出均衡协调的音调，则每一律都具有五种调。六十甲子纳音的五行，本来由两组天干地支的和去掉十或五的零余数、再减九数而产生，从子可以追溯其母，正好和洽五声的次序，用来配合六十调，如同符节的两半合二为一一般，相互吻合（古代朝廷使臣传达军令，需持一枚符节的一半，与统帅手中的另一半合为一体，军队才会听令——编者注）。合并用图标示出来，可以知道义理之数符合自然法则的奇妙，而扬雄所说“声律数”、五行学家所说“纳音”，这些名称就可以找到实在的内涵，并不虚妄了。推究其本源，都出于《河图》，也就是与声律同出一个本源，所以它们的趋向必定是合并为一。古往今来论述声律、旋宫的人，未曾有推究阐明至此的。列表如下。

五音	宫		商		角		徵		羽	
《河图》变数	母数五十土宫	纳音四九金商	母数四九金商	纳音五十水羽	母数三八木角	纳音一六火徵	母数二七火徵	纳音二七土宫	母数一六水羽	纳音三八木角
《河图》方位	中		南		西		北		东	

续表

五音	宫		商		角		徵		羽	
黄钟五调	甲子黄（本律之宫）	34 金	丙子黄（无射之商）	30 水	戊子黄（夷则之角）	31 火	庚子黄（仲吕之徵）	32 土	壬子黄（夹钟之羽）	28 木
大吕五调	乙丑大（本律之宫）		丁丑大（应钟之商）		己丑大（南吕之角）		辛丑大（蕤宾之徵）		癸丑大（姑洗之羽）	
太蔟五调	壬寅太（本律之宫）	24 金	甲寅太（黄钟之商）	30 水	丙寅太（无射之角）	26 火	戊寅太（林钟之徵）	27 土	庚寅太（仲吕之羽）	28 木
夹钟五调	癸卯夹（本律之宫）		乙卯夹（大吕之商）		丁卯夹（应钟之角）		己卯夹（夷则之徵）		辛卯夹（蕤宾之羽）	
姑洗五调	庚辰姑（本律之宫）	24 金	壬辰姑（太蔟之商）	20 水	甲辰姑（黄钟之角）	26 火	丙辰姑（南吕之徵）	22 土	戊辰姑（林钟之羽）	23 木
仲吕五调	辛巳仲（本律之宫）		癸巳仲（夹钟之商）		乙巳仲（大吕之角）		丁巳仲（无射之徵）		己巳仲（夷则之羽）	
蕤宾五调	甲午蕤（本律之宫）	34 金	丙午蕤（姑洗之商）	30 水	戊午蕤（太蔟之角）	31 火	庚午蕤（应钟之徵）	32 土	壬午蕤（南吕之羽）	28 木
林钟五调	乙未林（本律之宫）		丁未林（仲吕之商）		己未林（夹钟之角）		辛未林（黄钟之徵）		癸未林（无射之羽）	
夷则五调	壬申夷（本律之宫）	24 金	甲申夷（蕤宾之商）	30 水	丙申夷（姑洗之角）	26 火	戊申夷（大吕之徵）	27 土	庚申夷（应钟之羽）	28 木
南吕五调	癸酉南（本律之宫）		乙酉南（林钟之商）		丁酉南（仲吕之角）		己酉南（太蔟之徵）		辛酉南（黄钟之羽）	
无射五调	庚戌无（本律之宫）	24 金	壬戌无（夷则之商）	20 水	甲戌无（蕤宾之角）	26 火	丙戌无（夹钟之徵）	22 土	戊戌无（大吕之羽）	23 木
应钟五调	辛亥应（本律之宫）		癸亥应（南吕之商）		乙亥应（林钟之角）		丁亥应（姑洗之徵）		己亥应（太蔟之羽）	

六十纳音分上中下声图

甲子乙丑海中金	上商	壬申癸酉剑锋金	中商	庚辰辛巳白镴金	下商
戊子己丑霹雳火	上徵	丙申丁酉山下火	中徵	甲辰乙巳覆灯火	下徵
壬子癸丑桑柘木	上角	庚申辛酉石榴木	中角	戊辰己巳大林木	下角
丙子丁丑涧下水	上羽	甲申乙酉井泉水	中羽	壬辰癸巳长流水	下羽
庚子辛丑壁上土	上宫	戊申己酉大驿土	中宫	丙辰丁巳沙中土	下宫
以上为申子辰巳酉丑之五声					
甲午乙未沙中金	上商	壬寅癸卯金箔金	中商	庚戌辛亥钗钏金	下商
戊午己未天上火	上徵	丙寅丁卯炉中火	中徵	甲戌乙亥山头火	下徵
壬午癸未杨柳木	上角	庚寅辛卯松柏木	中角	戊戌己亥平地木	下角
丙午丁未天河水	上羽	甲寅乙卯大溪水	中羽	壬戌癸亥大海水	下羽
庚午辛未路旁土	上宫	戊寅己卯城头土	中宫	丙戌丁亥屋上土	下宫
以上为寅午戌亥卯未之五声					

六十纳音分上中下声图

图说

纳音始于西方甲子乙丑金，每隔八位则复得金，如是者三，为上商、中商、下商；乃右旋转南方三徵、东方三角、北方三羽、中央三宫，至丙辰丁巳土，又隔八位，则复得甲子乙丑金焉。对冲甲午乙未，亦如之。此说见沈括《梦溪笔谈》。又五行家所谓“海中金、沙中金者得其上，剑锋金、金箔金者得其中，白镴金、钗钏金者得其下”，推之，亦有理数，他行亦然。罗盘十二宫纳音，见八(原文“七”应为“八”——作者注)卷。

白话解读

纳音起始于西方甲子乙丑金，每隔八位则再次得到金，如此三次，则得到甲子乙丑金、壬申癸酉金、庚辰辛巳金，为上商音、中商音、下商音；于是，向右逆时针旋转，得到南方三次火徵音、东方三次木角音、北方三次水羽音、中央三次土宫音，至丙辰丁巳土，又隔八位，则再次得到甲子乙丑金。与甲子乙丑对冲的甲午乙未，也是如此推演。此说见于北宋沈括所著《梦溪笔谈》。

《梦溪笔谈·卷五·乐律一》说，六十甲子纳音的具体方法，就是六十律旋相为宫，一律包含五音，十二律则纳六十音。五行之气起始于东方，向右行，五声之音起始于西方，向左行，阴阳相互交错而产生变化。天干五行同类者娶为妻，地支隔八位者生为子，这是律吕相互产生的方法。五行先排列仲气而后孟气，孟气而后季气，这是遁甲三元的法纪。甲子金的仲气，同位娶乙丑，隔八位下生壬申金的孟气；壬申金的孟气，同位娶癸酉，隔八位上生庚辰金的季气；庚辰金的季气，同位娶辛巳，隔八位下生戊子火的仲气；戊子火的仲气，同位娶己丑，隔八位生丙申火的孟气；丙申火的孟气，同位娶丁酉，隔八位生甲辰火的季气；甲辰火的季气，同位娶乙巳，隔八位生壬子木的仲气；如此向左运行，至于丁巳中吕的宫音，五音周遍一个循环为终结；再次自甲午金的仲气，同位娶乙未，隔八位生壬寅金的孟气，同上述甲子一个系列推演的方法完全一样，终结于癸亥。需要注意的是，沈括所说“右行、左行”，与江永所说“右旋、左旋”，二者因各自参照物不同，其方向正相反。

另外，五行学家所说“甲子乙丑海中金、甲午乙未沙中金得其上，壬申癸酉剑锋金、壬寅癸卯金箔金得其中，庚辰辛巳白镴金、庚戌辛亥钗钏金得其下”，按照六十纳音分上中下声的原理来推究，也有它的道理。其他水、火、木、土四者纳音所分上中下之理，也是如此。

罗盘十二宫纳音，见于第八卷中。

《图》《书》为声音之源说

人声出于肺，肺气根于肾，肺脘通于喉。始生而啼，有声而非音，是时不能言，言出于心，其窍在舌，心之脏气未充，舌下廉泉之窍未通，则舌不能掉；及其稍长，渐有知识，心神渐开，于是舌亦渐掉而能言。此其理具于《河图》《洛书》。《图》之五行居其本位，《书》则三同二异；四九金居南，二七火居西，是为火金交；人之肺亦在心上，所以能言者，心肺交故也。人之言出于喉，掉于舌，触击于牙、齿、唇，以应五行，喉音为土，舌音为火，牙音为木，齿音为金，唇音为水。言而成文，可以制字者，虽无数，约之不出三十六位而已。三十六者，四九之数，亦六六之数也。昔之智者，以三十六位之音立为字母，牙音四：见、溪、群、疑；舌音八：端、透、定、泥为舌头，知、彻、澄、娘为舌上；唇音八：邦、滂、并、明为重唇，非、敷、奉、微为轻唇；齿音十：精、清、从、心、邪为齿头，照、穿、床、审、禅为正齿；喉音四：晓、匣、影、喻；又舌、齿各有半音：来为半舌，日为半齿。共七音。凡有字之音，皆不出三十六母。音之清者为阳，浊者为阴。见、溪、端、透、知、彻、邦、滂、非、敷、精、清、心、照、穿、审、晓、影十八位为清，群、疑、定、泥、澄、娘、并、明、奉、微、从、邪、床、禅、匣、喻、来、日十八位为浊。别有《音学辨微》《四声切韵表》二书明之。此以字母配《河图》之图列于下。

白话解读

人发出声音的气出于肺，肺中的气根源于肾，肺内的空腔通达于喉。人刚出生时啼哭，有单纯的声响，但并非是有节奏声调的音律，这时，口不能言说，言说出于心，其开窍在于舌，充实心脏的气未能充足，舌下廉泉（别称本池、舌本，位于结喉上方，当舌骨的上缘凹陷处——作者注）的窍尚未开通，则舌不能掉转；等到人的年龄稍微长大，逐渐有了认识和经验，心理智慧逐渐开启，于是，舌也逐渐可以掉转，而能够言说。这是人发声的道理，具备于《河图》《洛书》之中。《河图》的五行居于其本来方位，《洛书》则是水、土、木三者方位与《河图》相同，火、金二者方位与《河图》相异；《洛书》四数九数金居位于南方，二数七数火居位于西方，与《河图》二七居南、四九居西相比较，这是火与金相互交换；人的肺脏也在心脏上方，所以能够言说，是心脏与肺脏功能相互交通的原因。人的言说出于喉，掉转于舌，相互碰撞于牙、齿、唇，用以对应五行，喉音为土，舌音为火，牙音为木，齿音为金，唇音为水。人的语音中，可以形成文辞，制造成字的，虽然无法计数，将其简明概括一下，不超出三十六位。三十六，是四乘以九的数，也是六乘以六的数。从前有智慧的人，将三十六位的音确立为字母，包括牙音有四：见、溪、群、疑；舌音有八：端、透、定、泥为舌头，知、彻、澄、娘为舌上；唇音有八：邦、滂、并、明为重唇，非、敷、奉、微为轻唇；齿音有十：精、清、从、心、邪为齿头，照、穿、床、审、禅为正齿；喉音有四：晓、匣、影、喻；又舌音、齿音各自有半音：来为半舌，日为半齿。牙音、舌音、唇音、齿音、喉音、半舌、半齿，一共有七音。凡有字的音，都不超出三十六母。音以清者为阳，浊者为阴。见、溪、端、透、知、彻、邦、滂、非、敷、精、清、心、照、穿、审、晓、影十八位为清，群、疑、定、泥、澄、娘、并、明、奉、微、从、邪、床、禅、匣、喻、来、日十八位为浊。另外，江永撰有《音学辨微一卷》《四声切韵表一卷》二书，详细阐明其中道理。此书以字母配合《河图》之图列举于下。

字母配《河图》之图

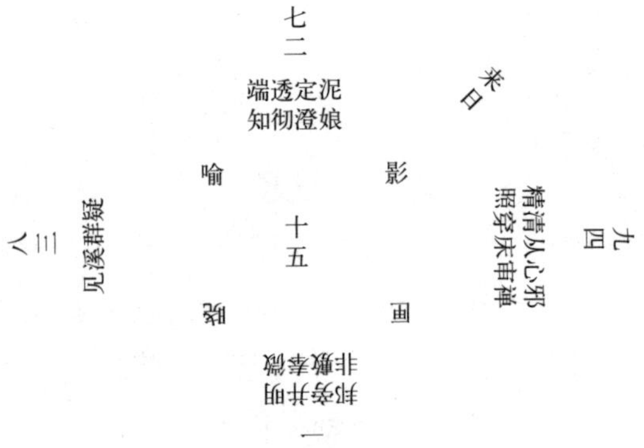

字母配《河图》之图

图说

此图牙、舌、唇、齿、喉，依《河图》各居其方；而半舌、半齿居西南隅，当火金之交，则《河图》变《洛书》之理也。来母恰是舌头泥母之余，日母恰是正齿禅母之余，故谓之半舌、半齿。

白话解读

此图，牙音四位“见、溪、群、疑”，属于五行木，依据《河图》居于东方；舌音八位“端、透、定、泥、知、彻、澄、娘”，属于五行火，依据《河图》居于南方；唇音八位“邦、滂、并、明、非、敷、奉、微”，属于五行水，依据《河图》居于北方；齿音十位“精、清、从、心、邪、照、穿、床、审、禅”，属于五行金，依据《河图》居于西方；喉音四位“晓、匣、影、喻”，属于五行土，依据《河图》居于中央；而半舌音、半齿音居于西南角方位，对应火与金相互交叉的位置，则是依据了《河图》变化为《洛书》的道理。来母恰好是舌头音泥母的余音，日母恰好是正齿音禅母的余音，因此称之为半舌音、半齿音。

五十音应大衍之数图

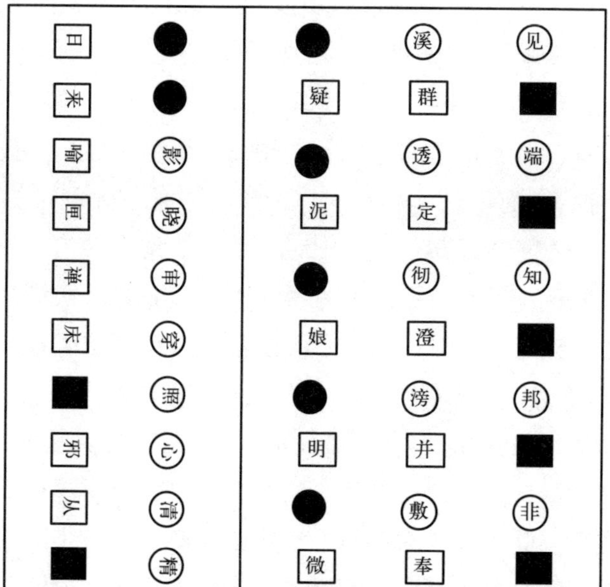

五十音应大衍之数图

图说

凡牙、舌、唇，最清之字无浊，“见、端、知、邦、非”五位是也；次浊之字无清，“疑、泥、娘、明、微”五位是也。齿音“精、照”最清亦无浊，而次浊则有清，“‘邪之清心’‘禅之清审’”是也。“来、日”两位，皆无清也。有清无浊者共七位，有浊无清者亦共七位。虽无其字，以口呼之，亦似有音，然而古今未尝制字，则其音为俚俗不典之音。合有字、无字共得五十位，符乎大衍之数，自然之理也。此外，又有鼻音，则不可以为音矣。此图，字在圆圈者清声，在方圈者浊声，黑圆者有音无字之清，黑方圈者有音无字之浊。

白话解读

江永在其所著《音学辨微》一书中，将字音分为“最清、最浊、次清、次浊、又次清、又次浊”六类(语音学将发声时声带不震动的音称为清音，震动的称为浊音，古汉语语音学也有这个概念——编者注)。凡是牙音、舌音、唇音，属于最清音(有字)、无浊音的，“见、端、知、邦、非”五位就是；属于次浊音(有字)、清音(无字)的，“疑、泥、娘、明、微”五位就是。凡是齿音，属于最清音(有字)、浊音(无字)的，“精、照”两位就是；而属于次浊音(有字)、清音(有字)的，“‘邪之清心’‘禅之清审’”两位就是。《音学辨微·五辨清浊》中说“邪，是又次浊音，有心的浊音”“禅，是又次浊音，有审的浊音”，而“心”“审”均为“又次清”的字母。邪、禅两个音，是次浊音，同时，邪有心的清音、禅有审的清音。“来、日”两位，都是清音(无字)。清音(有字)、浊音(无字)的，共七位，即见、端、知、邦、非、精、照；浊音(有字)、清音(无字)也共七位，即疑、泥、娘、明、微、来、日。还有一些音，虽然没有字，但口语中有音，自古至今未曾制造成字，其音表述的都是一些粗俗不雅之事。把有字的三十六字母与无字的十四音合并，共得到五十位，符合大衍的数量和自然的道理。此外，还有鼻音，但这不可以视为音。

此图，字在圆圈的，表示是清声；字在方圈的，表示是浊声；黑圆，表示有音无字的清声；黑方圈，表示有音无字的浊声。

《音学辨微·五辨清浊》表

见	最清	无浊
溪	次清	群之清
群	最浊	溪之浊
疑	次浊	无清
端	最清	无浊
透	次清	定之清
定	最浊	透之浊
泥	次浊	无清
知	最清	无浊
彻	次清	澄之清
澄	最浊	彻之浊
娘	次浊	无清
邦	最清	无浊
滂	次清	并之清
并	最浊	滂之浊
明	次浊	无清
非	最清	无浊
敷	次清	奉之清
奉	最浊	敷之浊
微	次浊	无清
精	最清	无浊
清	次清	从之清
从	最浊	清之浊
心	又次清	邪之清
邪	又次浊	心之浊
照	最清	无浊
穿	次清	床之清
床	最浊	穿之浊
审	又次清	禅之清
禅	又次浊	审之浊
晓	次清	匣之清

续表

匣	最浊	晓之浊
影	最清	喻之清
喻	次浊	影之浊
来	浊	无清
日	浊	无清

河洛精蕴 卷之八

HE LUO JING YUN JUAN ZHI BA

《河图》为物理根源图

河图数	一六	二七	三八	四九	五十
方位	北	南	东	西	中
五星	辰星	荧感	岁星	太白	镇星
五行	水	火	木	金	土
五行之性	润下	炎上	曲直	从革	稼墙
五行之味	作咸 入肾	作苦 入心	作酸 入肝	作辛 入肺	作甘 入脾
五时	冬	夏	春	秋	长夏 中央土
五气	寒	热	风	燥	湿
日干	壬癸	丙丁	甲乙	庚辛	戊己
时 出太元	藏	养	生	杀	该
五事	貌	言	视	听	思
五用 出太元	恭	从	明	聪	睿
五撝 佐也出太元	肃	乂	哲	谋	圣
庶徵	雨	暘	燠	寒	风
休徵	时雨	时暘	时燠	时寒	时风
咎	狂	僭	豫	急	怠
咎徵	恒雨	恒暘	恒懊	恒寒	恒风
五性	智	礼	仁	义	信
四端	是非	辞让	恻隐	羞恶	
五伦	夫妇 有别	兄弟 有序	父子 有亲	君臣 有义	朋友 有信
五藏	肾	心	肝	肺	脾
五窍	耳	舌	目	鼻	口
五养	声	味	色	臭	饮食
五欲	欲声	欲味	欲色	欲臭	欲安佚
五音	羽	徵	角	商	宫
五声 本素问	呻	笑	呼	哭	歌
五色	黑	赤	青	白	黄
五臭 本月令	朽	焦	羶	腥	香
五体 本素问	骨 华在发	脉 华在面	筋 华在爪	皮 华在毛	肉 华在唇四白
五藏 以下皆素问	志	神	魂	魄	意
五液	唾	汗	泪	涕	涎
五恶	肾恶燥	心恶热	肝恶风	肺恶寒	脾恶湿
五志	恐	喜	怒	忧	思
志伤	恐伤肾	喜伤心	怒伤肝	忧伤肺	思伤脾
志胜	思胜恐	恐胜喜	非胜怒	喜胜优	怒胜思
气伤	寒伤血	热伤气	风伤筋	热伤皮毛	湿伤肉
气胜	燥胜寒	寒胜热	燥胜风	寒胜热	风胜湿
味伤	咸伤血	苦伤气	酸伤筋	辛伤皮毛	甘伤肉
味胜	甘胜咸	咸胜苦	辛胜酸	苦胜辛	酸胜甘
变动	慄	呕	握	咳	哕
药养 见周礼	咸养脉	苦养气	酸养骨	辛养筋	甘养肉 滑养窍
五虫 见月令	介	羽	鳞	毛	倮
五谷 本月令注	菽	黍	麦	麻	稷
五牲	豕	羊	鸡	犬	牛
五器 本太元	准	绳	规	矩	度量

《河图》为物理根源图

图说

天下事物皆出于五行，则皆根源于《河图》；事物不可胜图，举其目之最著者列之，亦足以该无穷之事物矣。其序，依《洪范》五行生出之次为序；其数，即《河图》先天之数；逆而数之，即五音宫、商、角、徵、羽之次第也。五事与庶征相应，如蔡氏考定，皆如五行之序，貌为水、言为火、视为木、听为金、思为土，雨、旸、燠、寒、风之休咎亦如之；若汉儒之说大不同，伏生《尚书大传》以貌为木、言为金、视为火、听为水，扬子《太元》其说亦同。以雨、旸、燠、寒推之，似是四时之气，春温多雨，秋燥多阳，夏火故燠，冬水故寒，然则，貌、言、视、听，亦以木、金、火、水属之，不必如五行生出之序也。肾窍为耳，卦亦属坎，则听当属水；肝窍为目，火必丽于木而明，《河图》三木即离火，后天离趋于南，故视之光明当属火，卦亦以离为目也；言出于舌虽属心，而言有声音属肺，兑为口舌，《荀九家》易以乾为言，乾兑皆金，故言宜属金；然则，貌之属木者，人之貌恭，如木之植立有容，而《蔡传》以貌泽为水者，似未安也。今虽依《蔡传》图之，而汉儒之说自有理，不可废；若其所推咎徵，有妖、孽、眚、祥、人疴、物祸者，则今不必载矣。

五藏、五志、七窍，当如医家之说。若《月令》春"祀户，祭先脾"，夏"祀灶，祭先肺"者，谓五祀之祭，所用牲体之当先，或以五行所胜、所生及当时，各有取义耳；而《太元》以此推人身五藏之位，谬矣。五藏所"藏"，《太元》谓之"俿"，"俿"，存也，"木俿志，金俿魄，火俿魂，水俿精，土俿神"，与医家有合、有违。"木情喜，金情怒，火情乐，水情悲，土情恐惧"，皆与医家不合。七窍并下体二窍为九，医家谓二便皆肾所司，而扬子谓"一六为前，五五为后"，则异矣；"一六又为耳"，是也；而扬子谓"二七为目，三八为鼻，四九为口"，不知目窍通肝，鼻窍通肺，口窍通脾，而心之窍为舌以辨味，则皆扬子所未知也。

《河图》之数多变，声、色、臭、味各有至理。即以味言之，木性发散，而酸却主收敛，金从木化，四九金变为三八木也，三八木变为一六水，故思酸、言酸而齿即齼、津即生也；火性温热，而味苦者反寒凉，水从火化，七火为坎水，一六水变为二七火也；秋令寒凉，而辛味却温热，能发散，火从金化，二七火变为四九金，而四九者先天之太阳也；水从火化，则生咸，而咸何以不热，水中之火为阴火，一六者先天之太阴也。即味一端言之，妙理无穷，推之他事，可知矣。

位在北方者，事物多两歧。如肾有两枚；兽有龟蛇；四端有是非；贞之德必曰“正而固”，是也。而不止此。子时上半是今夜，下半是明日；虚宿为阴阳分界；而鼠足前四爪、后五爪，尤奇也。

白话解读

天下万事万物都出于五行，那么，也就都根源于《河图》；万事万物不可能完全表现于图表，但用图表方式把其中最显著的要目列举出来，也足以总括无穷数量的事物了。

《河图为物理根源图》里的五行次序，依据的是《尚书·洪范·五行》中的五行生出次第，《尚书·洪范》说“一、五行：一曰水，二曰火，三曰木，四曰金，五曰土”，即水一、火二、木三、金四、土五；五行的数量，就是《河图》先天的数量，《河图》以一六为水，二七为火，三八为木，四九为金，五十为土；再将上述五行次序逆行计数，土为宫音，金为商音，木为角音，火为徵音，水为羽音，就是五音宫、商、角、徵、羽的次序。

五事与庶征相互对应。大体有两种说法：其一，南宋蔡沈注《尚书》说，《尚书·洪范》所列五事与庶征，和所列五行的次序是一样的。《尚书·洪范》说“二、五事：一曰貌，二曰言，三曰视，四曰听，五曰思”，对应五行次序，则五事以貌为水，言为火，视为木，听为金，思为土；《尚书·洪范》说“八、庶征：曰雨，曰旸，曰燠，曰寒，曰风”，庶征雨、旸、燠、寒、风的吉凶福祸，也如同五事一样，对应《尚书·洪范》所列五行的次序，即以雨为水，旸为火，燠为木，寒为金，风为土。其二，汉代儒学家们的学说，就与蔡沈的学说有很大不同。西汉经学家伏生所著《尚书大传·洪范五行传》中，以貌为木，言为金，视为火，听为水，思为土，《尚书正义·洪范第六》“疏”说：“《五行传》曰：‘貌属木，言属金，视属火，听属水，思属土’。《五行传》，伏生之书也。”扬雄所著《太玄经》的学说也与伏生相同。江永认为：从庶征雨、旸、燠、寒的名称上来推究，似乎是指年周期中四时之气，春时温暖多雨水，秋时干燥多阳光，夏时火炎故燠热，冬时水盛故寒冷，这样一来，五事中的貌、言、视、听，也可以用木、金、火、水归属五行，即貌可以为木，言可以为金，视可以为火，听可以为水，不必和《尚书·洪范》所列五行生出的次序一样。用人体五脏、五窍来推究，肾脏开窍为耳，八卦卦象也属于坎卦，则五事听应当属于五行水；肝脏开窍为目，火必定附丽于木而光明，《河图》三数木就是先天离卦火，后天离卦趋向于南方，因此，五事视的光明应当属于五行火，八卦卦象也以离卦为目；言发出于舌，虽然属于心脏，而言有声音，属于肺脏，八卦卦象兑卦为口舌，《周易本义·说卦传》载《荀九家易》，以乾卦为言，乾卦、兑卦都属于五行金，因此，言适宜属于五行金。然而如此一来，五事貌属于五行木的原因，是人的恭敬仪表，和树木挺直很相似，而蔡沈的《尚书蔡传》认为容貌润泽而将其属于五行水，似乎未能稳妥。虽然制作上述图表的依据是《尚书蔡传》，但汉代儒学家们的学说还是有它自己的道理，不可以荒废不理。不过，像伏生《尚书大传·洪范五行传》所推演的灾祸应验征兆，有妖（衣服、歌谣、草木之类的反常现象）、孽（禽兽虫蝗之类的反常现象）、眚（shěng，内生的反常现象）、祥（外来的反常现象）、人疴（人体的疾病）、物祸（事物的祸害）等六种，则现在不必载录了。

五脏、五志、七窍，应当依照医学家的学说，此图表依据《黄帝内经·素问》排列。像《礼记·月令》所载：春天“祭祀内户（或内门），祭先脾”、夏天“祭祀灶，祭先肺”等说法，是说春、夏、季夏、秋、冬五时祭祀的献祭，所用牛、羊、猪等动物身体内脏部位应有适当先后次序，或者以当旺五行所胜、所生的脏器、以及正当时令为旺的脏器，各自有采取的意义罢了；而《太玄经·太玄数》用此说推究人身体内部五脏的部位，这就是错误的了。人体五脏，“脏”古代写为“藏”，《太玄经·太玄数》称为“倅”，倅（cún）的意思为保存。《太玄经·太玄数》说“木倅志、金倅魄、火倅魂、水倅精、土倅神”，与《黄帝内经·素问》所载医学家学说有相符合的、有相违背的。又说木情喜、金情怒、火情乐、水情悲、土情恐惧，都与《黄帝内经·素问》所载医学家学说不相符合。人体头部的两眼、两耳、两鼻孔及口为七窍，合并下体尿道口、肛门二窍，称为九窍，医学家认为，二便(尿道口、肛门)都由肾脏所司管，而扬雄《太玄经·太玄数》说“九窍：一六为前……五五为后”，以一六水为尿道口，五五土为肛门，则与医学家所说不同了；《太玄经·太玄数》说“九窍：一六为前，为耳”，以一六水又为耳，这与医学家的学说相同；《太玄经·太玄数》说“九窍：……二七为目，三八为鼻，四九为口”，以二七火为耳，三八木为鼻，四九金为口，但是，扬雄的这种说法是不对的，他不知道目窍内通于肝脏，鼻窍内通于肺脏，口窍内通于脾脏，而心脏开窍为舌，用来辨别味道。

《河图》的数量有各式各样的变化，声、色、臭、味各自具有其精深至极的道理。就以味来讲，木的特性为发散，而酸味却主管收敛。金顺从木而发生变化，按照《河图》五音变数图，四九金的和数变化为三八木、三八木的和数变化为一六水，因此，想到酸味、言说酸味，牙齿就会酸痛，津液就会产生。火的特性为温暖炎热，而味道苦的食物药物，其特性反而寒凉。水顺从火而发生变化，《河图》七数火变化为先天八卦坎卦水，按照《河图》五音变数图，一六水的和数变化为二七火。秋天时序为寒冷冰凉，而辛味却温暖炎热，能够发散。火顺从金而发生变化，按照《河图》五音变数图，二七火的和数变化为四九金，而四数、九数是先天四象中的太阳。水顺从火而发生变化，则产生咸味，而咸味为什么不具有炎热的特性呢，这是因为水中的火为阴性的火，一数、六数是先天四象中的太阴。就味这一个方面来讲，《河图》包含着无穷无尽的奇妙道理，还能够推演至其他事物，是非常可知易懂的了。

方位在北方的，事物大多分为两端。如位于北方的肾脏有两枚；位于北方的兽有龟、蛇两种(龟、蛇为玄武的象征，玄武是北方之神——编者注)；四端，是指恻隐、羞恶、辞让、是非之心，为仁、义、礼、智之端，其中位于北方的智之端具有是、非两种；《易经》乾卦有元、亨、利、贞四德，其中位于北方的贞之德必定说“既端正，又稳固”，这些都是例证，而且不止于此。在时间上，位于北方的子时上半时是今日之夜，下半时是明日之晨；在天空中，位于北方的虚宿为阴阳二气的分界点；在十二生肖中，位于北方的鼠，前两足为四爪、后两足为五爪，这些尤其奇妙。

法《洛书》制明堂图

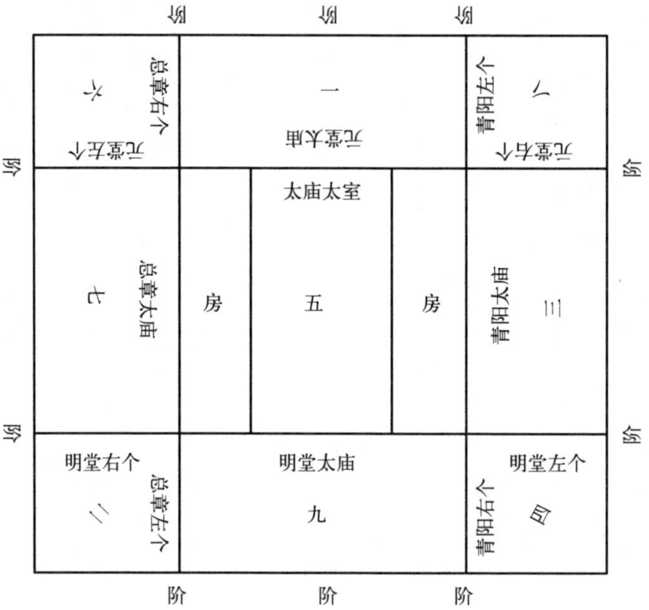

法《洛书》制明堂图

图说

《大戴礼·明堂篇》云："明堂者，古有之也。凡九室，而有四户、八牖，赤缀户也，白缀牖也，二九四、七五三、六一八。"郑康成云："记用九室，谓法龟文，取此数以明其制也"。《考工记·匠人》云："周人明堂，度九尺之筵，东西九筵，南北七筵，堂崇一筵，五室，凡室二筵。"今如其制图之，但四隅之室不能与中室相连，意者中室之旁有一筵半之地，为左右房与九阶，则如夏后氏世家之制也。其太庙太室、明堂、元堂、青阳、总章及左个、右个，《月令》之文也。《月令》虽秦人之书，《汲冢周书》犹存篇目，其序云："周公制赋十二月之政，作《月令》。"盖吕不韦因周公之书，有所损益耳。朱子说明堂，四堂五室，其左右个一室两用；又谓"井田之遗意"，其实是法《洛书》也。

白话解读

《大戴礼记·卷八·明堂第六十七》说，明堂自古以来就有。共有九室。每一室有四扇门、八个窗。用赤色装饰门，用白色装饰窗。九室依据《洛书》二九四、七五三、六一八的方位布局。其中“二九四、七五三、六一八”文下有注（原文误为东汉时郑玄（字康成）注，实为北周时卢辩所注——作者注）认为：“二九四、七五三、六一八用于记述明堂九室，是效法龟壳上的纹理，采取此数用来阐明明堂的形制。”

《周礼·卷四十一·冬官考工记下·匠人营国》说：“周朝人所定明堂形制，用九尺长的筵作为度量单位，东西长为九筵，南北长为七筵，堂高为一筵，共有五室，每室均为二筵。”筵，是古时铺在地上供人坐的垫底的竹席。古人席地而坐，设席不止一层，紧靠地面的一层称筵，筵上面的称席。一筵即一个席位，也用来作为度量空间的尺度。现在依照其形制，用图形表示出来。但是，四隅的室不能够与中央的室相互连通，猜想是中央室的旁边有一筵半长度的地方，作为左房、右房与九阶（南面三处台阶，东、北、西各二处台阶），则如同《周礼·卷四十一·冬官考工记下·匠人营国》所载“夏后氏世家”的形制。世家，即宗庙，夏朝宗庙形制与明堂同。

图中所标记太庙太室、明堂、元堂、青阳、总章及左个、右个名称，依据的是《礼记·月令》文字记载。《礼记·月令》说：“孟春之月……天子居青阳左个；仲春之月……天子居青阳大庙；季春之月……天子居青阳右个；孟夏之月……天子居明堂左个；仲夏之月……天子居明堂太庙；季夏之月……天子居明堂右个；中央土……天子居大庙大室；孟秋之月……天子居总章左个；仲秋之月……天子居总章大庙；季秋之月……天子居总章右个；孟冬之月……天子居玄堂左个；仲冬之月……天子居玄堂大庙；季冬之月……天子居玄堂右个。”《月令》虽然是秦国人所写的一本书，载于《吕氏春秋》中，《汲冢周书》犹且保存其篇目（《汲冢周书》，是汲郡古冢出土的古文竹书中的一种，旧时以为即《逸周书》。《逸周书》收录有《月令》篇目，但“阙”文——作者注）。《逸周书·周书序》说：周公制定十二个月布政的方法，因此创作了《月令》。大概秦国丞相吕不韦是因循周公《月令》一书创作了《吕氏春秋·十二纪》的纪首，只是有所减损增益罢了。

朱熹《晦庵集·明堂说》认为，明堂有四堂、五室，其左个、右个是一室两用，又认为这包含了井田制所遗留下来的意义，真实的原因是，明堂的形制是效法《洛书》而成的。

《河图》应五星高下图

土
中五十

木
东三八

火
南二七

日

金
西四九

水
北一六

月

《河图》应五星高下图

图说

七政各丽一重天，月天在下，水次之，金次之，日次之，火次之，木次之，土最高，在经星天之下。《河图》以右旋观之，水北、金西、火南、木东，则土居中者宜在后，而五星之自下而高者正应之。《河图》与五星，皆自然之位置也。月为水之精，故在水之下；日为火之精，故在火之下；则南北二方隐有日月在其间，而日天在中，又为月与五星之君，犹人之有心君也。更详论之：西人言四大元行“水火土气”，而无“金木”，盖以“金木”皆生于土，是亦二物，而非所以生物之本也。然而，在天成象，实有五星；在地成形，实有五材；在人则五藏应之，则五行固不可易也。五行有生出之序，水、火、木、金、土；有相生之序，木、火、土、金、水；有相克之序，水、火、金、木、土。而五星高下之次，自上而下则土、木、火、金、水，自下而上则水、金、火、木、土，独与彼三序不同，何也？盖五行，土最浊，木次浊，火在清浊之间，金次清，水最清，故土木无影，火外影，金水内影；五星以清浊为位置，浊者在上，清者在下，浊者在外，清者在内，与地上之轻清上浮、重浊下凝者，相反而相对也。五行，土最大，为四行之基，分列五方则居中，其气流行则在火金之间，而星次则移其在中之位特出居上，包乎四星，土之所以为大也。试使土星天移而居中，在火金二星之间，自上数之，木、火、土、金、水，正得相生之序。今之异乎相生之序者，由土往而居上以包四星也。五行，金水一家，木火一体，土既往而居上，则其下四星，金与水、木与火，各以母子相聚而相依也。《河图》之位，北方、西方，太阳居一连九，太阴居四连六，星位水在下，金次之，即一六与四九之相连也；《河图》南方、东方，少阴居二连八，少阳居三连七，星位火次金，木次火，即二七与三八之相连也；土在上，即《河图》中宫五十也，左旋则土在中，今以右旋，故土在后也。五行生出之序，金位在四，试使金星天移在木土之间，自下数之，水、火、木、金、土，正得生出之序。今之异乎生出之序者，由金下而居二也。金在木火之上，火燃木以铄金，金畏之，故下就水，藉子以自救也；不唯自救而已，又以解水火之战，受炎火之革，释金木之仇，固木土之根也。五行之初，水火并生即相战，水胜则火灭，火胜则水涸，有金以为之隔，而水火之战息矣；金性从革，畏火而亦喜火，来居火天之下，且在太阳天之下，二火锻之，而金愈精，唯从故能革也；木为五行之生机，金木相克，生机将息，金移其位，则木之仇去，而生机畅茂矣；木生于土，焚于火，金移其位，则木就土，著根者固，火焚之而不尽矣。《洛书》与《河图》三同二异，由西、南火金易位也。五行相克之序，火在二，金在三，此则金在二，火在三，所谓“金乘火位，火入金乡”也。试使金火二天互易，则水、火、金、木、土，如相克之序也矣。五行生出之序，本然之次第也；相生之序，气之顺行也；相克之序，性之逆制也；五星之序，则合三序而变之，兼有《图》《书》之理，自成清浊之次，而《河图》五方之位实为之根。今禄命家，以子丑属土，寅亥属木，卯戌属火，辰酉属金，巳申属水，其序正如五星之序；午属日、未属月，则太阳、太阴二天自相配也。

白话解读

（一）《河图》五行对应五星高下次序

后世历学家所谓天有十二重，不是说天实际有如许重数，而是说日月星辰运转于天，各有其运行的轨道。日、月两星，加上金、木、水、火、土五星，一共七星，在天空各自为政，故称七政。七政各附丽于一重天，以地面上的视角观察，自下至上排列，月天（即太阴天）离地最近，位置在最下，水星天次之，金星天次之，日天（即太阳天）次之，火星天次之，木星天次之，土星天位置最高，在经星天（即恒星天）之下。《河图》五方以右旋观察，依次为：水位于北方、金位于西方、火位于南方、木位于东方，土居位中央，适宜排在最后，天空中水、金、火、木、土五星的位置自下而高，正好与此相互符合。

（二）《河图》五行与五星高下均是自然之位置

《河图》五行与天空五星，都是自然形成的位置。月为水气的精华，因此位置在水星之下；日为火气的精华，因此位置在火星之下；那么，南方、北方二个方位之间，就隐藏了日和月，而且日天在中间，为月天与五星天的君主，犹如人以心脏作为身体的君主一样。我们对此加以更详细的论述：西方人有四大元行之说，四大元行为水、火、土、气，没有金、木，大概是因为金、木都产生于土，因此，它们虽然也是两种物质，但并不是可以产生其他物质的基础物质。然而，宇宙在天空形成的天象，确实具有水、金、火、木、土五星；在大地形成的形体，确实具有水、金、火、木、土五种材质；在人体之中，则有肾、肺、心、肝、脾五脏与之应和，所以说，水、金、火、木、土五行是坚固不可以改易的。

（三）《河图》五行次序与五星高下次序的关系

五行排列有三种次序：一是有生出之序，为水、火、木、金、土，即水一、火二、木三、金四、土五；二是有相生之序，为木、火、土、金、水，即木生火、火生土、土生金、金生水、水生木；三是有相克之序，为水、火、金、木、土，即水克火、火克金、金克木、木克土、土克水。而五星在天空中高下位置的次序，自上而下为土、木、火、金、水，自下而上为水、金、火、木、土，与五行的那三种次序不同，这是为什么呢？

以清浊论，五行中土最浊，木次浊，火在清浊之间，金次清，水最清。《荀子·解蔽》说“浊明外景，清明内景”，“景”意为光，光所在处，物皆有阴，“景”古同“影”。土、木内外都没有光，所以说“土木无影”；火光照于外，所以说“火外影”；金、水光含于内，所以说“金水内影”。五星根据清浊程度来排列其在天空中的位置，浊者位置在上，清者位置在下，浊者位置在外，清者位置在内，与大地上轻清的物质向上浮动、重浊的物质向下凝结这样的机理，是相互反覆而且相互对立的。

以大小论，五行中，土最大，为木、火、金、水四行的基础，五行分别排列五方，土则居位中央，五行之气在火与金之间流转运行，星次排布时，把土从中央的位置移动开，独自突出，居位最上，包含木、火、金、水四星，这是土之所以为大的原理。假使把土星天移居到中央，在火星天与金星天二星之间，自上计数，为木、火、土、金、水，正好得到五行相生的次序。现在五星在天空中高下的次序不同于五行相生之序，是由于土星从原位离去，变成居位于上，得以包含四星的原因。五行中，金与水为一家，木与火为一体。五星中，土星既然从原位离去而居位于上，那么其下的木、火、金、水四星，金星与水星、木星与火星，便各自以母子关系相聚合、相依存。

《河图》方位中，北方与西方，一为太阳之数，现于北方，隐于西方，太阳居于一数而连接九数，四为太阴之数，现于西方，隐于北方，太阴居于四数而连接六数，五星在天空中的位置，以水星天在下，金星天排列于水星天之上，就是《河图》一六与四九的相互连接；《河图》方位中，南方与东方，二为少阴之数，现于南方，隐于东方，少阴居于二数而连接八数，三为少阳之数，现于东方，隐于南方，少阳居于三数而连接七数，五星在天空中的位置，以火星天排列于金星天之上，木星天排列于火星天之上，就是《河图》二七与三八的相互连接；土星天在上，就是《河图》方位之中宫五数与十数，向左旋转则土居位于中央，现在天空中五星位置向右旋转，因此，土居位在后。

五行生出的次序，金位于四数，假使把金星天移动在木星天与土星天之间，自下计数，为水、火、木、金、土，正好得到五行生出的次序；现在天空中五星高下次序不同于五行生出之序，是由于金星天向下移动而居于二数，这是因为，金如果在木、火之上，火燃烧木可以熔化金，金畏惧熔化，因此向下移动而靠近水，借助所生的子水来自我拯救，此举不只能自我拯救，还可以解除水与火的克战，接受炎火的变革，消释金与木的仇敌，巩固木与土的根本。五行产生之初，水为一，火为二，水与火几乎同时产生，相互克战，水强胜就会使火熄灭，火强胜就会使水干涸，现在五星在天空的高下位置中，有金星天作为水星天与火星天的间隔，水与火的克战就止息了；金的特性是顺从变革，畏惧火也喜欢火，现在五星在天空的高下位置中，金星天来归居位于火星天之下，并且在太阳天之下，火星与太阳二火锻烧它，而金愈加精纯，唯有柔和顺从，方能变革；木为五行中的生命活力，金与木相互克制，木受克，生命的活力将要止息，现在五星在天空的高下位置中，金星天移动其位置，使木的仇敌远离，生命的活力便繁茂滋长了；木产生于土，焚烧于火，现在五星在天空的高下位置中，金星天移动其位置，使木星天靠近土星天，木在土中生长，根系更加坚固，即使火焚烧它，也不能穷尽它了。

《洛书》与《河图》五行方位三者相同、二者相异，这是由于西方与南方的火和金改易了位置。五行相克的次序，火在二数、金在三数，此五星在天空的高下次序则是金星天在二数、火星天在三数，这就是所谓“金乘坐火位、火进入金乡”。假使金火二天位置互相调换，那么就是水、火、金、木、土，和五行相克的次序一样了。

五行生出的次序，是原本就如此的次序；五行相生的次序，是气顺应着五行之功能依次运行的次序；五行相克的次序，是性违逆着五行功能而依次克制的次序；五星高下的次序，则总合生出、相生、相克三种次序而有所变化，兼顾《河图》《洛书》的道理，自然形成清浊的次序，而《河图》五方的位次，实际是五星次序的根源。

当今那些推算人生禄命的术士，以子丑属于五行土，寅亥属于五行木，卯戌属于五行火，辰酉属于五行金，巳申属于五行水，其次序正好和五星在天空的高下次序一致。午属于日，未属于月，则太阳天、太阴天二天就自然地相互配合了。

二十八宿属七曜说

二十八宿之属七曜，以角木为首，四方之宿皆以木、金、土居前，火、水居后，日、月居中。从来地理家、演禽家、禄命家，未有能言其故者，今发明之。二十八者，四其七也，是因七政之高下次第，而以宿配之，一宿值一日也，每一日分为二十四分，二十四分者二十四小时也。东方苍龙七宿，以角为首，故角属木，自上而下第二曜也，每一小时历一曜，三七二十一至土，二十二至木，二十三至火，二十四至日，则一日周遍；次日，是亢值日，至金，故亢属金，木、火、日、金隔四曜，后皆隔四曜数之，次土、次日、次月、次火、次水而复于木也。中国有甲子，而不知以宿值日；西国惟以宿值日，不知有甲子；后来中西合为一，故今历亦有宿值日之法，西人谓开辟之初一日为角宿也。地理家又以二十八宿分诸天盘之二十四向，乾坤艮巽属四木，辰戌丑未属四金，乙辛丁癸属四土，子午卯酉属君相火，甲庚丙壬属四火，寅申巳亥属四水，用之拨砂、立向，亦有至理。宿有二十八，向止二十四，是子午卯酉兼得四日、四月也。月本是水之精，而以为相火，亦有至理；先天离为日、坎为月，坎之数七，七本《河图》之火，故月为相火也。

白话解读

中国古代称日、月及火、水、木、金、土五星为七曜。二十八宿（为了方便观测日、月和金、木、水、火、土五大行星的运转，古人把沿黄道或天球赤道，即假想中的地球赤道截面无限，与天球相交而形成的一个大圆——上所分布的一圈南中天的恒星分为二十八群，称为二十八星宿，又名二十八舍、二十八星——作者注）配属七曜，分布东西南北四方，每方各七宿。东方青龙七宿为角、亢、氐（dī）、房、心、尾、箕；北方玄武七宿为斗、牛、女、虚、危、室、壁；西方白虎七宿为奎、娄、胃、昴（mǎo）、毕、觜（zī）、参（shēn）；南方朱雀七宿为井、鬼、柳、星、张、翼、轸（zhěn）。

二十八宿与七曜配属关系

东方青龙七宿	北方玄武七宿	西方白虎七宿	南方朱雀七宿	七曜	星期
角	斗	奎	井	木星	星期四
亢	牛	娄	鬼	金星	星期五
氐	女	胃	柳	土星	星期六
房	虚	昴	星	日	星期日
心	危	毕	张	月	星期一
尾	室	觜	翼	火星	星期二
箕	壁	参	轸	水星	星期三

二十八宿配属七曜，以角宿配属木星为首，东方、北方、西方、南方四方之宿都以配属木星、金星、土星者居位于前，配属火星、水星者居位于后，配属日、月者居位于中。为何如此配属排布，向来研究山川土地环境形势的地理家、以星禽（中国古代星命学说中与五行、星宿配合的神禽——编者注）推算祸福吉凶的演禽家、研究人生贫富荣辱的禄命家，都未曾有能够讲清其原因的，现在，我们来阐发明确前人所不知的义理。二十八，是四个七，这是依据七政在天空的高下次第，而用二十八宿配属它，一宿配值一日，每一日分为二十四分，二十四分就是二十四个小时（江永生活的康熙、乾隆年间，中国还没有广泛使用现代计时方法，江永此处说的是当时西方人计时用的“小时”——编者注）。东方苍龙七宿，以角宿为首，因此，角宿配属木星，为七政自上而下排列的第二曜，每一小时经历一曜，三乘以七曜等于二十一，二十一小时至土星，二十二小时至木星，二十三小时至火星，二十四小时至日曜，则一日包罗遍历了二十四小时；次日，是亢宿值日，至于七曜中的金星，因此亢宿配属金星，按照七政在天空高下位次，从角宿配属木星，经过火星、日曜、至金星，相隔四曜，其后各宿配属七曜都是相隔四曜计数，其次为土星、次为日曜、次为月曜、次为火星、次为水星而再次复配于木星。

中国古代有甲子记日，而不知道以二十八宿值日；西方国家只有以二十八宿值日，而不知道有甲子记日；后来，中方、西方学说合而为一，因此，现在历法也有二十八宿值日的方法。西方人认为，天地开辟的最初一日，值日的是角宿。

地理家又把二十八宿分配到罗盘的天盘（用于测量天体运行的度数——作者注）上的二十四向，乾坤艮巽四向配属四位木星、辰戌丑未四向配属四位金星、乙辛丁癸四向配属四位土星、子午卯酉四向配属君火相火、甲庚丙壬四向配属四位火星、寅申巳亥四向配属四位水星。宿有二十八位，向只有二十四位，因此，子午卯酉四向兼得四位日曜、四位月曜。月曜本来是五行水气的精华，而以之作为相火，也具有至为精深的道理：先天八卦中离卦为日，坎卦为月，坎卦数为七，七数本为《河图》中的火数，所以月曜为相火。

觜参二宿前后说

觜觿属火，参属水，从前之历皆然，火先于水也。后来，从黄道测之，觜不在参前，于是移其前后，先参后觜，觜之半度属之参，而以参之十一度奇者属之觜。然而，毕竟未当。他方皆火先于水，西方独水先于火，与七曜之次不合，一也；觜宿微细，参体广大，使广大之宿反得最少之度，于理不合，二也。欲易其曜，则水火有定性；欲易其禽，则猿猴有定形，故虽行之百十年，终觉不安。乾隆十八年，部议乃改之，仍以觜先于参。此非能移其宿之前后也，但改其参宿之距星耳。参七星，中三星，旧以西头星为距，从距星测之，则参前、觜后；今改东头星为距，从距星测之，则觜前、参后。盖宿不可移，而距星可易也。是年《时宪书》已颁，次年始改定。凡五行家不可不知其缘由，故载之。

白话解读

二十八宿中，觜宿又称觜觿、觜蠵，配属火星，参宿配属水星，从前的历书都是把觜宿排在参宿前面，这是因为七曜的火星先于水星的缘故。

后来，人们从黄道（黄道是地球绕日公转的轨道，从地球上看，也就是太阳视运行一年所走过的轨道——作者注）观测，发现觜宿不在参宿前面，于是移动了觜宿与参宿的前后位次，改为参宿在前，觜宿在后，把觜宿所占周天宽度的半度划给了参宿，把参宿所占周天宽度的十一点多的度数划给了觜宿。然而，这终归不够妥当。其他东方、南方、北方七宿次序，都是配属火星的宿先于配属水星的宿，唯独西方白虎七宿次序是配属水星的宿先于配属火星的宿，与七曜排列的次序不相符合，这是其一；觜宿只有三颗恒星，所占周天宽度极小，参宿由参七星与伐三星共十颗恒星组成，所占周天宽度比较广阔，占周天宽度广阔的宿反而得到最小的度数，在道理上说不过去，这是其二。如果要改易其配属的七曜，则参宿的配属水星与觜宿的配属火星都具有确定的属性，想要改易其配属禽星，觜宿的禽星猴和参宿的禽星猿都具有确定的形体，不好更改。因此，这种排列方法虽然已经施行了110多年，终究还是让人感觉不够安心。

乾隆十八年(1753年)，钦天监做出决定，改易参宿先于觜宿的方法，仍然将觜宿排列于参宿之前。这并非移动星宿的前后位置，只是改变参宿的距星罢了。距星，是二十八宿中每宿的一颗用于测量其天体赤经位置的标志星。参宿有七颗恒星，中央三颗恒星自东而西为参宿一、参宿二、参宿三，旧法以位于最西端的参宿三为距星，这样便是参宿在前、觜宿在后；现在改用位于最东端的参宿一为距星，于是变成了觜宿在前、参宿在后。星宿本身不可移动位置，而作为参照标志的距星则是可以改易的。乾隆十八年做出改变决定的时候，该年的《时宪书》已经颁布，所以次年(即乾隆十九年)《时宪书》才开始根据这一改动做修订。研究五行的学者不可以不知道这一修订的原因，所以记载于此。

《河图》变体图

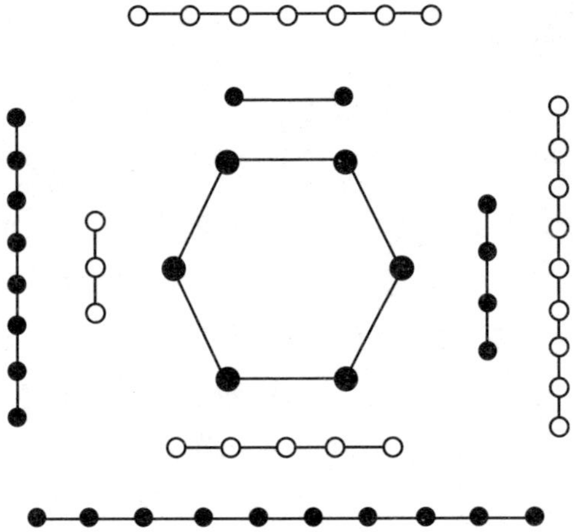

《河图》变体图

图说

按：宋陈抟图南有《易龙图》一卷，其《序》载于双湖胡氏一桂《易翼传》，谓“龙马《图》有未合之数”，其说甚支离不可晓，中间有数语颇分明，云：“始《龙图》之未合也，惟五十五数，上二十五，天数也，下三十，地数也。在上则一不用，形二十四；在下则六不用，亦形二十四。”本注云：“上位中心去其一，见二十四；下位中心去其六，亦见二十四；以一岁三百六旬周于二十四气也，故阴阳进退皆用二十四。”余因此思之，此《龙图》盖水土易位，一六易五十居中宫，而五十居一六之位也；水土本同根，天地与人身其初本是水，乃渐凝为土，故《河图》一六水变为五十坤艮土，此水土所以有易位之理；五十既易而居北，则南北相对二十四点，东西相对亦二十四点，不止应二十四气也，地有二十四向，人身左右有二十四经脉，背胎二十一节并项三节为二十四节，一日十二时，各半之为二十四小时，皆是也。今依此作图，为《河图变体图》，古今所未有。此《图》不止应二十四也，十干合化之理数亦出于此。甲与己合化土，乙与庚合化金，丙与辛合化水，丁与壬合化木，戊与癸合化火。说者谓各以本干起子，从辰而化，甲己起甲子得戊辰，乙庚起丙子得庚辰，丙辛起戊子得壬辰，丁壬起庚子得甲辰，戊癸起壬子得丙辰，故从辰之干而化，辰为龙，龙，变化者也。此说固有理，犹非其所以然。以此《图》观之，乃是以变体之《河图》，合正体之《河图》，因有十干合化之数者也。甲一己六居中，得中央五十之土气，故甲己化土；戊五癸十居北，得北方一六合七之火气，故戊癸化火；丙三辛八居东，得东方三八合十一之水气，故丙辛化水；丁四壬九居西，得西方四九合十三之木气，故丁壬化木；乙二庚七居南，得南方二七合九之金气，故乙庚化金。倘水土不易位，则甲一己六在北当化火，而何以化土？戊五癸十居中当化土，而何以化火？以此知《河图》必有变体之数也。十干合化从变数，故从辰而化之数亦应之。辰不止象龙之变化，辰为东方土，又为北方水之墓地，是辰中兼有水土，故水土有变易之理也。十干合化之五行，为用者大。孰知造化之妙如此哉！其序录后，辩论之。

白话解读

江永认为：宋代陈抟（即陈图南）撰有《易龙图》一卷，其《自序》载于元代“双湖先生”胡一桂撰《周易本义启蒙翼传・中篇・一代易・宋》。《易龙图》自序说，龙马所负《图》中有不能与自然相合的数，这一说法破碎残缺，难以使人清楚了解，但中间有数句话颇为简单明了，说：“最初龙图不能与自然相合的数，只有五十五数，上面的二十五，是天数……下面的三十，是地数……在上面的数，则不用一，形成了二十四数；在下面的数，则不用六，也形成了二十四数。”陈抟本人加注释说：“上位中心去掉其中一数，得到二十四；下位中心去掉其中六数，也得到二十四；因为一年有三百六十天，包含了二十四个节气，所以天地自然的阴与阳、进与退，都运用二十四这个数。”江永根据此节文字进行深入思考，认为：这个《易龙图》大概是将水土交换了位置，一六水交易五十土，居于中宫，而五十土居于一六水的方位；水与土本来是同一根源，天地与人身最初始的状态本来是水，后来才逐渐凝结为土，因此《河图》一六水变换为五十坤艮土，这就是水土可以交换位置的原理；五十既然交易而居位于北方，那么南北方位相对共有二十四个圆点，东西方位相对也有二十四个圆点，这不只是与一年二十四节气相合，大地具有二十四个方向，人身体左右具有二十四条经脉，背吕（即脊梁骨）具有二十一节椎骨，合并颈项部三节椎骨，共为二十四节，一日有十二时辰，每个时辰分为两半，则为二十四小时，这些都是二十四数。现在依据此说制作出《河图变体图》，此图是自古至今所未曾有过的，它不只符合二十四数，十天干配合化生的道理数量也出于此。十天干的配合变化详解如下：甲与己配合变化为五行土，乙与庚配合变化为五行金，丙与辛配合变化为五行水，丁与壬配合变化为五行木，戊与癸配合变化为五行火。解读此说的人认为，十天干各自以本干起数配合子支，顺从辰支的天干而变化其五行属性，甲与己起甲子，顺数至辰支得到戊辰；乙与庚起丙子，顺数至辰支得到庚辰；丙与辛起戊子，顺数至辰支得到壬辰；丁与壬起庚子，顺数至辰支得到甲辰；戊与癸起壬子，顺数至辰支得到丙辰。之所以顺从辰支的天干而变化五行属性，是因为辰为龙，龙是善于变化的动物。这种说法固然有一定道理，但还不是这种变化的真正原因。以此图来观察，真正的原因就是用变体的《河图》，配合正体的《河图》，所以才有了十天干配合变化的数量。把十天干与十数配合，即为甲一、乙二、丙三、丁四、戊五、己六、庚七、辛八、壬九、癸十。《河图变体图》中甲一与己六居于中央，得到《河图》正体中央五十的土气，因此，甲己配合变化为五行土；戊五与癸十居于北方，得到《河图》正体北方一六合并起来为七数的火气，因此，戊癸配合变化为五行火；丙三与辛八居于东方，得到《河图》正体东方三八合并起来为十一数的水气，因此，丙辛配合变化为五行水；丁四与壬九居于西方，得到《河图》正体西方四九合并起来为十三数的木气，因此，丁壬配合变化为五行木；乙二与庚七居于南方，得到《河图》正体南方二七合并起来为九数的金气，因此，乙庚配合变化为五行金。倘若《河图》水土不改易方位，则甲一与己六在于北方应当配合变化为五行火，而为什么变化为五行土？戊五与癸十居于中央应当配合变化为五行土，而为什么变化为五行火？由此可以知道，《河图》必然有变体的数量。十天干的配合变化顺从的是《河图》五方生数与成数合并起来的变数五行，因此，顺从辰支的天干而变化五行属性的数理也与之对应。辰支不只象征龙的变化，辰为位于东方的土，又为北方水的墓地，所以辰中同时具有水与土，而水土因此具有变化交易的道理。十天干配合变化的五行，功用巨大，哪曾想自然造化的奇妙达到如此境界啊！陈抟所作《易龙图》自序，载录于后文，以供辩驳争论。

附录：陈图南《易龙图》自序

（元代胡一桂撰《周易本义启蒙翼传·中篇·一代易·宋》所载陈抟《易龙图》自序，与江永所录微有出入。参照江永“按”附录如下——作者注）

且夫龙马始负图，出于羲皇之代，在太古之先，今存已合之位，或疑之（江永按：此已合之位，疑是今之《河图》，然下文“后既合也，天一居上”云云，则又与《河图》不合，何也），况更陈其未合之数耶？然则，何以知之，答曰：于仲尼三陈九卦之义探其旨，所以知之（江永按：三陈九卦，与此何涉）。况天之垂象，的如贯珠，少有差则不成次序矣，故自一至于盈万，皆累累然如丝之缕也。且夫龙图本合，则圣人不得见其象，所以天意先未合而形其象，圣人观象而明其用，是龙图者，天散而示之，伏羲合而用之（江永按：此似伏羲时所出者，乃未合之数；今之《河图》五十居中者，伏羲改作之图也，殊不可晓），仲尼默而形之（江永按：夫子何以默而形之，岂前言三陈九卦之旨耶？殊不可晓）。始龙图之未合也，惟五十五数。上二十五，天数也（江永按：此似以一三五七九数居上，下文却不可晓），中贯三五九，外包十五，尽天三、天五、天九，并五十之用（江永按：天数二十五，如何能外包十五，尽五十之用？且独置天七不言，何也），后形一六无位（陈抟本注：上位去一，下位去六。江永按：本注，似是希夷先生自注。然此正当言一无位耳，天数中不得有六，不得并一言之云“下位去六也”），又显二十四之为用也（江永按：此句分明，而上文不可晓），兹所谓天垂象矣；下三十，地数也，亦分五位（陈抟本注：言四方中央也。江永按：此似以二四八十居四方，六居中央，而下文却不然），皆明五之用也（陈抟本注：上位形五，下位形六。江永按：地数中不容有五，何云“上位形五”），十分而为六（陈抟本注：五位六五，三十之数也。江永按：六五固是三十，然既分五位，何以又“十分而为六”），形地之象焉（陈抟本注：坤用六也），六分而几四象（陈抟本注：成七九八六之象也。江永按：分四象见下注，然不可晓），地六不配（陈抟本注：谓中央六也，一分在南边，六几少阳七，二分在东边，六几少阴八，三分在西边，六几老阳九，惟在北边，六便成老阴数，更无外数添也，所谓不配也。江永按：此注似解上“六分而几四象”，谓南边一得六为七，东边二得六为八，西边三得六为九，北边惟有六也；然六既居中央矣，何得又在北，四可配六成十，而云“地六不配”，亦不成道理）。在上则一不用，形二十四；在下则六不用，亦形二十四（陈抟本注：上位中心去其一，见二十四；下位中心去其六，亦见二十四；以一岁三百六旬，周于二十四气也，故阴阳进退皆用二十四。江永按：此文及注分明，而上文却支离艰晦）。后既合也，天一居上为道之宗，地六居下为气之本（陈抟本注：一六上下覆载之中，进四十九数为造化之用也。江永按：此既合天一居上，地六居下，则非今之《河图》一六居北者矣，谁合之耶？进四十九数，亦不可晓，意者一六合为七，自乘四十九耶），天三斡地二、地四为用（陈抟本注：此更明九六之用，谓天三统地二地四，几为乾元之用也。凡斡五行，几数四十，是谓大衍之数五十，其用四十有九也。江永按：此似谓合三二四为九，为乾元之用也；然“斡五行”“几四十”，不可晓），三若在阳，则为孤阴，在阴则为寡阳（陈抟本注：成八卦者三位也，谓一三五之三位，既与四只两位，两位则不成卦，是无中正不为用也，二与四，在阳则为孤阴，四二是也，在阴则为寡阳，七九是也，三皆不处之，若避之也。江永按：《河图》合四象成八卦，何以言成八卦者，只有一三五之三位，而二四不为用耶？孤阴、寡阳而三不居，亦不成道理）。大矣哉！龙图之变，岐分万途，今略述其梗概焉。

图序说

《龙图书》一卷未见，使其图义果如《序》与《注》所云，恐非造化自然之理；幸其中间有明白者，摘出别为图说，且推出十干合化之理，智者乐而玩焉可也。

白话解读

陈抟所撰《龙图书》一卷如今已经看不到了，假使其中图示义理果然如同《序》与《注》所说，恐怕也不是宇宙创造演化的天然道理；所幸其中文字还有一些容易理解、清楚明白的内容，摘录出来另外制作图说，并且推演出十天干配合变化的道理，供有智慧的人欣赏玩味以为乐趣，也就可以了。

《河图》变体合十一数图

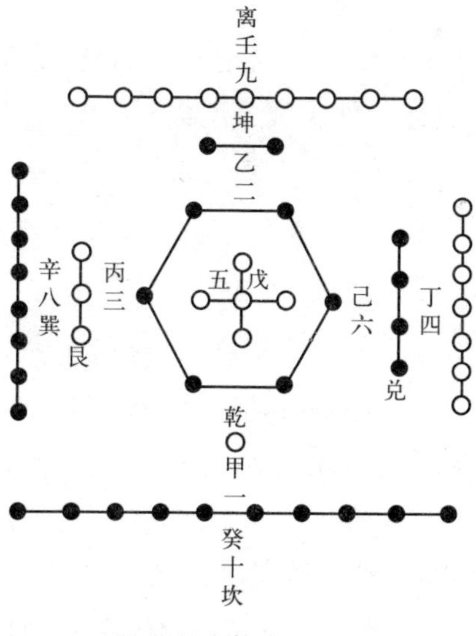

《河图》变体合十一数图

图说

按：《前汉·律历志》云“天之中数五，五为声”“地之中数六，六为律”。唐一行亦云：“合二始以定刚柔；合二中以定律历，合二终以纪闰余。”是古人皆言五六为天地之中矣，故《河图》变体又当有此图焉。一、二、三、四、五，生数不变，置六于中，退十于北，九、七互易，三、八不移，如是则中央合十一也，四方亦皆合十一也。《河图》之数五十有五，固有五其十一之理也。以十干配之，甲乙二始也，戊己二中也，壬癸二终也，丙丁庚辛始中终之间也。戊己为枢，八干八卦纳之，则纳甲之理由此出焉。二中以位戊己，二始以定乾坤，二终以定离坎，始中终之间以定艮兑震巽。形家之理，则二始、二终为关杀，二中为空亡，惟在始中终之间者可用也。

白话解读

江永认为：东汉班固所撰《前汉书·律历志》说“天数一三五七九的中数为五，五数代表声”“地数二四六八十的中数为六，六数代表律”。唐代一行撰《大衍历·历议·历本议》说：“合并天数与地数开始的两个数，可以确定刚柔阴阳；合并天数与地数居中的两个数，可以确定乐律和历法；合并天数与地数终结的两个数，可以记录岁时历法和闰年之余。”这是因为，古人都以五六为天数地数的中数，所以《河图》变体又应当有此图来做说明。一、二、三、四、五，五行生数方位不变，设置六数于中央，退行十数于北方，九数、七数相互交易，三数、八数位置不移动，这样一来，中央之数合并起来为十一，四方之数也都合并起来为十一。《河图》之数五十五，本来就有十一数的五倍这样的道理。用十天干配合十数，甲、乙配合天地二始数一、二，戊、己配合天地二中数五、六，壬、癸配合天地二终数九、十，丙、丁、庚、辛配合天地之数始、中、终之间的数，以戊己位于中央作为枢纽，余下八位天干由八卦纳之，于是就有了八卦纳甲的数理。五数、六数为二中数，用来确定戊、己方位，一数、二数为二始数，用来确定乾、坤二卦，九数、十数为二终数，用来确定离、坎二卦，天数地数的始、中、终之间的数，用来确定艮、兑、震、巽四卦。以天数地数的二始数、二终数为关杀，二中数为空亡(关杀、空亡都是古地理家专用语——作者注)，只取用始数、中数、终数之间的数。

《河图》含八卦五行天干图

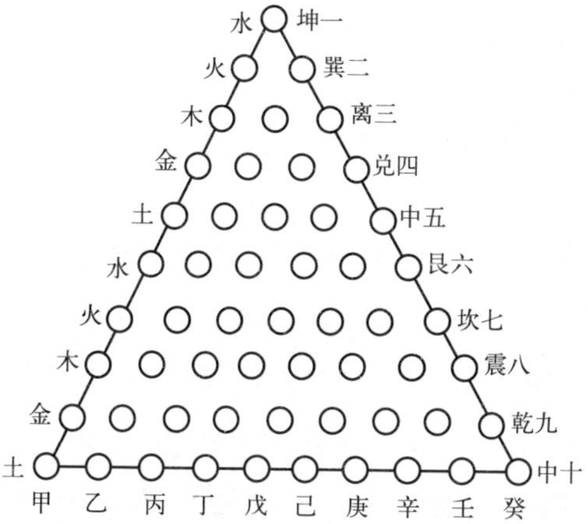

《河图》含八卦五行天干图

图说

《河图》十位，而卦止有八，四象成八卦，五十居中，为不用之用也；四生数为阴卦，母居先，而长女、中女、少女之卦继之，阴以少者为尊也；四成数为阳卦，少男、中男、长男之卦为次，而父居后，阳以多者为尊也；五为半而中隔之，十为全而中统之，得奇数者根于天，得偶数者根于地，三角之右方列之。水火皆气也，水最清而内明，故居一，火次清而外明，故居二；木金土皆质也，木柔而体轻，故居三，金坚而体重，故居四，土则最广大，故居五；五者有生、有成，生者在先，成者在后，故自五以后，一得五为六，二得五为七，三得五为八，四得五为九，五得五为十，复为水火木金土焉，三角之左方列之。五行各分阴阳，古人制十干以名之，干本为幹，如木之有幹，其十二支则由幹而生者也；十干分五行，甲乙为木，丙丁为火，戊己为土，庚辛为金，壬癸为水；十干分阴阳，甲丙戊庚壬为阳，乙丁己辛癸为阴；以数配之，甲三也，丙七也，戊五也，庚九也，壬一也，乙八也，丁二也，己十也，辛四也，癸六也，此数含于左方五行之中；而十干之次，顺五行相生之序，以东方甲木为先，盖五行有生出之序，一水为先，有流行之序，一甲为先，二者相为用，并行不相悖，此依其流行之序，则一甲、二乙、三丙、四丁、五戊、六己、七庚、八辛、九壬、十癸，列于三角之下方。积数浑然之中，森然粲然者已具存。

白话解读

(一)《河图》包含八卦

《河图》数有十位，而卦只有八位，在《河图》四象生成八卦原理中，五数、十数居于中央，发挥不用配合八卦而将八卦统一于一个整体的作用；一、二、三、四作为四位生数配合阴卦，按照母亲居先，而长女、中女、少女年龄由老及少的次序配合八卦，则坤卦为一数、巽卦为二数、离卦为三数、兑卦为四数，阴性事物以数量少的为尊贵；六、七、八、九作为四位成数配合阳卦，按照少男、中男、长男年龄由少及老的次序配合八卦，而父亲居后，则艮卦为六数、坎卦为七数、震卦为八数、乾卦为九数，阳性事物以数量多的为尊贵；五数作为天地数的半数，居于中央以间隔阴卦阳卦，十数作为天地数的全数，居于中央以统率阴卦阳卦，得到奇数配合的卦根源于天数，得到偶数配合的卦根源于地数，三角图的右方排列出《河图》数与八卦配合规律。

(二)《河图》包含五行

水、火都是没有一定的形状和体积、能自由散布的气，水的形体最为清纯而内部光明，因此居于一数，火的形体之清纯仅次于水，而外部光明，因此居于二数；木、金、土都是具有一定的形状和体积、不能自由散布的固体物质，木的形体柔软而质量轻，因此居于三数，金的形体坚硬而质量重，因此居于四数，土的形体最为宽广阔大，因此居于五数；水、火、木、金、土五者有生数、有成数，生数排列在先，成数排列在后，因此，自五数以后，一数得到五为六数，二数得到五为七数，三数得到五为八数，四数得到五为九数，五数得到五为十数，再次成为水、火、木、金、土，三角图的左方排列出《河图》数与五行配合规律。

(三)《河图》包含十天干

五行各有自己的阴阳属性，以此互相区分。古人制定十天干来描述它们的阴阳属性，干本意为幹，如同树木具有主干，其十二支则是由主干产生的；十天干在五行属性上的分配是，甲乙为木，丙丁为火，戊己为土，庚辛为金，壬癸为水；十天干在阴阳属性上的分配是，甲丙戊庚壬为阳性，乙丁己辛癸为阴性；用《河图》数来配合十天干，甲为三数，丙为七数，戊为五数，庚为九数，壬为一数，乙为八数，丁为二数，己为十数，辛为四数，癸为六数，此数包含于三角图左方的五行之中。十天干的次序，如果顺从五行相生的次序，以东方甲木为首，如果依据五行生出之序，一数水为首，如果依据五行流转运行之序，一数甲为首，生出之序与流转运行之序二者互为功用，可以同时进行，不相冲突，此处依据的是五行流转运行的次序，一数为甲、二数为乙、三数为丙、四数为丁、五数为戊、六数为己、七数为庚、八数为辛、九数为壬、十数为癸，排列于三角图的下方。

《河图》自一至十数按照从上而下积累的数量形成三角图，在浑然一体中，已经完全具有了森然严整、粲然明白的八卦、五行、十天干。

《河图》含八干四维十二支二十四向方图

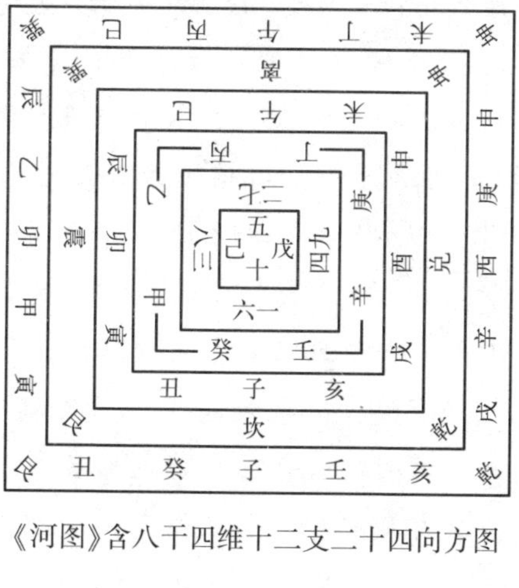

《河图》含八干四维十二支二十四向方图

《河图》含八干四维十二支二十四向圆图

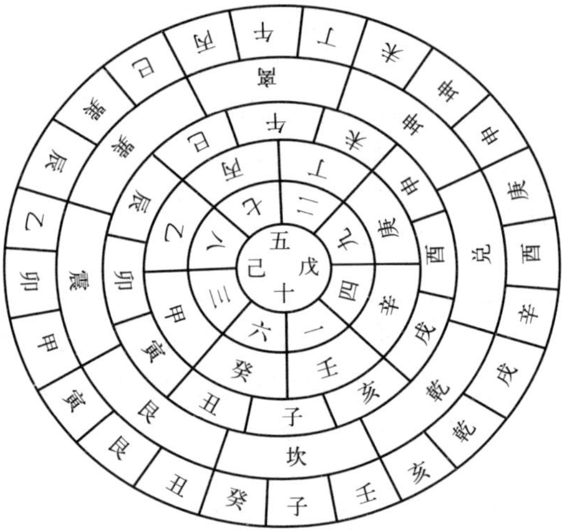

《河图》含八干四维十二支二十四向圆图

图说

《河图》无八干，而有八干之理；一即壬水，六即癸水，三即甲木，八即乙木，七即丙火，二即丁火，九即庚金，四即辛金；阳得奇数，阴得偶数，分居四方，而五为戊土，十为己土，居中央以为不用之用也。《河图》以先天之体，而藏后天之用；壬癸皆为坎水，丙丁皆为离火，甲乙皆为震木，庚辛皆为兑金，四正卦居四方之正位，则必有四隅焉，乾巽坤艮居之，是《河图》无四维，而有四维之理也。八干四维，得十二位矣。地支又有十二位焉，隐藏于《河图》之中；观第七卷（原文“第六卷”应为“第七卷”——作者注）论声律，以方圆相函而有十二律之长短在其间，隔八相生亦有十二律在其间，十二律应十二月，然则，《河图》虽无十二地支，而十二地支之理不已在其中乎。合干维与地支而分其位，子午卯酉即坎离震兑也；壬癸夹子，则壬之前有亥，癸之后有丑；甲乙夹卯，则甲之前有寅，乙之后有辰；丙丁夹午，则丙之前有巳，丁之后有未；庚辛夹酉，则庚之前有申，辛之后有戌；戌亥夹乾者也，丑寅夹艮者也，辰巳夹巽者也，未申夹坤者也；是为二十四向，如天之有二十四气，人之有二十四经脉，自然之理也。壬子癸共一坎，丑艮寅共一艮，甲卯乙共一震，辰巽巳共一巽，丙午丁共一离，未坤申共一坤，庚酉辛共一兑，戌乾亥共一乾，是为一卦统三向。以《洛书》八方之数配之，是《洛书》有二十四向之理也；出《洛书》者易见，出《河图》者难知，故今分方圆二图，先以《河图》四象之数，应八干之阴阳，然后推出四维，推出十二支与二十四向，使人知《河图》有体中藏用之妙，八位中有分二十四位之理，以补地理家罗经解之缺。

方圆第三层，四隅各作一曲，何也？以明干之气通也。壬水生申、旺子而墓辰，辛金生子、旺申而墓辰，则辛壬之气相通矣；甲木生亥、旺卯而墓未，癸水生卯、旺亥而墓未，则癸甲之气相通矣；丙火生寅、旺午而墓戌，乙木生午、旺寅而墓戌，则乙丙之气相通矣；庚金生巳、旺酉而墓丑，丁火生酉、旺巳而墓丑，则丁庚之气相通矣。是为生旺互用，元窍相通，先天自然之配合。四大水口、四黄泉，皆由此出焉。

白话解读

（一）《河图》包含八干

《河图》中没有八位天干，但有八位天干的道理。一数即壬水，六数即癸水，三数即甲木，八数即乙木，七数即丙火，二数即丁火，九数即庚金，四数即辛金。阳干得到奇数，阴干得到偶数，分别居位于北、东、南、西四个方位，而五数为戊土，十数为己土，居位于中央，作为不用配合天干而发挥将天干统一为整体的作用。

（二）《河图》包含四维

《河图》以先天八卦作为形体，而隐藏有后天八卦的功用。天干壬癸都为坎卦水，丙丁都为离卦火，甲乙都为震卦木，庚辛都为兑卦金，后天坎、离、震、兑四正卦居于四方的正位，则必定有四角的隅位尚为空虚，乾卦、巽卦、坤卦、艮卦居位于此四隅，这说明《河图》虽然没有标示四维方位，而具有四维方位的道理。八位天干、四维方位，合起来得到十二位了。

(三)《河图》包含十二支

地支又有十二位，隐藏于《河图》之中。读过本书第七卷论声律部分可知，《河图》数可以用方形和圆形相互包含的形式来表现，十二律长短比率便存在于其中间；《河图》数可以隔八相生，十二律也存在于其中间；十二律对应年周期中的十二月，这么一来，《河图》虽然没有标示十二地支，十二地支的道理不就已经存在于其中了吗？

(四)《河图》包含二十四向

合并八天干、四维与十二地支而分别设置其方位。地支子、午、卯、酉即坎卦、离卦、震卦、兑卦；天干壬、癸中夹子支，则壬干之前有亥支，癸干之后有丑支；天干甲、乙中夹卯支，则甲干之前有寅支，乙干之后有辰支；天干丙、丁中夹午支，则丙干之前有巳支，丁干之后有未支；天干庚、辛中夹酉支，则庚干之前有申支，辛干之后有戌支；地支戌、亥中夹乾卦，地支丑、寅中夹艮卦，地支辰、巳中夹巽卦，地支未、申中夹坤卦，这就是二十四向。这就如同天体运行一个年周期而具有二十四节气，人身体左右具有二十四条经脉，都是符合自然法则的。

二十四向中，壬子癸共属一个坎卦，丑艮寅共属一个艮卦，甲卯乙共属一个震卦，辰巽巳共属一个巽卦，丙午丁共属一个离卦，未坤申共属一个坤卦，庚酉辛共属一个兑卦，戌乾亥共属一个乾卦。这就是一卦统率三向。

用《洛书》八方的数量配合后天八卦，这就是《洛书》具有二十四向的原理。二十四向出于《洛书》的原理，这是容易看得出来的，但它出于《河图》的原理，这就令人难以知晓了，因此，现在分别制作方形圆形两种图式来说明，首先，以《河图》四象的数量，符合八天干的阴阳，然而推演出四维方位，推演出十二支方位与二十四向，使人们知道《河图》具有形体中隐藏功用的奇妙，八位中具有细分为二十四位的道理，可以弥补地理家解读罗盘时的不足。

(五)四隅各作一曲

《河图》含八干、四维、十二支、二十四向方图与圆图，自内而外，八干为第一层，十二支为第二层，四维为第三层，二十四向为第四层，其中第三层四隅方位各自制作为一个曲形的角，这是为什么呢？这是用来明确天干之气相互贯通的道理。乾卦之隅，天干壬水为阳干，顺布五行生死所，长生于申，旺于子而墓于辰，天干辛金为阴干，逆布五行生死所，长生于子，旺于申而墓于辰，则天干辛、壬之气相互贯通了；艮卦之隅，天干甲木为阳干，顺布五行生死所，长生于亥，旺于卯而墓于未，天干癸水为阴干，逆布五行生死所，长生于卯，旺于亥而墓于未，则天干癸、甲之气相互贯通了；巽卦之隅，天干丙火为阳干，顺布五行生死所，长生于寅，旺于午而墓于戌，天干乙木为阴干，逆布五行生死所，长生于午，旺于寅而墓于戌，则天干乙、丙之气相互贯通了；坤卦之隅，天干庚金为阳干，顺布五行生死所，长生于巳，旺于酉而墓于丑，天干丁火为阴干，长生于酉，旺于巳而墓于丑，则天干丁、庚之气相互贯通了。这是天干五行生死所之间长生与旺相互作用，玄妙诀窍相互贯通，先天存在的符合自然法则的配合。

罗经原始

《周礼》曰："惟王建国，辨方正位。"《诗》曰："揆之以日，作于楚室。"又曰："既景廼冈，相其阴阳。"《考工记》："匠人建（原文'营'在《考工记》中为'建'——作者注）国，昼则寘臬测日影，夜则兼考极星。"所以"辨方正位"者，如此而已，其无针盘之器可知。说者谓黄帝擒蚩尤时，天降元女，授以针法，此无稽之言也。成王时，越裳氏来朝，迷其归路，周公作指南车以送之。盖以机巧作之，非今之罗经也。大约此器，必三代以后精物理者创之。针何以一端恒指北，一端恒指南也？坎水者金之子家，离火者金之所畏，亦金之所喜，是以恒眷恋于南北。当其锻铁而抽之为线，则指南之性已定于此。用轻浮物贯线而浮之水，必指南，此从革之性也。唯慈石能引之，产慈石之山必产铁，同类而相招也。智者穷物理，因制为指南之器；后来，形家踵事而加精焉耳。

白话解读

《周礼·天官冢宰第一》说："只有受命之王建立国城，视日景辨别东、西、南、北四方，端正君臣的地位。”《诗经·国风·鄘·定之方中》说：“古人立一个竿儿，测度日影，以定方向，建筑楚丘的宫室。”篇名中“定”是星名，又名营室，“方中”是指黄昏时正在天中，定星于黄昏时，正在天中位置，指示古人建筑房屋的方向；《诗经·大雅·生民之什·公刘·五》又说：“测量日影（‘景’同‘影’）确定山脊的方向后，又相看山丘背阴的北面和向阳的南面。”《周礼·冬官考工记·匠人》说：“匠人建造都城，用四角立四柱而中间悬水之法来测量地势高下，于所平之地中央，用悬绳的方法设置八尺之臬，用以观察日影，以所树八尺之臬为圆心画圆，记录日出时臬在圆上的投影与日入时臬在圆上的投影，用来确定东西南北方向；白昼参考日中时臬在圆上的投影，夜晚参考北极星，用来校正南北东西方位。”古代所谓的“辨方正位”，就是如此罢了，从中可以看出，其时并没有指南针、罗盘这样的器具。解读这些经典的人认为，黄帝擒杀蚩尤时，上天降下元女，向黄帝授予指南针的制作使用方法，这是无稽之谈。晋代崔豹撰《古今注·卷上·舆服第一》记载，周成王时，越裳氏来朝贡，使者迷失归去的道路，周公制作指南车用来送给他们。这大概是一种指明方向的机械装置，并非今天我们所见的罗经，也就是罗盘。罗经这一器具，必定是夏商周三代以后精通事物机理的人创造出来的。罗经的针为什么一端恒常指向北方，一端恒常指向南方呢？这是因为坎卦水为金所生子的家，离卦火为金所畏惧，也是金所喜好，因此，罗经的针永远恋恋不离于南北两个方位。当人们捶打锻炼金属铁，并将之抽长为线形的针时，则其指南的特性已经由此决定了。用浮力大的物体贯穿铁线，使之浮于水面，铁针必定指向南方，这是金顺从于变革的特性使然。唯有磁石能够吸引铁针，而出产磁石的矿山必定同时出产铁，这是同一类别的事物相互招引的道理。智慧的人因为对这些事物内在的道理完全了解了，便因循其特性制作为指南的器具；后来，研究地理方位的人们在前人成果的基础上继续演绎，使之更加精细化罢了（江永受其生活时代认识局限的影响，认为堪舆、占卜等是合理可信的，因此才将其“学说”作为一种“学术研究”来看待，读者应对他的这种谬误有所了解，正确认识——编者注）。

罗针三盘说

罗针指午曰正针；与正针差半位，指其丙午之间者曰缝针；与缝针差一位，以丙为午，以午为丁，正针指其午丁之间者曰中针。正针者，地盘之子午也；中针者，天盘之子午，与北极相对者也；缝针者，地盘地支之午分为两半，一为丙，一为午也。以中针与正针较，差半位，地之午偏于丁，而天之午正当地盘丙午之间者也，地之午与天之午何故差半位？岂地有偏倚，不当天之中乎？曰：非也，此当通大地而言之。地亦是圆形，谓之地球，正当天心，以天度量之，南北二百五十里则北极出地差一度，以二百五十里乘三百六十度，则地球周九万里，东西亦如之；上下四周，皆有山水人物环而居之。地球分五大州：极西一州曰欧逻巴，亦谓之大西洋；环中华一州，彼土人呼之曰亚细亚；又欧逻巴之东南，亚细亚之西南，一大州曰利未亚，亦谓之小西洋；此三州地脉相连，大海环之。又一大州曰亚默利加，又一大州曰默瓦腊泥加，皆大海隔之，不与三州相通也。欧逻巴人浮海而来，望东南斜迤而行，历利未亚州，其地有大浪山，见南极出地三十六度者也，既过此山，乃渐迤东北而行，至广东番禺登岸，通计海程约九万里。海舟必藉罗针与天星以指路，当其未至大浪山，则针偏于丙，既过大浪山，则针偏于丁，唯当大浪山之处，针正对南极之下无所偏，此何以故？盖地亦有南北极，其中亦隐有督任二脉，当南极处，如瓜之蒂，如人顶之百会穴，针指午，指其蒂也，指其百会穴也。大浪山是当督任脉之处，故针无所偏；自西方望之，地极近东，故针偏丙，而天之正午在其西；自东方望之，地极近西，故针偏丁，而天之正午在其东。然则，当大浪山之处，天地之中合为一线，正针即是中针，他处则不然矣。然则，正中之处，亦有缝针乎？曰：缝针者，以丙午夹地盘之正午，常差半位，处处皆然，唯中针有变动耳。解罗经者谓，天之子午与浮针之子午差半位，故设天盘以应之；不知地是圆形，针随地而差，半(原文“半”疑为“一”——作者注)位是十五度，大浪山至中国，斜迤而行，直量之约差半位，故以日影测验，如此设盘，其实不可以胶定，如东海至陕西、云南八九千里，必有数度之差，岂可以胶定之天盘遍用之各省乎。此说难以语于今人，唯就地圆之理、针随地差之故，发明所以然，载之此书，以广异闻。针偏、针正之说，西人浮海者所亲见，载在《天学初函》，必非虚言也。

白话解读

(一)何为罗针三盘

罗经的罗针指向午字正中，称为正针；与正针相差半位，指向丙字与午字之间的分界线，称为缝针；与缝针相差一位，以缝针丙字作为午字，以缝针午字作为丁字，正针指向午字与丁字之间的分界线，称为中针。

正针，是地盘的子北、午南；中针，是天盘的子北、午南，与北极星所示北方相互对应；缝针，是地盘地支的午字所占15°分为两半，每半位为7.5°，一半位为丙字，一半位为午字。

(二)针偏针正的原理

用中针与正针比较，相差半位，是指地盘正针的午字偏近于天盘中针丁字，而天盘中针的午字正好适当地盘丙字与午字之间的分界线。地盘正针的午字与天盘中针的午字，为什么相差半位呢？难道是大地的中心有偏差，并非对应着天空的中心吗？回答说：不是的，这应当是通盘考虑大地整体状况而讲的。

大地也是圆形，称为地球，其中心正对应着天空的中心。用周天度数测量地球周长，南北每相距二百五十里(从地球赤道向两级，纬度越来越高，赤道纬度是0°，北纬度的最大值为90°，即北极点，南纬度的最大值为90°，即南极点，纬度1度约等于111千米——作者注)，则北极出地度数(等于纬度)相差一度，以二百五十里乘以周天三百六十度，则地球南北方向的周长为九万里(地球的子午线总长度大约40008千米——作者注)；地球东西方向的长度和南北方向长度差不多(东西向为经度分布方向，除本初子午线经度为0°外，地球各地的经度分别为向东或向西的0°到180°之间，因此，赤道上经度的每个度大约也相当于111千米，赤道周长是40075.02千米——作者注)。地球的上下四周，都有山水人物环列而居处其上。

地球大陆分为五大洲：最西端的一洲称为欧逻巴(欧洲)，也称为大西洋；环绕中华国土的一洲，那些土著人称之为亚细亚(亚洲)；又欧逻巴(欧洲)的东南方、亚细亚(亚洲)的西南方，有一大洲称为利未亚(非洲)，也称为小西洋；此三洲地势脉络相互连接，周围被大海环绕。又有一大洲称为亚默利加(南、北美洲)，又有一大洲称为默瓦腊泥加(别名墨瓦腊泥加，为未知的南方大陆，是15—18世纪时，欧洲地图上出现的假想大陆——作者注)，都由大海隔绝，不与欧、亚、非三洲相互连通。

欧逻巴(欧洲)人在海上乘船而来，朝着东南方向沿斜行路线航行，历经利未亚洲(非洲)，那个地方有座大浪山(非洲最南端)，见南极出地度数为三十六度(等于南纬36°)，经过此大浪山，就逐渐斜向东北方向，到达中国的广东番禺登岸，在海上航行所经的路程，总计大约九万里。航海舟船必定借助罗针与天星用以指引航路，当其未行至非洲最南端的大浪山以前，罗针的指向偏于丙字，既已过了大浪山，则罗针指向便偏向丁字，唯有正当大浪山之处，罗针正好对应地球南极的下方，无所偏向，明代万历三十年(1602年)太仆寺少卿李之藻刻本《坤舆万国全图》标称这座大浪山为“罗经正峰”。

这是什么原因呢？古代辨别方向主要有两种方法：一是依据天文定向。白天参考日影，夜晚参考北极星。地轴是地球自转的假想轴，北端与地表的交点是地理北极，南端与地表的交点是地理南极，地轴北端始终指向北极星附近，千百年来地球上的人们靠北极星的星光来导航。二是依据地磁定向。大概地磁也有南北极，其中也隐藏有如同人身体内督任二脉一样的贯通南北的磁力线，地磁南北极与地理北南极不完全重合，存在磁偏角。正当地球南极的地方，如同瓜的蒂，如同人头顶的百会穴，罗针指向午字，正是指向地球南极的蒂，指向地球南极的百会穴。非洲最南端的大浪山是正当地球督任二脉般磁力线的交会处，因此，罗针指向无所偏斜。自大浪山西方望向正南，地磁南极靠近东方，因此，罗针指向偏于丙字，而天空中正午时分的太阳在其西方；自大浪山东方望向南方，地磁南极靠近西方，因此，罗针指向偏于丁字，而天空中正午时分的太阳在其东方。然而如此，那么，在大浪山所在之处，天文南北之中与地磁南北之中合并为一线，正针就是中针，其他地方则不是这样了。那么，在天文南北与地磁南北正中之处的大浪山，也有缝针吗？对这个问题的答案是：缝针，用丙字午字中夹地盘的正午字，经常相差半位，各处都是这样；唯有中针随地理位置不同而有所变动罢了。

解释罗经的人认为，天文的子午与浮动罗针的子午相差半位，所以设置天盘来对应它；但他们不知道地球是圆形的，罗针随着地理位置的变动，会改变偏差度数，地理位置不同，则磁偏角不同，罗经一位是十五度，自大浪山至中国，斜向延伸而前行，直线测量度数大约相差半位（7.5°），因此，用日影定向法检测验证，这样一来，设置罗经盘面就不应该固定不变了，比如东海至陕西、云南相距八、九千里，必定有数度的偏差，哪里可以用一个固定的天盘去到各个省普遍运用呢。这种说法难以和现在的人讲论，唯有就地球为圆形的道理、罗针随地理位置出现偏差的缘故，来做阐发，使人们明白其所以然，在此书记载这些，是为了把新奇的见闻推广给大家。罗针指向有偏、有正的学说，是西方在海上航行的人所亲眼见到，记载于明代李之藻编《天学初函》，必定不是虚妄的言辞。

净阴净阳说

地理家"净阴、净阳"，以先天八卦配《洛书》而定。九、一、三、七为阳，乾、坤、离、坎当之，四卦所纳之甲、乙、壬、癸，坎、离所合之申辰、寅戌，皆为阳；六、四、八、二为阴，艮、兑、震、巽当之，四卦所纳之丙、丁、庚、辛，震、兑所合之亥未、巳丑，皆为阴。八卦方位之分明如此，丹灶家虽秘之，地理家未尝秘也，乃自汉以后，儒家皆不知有先天八卦，《大传》"天地定位"一章，久在霾雾中，至邵子学于其师，不炉不扇，艰难辛苦，而后得闻有先天之学，又必待朱子表章而后传，可见儒家之学固守孤陋，不肯博涉兼收，又鄙异流、方外为不足道，遂使经义晦蚀，流传者反在异流、方外，是亦儒家之过也。

白话解读

地理家所说"净阴、净阳"，是以先天八卦配合《洛书》而确定的。《洛书》数九、一、三、七为阳性，先天八卦乾卦、坤卦、离卦、坎卦四卦与之相配，四卦所纳的甲、乙、壬、癸四天干，坎卦子、离卦午所合的申辰、寅戌诸地支，都为阳性；《洛书》数六、四、八、二为阴性，先天八卦艮卦、兑卦、震卦、巽卦四卦与之相配，四卦所纳的丙、丁、庚、辛四天干，震卦卯、兑卦酉所合的亥未、巳丑诸地支，都为阴性。先天八卦的方位如此地清楚明白，道家炼丹师们虽然对此秘而不宣，但地理家们则未曾保守秘密。可是，自汉代以后，儒家学者竟然都不知道有先天八卦，《周易·说卦传·第三章》"天地定位"一章，长久处在迷离霾雾之中，无人理解，到了宋代，邵雍求学于其老师，冬不点火炉，夏不扇扇子，历经艰难困苦，而后得以听闻有先天之学，又等到朱熹宣扬彰明后，这一学说才得以流传。可见，儒家的学说主观固执地守着学识浅陋的老一套，不肯广泛涉猎、兼收众说，又鄙视异教流辈、方外之说，认为其不值得称道，这才使得《周易》经文的解读缺失不明许久，其精义反而由异教之辈、方外之人流布传承，这也是儒家学者的过失。

罗经六十甲子说

罗经三盘俱有六十甲子，所以分十二宫之始、中、末也。子宫五子，甲子金、丙子水、戊子火、庚子土、壬子木；午宫五午，庚午土、壬午木、甲午金、丙午水、戊午火。一宫中纳音五行全焉，其序皆如纳音五行一火、二土、三木、四金、五水之序也。戊子、甲午，中位，正相对也。午宫何以起庚午？甲子皆顺序，以隶各支之下，历乙丑、丙寅、丁卯、戊辰、己巳，故午宫始庚午也，顺序排列，至癸亥而终焉。

白话解读

罗经三盘，都排列有六十甲子，用来区分十二宫的始、中、末。子宫排列有五子，即甲子金、丙子水、戊子火、庚子土、壬子木；午宫排列有五午，即庚午土、壬午木、甲午金、丙午水、戊午火。一宫中纳音五行全都包含了，其次序都依照顺从纳音五行一数火、二数土、三数木、四数金、五数水的次序循环排列。子宫戊子、午宫甲午，分别居于子宫、午宫的中央位置，正好相互对立。

午宫为什么起始于庚午呢？每宫首起的甲子都依照干支组合六十甲子的次序，据此归属各支宫之下，如子宫首起甲子、丑宫首起乙丑、寅宫首起丙寅、卯宫首起丁卯、辰宫首起戊辰、巳宫首起己巳，因此，午宫首起始于庚午，顺序排列，未宫首起辛未、申宫首起壬申、酉宫首起癸酉、戌宫首起甲戌、亥宫首起乙亥，至亥宫排列至癸亥而终结。

盈缩平分说

地理家言“龙有盈缩”，而蔡西山先生易为六十平分，此古今不决之疑。然天道常以整齐者为体，以盈缩不齐者为用，日月五星之行度皆然；龙者气之行于地中，其能以整齐者格定，谓其三分、七分、五分，一一皆应平分之节度乎？前人立盈缩之法，或盈以应度(原文“候”应为“度”——作者注)，缩以应候(原文“度”应为“候”——作者注)，或缩以应度，盈以足候，其理甚微。今易以平分，岂不近理可信；然而，弥近理者，正恐其能乱真。如先生之论律，谓宫声最大，律管最长，岂不近理，而乐家谓不可以制乐；论历，欲用《皇极经世》之数以十二万九千六百分为日法，亦似近理，而历家谓不可以造历。然则，平分一盘，岂真能格龙乘气，与堪舆家争胜哉。

白话解读

地理家说“龙有盈阔与缩狭”(罗盘周圈三百六十度分配六十甲子，将其不等分为六十格，称为盈缩六十龙，六十格阔狭不一——作者注)，而宋代蔡元定(学者称西山先生)制定《详节天表》，将不等分六十格改为等分六十格，究竟是该等分还是不该等分，这是从古到今都不能解决的疑问。但是，自然界的变化规律经常以整齐的形式作为形体，而以长短不一的形式作为功用，日、月、五星的运行度数都是这样；龙是一种运行于大地之中的气，它难道能够用整齐的标准测量确定，称其三分、七分、五分等，每一分都符合平均等分的节序度数吗？

以现代科学的知识来分析古人创立盈缩六十龙的方法，大约是根据地球公转运动确定的。地球经过365.2564日公转360°，即每日角速度约59′8″(为0.986°)，但地球公转角速度随日地距离的变化而改变，每年1月初过近日点时公转速度快，每年7月初过远日点时公转速度慢，自1月初到当年7月初地球公转速度逐渐减慢，自7月初到来年1月初地球公转速度逐渐加快；太阳周年视运行的周期与地球公转周期是相同的，因为地球公转速度较慢，太阳视运行由春分点经过夏至点到秋分点需要186天多，因为地球公转速度较快，太阳视运行由秋分点经过冬至点到春分点则需要179天，这就造成地球上四季不等长，七十二候也不等长，因此，古人可能是或者以盈阔来适应地球公转速度慢而经历周天度数多，以缩狭来适应地球公转速度快而七十二候时间短，即“盈以应度，缩以应候”；或者以缩狭来适应地球公转速度快而经历周天度数少，以盈阔来满足地球公转速度慢而七十二候时间长，即“缩以应度，盈以足候”。此法既能适应太阳视运行所行周天度数的阔狭，又能适应七十二候所辖时间长短的升降，其中道理非常精微。现在，蔡元定改为平均等分，难道不是看似近乎情理且值得信赖的吗？然而，看起来越是近乎情理的事物，恐怕越是能够混淆真相。比如蔡元定先生论述音律，认为宫声为最大，律管为最长，这难道不近乎情理？可是乐律家说这样制作不出音乐来；又据明代章潢撰《图书编·卷二十七·历象申余太玄拟卦日星节候卦气总论》载，蔡元定论述历法，想用《皇极经世》的十二万九千六百之数，推演出“岁有十二万九千六百分，月有十二万九千六百厘，日有十二万九千六百毫，辰有十二万九千六百丝”，以十二万九千六百毫为一日的方法，也好像近乎情理，可是历法家说这样制作不出历法来。那么，他所用的平均等分六十格划分一个罗盘的方法，难道就真的能够正确格定龙气、乘接生气，胜于堪舆家的“盈缩”之法吗？

诸阴阳说

叶九升曰：“经盘之用，以净阴、净阳为重；然各家阴阳，亦不可不知。如自子至巳为阳，自午至亥为阴，此升降之阴阳也，十二辟卦从此出，自复至乾、自姤至坤共七十二爻，为七十二候，此七十二龙之所从出也。如乾艮甲庚丙壬子寅辰午申戌为阳，坤巽乙辛丁癸丑卯巳未酉亥为阴，此卦与干支本体之阴阳也。如子寅辰乾丙乙卯巳未艮庚丁为阴，午申戌巽辛壬酉亥丑坤甲癸为阳，此大元空四经五行之阴阳也。如艮寅甲卯乙辰坤申庚酉辛戌为阳，巽巳丙午丁未乾亥壬子癸丑为阴，此阳年阳利、阴年阴利，选日造命之阴阳也。”

三卦说

叶九升曰：“三卦出《天玉经》。以自寅至丙八位为东卦，自申至壬八位为西卦，东为木，西为金，二卦为一父母；自午至坤四位、自子至艮四位，南火，北水，为南北卦，为一父母。东西忌见南北，南北忌犯东西。凡龙、向、水不出卦者，主贵；出卦相犯，则不贵。如亥龙，立丙向，来龙、水路俱不犯南北卦，则贵；若亥龙，丙向，后龙带子、癸，见午、丁之水往来，为出卦，不贵。凡龙、穴不合净阴、净阳、三吉、六秀，而合三卦之法者，大吉。三卦之义，从后天八卦而出。净阴净阳，是取先天八卦之阴阳；此三(原文‘二’应为‘三’——作者注)卦二父母，则取后天八卦之五行也。后天八卦，一水、一火、二木、二金、二土，《河图》之象，土居中宫，故三卦亦去二土不用，止用六卦，分二十四山，则每卦得四山也，故寅、甲、卯、乙四山属震木，辰、巽、巳、丙四山属巽木，午、丁、未、坤四山属离火，申、庚、酉、辛四山属兑金，戌、乾、亥、壬四山属乾金，子、癸、丑、艮四山属坎水。金、木各有二卦；火止一卦，故坤附于离，水止一卦，故艮附于坎，亦合二卦之义。东西有四卦，南北亦有四卦，金木相成，故东西一父母；水火既济，故南北一父母。以金木与水火不相犯为纯也，盖既有先天之阴阳以辨纯驳，自当有后天之五行以别清纯。”按：此说有理。不用二土，而以坤附离、艮附坎者，火土本同宫，水土本同源也。

九星卦例说

九星者，贪狼、巨门、禄存、文曲、廉贞、武曲、破军、辅、弼也。九星出于北斗，北斗七星，一枢、二璇(原文“机”应为“璇”——作者注)、三机(原文“璇”应为“机”——作者注)、四权为魁，五衡、六开阳、七摇光为杓，开阳、摇光之旁有小星，左为辅，右为弼，合为九星。地理家，有九星之形焉，贪为木，巨、禄为土，文为水，廉为火，武、破、辅、弼皆为金；有九星之位焉，以九星配八卦，辅、弼为卦之本体，余七卦翻变之例，自上爻变起，如乾以兑为贪，坤以艮为贪，皆以上、中、下、中、上、中、下、中，八变而归于辅、弼。此甚有理。盖六画之卦从下变上，三画之卦从上变下，上画变是其同宫，如乾兑同为老阳，震离同为少阴，坎巽同为少阳，坤艮同为老阴，故各以同宫之卦起生气、贪狼也。从乾卦翻出者，曰“天父卦”，又曰“天定卦”；从坤卦翻出者，曰“地母卦”。星以贪、巨、武为三吉卦，以艮、丙、巽、辛、兑、丁为六秀；惟坤以艮为贪、巽为巨、兑为武，适与吉、秀符焉，坤为地故也。九星卦各有取用，详地理家书。若阳宅卜居，亦以同宫卦起贪，但以贪、廉、武、文、禄、巨、破、辅为序，如乾宅从兑起贪，则廉加震、武加坤、文加坎、禄加巽、巨加艮、破加离，故乾宅以坤、兑、艮门为吉也。详阳宅书。

洪范五行说

地理家五行之说最多，而洪范五行之义尤难明，今推之。洪范五行者，以正五行为主，其余干支四维，皆与正五行之理有相通，故与之联属，所以辅成正五行之气者也。水有八：坎为真水；辛、申金者水之正源；甲、寅、巽木者水之别源；辰、戌土者水之堤防也。巽木与坎水同宫，水滋木而木亦能引水，思酸而津液生，伐木而泉源涸，故木为水之别源；水无土则滥，必藉阳土以蓄聚之；申为水之生气，辰为水之归气；水又与火互根，无火不能生水，寅为火之生气，戌为火之归气，故寅、戌亦为水，是一水具四行之气者也。火有四：离为真火；乙木者火之所丽以为明；丙为太阳之火；壬为水中之火，火同与水互根者也。木有三：震为真木；艮土者木之根；巳火者木之焰也。金有四：兑为真金；乾阳金，亦不变；金喜丁火之镕；亦喜癸水之泽也。土有五：坤与丑、未皆真土；水与土同源，土旺则生金，故癸、庚皆为土也。立此五行者，其于五行之蕴奥，察之精矣。叶九升云：“此五行乃先天之气，专用之以辨地之大小贵贱；”“大而建都立国，次则扦道府州县，小而乡镇坟宅，皆宜察其到头之五行，以起三十八将，以占其地之富贵，其用最大，故曰大五行也；”“与乘气、立向、消纳无涉，后人不知其用，而用之以论气、论向，或用之坐山、消水，故祸福无凭，乃共诋之为灭蛮也；”“洪范所以妙其正五行之用，选日家用之以推山运，亦有准云。”

贵人说

先天之坤在子，后天之坤在申。贵人者，甲与己合，皆以己所临之地而分阴阳二贵。阳贵己在子，庚以后皆顺行，辰戌不临，午冲子不临，子不再临，而戊终于丑。阴贵己在申，庚以后皆逆行，辰戌不临，寅冲申不临，申不再临，而戊终于未。辰为天罡，戌为河魁，至尊之地，贵人不敢临也。己临子、申，亦所以拱乎天罡也。其曰天乙贵人者，天乙一星，在紫微垣门外也。叶九升谓“甲以己之所临为贵人，己以甲之所临为贵人”，未确。与己同临子、申者，乙也，非甲也。俗诀“甲戊牛羊，庚辛马虎”者，谬也。

遁甲奇门说

遁甲奇门一术，或曰黄帝伐蚩尤时命风后所作。其法用《洛书》与后天八卦，按节气日时干支而起奇门，以择时日也。一日十二时，五日六十时，分为六甲，甲子、甲戌、甲申、甲午、甲辰、甲寅，统于戊、己、庚、辛、壬、癸，甲子为戊，甲戌为己，甲申为庚，甲午为辛，甲辰为壬，甲寅为癸，谓之六仪。甲为最尊，藏于六仪之中，故曰遁甲。乙、丙、丁三干应三光，谓之三奇；乙奇为日，丙奇为月，丁奇为星。门有八，坎为休，艮为生，震为伤，巽为杜，离为景，坤为死，兑为惊，乾为开；休与景对，生与死对，伤与惊对，杜与开对；开、休、生为三吉门也。九宫有九星，坎一为天蓬，坤二为天芮，震三为天冲，巽四为天辅，五为天禽寄于坤，乾六为天心，兑七为天柱，艮八为天任，离九为天英。一岁五日为一候，三候为一气，二十四气有七十二候；冬至上候起坎一，立春上候起艮八，春分上候起震三，立夏上候起巽四，夏至上候起离九，立秋上候起坤二，秋分上候起兑七，立冬上候起乾六；自冬至至芒种为阳遁，顺布六仪，逆布三奇；自夏至至大雪为阴遁，逆布六仪，顺布三奇；一候为一局，五日易一局，必逢甲己之日。以星为直符，加于时之干；以门为直使，加于时之宫。三候一气，古法用平气，无盈缩；今法用定气，有盈缩；冬时气短，夏时气长，无论平气、定气，积之久必时日有余，与五日之符头不相当，须闰一局以补之；气未来而符头先到者谓之超神，符头未到而气先到者谓之接气；此置闰超接之法，必须芒种、大雪之后，冬夏二至之前，盖二至方分阴阳顺逆也；一说气应始变局，如甲、己日巳时交冬至，方作阳遁变局，其辰时已前，只作阴遁也。此奇门之大略。

二十四气阴阳局图

杜 辅天 巽 立夏四一七 小满五二八 芒种六三九	景 英天 离 夏至九三六 小暑八二五 大暑七一四	死 芮天 坤 立秋二五八 处暑一四七 白露九三六
伤 冲天 震 春分三九六 清明四一七 谷雨五二八		惊 柱天 兑 秋分七一四 寒露六九三 霜降五八二
生 任天 艮 立春八五二 雨水九六三 惊蛰一七四	休 蓬天 坎 冬至一七四 小寒二八五 大寒三九六	开 心天 乾 立冬六九三 小雪五八二 大雪四七一

二十四气阴阳局图

图说

右图皆以甲己日甲子时起局、易局。如冬至则以一宫为上局，七宫为中局，四宫为下局。夏至则以九宫为上局，三宫为中局，六宫为下局。阳遁顺行，阴遁逆行。

阳遁布奇仪星门例

阳遁	冬至上 惊蛰上	甲子戊	蓬直符 休直使	甲戌己	芮直符 死直使	甲申庚	冲直符 伤直使
一局	清明中 立夏中	甲午辛	辅直符 杜直使	甲辰壬	禽直符 死直使	甲寅癸	心直符 开直使
	上局皆以九为乙八为丙七为丁						
阳遁	小寒上 立春下	甲子戊	芮直符 死直使	甲戌己	冲直符 伤直使	甲申庚	辅直符 杜直使
二局	谷雨中 小满中	甲午辛	禽直符 死直使	甲辰壬	心直符 开直使	甲寅癸	柱直符 惊直使
	上局皆以一为乙九为丙八为丁						
阳遁	大寒上 春分上	甲子戊	冲直符 伤直使	甲戌己	辅直符 杜直使	甲申庚	禽直符 死直使
三局	雨水下 芒种中	甲午辛	心直符 开直使	甲辰壬	柱直符 惊直使	甲寅癸	任直符 生直使
	上局皆以二为乙一为丙九为丁						
阳遁	惊蛰下 冬至下	甲子戊	辅直符 杜直使	甲戌己	禽直符 死直使	甲申庚	心直符 开直使
四局	清明上 立夏上	甲午辛	柱直符 惊直使	甲辰壬	任直符 生直使	甲寅癸	英直符 景直使
	上局皆以三为乙二为丙一为丁						
阳遁	小寒下 立春中	甲子戊	禽直符 死直使	甲戌己	心直符 开直使	甲申庚	柱直符 惊直使
五局	谷雨上 小满上	甲午辛	任直符 生直使	甲辰壬	英直符 景直使	甲寅癸	蓬直符 休直使
	上局皆以四为乙三为丙二为丁						
阳遁	大寒下 雨水中	甲子戊	心直符 开直使	甲戌己	柱直符 惊直使	甲申庚	任直符 生直使
六局	春分下 芒种上	甲午辛	英直符 景直使	甲辰壬	蓬直符 休直使	甲寅癸	芮直符 死直使
	上局皆以五为乙四为丙三为丁						
阳遁	冬至中 惊蛰中	甲子戊	柱直符 惊直使	甲戌己	任直符 生直使	甲申庚	英直符 景直使
七局	清明下 立夏下	甲午辛	蓬直符 休直使	甲辰壬	芮直符 死直使	甲寅癸	冲直符 伤直使
	上局皆以六为乙五为丙四为丁						
阳遁	小寒中 立春上	甲子戊	任直符 生直使	甲戌己	英直符 景直使	甲申庚	蓬直符 休直使
八局	谷雨下 小满下	甲午辛	芮直符 死直使	甲辰壬	冲直符 伤直使	甲寅癸	辅直符 杜直使
	上局皆以七为乙六为丙五为丁						
阳遁	大寒中 雨水上	甲子戊	英直符 景直使	甲戌己	蓬直符 休直使	甲申庚	芮直符 死直使
九局	春分中 芒种下	甲午辛	冲直符 伤直使	甲辰壬	辅直符 杜直使	甲寅癸	禽直符 死直使
	上局皆以八为乙七为丙六为丁						

阳遁布奇仪星门例

阴遁布奇仪星门例

阴遁九局	夏至上 白露上	甲子戊	英直符 景直使	甲戌己	任直符 生直使	甲申庚	柱直符 惊直使
	寒露中 立冬中	甲午辛	心直符 开直使	甲辰壬	禽直符 死直使	甲寅癸	辅直符 杜直使
	上局皆以一为乙二为丙三为丁						
阴遁八局	小暑上 立秋下	甲子戊	任直符 生直使	甲戌己	柱直符 惊直使	甲申庚	心直符 开直使
	小雪下 霜降中	甲午辛	禽直符 死直使	甲辰壬	辅直符 杜直使	甲寅癸	冲直符 伤直使
	上局皆以九为乙一为丙二为丁						
阴遁七局	大暑上 处暑下	甲子戊	柱直符 惊直使	甲戌己	心直符 开直使	甲申庚	禽直符 死直使
	秋分上 大雪中	甲午辛	辅直符 杜直使	甲辰壬	冲直符 伤直使	甲寅癸	芮直符 死直使
	上局皆以八为乙九为丙一为丁						
阴遁六局	夏至下 白露下	甲子戊	心直符 开直使	甲戌己	禽直符 死直使	甲申庚	辅直符 杜直使
	寒露上 立冬上	甲午辛	冲直符 伤直使	甲辰壬	芮直符 死直使	甲寅癸	蓬直符 休直使
	上局皆以七为乙八为丙九为丁						
阴遁五局	小暑下 立秋中	甲子戊	禽直符 死直使	甲戌己	辅直符 杜直使	甲申庚	冲直符 伤直使
	霜降上 小雪上	甲午辛	芮直符 死直使	甲辰壬	蓬直符 休直使	甲寅癸	英直符 景直使
	上局皆以六为乙七为丙八为丁						
阴遁四局	大暑下 处暑中	甲子戊	辅直符 杜直使	甲戌己	冲直符 伤直使	甲申庚	芮直符 死直使
	秋分下 大雪上	甲午辛	蓬直符 休直使	甲辰壬	英直符 景直使	甲寅癸	任直符 生直使
	上局皆以五为乙六为丙七为丁						
阴遁三局	夏至中 白露中	甲子戊	冲直符 伤直使	甲戌己	芮直符 死直使	甲申庚	蓬直符 休直使
	寒露下 立冬下	甲午辛	英直符 景直使	甲辰壬	任直符 生直使	甲寅癸	柱直符 惊直使
	上局皆以四为乙五为丙六为丁						
阴遁二局	小暑中 立秋上	甲子戊	芮直符 死直使	甲戌己	蓬直符 休直使	甲申庚	英直符 景直使
	霜降下 小雪下	甲午辛	任直符 生直使	甲辰壬	柱直符 惊直使	甲寅癸	心直符 开直使
	上局皆以三为乙四为丙五为丁						
阴遁一局	大暑中 处暑上	甲子戊	蓬直符 休直使	甲戌己	英直符 景直使	甲申庚	任直符 生直使
	秋分中 大雪下	甲午辛	柱直符 惊直使	甲辰壬	心直符 开直使	甲寅癸	禽直符 死直使
	上局皆以二为乙三为丙四为丁						

阴遁布奇仪星门例

附八神例

阳遁、阴遁，各以直符加于星；阳遁顺数，直符之后螣蛇、太阴、六合、勾陈、朱雀、九地、九天；阴遁，直符之后逆行。

元辰斗首五气定局图

	甲已属土	乙庚属金	丙辛属水	丁壬属木	戊癸属火
土山壬子	元土	廉水	武水	破金	贪木
火山癸丑	廉金	武木	破土	贪水	元火
木山艮寅	武水	破火	贪金	元木	廉土
水山甲卯	破木	贪土	元水	廉火	武金
金山乙辰	贪火	元金	廉木	武土	破水
土山巽巳	元土	廉水	武火	破金	贪木
火山丙午	廉金	武木	破土	贪水	元火
木山丁未	武水	破火	贪金	元木	廉土
水山坤申	破木	贪土	元水	廉火	武金
金山庚酉	贪火	元金	廉木	武土	破水
土山辛戌	元土	廉水	武火	破金	贪木
火山乾亥	廉金	武木	破土	贪水	元火

元辰斗首五气定局图

图说

元辰斗首，出《玉函经》，用坐山、化气之五行，以择年月日时者也。二十四山，以壬子土为始，乾亥火为终。坐山居前雀、后武、左龙、右虎之中，故元辰以土为始；乾亥者，北斗之位，故曰斗首，右旋则以乾亥火为首也。二十四山，八干四维合地支而化气，亦以十干化气为本；甲己化土，戊癸化火，亦以土为始、火为终也。壬子当甲己，故为土；由此逆数，癸丑当戊癸，故为火；艮寅当丁壬，故为木；甲卯当丙辛，故为水；

乙辰当乙庚，故为金；巽巳当甲己，故为土；丙午当戊癸，故为火；丁未当丁壬，故为木；坤申当丙辛，故为水；庚酉当乙庚，故为金；辛戌当甲己，故为土；乾亥当戊癸，故为火。由土而火，山位顺则五行逆；由火而土，山位逆则五行顺，顺逆互为用也，而十干之化气与二十四山之化气相通矣。然而，五气之用，又有顺、有逆焉。生元辰者贪狼官，克元辰者破军鬼，元辰所生者廉贞子，元辰所克者武曲财。元辰，不化者也；元辰第二位，顺为所生，逆为所克，则廉子化武财矣；元辰第三位，顺为所克，逆为生元辰，则武财化贪官矣；元辰第四位，顺为克元辰，逆为元辰所生，则破鬼化廉子矣；元辰第五位，顺为生元辰，逆为克元辰，则贪官化破鬼矣，是谓翻化气，此又以生克互为用也。生克之理，出于《图》《书》。《图》以五十土生四九金，由金而水而木而火而土，皆顺生；《书》以五十土克一六水，由水而火而金而木而土，皆逆克。盖阴土在火金之间者，气顺行而生；阳土在水木之间者，气逆行而克。一生一克，造化之妙用，《图》《书》之至理。用此五行择日者，知其当然，不知其所以然，故发明之。

此五行之用，以干为体，支为用，以扶元辰、助武财为主。贪官，生元辰者也，而有化破鬼之病；破鬼，克元辰者也，而有化廉子之用；廉子，泄元辰者也，而有化武财之功。在人所以用之耳。

紫白洛书说

《洛书》，一白、二黑、三碧、四绿、五黄、六白、七赤、八白、九紫。一白为休门，八白为生门，三碧为伤门，四绿为杜门，九紫为景门，二黑为死门，七赤为惊门，六白为开门。年、月、日、时各以次轮值，视其三白与九紫之方为吉，可以修方、动土，余俱不吉。其年、月、日、时紫白定局，及所用法，详其本书。

河洛精蕴 卷之九

HE LUO JING YUN JUAN ZHI JIU

纳甲说

《易》不言干支，蛊、巽彖爻有"先甲后甲""先庚后庚"之文，假托日名取义耳，非真有与干相合之义也。而五行家有纳甲之说，以十干纳之于卦，举甲以该之；堪舆家最重，卜筮、修养家亦言之。其说大抵起于秦汉以前。按：纳甲有两法。《京房易》乾纳甲壬，坤纳乙癸，艮纳丙，兑纳丁，坎纳戊，离纳己，震纳庚，巽纳辛，此六画卦之纳法；若三画卦之纳法，则乾纳甲，坤纳乙，艮纳丙，兑纳丁，震纳庚，巽纳辛，离纳壬，坎纳癸，虚戊己不纳也。干有十而卦止于八，自当存其戊己；若六画卦，用之以布浑天甲子，宜尽纳十干；故乾坤内卦纳甲乙，外卦纳壬癸，以其为卦之父母，故兼纳干之首尾，而戊纳之坎，己纳之离，二法不同，不得以六画纳法用之于三画；且乾坤未有外卦，不得兼用壬癸，而坎本纳癸，不得用戊，离本纳壬，不得用己也。纳甲之数微妙，其理精深，昔人不知其由，妄以月之盈亏解之。《传》云"悬象著明莫大乎日月"，吴时虞翻以纳甲法释其义。魏伯阳《参同契》云："初三震受庚，上弦兑受丁，十五乾体就，十八(《参同契》原文'八'为'六'——作者注)巽受辛，下弦艮受丙，三十坤受乙。"此说不然。月上弦、下弦光体一半，而兑两阳一阴，艮两阴一阳，非当其半，如何能肖？方位亦牵强凑合，壬癸北方无月，离何以纳壬，坎何以纳癸？必非纳甲之所以然。今以《图》《书》之数解之。《洛书》八方之位，本即先天八卦之数。乾为父得九，震长男得八，坎中男得七，艮少男得六，此循次递降之数也；坤为母得一，巽长女得二，离中女得三，兑少女得四，此循次递升之数也。而又有渐降、渐升之数焉，九减一为八，八减二为六，六减三为三，三当减四，加十减之则复得九，此乾震艮离之四阳卦也；一加一为二，二加二为四，四加三为七，七加四为十一，除十则复得一，此坤巽兑坎之四阴卦也。离本阴卦，而何以变阳？坎本阳卦，而何以变阴？阴阳互为其根，水火互藏其宅，先天之乾为后天之离，先天之离为后天之震，则离不得不变为阳，而渐降之数自从之；先天之坤为后天之坎，先天之坎为后天之兑，则坎不得不变为阴，而渐升之数自从之。既有循次升降之数，又有渐升渐降之数，且能变坎离之阴阳，所谓"成变化而行鬼神"，此亦其一端也。由是乾震艮离坤巽兑坎之位既定，乃以戊己居中，各以七数数之。戊至七为甲，则乾纳甲矣；甲至七为庚，则震纳庚矣；庚至七为丙，则艮纳丙矣；丙至七为壬，则离纳壬矣；壬至七则复于戊焉。己至七为乙，则坤纳乙矣；乙至七为辛，则巽纳辛矣；辛至七为丁，则兑纳丁矣；丁至七为癸，则坎纳癸矣；癸至七则复于己焉。七位者，受克之位也。五行之理，一至三为所生，一至五为所克，一至七为所受克，一至九为所受生，迭而数之，皆能循环。兹何以惟从其所受克者也？盖所受克者制于己，是其所畏，畏则止而纳之矣。然则，纳甲有一定之数，即有一定之理，故形家以此察山川之性情，辨阴阳之贵贱，审吉凶之避就。知其然，不知其所以然，妄以月体盈亏解之，至理真数之冥昧也久矣。今作图如下。

白话解读

（一）纳甲起源

《周易》不讲天干地支，《周易·蛊》卦辞“先甲三日，后甲三日”，《周易·巽》爻辞“九五，先庚三日，后庚三日”，其中所有“先甲后甲”“先庚后庚”的文字，都只是假借依托日天干名称来表达自己想要表达的意思罢了，并非真正具有与天干相互配合的意义。而五行家有纳甲的学说，将十天干纳入八卦，举出甲字用来包括全部。纳甲之说大约兴起于秦汉两朝以前。

（二）纳甲二法

江永认为：纳甲有两种方法。一是六画卦纳甲法。《京房易传》认为，乾卦纳天干甲、壬，坤卦纳天干乙、癸，艮卦纳天干丙，兑卦纳天干丁，坎卦纳天干戊，离卦纳天干己，震卦纳天干庚，巽卦纳天干辛。这是六画卦的纳甲方法。二是三画卦纳甲法。至于三画卦的纳甲方法，则是乾卦纳甲，坤卦纳乙，艮卦纳丙，兑卦纳丁，震卦纳庚，巽卦纳辛，离卦纳壬，坎卦纳癸，天干戊、己虚位，不纳入八卦。

就三画卦纳甲而言，天干有十位而卦只有八位，自然应当留存其中的戊、己；至于六画卦纳甲，是用纳入天干的方式来排布，将十天干与十二地支分别纳入六爻，这就是所谓的浑天甲子，应当完全纳入十天干。因此，六画卦中，乾卦坤卦的内卦纳入甲乙、外卦纳入壬癸，因为它们是其余六卦的父母，所以，兼顾纳入天干的首与尾；而戊纳之于坎卦，己纳之于离卦，这是六画卦与三画卦两种纳甲方法的不同之处，不能够以六画卦纳甲方法用之于三画卦。况且，三画卦的乾卦、坤卦没有外卦，不能够兼顾利用壬、癸，而坎卦本来纳入癸，不能够利用戊，离卦本来纳入壬，不能够利用己。

（三）月相说辨析

纳甲的演数精微玄妙，其中道理精专深奥。从前的人不知道纳甲法的由来，胡乱用月相的盈亏解释它。

《周易·系辞上传·第十一章》说："天上所高悬的天象，显著明亮者，没有超过日月的。"三国孙吴时期，虞翻用纳甲法解释《周易》经传的意义，其纳甲方法与《周易参同契》完全一致。东汉魏伯阳所著《周易参同契》认为："初三月相为震卦纳受庚干，上弦月相为兑卦纳受丁干，十五月相为乾卦纳受甲干，十六月相为巽卦纳受辛干，下弦月相为艮卦纳受丙干，三十月相为坤卦纳受乙干。"此说是不合理的。就月相盈亏论，上弦月、下弦月，月亮明亮的那部分正好为月之形体的一半，而兑卦是由两个阳爻一个阴爻组成，艮卦是由两个阴爻一个阳爻组成，并非正当其半，如何能说形状相像？就月相方位论，方位也是勉强拼凑聚合在一起，壬、癸位居北方，看不到月亮，离卦为什么纳入壬？坎卦为什么纳入癸？这必定不是三画卦纳甲所以如此的原因。

（四）纳甲数理

现在用《河图》《洛书》的数量解释三画卦纳甲的原理。《洛书》八方的位次，本来就是先天八卦的数量。乾卦为父亲得到九数，震卦为长男得到八数，坎卦为中男得到七数，艮卦为少男得到六数，这是按照次序递降的数量；坤卦为母亲得到一数，巽卦为长女得到二数，离卦为中女得到三数，兑卦为少女得到四数，这是按照次序递升的数量。而又具有渐降与渐升的数量，"渐"的意思是"加剧"，九减去一为八数，八减去二为六数，六减去三为三数，三加上十再减去四则再次得到九数，这是乾卦、震卦、艮卦、离卦四阳卦；一加上一为二数，二加上二为四数，四加上三为七数，七加上四为十一数，减去十则再次得到一数，这是坤卦、巽卦、兑卦、坎卦四阴卦。

离卦在后天本来为阴卦，而为什么变为阳卦？坎卦在后天本来为阳卦，而为什么变为阴卦？阴性与阳性相互作为彼此根源，水与火相互蕴藏彼此住宅，先天八卦的乾卦为后天八卦的离卦，先天八卦的离卦为后天八卦的震卦，则离卦不能够不变为阳性，而阳卦渐降的数量自然随从它；先天八卦的坤卦为后天八卦的坎卦，先天八卦的坎卦为后天八卦的兑卦，则坎卦不能够不变为阴性，而阴性渐升的数量自然随从它。既具有循次升降的数量，又具有渐升渐降的数量，还能改变坎卦离卦的阴阳属性，《周易·系辞上传》所谓“成就种种变化而神妙莫测地普遍施行于万事万物”，这也是表现之一。

乾卦、震卦、艮卦、离卦、坤卦、巽卦、兑卦、坎卦的位次由此确定下来后，就用天干戊、己居位于中央，各自用七数计数。戊顺数至第七位为甲，则乾卦便纳入天干甲了；甲顺数至第七位为庚，则震卦便纳入天干庚了；庚顺数至第七位为丙，则艮卦便纳入天干丙了；丙顺数至第七位为壬，则离卦便纳入天干壬了；壬顺数至第七位，则再次归于戊。己顺数至第七位为乙，则坤卦便纳入天干乙了；乙顺数至第七位为辛，则巽卦便纳入天干辛了；辛顺数至第七位为丁，则兑卦便纳入天干丁了；丁顺数至第七位为癸，则坎卦便纳入天干癸了；癸顺数至第七位，则再次归于己。

七这个位次，是受到克制的位次。五行的道理，第一位至第三位为所生，第一位至第五位为所克，第一位至第七位为所受克，第一位至第九位为所受生，这些数字轮流为首位来计数，所有数都能够周而复始地循环推演，为什么此纳甲说仅遵从其五行所受克的数理呢？这大概是因为，五行所受克的事物是克制于自己，也是自己所畏惧的，对某事物产生畏惧，就会停止对抗而接纳它。知道“如此这般”，而不知道“如此这般”的原因，才会胡乱用月亮形体的盈亏解释它，使得至深至真的数理过于长久地处于幽暗不明的状态里。现在制作图示如下。

纳甲图

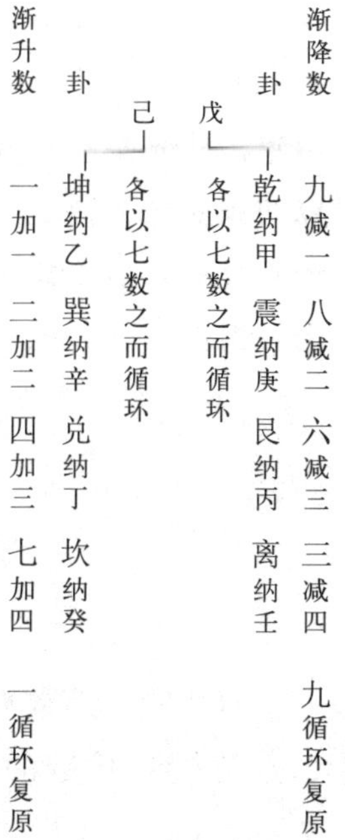

纳甲图

《河图》数明纳甲图

一乾甲	二坤乙	天地定位
三艮丙	四兑丁	山泽通气
㊄ 戊	㊅ 己	
七震庚	八巽辛	雷风相薄
九离壬	十坎癸	火水不相射水火变易

《河图》数明纳甲图

图说

天一、地二，以至天九、地十，《河图》数之源也；“五位相得”，《本义》谓一与二，三与四，五与六，七与八，九与十；或疑此数未见其用，不知此数正有用也。一二为二始，以定刚柔；五六为二中，以定律历；九十为二终，以正闰余，《大衍历议》既言之矣。而以十干言之，一二者甲与乙，三四者丙与丁，五六者戊与己，七八者庚与辛，九十者壬与癸；《易》虽不言干支，而十干自有阴阳相配之理，乃以八卦纳之，则当虚其五六之中数戊己不用，于是，乾当纳甲，坤当纳乙，艮当纳丙，兑当纳丁，震当纳庚，巽当纳辛，至壬癸者以阴阳配之，似坎当纳壬，离当纳癸，而以渐升、渐降之数数之，离自从阳，坎自从阴，故离纳壬而坎纳癸也；配以卦象，则一二者天地定位，三四者山泽通气，七八者雷风相薄，九十者火水不相射，与《易》言"水火不相射"者，易其先后之序也。

白话解读

天数一、地数二、天数三、地数四、天数五、地数六、天数七、地数八，以至于天数九、地数十，这是《河图》数的本源；《周易·系辞上传》所说"五位相得"，《周易本义》认为是一数与二数、三数与四数、五数与六数、七数与八数、九数与十数；有人质疑此数未曾看见其作用，不知道此数正是具有作用的。一数、二数为二位始数，用来确定阴阳刚柔；五数、六数为二位中数，用来确定乐律和历法；九数、十数为二位终数，用来确定历法纪年和岁时闰余，唐代一行所撰《大衍历·历议·历本议》中已经讲到了。而以十天干来说，一数、二数就是甲与乙，三数、四数就是丙与丁，五数、六数就是戊与己，七数、八数就是庚与辛，九数、十数就是壬与癸，《周易》虽然不讲天干地支，但十天干自己便已具有阴阳相互配合的道理。所以，用八卦纳入天干，就应当虚化其中作为五六中数的戊己，不发挥它们的具体作用，乾卦应当纳入甲，坤卦应当纳入乙，艮卦应当纳入丙，兑卦应当纳入丁，震卦应当纳入庚，巽卦应当纳入辛，至天干壬癸时，如果以阴阳属性进行配合，似乎坎卦应当纳入壬，离卦应当纳入癸，而以渐升、渐降的数量计数它，离卦自然随从阳性，坎卦自然随从阴性，因此，离卦纳入壬而坎卦纳入癸；配合以卦象，则一数二数就是天地定位，三数四数就是山泽通气，七数八数就是雷风相薄，九数十数就是火水不相射，与《周易·说卦传·第三章》所说“水火不相射”比较，改易了其先后的次序。

以纳甲法推先天变后天说

渐降数之卦为乾震艮离，渐升数之卦为坤巽兑坎，岂惟纳甲由此定，即先天变后天亦由此定，但八震、六艮易其先后之序耳。先天变后天，每推移一位。以四阴卦言之，坤从右升，往而居巽，则坤居西南矣；巽往而居兑，则巽居东南矣；兑往而居坎，则兑居西方矣；坎往而居坤，则坎居北方矣。此四阴卦，正如其序，以次推移者也。以四阳卦言之，易其震艮之序，乾从左降，往而居艮，则乾居西北矣；艮往而居震，则艮居东北矣；震往而居离，则震居东方矣；离往而居乾，则离居南方矣。此四阳卦，易其震艮之序，以次推移者也。如使震艮不易，则乾居震，仍是对坤，且阳之性，不能强之右旋而从震，故必左旋而从艮也。然以《河图》数所列之阳卦观之，正是乾移艮，艮移震，震移离，离移乾，而阴卦则易其四(原文“二”应为“四”——作者注)八之数，先巽而后兑，阳不易而阴易。自《洛书》所列之阴卦观之，则是坤移巽，巽移兑，兑移坎，坎移坤，而阳卦则易其八六之序，先艮而后震，阴不易而阳易也。以卦所纳观之，坤乙移巽辛，巽辛移兑丁，兑丁移坎癸，皆从其所受克；坎癸移坤乙，则从其所生；震庚移离壬，离壬移乾甲，乾甲移艮丙，则从其所生；艮丙移震庚，则从其所克，所克者妻也，所生者子也，所受克者夫也，阴阳自然之性情，于先天变后天见之。又以数之进退明人事，阴之进也，必以其序，一而二，二而四，四而七，其进也难，进不欲躁也；阳之退也，不必循序，九则降而为六，六又升八，八则降而为三，其退也易，退不欲缓也。先天变后天，天道中默具人事之理，千古其谁觉之。

白话解读

渐降数的卦为乾卦、震卦、艮卦、离卦，渐升数的卦为坤卦、巽卦、兑卦、坎卦，难道只是纳甲由此确定吗？并不是，先天八卦变为后天八卦也由此确定，只不过八数震、六数艮改易了其先后的次序罢了。先天八卦变为后天八卦，每次按照渐升、渐降数推移变动一位。以四阴卦来讲，先天坤卦从右旋转上升，离开原位而居位于巽卦方位，则后天坤卦居位于西南了；先天巽卦离开原位而居位于兑卦方位，则后天巽卦居位于东南了；先天兑卦离开原位而居位于坎卦方位，则后天兑卦居位于西方了；先天坎卦离开原位而居位于坤卦方位，则后天坎卦居位于北方了。这四位阴卦，正是按照渐升数的次序依次推移变动的。以四阳卦来讲，改易其震卦艮卦的次序，先天乾卦从左旋转下降，离开原位而居位于艮卦方位，则后天乾卦居位于西北了；先天艮卦离开原位而居位于震卦方位，则后天艮卦居位于东北了；先天震卦离开原位而居位于离卦方位，则后天震卦居位于东方了；先天离卦离开原位而居位于乾卦方位，则后天离卦居位于南方了。这四位阳卦，正是改易其震卦艮卦的先后排列次序依次推移变动的。

如果使震卦艮卦不改易先后排列次序，则后天乾卦居位于先天震卦方位，在后天仍然是相对坤卦，况且按照阳的特性，是不能够勉强它向右旋转而随从先天震卦方位的，因此，必定向左旋转而随从先天艮卦方位。

然而，上述以纳甲法推先天变后天说，还可以从以下四个方面观察：

其一，按照《河图数明纳甲图》，以《河图》数所列阴阳卦观察。以《河图》一、三、五、七、九数所列的阳卦来观察，即一数乾卦、三数艮卦、五数、七数震卦、九数离卦，正是乾卦移至艮位，艮卦移至震位，震卦移至离位，离卦移至乾位，而二、四、六、八、十数所列的阴卦，即二数坤卦，四数兑卦，六数、八数巽卦，十数坎卦，则改易其四八数的先后次序，先移动八数巽卦而后移动四数兑卦，阳卦不改易先后次序而阴卦改易先后次序。

其二，按照《纳甲图》，以《洛书》渐升渐降数所列阴阳卦观察。自《洛书》渐升数所列的阴卦观察，即一数坤卦、二数巽卦、四数兑卦、七数坎卦，则坤卦移至巽位，巽卦移至兑位，兑卦移至坎位，坎卦移至坤位，而渐降数所列的阳卦，即九数乾卦、八数震卦、六数艮卦、三数离卦，则改易其八六数的先后次序，先移动六数艮卦而后移动八数震卦，阴卦不改易先后次序而阳卦改易先后次序。

其三，以三画卦所纳天干观察。坤卦纳乙移至巽卦纳辛，巽卦纳辛移至兑卦纳丁，兑卦纳丁移至坎卦纳癸，都随从其五行所受克；坎卦纳癸移至坤卦纳乙，则随从其五行所生；震卦纳庚移至离卦纳壬，离卦纳壬移至乾卦纳甲，乾卦纳甲移至艮卦纳丙，则随从其五行所生；艮卦纳丙移至震卦纳庚，则随从其五行所克。从家庭伦常来看，所克者为妻，所生者为子，所受克者为夫，这是阴性阳性之间出于自然而产生的习性和情感，在先天八卦变化为后天八卦的过程中显现出来了。

其四，又以数的进退表明人情事理。阴性的前进，必定按照其次序，由一数前进而至二数，由二数前进而至四数，由四数前进而至七数，前进很艰难，但其前进的过程中不希望急躁；阳性的后退，不必定遵循其次序，九数则下降而成为六数，六数又上升成为八数，八数则下降而成为三数，后退很容易，其后退的过程不希望滞缓。先天八卦变化为后天八卦，这个自然运转的规律中，悄无声息地便具有了人世间事的道理，悠悠千古，有谁能够觉悟到呢。

人身督任脉手足经脉应《洛书》先天八卦图

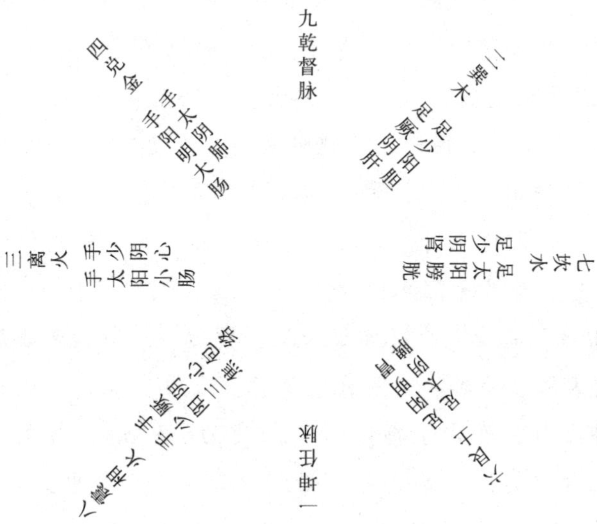

人身督任脉手足经脉应《洛书》先天八卦图

图说

人为三才之一，位居天地之中，本与天地相肖，则所谓《河图》《洛书》、八卦，其理自与人身相通。《易》谓“近取诸身”“乾首、坤腹、震足、巽股、坎耳、离目、艮手、兑口”，粗举其大略耳。卦之所以应乎人身者，岂仅以形体粗迹比拟耶？人身，有督脉，从下体二阴之间，过尾闾，循背膂而上，至巅顶，下鼻，抵人中，止于唇之上；有任脉，从前阴循腹而上，至于口唇之下；此二脉即人身之乾坤，亦即九、一二数之相表里；督统一身之阳，任统一身之阴；不惟人有之，鸟兽虫鱼皆有之，即果实之类亦有之。人身内有藏府，则其肌肉之间有十二经脉，行于手者六，行于足者六，即乾坤之外有六子之卦，九一之外有二八三七四六之数也。四六为兑金、艮土，非即太阴、阳明之相表里乎。手太阴肺，从脏走手；手阳明大肠，从手走头，肺与大肠表里也。足阳明胃，从头走足；足太阴脾，从足走腹，脾与胃表里也。三七为离火、坎水，非即少阴、太阳之相表里乎。手少阴心，从脏走手；手太阳小肠，从手走头，心与小肠表里也。足太阳膀胱，从头走足；足少阴肾，从足走腹，肾与膀胱表里也。八二为震阳木、巽阴木，而阳木即为相火，非即厥阴、少阳之相表里乎。手厥阴心包络，从脏走手；手少阳三焦，从手走头，心包络与三焦表里也。足少阳胆，从头走足；足厥阴肝，从足走腹，肝与胆表里也。由此观之，督任二脉者，人身之“天地定位”；肺金、脾土，大肠金、胃土者，人身之“山泽通气”；心火、肾水，小肠火、膀胱水者，人身之“水火不相射”；心包络、三焦之相火，肝、胆之阴木，即人身之“雷风相薄”。人身与造化相符如此；而兑、离、震阳仪之卦，其脉行于手，巽、坎、艮阴仪之卦，其脉行于足，自然之理，千古未经人道也。

《河图》十数，正应天干，亦配藏府，甲胆、乙肝、丙小肠、丁心、戊胃、己脾、庚大肠、辛肺、壬膀胱、癸肾，五脏、五腑不能益也；乃画为八卦，则乾坤之外，有六子焉；《河图》变为《洛书》，则九一之外，有四六三七二八之六位焉；则五脏有六腑，以三焦为孤腑也，六腑亦有六脏，以心包络为之配也。此阴阳五行之变化甚奇，而不知其无奇也。八卦、《洛书》早呈其象，人自不察耳。五行宜各专其一，而火则有二，一为君火，一为相火，以卦配之，君火离也，相火震也，震是阳木，而何以为相火？火无体，以木为体也；心包络、三焦，皆相火之脏腑，故属之震八之位。

以震为相火，从来儒家、医家皆未知。不观《说卦传》乎？“震为雷，为龙”。龙雷之火，岂不象人身之相火乎？医家亦知相火为雷龙之火，而不知相火即震卦，可谓惑之甚矣。不但心包络、三焦是震卦，即右尺命门，亦正是震卦，人自不察耳。

医家谓相火亦寄于肝胆，何也？八与二，本厥阴、少阳之相通，心包络与肝皆厥阴，三焦与胆皆少阳，且二本《河图》南方之火，故相火亦寄于肝胆。

十二经脉，起于手太阴肺，终于足厥阴肝，其序则兑与艮、离与坎、震与巽，符乎六子之序；循环周流，昼行阳二十五度，夜行阴二十五度，以应大衍之数。圣人作《易》，不必求合于人身，而人身自然相符如此。

医家又有子午流注经，谓人身血气所注，应十二时，今推之，正应先天八卦横图。

白话解读

（一）人身督任脉手足经脉符合《洛书》先天八卦

人为天地人三才之一，位居于天地的中间，本来与天地相似，那么，所谓《河图》《洛书》、八卦，其中道理自然与人的身体相互贯通。

《周易·系辞下传·第二章》所说“近取之于自身”，《周易·说卦传·第九章》说“乾卦为首，坤卦为腹，震卦为足，巽卦为股，坎卦为耳，离卦为目，艮卦为手，兑卦为口”，这都是粗略列举大概意思罢了。八卦与人体的种种对应之处，岂能仅仅以人的外形上的粗疏迹象来比拟呢。

人的身体内部有督脉，从身体下部前后二阴之间，经过位于尾骨尖与肛门中点的尾闾穴，循着背部脊柱而上行，至人头部巅顶，下行至鼻，抵达人中，终止于唇部上方；人体内还有任脉，从前阴，循着腹部正中线而上行，至于口唇的下方；此督任二脉就相当于人身体内部的乾卦、坤卦，也就是《洛书》九数与一数两数相互作为表里；督脉主气，为阳脉之海，统率一身的阳脉，任脉主血，为阴脉之海，统率一身的阴脉；不只是人身体具有督任二脉，鸟兽虫鱼之类动物都具有，即使植物果实之类也具有。

人的身体内部有五脏六腑，而且其肌肉之间具有运行气血、连接脏腑、沟通上下的十二条经络，六条运行于手部（手三阴经：手太阴肺经、手少阴心经、手厥阴心包经；手三阳经：手阳明大肠经、手太阳小肠经、手少阳三焦经），六条运行于足部（足三阳经：足阳明胃经、足太阳膀胱经、足少阳胆经；足三阴经：足太阴脾经、足少阴肾经、足厥阴肝经），就是说，人身体除了具有乾卦、坤卦之外，还具有六子之卦；九数一数之外，还具有二八、三七、四六之数。《洛书》四数六数为先天兑卦金、艮卦土，这不就是太阴与阳明互为表里吗？手太阴肺经，从内脏循行走向手部，手阳明大肠经，从手部循行走向头部，五脏肺与六腑大肠互为表里。足阳明胃经，从头部循行走向足部，足太阴脾经，从足部循行走向腹部；五脏脾与六腑胃互为表里。《洛书》三数七数为先天离卦火、坎卦水，这不就是少阴与太阳互为表里吗？手少阴心经，从内脏循行走向手部，手太阳小肠经，从手部循行走向头部，五脏心与六腑小肠互为表里。足太阳膀胱经，从头部循行走向足部，足少阴肾经，从足部循行走向腹部，五脏肾与六腑膀胱互为表里。《洛书》八数二数为先天震卦阳木、巽卦阴木，而阳性木即为相火，这不就是厥阴与少阳互为表里吗？手厥阴心包经，从内脏循行走向手部，手少阳三焦经，从手部循行走向头部，内脏心包络与六腑三焦互为表里。足少阳胆经，从头部循行走向足部；足厥阴肝经，从足部循行走向腹部，五脏肝与六腑胆互为表里。

由此看来，督脉与任脉二脉，相当于人身体内的“天地定位”；肺脏属于五行金、脾脏属于五行土，大肠腑属于五行金、胃腑属于五行土，相当于人身体内的“山泽通气”；心脏属于五行火、肾脏属于五行水，小肠腑属于五行火、膀胱腑属于五行水，相当于人身体内的“水火不相射”；心包络、三焦腑的相火，肝脏、胆腑的阴木，就相当于人身体内的“雷风相薄”。人的身体与自然造化相合达到如此程度；而先天八卦中兑卦、离卦、震卦阳仪之卦，其对应人体经脉运行于手，巽卦、坎卦、艮卦阴仪之卦，其对应人体经脉运行于足，这是符合自然法则的道理，千古以来未曾经人道破。

《河图》十位数，正好对应十位天干，也用来配合人体脏腑，即甲为胆、乙为肝、丙为小肠、丁为心、戊为胃、己为脾、庚为大肠、辛为肺、壬为膀胱、癸为肾，共五脏、五腑，不能再增益数量了；于是，《河图》画为八卦，则乾卦、坤卦之外，还有震、巽、坎、离、艮、兑六子卦；《河图》变为《洛书》，则九数一数之外，还有四、六、三、七、二、八共六位数，人体内五脏，有六腑来配合，因为六腑中的三焦腑是无脏配合的孤腑；六腑也有六脏可配合，以心包络为三焦腑配合的内脏。这其中阴阳五行的变化看起来非常奇妙，但人们不知道这其实没有什么奇特之处。八卦、《洛书》早已呈现其形象，是人们自己不能够察觉罢了。

（二）相火为震卦

五行适宜各自专精其一，而火则具有两种，一种为君火，一种为相火，以八卦配合，君火配合离卦，相火配合震卦。震卦是阳性的木，为什么可以作为相火呢？这是因为火没有形体，因而以木作为形体；心包络与三焦都是属于相火的脏腑，因此归属于先天震卦八的位次。

以震卦为相火，是儒学家、医学家从来都不知道的。难道他们没看过《周易·说卦传》吗？《周易·说卦传》说："震卦为雷，为龙。"龙、雷所发出的火，难道不正象征人身体内的相火吗？医学家也知道相火是雷、龙发出的火，却不知道相火就是震卦，可以说他们迷惑的程度太深了。不但，心包络、三焦是为震卦，就是右手尺脉命门，也正是震卦，人们自己不能够察觉罢了。

医学家认为，相火也寄位于肝脏、胆腑，为什么呢？《洛书》八数与二数，本来作为人体内厥阴与少阳经脉相互贯通，心包络与肝脏都属于厥阴经脉，三焦与胆腑都属于少阳经脉，况且二数本来为《河图》南方的火，因此，相火也寄位于肝脏、胆腑。

（三）十二经脉流注符合《洛书》先天八卦

十二经脉流注次序是，起始于手太阴肺经，依次传至手阳明大肠经、足阳明胃经、足太阴脾经、手少阴心经、手太阳小肠经、足太阳膀胱经、足少阴肾经、手厥阴心包经、手少阳三焦经、足少阳胆经，终结于足厥阴肝经，按照人身手足经脉与《洛书》先天八卦配合规律，其次序则为兑卦与艮卦、离卦与坎卦、震卦与巽卦，符合六子卦从少至长的次序；十二经脉循环往复周流不已，按照《黄帝内经灵枢·营卫生会第十八》所说，卫气与营气都是由水谷的精微所化，其中清者为营，浊者为卫，以其循行状况而言，营行于脉中，是按十二经脉的顺序运行，依次往返，行于昼者二十五周次，行于夜者二十五周次，昼夜共运行全身五十周次；卫气行于脉外，白天行于阳经二十五周次，夜间行于阴经也是二十五周次，昼夜共运行全身五十周次，对应大衍之数五十。圣人创作《易经》，不必刻意寻求对应人的身体，而人的身体自然与之相互符合，达到如此程度。

医学家又有子午流注经脉之说，认为人身体内各经气血流注，对应一日十二时辰，一个时辰流注一经，十二时辰流注十二经脉，每日气血流注顺序为，从寅时起流注肺经，卯时流注大肠经，辰时流注胃经，巳时流注脾经，午时流注心经，未时流注小肠经，申时流注膀胱经，酉时流注肾经，戌时流注心包经，亥时流注三焦经，子时流注胆经，丑时流注肝经，如此周而复始，固定不变。现在按照人身手足经脉与《洛书》先天八卦配合规律推演，正符合先天八卦横图。

横图应气血流注图

横图应气血流注图

图说

卦之序，为乾、兑、离、震、巽、坎、艮、坤，去其乾、坤当督任，则六子为兑、艮、离、坎、震、巽，脏腑经脉依此接续周流；虽一日行五十周，而气血又有所注之时，二者并行而不悖也。寅时肺朝百脉，故肺始于寅；阳仪先脏而后腑，阴仪先腑而后脏，阳仪之脏为寅午戌、腑为卯未亥，阴仪之腑为辰申子、脏为巳酉丑；心为一身之主，正当午时之阳；胆为甲木之首，故应子时之始；是为子午流注。医家知其然，不知其所以然者，应横图之六子也。

白话解读

先天八卦的次序为乾卦、兑卦、离卦、震卦、巽卦、坎卦、艮卦、坤卦，去掉其中乾卦、坤卦用来担当人体内督脉、任脉，则余下六子卦为兑卦、艮卦、离卦、坎卦、震卦、巽卦，人体内连通脏腑的经脉依照这个次序，一个接一个周流不已，虽然一日要运行全身五十周次，但气血还具有所流注各经的时辰，二者可以同时进行而不相互冲突。寅时，肺脏朝会百脉，其义有二：其一，肺的功能通过人体各条经脉、各个穴位发生作用，其二，人体各条经脉、各个穴位功能的好坏，最终表现在肺，因此，气血流注肺经开始于寅时；先天八卦阳仪兑卦、离卦、震卦，气血首先流注脏，而后流注腑，阴仪艮卦、坎卦、巽卦，气血首先流注腑，而后流注脏，阳仪兑卦、离卦、震卦的脏所流注时辰为寅午戌、腑所流注时辰为卯未亥，阴仪艮卦、坎卦、巽卦的腑所流注时辰为辰申子，脏所流注时辰为巳酉丑；心作为一身的主宰，对应着午时的阳气；胆配甲木，为十天干的首位，因此对应子时的开始；这就是子午流注的方法。医学家知道是这样，但不知道为什么是这样，原因就是此气血子午流注次序对应着先天八卦横图的六子卦。

六子应六气图

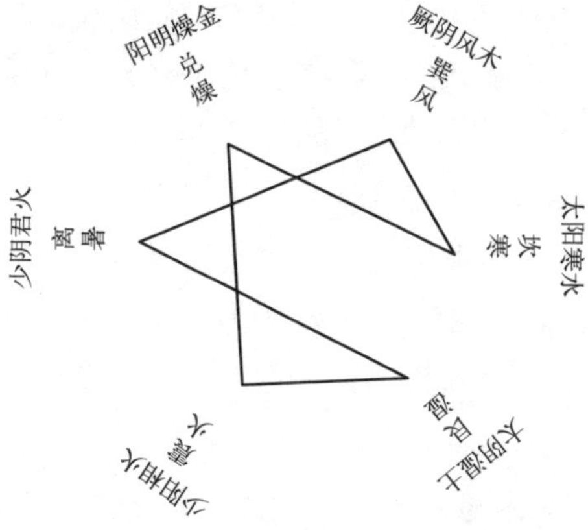

六子应六气图

图说

五行变而为六气，分明与六子相配。风者厥阴风木，巽也；寒者太阳寒水，坎也；暑者少阴君火，离也；湿者太阴湿土，艮也；燥者阳明燥金，兑也；火者少阳相火，震也。从来儒家、医家，未有言六气即六子，何也？儒家但知卦有八，而不知乾坤总领阴阳，其为用者止有六卦，一也；但知兑之为泽，艮之为山，震之为雷，而不知泽即是燥金，山即是湿土，雷即是相火，二也。医家亦知有五行，有六气，而不知六气原于六卦，阳木即是相火，一也；亦知相火本于命门，而不知命门即是震卦，二也；亦知主气之序依五行，相火在君火之后，客气之序依三阴三阳，湿土在相火之前，而不知六卦如何流行，三也。今欲明六气(原文“子”应为“气”——作者注)即六卦，当以客气流行之序先解之。三阴之气，厥阴风木、少阴君火、太阴湿土，阴气右旋，隔一卦而流行，由巽而离而艮，阴仪得二卦，阳仪得一卦也；三阳之气，少阳相火、阳明燥金、太阳寒水，阳气左旋，亦隔一卦而流行，由震而兑而坎，阳仪得二卦，阴仪得一卦也；阴气始巽，阳气始震者，二八之位，长女、长男之交，相火之合，造化发生之本也。主气则二火相随，先震而后艮耳。以主气顺序为常，以客气加临为变，二者迭运不穷，其根皆自卦画来。奈何儒家、医家，皆昧其源乎？

《左传》医和所言之“六气：阴阳风雨晦明”，却与医家不同，何也？曰：是亦同也，但所言者异耳。“阴淫寒疾”，太阳寒水也；“阳淫热疾”，少阳相火也；“风淫末疾”，厥阴风木也；“雨淫腹疾”，太阴湿土也；“晦淫惑疾”，少阴君火也；“明淫心疾”，阳明燥金也。“惑疾”固是心志蛊惑之疾，“明淫”何以又为“心疾”？谓心火克肺金而肺热，其疾由于心也。以六脉合之，阴阳者，左尺肾、右尺命门也；风雨者，左关肝、右关脾也；晦明者，左寸心、右寸肺也。与《素问》六气不同者，医家亦各有所受也。以命门为“阳淫热疾”，如消渴之疾是也，龙火上炎，岂非震卦相火乎！

六气分阴阳，则风木为厥阴，君火为少阴，湿土为太阴，巽、艮在阴仪者为阴，而离在阳仪者亦为阴，阳中有阴也；相火为少阳，燥金为阳明，寒水为太阳，震、兑在阳仪者为阳，而坎在阴仪者亦为阳，阴中有阳也。三阴主于藏，为肝、心、脾；三阳主于府，为三焦、大肠、膀胱；而阴阳各以相对者为表里，则震巽对而少阳与厥阴为表里，坎离对而太阳与少阴为表里，兑艮对而阳明与太阴为表里；于是，一藏配一府，而厥阴肝与少阳胆为配，少阴心与太阳小肠为配，太阴脾与阳明胃为配，少阳三焦与厥阴心包络为配，阳明大肠与太阴肺为配，太阳膀胱与少阴肾为配也。金土对化，而燥湿相胜；水火对化，而寒暑相敌；木火对化，而风火相随。天有六气，人有六藏、六府，卦位先定之矣。

张景岳《类经》之图六气也，以热为君火，暑为相火，然暑自是对寒，其他处言六气，亦曰"寒暑、燥湿、风火"，则不得以暑为相火矣。以主气言之，自二月春分至四月立夏，虽不当小暑、大暑之候，而气已渐向暄，则亦可谓之"暑"。《内经》言"神在天为热(原文'火'应为'热'——作者注)，在地为火(原文'热'应为'火'——作者注)"，此合君、相二火言之；若分为二，则皆以暑为君火、热为相火。总之，寒水对君火，风木对相火，此有一定之位。言"暑"、言"热"，或以热为火，任人言之皆可。今图，以暑为君火，火为相火。

张氏云："天地之道，以六为节，三才而两，是为六爻，六奇六偶，是为十二，知乎此，则营卫之周流、经络之表里，象在其中矣。"按：八卦先有三画，然后重之为六爻，则六爻别是一义。若经络表里根于六气，而六气应六子，最为的当。张氏不知求六藏、六府于先天卦位，而以六爻之奇偶强为比附，疏矣。

白话解读

(一)六子卦配合六气

五行变化而成为六气，这清楚明白表示是与六子卦相互配合。风为厥阴风木，配合巽卦；寒为太阳寒水，配合坎卦；暑为少阴君火，配合离卦；湿为太阴湿土，配合艮卦；燥为阳明燥金，配合兑卦；火为少阳相火，配合震卦。

(二) 儒家医家不言之因

一直以来，儒学家、医学家未曾有人说六气就是六子卦，这是为什么呢？

儒学家只知道卦有八种，而不知道乾、坤二卦是统领阴阳的，发挥具体作用的只有六卦，此其一；只知道兑卦为泽、艮卦为山、震卦为雷，而不知道泽就是燥金，山就是湿土，雷就是相火，此其二。

医学家也知道自然界具有五行，具有六气，却不知道六气本源于六子卦，阳木就是相火，此其一；也知道相火本源于命门，却不知道命门就是震卦，此其二；也知道六气中主气的排列次序依据五行，为风、热(暑)、火、湿、燥、寒，君火配热(暑)，相火配火，相火排在君火后面，客气的排列次序依据三阴三阳(即厥阴、少阴、太阴、少阳、阳明、太阳)，太阴湿土排在少阳相火的前面，而不知道六子卦如何流通运行，此其三。

(三) 六子卦应六气原理

现在想要阐明六气就是六子卦，应当按照客气流通运行的次序首先进行解释。六气中三阴之气，其序为厥阴风木、少阴君火、太阴湿土，遵循阴气向右旋转，间隔一卦而流通运行，由先天巽卦而离卦而艮卦，阴仪得到巽卦、艮卦二卦，阳仪得到离卦一卦；三阳之气，其序为少阳相火、阳明燥金、太阳寒水，遵循阳气向左旋转，也是间隔一卦而流通运行，由先天震卦而兑卦而坎卦，阳仪得到震卦、兑卦二卦，阴仪得到坎卦一卦；六气中阴气开始于巽卦，阳气开始于震卦，先天巽卦为二数、震卦为八数，这是《洛书》二数八数的位置，是长女与长男的交合，是震卦相火的配合，这是自然界创造产生万物的本源。六气中的主气则是君火与相火二火相互随从，先排列震卦，后排列艮卦。这是以主气的排列顺序作为常态，以客气的加临作为变化，二者交替运行没有穷尽，其根源都自卦画产生出来。为何儒学家、医学家都不明白呢？

(四) 医和六气说分析

《左传·昭公元年》记载，春秋时期秦国名医医和说，六气为“阴、阳、风、雨、晦、明”，这却与医学家常说的六气“厥阴风木、少阴君火、太阴湿土、少阳相火、阳明燥金、太阳寒水”不同，这是为什么呢？回答说：其实是相同的，只是所用的语词有差异罢了。医和说“阴淫寒疾”，寒过则为冷，这是医家所说六气中的太阳寒水；医和说“阳淫热疾”，热过则喘渴，这是医家所说六气中的少阳相火；医和说“风淫末疾”，风气过急则四肢疾病，这是医家所说六气中的厥阴风木；医和说“雨淫腹疾”，雨湿之气为泄下如水注，这是医家所说六气中的太阴湿土；医和说“晦淫惑疾”，宴寝过节则心惑乱，这是医家所说六气中的少阴君火；医和说“明淫心疾”，思虑烦多则劳成心疾，这是医家所说六气中的阳明燥金。“惑疾”固然是心意受到迷惑所生出的疾病，“明淫”，即阳明燥金，为什么又生出“心疾”呢？这是说，心火克制肺金，导致肺热，而肺热之疾起源于心。至于医和所说的六气之“阴、阳”，以人左右手腕寸、关、尺计六脉来配合，就是左手尺脉肾、右手尺脉命门，“风、雨”则是左手关脉肝、右手关脉脾，“晦、明”是左手寸脉心、右手寸脉肺。医和之说与《黄帝内经·素问》所说六气“厥阴风木、少阴君火、太阴湿土、少阳相火、阳明燥金、太阳寒水”不同，是因为各医家学习时也各具师传，各有所受。

以命门作为阳淫热疾，如消渴疾病就是例证，消渴病变的脏腑主要在肺、胃、肾，尤以肾最为重要，其基本病机为阴津亏损、燥热偏盛，龙火向上炎烧，这难道不是震卦相火吗？

（五）六子卦应经脉表里

六气划分阴阳属性，则风木为厥阴，君火为少阴，湿土为太阴，巽卦配合风木、艮卦配合湿土，先天巽卦、艮卦均在阴仪作为六气之阴，而离卦配合君火，先天离卦在阳仪也作为六气之阴，这是阳仪中包含有阴气；相火为少阳，燥金为阳明，寒水为太阳，震卦配合相火、兑卦配合燥金，先天震卦、兑卦均在阳仪作为六气之阳，而坎卦配合寒水，先天坎卦在阴仪也作为六气之阳，这是阴仪中包含有阳气。

厥阴、少阴、太阴为六气之三阴，也为人身手足经脉三阴，人体内五脏为阴，因此，三阴主宰于脏，为肝、心、脾，则六子卦配合手足经脉三阴经为巽卦配足厥阴肝经、离卦配手少阴心经、艮卦配足太阴脾经；少阳、阳明、太阳为六气之三阳，也为人身手足经脉三阳，人体内六腑为阳，因此，三阳主宰于腑，为三焦、大肠、膀胱，则六子卦配合手足经脉三阳经为震卦配手少阳三焦经、兑卦配手阳明大肠经、坎卦配足太阳膀胱经；先天八卦的阴阳各自以方位相对作为手足经脉的表里，震卦与巽卦相对，而少阳与厥阴作为表里，坎卦与离卦相对，而太阳与少阴作为表里，兑卦与艮卦相对，而阳明与太阴作为表里；按照六子卦每卦具有一个脏配合一个腑的原则，巽卦有足厥阴肝经与足少阳胆经作为配合，离卦有手少阴心经与手太阳小肠经作为配合，艮卦有足太阴脾经与足阳明胃经作为配合，震卦有手少阳三焦经与手厥阴心包络经作为配合，兑卦有手阳明大肠经与手太阴肺经作为配合，坎卦有足太阳膀胱经与足少阴肾经作为配合。

（六）六气正化对化说

明代医学家张景岳著《类经图翼·正化对化图说》认为，六气分别上下左右而施行天令，十二支分别节令时日而主司地化，然而，以六气加临于十二支，就有正化、对化的不同，如厥阴属木，正化于亥，对化于巳；少阴为君火，正化于午，对化于子；太阴属土，正化于未，对化于丑；少阳属相火，正化于寅，对化于申；阳明属金，正化于酉，对化于卯；太阳为水，正化于戌，对化于辰。

以先天八卦来看，兑卦属金，配合地支辰、巳，艮卦属土，配合地支戌、亥，金位与土位互为正化、对化，而兑卦为阳明燥金、艮卦为太阴湿土，燥气与湿气相互制胜；坎卦属水，配合地支子，离卦属火，配合地支午，水位与君火位互为正化、对化，而坎卦为太阳寒水、离卦为少阴君火，暑为君火，寒气与暑气相互匹敌；巽卦属木，配合地支未、申，震卦属相火，配合地支丑、寅，木位与相火位互为正化、对化，而巽卦为厥阴风木、震卦为少阳相火，风气与火气相互跟随。

天空依季节、方位不同，具有风、暑、湿、火、燥、寒六种气候，人身具有肝、心、脾、心包络、肺、肾六脏及胆、小肠、胃、三焦、大肠、膀胱六腑，这在先天八卦方位中已经早先确定了。

（七）君火相火辨析

张景岳在《类经图翼·卷二·天地六气之图》用图表示六气，以热作为君火，暑作为相火，然而，暑从自然道理上讲，应该是对应寒，其他地方讲六气，也说“寒暑、燥湿、风火”，所以，不能够以暑作为相火。

以六气的主气来说，每年自夏历二月春分至四月立夏为二之气少阴君火，虽然不正当小暑、大暑气候，但阳气已经逐渐趋向温暖，也可以称之为“暑”。《黄帝内经素问·卷十九·天元纪大论第六十六》中说：“神……在天为热，在地为火。”这是综合君火、相火二种火来说的。如果把火分为二种，则都以暑作为君火、热作为相火。

总之，寒水相对君火，风木相对相火，这在先天八卦具有固定不变的方位。称为“暑”、称为“热”，或者以热作为火，无论怎么说，都是可以的。现在所制作的《六子应六气图》，便是以暑作为君火，以火作为相火。

(八)六爻比附辨析

张景岳说：“以爻象来讲，则天地的规律是以六数作为节度，天地人三才而各自分为阴阳两个方面，这就成为六爻，六个奇画六个偶画，这就成为十二……知道了这个道理，则人身体内营气卫气的周流、经络的表里，其形象就包含在其中了。”

江永认为：八卦首先具有三画，然后重叠成为六爻，则六爻另外有一种意义。如果人身体内经络互为表里是根源于六气，那么六气符合六子卦，是最为合适恰当的。张景岳不知道在先天八卦方位中寻求人身六脏、六腑，而以六爻的奇画偶画勉强作为关联，以相归附，这就舍近求远，疏失了。

主气流行应节气卦脉图

寒	太阳寒水	小雪	大雪	冬至	小寒	坎	左尺
风	厥阴风木	大寒	立春	雨水	惊蛰	巽	左关
暑	少阴君火	春分	清明	谷雨	立夏	离	左寸
火	少阳相火	小满	芒种	夏至	小暑	震	右尺
湿	太阴湿土	大暑	立秋	处暑	白露	艮	右关
燥	阳明燥金	秋分	寒露	霜降	立冬	兑	右寸

主气流行应节气卦脉图

白话解读

主气，为地气，指一年六节中每节固定不变的常气。

六气之主气流行应二十四节气、先天六子卦、六脉表

六气	主气	二十四节气				先天六子卦	六脉
寒	太阳寒水	小雪	大雪	冬至	小寒	坎	左尺
风	厥阴风木	大寒	立春	雨水	惊蛰	巽	左关
暑	少阴君火	春分	清明	谷雨	立夏	离	左寸
火	少阳相火	小满	芒种	夏至	小暑	震	右尺
湿	太阴湿土	大暑	立秋	处暑	白露	艮	右关
燥	阳明燥金	秋分	寒露	霜降	立冬	兑	右寸

五运图

甲己年土运　　乙庚年金运　　丙辛年水运

丁壬年木运　　戊癸年火运

五运图

白话解读

年干配五运表

年干	甲己年	乙庚年	丙辛年	丁壬年	戊癸年
五运	土运	金运	水运	木运	火运

客气加临司天在泉定局图

子午年	初之气太阳寒水		丑未年	初之气厥阴风木	
	二之气厥阴风木			二之气少阴君火	
	三之气少阴君火	司天		三之气太阴湿土	司天
	四之气太阴湿土			四之气少阳相火	
	五之气少阳相火			五之气阳明燥金	
	六之气阳明燥金	在泉		六之气太阳寒水	在泉
寅申年	初之气少阴君火		卯酉年	初之气太阴湿土	
	二之气太阴湿土			二之气少阳相火	
	三之气少阳相火	司天		三之气阳明燥金	司天
	四之气阳明燥金			四之气太阳寒水	
	五之气太阳寒水			五之气厥阴风木	
	六之气厥阴风木	在泉		六之气少阴君火	在泉
辰戌年	初之气少阳相火		巳亥年	初之气阳明燥金	
	二之气阳明燥金			二之气太阳寒水	
	三之气太阳寒水	司天		三之气厥阴风木	司天
	四之气厥阴风木			四之气少阴君火	
	五之气少阴君火			五之气太阴湿土	
	六之气太阴湿土	在泉		六之气少阳相火	在泉

客气加临司天在泉定局图

白话解读

六气之客气加临司天、在泉定局表

年支	客气	司天、在泉定局
子午年	初之气太阳寒水	
	二之气厥阴风木	
	三之气少阴君火	司天
	四之气太阴湿土	
	五之气少阳相火	
	六之气阳明燥金	在泉

续表

年支	客气	司天、在泉定局
丑未年	初之气厥阴风木	
	二之气少阴君火	
	三之气太阴湿土	司天
	四之气少阳相火	
	五之气阳明燥金	
	六之气太阳寒水	在泉
寅申年	初之气少阴君火	
	二之气太阴湿土	
	三之气少阳相火	司天
	四之气阳明燥金	
	五之气太阳寒水	
	六之气厥阴风木	在泉
卯酉年	初之气太阴湿土	
	二之气少阳相火	
	三之气阳明燥金	司天
	四之气太阳寒水	
	五之气厥阴风木	
	六之气少阴君火	在泉
辰戌年	初之气少阳相火	
	二之气阳明燥金	
	三之气太阳寒水	司天
	四之气厥阴风木	
	五之气少阴君火	
	六之气太阴湿土	在泉
巳亥年	初之气阳明燥金	
	二之气太阳寒水	
	三之气厥阴风木	司天
	四之气少阴君火	
	五之气太阴湿土	
	六之气少阳相火	在泉

图说

客气加临，先定子、午年为少阴君火以司天，每一年移一位；司天为三之气，主上半年；在泉为六之气，主下半年。凡初气起大寒，二气起春分，三气起小满，四气起大暑，五气起秋分，六气起小雪；阳年太过气先至，阴年不及气后至。视主客二气之和否，而人之疾病应之，六气与藏府相通也。其说详见《素问》。

白话解读

客气是中医理论中常用的一种气的概念，指天阳之气本身的盛衰变化，与主气相对。推算客气加临的方法是，首先，根据值年的岁支，按照十二地支配六气的规定，确定司天之气，如子年、午年，以少阴君火为司天，司天之气每一年移动一位，年年不同，轮次司天，司天在三之气位上，主管上半年的气；其次，客气以阴阳先后次序排列厥阴风木、少阴君火、太阴湿土、少阳相火、阳明燥金、太阳寒水，依次加临初之气、二之气、三之气、四之气、五之气、六之气，在泉在六之气位上，主管下半年的气。

初之气起始于大寒节气，二之气起始于春分节气，三之气起始于小满节气，四之气起始于大暑节气，五之气起始于秋分节气，六之气起始于小雪节气。大运(即岁运)以年干阴阳划分阴年阳年，甲、丙、戊、庚、壬为阳年，阳年太过则节气未到而气先到；乙、丁、己、辛、癸为阴年，阴年不及则节气已到而气未到。

每年轮转变化的客气加临于年年不变的主气之上，称为客主加临。观察主气与客气二气的和与否，即相得与不相得，和则生化，不和则灾伤，人身体的疾病与之应合，六气与人身体内脏腑相互贯通。

其说详细见于《黄帝内经·素问》。

六脉图

六脉图

图说

人身手腕后之动脉，谓之寸口，本肺经太渊之一穴，而分寸、关、尺三部，能候周身之藏府，何也？《河图》九四同宫，九者乾也，四者兑也，乾兑之下二画，同根于四象之太阳，乾为天，而兑主气，肺为华盖，居于最上，则有天之象焉，故一藏能统众藏，一脉能候周身，而左右分为六部，则卦之六子，天之六气，人之十二经脉，悉具于寸、关、尺之中。业医者亦曾究其源乎？左尺肾水生左关肝木，左关肝木生左寸心火，右尺相火生右关艮土，右关艮土生右寸肺金，而肺金又生肾水，犹《河图》之左旋相生也。左尺之水克右尺之相火，左关之木克右关之土，左寸之火克右寸之金，此对位相克也；而右寸之金克左关之木，右关之土克左尺之水，此斜望相克也，皆《洛书》之右旋相克也。而以卦配之，左寸离也，左关巽也，左尺坎也，右寸兑也，右关艮也，则右尺之相火非震卦而何。以阳木而变为相火，可知火无体，以木为体也；不但相火以木为体，即君火亦是以木为体，离之三亦是《河图》东方之木也。且左右三部配卦，更有妙理。左手为先天，右手为后天，寸以离兑对，先天之离对后天之兑也；关以巽艮对，先天之巽对后天之艮也；尺以坎震对，先天之坎对后天之震也。而离火本袭乾之位，坎水本当坤之位，则试以左寸为乾，左尺为坤，则左手又为后天，右手又为先天，后天之乾对先天之兑，后天之巽对先天之艮，后天之坤对先天之震。自然之卦位，变化不测如此。反复观之，右尺之为震也甚明，何以千古无人知之哉！或曰：命门之所以属震卦，亦有说乎？曰：命门者，背胉七节间之穴名也。背胉二十一节，三七二十一，命门当其七节之间，正犹震卦一阳在二阴之下，其象最肖，此乾坤始交，一阳初动，为生育之根也。前对脐，穴名神阙，犹北极之对南极也。命门为相火之宅；而心包络，又曰心主，又曰膻中，所以护卫乎心，为心之宫城，则相火之脏也；上焦以统肺、心，中焦以统脾，下焦以统肝、肾，所以包裹众脏，为身之躯壳，则相火之腑也。三焦、心包络经脉之流行，皆相火之流行也。命门犹宫舍，经脉犹道路，皆统之于相火，皆属之于右尺，而七节间之一阳，其为震卦，不甚显然哉。

白话解读

(一) 寸口候脉原理

人身两手腕后一寸桡动脉处，称为“寸口”，本来是手太阴肺经的太渊穴，以两手的桡骨胫突(即高骨)处定关，关前为寸，关后为尺，而划分为寸、关、尺三个部位，能够诊察全身脏腑经脉气血的情况，这是为什么呢？

《河图》九数、四数处于同一宫位，九数为先天乾卦，四数为先天兑卦，乾卦、兑卦的下二画同根于四象的太阳，乾卦作为天，而兑卦主管气，人体内肺脏相当于帝王所乘马车的车盖，覆盖五脏六腑之上，居位于最上方，则具有自然界天空的象征，因此，一脏能够统率众多的脏，一脉能够诊察全身经脉气血，而左手和右手计分为六个部位，则先天卦的六子、天空的六气、人身的十二经脉，全部具备于寸、关、尺之中。以医为业的人可曾探究过其产生的本源吗？

左手尺脉肾水产生左手关脉肝木，左手关脉肝木产生左手寸脉心火，右手尺脉相火产生右手关脉脾(艮)土，右手关脉脾(艮)土产生右手寸脉肺金，而右手寸脉肺金又产生左手尺脉肾水，犹如《河图》向左旋转一六水生三八木生二七火生五十土生四九金的相生之理。

左手尺脉的水克制右手尺脉的相火，左手关脉的木克制右手关脉的土，左手寸脉的火克制右手寸脉的金，这是相对部位相互克制；而右手寸脉的金克制左手关脉的木，右手关脉的土克制左手尺脉的水，这是斜望部位相互克制，都是《洛书》向右逆旋转一六水克二七火克四九金克三八木克五十土的相克之理。

(二)右手尺脉为震卦

以先天卦配合，左手寸脉为离卦，左手关脉为巽卦，左手尺脉为坎卦，右手寸脉为兑卦，右手关脉为艮卦，则右手尺脉的相火，这不是震卦，又会是什么卦呢？

以阳性木而变化为相火，可以知道火没有固定的形体，以木作为固定的形体；不但相火以木作为固定的形体，就是君火也是以木作为固定的形体，离卦配合的三数也是《河图》东方的木。

并且左手右手三部配合六卦，更加具有奇妙的道理。把左手作为先天卦，右手作为后天卦，则寸脉以离卦与兑卦相对，先天的离卦相对后天的兑卦；关脉以巽卦与艮卦相对，先天的巽卦相对后天的艮卦；尺脉以坎卦与震卦相对，先天的坎卦相对后天的震卦。而后天离卦火本来因袭先天乾卦的方位，后天坎卦水本来对应先天坤卦的方位，那么，尝试以左手寸脉作为乾卦，左手尺脉作为坤卦，则左手又可以作为后天卦，右手又可以作为先天卦，后天的乾卦相对先天的兑卦，后天的巽卦相对先天的艮卦，后天的坤卦相对先天的震卦。

自然天生的卦位，其变化产生的新形态是如此地不可测知。反复观察后就会发现，右手尺脉之作为震卦是非常清楚明白的，为什么千年以来都没有人知道这个道理呢？

(三)命门属于震卦

有人说：命门之所以属于震卦，也具有一定的说法吗？

回答说：命门，是背脊(即脊梁骨)下段七节椎骨中间的穴位名称；背脊共有二十一节椎骨，分为上中下三段，每段七节，命门正当其下段七节中间(命门穴位于督脉腰椎二、三棘突间)，正好与震卦一个阳画位在两个阴画之下的形象最为相似，这是乾卦坤卦开始交合，一阳之气开始萌动，为万物生育繁殖的根本。前面正对肚脐，穴位名称为神阙，犹如地球北极正对南极。命门是相火的宅舍，心包络，又称为心主、膻中，是包在心脏外面的包膜，用来护卫心脏，是心脏的宫城，它是相火的脏；三焦包括上焦、中焦、下焦，上焦用来统率肺脏、心脏，中焦用来统率脾脏，下焦用来统率肝脏、肾脏，三焦是位于躯体和脏腑之间的空腔，用来包裹众多内脏器官，是人身体的躯壳，是相火的腑。三焦经、心包络经经脉气血的流通运行，都是相火的流通运行。命门犹如宫舍，经脉犹如道路，都统率于相火，归属于右手尺脉，而命门作为背吕下段七节椎骨中间的一点阳气，其为震卦，不是非常显而易见的吗？

十二藏脉候部位辩

《素问·脉要精微论》曰："尺内两旁，则季胁也：尺外以候肾；尺里以候腹。中附上：左，外以候肝，内以候鬲；右，外以候胃，内以候脾。上附上：右，外以候肺，内以候胸中；左，(外)以候心，内以候膻中。前以候前，后以候后。上竟上者，胸、喉中事也；下竟下者，少腹、腰、股、膝、胫中事也。"按：此脉候部位，虽是古经之言，亦未可尽泥也。如曰"尺外以候肾，尺里以候腹"，竟不辨尺之左右，是两尺皆为肾矣，命门果何在耶？秦越人言"肾有两者，左为肾，右为命门"，景岳已辨其非，而《内经》尺不分左右，统属之于肾，又岂可尽信耶。藏府之有表里，其中自有脉络相连，此先天夫妇自然之配合，非谓二肠在下，即当候之于尺，不宜候之于寸也。泻心火者小肠，泻肺火者大肠，病在上而求诸下者其出路也，病在下而求诸上者其来路也，岂拘上下之部位哉！西晋王叔和《脉经》云："心部在左手关前寸口，与手太阳为表里，以小肠合为府，合于上焦。肺部在右手关前寸口，与手阳明为表里，以大肠合为府，合于上焦。"此不易之理，犹之胃合脾、胆合肝、膀胱合肾耳，故宋高阳生约之为《脉诀》云："左心小肠肝胆肾，右肺大肠脾胃命。"因其欲为约语以便记诵，故左尺略膀胱，而右尺举命门。命门者相火之宅，心包络、三焦者相火之藏府与经脉，故举命门而心主与三焦在其中矣。明方以智著《通雅》，其图六脉，右尺为三焦、心包络，虽是儒家之书，实不易之图也。景岳乃以小肠候之右尺，大肠候之左尺，心主候之左寸，其说谓右尺是火，小肠亦是火，故以火从火；然左尺是水，大肠是金，不相比附，而曰“母隐子胎之义”，似属牵强矣。必欲依上、中、下之部位，则三焦亦宜分候于寸、关、尺。景岳引《灵枢》“肾合三焦膀胱”之言，谓当候之于尺，夫上焦、中焦既可总候于尺，则二肠又何不可候之于寸耶？心包虽为护心之膜，然心是君火，心包是相火，相火自当从命门、三焦候之于右尺，不得因其与心相连，而候之于左寸也。总之，六藏六府各有表里，则六脉自各有部位，此先天夫妇自然之配合，非其类者不能强使之合，是其类者不能强使之离。而景岳乃欲以意离合之，果能冥符造化耶？天之生人，不能使小肠、大肠处于上焦，而脉络自与心、肺相通，不论上下之位，心包与心虽一体相连，而心自络小肠，不络心包，心包自与三焦为厥阴、少阳之真配偶，不与心为配偶也。此由先天八卦之六子、与《洛书》合十之数、山泽水火雷风之象及六气分三阴三阳之序早定之，而左右六部脉与先后天之卦位恰相对，此种妙理，千古未经人道破，亦何怪后人之以意离合耶！且六气之序，三阴主藏，三阳主府，少阳相火主三焦而言也，太阳寒水主膀胱而言也，然则，阳明燥金必主大肠，可知矣。今于右寸肺与大肠之金，先天合成兑卦者，离去大肠，使假合于左尺之水，而金部只有手太阴，无手阳明，则何以为阳明燥金乎？景岳何不思及此乎？夫脉主藏而能兼候府者，因其表里相合，同气相求，医家以意消息之，非真有内外之辨也。今又杂以不类之藏府，右尺既候命门、三焦矣，而又候小肠，左尺既候肾与膀胱矣，而又候大肠，左寸既候心矣，而又候心主，虽有神医，恐亦难辨别也。景岳虽以意配脉，考其《全书》，终未有确然之案，言某人有某病，依其所定脉部位施治则生，否则死者，则虽有此论，实未尝用之诊候也，然则，王叔和、高阳生之说，虽出《内经》之后，未可轻议矣。《内经》固医家之金科玉律，有不可泥者亦多，如热病，今之伤寒，依其言，一日而传一经，六日传遍则愈，六日不愈，则又复传，使泥其言以治伤寒，有不误人之生者乎？则论候脉部位，岂遂为不刊之论乎？

白话解读

（一）尺之十二脏脉候部位辨

《黄帝内经素问·脉要精微论第十七》说（原文所引有脱漏——作者

注）尺内（肘部距寸口一尺处为尺泽穴，穴位以内即尺内）两旁则是季胁（肋骨尽处）：尺外（即尺泽穴外侧）用来诊察肾脏；尺里（尺内外侧的中央），用来诊察腹部。“中附上”（附于尺之上而居中部位）：左手，外侧用来诊察肝脏，内侧用来诊察鬲（横隔膜）；右手，外侧用来诊察胃腑，内侧用来诊察脾脏。“上附上”（附尺之上的又上部位）：右手，外侧用来诊察肺脏，内侧用来诊察胸中；左手，外侧用来诊察心脏，内侧用来诊察膻中。以上半部为前，下半部为后，大概是说以尺的上部来诊察人体上部，以尺的下部来诊察人体下部。“上竟上”，是说上而尽于上，在脉则尽于两手鱼际，在人体则应于胸、喉中的病症；“下竟下”，是说下而尽于下，在脉则尽于尺部脉动处，在人体则应于少腹、腰、股、膝、胫、足中的病症。附列龙伯坚、龙式昭编著《黄帝内经集解·素问·脉要精微论第十七》图示如下。

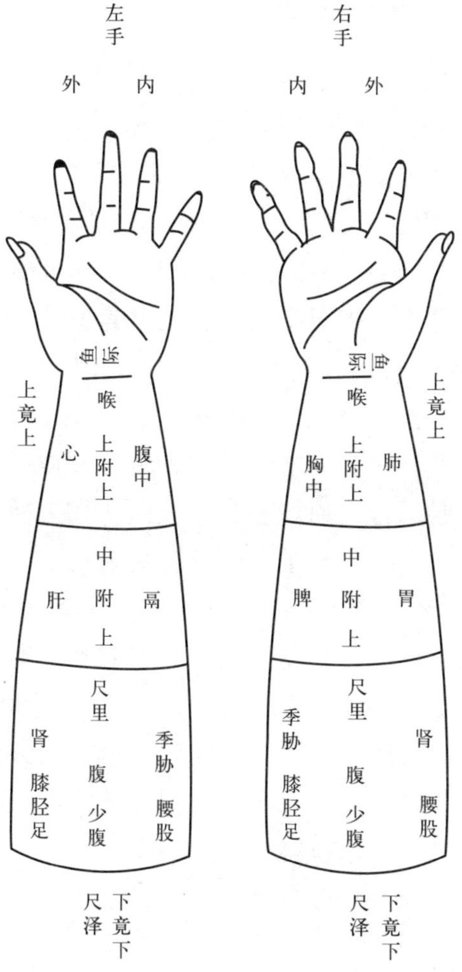

江永认为：这一经脉诊察部位，虽然是古代经典所说，也不可以完全拘泥。如说“尺外是尺外侧，用来诊察肾脏；尺里是尺内外侧的中央，用来诊察腹部”，竟然不辨别尺所在的左右手，这是以左手右手两个尺都作为肾脏了，命门到底在什么地方呢？

《难经》，旧题秦越人撰，以问答解释疑难的形式编撰而成，共讨论了八十一个问题，故又称《八十一难》《黄帝八十一难经》。《难经·第三十六难》说人体内肾脏有两枚，左边一枚为肾脏，右边一枚为命门。明代张景岳已经辨析过，《难经》命门说的这个观点是错误的。那么《黄帝内经素问·脉要精微论第十七》所说“尺”不分左右手，统一归属于肾脏，又怎么可以完全相信呢？

(二)寸口之十二脏脉候部位辨

人体内六脏六腑具有表里关系，其中自然具有血脉经络相互连接，这是先天存在如同人伦夫妇之间自然形成的配合，不是说大肠、小肠二肠位置在人身体下部，就应当诊察寸口部位的尺部，而不宜于诊察寸口部位的寸部。泻去心火的脏器是小肠，泻去肺火的脏器是大肠。疾病产生在身体上部而在身体下部寻求治疗，是因为身体下部为排泄出去的道路；疾病产生在身体下部而在身体上部寻求治疗，是因为身体上部为吸纳进来的道路。这怎么能局限在身体部位之上下这样的因素上考虑呢？

西晋时太医令王叔和编撰的《脉经·卷第一·两手六脉所主五脏六腑阴阳逆顺第七》说：“心部位在左手关前寸口，即手少阴经。与手太阳经互为表里，以小肠配合为府。会合于上焦，称为神庭……肺部位在右手关前寸口，即手太阴经。与手阳明经互为表里，以大肠配合为府。会合于上焦，称为呼吸之府”。这是非常正确的道理，犹如胃腑配合脾脏、胆腑配合肝脏、膀胱腑配合肾脏。因此，南北朝时南朝宋的高阳生将其概括为《王叔和脉诀》一卷，简称《脉诀》，其中有《诊脉入式歌》说：“左手寸口脉为心小肠、肝胆、肾，右手寸口脉为肺大肠、脾胃、命门。”因为想创作简约语言以便于默记背诵，所以，此文讲述左手尺部脉时省略膀胱腑，而讲述右手尺部脉时仅列举命门。命门是相火的宅舍，心包络、三焦是相火的脏腑与经脉，因此，举出命门而心主(心包络)与三焦就存在于其中了。

明代方以智撰《通雅·卷五十一·脉考》载《中部尺寸配表里图〈人镜经〉所列》，用图标示寸口六脉，右手尺脉为手少阳三焦、手厥阴心包络，虽然这是儒家学者的书，但这张图的确是非常准确的。

明代张景岳撰《类经附翼·卷三·求正录·十二脏脉候部位论》，竟然以说小肠位在身体下部，此处疾病应当诊察于右手尺脉，大肠位在身体下部，此处疾病应当诊察于左手尺脉，心主(心包络)位在隔膜之上，此处疾病应当诊察于左手寸脉，这个学说认为，右手尺脉是五行火，小肠也是五行火，因此，以火顺从火，但是左手尺脉是五行水，大肠是五行金，并不能因为它们近似而相互比拟，可是如果说这"正符合金为母、水为子，母体内隐藏子代胚胎的意义"，又似乎牵强附会了。一定要依据上、中、下的部位来考虑的话，则三焦包括上焦、中焦、下焦，也应该分别诊察于寸、关、尺三部。

张景岳引述《黄帝内经灵枢·本脏篇》"肾合三焦膀胱"，认为肾脉诊察于两尺部，三焦亦应当诊察于尺部。上焦、中焦并不位于人身体下部，既然可以汇总起来诊察于尺脉，那么，大肠、小肠二肠虽然位于人身体下部，又为什么不可以诊察于寸脉呢？心包络虽然是保护心脏的包膜，然而心脏是君火，心包络是相火，相火自然应当顺从命门、三焦，诊察于右手尺脉，不能够因为其与心脏相互连接，而在左手寸脉诊察它的疾病。

总之，六脏、六腑各自具有表里关系，则寸口六脉自然各自具有其对应的部位，这是先天存在如同人伦夫妇一般自然形成的配合，不是其同类的脏腑不能够勉强使之配合，是其同类的脏腑也不能够勉强使之分离。而张景岳竟然想以主观想象来分离、配合它，难道这样果真能够与自然造化暗中符合吗？

自然界创造产生人类的形体，不能够使小肠、大肠处于上焦，而血脉经络自然与心脏、肺脏相互贯通，如果我们不去考虑在身体内部脏腑的上下位置，心包络与心脏虽然作为一个整体相互连接，而心脏却出于自然，联络小肠，不联络心包络，心包络出于自然，与三焦成为厥阴、少阳的真正配偶，却不与心脏成为配偶。这是由先天八卦的六子卦、与《洛书》合十的数量、山泽水火雷风的物象及六气分为三阴三阳的次序早就预先确定的，而左手右手寸关尺六部脉，与先天后天的卦位恰好相互对应，这种奇妙道理，千年以来未曾经人说破，也不必去责怪后人以主观想象来分离配合了。

况且六气的次序，以三阴主管脏，三阳主管腑，少阳相火是就主管三焦腑而言，太阳寒水是就主管膀胱腑而言，这样的话，就可以知道，阳明燥金必定主管大肠腑。现在于右手寸脉为肺与大肠的金，先天八卦配合成为兑卦，如果将大肠分离而去，使其虚假地配合于左手尺脉的水，而金的部位只有手太阴而没有手阳明，那么以什么作为阳明燥金呢？张景岳为什么没有思考到这一步呢？

寸口脉法主管脏而能够兼顾诊察腑，是因为其在人身体内部互为表里相互配合，具有相同的五行之气者会相互寻求，医学家以主观判断进行斟酌增减，并非真的具有可以看见的内外征候的分辨。现在又混杂以不属于同一五行类别的脏腑，右手尺脉既已诊察命门、三焦了，又诊察小肠，左手尺脉既已诊察肾脏与膀胱，又诊察大肠，左手寸脉既已诊察心脏，又诊察心主(心包络)，即使是神医，恐怕也难以辨别。

张景岳虽然以主观想象配合寸口六脉，考察其所著《景岳全书》，终究未曾具有正确信实的医案，说某人患有某病，依据他所制定寸口脉部位施加治疗则生存，否则就死亡，可见虽然他有此种论述，实际未曾应用于诊察判断病情。然而西晋王叔和、六朝高阳生等人的学说，虽然出现于《黄帝内经》以后，也未必可以轻率地议论其对错。

《黄帝内经》固然是医学家的金科玉律，但不可拘泥的地方也较多，如热病，就是现在说的伤寒，依据书中所言，一日而传递转移一经，六日传遍全身经脉则痊愈，六日不能痊愈，就又再次传递变化，假使固守其所言，用这样的方法来治疗伤寒，能有不耽误人的生命的吗？如此看来，古代经典中所论候脉部位，怎么能够被当作不可改易的论断呢？

《图》《书》卦画六气藏府脉候一贯说

甚矣，天人之相符妙合无间，至理日在人身，而人不觉也。《图》《书》、卦画作《易》之源耳，与人身何涉？六气流行与人身疾疢相关矣，与《图》《书》、卦画又何涉？《素问》《灵枢》《难经》《脉诀》，医家之言甚夥，曾无一字及于《易》；近世业医而肯探源于易理者，稍稍及之，然无亲切确实之见，犹是叩盘扪籥之谈，岂知《图》《书》、卦画即藏府、脉候之影，藏府、脉候即《图》《书》、卦画之形，象数同源，天人一贯，千古其谁觉之哉！

白话解读

自然界与人体的相互符合，精妙结合，没有间隙，这真是太厉害了。至为根本的道理每天都存在于人的身体，而人自己却没有觉察到。《河图》《洛书》、卦画是创作《周易》的本源罢了，与人的身体有什么关涉？风、暑、湿、火、燥、寒六种气候与人身疾病忧患相互关联了，与《河图》《洛书》、卦画又有什么关涉？《黄帝内经素问》《黄帝内经灵枢》《难经》《脉诀》等经籍中，医学家的言论非常多，竟然连一个字也没有谈及于《易经》；近代从事医生职业而愿意探究本源于易理的人，对此稍有一些涉及，然而，均没有真切确实的见解，还是认识片面、未得要领的言谈。哪里知道《河图》《洛书》、卦画就是人体内部脏腑器官、经脉气血运行状况的影像，人体内部脏腑器官、经脉气血运行状况就是《河图》《洛书》、卦画的具体形态，物象与数量同一本源，自然界与人体一理贯穿，千年以来，又有哪一个人觉悟得到呢！

《图》《书》五奇数应五藏部位图

上焦　九 肺金

　　　七 心火

中焦　五 脾土

　　　三 肝木

下焦　一 肾水

《图》《书》五奇数应五藏部位图

图说

人身以隔膜分上下，肺、心在膜上，脾、肝、肾在膜下，而分上、中、下三焦，即《图》《书》九、七、五、三、一之数也。金乘火位，肺居心上，火入金乡，心居肺下，此《图》变《书》而二异者也；脾、肝、肾各如土、木、水之位，此《图》《书》之三同者也。数之序，有天然之位置矣；人正生，则如其序而最灵；禽兽虫鱼横生，则心知异于人矣；草木倒生，则心知又异于禽兽虫鱼矣。

白话解读

人身体内部以横膈膜分隔上下，肺脏、心脏在横膈膜上面，脾脏、肝脏、肾脏在横膈膜下面，而这些脏器分属上、中、下三焦，就是对应《河图》《洛书》九、七、五、三、一的奇数。五行金骑乘于火的方位之上，所以人体肺脏居于心脏之上，五行火进入金的家乡，所以人体心脏居于肺脏之下，这就是《河图》变为《洛书》而金火二者方位不同；人体脾脏、肝脏、肾脏各自处于五行土、木、水的方位，这就是《河图》与《洛书》土、木、水三者方位相同。数的次序，在《河图》《洛书》中由天然形成的位置来决定；人一般先头后脚正向降生，所以按照奇数的次序排列五脏上下位置，所以人最为聪明；飞禽走兽虫鱼之类动物一般横向降生，则心智便不同于人类了；草木之类植物一般先生枝叶后生主干，倒着萌生，则心智又不同于飞禽走兽虫鱼了。

乙癸同源说

医家言“肝肾之病同治”，因推乙癸同源，不过谓“肝肾同在下焦”耳，究不得其理之所以然。今以先天八卦及《图》《书》数推之，肝者巽木，肾者坎水，巽木为二，坎水为七，《河图》二七同宫，《洛书》二七相连，而巽坎之下二画为阴中之阳，谓之少阳，此水木所以同根，犹之离三为君火，震八为相火，其下二画为阳中之阴，谓之少阴，故二火亦同根也；且《河图》东方三八木，合为十一点，一者水数，则木又化合为水矣。人知水能生木，不知木亦能生水，同气相求，母生子而子养母，自然之理。以五行验之，甲木生在亥，此以阳水生阳木；癸水生在卯，此以阴木生阴水，其理固昭然矣。又以物理验之，山东运河欲其恒有水以济粮艘，皆仰给于济南诸泉，有泉源之处，必多蓄林木，如林木不茂，则泉源亦不长，故必严禁伐木。今著《广东新语》云："西宁在万山中，树木丛翳，稻田肥美，以其多水，多水由于多木。凡水生于木，有木之所，其水为木所引，则溪涧长流，故《易》曰'木上有水，井'。从化、流溪诸县，有奸民烧炭市利，尽赭其山，木既尽，无以缩水，于是泉源渐涸，田里渐荒。"此其验也。更以人身验之，酸者木之味也，言酸思酸，则齿齼(chǔ，牙齿接触酸味时的感觉——编者注)而津液即生，故曹操行军望梅能止军中之渴。木之生水，其感召有甚神速者，故补水固所以生木，补木亦所以缩水。六味丸，补肾之剂，而用山茱萸以补肝，其理微矣。观乙癸之同源，医家其可轻言伐木平肝乎？

白话解读

医学家说"肝、肾疾病治疗方法相同"，推究这种说法("乙癸同源"与"肝肾同治"在中医理论中是表达同一个意思的两种说法——编者注)，不过是说"人体内的肝与肾同在下焦"罢了，终究不能够得到为什么会这样的道理。现在，以先天八卦及《河图》《洛书》数推演它，肝属先天巽卦木，肾属先天坎卦水，先天八卦配合《洛书》则巽卦木为二数、坎卦水为七数，《河图》二与七同一宫位，《洛书》二与七相互连接，而巽卦、坎卦的下二画均为阴中之阳，称为少阳，这是坎卦水、巽卦木之所以同一根源的原因，犹如先天离卦三为君火，震卦八为相火，离卦、震卦的下二画均为阳中之阴，称为少阴，因此，离卦君火、震卦相火二火也属于同一根源；况且，《河图》东方三数八数为木，合并起来为十一个圆点，一为五行水数，则木又化合为水了。人们知道水能够产生木，不知道木也能够产生水，同类的气相互寻求，母产生子而子奉养母，这是自然界万物的规律。用五行学说来验证它，天干甲木长生在地支亥，亥为阳水，甲为阳木，这是以阳性水产生阳性木；天干癸水长生在地支卯，卯为阴木，癸为阴水，这是以阴性木产生阴性水，其中道理当然是显而易见的了。再用事物道理来验证它，山东的运河想要一直都有水来推送运粮船只，都要依赖于济南地区各处泉源，有泉源的地方，必定大量蓄养着树木丛林，但如果树林不够茂盛，那么泉源也不能够长久，所以一定要严格禁止砍伐树木。清代屈大均撰《广东新语·卷二十五·木语·山木》说："西宁处于群山之中，树木茂密相互遮蔽，稻田肥沃丰美，因为其地多水，多水由于多林木。水产生于木，有草木的地方，其水为木所引导，则溪涧水长流不息，《周易·象下传》说'木上有水，井'。从化、流溪各县，明代万历末年，有奸猾小民烧木制炭卖钱牟利，以致山上完全变成赤土，林木既已伐尽，便再也无法用林木收取水源，于是泉源逐渐干涸，山下的农田也逐渐荒芜"，这是关于这个说法的一个验证。更进一步以人的身体验证它，酸是木的味道，人们说到酸、想到酸，就会感到牙齿酸，口中立即产生津液，因此，东汉末年曹操行军，用望梅的方法能够止住军中兵士的干渴。木的这种产生水的能力，感应召唤有时非常神速，因此，补充水固然所以产生木，而补充木也可以收取水。六味地黄丸，是滋补肾气的方剂，方中以地黄为君，以山药、山茱萸为佐，以茯苓、牡丹皮、泽泻为使，而用山茱萸滋补肝气，其中道理精微。再看"肝肾同治""乙癸同源"之说，医家对待复杂的肝肾病症，难道可以随随便便就使用一个伐木汤的方子平肝阳上亢就行了吗？

伤寒传足不传手说

"伤寒传足，不传手"，古有是言，此言诚是也。观《素问》及《伤寒论》，皆是言"足六经"，何尝及手六经？张景岳谓"手六经之脉短，不能周身，足六经之脉长，能周身，故寒邪易犯之"，此说似矣，犹非其所以然也。观前《手足经脉应先天八卦图》，足六经之脉，确是阴仪巽、坎、艮三卦，伤寒以坎卦之寒为主，巽之风、艮之湿亦是寒邪之类，故皆能传之。虽六经不必尽传，要不出足六经，盖其受病之源，在阴而不在阳，犹之痺痛一证，风寒湿三气合而成痺，亦是在阴不在阳。如伤寒，可及手六经，则是燥邪、暑邪、火邪，而不得为寒邪矣。有极辩此说者，大约谓人之一身，岂可截然判为二，寒必由皮毛入，汗之必由皮毛出，岂非传太阴肺乎？昏迷、谵妄，岂非传少阴心乎？下之者必经历大肠，岂非传阳明大肠乎？有水道不通，当利其小便者，岂非传太阳小肠与少阳三焦乎？安得谓“不传手六经”也。是说也，所谓“弥近理而大乱真”者也。寒邪犹盗贼也，其所出入之道路，与其扰乱之地方，皆为盗贼所苦者耳，岂可谓道路、地方皆盗贼哉！故手六经，谓之有交涉则可，谓之传经则不可。以景岳之明，犹惑于其说而欲左袒之，彼固未尝知手足六经之源也。

白话解读

古人说伤寒只传足经，不传手经（伤寒是中国古人对外感热病的通称——作者注），这种说法确实是正确的。阅读《黄帝内经素问》及《伤寒论》，都是讲“足六经”，何曾言及手六经？明代张景岳认为，手六经的经脉短，不能够遍及全身，足六经的经脉长，能够遍及全身，因此，足六经更容易受外感寒邪的侵犯，这种说法似乎有一定道理，但还不是这种情况发生的原理。观察前面《手足经脉应先天八卦图》，足六经的经脉，确实是阴仪巽、坎、艮三卦，伤寒病以坎卦的寒为主干，巽卦的风、艮卦的湿也是外感寒邪之类，因此，都能够传变它（传变为中医理论的专用语，指病症在人体内的传播、转移、演变——编者注）。虽然六经不一定非要完全传变，但传变范围主要在足六经，大概是因为其最初受到病邪侵犯的根源，在于阴经而不在于阳经，就像痺痛（即痛风）这一种病证，风、寒、湿三种气综合起来而形成痺痛（即痛风），也是最初受到病邪侵犯的根源在于阴经，不在于阳经。如果伤寒病可能传递到手六经，那么这就是燥邪、暑邪、火邪，而不能看作寒邪了。

有些极力辩难这种说法的人，其主要观点认为，人的一个身体，怎么可以截然判分为两个部分？寒邪必定经由皮毛侵入，发汗必定经由皮毛排出，这难道不是传递至手太阴肺经吗？昏迷谵妄这种丧失神志的疾病，难道不是传递至手少阴心经吗？运用攻下疗法，必定经历人身体下部的大肠，这难道不是传递至手阳明大肠经吗？有排泄不畅之症时，应当通利小便，这难道不是传递至手太阳小肠经与手少阳三焦经吗？怎么能够说伤寒病不传变至手六经呢？这种说法，就是所谓“越是看似合理就越是混淆真理”的例子。寒邪犹如盗贼，其所出入的道路，与其所扰乱的地方，都只是为盗贼所困苦，怎么可以说这些道路、地方与盗贼是同一种性质的事物呢。手六经不是伤寒发病的根源，所以，说它与伤寒病有关连有牵涉，那是可以的，但要说它是伤寒病传变的经脉，则不可以。张景岳如此聪明颖悟，却还是迷惑于这种错误的学说，想要为它辩护，看来这个张景岳本来就不明白手足六经的本源是什么。

黄氏跋

圣人则《河图》《洛书》而作《易》，“《易》之为书，广大悉备”，冒天地人之道于六十四卦之中，是所为《图》《书》者，当必有以统卦画之全，极天文、地理、人事之变，而后，圣人得而则之。近读婺源江慎修先生所著《河洛精蕴》一编，凡卦画次序、方位、蓍策、变占，一一从《河》《洛》而抉其精，以及天文、地理、人事，一一从《河》《洛》而阐其蕴。

余不敏，诚不能窥其万一。窃意是编也，不特学《易》者可以探卦画之所从来，而得万理之根本，即言天文、地理、人事者，亦可以悟术数之所自始，而得万法之权舆，其有裨于后学，非浅鲜也。爰授梓以广其传，并识之简末云。

后学黄圣谦云甫氏跋。

白话解读

圣人效法《河图》《洛书》而创作《易经》，《周易·系辞下传·第十章》说“《易经》这部书，内容广大，所有的道理，无不完备”，涵盖天、地、人三才的道理于六十四卦之中，因此，作为《河图》《洛书》，应当必定具有用来统率卦画的全部内容，极尽天文、地理、人事的变化，而后，圣人得到它而效法它。近来阅读江西省婺源县江慎修先生所著《河洛精蕴》一书，凡是卦画次序、方位、蓍策、变占，一一从《河图》《洛书》而抉择其精华，以及天文、地理、人事，一一从《河图》《洛书》而阐发其意蕴。

我不够聪明，确实不能够窥知其中万分之一。私自认为，这部书不只是学习《周易》的人可以探究卦画从哪里来而得到万理的根本，即使讲求天文、地理、人事的人也可以觉悟术数从哪里开始而得到万法的权舆，其书有所裨益于后进学者并不是微薄的。于是，交付雕板用来广泛传播，并且标记于书简末幅。

后进学者黄圣谦(字云甫)跋。